中国开发区年鉴

CHINA DEVELOPMENT ZONES YEARBOOK

(2005)

主编　彭　森

中国财政经济出版社

图书在版编目（CIP）数据

中国开发区年鉴．2005/彭森主编．—北京：中国财政经济出版社，2005.10
ISBN 7－5005－8655－8

Ⅰ．中…　Ⅱ．彭…　Ⅲ．经济开发区－中国－2005－年鉴　Ⅳ．F127.9－54

中国版本图书馆 CIP 数据核字（2005）第 114213 号

中国财政经济出版社 出版
URL：http：//www.cfeph.cn
E－mail：cfeph @ cfeph.cn

社址：北京市海淀区阜成路甲 28 号　邮政编码：100036
发行处电话：88190406　财经书店电话：64033436
北京外文印刷厂印刷　各地新华书店经销
787×1092 毫米　16 开　68 面彩插　30.25 印张　710 000 字
2005 年 11 月第 1 版　2005 年 11 月北京第 1 次印刷
定价：250.00 元
ISBN 7－5005－8655－8/·7529
（图书出现印装问题，本社负责调换）

中国开发区年鉴

编委会

顾　　问

马秀红　赵云栋

主　　编

彭　森

常务副主编

刘培强　中国开发区协会　会长

副主编

金德本　国家发展和改革委员会直属机关党委常务副书记
邓　湛　商务部外国投资管理司　副司长
杨天赐　中国财政经济出版社　顾问

编　委

李　铿　芜湖经济技术开发区管委会　主任
黄文华　长春经济技术开发区管委会　主任
李志恒　哈尔滨经济技术开发区、高新技术产业开发区管委会　主任
唐文锋　重庆经济技术开发区管委会　主任
叶永浩　萧山经济技术开发区管委会　常务副主任
熊文辉　南沙经济技术开发区经济发展局　局长
叶光明　惠州大亚湾经济技术开发区两委办　主任
鲁　永　北京经济技术开发区管委会　主任
朱建平　乌鲁木齐经济技术开发区工会　书记
梁建银　合肥经济技术开发区管委会　调研员
林建刚　郑州经济技术开发区党委书记、管委会主任
孙建军　成都经济技术开发区管委会　主任
文树勋　长沙经济技术开发区管委会　主任
岳华峰　西安经济技术开发区管委会　主任
董利华　昆明经济技术开发区管委会　副主任
兰义彤　贵阳经济技术开发区管委会　主任
马新平　石河子经济技术开发区管委会　主任
章伯岗　南昌经济技术开发区管委会　副主任
马顺清　西宁经济技术开发区管委会　主任
牧　峰　呼和浩特经济技术开发区管委会　主任
潘光耀　南宁经济技术开发区管委会　主任
黄羽天　拉萨经济技术开发区管委会　主任
张淑菊　兰州经济技术开发区管委会　主任
梁学忠　南京经济技术开发区管委会　主任
翁云雷　厦门海沧台商投资区管委会　主任
丁尚清　海南洋浦经济开发区管理局　局长
宣二牛　宁波大榭开发区管委会　主任
方文浜　苏州工业园区管委会　副主任
朱云生　深圳保税区管理局　副局长
张华绍　汕头保税区管委会　副主任
胡汉丕　厦门象屿保税区管委会　主任
曲大利　海口保税区管委会　主任

温家宝总理的批示

温家宝总理2004年12月11日对提高国家级经济技术开发区发展水平作出重要批示：建立国家级经济技术开发区，是党中央、国务院作出的重要决策。二十年来，国家级经济技术开发区在改革开放中发挥了窗口、示范、辐射和带动作用。在新的发展阶段，国家级经济技术开发区建设必须贯彻落实科学发展观，努力实现经济体制和经济增长方式的转变。要严格执行国家关于经济技术开发区的各项政策，认真总结经验，更加注重结构调整和优化升级，更加注重引进技术和开发创新，更加注重开发项目的质量和效益，更加珍惜和合理利用土地，防止盲目追求数量和规模，努力提高国家级经济技术开发区的发展水平。

目　录

文献法规篇

纪念国家级经济技术开发区兴办20周年专稿

综 述 篇

专题研究篇

国家级经济技术开发区篇

保税区篇

边境经济合作区篇

重点省级开发区篇

统计资料篇

大　事　记

文献法规篇

中华人民共和国主席令

（第 15 号）

《中华人民共和国对外贸易法》已由中华人民共和国第十届全国人民代表大会常务委员会第八次会议于 2004 年 4 月 6 日修订通过，现将修订后的《中华人民共和国对外贸易法》公布，自 2004 年 7 月 1 日起施行。

中华人民共和国主席　胡锦涛

2004 年 4 月 6 日

中华人民共和国对外贸易法

（1994 年 5 月 12 日第八届全国人民代表大会常务委员会第七次会议通过　2004 年 4 月 6 日第十届全国人民代表大会常务委员会第八次会议修订）

目　录

第一章　总　　则

第一条　为了扩大对外开放，发展对外贸易，维护对外贸易秩序，保护对外贸易经营者的合法权益，促进社会主义市场经济的健康发展，制定本法。

第二条　本法适用于对外贸易以及与对外贸易有关的知识产权保护。

本法所称对外贸易，是指货物进出口、技术进出口和国际服务贸易。

第三条　国务院对外贸易主管部门依照本法主管全国对外贸易工作。

第四条　国家实行统一的对外贸易制度，鼓励发展对外贸易，维护公平、自由的对外贸易秩序。

第五条　中华人民共和国根据平等互利

的原则，促进和发展同其他国家和地区的贸易关系，缔结或者参加关税同盟协定、自由贸易区协定等区域经济贸易协定，参加区域经济组织。

第六条 中华人民共和国在对外贸易方面根据所缔结或者参加的国际条约、协定，给予其他缔约方、参加方最惠国待遇、国民待遇等待遇，或者根据互惠、对等原则给予对方最惠国待遇、国民待遇等待遇。

第七条 任何国家或者地区在贸易方面对中华人民共和国采取歧视性的禁止、限制或者其他类似措施的，中华人民共和国可以根据实际情况对该国家或者该地区采取相应的措施。

第二章　对外贸易经营者

第八条 本法所称对外贸易经营者，是指依法办理工商登记或者其他执业手续，依照本法和其他有关法律、行政法规的规定从事对外贸易经营活动的法人、其他组织或者个人。

第九条 从事货物进出口或者技术进出口的对外贸易经营者，应当向国务院对外贸易主管部门或者其委托的机构办理备案登记；但是，法律、行政法规和国务院对外贸易主管部门规定不需要备案登记的除外。备案登记的具体办法由国务院对外贸易主管部门规定。

对外贸易经营者未按照规定办理备案登记的，海关不予办理进出口货物的报关验放手续。

第十条 从事国际服务贸易，应当遵守本法和其他有关法律、行政法规的规定。

从事对外工程承包或者对外劳务合作的单位，应当具备相应的资质或者资格。具体办法由国务院规定。

第十一条 国家可以对部分货物的进出口实行国营贸易管理。实行国营贸易管理货物的进出口业务只能由经授权的企业经营；但是，国家允许部分数量的国营贸易管理货物的进出口业务由非授权企业经营的除外。

实行国营贸易管理的货物和经授权经营企业的目录，由国务院对外贸易主管部门会同国务院其他有关部门确定、调整并公布。

违反本条第一款规定，擅自进出口实行国营贸易管理的货物的，海关不予放行。

第十二条 对外贸易经营者可以接受他人的委托，在经营范围内代为办理对外贸易业务。

第十三条 对外贸易经营者应当按照国务院对外贸易主管部门或者国务院其他有关部门依法作出的规定，向有关部门提交与其对外贸易经营活动有关的文件及资料。有关部门应当为提供者保守商业秘密。

第三章　货物进出口与技术进出口

第十四条 国家准许货物与技术的自由进出口。但是，法律、行政法规另有规定的除外。

第十五条 国务院对外贸易主管部门基于监测进出口情况的需要，可以对部分自由进出口的货物实行进出口自动许可并公布其目录。

实行自动许可的进出口货物，收货人、发货人在办理海关报关手续前提出自动许可申请的，国务院对外贸易主管部门或者其委托的机构应当予以许可；未办理自动许可手续的，海关不予放行。

进出口属于自由进出口的技术，应当向国务院对外贸易主管部门或者其委托的机构办理合同备案登记。

第十六条 国家基于下列原因，可以限制或者禁止有关货物、技术的进口或者出口：

（一）为维护国家安全、社会公共利益或者公共道德，需要限制或者禁止进口或者出口的；

（二）为保护人的健康或者安全，保护动物、植物的生命或者健康，保护环境，需要限制或者禁止进口或者出口的；

（三）为实施与黄金或者白银进出口有关的措施，需要限制或者禁止进口或者出口的；

（四）国内供应短缺或者为有效保护可能用竭的自然资源，需要限制或者禁止出口的；

（五）输往国家或者地区的市场容量有限，需要限制出口的；

（六）出口经营秩序出现严重混乱，需要限制出口的；

（七）为建立或者加快建立国内特定产业，需要限制进口的；

（八）对任何形式的农业、牧业、渔业产品有必要限制进口的；

（九）为保障国家国际金融地位和国际收支平衡，需要限制进口的；

（十）依照法律、行政法规的规定，其他需要限制或者禁止进口或者出口的；

（十一）根据我国缔结或者参加的国际条约、协定的规定，其他需要限制或者禁止进口或者出口的。

第十七条 国家对与裂变、聚变物质或者衍生此类物质的物质有关的货物、技术进出口，以及与武器、弹药或者其他军用物资有关的进出口，可以采取任何必要的措施，维护国家安全。

在战时或者为维护国际和平与安全，国家在货物、技术进出口方面可以采取任何必要的措施。

第十八条 国务院对外贸易主管部门会同国务院其他有关部门，依照本法第十六条和第十七条的规定，制定、调整并公布限制或者禁止进出口的货物、技术目录。

国务院对外贸易主管部门或者由其会同国务院其他有关部门，经国务院批准，可以在本法第十六条和第十七条规定的范围内，临时决定限制或者禁止前款规定目录以外的特定货物、技术的进口或者出口。

第十九条 国家对限制进口或者出口的货物，实行配额、许可证等方式管理；对限制进口或者出口的技术，实行许可证管理。

实行配额、许可证管理的货物、技术，应当按照国务院规定经国务院对外贸易主管部门或者经其会同国务院其他有关部门许可，方可进口或者出口。

国家对部分进口货物可以实行关税配额管理。

第二十条 进出口货物配额、关税配额，由国务院对外贸易主管部门或者国务院其他有关部门在各自的职责范围内，按照公开、公平、公正和效益的原则进行分配。具体办法由国务院规定。

第二十一条 国家实行统一的商品合格评定制度，根据有关法律、行政法规的规定，对进出口商品进行认证、检验、检疫。

第二十二条 国家对进出口货物进行原产地管理。具体办法由国务院规定。

第二十三条 对文物和野生动物、植物及其产品等，其他法律、行政法规有禁止或者限制进出口规定的，依照有关法律、行政法规的规定执行。

第四章 国际服务贸易

第二十四条 中华人民共和国在国际服务贸易方面根据所缔结或者参加的国际条约、协定中所作的承诺，给予其他缔约方、参加方市场准入和国民待遇。

第二十五条 国务院对外贸易主管部门和国务院其他有关部门，依照本法和其他有关法律、行政法规的规定，对国际服务贸易进行管理。

第二十六条 国家基于下列原因，可以限制或者禁止有关的国际服务贸易：

（一）为维护国家安全、社会公共利益或者公共道德，需要限制或者禁止的；

（二）为保护人的健康或者安全，保护动物、植物的生命或者健康，保护环境，需要限制或者禁止的；

（三）为建立或者加快建立国内特定服务产业，需要限制的；

（四）为保障国家外汇收支平衡，需要限制的；

（五）依照法律、行政法规的规定，其他需要限制或者禁止的；

（六）根据我国缔结或者参加的国际条约、协定的规定，其他需要限制或者禁止的。

第二十七条 国家对与军事有关的国际服务贸易，以及与裂变、聚变物质或者衍生此类物质的物质有关的国际服务贸易，可以采取任何必要的措施，维护国家安全。

在战时或者为维护国际和平与安全，国家在国际服务贸易方面可以采取任何必要的措施。

第二十八条 国务院对外贸易主管部门会同国务院其他有关部门，依照本法第二十六条、第二十七条和其他有关法律、行政法规的规定，制定、调整并公布国际服务贸易市场准入目录。

第五章 与对外贸易有关的知识产权保护

第二十九条 国家依照有关知识产权的法律、行政法规，保护与对外贸易有关的知识产权。

进口货物侵犯知识产权，并危害对外贸易秩序的，国务院对外贸易主管部门可以采取在一定期限内禁止侵权人生产、销售的有关货物进口等措施。

第三十条 知识产权权利人有阻止被许可人对许可合同中的知识产权的有效性提出质疑、进行强制性一揽子许可、在许可合同中规定排他性返授条件等行为之一，并危害对外贸易公平竞争秩序的，国务院对外贸易主管部门可以采取必要的措施消除危害。

第三十一条 其他国家或者地区在知识产权保护方面未给予中华人民共和国的法人、其他组织或者个人国民待遇，或者不能对来源于中华人民共和国的货物、技术或者服务提供充分有效的知识产权保护的，国务院对外贸易主管部门可以依照本法和其他有关法律、行政法规的规定，并根据中华人民共和国缔结或者参加的国际条约、协定，对与该国家或者该地区的贸易采取必要的措施。

第六章 对外贸易秩序

第三十二条 在对外贸易经营活动中，不得违反有关反垄断的法律、行政法规的规定实施垄断行为。

在对外贸易经营活动中实施垄断行为，危害市场公平竞争的，依照有关反垄断的法律、行政法规的规定处理。

有前款违法行为，并危害对外贸易秩序的，国务院对外贸易主管部门可以采取必要的措施消除危害。

第三十三条 在对外贸易经营活动中，不得实施以不正当的低价销售商品、串通投标、发布虚假广告、进行商业贿赂等不正当竞争行为。

在对外贸易经营活动中实施不正当竞争行为的，依照有关反不正当竞争的法律、行政法规的规定处理。

有前款违法行为，并危害对外贸易秩序的，国务院对外贸易主管部门可以采取禁止该经营者有关货物、技术进出口等措施消除危害。

第三十四条 在对外贸易活动中，不得有下列行为：

（一）伪造、变造进出口货物原产地标

记，伪造、变造或者买卖进出口货物原产地证书、进出口许可证、进出口配额证明或者其他进出口证明文件；

（二）骗取出口退税；

（三）走私；

（四）逃避法律、行政法规规定的认证、检验、检疫；

（五）违反法律、行政法规规定的其他行为。

第三十五条 对外贸易经营者在对外贸易经营活动中，应当遵守国家有关外汇管理的规定。

第三十六条 违反本法规定，危害对外贸易秩序的，国务院对外贸易主管部门可以向社会公告。

第七章 对外贸易调查

第三十七条 为了维护对外贸易秩序，国务院对外贸易主管部门可以自行或者会同国务院其他有关部门，依照法律、行政法规的规定对下列事项进行调查：

（一）货物进出口、技术进出口、国际服务贸易对国内产业及其竞争力的影响；

（二）有关国家或者地区的贸易壁垒；

（三）为确定是否应当依法采取反倾销、反补贴或者保障措施等对外贸易救济措施，需要调查的事项；

（四）规避对外贸易救济措施的行为；

（五）对外贸易中有关国家安全利益的事项；

（六）为执行本法第七条、第二十九条第二款、第三十条、第三十一条、第三十二条第三款、第三十三条第三款的规定，需要调查的事项；

（七）其他影响对外贸易秩序，需要调查的事项。

第三十八条 启动对外贸易调查，由国务院对外贸易主管部门发布公告。

调查可以采取书面问卷、召开听证会、实地调查、委托调查等方式进行。

国务院对外贸易主管部门根据调查结果，提出调查报告或者作出处理裁定，并发布公告。

第三十九条 有关单位和个人应当对对外贸易调查给予配合、协助。

国务院对外贸易主管部门和国务院其他有关部门及其工作人员进行对外贸易调查，对知悉的国家秘密和商业秘密负有保密义务。

第八章 对外贸易救济

第四十条 国家根据对外贸易调查结果，可以采取适当的对外贸易救济措施。

第四十一条 其他国家或者地区的产品以低于正常价值的倾销方式进入我国市场，对已建立的国内产业造成实质损害或者产生实质损害威胁，或者对建立国内产业造成实质阻碍的，国家可以采取反倾销措施，消除或者减轻这种损害或者损害的威胁或者阻碍。

第四十二条 其他国家或者地区的产品以低于正常价值出口至第三国市场，对我国已建立的国内产业造成实质损害或者产生实质损害威胁，或者对我国建立国内产业造成实质阻碍的，应国内产业的申请，国务院对外贸易主管部门可以与该第三国政府进行磋商，要求其采取适当的措施。

第四十三条 进口的产品直接或者间接地接受出口国家或者地区给予的任何形式的专向性补贴，对已建立的国内产业造成实质损害或者产生实质损害威胁，或者对建立国内产业造成实质阻碍的，国家可以采取反补贴措施，消除或者减轻这种损害或者损害的威胁或者阻碍。

第四十四条 因进口产品数量大量增加，对生产同类产品或者与其直接竞争的产品的国内产业造成严重损害或者严重损害威胁的，国家可以采取必要的保障措施，消除或者减轻这种损害或者损害的威胁，并可以对该产业提供必要的支持。

第四十五条 因其他国家或者地区的服务提供者向我国提供的服务增加，对提供同类服务或者与其直接竞争的服务的国内产业造成损害或者产生损害威胁的，国家可以采取必要的救济措施，消除或者减轻这种损害或者损害的威胁。

第四十六条 因第三国限制进口而导致某种产品进入我国市场的数量大量增加，对已建立的国内产业造成损害或者产生损害威胁，或者对建立国内产业造成阻碍的，国家可以采取必要的救济措施，限制该产品进口。

第四十七条 与中华人民共和国缔结或者共同参加经济贸易条约、协定的国家或者地区，违反条约、协定的规定，使中华人民共和国根据该条约、协定享有的利益丧失或者受损，或者阻碍条约、协定目标实现的，中华人民共和国政府有权要求有关国家或者地区政府采取适当的补救措施，并可以根据有关条约、协定中止或者终止履行相关义务。

第四十八条 国务院对外贸易主管部门依照本法和其他有关法律的规定，进行对外贸易的双边或者多边磋商、谈判和争端的解决。

第四十九条 国务院对外贸易主管部门和国务院其他有关部门应当建立货物进出口、技术进出口和国际服务贸易的预警应急机制，应对对外贸易中的突发和异常情况，维护国家经济安全。

第五十条 国家对规避本法规定的对外贸易救济措施的行为，可以采取必要的反规避措施。

第九章 对外贸易促进

第五十一条 国家制定对外贸易发展战略，建立和完善对外贸易促进机制。

第五十二条 国家根据对外贸易发展的需要，建立和完善为对外贸易服务的金融机构，设立对外贸易发展基金、风险基金。

第五十三条 国家通过进出口信贷、出口信用保险、出口退税及其他促进对外贸易的方式，发展对外贸易。

第五十四条 国家建立对外贸易公共信息服务体系，向对外贸易经营者和其他社会公众提供信息服务。

第五十五条 国家采取措施鼓励对外贸易经营者开拓国际市场，采取对外投资、对外工程承包和对外劳务合作等多种形式，发展对外贸易。

第五十六条 对外贸易经营者可以依法成立和参加有关协会、商会。

有关协会、商会应当遵守法律、行政法规，按照章程对其成员提供与对外贸易有关的生产、营销、信息、培训等方面的服务，发挥协调和自律作用，依法提出有关对外贸易救济措施的申请，维护成员和行业的利益，向政府有关部门反映成员有关对外贸易的建议，开展对外贸易促进活动。

第五十七条 中国国际贸易促进组织按照章程开展对外联系，举办展览，提供信息、咨询服务和其他对外贸易促进活动。

第五十八条 国家扶持和促进中小企业开展对外贸易。

第五十九条 国家扶持和促进民族自治地方和经济不发达地区发展对外贸易。

第十章 法律责任

第六十条 违反本法第十一条规定，未经授权擅自进出口实行国营贸易管理的货物的，国务院对外贸易主管部门或者国务院其他有关部门可以处五万元以下罚款；情节严重的，可以自行政处罚决定生效之日起三年内，不受理违法行为人从事国营贸易管理货物进出口业务的申请，或者撤销已给予其从事其他国营贸易管理货物进出口的授权。

第六十一条 进出口属于禁止进出口的货物的，或者未经许可擅自进出口属于限制进出口的货物的，由海关依照有关法律、行政法规的规定处理、处罚；构成犯罪的，依法追究刑事责任。

进出口属于禁止进出口的技术的，或者未经许可擅自进出口属于限制进出口的技术的，依照有关法律、行政法规的规定处理、处罚；法律、行政法规没有规定的，由国务院对外贸易主管部门责令改正，没收违法所得，并处违法所得一倍以上五倍以下罚款，没有违法所得或者违法所得不足一万元的，处一万元以上五万元以下罚款；构成犯罪的，依法追究刑事责任。

自前两款规定的行政处罚决定生效之日或者刑事处罚判决生效之日起，国务院对外贸易主管部门或者国务院其他有关部门可以在三年内不受理违法行为人提出的进出口配额或者许可证的申请，或者禁止违法行为人在一年以上三年以下的期限内从事有关货物或者技术的进出口经营活动。

第六十二条 从事属于禁止的国际服务贸易的，或者未经许可擅自从事属于限制的国际服务贸易的，依照有关法律、行政法规的规定处罚；法律、行政法规没有规定的，由国务院对外贸易主管部门责令改正，没收违法所得，并处违法所得一倍以上五倍以下罚款，没有违法所得或者违法所得不足一万元的，处一万元以上五万元以下罚款；构成犯罪的，依法追究刑事责任。

国务院对外贸易主管部门可以禁止违法行为人自前款规定的行政处罚决定生效之日或者刑事处罚判决生效之日起一年以上三年以下的期限内从事有关的国际服务贸易经营活动。

第六十三条 违反本法第三十四条规定，依照有关法律、行政法规的规定处罚；构成犯罪的，依法追究刑事责任。

国务院对外贸易主管部门可以禁止违法行为人自前款规定的行政处罚决定生效之日或者刑事处罚判决生效之日起一年以上三年以下的期限内从事有关的对外贸易经营活动。

第六十四条 依照本法第六十一条至第六十三条规定被禁止从事有关对外贸易经营活动的，在禁止期限内，海关根据国务院对外贸易主管部门依法作出的禁止决定，对该对外贸易经营者的有关进出口货物不予办理报关验放手续，外汇管理部门或者外汇指定银行不予办理有关结汇、售汇手续。

第六十五条 依照本法负责对外贸易管理工作的部门的工作人员玩忽职守、徇私舞弊或者滥用职权，构成犯罪的，依法追究刑事责任；尚不构成犯罪的，依法给予行政处分。

依照本法负责对外贸易管理工作的部门的工作人员利用职务上的便利，索取他人财物，或者非法收受他人财物为他人谋取利益，构成犯罪的，依法追究刑事责任；尚不构成犯罪的，依法给予行政处分。

第六十六条 对外贸易经营活动当事人对依照本法负责对外贸易管理工作的部门作出的具体行政行为不服的，可以依法申请行政复议或者向人民法院提起行政诉讼。

第十一章 附 则

第六十七条 与军品、裂变和聚变物质或者衍生此类物质的物质有关的对外贸易管理以及文化产品的进出口管理，法律、行政法规另有规定的，依照其规定。

第六十八条 国家对边境地区与接壤国家边境地区之间的贸易以及边民互市贸易，采取灵活措施，给予优惠和便利。具体办法由国务院规定。

第六十九条 中华人民共和国的单独关税区不适用本法。

第七十条 本法自 2004 年 7 月 1 日起施行。

中华人民共和国国务院令

（第397号）

《安全生产许可证条例》已经2004年1月7日国务院第34次常务会议通过，现予公布，自公布之日起施行。

总理　温家宝

2004年1月13日

安全生产许可证条例

第一条　为了严格规范安全生产条件，进一步加强安全生产监督管理，防止和减少生产安全事故，根据《中华人民共和国安全生产法》的有关规定，制定本条例。

第二条　国家对矿山企业、建筑施工企业和危险化学品、烟花爆竹、民用爆破器材生产企业（以下统称企业）实行安全生产许可制度。

企业未取得安全生产许可证的，不得从事生产活动。

第三条　国务院安全生产监督管理部门负责中央管理的非煤矿矿山企业和危险化学品、烟花爆竹生产企业安全生产许可证的颁发和管理。

省、自治区、直辖市人民政府安全生产监督管理部门负责前款规定以外的非煤矿矿山企业和危险化学品、烟花爆竹生产企业安全生产许可证的颁发和管理，并接受国务院安全生产监督管理部门的指导和监督。

国家煤矿安全监察机构负责中央管理的煤矿企业安全生产许可证的颁发和管理。

在省、自治区、直辖市设立的煤矿安全监察机构负责前款规定以外的其他煤矿企业安全生产许可证的颁发和管理，并接受国家煤矿安全监察机构的指导和监督。

第四条　国务院建设主管部门负责中央管理的建筑施工企业安全生产许可证的颁发和管理。

省、自治区、直辖市人民政府建设主管部门负责前款规定以外的建筑施工企业安全生产许可证的颁发和管理，并接受国务院建设主管部门的指导和监督。

第五条　国务院国防科技工业主管部门负责民用爆破器材生产企业安全生产许可证的颁发和管理。

第六条　企业取得安全生产许可证，应当具备下列安全生产条件：

（一）建立、健全安全生产责任制，制定完备的安全生产规章制度和操作规程；

（二）安全投入符合安全生产要求；

（三）设置安全生产管理机构，配备专职安全生产管理人员；

（四）主要负责人和安全生产管理人员经考核合格；

（五）特种作业人员经有关业务主管部门考核合格，取得特种作业操作资格证书；

（六）从业人员经安全生产教育和培训合格；

（七）依法参加工伤保险，为从业人员缴纳保险费；

（八）厂房、作业场所和安全设施、设备、工艺符合有关安全生产法律、法规、标准和规程的要求；

（九）有职业危害防治措施，并为从业人员配备符合国家标准或者行业标准的劳动防护用品；

（十）依法进行安全评价；

（十一）有重大危险源检测、评估、监控措施和应急预案；

（十二）有生产安全事故应急救援预案、应急救援组织或者应急救援人员，配备必要的应急救援器材、设备；

（十三）法律、法规规定的其他条件。

第七条 企业进行生产前，应当依照本条例的规定向安全生产许可证颁发管理机关申请领取安全生产许可证，并提供本条例第六条规定的相关文件、资料。安全生产许可证颁发管理机关应当自收到申请之日起45日内审查完毕，经审查符合本条例规定的安全生产条件的，颁发安全生产许可证；不符合本条例规定的安全生产条件的，不予颁发安全生产许可证，书面通知企业并说明理由。

煤矿企业应当以矿（井）为单位，在申请领取煤炭生产许可证前，依照本条例的规定取得安全生产许可证。

第八条 安全生产许可证由国务院安全生产监督管理部门规定统一的式样。

第九条 安全生产许可证的有效期为3年。安全生产许可证有效期满需要延期的，企业应当于期满前3个月向原安全生产许可证颁发管理机关办理延期手续。

企业在安全生产许可证有效期内，严格遵守有关安全生产的法律法规，未发生死亡事故的，安全生产许可证有效期届满时，经原安全生产许可证颁发管理机关同意，不再审查，安全生产许可证有效期延期3年。

第十条 安全生产许可证颁发管理机关应当建立、健全安全生产许可证档案管理制度，并定期向社会公布企业取得安全生产许可证的情况。

第十一条 煤矿企业安全生产许可证颁发管理机关、建筑施工企业安全生产许可证颁发管理机关、民用爆破器材生产企业安全生产许可证颁发管理机关，应当每年向同级安全生产监督管理部门通报其安全生产许可证颁发和管理情况。

第十二条 国务院安全生产监督管理部门和省、自治区、直辖市人民政府安全生产监督管理部门对建筑施工企业、民用爆破器材生产企业、煤矿企业取得安全生产许可证的情况进行监督。

第十三条 企业不得转让、冒用安全生产许可证或者使用伪造的安全生产许可证。

第十四条 企业取得安全生产许可证后，不得降低安全生产条件，并应当加强日常安全生产管理，接受安全生产许可证颁发管理机关的监督检查。

安全生产许可证颁发管理机关应当加强对取得安全生产许可证的企业的监督检查，发现其不再具备本条例规定的安全生产条件的，应当暂扣或者吊销安全生产许可证。

第十五条 安全生产许可证颁发管理机关工作人员在安全生产许可证颁发、管理和监督检查工作中，不得索取或者接受企业的财物，不得谋取其他利益。

第十六条 监察机关依照《中华人民共和国行政监察法》的规定，对安全生产许可证颁发管理机关及其工作人员履行本条例规定的职责实施监察。

第十七条 任何单位或者个人对违反本条例规定的行为，有权向安全生产许可证颁发管理机关或者监察机关等有关部门举报。

第十八条 安全生产许可证颁发管理机关工作人员有下列行为之一的，给予降级或者撤职的行政处分；构成犯罪的，依法追究刑事责任：

（一）向不符合本条例规定的安全生产条件的企业颁发安全生产许可证的；

（二）发现企业未依法取得安全生产许可证擅自从事生产活动，不依法处理的；

（三）发现取得安全生产许可证的企业不再具备本条例规定的安全生产条件，不依法处理的；

（四）接到对违反本条例规定行为的举报后，不及时处理的；

（五）在安全生产许可证颁发、管理和监督检查工作中，索取或者接受企业的财物，或者谋取其他利益的。

第十九条 违反本条例规定，未取得安全生产许可证擅自进行生产的，责令停止生产，没收违法所得，并处10万元以上50万元以下的罚款；造成重大事故或者其他严重后果，构成犯罪的，依法追究刑事责任。

第二十条 违反本条例规定，安全生产许可证有效期满未办理延期手续，继续进行生产的，责令停止生产，限期补办延期手续，没收违法所得，并处5万元以上10万元以下的罚款；逾期仍不办理延期手续，继续进行生产的，依照本条例第十九条的规定处罚。

第二十一条 违反本条例规定，转让安全生产许可证的，没收违法所得，处10万元以上50万元以下的罚款，并吊销其安全生产许可证；构成犯罪的，依法追究刑事责任；接受转让的，依照本条例第十九条的规定处罚。

冒用安全生产许可证或者使用伪造的安全生产许可证的，依照本条例第十九条的规定处罚。

第二十二条 本条例施行前已经进行生产的企业，应当自本条例施行之日起1年内，依照本条例的规定向安全生产许可证颁发管理机关申请办理安全生产许可证；逾期不办理安全生产许可证，或者经审查不符合本条例规定的安全生产条件，未取得安全生产许可证，继续进行生产的，依照本条例第十九条的规定处罚。

第二十三条 本条例规定的行政处罚，由安全生产许可证颁发管理机关决定。

第二十四条 本条例自公布之日起施行。

中华人民共和国国务院令

（第410号）

《中华人民共和国归侨侨眷权益保护法实施办法》已经2004年6月4日国务院第53次常务会议通过，现予公布，自2004年7月1日起施行。

总理 温家宝

2004年6月23日

中华人民共和国归侨侨眷权益保护法实施办法

第一条 根据《中华人民共和国归侨侨眷权益保护法》的规定，制定本办法。

第二条 归侨、侨眷的身份，由其常住户口所在地的县级以上地方人民政府负责侨务工作的机构根据本人申请审核认定。

与华侨、归侨有长期扶养关系的亲属申请认定侨眷身份的，应当提供由公证机构出具的扶养证明。

第三条 华侨、归侨去世后或者华侨身份改变后，其国内眷属原依法认定的侨眷身份不变。

依法与华侨、归侨及其子女解除婚姻关系，或者与华侨、归侨解除扶养关系的，其原依法认定的侨眷身份丧失。

第四条 县级以上地方各级人民政府应当重视和加强归侨、侨眷合法权益保护工作。

县级以上人民政府负责侨务工作的机构应当组织协调有关部门做好保护归侨、侨眷合法权益的工作，并组织开展本行政区域内归侨、侨眷权益保护的法律、法规执行情况的监督、检查。

县级以上人民政府有关部门应当在各自的职责范围内做好归侨、侨眷合法权益的保护工作。

第五条 华侨要求回国定居的，按照国家有关出入境管理的规定核发回国定居证明。

第六条 地方人民政府和有关部门对回国定居的华侨，按照国家有关规定给予安置。

第七条 中华全国归国华侨联合会以及地方归国华侨联合会按照其章程开展活动，维护归侨、侨眷的合法权益。

归侨、侨眷有权依法申请成立其他社会团体，进行适合归侨、侨眷需要的合法的社会活动。

归侨、侨眷社会团体的合法权益以及按照章程进行的合法活动，受法律保护；其依法拥有的财产，任何组织或者个人不得侵占、损害。

第八条 各级人民政府核拨给安置归侨的农场、林场等企业的专项经费应当专款专用，任何组织和个人不得挪用、截留或者私分。

地方人民政府应当对安置归侨的农场、林场等企业给予扶持。

第九条 安置归侨的农场、林场等企业合法使用的土地、山林、滩涂、水面等资源，企业依法享有使用权，其拥有的生产资料、经营的作物、生产的产品，任何组织或者个人不得侵占、损害；国家依法征收或者征用安置归侨的农场、林场的土地的，依法给予补偿。

第十条 在安置归侨的农场、林场等企业所在的地方设置的学校、医疗保健机构，应当纳入地方人民政府的教育、卫生规划，统一管理。

第十一条 国家依法维护归侨、侨眷的社会保障权益。用人单位和归侨、侨眷应当依法参加当地的社会保险，缴纳社会保险费。参加社会保险的归侨、侨眷依法享受社会保险待遇。

地方人民政府对生活确有困难的归侨、侨眷，应当给予救济，并对其生产、就业给予扶持；依法保障丧失劳动能力又无经济来源的归侨、侨眷的基本生活。

第十二条 归侨、侨眷依法投资开发荒山、荒地、滩涂，或者从事农业、林业、牧业、渔业生产，有关地方人民政府应当给予支持。

第十三条 归侨、侨眷在国内兴办公益事业，各级人民政府及其有关部门应当给予支持，其合法权益受法律保护。

归侨、侨眷境外亲友捐赠的物资用于国内公益事业的，依法减征或者免征关税和进口环节的增值税。

归侨、侨眷及其境外亲友在境内投资的企业捐赠的财产用于公益事业的，依法享受所得税优惠。

归侨、侨眷境外亲友向境内捐赠财产的，县级以上人民政府负责侨务工作的机构可以协助办理有关入境手续，为捐赠人实施捐赠项目提供帮助，并依法对捐赠财产的使用与管理进行监督。

第十四条 国家依法保护归侨、侨眷在国内私有房屋的所有权。归侨、侨眷对其私有房屋，依法享有占有、使用、收益和处分的权利，任何组织或者个人不得侵犯。

第十五条 租赁归侨、侨眷的私有房屋，须由出租人和承租人签订租赁合同，并到房屋所在地的房产管理部门登记备案。租赁合同终止时，承租人应当将房屋退还出租人。

第十六条 依法拆迁归侨、侨眷私有房屋的，拆迁人应当按照国家有关房屋拆迁管理的规定给予货币补偿或者实行房屋产权调换。按照政府规定的租金标准出租的归侨、侨眷的私有房屋被拆迁的，补偿安置的办法由国务院建设主管部门会同有关部门规定。

第十七条 华侨子女回国就读实施义务教育的学校，应当视同当地居民子女办理入学手续；归侨学生、归侨子女和华侨在国内的子女报考国家举办的非义务教育的学校，教育等有关部门应当按照国家有关规定结合本地区实际情况给予照顾。

第十八条 侨汇是归侨、侨眷的合法收入，其所有权受法律保护，任何组织或者个人不得侵占、延迟支付、强行借贷或者非法冻结、没收。

第十九条 归侨、侨眷需要赴境外处分财产或者接受遗产、遗赠、赠与的，有关部门和我国驻外国的外交（领事）机构或者外交部授权的其他驻外机构，可以根据归侨、侨眷的请求提供必要的协助。

第二十条 归侨、侨眷的通信自由和通信秘密受法律保护，任何组织或者个人不得非法开拆、隐匿、毁弃或者盗窃归侨、侨眷的邮件。归侨、侨眷的给据邮件丢失、损毁、内件短少的，邮政部门应当依法赔偿。

第二十一条 归侨、侨眷申请出境的，有关主管部门应当在规定的期限内依法办理手续。

归侨、侨眷因境外直系亲属病危、死亡或者处理境外财产等特殊情况急需出境的，有关主管部门应当根据申请人提供的有效证明优先办理。

第二十二条 归侨、侨眷按照国家有关探亲规定享受出境探亲待遇。

第二十三条 按照国家规定退休（离休）的归侨、侨眷获准出境定居的，按照国家规定享受的退休（离休）待遇不变。其养老金可以委托他人领取，但需每年向原工作单位或者负责支付养老金的社会保险经办机构提供由我国驻其所在国的外交（领事）机构或者所在国公证机构出具的本人生存证明文件。

归侨、侨眷退休（离休）后出境定居又回国就医的，按照当地有关规定享受相应的医疗待遇。

不符合国家规定退休条件的归侨、侨眷职工获准出境定居的，按照国家有关规定办理辞职、解聘、终止劳动关系手续，按照国家有关规定享受一次性离职费及相关待遇，已经参加基本养老保险、基本医疗保险的，由社会保险经办机构按照国家有关规定一次性结清应归属其本人的费用，并终止其基本养老保险、基本医疗保险关系。

归侨、侨眷获准出境定居，出境前依法参加前款规定以外的其他社会保险的，按照国家有关规定享受相应的社会保险待遇。

第二十四条 归侨、侨眷在获得前往国家（地区）的入境签证前，所在工作单位或者学校不得因其申请出境而对其免职、辞退、解除劳动关系、停发工资或者责令退学，并且不得收取保证金、抵押金。

归侨、侨眷按照国家有关探亲规定获准出境探亲的，在批准的假期内，其工作、租住的公房应当保留。

第二十五条 归侨、侨眷出境探亲或者定居的，按照规定可以兑换外汇；出境定居的，其领取的社会保险金、住房公积金可以按照规定兑换外汇汇出或者携带出境。

第二十六条 我国驻外国的外交（领事）机构根据我国缔结或者参加的国际条约或者国际惯例，保护归侨、侨眷在境外的合法权益。

归侨、侨眷在境外有养老金、抚恤金等需要领取的，我国驻外国的外交（领事）机构可以根据其请求提供必要的协助。

第二十七条 归侨、侨眷的合法权益受到侵害的，有权要求有关主管部门依法处理，或者向人民法院起诉。对有经济困难的归侨、侨眷，当地法律援助机构应当依法为其提供法律援助。各级归国华侨联合会应当给予支持和帮助。

第二十八条 经办侨务专项经费的机构、人员，违反本办法规定，挪用、截留、私分侨务专项经费的，对直接负责的主管人员和其他直接责任人员依法给予行政处分或者纪律处分；构成犯罪的，依法追究刑事责任。被挪用、截留、私分的侨务专项经费，由其主管部门责令追回。

第二十九条 国家机关工作人员滥用职权、玩忽职守、徇私舞弊，致使归侨、侨眷合法权益受到损害的，对直接负责的主管人员和其他直接责任人员依法给予行政处分或者纪律处分；构成犯罪的，依法追究刑事责任。

第三十条 本办法自2004年7月1日起施行。1993年7月19日国务院发布的《中华人民共和国归侨侨眷权益保护法实施办法》同时废止。

中华人民共和国国务院令

（第416号）

《中华人民共和国进出口货物原产地条例》已经2004年8月18日国务院第61次常务会议通过，现予公布，自2005年1月1日起施行。

总理 温家宝

2004年9月3日

中华人民共和国进出口货物原产地条例

第一条 为了正确确定进出口货物的原产地，有效实施各项贸易措施，促进对外贸易发展，制定本条例。

第二条 本条例适用于实施最惠国待遇、反倾销和反补贴、保障措施、原产地标记管理、国别数量限制、关税配额等非优惠性贸易措施以及进行政府采购、贸易统计等活动对进出口货物原产地的确定。

实施优惠性贸易措施对进出口货物原产地的确定，不适用本条例。具体办法依照中华人民共和国缔结或者参加的国际条约、协定的有关规定另行制定。

第三条 完全在一个国家（地区）获得的货物，以该国（地区）为原产地；两个以上国家（地区）参与生产的货物，以最后完成实质性改变的国家（地区）为原产地。

第四条 本条例第三条所称完全在一个国家（地区）获得的货物，是指：

（一）在该国（地区）出生并饲养的活的动物；

（二）在该国（地区）野外捕捉、捕捞、搜集的动物；

（三）从该国（地区）的活的动物获得的未经加工的物品；

（四）在该国（地区）收获的植物和植物产品；

（五）在该国（地区）采掘的矿物；

（六）在该国（地区）获得的除本条第（一）项至第（五）项范围之外的其他天然生成的物品；

（七）在该国（地区）生产过程中产生的只能弃置或者回收用作材料的废碎料；

（八）在该国（地区）收集的不能修复或者修理的物品，或者从该物品中回收的零件或者材料；

（九）由合法悬挂该国旗帜的船舶从其领海以外海域获得的海洋捕捞物和其他物品；

（十）在合法悬挂该国旗帜的加工船上加工本条第（九）项所列物品获得的产品；

（十一）从该国领海以外享有专有开采权的海床或者海床底土获得的物品；

（十二）在该国（地区）完全从本条第（一）项至第（十一）项所列物品中生产的产品。

第五条 在确定货物是否在一个国家（地区）完全获得时，不考虑下列微小加工或者处理：

（一）为运输、贮存期间保存货物而作的加工或者处理；

（二）为货物便于装卸而作的加工或者处理；

（三）为货物销售而作的包装等加工或者处理。

第六条 本条例第三条规定的实质性改变的确定标准，以税则归类改变为基本标准；税则归类改变不能反映实质性改变的，以从价百分比、制造或者加工工序等为补充标准。具体标准由海关总署会同商务部、国家质量监督检验检疫总局制定。

本条第一款所称税则归类改变，是指在某一国家（地区）对非该国（地区）原产材料进行制造、加工后，所得货物在《中华人民共和国进出口税则》中某一级的税目归类发生了变化。

本条第一款所称从价百分比，是指在某

一国家（地区）对非该国（地区）原产材料进行制造、加工后的增值部分，超过所得货物价值一定的百分比。

本条第一款所称制造或者加工工序，是指在某一国家（地区）进行的赋予制造、加工后所得货物基本特征的主要工序。

世界贸易组织《协调非优惠原产地规则》实施前，确定进出口货物原产地实质性改变的具体标准，由海关总署会同商务部、国家质量监督检验检疫总局根据实际情况另行制定。

第七条 货物生产过程中使用的能源、厂房、设备、机器和工具的原产地，以及未构成货物物质成分或者组成部件的材料的原产地，不影响该货物原产地的确定。

第八条 随所装货物进出口的包装、包装材料和容器，在《中华人民共和国进出口税则》中与该货物一并归类的，该包装、包装材料和容器的原产地不影响所装货物原产地的确定；对该包装、包装材料和容器的原产地不再单独确定，所装货物的原产地即为该包装、包装材料和容器的原产地。

随所装货物进出口的包装、包装材料和容器，在《中华人民共和国进出口税则》中与该货物不一并归类的，依照本条例的规定确定该包装、包装材料和容器的原产地。

第九条 按正常配备的种类和数量随货物进出口的附件、备件、工具和介绍说明性资料，在《中华人民共和国进出口税则》中与该货物一并归类的，该附件、备件、工具和介绍说明性资料的原产地不影响该货物原产地的确定；对该附件、备件、工具和介绍说明性资料的原产地不再单独确定，该货物的原产地即为该附件、备件、工具和介绍说明性资料的原产地。

随货物进出口的附件、备件、工具和介绍说明性资料在《中华人民共和国进出口税则》中虽与该货物一并归类，但超出正常配备的种类和数量的，以及在《中华人民共和国进出口税则》中与该货物不一并归类的，依照本条例的规定确定该附件、备件、工具和介绍说明性资料的原产地。

第十条 对货物所进行的任何加工或者处理，是为了规避中华人民共和国关于反倾销、反补贴和保障措施等有关规定的，海关在确定该货物的原产地时可以不考虑这类加工和处理。

第十一条 进口货物的收货人按照《中华人民共和国海关法》及有关规定办理进口货物的海关申报手续时，应当依照本条例规定的原产地确定标准如实申报进口货物的原产地；同一批货物的原产地不同的，应当分别申报原产地。

第十二条 进口货物进口前，进口货物的收货人或者与进口货物直接相关的其他当事人，在有正当理由的情况下，可以书面申请海关对将要进口的货物的原产地作出预确定决定；申请人应当按照规定向海关提供作出原产地预确定决定所需的资料。

海关应当在收到原产地预确定书面申请及全部必要资料之日起150天内，依照本条例的规定对该进口货物作出原产地预确定决定，并对外公布。

第十三条 海关接受申报后，应当按照本条例的规定审核确定进口货物的原产地。

已作出原产地预确定决定的货物，自预确定决定作出之日起3年内实际进口时，经海关审核其实际进口的货物与预确定决定所述货物相符，且本条例规定的原产地确定标准未发生变化的，海关不再重新确定该进口货物的原产地；经海关审核其实际进口的货物与预确定决定所述货物不相符的，海关应当按照本条例的规定重新审核确定该进口货物的原产地。

第十四条 海关在审核确定进口货物原产地时，可以要求进口货物的收货人提交该进口货物的原产地证书，并予以审验；必要时，可以请求该货物出口国（地区）的有关机构对该货物的原产地进行核查。

第十五条 根据对外贸易经营者提出的书面申请，海关可以依照《中华人民共和国海关法》第四十三条的规定，对将要进口的货物的原产地预先作出确定原产地的行政裁定，并对外公布。

进口相同的货物，应当适用相同的行政裁定。

第十六条 国家对原产地标记实施管理。货物或者其包装上标有原产地标记的，其原产地标记所标明的原产地应当与依照本条例所确定的原产地相一致。

第十七条 出口货物发货人可以向国家质量监督检验检疫总局所属的各地出入境检验检疫机构、中国国际贸易促进委员会及其地方分会（以下简称签证机构），申请领取出口货物原产地证书。

第十八条 出口货物发货人申请领取出口货物原产地证书，应当在签证机构办理注册登记手续，按照规定如实申报出口货物的原产地，并向签证机构提供签发出口货物原产地证书所需的资料。

第十九条 签证机构接受出口货物发货人的申请后，应当按照规定审查确定出口货物的原产地，签发出口货物原产地证书；对不属于原产于中华人民共和国境内的出口货物，应当拒绝签发出口货物原产地证书。

出口货物原产地证书签发管理的具体办法，由国家质量监督检验检疫总局会同国务院其他有关部门、机构另行制定。

第二十条 应出口货物进口国（地区）有关机构的请求，海关、签证机构可以对出口货物的原产地情况进行核查，并及时将核查情况反馈进口国（地区）有关机构。

第二十一条 用于确定货物原产地的资料和信息，除按有关规定可以提供或者经提供该资料和信息的单位、个人的允许，海关、签证机构应当对该资料和信息予以保密。

第二十二条 违反本条例规定申报进口货物原产地的，依照《中华人民共和国对外贸易法》、《中华人民共和国海关法》和《中华人民共和国海关行政处罚实施条例》的有关规定进行处罚。

第二十三条 提供虚假材料骗取出口货物原产地证书或者伪造、变造、买卖或者盗窃出口货物原产地证书的，由出入境检验检疫机构、海关处5000元以上10万元以下的罚款；骗取、伪造、变造、买卖或者盗窃作为海关放行凭证的出口货物原产地证书的，处货值金额等值以下的罚款，但货值金额低于5000元的，处5000元罚款。有违法所得的，由出入境检验检疫机构、海关没收违法所得。构成犯罪的，依法追究刑事责任。

第二十四条 进口货物的原产地标记与依照本条例所确定的原产地不一致的，由海关责令改正。

出口货物的原产地标记与依照本条例所确定的原产地不一致的，由海关、出入境检验检疫机构责令改正。

第二十五条 确定进出口货物原产地的工作人员违反本条例规定的程序确定原产地的，或者泄露所知悉的商业秘密的，或者滥用职权、玩忽职守、徇私舞弊的，依法给予行政处分；有违法所得的，没收违法所得；构成犯罪的，依法追究刑事责任。

第二十六条 本条例下列用语的含义：

获得，是指捕捉、捕捞、搜集、收获、采掘、加工或者生产等。

货物原产地，是指依照本条例确定的获得某一货物的国家（地区）。

原产地证书，是指出口国（地区）根据原产地规则和有关要求签发的，明确指出该证中所列货物原产于某一特定国家（地区）的书面文件。

原产地标记，是指在货物或者包装上用来表明该货物原产地的文字和图形。

第二十七条 本条例自2005年1月1

日起施行。1992年3月8日国务院发布的《中华人民共和国出口货物原产地规则》、1986年12月6日海关总署发布的《中华人民共和国海关关于进口货物原产地的暂行规定》同时废止。

国务院关于推进资本市场改革开放和稳定发展的若干意见

2004年1月31日　国发［2004］3号

各省、自治区、直辖市人民政府，国务院各部委、各直属机构：

《国务院关于进一步加强证券市场宏观管理的通知》（国发［1992］68号）下发以来，我国资本市场发展迅速，取得了举世瞩目的成就。资本市场初具规模，市场基础设施不断改善，法律法规体系逐步健全，市场规范化程度进一步提高，已经成为社会主义市场经济体系的重要组成部分，为国有企业、金融市场改革和发展，优化资源配置，促进经济结构调整和经济发展，作出了重要贡献。为贯彻落实党的十六大和十六届三中全会精神，围绕全面建设小康社会的战略目标，积极推进资本市场改革开放和稳定发展，现提出如下意见。

一、充分认识大力发展资本市场的重要意义

大力发展资本市场是一项重要的战略任务，对我国实现本世纪头20年国民经济翻两番的战略目标具有重要意义。一是有利于完善社会主义市场经济体制，更大程度地发挥资本市场优化资源配置的功能，将社会资金有效转化为长期投资。二是有利于国有经济的结构调整和战略性改组，加快非国有经济发展。三是有利于提高直接融资比例，完善金融市场结构，提高金融市场效率，维护金融安全。

我国资本市场是伴随着经济体制改革的进程逐步发展起来的。由于建立初期改革不配套和制度设计上的局限，资本市场还存在一些深层次问题和结构性矛盾，制约了市场功能的有效发挥。这些问题是资本市场发展中遇到的问题，也只有在发展中逐步加以解决。党的十六大提出了全面建设小康社会的战略目标，十六届三中全会通过了《中共中央关于完善社会主义市场经济体制若干问题的决定》，对资本市场发展作出了部署，为我国资本市场改革开放和稳定发展指明了方向。要认清形势，抓住机遇，转变观念，大力发展资本市场，提高直接融资比例，创造和培育良好的投资环境，充分发挥资本市场在促进资本形成、优化资源配置、推动经济结构调整、完善公司治理结构等方面的作用，为国民经济持续快速协调健康发展和全面建设小康社会作出新的贡献。

二、推进资本市场改革开放和稳定发展的指导思想和任务

推进资本市场改革开放和稳定发展的指导思想是：以邓小平理论和“三个代表”重要思想为指导，全面落实党的十六大和十六届三中全会精神，遵循“公开、公平、公正”原则和“法制、监管、自律、规范”的方针，坚持服务于国民经济全局，实现与国民经济协调发展；坚持依法治市，保护投资者特别是社会公众投资者的合法权益；坚持资本市场改革的市场化取向，充分发挥市场机制的作用；坚持改革的力度、发展的速度与市场可承受程度的统一，处理好改革、发展、稳定的关系；坚持用发展的办法解决前进中的问题，处理好加快资本市场发展与防范市场风险的关系；坚持循序渐进，不断提高对外开放水平。

推进资本市场改革开放和稳定发展的任务是：以扩大直接融资、完善现代市场体系、更大程度地发挥市场在资源配置中的基础性作用为目标，建设透明高效、结构合理、机制健全、功能完善、运行安全的资本市场。要围绕这一目标，建立有利于各类企业筹集资金、满足多种投资需求和富有效率的资本市场体系；完善以市场为主导的产品创新机制，形成价格发现和风险管理并举、股票融资与债券融资相协调的资本市场产品结构；培育诚实守信、运作规范、治理机制健全的上市公司和市场中介群体，强化市场主体约束和优胜劣汰机制；健全职责定位明确、风险控制有效、协调配合到位的市场监管体制，切实保护投资者合法权益。

三、进一步完善相关政策，促进资本市场稳定发展

资本市场的稳定发展需要相应的政策引导和支持。各部门要进一步完善相关政策，为资本市场稳定发展营造良好环境。

完善证券发行上市核准制度。健全有利于各类优质企业平等利用资本市场的机制，提高资源配置效率。

重视资本市场的投资回报。要采取切实措施，改变部分上市公司重上市、轻转制、重筹资、轻回报的状况，提高上市公司的整体质量，为投资者提供分享经济增长成果、增加财富的机会。

鼓励合规资金入市。继续大力发展证券投资基金。支持保险资金以多种方式直接投资资本市场，逐步提高社会保障基金、企业补充养老基金、商业保险资金等投入资本市场的资金比例。要培养一批诚信、守法、专业的机构投资者，使基金管理公司和保险公司为主的机构投资者成为资本市场的主导力量。

拓宽证券公司融资渠道。继续支持符合条件的证券公司公开发行股票或发行债券筹集长期资金。完善证券公司质押贷款及进入银行间同业市场管理办法，制定证券公司收购兼并和证券承销业务贷款的审核标准，在健全风险控制机制的前提下，为证券公司使用贷款融通资金创造有利条件。稳步开展基金管理公司融资试点。

积极稳妥解决股权分置问题。规范上市公司非流通股份的转让行为，防止国有资产流失。稳步解决目前上市公司股份中尚不能上市流通股份的流通问题。在解决这一问题时要尊重市场规律，有利于市场的稳定和发展，切实保护投资者特别是公众投资者的合法权益。

完善资本市场税收政策。研究制定鼓励社会公众投资的税收政策，完善证券、期货公司的流转税和所得税征收管理办法，对具备条件的证券、期货公司实行所得税集中征管。

四、健全资本市场体系，丰富证券投资品种

建立多层次股票市场体系。在统筹考虑资本市场合理布局和功能定位的基础上，逐步建立满足不同类型企业融资需求的多层次资本市场体系，研究提出相应的证券发行上市条件并建立配套的公司选择机制。继续规范和发展主板市场，逐步改善主板市场上市公司结构。分步推进创业板市场建设，完善风险投资机制，拓展中小企业融资渠道。积极探索和完善统一监管下的股份转让制度。

积极稳妥发展债券市场。在严格控制风险的基础上，鼓励符合条件的企业通过发行公司债券筹集资金，改变债券融资发展相对滞后的状况，丰富债券市场品种，促进资本市场协调发展。制定和完善公司债券发行、交易、信息披露、信用评级等规章制度，建立健全资产抵押、信用担保等偿债保障机制。逐步建立集中监管、统一互联的债券市场。

稳步发展期货市场。在严格控制风险的前提下，逐步推出为大宗商品生产者和消费者提供发现价格和套期保值功能的商品期货品种。

建立以市场为主导的品种创新机制。研究开发与股票和债券相关的新品种及其衍生产品。加大风险较低的固定收益类证券产品的开发力度，为投资者提供储蓄替代型证券投资品种。积极探索并开发资产证券化品种。

五、进一步提高上市公司质量，推进上市公司规范运作

提高上市公司质量。上市公司的质量是证券市场投资价值的源泉。上市公司董事和高级管理人员要把股东利益最大化和不断提高盈利水平作为工作的出发点和落脚点。要进一步完善股票发行管理体制，推行证券发行上市保荐制度，支持竞争力强、运作规范、效益良好的公司发行上市，从源头上提高上市公司质量。鼓励已上市公司进行以市场为主导的、有利于公司持续发展的并购重组。进一步完善再融资政策，支持优质上市公司利用资本市场加快发展，做优做强。

规范上市公司运作。完善上市公司法人治理结构，按照现代企业制度要求，真正形成权力机构、决策机构、监督机构和经营管理者之间的制衡机制。强化董事和高管人员的诚信责任，进一步完善独立董事制度。规范控股股东行为，对损害上市公司和中小股东利益的控股股东进行责任追究。强化上市公司及其他信息披露义务人的责任，切实保证信息披露的真实性、准确性、完整性和及时性。建立健全上市公司高管人员的激励约束机制。

完善市场退出机制。要采取有效措施，结合多层次市场体系建设，进一步完善市场退出机制。在实现上市公司优胜劣汰的同时，建立对退市公司高管人员失职的责任追究机制，切实保护投资者的合法权益。

六、促进资本市场中介服务机构规范发展，提高执业水平

把证券、期货公司建设成为具有竞争力的现代金融企业。根据审慎监管原则，健全证券、期货公司的市场准入制度。督促证券、期货公司完善治理结构，规范其股东行为，强化董事会和经理人员的诚信责任。改革证券、期货客户交易结算资金管理制度，研究健全客户交易结算资金存管机制。严禁挪用客户资产，切实维护投资者合法权益。证券、期货公司要完善内控机制，加强对分支机构的集中统一管理。完善以净资本为核心的风险监控指标体系，督促证券、期货公司实施稳健的财务政策。鼓励证券、期货公司通过兼并重组、优化整合做优做强。建立健全证券、期货公司市场退出机制。

加强对其他中介服务机构的管理。规范发展证券期货投资咨询机构、证券资信评级机构，加强对会计师事务所、律师事务所和资产评估机构的管理，提高中介机构的专业化服务水平。

七、加强法制和诚信建设，提高资本市场监管水平

健全资本市场法规体系，加强诚信建设。按照大力发展资本市场的总体部署，健全有利于资本市场稳定发展和投资者权益保护的法规体系。要清理阻碍市场发展的行政法规、地方性法规、部门规章以及政策性文件，为大力发展资本市场创建良好的法制环境。要按照健全现代市场经济社会信用体系的要求，制定资本市场诚信准则，维护诚信秩序，对严重违法违规、严重失信的机构和个人坚决实施市场禁入措施。

推进依法行政，加强资本市场监管。按照深化行政审批制度改革和贯彻实施《行政许可法》的要求，提高执法人员的自身素质和执法水平。树立与时俱进的监管理念，建立健全与资本市场发展阶段相适应的监管方式，完善监管手段，提高监管效率。进一步充实监管力量，整合监管资源，培养一支政治素质和专业素质过硬的监管队伍。通过实施有效的市场监管，努力提高市场的公正性、透明度和效率，降低市场系统风险，保障市场参与者的合法权益。

发挥行业自律和舆论监督作用。要发挥证券期货交易所、登记结算公司、证券期货业协会、律师、会计师、资产评估等行业协会的自律管理作用。要引导和加强新闻媒体对证券期货市场的宣传和监督。

八、加强协调配合，防范和化解市场风险

营造良好的资本市场发展环境。资本市场的风险防范关系到国家的金融安全和国民经济的健康发展。各地区、各部门都要关心和支持资本市场的规范发展，在出台涉及资本市场的政策措施时，要充分考虑资本市场的敏感性、复杂性和特殊性，并建立信息共享、沟通便捷、职责明确的协调配合机制，为市场稳定发展创造良好的环境和条件。

共同防范和化解市场风险。各地区、各部门要切实履行《公司法》等有关法律法规规定的职责，采取有效措施防止和及时纠正发起人虚假出资、大股东或实际控制人侵占上市公司资产的行为；各地区和有关主管部门要依法加强对退市公司的管理，确保退市工作平稳顺利。对有重大经营风险必须退出资本市场或采取其他行政处置措施的证券、期货公司，地方人民政府、金融监管部门以及公安、司法等部门，要加强协调配合，按照法律法规和有关政策规定，采取积极有效措施做好风险处置工作。各地区、各部门必须建立应对资本市场突发事件的快速反应机制和防范化解风险的长效机制。

严厉打击证券期货市场违法活动。各地区要贯彻落实国务院关于整顿和规范市场经济秩序的有关精神，严格禁止本地区非法发行证券、非法设立证券期货经营机构、非法代理证券期货买卖、非法或变相设立证券期货交易场所及其他证券期货违法活动。财政、公安、审计、工商等政府部门和国有资产监督管理机构要加强协调配合，加大打击力度，维护资本市场秩序。

九、认真总结经验，积极稳妥地推进对外开放

严格履行我国加入世贸组织关于证券服务业对外开放的承诺。鼓励具备条件的境外证券机构参股证券公司和基金管理公司，继续试行合格的境外机构投资者制度。

积极利用境外资本市场。遵循市场规律和国际惯例，支持符合条件的内地企业到境外发行证券并上市。支持符合条件的内地机构和人员到境外从事与资本市场投资相关的服务业务和期货套期保值业务。认真研究合格的境内机构投资者制度。

加强交流与合作。落实与香港、澳门更紧密经贸合作安排。进一步加强与相关国际组织及境外证券监管机构的联系与合作。

大力发展资本市场是党中央、国务院从全局和战略出发作出的重要决策，各地区、各部门务必高度重视，树立全局观念，充分认识发展资本市场的重要性，坚定信心、抓住机遇、开拓创新，共同为资本市场发展创造条件，积极推动我国资本市场的改革开放和稳定发展，为实现全面建设小康社会的宏伟目标作出贡献。

国务院关于进一步推进西部大开发的若干意见

2004年3月11日　国发〔2004〕6号

各省、自治区、直辖市人民政府，国务院各部委、各直属机构：

实施西部大开发，是关系国家经济社会发展大局，关系民族团结和边疆稳定的重大战略部署。四年来，在党中央、国务院的正确领导下，以邓小平理论和“三个代表”重要思想为指导，各地区、各部门特别是西部地区广大干部群众奋发努力，西部大开发取得重要进展。基础设施建设迈出实质性步伐，生态建设和环境保护明显加强，科技教育加快发展，人才开发力度加大，特色产业发展步伐加快，改革开放取得新的突破，推动了西部地区经济社会发展和精神文明建设。对扩大国内需求，调整经济结构，促进东西互动，保持国民经济持续快速健康增长，巩固全国改革发展稳定的大局，作出了重要贡献。实践充分证明，党中央、国务院关于实施西部大开发的战略决策是完全正确的，关于西部大开发的政策措施和重点任务是符合实际的。

实施西部大开发是一项长期艰巨的历史任务。进一步推进西部大开发还面临许多矛盾和问题。基础设施落后仍然是制约西部地区发展的薄弱环节，生态环境局部有所改善、总体恶化的趋势尚未扭转，水资源短缺矛盾突出，教育、卫生等社会事业严重滞后，人才不足、流失严重等。解决这些矛盾和问题，既要有紧迫感，又要做好长期艰苦奋斗的准备，进行持续不懈的努力。

党的十六大和十六届三中全会明确指出，积极推进西部大开发，有效发挥中部地区综合优势，支持中西部地区加快改革发展，振兴东北地区等老工业基地，鼓励东部有条件地区率先基本实现现代化，促进区域经济协调发展，是全面建设小康社会和完善社会主义市场经济体制的重大举措。统筹区域发展，加快西部地区发展至关重要。没有西部地区的小康，就没有全国的小康。没有西部地区的现代化，就不能说实现了全国的现代化。因此，要进一步提高对西部大开发重大战略意义的认识，认真研究并深刻把握西部开发工作的规律性，把实施西部大开发作为一项重大任务列入重要议事日程，不断改进和加强对西部大开发的领导，充分调动各方面积极性，开创西部大开发的新局面。

继续推进西部大开发，要以邓小平理论和“三个代表”重要思想为指导，全面贯彻党的十六大和十六届三中全会精神，认真落实党中央、国务院关于实施西部大开发的战略部署、方针政策和重点任务。坚持解放思想，实事求是，与时俱进，按照完善社会主义市场经济的改革方向，不断探索西部大开发的新路子。坚持以人为本，树立全面、协调、可持续的发展观，按照“五个统筹”的要求，使经济发展与环境保护、社会进步协调推进，促进西部地区经济社会和人的全面发展。坚持一切从实际出发，积极进取，量力而行，有重点、有步骤地解决关系西部开发全局的重大问题。坚持把西部地区自力更生、艰苦奋斗与国家政策支持结合起来，更大程度地发挥市场配置资源的基础性作用，不断增强西部地区的自我发展能力。以更大的决心、更有力的措施、更扎实的工作，推动西部地区经济持续快速协调健康发展和社会全面进步。

进一步推进西部大开发，要总结经验，完善政策措施，抓好以下重点工作。

一、扎实推进生态建设和环境保护，实现生态改善和农民增收

生态建设和环境保护是西部大开发的重要任务和切入点。加强西部地区生态建设和环境保护，关系农民当前生计和长远利益，关系全国能否实现可持续发展。要以统筹实现生态改善、农民增收和地区经济发展为目标，认真搞好退耕还林、退牧还草、天然林保护、京津风沙源治理和已垦草原退耕还草等生态建设工程。

退耕还林要搞好规划，完善政策，突出重点，加强协调，稳步推进，近期要重点做好巩固成果的工作。优先治理25度以上的陡坡耕地和严重沙化耕地，特别是江河源头及两岸、湖泊水库周围的陡坡耕地。重点放在北方干旱半干旱土地沙化区、黄土高原水土流失严重区、南方岩溶石漠化集中区、长江中上游大江大湖周边区、青藏高原江河源头区和京津风沙源区等区域。要加强天然草原的恢复、治理和基本草场建设，把退牧还草工程和逐步转变牧民的生产生活方式结合起来。完善配套措施，创造条件，逐步从放牧、游牧转为舍饲和轮牧相结合，大力开发后续加工产业，不断提高广大牧民的生活水平和质量。已垦草原要加快实施退耕还草。继续推进天然林保护等工程，恢复生态系统的自我修复能力。

认真搞好“五个结合”，即把退耕还林、退牧还草与加强基本农田建设、农村能源建设、生态移民、后续产业发展、封山禁牧舍饲等配套保障措施结合起来。保持和提高粮食综合生产能力，保证国家粮食安全。继续坚持省级人民政府负总责，统筹安排各项任务，确保各项政策措施真正落实到位，切实解决农民增收和长远生计问题，保证退得下、还得上、能致富、不反弹。建立生态建设和环境保护补偿机制，鼓励各类投资主体投入生态建设和环境保护。

要从规划入手加强环境保护工作，坚持预防为主、保护优先，落实重要生态功能区的保护任务，加强重大建设项目的环境监管，加强工业污染防治，加强城市污水、垃圾、大气等环境综合整治，加大矿区环境保护与整治的力度。

二、继续加快基础设施重点工程建设，为西部地区加快发展打好基础

基础设施建设事关西部开发全局。要从战略高度着眼，注重科学布局。加强重大项目前期工作，条件成熟一批，开工一批。加大投入力度，保证工程质量，重大工程要干一项，成一项。继续集中力量建设好青藏铁路、西气东输、西电东送、水利枢纽、交通干线等重大项目。

坚持把水资源的合理开发利用和节约保护放在首要位置，加快推行节水技术和节水措施，加强各类节水设施建设。推进重点流域综合治理、水资源科学调配、水源涵养地保护。因地制宜地建设大中小型水利工程。有效防治水污染，促进污水资源化，加强地下水资源勘查和监测。以水资源的承受能力为前提，合理规划产业布局，禁止在缺水地区上高耗水项目。大力发展节水型产业，积极建设节水型社会。继续做好南水北调西线工程前期工作。加强综合交通运输网络建设，发挥综合效益。5年内建成“五纵七横”国道主干线西部路段，到2010年建成西部开发八条公路干线。加快跨区域铁路通道建设。逐步完善以干线机场为中心、干线机场与支线机场相协调的航空网络。加强内河航运基础设施建设，改善内河通航条件。加强综合能源体系建设，发挥西部地区作为全国石油天然气生产和加工基地的作用，建设一批大型高产、高效、低排污煤炭生产基地。大力开发水电，合理配置火电，建立合理的西电东送电价机制，对水电的实际税赋进行合理调整，支持西部地区水电发展。加强信息基础网络建设。加快建立电信普遍服务基金和邮政普遍服务补偿机制，支持西部地区和其他地区农村普及电信和邮政服务。继续实施“西新”工程，进一步扩大广播电视覆盖率。加强城市交通、供电、通信、给排水、环保、消防等基础设施建设。加强工程管理，建立重大项目的后评估制度。

三、进一步加强农业和农村基础设施建设，加快改善农民生产生活条件

加强西部地区农业和农村基础设施建设，改善农民生产生活条件，是促进农村经济社会发展，加快实现小康的重大举措。要以增加农民收入为中心，加快农业结构调整，大力发展特色农业、旱作节水农业和生态农业。发挥西部地区气候多样化和生物多样性的优势，积极发展棉花、糖料、水果、肉类、奶类、毛绒类、花卉、中药材等特色农产品及其深加工。建立健全农产品市场体系。支持一批龙头企业、生产基地、农产品加工中心和市场流通基础设施建设，推进农业产业化经营。

建成通县油路，推进县际公路建设，逐步建设县乡公路。在国家给予适当资金补助的基础上，广泛动员农民和其他社会力量参与节水灌溉、人畜饮水、农村道路、农村沼气、农村水电、草场围栏等小型公共工程建设。拓宽农民参与公共工程建设、外出打工等增收渠道。继续减轻农民税费负担。办好乡镇企业，大力发展县域经济，加快城镇化进程，促进农村富余劳动力转移就业。对一些经济发展明显落后、少数民族人口较多、国防或生态位置重要的贫困地区，国家给予重点支持，进行集中连片开发。继续开展“兴边富民”行动。

四、大力调整产业结构，积极发展有特色的优势产业

调整和优化产业结构，大力发展特色经济，促进资源优势向产业优势、经济优势转化，是增强西部地区自我发展能力、扩大社会就业、改善人民生活的根本大计。要密切结合西部地区资源特点和产业优势，以市场为导向，积极发展能源、矿业、机械、旅游、特色农业、中药材加工等优势产业。促进西部地区传统优势产业参与国内外竞争，充分发挥国防科技工业优势，推广应用信息技术，在有条件的地方发展高新技术产业，探索一条适合西部地区的新型工业化道路。把发展优势产业和调整改造西部老工业基地结合起来，提高老工业城市的经济实力和竞争能力。加强西部地区矿产资源勘探，增加公益性调查评价的资金投入。严格整顿矿业秩序，对重要矿产资源实行强制性保护，提高资源综合利用率，有序推进矿业市场改革和开放，逐步将西部地区建设成为全国能源、矿产资源主要接替区。

发展特色优势产业要因地制宜，以企业为主体、市场为导向、效益为中心、先进适用技术为支撑、保护环境为前提，切实防止盲目投资和低水平重复建设，严格控制被淘汰的生产工艺、设备转移到西部地区。合理调整全国产业分工格局，支持西部地区具备基本条件的地方发展资源深加工项目，由国家投资或需要国家批准的重点项目，只要西部地区有优势资源、有市场，优先安排在西部地区。根据不同地区的特色和比较优势，加强跨省区的经济合作与协调。

五、积极推进重点地带开发，加快培育区域经济增长极

贯彻以线串点、以点带面的区域发展指导方针，依托水陆交通干线，重点发展一批中心城市，形成新的经济增长极。积极培育并形成西陇海兰新线经济带、长江上游经济带和南贵昆经济区等重点经济区域。制订区域规划，加大交通、通信、市政等基础设施的建设力度，逐步建成通江达海的骨干交通网络、快速便捷的通信网络和生产要素集聚的城镇体系。支持重点地带优势产业及企业加快发展，在项目布局、市场体系建设、信贷投入、利用国内外资金等方面给予扶持和帮助。发挥中心城市的辐射带动作用，形成区域性的经济、交通、物流、金融、信息、技术和人才中心，带动周围地区和广大农村发展。对西部地区经济技术开发区、国家级高新技术产业开发区的园区内基础设施建设贷款，继续提供财政贴息支持。

六、大力加强科技教育卫生文化等社会事业，促进经济和社会协调发展

加强科技、教育、卫生、文化等社会事业，提高劳动者素质，促进经济社会协调发展，是进一步推进西部大开发的重要任务。要加强科普工作，加大推广先进适用技术力度。加强西部地区科技能力及重点科研基地建设，提高西部开发重点任务的技术支撑水平。要把优先发展教育作为基础性、战略性任务来抓，到2007年，西部地区普及九年义务教育人口覆盖率达到85%以上，青壮年文盲率降到5%以下。要完善教育经费保障机制，加大中央财政和省级财政对农村义务教育的支持，新增财政收入用于支持农村教育发展的部分向西部地区农村倾斜，支持中小学校建设的中央财政专项资金继续向西部地区倾斜。逐步对义务教育阶段家庭经济困难学生免除杂费、书本费，对寄宿生补助生活费。继续加强教育对口支援工作。国家继续在资金投入和政策措施上给予倾斜，支持西部地区高等教育发展。

大力支持西部地区卫生事业发展，加强公共卫生设施建设，完善疾病预防控制体系和医疗救治体系。逐步建立和完善新型合作医疗制度、贫困农民家庭医疗救助制度，建立健全县、乡、村三级卫生服务网络，重点支持以乡镇卫生院为主体的农村医疗设施建设。加强重大传染病和地方病的防治。加强人口和计划生育工作，采取经济措施建立农村部分计划生育家庭奖励扶助制度，鼓励贫困地区农民家庭“少生快富”，降低出生率，提高人口素质。继续加强西部地区文化艺术、广播影视、新闻出版和农村基层公共文化服务网络和文化设施建设，加强西部地区民族民间传统文化的保护工作。

七、深化经济体制改革，为西部地区发展创造良好环境

大力改善投资环境，充分发挥市场机制作用，吸引国内外资金、技术和人才投入西部开发，是西部地区加快发展的根本性措施。要增强紧迫感，进一步解放思想，转变观念，以深化行政审批制度改革为突破口，切实把政府经济管理职能转变到主要为市场主体服务和创造良好发展环境上来。大力加强公务员队伍建设，依法规范行政和执法行为，强化服务意识，提高行政效率。完善市场体系，规范市场秩序，打击假冒伪劣等经济欺诈行为，依法保护知识产权。积极推行公有制特别是国有制的多种有效实现形式，加快调整国有经济布局和结构，积极鼓励、支持和引导个体、私营等非公有制经济发展。努力扩大社会就业，健全社会保障体系。进一步放宽非公有制经济投资准入领域，鼓励社会资本参与基础设施和生态环境建设、优势产业发展，参股、兼并和重组国有企业。支持国有企业改革、改组、改造的各项政策措施向西部地区倾斜。落实社会治安综合治理各项措施，维护安定团结的社会局面。

加强西部与东部、中部地区之间的经济交流与合作，建立市场化的跨地区企业协作机制，把东部、中部地区的资金、技术和人才优势与西部地区的资源、市场和劳动力优势结合起来，实现优势互补、互惠互利，共同发展。加大东部地区和中央单位对口支援西部地区的工作力度。深化涉外经济体制改革，进一步扩大对外开放，更好地利用外资加快发展。建立以企业为主体的对外招商引资新机制，提高招商引资实效，依托优势产业、重点工程、重点地带，吸引外来投资。逐步放宽西部地区保险、旅游、运输等服务领域的外资准入限制条件。采取有力措施推动西部地区发展对外贸易和经济技术合作，全方位、多形式地扩大与周边国家和地区的经济合作和技术交流，努力开拓国际贸易和边境贸易。

八、拓宽资金渠道，为西部大开发提供资金保障

建立长期稳定的西部开发资金渠道，是持续推进西部大开发的重要保障。要继续保持用长期建设国债等中央建设性资金支持西部开发的投资力度，采取多种方式筹集西部开发专项资金。中央财政性建设资金、其他专项建设资金继续向西部地区基础设施建设倾斜。创新重大基础设施建设投入机制，采取多种方式鼓励和引导社会资金和境外资金参与基础设施建设。进一步加大中央财政对西部地区的转移支付力度。拓宽西部开发间接和直接融资渠道。鼓励各金融机构采取银团贷款、混合贷款、委托理财、融资租赁、股权信托等多种方式，加大对西部地区的金融支持。加快商业银行对西部地区国债配套贷款项目的评估审贷速度，提高贷款审核效率。支持国家政策性银行扩大贷款规模，延长贷款期限，支持西部地区基础设施建设、进出口贸易。进一步推进西部地区农村金融体系建设，加大农村信用社改革力度，继续扩大农户小额贷款和农户联保贷款，支持有生产能力、守信用的贫困农户尽快脱贫致富。加强扶贫贴息贷款管理，增加对西部地区信贷投入。积极支持西部地区符合条件的企业优先发行企业债券，支持西部地区符合条件的企业发行股票。修改、完善并适时出台产业投资基金管理暂行办法，优先在西部地区组织试点，支持西部地区以股权投资方式吸引内外资。提高西部地区利用国际组织和外国政府赠款及国外优惠贷款的比例。

九、加强西部地区人才队伍建设，为西部大开发提供有力的人才保障

西部大开发，关键在人才，特别是领导干部和高层次专业人才。要贯彻人才强国战略，认真实施《西部地区人才开发十年规划》。落实干部交流和人才培训任务，促进西部地区党政人才队伍、专业技术人才队伍和企业经营管理人才队伍协调发展。加大干部的交流力度，通过调动任职、挂职锻炼、对口支援等多种方式，每年选派相当数量和相应级别的干部到西部地区县级以上领导班子中工作，适当延长西部地区县级以上干部到东部地区、中央和国家机关单位挂职锻炼期限。逐步完善艰苦边远地区津贴制度。建立科技、教育、卫生、文化等专业人才定期到西部地区农村支援工作的制度。加快研究制定有利于西部地区留住人才、吸引人才、用好人才的政策措施，鼓励各类人才及大中专毕业生到西部地区发展、创业。把组织选派与发挥人才市场的作用结合起来，尽快建立起人才开发新机制。以就业和再就业为导向，依托西部地区现有职业教育培训资源，充分利用东部地区职业教育资源，加强西部地区各类适用人才和劳务输出人员的职业技能培训和创业培训，加强少数民族干部和人才培养。组织和协调各地区各部门多渠道地为西部大开发提供智力服务和人才支持。对于西部地区人才培训给予资金补助，加强西部地区人才开发的国际合作。

十、加快法制建设步伐，加强对西部开发工作的组织领导

加强西部大开发的法制建设和组织领导，是进一步推进西部大开发的基本保障。要借鉴世界发达国家开发欠发达地区的经验，结合我国西部开发的实践，本着注重实效、突出重点、逐步完善的原则，加快西部开发法制建设步伐，为西部大开发提供法律保障。抓紧起草《西部开发促进法》和《西部开发生态环境保护监督条例》等法律法规，逐步建立和完善西部开发法律法规体系。西部地区各级人民政府公务人员要提高法制意识，确保法律法规的有效实施，树立诚信政府形象，为推进西部大开发打造良好的法制环境。

加强对西部开发工作的组织领导和综合协调。要建立专家咨询制度，提高科学、民主决策水平。各地区、各部门要加强和稳定西部开发工作机构和人员。要进一步增强责任感和使命感，加强对西部开发工作的领导，把实施西部大开发纳入重要议事日程，放在突出位置，加大贯彻实施西部大开发战略的工作力度，研究制定推进西部开发的具体政策措施。西部地区要认真落实中央关于西部大开发的战略决策、指导方针和各项重点任务，发扬自力更生、艰苦奋斗精神，创造性地开展工作。东部和中部地区要继续积极支持和参与西部大开发。国务院西部地区开发领导小组办公室要加强与各地区、各部门的联系和沟通，健全西部开发工作机制，加强调查研究、综合协调和督促检查，对重大问题提出政策建议，协调解决西部开发中遇到的各种问题。各方面要共同努力，团结奋斗，坚持不懈地把西部大开发扎实向前推进。

国务院关于投资体制改革的决定

2004 年 7 月 16 日　国发［2004］20 号

各省、自治区、直辖市人民政府，国务院各部委、各直属机构：

改革开放以来，国家对原有的投资体制进行了一系列改革，打破了传统计划经济体制下高度集中的投资管理模式，初步形成了投资主体多元化、资金来源多渠道、投资方式多样化、项目建设市场化的新格局。但是，现行的投资体制还存在不少问题，特别是企业的投资决策权没有完全落实，市场配置资源的基础性作用尚未得到充分发挥，政府投资决策的科学化、民主化水平需要进一步提高，投资宏观调控和监管的有效性需要增强。为此，国务院决定进一步深化投资体制改革。

一、深化投资体制改革的指导思想和目标

（一）深化投资体制改革的指导思想是：按照完善社会主义市场经济体制的要求，在国家宏观调控下充分发挥市场配置资源的基础性作用，确立企业在投资活动中的主体地位，规范政府投资行为，保护投资者的合法权益，营造有利于各类投资主体公平、有序竞争的市场环境，促进生产要素的合理流动和有效配置，优化投资结构，提高投资效益，推动经济协调发展和社会全面进步。

（二）深化投资体制改革的目标是：改革政府对企业投资的管理制度，按照“谁投资、谁决策、谁收益、谁承担风险”的原则，落实企业投资自主权；合理界定政府投资职能，提高投资决策的科学化、民主化水平，建立投资决策责任追究制度；进一步拓宽项目融资渠道，发展多种融资方式；培育规范的投资中介服务组织，加强行业自律，促进公平竞争；健全投资宏观调控体系，改

进调控方式，完善调控手段；加快投资领域的立法进程；加强投资监管，维护规范的投资和建设市场秩序。通过深化改革和扩大开放，最终建立起市场引导投资、企业自主决策、银行独立审贷、融资方式多样、中介服务规范、宏观调控有效的新型投资体制。

二、转变政府管理职能，确立企业的投资主体地位

（一）改革项目审批制度，落实企业投资自主权。彻底改革现行不分投资主体、不分资金来源、不分项目性质，一律按投资规模大小分别由各级政府及有关部门审批的企业投资管理办法。对于企业不使用政府投资建设的项目，一律不再实行审批制，区别不同情况实行核准制和备案制。其中，政府仅对重大项目和限制类项目从维护社会公共利益角度进行核准，其他项目无论规模大小，均改为备案制，项目的市场前景、经济效益、资金来源和产品技术方案等均由企业自主决策、自担风险，并依法办理环境保护、土地使用、资源利用、安全生产、城市规划等许可手续和减免税确认手续。对于企业使用政府补助、转贷、贴息投资建设的项目，政府只审批资金申请报告。各地区、各部门要相应改进管理办法，规范管理行为，不得以任何名义截留下放给企业的投资决策权利。

（二）规范政府核准制。要严格限定实行政府核准制的范围，并根据变化的情况适时调整。《政府核准的投资项目目录》（以下简称《目录》）由国务院投资主管部门会同有关部门研究提出，报国务院批准后实施。未经国务院批准，各地区、各部门不得擅自增减《目录》规定的范围。

企业投资建设实行核准制的项目，仅需向政府提交项目申请报告，不再经过批准项目建议书、可行性研究报告和开工报告的程序。政府对企业提交的项目申请报告，主要从维护经济安全、合理开发利用资源、保护生态环境、优化重大布局、保障公共利益、防止出现垄断等方面进行核准。对于外商投资项目，政府还要从市场准入、资本项目管理等方面进行核准。政府有关部门要制定严格规范的核准制度，明确核准的范围、内容、申报程序和办理时限，并向社会公布，提高办事效率，增强透明度。

（三）健全备案制。对于《目录》以外的企业投资项目，实行备案制，除国家另有规定外，由企业按照属地原则向地方政府投资主管部门备案。备案制的具体实施办法由省级人民政府自行制定。国务院投资主管部门要对备案工作加强指导和监督，防止以备案的名义变相审批。

（四）扩大大型企业集团的投资决策权。基本建立现代企业制度的特大型企业集团，投资建设《目录》内的项目，可以按项目单独申报核准，也可编制中长期发展建设规划，规划经国务院或国务院投资主管部门批准后，规划中属于《目录》内的项目不再另行申报核准，只须办理备案手续。企业集团要及时向国务院有关部门报告规划执行和项目建设情况。

（五）鼓励社会投资。放宽社会资本的投资领域，允许社会资本进入法律法规未禁入的基础设施、公用事业及其他行业和领域。逐步理顺公共产品价格，通过注入资本金、贷款贴息、税收优惠等措施，鼓励和引导社会资本以独资、合资、合作、联营、项目融资等方式，参与经营性的公益事业、基础设施项目建设。对于涉及国家垄断资源开发利用、需要统一规划布局的项目，政府在确定建设规划后，可向社会公开招标选定项目业主。鼓励和支持有条件的各种所有制企业进行境外投资。

（六）进一步拓宽企业投资项目的融资渠道。允许各类企业以股权融资方式筹集投资资金，逐步建立起多种募集方式相互补充的多层次资本市场。经国务院投资主管部门和证券监管机构批准，选择一些收益稳定的基础设施项目进行试点，通过公开发行股票、可转换债券等方式筹集建设资金。在严格防范风险的前提下，改革企业债券发行管理制度，扩大企业债券发行规模，增加企业债券品种。按照市场化原则改进和完善银行的固定资产贷款审批和相应的风险管理制度，运用银团贷款、融资租赁、项目融资、财务顾问等多种业务方式，支持项目建设。允许各种所有制企业按照有关规定申请使用国外贷款。制定相关法规，组织建立中小企业融资和信用担保体系，鼓励银行和各类合格担保机构对项目融资的担保方式进行研究创新，采取多种形式增强担保机构资本实力，推动设立中小企业投资公司，建立和完善创业投资机制。规范发展各类投资基金。鼓励和促进保险资金间接投资基础设施和重点建设工程项目。

（七）规范企业投资行为。各类企业都应严格遵守国土资源、环境保护、安全生产、城市规划等法律法规，严格执行产业政策和行业准入标准，不得投资建设国家禁止发展的项目；应诚信守法，维护公共利益，确保工程质量，提高投资效益。国有和国有控股企业应按照国有资产管理体制改革和现代企业制度的要求，建立和完善国有资产出资人制度、投资风险约束机制、科学民主的投资决策制度和重大投资责任追究制度。严格执行投资项目的法人责任制、资本金制、招标投标制、工程监理制和合同管理制。

三、完善政府投资体制，规范政府投资行为

（一）合理界定政府投资范围。政府投资主要用于关系国家安全和市场不能有效配置资源的经济和社会领域，包括加强公益性和公共基础设施建设，保护和改善生态环境，促进欠发达地区的经济和社会发展，推进科技进步和高新技术产业化。能够由社会投资建设的项目，尽可能利用社会资金建设。合理划分中央政府与地方政府的投资事权。中央政府投资除本级政权等建设外，主要安排跨地区、跨流域以及对经济和社会发展全局有重大影响的项目。

（二）健全政府投资项目决策机制。进一步完善和坚持科学的决策规则和程序，提高政府投资项目决策的科学化、民主化水平；政府投资项目一般都要经过符合资质要求的咨询中介机构的评估论证，咨询评估要引入竞争机制，并制定合理的竞争规则；特别重大的项目还应实行专家评议制度；逐步实行政府投资项目公示制度，广泛听取各方面的意见和建议。

（三）规范政府投资资金管理。编制政府投资的中长期规划和年度计划，统筹安排、合理使用各类政府投资资金，包括预算内投资、各类专项建设基金、统借国外贷款等。政府投资资金按项目安排，根据资金来源、项目性质和调控需要，可分别采取直接投资、资本金注入、投资补助、转贷和贷款贴息等方式。以资本金注入方式投入的，要确定出资人代表。要针对不同的资金类型和资金运用方式，确定相应的管理办法，逐步实现政府投资的决策程序和资金管理的科学化、制度化和规范化。

（四）简化和规范政府投资项目审批程序，合理划分审批权限。按照项目性质、资金来源和事权划分，合理确定中央政府与地方政府之间、国务院投资主管部门与有关部门之间的项目审批权限。对于政府投资项目，采用直接投资和资本金注入方式的，从投资决策角度只审批项目建议书和可行性研究报告，除特殊情况外不再审批开工报告，同时应严格政府投资项目的初步设计、概算审批工作；采用投资补助、转贷和贷款贴息方式的，只审批资金申请报告。具体的权限划分和审批程序由国务院投资主管部门会同有关方面研究制定，报国务院批准后颁布实施。

（五）加强政府投资项目管理，改进建设实施方式。规范政府投资项目的建设标准，并根据情况变化及时修订完善。按项目建设进度下达投资资金计划。加强政府投资项目的中介服务管理，对咨询评估、招标代理等中介机构实行资质管理，提高中介服务质量。对非经营性政府投资项目加快推行“代建制”，即通过招标等方式，选择专业化的项目管理单位负责建设实施，严格控制项目投资、质量和工期，竣工验收后移交给使用单位。增强投资风险意识，建立和完善政府投资项目的风险管理机制。

（六）引入市场机制，充分发挥政府投资的效益。各级政府要创造条件，利用特许经营、投资补助等多种方式，吸引社会资本参与有合理回报和一定投资回收能力的公益事业和公共基础设施项目建设。对于具有垄断性的项目，试行特许经营，通过业主招标制度，开展公平竞争，保护公众利益。已经建成的政府投资项目，具备条件的经过批准可以依法转让产权或经营权，以回收的资金滚动投资于社会公益等各类基础设施建设。

四、加强和改善投资的宏观调控

（一）完善投资宏观调控体系。国家发展和改革委员会要在国务院领导下会同有关部门，按照职责分工，密切配合、相互协作、有效运转、依法监督，调控全社会的投资活动，保持合理投资规模，优化投资结构，提高投资效益，促进国民经济持续快速协调健康发展和社会全面进步。

（二）改进投资宏观调控方式。综合运用经济的、法律的和必要的行政手段，对全社会投资进行以间接调控方式为主的有效调控。国务院有关部门要依据国民经济和社会发展中长期规划，编制教育、科技、卫生、交通、能源、农业、林业、水利、生态建设、环境保护、战略资源开发等重要领域的发展建设规划，包括必要的专项发展建设规划，明确发展的指导思想、战略目标、总体布局和主要建设项目等。按照规定程序批准的发展建设规划是投资决策的重要依据。各级政府及其有关部门要努力提高政府投资效益，引导社会投资。制定并适时调整国家固定资产投资指导目录、外商投资产业指导目录，明确国家鼓励、限制和禁止投资的项目。建立投资信息发布制度，及时发布政府对投资的调控目标、主要调控政策、重点行业投资状况和发展趋势等信息，引导全社会投资活动。建立科学的行业准入制度，规范重点行业的环保标准、安全标准、能耗水耗标准和产品技术、质量标准，防止低水平重复建设。

（三）协调投资宏观调控手段。根据国民经济和社会发展要求以及宏观调控需要，合理确定政府投资规模，保持国家对全社会投资的积极引导和有效调控。灵活运用投资补助、贴息、价格、利率、税收等多种手段，引导社会投资，优化投资的产业结构和地区结构。适时制定和调整信贷政策，引导中长期贷款的总量和投向。严格和规范土地使用制度，充分发挥土地供应对社会投资的调控和引导作用。

（四）加强和改进投资信息、统计工作。加强投资统计工作，改革和完善投资统计制度，进一步及时、准确、全面地反映全社会固定资产存量和投资的运行态势，并建立各类信息共享机制，为投资宏观调控提供科学依据。建立投资风险预警和防范体系，加强对宏观经济和投资运行的监测分析。

五、加强和改进投资的监督管理

（一）建立和完善政府投资监管体系。建立政府投资责任追究制度，工程咨询、投资项目决策、设计、施工、监理等部门和单位，都应有相应的责任约束，对不遵守法律法规给国家造成重大损失的，要依法追究有关责任人的行政和法律责任。完善政府投资制衡机制，投资主管部门、财政主管部门以及有关部门，要依据职能分工，对政府投资的管理进行相互监督。审计机关要依法全面履行职责，进一步加强对政府投资项目的审计监督，提高政府投资管理水平和投资效益。完善重大项目稽察制度，建立政府投资项目后评价制度，对政府投资项目进行全过程监管。建立政府投资项目的社会监督机制，鼓励公众和新闻媒体对政府投资项目进行监督。

（二）建立健全协同配合的企业投资监管体系。国土资源、环境保护、城市规划、质量监督、银行监管、证券监管、外汇管理、工商管理、安全生产监管等部门，要依法加强对企业投资活动的监管，凡不符合法律法规和国家政策规定的，不得办理相关许可手续。在建设过程中不遵守有关法律法规的，有关部门要责令其及时改正，并依法严肃处理。各级政府投资主管部门要加强对企业投资项目的事中和事后监督检查，对于不符合产业政策和行业准入标准的项目，以及不按规定履行相应核准或许可手续而擅自开工建设的项目，要责令其停止建设，并依法追究有关企业和人员的责任。审计机关依法对国有企业的投资进行审计监督，促进国有资产保值增值。建立企业投资诚信制度，对于在项目申报和建设过程中提供虚假信息、违反法律法规的，要予以惩处，并公开披露，在一定时间内限制其投资建设活动。

（三）加强对投资中介服务机构的监管。各类投资中介服务机构均须与政府部门脱钩，坚持诚信原则，加强自我约束，为投资者提供高质量、多样化的中介服务。鼓励各种投资中介服务机构采取合伙制、股份制等多种形式改组改造。健全和完善投资中介服务机构的行业协会，确立法律规范、政府监督、行业自律的行业管理体制。打破地区封锁和行业垄断，建立公开、公平、公正的投资中介服务市场，强化投资中介服务机构的法律责任。

（四）完善法律法规，依法监督管理。建立健全与投资有关的法律法规，依法保护投资者的合法权益，维护投资主体公平、有序竞争，投资要素合理流动、市场发挥配置资源的基础性作用的市场环境，规范各类投资主体的投资行为和政府的投资管理活动。认真贯彻实施有关法律法规，严格财经纪律，堵塞管理漏洞，降低建设成本，提高投资效益。加强执法检查，培育和维护规范的建设市场秩序。

附件：政府核准的投资项目目录（2004年本）

附件

政府核准的投资项目目录（2004年本）

简要说明：

（一）本目录所列项目，是指企业不使用政府性资金投资建设的重大和限制类固定资产投资项目。

（二）企业不使用政府性资金投资建设本目录以外的项目，除国家法律法规和国务院专门规定禁止投资的项目以外，实行备案管理。

（三）国家法律法规和国务院有专门规定的项目的审批或核准，按有关规定执行。

（四）本目录对政府核准权限作出了规定。其中：

1. 目录规定“由国务院投资主管部门核准”的项目，由国务院投资主管部门会同行业主管部门核准，其中重要项目报国务院核准。

2. 目录规定“由地方政府投资主管部门核准”的项目，由地方政府投资主管部门会同同级行业主管部门核准。省级政府可根据当地情况和项目性质，具体划分各级地方政府投资主管部门的核准权限，但目录明确规定“由省级政府投资主管部门核准”的，其核准权限不得下放。

3. 根据促进经济发展的需要和不同行业的实际情况，可对特大型企业的投资决策权限特别授权。

（五）本目录为2004年本。根据情况变化，将适时调整。

一、农林水利

农业：涉及开荒的项目由省级政府投资主管部门核准。

水库：国际河流和跨省（区、市）河流上的水库项目由国务院投资主管部门核准，其余项目由地方政府投资主管部门核准。

其他水事工程：需中央政府协调的国际河流、涉及跨省（区、市）水资源配置调整的项目由国务院投资主管部门核准，其余项目由地方政府投资主管部门核准。

二、能源

（一）电力。

水电站：在主要河流上建设的项目和总装机容量25万千瓦及以上项目由国务院投资主管部门核准，其余项目由地方政府投资主管部门核准。

抽水蓄能电站：由国务院投资主管部门核准。

火电站：由国务院投资主管部门核准。

热电站：燃煤项目由国务院投资主管部门核准，其余项目由地方政府投资主管部门核准。

风电站：总装机容量5万千瓦及以上项目由国务院投资主管部门核准，其余项目由地方政府投资主管部门核准。

核电站：由国务院核准。

电网工程：330千伏及以上电压等级的电网工程由国务院投资主管部门核准，其余项目由地方政府投资主管部门核准。

（二）煤炭。

煤矿：国家规划矿区内的煤炭开发项目由国务院投资主管部门核准，其余一般煤炭开发项目由地方政府投资主管部门核准。

煤炭液化：年产50万吨及以上项目由国务院投资主管部门核准，其他项目由地方政府投资主管部门核准。

（三）石油、天然气。

原油：年产100万吨及以上的新油田开发项目由国务院投资主管部门核准，其他项目由具有石油开采权的企业自行决定，报国务院投资主管部门备案。

天然气：年产20亿立方米及以上新气田开发项目由国务院投资主管部门核准，其他项目由具有天然气开采权的企业自行决定，报国务院投资主管部门备案。

液化石油气接收、存储设施（不含油气田、炼油厂的配套项目）：由省级政府投资主管部门核准。

进口液化天然气接收、储运设施：由国务院投资主管部门核准。

国家原油存储设施：由国务院投资主管部门核准。

输油管网（不含油田集输管网）：跨省（区、市）干线管网项目由国务院投资主管部门核准。

输气管网（不含油气田集输管网）：跨省（区、市）或年输气能力5亿立方米及以上项目由国务院投资主管部门核准，其余项目由省级政府投资主管部门核准。

三、交通运输

（一）铁道。

新建（含增建）铁路：跨省（区、市）或100公里及以上项目由国务院投资主管部门核准，其余项目按隶属关系分别由国务院行业主管部门或省级政府投资主管部门核准。

（二）公路。

公路：国道主干线、西部开发公路干线、国家高速公路网、跨省（区、市）的项目由国务院投资主管部门核准，其余项目由地方政府投资主管部门核准。

独立公路桥梁、隧道：跨境、跨海湾、跨大江大河（通航段）的项目由国务院投资主管部门核准，其余项目由地方政府投资主管部门核准。

（三）水运。

煤炭、矿石、油气专用泊位：新建港区和年吞吐能力200万吨及以上项目由国务院投资主管部门核准，其余项目由省级政府投资主管部门核准。

集装箱专用码头：由国务院投资主管部门核准。

内河航运：千吨级以上通航建筑物项目由国务院投资主管部门核准，其余项目由地方政府投资主管部门核准。

（四）民航。

新建机场：由国务院核准。

扩建机场：总投资10亿元及以上项目由国务院投资主管部门核准，其余项目按隶属关系由国务院行业主管部门或地方政府投资主管部门核准。

扩建军民合用机场：由国务院投资主管部门会同军队有关部门核准。

四、信息产业

电信：国内干线传输网（含广播电视网）、国际电信传输电路、国际关口站、专用电信网的国际通信设施及其他涉及信息安全的电信基础设施项目由国务院投资主管部门核准。

邮政：国际关口站及其他涉及信息安全的邮政基础设施项目由国务院投资主管部门核准。

电子信息产品制造：卫星电视接收机及关键件、国家特殊规定的移动通信系统及终端等生产项目由国务院投资主管部门核准。

五、原材料

钢铁：已探明工业储量5000万吨及以上规模的铁矿开发项目和新增生产能力的炼铁、炼钢、轧钢项目由国务院投资主管部门核准，其他铁矿开发项目由省级政府投资主管部门核准。

有色：新增生产能力的电解铝项目、新建氧化铝项目和总投资5亿元及以上的矿山开发项目由国务院投资主管部门核准，其他矿山开发项目由省级政府投资主管部门核准。

石化：新建炼油及扩建一次炼油项目、新建乙烯及改扩建新增能力超过年产20万吨乙烯项目，由国务院投资主管部门核准。

化工原料：新建PTA、PX、MDI、TDI项目，以及PTA、PX改造能力超过年产10万吨的项目，由国务院投资主管部门核准。

化肥：年产50万吨及以上钾矿肥项目由国务院投资主管部门核准，其他磷、钾矿肥项目由地方政府投资主管部门核准。

水泥：除禁止类项目外，由省级政府投资主管部门核准。

稀土：矿山开发、冶炼分离和总投资1亿元及以上稀土深加工项目由国务院投资主管部门核准，其余稀土深加工项目由省级政府投资主管部门核准。

黄金：日采选矿石500吨及以上项目由国务院投资主管部门核准，其他采选矿项目由省级政府投资主管部门核准。

六、机械制造

汽车：按照国务院批准的专项规定执行。

船舶：新建10万吨级以上造船设施（船台、船坞）和民用船舶中、低速柴油机生产项目由国务院投资主管部门核准。

城市轨道交通：城市轨道交通车辆、信号系统和牵引传动控制系统制造项目由国务院投资主管部门核准。

七、轻工烟草

纸浆：年产10万吨及以上纸浆项目由国务院投资主管部门核准，年产3.4(含)万吨—10(不含)万吨纸浆项目由省级政府投资主管部门核准，其他纸浆项目禁止建设。

变性燃料乙醇：由国务院投资主管部门核准。

聚酯：日产300吨及以上项目由国务院投资主管部门核准。

制盐：由国务院投资主管部门核准。

糖：日处理糖料1500吨及以上项目由省级政府投资主管部门核准，其他糖料项目禁止建设。

烟草：卷烟、烟用二醋酸纤维素及丝束项目由国务院投资主管部门核准。

八、高新技术

民用航空航天：民用飞机（含直升机）制造、民用卫星制造、民用遥感卫星地面站建设项目由国务院投资主管部门核准。

九、城建

城市快速轨道交通：由国务院核准。

城市供水：跨省（区、市）日调水50万吨及以上项目由国务院投资主管部门核准，其他城市供水项目由地方政府投资主管部门核准。

城市道路桥梁：跨越大江大河（通航段）、重要海湾的桥梁、隧道项目由国务院投资主管部门核准。

其他城建项目：由地方政府投资主管部门核准。

十、社会事业

教育、卫生、文化、广播电影电视：大学城、医学城及其他园区性建设项目由国务院投资主管部门核准。

旅游：国家重点风景名胜区、国家自然保护区、国家重点文物保护单位区域内总投资5000万元及以上旅游开发和资源保护设施，世界自然、文化遗产保护区内总投资3000万元及以上项目由国务院投资主管部门核准。

体育：F1赛车场由国务院投资主管部门核准。

娱乐：大型主题公园由国务院核准。

其他社会事业项目：按隶属关系由国务院行业主管部门或地方政府投资主管部门核准。

十一、金融

印钞、造币、钞票纸项目由国务院投资主管部门核准。

十二、外商投资

《外商投资产业指导目录》中总投资（包括增资）1亿美元及以上鼓励类、允许类项目由国家发展和改革委员会核准。

《外商投资产业指导目录》中总投资（包括增资）5000万美元及以上限制类项目由国家发展和改革委员会核准。

国家规定的限额以上、限制投资和涉及配额、许可证管理的外商投资企业的设立及其变更事项；大型外商投资项目的合同、章程及法律特别规定的重大变更（增资减资、转股、合并）事项，由商务部核准。

上述项目之外的外商投资项目由地方政府按照有关法规办理核准。

十三、境外投资

中方投资3000万美元及以上资源开发类境外投资项目由国家发展和改革委员会核准。

中方投资用汇额1000万美元及以上的非资源类境外投资项目由国家发展和改革委员会核准。

上述项目之外的境外投资项目，中央管理企业投资的项目报国家发展和改革委员会、商务部备案；其他企业投资的项目由地方政府按照有关法规办理核准。

国内企业对外投资开办企业（金融企业除外）由商务部核准。

国务院关于深化改革严格土地管理的决定

2004年10月21日 国发［2004］28号

各省、自治区、直辖市人民政府，国务院各部委、各直属机构：

实行最严格的土地管理制度，是由我国人多地少的国情决定的，也是贯彻落实科学发展观，保证经济社会可持续发展的必然要求。去年以来，各地区、各部门认真贯彻党中央、国务院部署，全面清理各类开发区，切实落实暂停审批农用地转用的决定，土地市场治理整顿取得了积极进展，有力地促进了宏观调控政策的落实。但是，土地市场治理整顿的成效还是初步的、阶段性的，盲目投资、低水平重复建设，圈占土地、乱占滥用耕地等问题尚未根本解决。因此，必须正确处理保障经济社会发展与保护土地资源的关系，严格控制建设用地增量，努力盘活土地存量，强化节约利用土地，深化改革，健全法制，统筹兼顾，标本兼治，进一步完善符合我国国情的最严格的土地管理制度。现决定如下：

一、严格执行土地管理法律法规

（一）牢固树立遵守土地法律法规的意识。各地区、各有关部门要深入持久地开展土地法律法规的学习教育活动，深刻认识我国国情和保护耕地的极端重要性，本着对人民、对历史负责的精神，严格依法管理土地，积极推进经济增长方式的转变，实现土地利用方式的转变，走符合中国国情的新型工业化、城市化道路。进一步提高依法管地用地的意识，要在法律法规允许的范围内合理用地。对违反法律法规批地、占地的，必须承担法律责任。

（二）严格依照法定权限审批土地。农用地转用和土地征收的审批权在国务院和省、自治区、直辖市人民政府，各省、自治区、直辖市人民政府不得违反法律和行政法规的规定下放土地审批权。严禁规避法定审批权限，将单个建设项目用地拆分审批。

（三）严格执行占用耕地补偿制度。各类非农业建设经批准占用耕地的，建设单位必须补充数量、质量相当的耕地，补充耕地的数量、质量实行按等级折算，防止占多补少、占优补劣。不能自行补充的，必须按照各省、自治区、直辖市的规定缴纳耕地开垦费。耕地开垦费要列入专户管理，不得减免和挪作他用。政府投资的建设项目也必须将补充耕地费用列入工程概算。

（四）禁止非法压低地价招商。省、自治区、直辖市人民政府要依照基准地价制定并公布协议出让土地最低价标准。协议出让土地除必须严格执行规定程序外，出让价格不得低于最低价标准。违反规定出让土地造成国有土地资产流失的，要依法追究责任；情节严重的，依照《中华人民共和国刑法》的规定，以非法低价出让国有土地使用权罪追究刑事责任。

（五）严格依法查处违反土地管理法律法规的行为。当前要着重解决有法不依、执法不严、违法不究和滥用行政权力侵犯农民合法权益的问题。要加大土地管理执法力度，严肃查处非法批地、占地等违法案件。建立国土资源与监察等部门联合办案和案件移送制度，既查处土地违法行为，又查处违法责任人。典型案件，要公开处理。对非法批准占用土地、征收土地和非法低价出让国有土地使用权的国家机关工作人员，依照《监察部国土资源部关于违反土地管理规定行为行政处分暂行办法》给予行政处分；构成犯罪的，依照《中华人民共和国刑法》、《中华人民共和国土地管理法》、《最高人民法院关于审理破坏土地资源刑事案件具体应用法律若干问题的解释》和最高人民检察院关于渎职犯罪案件立案标准的规定，追究刑事责任。对非法批准征收、使用土地，给当事人造成损失的，还必须依法承担赔偿责任。

二、加强土地利用总体规划、城市总体规划、村庄和集镇规划实施管理

（六）严格土地利用总体规划、城市总体规划、村庄和集镇规划修改的管理。在土地利用总体规划和城市总体规划确定的建设用地范围外，不得设立各类开发区（园区）和城市新区（小区）。对清理后拟保留的开发区，必须依据土地利用总体规划和城市总体规划，按照布局集中、用地集约和产业集聚的原则严格审核。严格土地利用总体规划的修改，凡涉及改变土地利用方向、规模、重大布局等原则性修改，必须报原批准机关批准。城市总体规划、村庄和集镇规划也不得擅自修改。

（七）加强土地利用计划管理。农用地转用的年度计划实行指令性管理，跨年度结转使用计划指标必须严格规范。改进农用地转用年度计划下达和考核办法，对国家批准的能源、交通、水利、矿山、军事设施等重点建设项目用地和城、镇、村的建设用地实行分类下达，并按照定额指标、利用效益等分别考核。

（八）从严从紧控制农用地转为建设用地的总量和速度。加强农用地转用审批的规划和计划审查，强化土地利用总体规划和土地利用年度计划对农用地转用的控制和引导，凡不符合规划、没有农用地转用年度计划指标的，不得批准用地。为巩固土地市场治理整顿成果，2004 年农用地转用计划指标不再追加；对过去拖欠农民的征地补偿安置费在 2004 年年底前不能足额偿还的地方，暂缓下达该地区 2005 年农用地转用计划。

（九）加强建设项目用地预审管理。凡不符合土地利用总体规划、没有农用地转用计划指标的建设项目，不得通过项目用地预审。发展改革等部门要通过适当方式告知项目单位开展前期工作，项目单位提出用地预审申请后，国土资源部门要依法对建设项目用地进行审查。项目建设单位向发展改革等部门申报核准或审批建设项目时，必须附国土资源部门预审意见；没有预审意见或预审未通过的，不得核准或批准建设项目。

（十）加强村镇建设用地的管理。要按照控制总量、合理布局、节约用地、保护耕地的原则，编制乡（镇）土地利用总体规划、村庄和集镇规划，明确小城镇和农村居民点的数量、布局和规模。鼓励农村建设用地整理，城镇建设用地增加要与农村建设用地减少相挂钩。农村集体建设用地，必须符合土地利用总体规划、村庄和集镇规划，并纳入土地利用年度计划，凡占用农用地的必须依法办理审批手续。禁止擅自通过“村改居”等方式将农民集体所有土地转为国有土地。禁止农村集体经济组织非法出让、出租集体土地用于非农业建设。改革和完善宅基地审批制度，加强农村宅基地管理，禁止城镇居民在农村购置宅基地。引导新办乡村工业向建制镇和规划确定的小城镇集中。在符合规划的前提下，村庄、集镇、建制镇中的农民集体所有建设用地使用权可以依法流转。

（十一）严格保护基本农田。基本农田是确保国家粮食安全的基础。土地利用总体规划修编，必须保证现有基本农田总量不减少，质量不降低。基本农田要落实到地块和农户，并在土地所有权证书和农村土地承包经营权证书中注明。基本农田保护图件备案工作，应在新一轮土地利用总体规划修编后三个月内完成。基本农田一经划定，任何单位和个人不得擅自占用，或者擅自改变用途，这是不可逾越的“红线”。符合法定条件，确需改变和占用基本农田的，必须报国务院批准；经批准占用基本农田的，征地补偿按法定最高标准执行，对以缴纳耕地开垦费方式补充耕地的，缴纳标准按当地最高标准执行。禁止占用基本农田挖鱼塘、种树和其他破坏耕作层的活动，禁止以建设“现代农业园区”或者“设施农业”等任何名义，占用基本农田变相从事房地产开发。

三、完善征地补偿和安置制度

（十二）完善征地补偿办法。县级以上地方人民政府要采取切实措施，使被征地农民生活水平不因征地而降低。要保证依法足额和及时支付土地补偿费、安置补助费以及地上附着物和青苗补偿费。依照现行法律规定支付土地补偿费和安置补助费，尚不能使被征地农民保持原有生活水平的，不足以支付因征地而导致无地农民社会保障费用的，省、自治区、直辖市人民政府应当批准增加安置补助费。土地补偿费和安置补助费的总和达到法定上限，尚不足以使被征地农民保持原有生活水平的，当地人民政府可以用国有土地有偿使用收入予以补贴。省、自治区、直辖市人民政府要制订并公布各市县征地的统一年产值标准或区片综合地价，征地补偿做到同地同价，国家重点建设项目必须将征地费用足额列入概算。大中型水利、水电工程建设征地的补偿费标准和移民安置办法，由国务院另行规定。

（十三）妥善安置被征地农民。县级以上地方人民政府应当制定具体办法，使被征地农民的长远生计有保障。对有稳定收益的项目，农民可以经依法批准的建设用地土地使用权入股。在城市规划区内，当地人民政府应当将因征地而导致无地的农民，纳入城镇就业体系，并建立社会保障制度；在城市规划区外，征收农民集体所有土地时，当地人民政府要在本行政区域内为被征地农民留有必要的耕作土地或安排相应的工作岗位；对不具备基本生产生活条件的无地农民，应当异地移民安置。劳动和社会保障部门要会同有关部门尽快提出建立被征地农民的就业培训和社会保障制度的指导性意见。

（十四）健全征地程序。在征地过程中，要维护农民集体土地所有权和农民土地承包经营权的权益。在征地依法报批前，要将拟征地的用途、位置、补偿标准、安置途径告知被征地农民；对拟征土地现状的调查结果须经被征地农村集体经济组织和农户确认；确有必要的，国土资源部门应当依照有关规定组织听证。要将被征地农民知情、确认的有关材料作为征地报批的必备材料。要加快建立和完善征地补偿安置争议的协调和裁决机制，维护被征地农民和用地者的合法权益。经批准的征地事项，除特殊情况外，应予以公示。

（十五）加强对征地实施过程监管。征地补偿安置不落实的，不得强行使用被征土地。省、自治区、直辖市人民政府应当根据土地补偿费主要用于被征地农户的原则，制订土地补偿费在农村集体经济组织内部的分配办法。被征地的农村集体经济组织应当将征地补偿费用的收支和分配情况，向本集体经济组织成员公布，接受监督。农业、民政等部门要加强对农村集体经济组织内部征地补偿费用分配和使用的监督。

四、健全土地节约利用和收益分配机制

（十六）实行强化节约和集约用地政策。建设用地要严格控制增量，积极盘活存量，把节约用地放在首位，重点在盘活存量上下功夫。新上建设项目首先要利用现有建设用地，严格控制建设占用耕地、林地、草原和湿地。开展对存量建设用地资源的普查，研究制定鼓励盘活存量的政策措施。各地区、各有关部门要按照集约用地的原则，调整有关厂区绿化率的规定，不得圈占土地搞“花园式工厂”。在开发区（园区）推广多层标准厂房。对工业用地在符合规划、不改变原用途的前提下，提高土地利用率和增加容积率的，原则上不再收取或调整土地有偿使用费。基础设施和公益性建设项目，也要节约合理用地。今后，供地时要将土地用途、容积率等使用条件的约定写入土地使用合同。对工业项目用地必须有投资强度、开发进度等控制性要求。土地使用权人不按照约定条件使用土地的，要承担相应的违约责任。在加强耕地占用税、城镇土地使用税、土地增值税征收管理的同时，进一步调整和完善相关税制，加大对建设用地取得和保有环节的税收调节力度。

（十七）推进土地资源的市场化配置。严格控制划拨用地范围，经营性基础设施用地要逐步实行有偿使用。运用价格机制抑制多占、滥占和浪费土地。除按现行规定必须实行招标、拍卖、挂牌出让的用地外，工业用地也要创造条件逐步实行招标、拍卖、挂牌出让。经依法批准利用原有划拨土地进行经营性开发建设的，应当按照市场价补缴土地出让金。经依法批准转让原划拨土地使用权的，应当在土地有形市场公开交易，按照市场价补缴土地出让金；低于市场价交易的，政府应当行使优先购买权。

（十八）制订和实施新的土地使用标准。依照国家产业政策，国土资源部门对淘汰类、限制类项目分别实行禁止和限制用地，并会同有关部门制订工程项目建设用地定额标准，省、自治区、直辖市人民政府可以根据实际情况制订具体实施办法。继续停止高档别墅类房地产、高尔夫球场等用地的审批。

（十九）严禁闲置土地。农用地转用批准后，满两年未实施具体征地或用地行为的，批准文件自动失效；已实施征地，满两年未供地的，在下达下一年度的农用地转用计划时扣减相应指标，对具备耕作条件的土地，应当交原土地使用者继续耕种，也可以由当地人民政府组织耕种。对用地单位闲置的土地，严格依照《中华人民共和国土地管理法》的有关规定处理。

（二十）完善新增建设用地土地有偿使用费收缴办法。新增建设用地土地有偿使用费实行先缴后分，按规定的标准就地全额缴入国库，不得减免，并由国库按规定的比例就地分成划缴。审计部门要加强对新增建设用地土地有偿使用费征收和使用的监督检查。对减免和欠缴的，要依法追缴。财政部、国土资源部要适时调整新增建设用地土地有偿使用费收取标准。新增建设用地土地有偿使用费要严格按法定用途使用，由中央支配的部分，要向粮食主产区倾斜。探索建立国有土地收益基金，遏制片面追求土地收益的短期行为。

五、建立完善耕地保护和土地管理的责任制度

（二十一）明确土地管理的权力和责任。调控新增建设用地总量的权力和责任在中央，盘活存量建设用地的权力和利益在地方，保护和合理利用土地的责任在地方各级人民政府，省、自治区、直辖市人民政府应负主要责任。在确保严格实施土地利用总体规划，不突破土地利用年度计划的前提下，省、自治区、直辖市人民政府可以统筹本行政区域内的用地安排，依照法定权限对农用地转用和土地征收进行审批，按规定用途决定新增建设用地土地有偿使用费地方分成部分的分配和使用，组织本行政区域内耕地占补平衡，并对土地管理法律法规执行情况进行监督检查。地方各级人民政府要对土地利用总体规划确定的本行政区域内的耕地保有量和基本农田保护面积负责，政府主要领导是第一责任人。地方各级人民政府都要建立相应的工作制度，采取多种形式，确保耕地保护目标落实到基层。

（二十二）建立耕地保护责任的考核体系。国务院定期向各省、自治区、直辖市下达耕地保护责任考核目标。各省、自治区、直辖市人民政府每年要向国务院报告耕地保护责任目标的履行情况。实行耕地保护责任考核的动态监测和预警制度。国土资源部会同农业部、监察部、审计署、统计局等部门定期对各省、自治区、直辖市耕地保护责任目标履行情况进行检查和考核，并向国务院报告。对认真履行责任目标，成效突出的，要给予表彰，并在安排中央支配的新增建设用地土地有偿使用费时予以倾斜。对没有达到责任目标的，要在全国通报，并责令限期补充耕地和补划基本农田。对土地开发整理补充耕地的情况也要定期考核。

（二十三）严格土地管理责任追究制。对违反法律规定擅自修改土地利用总体规划的、发生非法占用基本农田的、未完成耕地保护责任考核目标的、征地侵害农民合法权益引发群体性事件且未能及时解决的、减免和欠缴新增建设用地土地有偿使用费的、未按期完成基本农田图件备案工作的，要严肃追究责任，对有关责任人员由上级主管部门或监察机关依法定权限给予行政处分。同时，上级政府要责令限期整改，整改期间暂停农用地转用和征地审批。具体办法由国土资源部会同有关部门另行制订。实行补充耕地监督的责任追究制，国土资源部门和农业部门负责对补充耕地的数量和质量进行验收，并对验收结果承担责任。省、自治区、直辖市国土资源部门和农业部门要加强监督检查。

（二十四）强化对土地执法行为的监督。建立公开的土地违法立案标准。对有案不查、执法不严的，上级国土资源部门要责令其作出行政处罚决定或直接给予行政处罚。坚决纠正违法用地只通过罚款就补办合法手续的行为。对违法用地及其建筑物和其他设施，按法律规定应当拆除或没收的，不得以罚款、补办手续取代；确需补办手续的，依法处罚后，从新从高进行征地补偿和收取土地出让金及有关规费。完善土地执法监察体制，建立国家土地督察制度，设立国家土地总督察，向地方派驻土地督察专员，监督土地执法行为。

（二十五）加强土地管理行政能力建设。2004年年底以前要完成省级以下国土资源管理体制改革，理顺领导干部管理体制、工作机制和加强基层队伍建设。市、县人民政府要保证基层国土资源管理所机构、编制、经费到位，切实发挥基层国土资源管理所在土地管理执法中的作用。国土资源部要会同有关部门抓紧建立和完善统一的土地分类、调查、登记和统计制度，启动新一轮土地调查，保证土地数据的真实性。组织实施“金土工程”。充分利用现代高新技术加强土地利用动态监测，建立土地利用总体规划实施、耕地保护、土地市场的动态监测网络。

各地区、各有关部门要以“三个代表”重要思想为指导，牢固树立科学发展观和正确的政绩观，把落实好最严格的土地管理制度作为对执政能力和依法行政能力的检验。高度重视土地的保护和合理利用，认真总结经验，积极推进土地管理体制改革，不断完善土地法制，建立严格、科学、有效的土地管理制度，维护好广大人民群众的根本利益，确保经济社会的可持续发展。

国务院关于《外商投资产业指导目录》有关问题的批复

2004年10月26日 国函［2004］90号

发展改革委、商务部：

你们《关于修订〈外商投资产业指导目录〉的请示》（发改外资［2004］1877号）收悉。现批复如下：

同意废止2002年3月经国务院批准，由原国家计委、国家经贸委、外经贸部联合发布的《外商投资产业指导目录》。新修订的《外商投资产业指导目录》由你们发布，自发布之日起30日后施行。为保证工作衔接，原目录自新的《外商投资产业指导目录》施行之日起停止执行。

外商投资产业指导目录（2004年修订）

鼓励外商投资产业目录

一、农、林、牧、渔业

1. 中低产农田改造；2. 蔬菜（含食用菌、西甜瓜）、水果、茶叶无公害栽培技术及产品系列化开发、生产；3. 糖料、果树、花卉、牧草等农作物优质高产新技术、新品种（转基因品种除外）开发、生产；4. 花卉生产与苗圃基地的建设、经营；5. 农作物秸秆还田及综合利用、有机肥料资源的开发生产；6. 中药材种植、养殖（限于合资、合作）；7. 林木（竹）营造及良种培育；8. 天然橡胶、剑麻、咖啡种植；9. 优良种畜种禽、水产苗种繁育（不含我国特有的珍贵优良品种）；10. 名特优水产品养殖、深水网箱养殖；11. 防治荒漠化及水土流失的植树种草等生态环境保护工程建设、经营。

二、采掘业

*1. 石油、天然气的风险勘探、开发；*2. 低渗透油气藏（田）的开发；*3. 提高原油采收率的新技术开发与应用；*4. 物探、钻井、测井、井下作业等石油勘探开发新技术的开发与应用；5. 煤炭及伴生资源勘探、开发；6. 煤层气勘探、开发；7. 低品位、难选冶金矿开采、选矿（限于合资、合作）；8. 铁矿、锰矿勘探、开采及选矿；9. 铜、铅、锌矿勘探、开采（限于合资、合作，在西部地区外商可独资）；10. 铝矿勘探、开采（限于合资、合作，在西部地区外商可独资）；11. 硫、磷、钾等化学矿开采、选矿。

三、制造业

（一）食品加工业

1. 粮食、蔬菜、水果、禽畜产品的储藏及加工；2. 水产品加工、贝类净化及加工、海藻功能食品开发；3. 果蔬饮料、蛋白饮料、茶饮料、咖啡饮料的开发、生产；4. 婴儿、老年食品及功能食品的开发、生产；5. 乳制品生产；6. 生物饲料、蛋白饲料的开发、生产。

（二）烟草加工业

1. 二醋酸纤维素及丝束加工；2. 造纸法烟草薄片生产。

（三）纺织业

1. 工程用特种纺织品生产；2. 高档织物面料的织染及后整理加工。

（四）皮革、皮毛制品业

1. 猪、牛、羊蓝湿皮新技术加工；2. 皮革后整饰新技术加工。

（五）木材加工及竹、藤、棕、草制品业

1. 林区“次、小、薪”材和竹材的综合利用新技术、新产品开发与生产。

（六）造纸及纸制品业

1. 按林纸一体化模式建设的年产30万吨及以上规模化学木浆和年产10万吨及以上规模化学机械木浆（限于合资、合作）；2. 高档纸及纸板生产（限于合资、合作）。

（七）石油加工及炼焦业

1. 针状焦、煤焦油深加工；2. 重交通道路沥青生产。

（八）化学原料及化学品制造业

1. 重油催化裂化制烯烃生产；2. 年产60万吨及以上规模乙烯生产（中方相对控股）；3. 乙烯副产品C5—C9产品的综合利用；4. 大型聚氯乙烯树脂生产（乙烯法）；5. 有机氯系列化工产品生产（高残留有机氯产品除外）；6. 苯、甲苯、二甲苯、乙二醇等基本有机化工原料及其衍生物生产；7. 合成材料的配套原料：双酚A、4.4′二苯基甲烷二异氰酸酯、甲苯二异氰酸酯生产；8. 合成纤维原料：精对苯二甲酸、丙烯腈、己内酰胺、尼龙66盐生产；9. 合成橡胶：溶液丁苯橡胶、丁基橡胶、异戊橡胶、丁二烯法氯丁橡胶、聚氨酯橡胶、丙烯酸橡胶、氯醇橡胶生产；10. 工程塑料及塑料合金生产；11. 精细化工：催化剂、助剂及石油添加剂新产品、新技术，染（颜）料商品化加工技术，电子、造纸用高科技化学品，食品添加剂、饲料添加剂，皮革化学品、油田助剂，表面活性剂，水处理剂，胶粘剂，无机纤维、无机粉体填料生产；12. 纺织及化纤抽丝用助剂、油剂、染化料生产；13. 汽车尾气净化剂、催化剂及其他助剂生产；14. 天然香料、合成香料、单离香料生产；15. 高性能涂料生产；16. 氯化法钛白粉生产；17. 氟氯烃替代物生产；18. 大型煤化工产品生产；19. 林业化学产品新技术、新产品开发与生产；20. 烧碱用离子膜生产；21. 生物肥料、高浓度化肥（钾肥、磷肥）、复合肥料生产；22. 高效、低毒和低残留的化学农药原药新品种开发与生产；23. 生物农药开发与生产；24. 环保用无机、有机和生物膜开发与生产；25. 废气、废液、废渣综合利用和处理、处置。

（九）医药制造业

1. 我国专利或行政保护的原料药及需进口的化学原料药生产；2. 维生素类：烟酸生产；3. 氨基酸类：丝氨酸、色氨酸、组氨酸等生产；4. 采用新技术设备生产解热镇痛药；5. 新型抗癌药物及新型心脑血管药生产；6. 新型、高效、经济的避孕药具生产；7. 采用生物工程技术生产的新型药物生产；8. 基因工程疫苗生产（艾滋病疫苗、丙肝疫苗、避孕疫苗等）；9. 海洋药物开发与生产；10. 艾滋病及放射免疫类等诊断试剂生产；11. 药品制剂：采用缓释、控释、靶向、透皮吸收等新技术的新剂型、新产品生产；12. 新型药用佐剂的开发应用；13. 中药材、中药提取物、中成药加工及生产（中药饮片传统炮制工艺技术除外）；14. 生物医学材料及制品生产；15. 兽用抗菌原料药生产（包括抗生素、化学合成类）；16. 兽用抗菌药、驱虫药、杀虫药、抗球虫药新产品及新剂型开发与生产。

（十）化学纤维制造业

1. 差别化化学纤维及芳纶、年产5000吨及以上功能化环保型氨纶、碳纤维、高强高模聚乙烯等高新技术化纤生产；2. 粘胶无毒纺等环保型化纤的生产；3. 日产500吨及以上非纤维用聚酯生产，纤维及非纤维用新型聚酯（聚对苯二甲酸丙二醇酯、聚萘二酸乙二醇酯、聚对苯二甲酸丁二醇酯等）生产。

（十一）塑料制品业

1. 聚酰胺保鲜薄膜生产；2. 农膜新技术及新产品（光解膜、多功能膜及原料等）开发与生产；3. 废旧塑料的消解和再利用。

（十二）非金属矿物制品业

1. 日熔化500吨级及以上优质浮法玻璃生产（限于中西部地区）；2. 日产2000吨及以上水泥熟料新型干法水泥生产（限于中西部地区）；3. 年产1万吨及以上玻璃纤维（池窑拉丝工艺生产线）及玻璃钢制品生产；4. 年产50万件及以上高档卫生瓷生产；5. 陶瓷原料的标准化精制、陶瓷用高档装饰材料生产；6. 玻璃、陶瓷、玻璃纤维窑炉用高档耐火材料生产；7. 无机非金属材料及制品生产（人工晶体、高性能复合材料、特种玻璃、特种陶瓷、特种密封材料、特种胶凝材料）；8. 新型建筑材料生产（轻质高强多功能墙体材料、高档环保型装饰装修材料、优质防水密封材料、高效保温材料）；9. 非金属矿深加工（超细粉碎、高纯、精制、改性）。

（十三）黑色金属冶炼及压延加工业

1. 直接还原铁和熔融还原铁生产。

（十四）有色金属冶炼及压延加工业

1. 低品位、难选冶金矿冶炼（限于合资、合作，在西部地区外商可独资）；2. 硬质合金、锡化合物、锑化合物生产；3. 有色金属复合材料、新型合金材料生产；4. 稀土应用。

（十五）金属制品业

1. 非金属制品模具设计、制造；2. 汽车、摩托车模具（含冲模、注塑模、模压模等）、夹具（焊装夹具、检验夹具等）设计、制造；3. 高档建筑五金件、水暖器材及五金件开发、生产。

（十六）普通机械制造业

1. 三轴以上联动的数控机床、数控系统及伺服装置制造；2. 高性能焊接机器人和高效焊装生产设备制造；3. 耐高温绝缘材料（绝缘等级为F、H级）及绝缘成型件生产；4. 比例、伺服液压技术，低功率气动控制阀，填料静密封生产；5. 精冲模、精密型腔模、模具标准件生产；6. 精密轴承及各种主机专用轴承制造；7. 汽车、摩托车用铸锻毛坯件制造。

（十七）专用设备制造业

1. 粮食、棉花、油料、蔬菜、水果、花卉、牧草、肉食品、水产品的贮藏、保鲜、分级、包装、干燥、运输、加工的新技术、新设备开发与制造；2. 设施农业设备制造；3. 农业、林业机具新技术设备制造；4. 拖拉机、联合收割机等农用发动机设计与制造；5. 农作物秸秆还田及综合利用设备制造；6. 农用废物的综合利用及规模化畜禽养殖废物的综合利用设备制造；7. 节水灌溉新技术设备制造；8. 湿地土方及清淤机械制造；9. 水生生态系统的环境保护技术、设备制造；10. 长距离调水工程的调度系统设备制造；11. 特种防汛抢险机械和设备制造；12. 食品行业的高速、无菌灌装设备、贴标机等关键设备制造；13. 氨基酸、酶制剂、食品添加剂等生产技术及关键设备制造；14. 10吨/小时及以上的饲料加工成套设备、关键部件生产；15. 卷筒纸和对开以上单纸张多色胶印机制造；16. 皮革后整饰新技术设备制造；17. 高技术含量的特种工业缝纫机制造；18. 新型纺织机械、新型造纸机械（含纸浆）等成套设备制造；

19. 公路、港口新型机械设备设计与制造；20. 公路桥梁养护、自动检测设备制造；21. 公路隧道营运监控、通风、防灾和救助系统设备制造；22. 铁路大型施工及养护设备设计与制造；23. 园林机械、机具新技术设备制造；24. 城市环卫特种设备制造；25. 路面铣平、翻修机械设备制造；26. 隧道挖掘机、城市地铁暗挖设备制造；27. 8万吨/日及以上城市污水处理设备，工业废水膜处理设备，上流式厌氧流化床设备和其他生物处理废水设备，废塑料再生处理设备，工业锅炉脱硫脱硝设备，大型耐高温、耐酸袋式除尘器制造，垃圾焚烧处理设备制造；28. 年产30万吨及以上合成氨、48万吨及以上尿素、45万吨及以上乙烯成套设备中的透平压缩机、混合造粒机制造；29. 火电站脱硫技术及设备制造；30. 薄板连铸机制造；31. 平板玻璃深加工技术及设备制造；32. 井下无轨采、装、运设备，100吨及以上机械传动矿用自卸车，移动式破碎机，3000立方米/小时及以上斗轮挖掘机，5立方米及以上矿用装载机，全断面巷道掘进机制造；33. 石油勘探开发新型仪器设备设计与制造；34. 机电井清洗设备制造和药物生产；35. 电子内窥镜制造；36. 具有高频技术、直接数字图像处理技术、辐射剂量小的80千瓦及以上医用X线机组制造；37. 高场强超导型磁共振成像装置（MRI）的制造；38. 单采血浆机制造；39. 全自动酶免系统（含加样、酶标、洗板、孵育、数据后处理等部分功能）设备制造；40. 药产品质量控制新技术、新设备制造；41. 中药有效物质分析的新技术、提取的新工艺、新设备开发与制造；42. 新型药品包装材料、容器及先进的制药设备制造。

（十八）交通运输设备制造业

*1. 汽车整车制造（包括研发）；2. 汽车发动机制造（包括研发）；3. 汽车关键零部件制造：盘式制动器总成、驱动桥总成、自动变速箱、柴油机燃油泵、发动机进气增压器、发动机排放控制装置、电动助力转向系统、粘性连轴器（四轮驱动用）、充气减震器、空气悬架、液压挺杆、组合仪表；4. 汽车电子装置制造（含发动机控制系统、底盘控制系统、车身电子控制系统）；5. 石油工业专用沙漠车等特种专用车制造；6. 铁路运输技术设备：机车车辆及主要部件设计与制造，线路、桥梁设备设计与制造，高速铁路有关技术与设备制造，通信信号和运输安全监测设备制造，电气化铁路设备和器材制造；7. 城市快速轨道交通运输设备：地铁、城市轻轨的动车组及主要部件设计与制造；8. 民用飞机设计与制造（中方控股）；9. 民用飞机零部件制造；10. 民用直升机设计与制造（中方控股）；11. 航空发动机设计与制造（中方控股）；12. 民用航空机载设备设计与制造（中方控股）；13. 轻型燃气轮机制造；14. 船舶低速柴油机的曲轴设计与制造；15. 特种船、高性能船舶的修理、设计与制造（中方相对控股）；16. 船舶中高速柴油机、辅机、无线通讯、导航设备及配件设计与制造（中方相对控股）；17. 玻璃钢渔船、游艇制造。

（十九）电气机械及器材制造业

1. 火电设备：60万千瓦及以上超临界机组、大型燃气轮机、10万千瓦及以上燃气—蒸汽联合循环发电设备、煤气化联合循环技术及装备（IGCC）、增压循环硫化床（PFBC）、60万千瓦及以上大型空冷机组、30万千瓦大型循环流化床（CFB）锅炉（限于合资、合作）；2. 水电设备：15万千瓦及以上大型抽水蓄能机组、15万千瓦及以上大型贯流式机组制造（限于合资、合作）；3. 核电机组：60万千瓦及以上机组制造（限于合资、合作）；4. 输变电设备：500千伏及以上超高压直流输变电设备制造（限于合资、合作）。

（二十）电子及通信设备制造业

1. 数字电视机、数字摄录机、数字录放机、数字放声设备制造；2. 新型平板显示器件、中高分辨率彩色显像管/显示管及玻壳生产；3. 大屏幕彩色投影显示器用光学引擎、光源、投影屏、高清晰度投影管和LCOS模块等关键件制造；4. 数字音、视频编解码设备，数字广播电视演播室设备，数字有线电视系统设备，数字音频广播发射设备制造；5. 集成电路设计与线宽0.35微米及以下大规模集成电路生产；6. 大中型电子计算机、便携式微型计算机、高档服务器制造；7. 大容量光、磁盘驱动器及其部件开发与制造；8. 计算机辅助设计（三维CAD）、辅助测试（CAT）、辅助制造（CAM）、辅助工程（CAE）系统及其他计算机应用系统制造；9. 软件产品开发、生产；10. 半导体、元器件专用材料开发、生产；11. 电子专用设备、测试仪器、工模具制造；12. 新型电子元器件（片式元器件、敏感元器件及传感器、频率控制与选择元件、混合集成电路、电力电子器件、光电子器件、新型机电元件）生产；13. 无汞碱锰电池、动力镍氢电池、锂离子电池、高容量全密封免维护铅酸蓄电池、燃料电池、圆柱型锌空气电池等高技术绿色电池生产；14. 高密度数字光盘机用关键件开发与生产；15. 只读类光盘复制和可录类光盘生产；16. 民用卫星设计与制造（中方控股）；17. 民用卫星有效载荷制造（中方控股）；18. 民用卫星零部件制造；19. 民用运载火箭设计与制造（中方控股）；20. 卫星通信系统设备制造；21. 卫星导航定位接收设备及关键部件制造（限于合资、合作）；22. 光纤预制棒制造；23. 622兆比/秒及以上数字微波同步系列传输设备制造；24. 10千兆比/秒以上光同步系列传输设备制造；25. 宽带接入网通信系统设备制造；26. 光交叉连接设备（OXC）制造；27. 异步转移模式（ATM）及IP数据通信系统制造；28. 移动通信系统（含GSM、CDMA、DCS1800、DECT、IMT2000等）手机、基站、交换设备及数字集群系统设备制造；29. 高端路由器、千兆比以上网络交换机开发、制造；30. 空中交通管制系统设备制造（限于合资、合作）。

（二十一）仪器仪表及文化、办公用机械制造业

1. 数字照相机及关键件开发与生产；2. 精密在线测量仪器开发与制造；3. 安全生产及环保检测仪器新技术设备制造；4. 水质及烟气在线监测仪器的新技术设备制造；5. 水文数据采集、处理与传输和防洪预警仪器及设备制造；6. 新型仪表元器件和材料（主要指智能型仪用传感器、仪用接插件、柔性线路板、光电开关、接近开关等新型仪用开关、仪用功能材料等）生产；7. 新型打印装置（激光、喷墨打印机）制造；8. 精密仪器、设备维修与售后服务。

（二十二）其他制造业

1. 洁净煤技术产品的开发利用（煤炭气化、液化、水煤浆、工业型煤）；2. 煤炭洗选及粉煤灰（包括脱硫石膏）、煤矸石等综合利用。

四、电力、煤气及水的生产及供应业

1. 单机容量30万千瓦及以上火电站的建设、经营；2. 煤洁净燃烧技术电站的建设、经营；3. 热电联产电站的建设、经营；4. 天然气发电站的建设、经营；5. 发电为主水电站的建设、经营；6. 核电站的建设、经营（中方控股）；7. 新能源电站的建设、经营（包括太阳能、风能、磁能、地热能、潮汐能、生物质能等）；8. 城市供水厂建设、经营。

五、水利管理业

1. 综合水利枢纽的建设、经营（中方相对控股）。

六、交通运输、仓储及邮电通信业

1. 铁路干线路网的建设、经营（中方控股）；2. 支线铁路、地方铁路及其桥梁、

隧道、轮渡设施的建设、经营（限于合资、合作）；3. 公路、独立桥梁和隧道的建设、经营；4. 港口公用码头设施的建设、经营；5. 民用机场的建设、经营（中方相对控股）；6. 航空运输公司（中方控股）；7. 农、林、渔业通用航空公司（限于合资、合作）；*8. 定期、不定期国际海上运输业务；*9. 国际集装箱多式联运业务；*10. 公路货物运输公司；11. 输油（气）管道、油（气）库及石油专用码头的建设、经营；12. 煤炭管道运输设施的建设、经营；13. 运输业务相关的仓储设施建设、经营。

七、批发和零售贸易业

*1. 一般商品的批发、零售、物流配送。

八、房地产业

1. 普通住宅的开发建设。

九、社会服务业

（一）公共设施服务业

1. 城市封闭型道路建设、经营；2. 城市地铁及轻轨的建设、经营（中方控股）；3. 污水、垃圾处理厂，危险废物处理处置厂（焚烧厂、填埋场）及环境污染治理设施的建设、经营。

（二）信息、咨询服务业

1. 国际经济、科技、环保信息咨询服务；*2. 会计、审计。

十、卫生、体育和社会福利业

1. 老年人、残疾人服务。

十一、教育、文化艺术及广播电影电视业

1. 高等教育机构（限于合资、合作）。

十二、科学研究和综合技术服务业

1. 生物工程与生物医学工程技术；2. 同位素、辐射及激光技术；3. 海洋开发及海洋能开发技术；4. 海水淡化及利用技术；5. 海洋监测技术；6. 节约能源开发技术；7. 资源再生及综合利用技术；8. 环境污染治理及监测技术；9. 防沙漠化及沙漠治理技术；10. 民用卫星应用技术；11. 研究开发中心；12. 高新技术、新产品开发与企业孵化中心。

十三、产品全部直接出口的允许类外商投资项目

限制外商投资产业目录

一、农、林、牧、渔业

1. 粮食（包括马铃薯）、棉花、油料种子开发生产（中方控股）；2. 珍贵树种原木加工（限于合资、合作）。

二、采掘业

1. 钨、锡、锑、钼、重晶石、萤石等矿产能源、开采（限于合资、合作）；2. 贵金属（金、银、铂族）勘查、开采；3. 金刚石等贵重非金属矿的勘查、开采；4. 特种、稀有煤种勘查、开发（中方控股）；5. 硼镁石及硼镁铁矿石开采；6. 天青石开采。

三、制造业

（一）食品加工业

1. 黄酒、名优白酒生产；2. 外国牌号碳酸饮料生产；3. 糖精等合成甜味剂生产；4. 油脂加工。

（二）烟草加工业

1. 卷烟、过滤嘴棒生产

（三）纺织业

1. 毛纺、棉纺；2. 缫丝。

（四）印刷及复制业

1. 出版物印刷（中方控股，包括装潢印刷除外）。

（五）石油加工及炼焦业

1. 炼油厂建设、经营。

（六）化学原料及化学制品制造业

1. 离子膜烧碱生产；2. 感光材料生产；3. 联苯胺生产；4. 易制毒化学品生产（麻黄素、3，4－亚基二氧苯基－2－丙酮、苯乙酸、1－苯基－2－丙酮、胡椒醛、黄樟脑、异黄樟脑、醋酸酐）；5. 硫酸法钛白粉生产；6. 硼镁铁矿石加工；7. 钡盐生产。

（七）医药制造业

1. 氯霉素、青霉素 G、洁霉素、庆大霉素、双氢链霉素、丁胺卡那霉素、盐酸四环素、土霉素、麦迪霉素、柱晶白霉素、环丙氟哌酸、氟哌酸、氟嗪酸生产；2. 安乃近、扑热息痛、维生素 B1、维生素 B2、维生素 C、维生素 E 生产；3. 国家计划免疫的疫苗、菌苗类及抗毒素、类毒素类（卡介苗、脊髓灰质炎、白百破、麻疹、乙脑、流脑疫苗等）生产；4. 成瘾性麻醉药品及精神药品原料药生产（中方控股）；5. 血液制品的生产；6. 非自毁式一次性注射器、输液器、输血器及血袋生产。

（八）化学纤维制造业

1. 常规切片纺的化纤抽丝生产；2. 单线能力在 2 万吨/年以下粘胶短纤维生产；3. 日产 400 吨以下纤维及非纤维用聚酯生产，氨纶生产。

（九）橡胶制品业

1. 斜交轮胎、旧轮胎翻新（子午线轮胎除外）及低性能工业橡胶配件生产。

（十）有色金属冶炼及压延加工业

1. 稀土冶炼、分离（限于合资、合作）。

（十一）普通机械制造业

1. 集装箱生产；2. 中小型普通轴承制造；3. 50 吨以下汽车起重机制造（限于合资、合作）。

（十二）专用设备制造业

1. 中低档 B 型超声显像仪制造；2. 一般涤纶长丝、短纤维设备制造；3. 320 马力以下履带式推土机、3 立方米以下轮式装载机制造（限于合资、合作）。

（十三）电子及通信设备制造业

1. 卫星电视接收机及关键件生产。

四、电力、煤气及水的生产和供应业

1. 单机容量 30 万千瓦以下以发电为主的常规燃煤火电厂的建设、经营（小电网除外）。

五、交通运输、仓储及邮电通信业

1. 公路旅客运输公司；*2. 出入境汽车运输公司；*3. 水上运输公司；*4. 铁路货物运输公司；5. 铁路旅客运输公司（中方控股）；6. 摄影、探矿、工业等通用航空公司（中方控股）；*7. 电信公司。

六、批发和零售贸易业

*1. 商品交易、直销、邮购、网上销售、特许经营、委托经营、销售代理、商业管理等各类商业公司，以及粮、棉、植物油、食糖、药品、烟草、汽车、原油、农业生产资料的批发、零售、物流配送；*2. 图书、报纸、期刊的批发、零售业务；*3. 音像制品（除电影外）的分销；4. 商品拍卖；*5. 货物租赁公司；*6. 代理公司（船舶、货运、外轮理货、广告等）；*7. 成品油批发及加油站建设、经营；8. 对外贸易公司。

七、金融、保险业

1. 银行、财务公司、信托投资公司；*2. 保险公司；*3. 证券公司、证券投资基金管理公司；4. 金融租赁公司；5. 外汇经纪；*6. 保险经纪公司。

八、房地产业

1. 土地成片开发（限于合资、合作）；2. 高档宾馆、别墅、高档写字楼和国际会展中心的建设、经营；3. 大型主题公园的建设、经营。

九、社会服务业

（一）公共设施服务业

1. 大中城市燃气、热力和供排水管网的建设、经营（中方控股）。

（二）信息、咨询服务业

1. 法律咨询；2. 市场调查（限于合资、合作）。

十、卫生、体育和社会福利业

1. 医疗机构（限于合资、合作）；2. 高尔夫球场的建设、经营。

十一、教育、文化艺术及广播电影电视

业

1. 高中阶段教育机构（限于合资、合作）；2. 电影院的建设、经营（中方控股）；3. 广播电视节目制作、发行，电影制作（中方控股）。

十二、科学研究和综合技术服务

1. 测绘公司（中方控股）；*2. 进出口商品检验、鉴定、认证公司。

十三、国家和我国缔结或者参加的国际条约规定限制的其他产业

禁止外商投资产业目录

一、农、林、牧、渔业

1. 我国稀有的珍贵优良品种的养殖、种植（包括种植业、畜牧业、水产业的优良基因）；2. 转基因植物种子生产、开发；3. 我国管辖海域及内陆水域水产品捕捞。

二、采掘业

1. 放射性矿产的勘查、开采、选矿；2. 稀土勘查、开采、选矿。

三、制造业

（一）食品加工业

1. 我国传统工艺的绿茶及特种茶加工（名茶、黑茶等）。

（二）医药制造业

1. 列入国家保护资源的中药材加工（麝香、甘草、黄麻草等）；2. 传统中药饮片炮制技术的应用及中成药秘方产品的生产。

（三）有色金属冶炼及压延加工业

1. 放射性矿产的冶炼、加工。

（四）武器弹药制造业

（五）其他制造业

1. 象牙雕刻；2. 虎骨加工；3. 脱胎漆器生产；4. 珐琅制品生产；5. 宣纸、墨锭生产；6. 致癌、致畸、致突变产品和持久性有机污染物产品生产。

四、电力、煤气及水的生产和供应业

1. 电网的建设、经营。

五、交通运输、仓储及邮电通信业

1. 空中交通管制公司；2. 邮政公司。

六、金融、保险业

1. 期货公司。

七、社会服务业

1. 国家保护的野生动植物资源开发；2. 动植物自然保护区的建设、经营；3. 社会调查；4. 博彩业（含赌博类跑马场）；5. 色情业。

八、教育、文化艺术及广播电影电视业

1. 基础教育（义务教育）机构；2. 图书、报纸、期刊的出版、总发行和进口业务；3. 音像制品和电子出版物的出版、制作、总发行和进口业务；4. 新闻机构；5. 各级广播电台（站）、电视台（站）、广播电视传输覆盖网（发射台、转播台、广播电视卫星、卫星上行站、卫星收转站、微波站、监测台、有线广播电视传输覆盖网）；6. 广播电视节目出版及播放公司；7. 电影发行公司；8. 录像放映公司。

九、其他行业

1. 危害军事设施安全和使用效能的项目。

十、国家和我国缔结或者参加的国际条约规定禁止的其他产业

注：

1.《内地与香港关于建立更紧密经贸关系的安排》及其补充协议和《内地与澳门关于建立更紧密经贸关系的安排》及其补充协议另有规定的，从其规定。

2. 标＊的条目与我国加入世界贸易组织的承诺有关，具体内容见附件。

《外商投资产业指导目录》附件

一、鼓励类

1. 石油、天然气的风险勘探、开发：限于合作；2. 低渗透油气藏（田）的开发：限于合作；3. 提高原油采收率的新技术开发与应用：限于合作；4. 物探、钻井、测井、井下作业等石油勘探开发新技术的开发与应用：限于合作；5. 汽车、摩托车整车制造：外资比例不超过 50%；6. 定期、不定期国际海上运输业务：外资比例不超过 49%；7. 国际集装箱多式联运：外资比例不超过 50%；不迟于 2002 年 12 月 11 日允许外方控股；不迟于 2005 年 12 月 11 日允许外方独资；8. 公路货物运输公司：不迟于 2002 年 12 月 11 日允许外方控股；不迟于 2004 年 12 月 11 日允许外方独资；9. 一般商品的批发、零售、物流配送：限定条件见限制类第（五）；10. 会计、审计：限于合作、合伙。

二、限制类

（一）出入境汽车运输公司：不迟于 2002 年 12 月 11 日允许外方控股，不迟于 2004 年 12 月 11 日允许外方独资

（二）水上运输公司：外资比例不超过 49%

（三）铁路货物运输公司：外资比例不超过 49%；不迟于 2004 年 12 月 11 日允许外方控股；不迟于 2007 年 12 月 11 日允许外方独资

（四）电信公司

1. 增值电信、基础电信中的寻呼服务：自 2001 年 12 月 11 日起允许外商投资，外资比例不超过 30%；不迟于 2002 年 12 月 11 日允许外资比例不超过 49%；不迟于 2003 年 12 月 11 日允许外资比例达 50%；2. 基础电信中的移动话音和数据服务：自 2001 年 12 月 11 日起允许外商投资，外资比例不超过 25%；不迟于 2002 年 12 月 11 日外资比例不超过 35%；不迟于 2004 年 12 月 11 日允许外资比例达 49%；3. 基础电信中的国内业务、国际业务：不迟于 2004 年 12 月 11 日允许外商投资，外资比例不超过 25%；不迟于 2006 年 12 月 11 日允许外资比例达 35%；不迟于 2007 年 12 月 11 日允许外资比例达 49%。

（五）商品交易、直销、邮购、网上销售、特许经营、委托经营、销售代理、商业管理等各类商业公司，以及粮、棉、植物油、食糖、药品、烟草、汽车、原油、农业生产资料的批发、零售、物流配送；图书、报纸、期刊的批发、零售业务；成品油批发及加油站建设、经营

1. 佣金代理、批发（不包括盐、烟草）：不迟于 2002 年 12 月 11 日允许外商投资，外资比例可达 50%，但不允许经营书报杂志、药品、农药、农膜、化肥、成品油、原油；不迟于 2003 年 12 月 11 日允许外方控股；不迟于 2004 年 12 月 11 日允许外方独资，允许经营书报杂志、药品、农药、农膜；不迟于 2006 年 12 月 11 日允许经营化肥、成品油、原油；2. 零售（不包括烟草）：允许外商投资，但不允许经营书报杂志、药品、农药、农膜、化肥、成品油；不迟于 2002 年 12 月 11 日允许外资比例可达 50%，允许经营书报杂志；不迟于 2003 年 12 月 11 日允许外方控股；不迟于 2004 年 12 月 11 日允许外方独资，允许经营药品、农药、农膜、成品油；不迟于 2006 年 12 月 11 日允许经营化肥。经营产品包括汽车（不迟于 2006 年 12 月 11 日取消限制）、书报杂志、药品、农药、农膜、成品油、化肥、粮食、植物油、食糖、烟草、棉花的超过 30 家分店的连锁店不允许外方控股；3. 特许经营和无固定地点的批发、零售：不迟于 2004 年 12 月 11 日允许外商投资。

（六）音像制品（除电影外）的分销：限于合作，中方控股

（七）货物租赁公司：不迟于 2002 年 12 月 11 日允许外方控股，不迟于 2004 年 12 月 11 日允许外方独资

（八）代理公司

1. 船舶：外资比例不超过 49%；2. 货运（不包括邮政部门专营服务的业务）：外

资比例不超过50%（速递服务不超过49%）；不迟于2002年12月11日允许外方控股；不迟于2005年12月11日允许外方独资；3. 外轮理货：限于合资、合作；4. 广告：外资比例不超过49%；不迟于2003年12月11日允许外方控股；不迟于2005年12月11日允许外方独资。

（九）保险公司

1. 非寿险保险公司：外资比例不超过51%；不迟于2003年12月11日允许外方独资；2. 寿险保险公司：外资比例不超过50%。

（十）证券公司、证券投资基金管理公司

1. 证券公司：不迟于2004年12月11日允许外商投资，外资比例不超过1/3；2. 证券投资基金管理公司：允许外商投资，外资比例不超过33%；不迟于2004年12月11日允许外资比例达49%。

（十一）保险经纪公司：外资比例不超过50%；不迟于2004年12月11日允许外资比例达51%；不迟于2006年12月11日允许外方独资

（十二）进出口商品检验、鉴定、认证公司：不迟于2003年12月11日允许外方控股；不迟于2005年12月11日允许外方独资

国务院关于《中西部地区外商投资优势产业目录》有关问题的批复

2004年6月7日　国函［2004］43号

发展改革委、商务部：

你们《关于审批中西部地区外商投资优势产业目录（2004年修订）的请示》（发改外资［2004］789号）收悉。现批复如下：

同意废止2000年6月经国务院批准，由原国家经贸委、原国家计委和原外经贸部联合发布的《中西部地区外商投资优势产业目录》。由你们制订新的《中西部地区外商投资优势产业目录》，自发布之日起30日后施行。为了保证工作衔接，原目录自新的《中西部地区外商投资优势产业目录》施行之日起停止执行。

中西部地区外商投资优势产业目录
（2004年修订）

根据2002年2月发布的《指导外商投资方向规定》（国务院令第346号），为实施国家西部大开发战略，鼓励中西部地区利用外资，引进先进技术、设备，发展中西部地

区比较优势产业和技术先进的企业，促进产业结构的优化升级，带动中西部地区经济整体素质的提高，依据国家产业政策，对2000年6月公布的《中西部地区外商投资优势产业目录》进行修订。

属于本目录的外商投资项目，享受《指导外商投资方向规定》的鼓励类项目的相关政策及《国务院办公厅转发外经贸部等部门关于当前进一步鼓励外商投资意见的通知》(国办发［1999］73号）中的有关优惠政策。

本目录生效前按原目录批准的项目，仍按原目标规定享受有关政策。符合本目录规定的在建项目，可按照本目录的有关政策执行。

各有关方面依据本目录审批外商向中西部地区投资的项目时，要全面贯彻国家产业政策，严格执行国家有关法律、法规，按照现行的审批权限和程序进行审核，要注重生产技术水平的提高和产品结构的改善，注重资源的合理利用和对生态环境的保护，防止重复建设和盲目扩大生产能力。

国家将根据经济发展和国内外市场环境变化的需要，适时对此目录进行调整、修订。

山西省

1. 牧草饲料作物种植及深加工

2. 退耕还林还草、天然林保护等国家重点生态工程后续产业开发

3. 节水灌溉技术开发及应用

4. 煤炭加工应用技术开发和产品生产

5. 高岭土勘查、开发及综合利用

6. 钡盐生产（中方控股）

7. 大麻、亚麻纺织品生产

8. 液压技术系统及模具生产

9. 旱地、山地中小农业机械及配套机具制造

10. 大型建筑钢结构件技术开发及生产

11. 煤矸石、洗中煤、焦炉煤气余热发电、供热等综合利用

12. 城市供气、供热、供排水管网建设、经营（大中城市中方控股）

13. 旅游景区（点）开发及其配套设施建设、保护和经营

14. 公路旅客运输

吉林省

1. 长白山生态可食资源的开发、培育养殖和加工

2. 退耕还林还草、天然林保护等国家重点生态工程后续产业开发

3. 节水灌溉技术开发及应用

4. 镍矿勘探开发

5. 动植物药材资源开发生产（列入国家保护的资源除外）

6. 油页岩资源开发及综合利用

7. 汽车零部件制造

8. 大规格超高功率石墨电极及特种石墨开发生产

9. 城市供气、供热、供排水管网建设、经营（大中城市中方控股）

10. 冰雪旅游资源开发及滑雪场建设、经营

11. 旅游景区（点）开发及其配套设施建设、保护和经营

12. 公路旅客运输

黑龙江省

1. 亚麻纺织品及制品生产

2. 退耕还林还草、天然林保护等国家重点生态工程后续产业开发

3. 节水灌溉技术开发及应用

4. 煤炭加工应用技术开发和产品生产

5. 石墨产品深加工

6. 中药冻干粉针制剂生产

7. 电工仪表及电网智能管理控制系统设备制造

8. 城市供气、供热、供排水管网建设、经营（大中城市中方控股）

9. 冰雪旅游资源及森林旅游资源开发

10. 旅游景区（点）开发及其配套设施

建设、保护和经营

11. 公路旅客运输

安徽省

1. 粮食、马铃薯、棉花、油料种子开发生产（中方控股）

2. 退耕还林还草等国家重点生态工程后续产业开发

3. 茶叶综合加工（不含我国传统工艺的绿茶和特种茶）

4. 节水灌溉技术开发及应用

5. 煤炭加工应用技术开发和产品生产

6. 电工薄膜生产

7. 塑料复合包装材料生产

8. 新工艺软质湿法造粒碳黑生产

9. 大型散装水泥装备制造

10. 平板玻璃深加工

11. 农用塑料节水器材制造

12. 叉车等工程机械、自动化立库及其仓储物流系统开发与制造

13. 城市供气、供热、供排水管网建设、经营（大中城市中方控股）

14. 旅游景区（点）开发及其配套设施建设、保护和经营

15. 公路旅客运输

江西省

1. 退耕还林还草等国家重点生态工程后续产业开发

2. 节水灌溉技术开发及应用

3. 稀土深加工及应用产品生产

4. 钨、钼矿深加工

5. 高档日用陶瓷生产

6. 粉石英、硅灰石、海泡石、黑滑石、化工用白云石等非金属矿选冶

7. 有机硅开发与应用

8. 氯化亚砜生产及应用、AC 发泡剂生产

9. 赤霉素生产

10. 城市供气、供热、供排水管网建设、经营（大中城市中方控股）

11. 旅游景区（点）开发及其配套设施建设、保护和经营

12. 公路旅客运输

河南省

1. 退耕还林还草、天然林保护等国家重点生态工程后续产业开发

2. 节水灌溉技术开发及应用

3. 天然碱矿开采、加工

4. 煤炭加工应用技术开发和产品生产

5. 平板玻璃深加工

6. 钨、钼矿深加工

7. 洁霉素

8. 电能综合管理自动化及电工仪表制造

9. 城市供气、供热、供排水管网建设、经营（大中城市中方控股）

10. 旅游景区（点）开发及其配套设施建设、保护和经营

11. 公路旅客运输

湖北省

1. 退耕还林还草、天然林保护等国家重点生态工程后续产业开发

2. 节水灌溉技术开发及应用

3. 动植物药材资源的开发生产（列入国家保护的资源除外）

4. 麻纺织及高档服装面料生产

5. 石英玻璃深加工

6. 激光工业加工设备、激光医用设备开发与制造

7. 光电子技术和产品开发

8. 数控机床关键零部件（高速主轴、刀库、动力卡盘）

9 热灌装 PET 瓶及瓶坯生产

10. 汽车零部件制造

11. 城市供气、供热、供排水管网建设、经营（大中城市中方控股）

12. 旅游景区（点）开发及其配套设施建设、保护和经营

13. 公路旅客运输

湖南省

1. 退耕还林还草等国家重点生态工程

后续产业开发

2. 节水灌溉技术开发及应用

3. 苎麻纺织品及制品生产

4. 钨、钼矿深加工

5. 铋化合物生产

6. 钡盐生产（中方控股）

7. 激素类药物深度开发

8. 新型橡胶机械成套设备制造

9. 城市供气、供热及供排水管网建设、经营（大中城市中方控股）

10. 旅游景区（点）开发及其配套设施建设、保护和经营

11. 公路旅客运输

重庆市

1. 天然香料的种植和加工

2. 退耕还林还草、天然林保护等国家重点生态工程后续产业开发

3. 高产优质蚕桑基地建设

4. 节水灌溉技术开发及应用

5. 苎麻纺织品及制品生产

6. 天然气下游化工产品生产和开发

7. 动植物药材资源开发生产（列入国家保护资源的除外）

8. 新型医疗器械产品开发及生产

9. 汽车零部件制造

10. 城市供气、供热、供排水管网建设、经营（大中城市中方控股）

11. 旅游景区（点）开发及其配套设施建设、保护和经营

12. 公路旅客运输

四川省

1. 退耕还林还草、天然林保护等国家重点生态工程后续产业开发

2. 节水灌溉技术开发及应用

3. 稀土深加工及应用产品生产

4. 高产优质蚕桑基地建设及丝绸产品加工

5. 苎麻纺织品及制品生产

6. 动植物药材资源开发生产（列入国家保护资源的除外）

7. 天然气下游化工产品生产和开发

8. 电工薄膜生产

9. 城市供气、供热、供排水管网建设、经营（大中城市中方控股）

10. 旅游景区（点）开发及其配套设施建设、保护和经营

11. 公路旅客运输

贵州省

1. 退耕还林还草、天然林保护等国家重点生态工程后续产业开发

2. 节水灌溉技术开发及应用

3. 煤炭加工应用技术开发和产品生产

4. 马铃薯、魔芋等产品深加工

5. 特色食用资源开发

6. 磨料磨具产品生产

7. 钛冶炼

8. 钡盐生产（中方控股）

9. 苎麻产品深加工

10. 动植物药材资源开发生产（列入国家保护资源的除外）

11. 磷化工产品生产

12. 城市供气、供热、供排水管网建设、经营（大中城市中方控股）

13. 旅游景区（点）开发及其配套设施建设、保护和经营

14. 公路旅客运输

云南省

1. 优质桑、蚕的种植、养殖及产品的开发生产

2. 退耕还林还草、天然林保护等国家重点生态工程后续产业开发

3. 节水灌溉技术开发及应用

4. 煤炭加工应用技术开发和产品生产

5. 特色食用资源开发

6. 马铃薯产品深加工

7. 天然橡胶、亚麻的加工及开发

8. 动植物药材资源开发生产（列入国家保护资源的除外）

9. 铜、铅、锌、镍有色金属矿的勘探及开发

10. 磷化工产品生产

11. 轻型车用柴油发动机及零部件制造

12. 城市供气、供热、供排水管网建设、经营（大中城市中方控股）

13. 旅游景区（点）开发及其配套设施建设、保护和经营

14. 公路旅客运输

西藏自治区

1. 高原生态特色农牧业产业化经营、蔬菜基地、商品粮油基地、禽类养殖基地及草场建设

2. 退耕还林还草、天然林保护等国家重点生态工程后续产业开发

3. 农畜产品加工

4. 节水灌溉技术开发及应用

5. 硼砂、硼镁石开采，加工（限于合资、合作）

6. 铬矿的开采与加工（中方控股）

7. 毛纺产品加工制造

8. 盐湖资源的开发利用

9. 藏药新品种、新剂型产品生产

10. 民族特需产品、工艺美术品、包装容器材料及日用玻璃制品生产

11. 城市供气、供热、供排水管网建设、经营（大中城市中方控股）

12. 旅游景区（点）开发及其配套设施建设、保护和经营

13. 公路旅客运输

陕西省

1. 粮食、马铃薯、棉花、油料种子开发生产（中方控股）

2. 退耕还林还草、天然林保护等国家重点生态工程后续产业开发

3. 节水灌溉技术开发及应用

4. 煤炭加工应用技术开发和产品生产

5. 优质酿酒葡萄基地建设及优质葡萄酒酿制

6. 钼、钛等金属矿产开发及深加工

7. 金属功能材料生产

8. 动植物药材资源开发生产（列入国家保护资源的除外）

9. 天然气下游化工产品生产和开发

10. 现场总线智能仪表制造

11. 数控机床、数控刀具及关键零部件设计与制造

12. 高炉煤气能量回收透平装置设计制造

13. 城市供气、供热和供排水管网的建设、经营（大中城市中方控股）

14. 旅游景区（点）开发及其配套设施建设、保护和经营

15. 公路旅客运输

甘肃省

1. 退耕还林还草、天然林保护等国家重点生态工程后续产业开发

2. 节水灌溉技术开发及应用

3. 马铃薯产品深加工

4. 优质酿酒葡萄基地建设及优质葡萄酒酿制

5. 优质啤酒原料种植、加工

6. 稀土深加工及应用产品生产

7. 天然气化工、管道

8. 集成电路封装

9. 港口及船舶用毫米波导航设备

10. 钻机及油田设备制造

11. 城市供气、供热、供排水管网建设、经营（大中城市中方控股）

12. 旅游景区（点）开发及其配套设施建设、保护和经营

13. 公路旅客运输

青海省

1. 有机天然农畜产品基地建设和产品精深加工

2. 高原动植物资源保护、种养与加工利用（列入国家保护的资源除外）

3. 退耕还林还草、天然林保护等国家

重点生态工程后续产业开发

4. 节水灌溉技术开发及应用

5. 碳酸锶、金属锶等锶盐生产（限于合资、合作）

6. 盐湖资源开发和综合利用

7. 天然气下游化工产品生产和开发

8. 牛羊绒产品深加工及藏毯生产

9. 中、藏药新品种、新剂型产品生产

10. 城市供气、供热、供排水管网建设、经营（大中城市中方控股）

11. 旅游景区（点）开发及其配套设施建设、保护和经营

12. 公路旅客运输

宁夏自治区

1. 枸杞种植及其深加工

2. 退耕还林还草、天然林保护等国家重点生态工程后续产业开发

3. 节水灌溉技术开发及应用

4. 煤炭加工应用技术开发和产品生产

5. 碳基材料生产

6. 优质酿酒葡萄基地建设及优质葡萄酒酿制

7. 马铃薯产品深加工

8. 天然气下游化工产品生产和开发

9. 聚氯乙烯树脂生产

10. 子午线轮胎生产

11. 片式固体钽电解电容器生产

12. 城市供气、供热、供排水管网建设、经营（大中城市中方控股）

13. 旅游景区（点）开发及其配套设施建设、保护和经营

14. 公路旅客运输

新疆自治区（含新疆生产建设兵团）

1. 优质蕃茄、枸杞种植及深加工

2. 退耕还林还草、天然林保护等国家重点生态工程后续产业开发

3. 节水灌溉技术开发及应用

4. 甜菜糖加工及副产品综合利用

5. 天然香料、食用菌的种植、加工

6. 优质酿酒葡萄基地建设及优质葡萄酒酿制

7. 棉籽、葵花、红花油脂深加工

8. 亚麻种植及其制品生产

9. 高档棉毛产品升级改造

10. 铜、铅、锌、镍有色金属矿的勘探及开发

11. 蛭石、钠硝石、云母、石棉、膨润土等非金属矿产的综合利用

12. 煤炭加工应用技术开发和产品生产

13. 高档皮革产品制造

14. 乙烯下游深加工产品及精细化工产品生产

15. 天然气下游化工产品生产和开发

16. 维吾尔族特色药用植物种植、加工和制药新工艺开发

17. 以牛羊内脏为原料的生物制药产品的开发利用

18. 民族特需产品、工艺美术品、包装容器材料及日用玻璃制品生产

19. 城市供气、供热、供排水管网建设、经营（大中城市中方控股）

20. 旅游景区（点）开发及其配套设施建设、保护和经营

21. 公路旅客运输

内蒙古自治区

1. 煤炭加工应用技术开发和产品生产

2. 退耕还林还草、天然林保护等国家重点生态工程后续产业开发

3. 草原生态旅游资源开发、建设和经营

4. 节水灌溉技术开发及应用

5. 毛纺织、针织品高新技术产品开发

6. 饲料加工业

7. 天然气下游化工产品开发和利用

8. 蒙药材加工

9. 以牛羊内脏为原料的生物制药产品的开发利用

10. 稀土深加工及应用产品生产

11. 民族特需产品、工艺美术品、包装

容器材料及日用玻璃制品生产

12. 煤矸石、洗中煤、焦炉煤气余热发电、供热等综合利用

13. 城市供气、供热、供排水管网建设、经营（大中城市中方控股）

14. 旅游景区（点）开发及其配套设施建设、保护和经营

15. 公路旅客运输

广西自治区

1. 木薯综合开发利用

2. 天然香料种植和加工

3. 退耕还林还草等国家重点生态工程后续产业开发

4. 节水灌溉技术开发及应用

5. 蔗糖加工及副产品综合利用

6. 动植物药材资源开发生产（列入国家保护资源的除外）

7. 铟、铅、锌的深加工及应用

8. 锰的深加工

9. 滑石和重晶石采选和深加工

10. 松香深加工

11. 氟化盐生产

12. 城市供气、供热、供排水管网建设、经营（大中城市中方控股）

13. 旅游景区（点）开发及其配套设施建设、保护和经营

14. 公路旅客运输

国务院办公厅关于同意扩大保税区与港区联动试点的复函

2004年8月16日　国办函［2004］58号

海关总署：

你署《关于扩大保税区与港区联动试点工作的请示》（署加发［2004］257号）收悉。经国务院同意，现函复如下：

一、同意青岛、宁波、大连、张家港、厦门象屿、深圳盐田港、天津保税区与其邻近港区开展联动试点。上述试点区域统筹利用保税区和港区土地进行封闭围网，作为保税区的物流园区（以下简称：园区），规划面积分别为：青岛园区1平方公里、宁波园区0.95平方公里、大连园区1.5平方公里、张家港园区1.53平方公里、厦门象屿园区0.7平方公里、深圳盐田港园区0.96平方公里、天津园区1.5平方公里。园区要严格按照土地利用总体规划确定具体位置，控制规划用地面积，不得占用耕地。

二、园区要充分发挥保税区政策优势和港口区位优势，专门发展仓储和物流产业，区内不得开展加工贸易业务。

三、园区享受保税区相关政策，在进出口税收方面，比照实行出口加工区的相关政策，即国内货物进入园区视同出口，办理报关手续，实行退税；园区货物内销按货物进口的有关规定办理报关手续，货物按实际状态征税；区内货物自由流通，不征增值税和消费税。

四、园区实行封闭管理，参照出口加工区的标准建设隔离监管设施。请你署通知有关地方人民政府拟定试点方案，由你署会同有关部门审批。试点方案经审批同意后，由有关地方人民政府组织好园区隔离监管设施的建设，待条件具备后，由你署会同有关部

门进行验收。

五、你署要会同有关部门，切实做好保税区与港区联动的监管、服务工作，促进保税区健康有序发展，为吸引外资、增强企业国际竞争力、扩大外贸出口作出贡献。

财政部 国家税务总局
关于生产企业出口不退税和调低退税率货物有关税收问题的通知

2004年3月3日 财税［2004］52号

各省、自治区、直辖市、计划单列市财政厅(局)、国家税务局，财政部驻各省、自治区、直辖市、计划单列市财政监察专员办事处，新疆生产建设兵团财务局：

根据《国务院关于改革现行出口退税机制的决定》（国发［2003］24号）精神，从2004年1月1日起，取消或降低部分货物的出口退税率后，生产企业（包括外商投资企业，下同）出口上述货物应负担相应的不予退税的税款。为了认真贯彻落实国务院的决定，确保出口退税机制改革达到预期目标，公平税负，严格执行生产企业出口不退税和调低退税率货物的有关税收规定，现就有关问题通知如下：

一、各级财税部门要提高认识，加强宣传，采取切实可行的措施认真贯彻国务院的决定，强化管理，严格执法。国务院取消或降低部分货物出口退税率后，不退税部分的税负（征税率与退税率之差），按税法规定，理所当然应由企业负担。否则，将会影响改革出口退税机制预期目标的实现，也有悖于税收的公平原则。

二、各级国家税务局要严格执行现行的生产企业出口退税政策。对出口不予退税的货物，须视同内销征收增值税、消费税。对出口调低退税率的货物，须要求生产企业按规定及时将“免抵退税不得免征和抵扣税额”从增值税进项税金中转入成本。凡进项税额小于“免抵退税不得免征和抵扣税额”的，须严格按规定及时申报缴纳增值税。

三、要强化责任，严肃纪律。各级国家税务局在执行现行生产企业出口退税政策的过程中，若发现特殊情况，应及时上报。若擅自改变政策，导致应当转入成本的“免抵退税不得免征和抵扣税额”没有转入，应当申报纳税而没有要求生产企业纳税的，一经发现核实，国家税务总局将依照有关规定追究相关负责人和直接责任人的责任。

海关总署　发展改革委　财政部　国土资源部　商务部　税务总局　工商总局　质检总局　外汇局关于印发《设立出口加工区的审批标准和程序》的通知

各省、自治区、直辖市人民政府：

为规范对设立出口加工区的管理，防止重复建设，促进出口加工区健康发展，根据国务院要求，海关总署会同发展改革委、财政部、国土资源部、商务部、税务总局、工商总局、质检总局、外汇局研究制定的《设立出口加工区的审批标准和程序》，已经国务院同意，现予印发。《设立出口加工区的审批标准和程序》的各项规定及时限的计算起始时间，自本文印发之日起执行。

特此通知。

附件：设立出口加工区的审批标准和程序

附件

设立出口加工区的审批标准和程序

为规范对设立出口加工区的管理，防止重复建设，切实保护和合理利用耕地，促进出口加工区健康发展，特制定设立出口加工区的审批标准和程序。

一、设立出口加工区的审批标准

（一）出口加工区原则上设在经国务院批准的国家级开发区内，同一开发区内只能设立1个出口加工区。

（二）出口加工区要坚持以出口为导向，申请设立出口加工区的国家级开发区，加工贸易年进出口总值一般应达到1亿美元以上。

（三）加工贸易年进出口总值低于10亿美元的省（自治区、直辖市），原则上只设立1个出口加工区。

（四）加工贸易年进出口总值超过10亿美元的省（自治区、直辖市），虽已设有出口加工区，根据加工贸易发展的需要，可经批准增设出口加工区。

（五）东部各省（直辖市）的出口加工区封关运作后加工贸易年进出口总值达到或超过5000万美元的；中部各省出口加工区封关运作后加工贸易年进出口总值达到或超过2000万美元的；西部各省（自治区、直辖市）出口加工区封关运作后加工贸易年进出口总值达到或超过1000万美元的，方可申请在该省（自治区、直辖市）增设出口加工区或扩大原有出口加工区的面积。

（六）出口加工区如申请扩大面积，须区内已摆满项目、基础设施及配套建设发展用地已得到充分利用，且扩大的面积不超过3平方公里。

（七）出口加工区须自批准之日起2年内建设完毕并申请验收。如1年内未启动建设，由海关总署会同有关部门书面提请有关省（自治区、直辖市）予以注意。之后1年内仍未有进展的，由海关总署会同有关部门报请国务院予以撤销。

（八）出口加工区封关运作后3年内仍无投资项目，或虽有投资项目，但加工贸易年进出口总值低于100万美元的，由海关总署会同有关部门书面提请有关省（自治区、直辖市）予以注意。之后1年仍达不到要求的，由海关总署会同有关部门报请国务院予以撤销。

二、设立出口加工区的审批程序

（一）设立出口加工区或已设立的出口加工区扩大面积，须符合所在城市土地利用总体规划，由省（自治区、直辖市）人民政府请示国务院，抄送国务院有关部门。

（二）请示文件要说明：设立出口加工区的必要性和可行性，外向型经济发展、加工贸易发展及基础设施情况，设立出口加工区或扩大面积后是否有项目进入，所选址区域是否符合土地利用总体规划、各类用地总量及结构情况、工业用地效益情况等。同时还要附设立出口加工区或扩大面积的规划方案及选址（附图）、面积与四至范围以及做好设立出口加工区或扩区工作的承诺。

（三）省（自治区、直辖市）人民政府报国务院设立出口加工区的请示，由海关总署会同发展改革委、财政部、国土资源部、商务部、税务总局、工商总局、质检总局、外汇局等部门研究提出意见，会签后报国务院审批。

（四）国务院审批同意后，由海关总署通知并指导有关省（自治区、直辖市）建立出口加工区的隔离设施和管理机构。出口加工区经海关总署会同有关部门验收合格后正式运作。

中华人民共和国国土资源部公告

2004年11月17日 第17号

第一批通过规划审核的开发区公告

根据《国务院关于深化改革严格土地管理的决定》（国发［2004］28号），《国务院办公厅关于清理整顿各类开发区加强建设用地管理的通知》（国办发［2003］70号）以及国家发展和改革委员会、国土资源部、建设部、商务部《关于清理整顿现有各类开发区的具体标准和政策界限的通知》（发改外资［2003］2343号），国土资源部会同国家发展和改革委员会、建设部、商务部，按照土地利用总体规划和城市总体规划（以下简称“两个规划”），对各省（自治区、直辖市）经过清理整顿后上报保留的开发区的资料和图件进行审核。第一批北京经济技术开发区等52个国家级经济技术开发区符合清理整顿的要求，已通过审核，可以恢复正常的建设用地供应。现予以公告。

本次公告中部分开发区依法批准的范围与“两个规划”不衔接的，应抓紧依法修改、调整“两个规划”，并按法定程序履行审批手续。未经依法批准扩区的，在符合“两个规划”前提下，确有扩区需要的，可按照有关规定上报国务院审批；不符合“两个规划”的部分，一律予以核减。

各地上报要求保留的其他开发区，国土资源部正会同有关部门加紧审核，符合清理整顿要求的，将陆续公告。未经审核通过的，各级地方人民政府及国土资源管理部门一律不得增加新的建设用地供应。

附件：

第一批通过规划审核的开发区名单

序号	开发区名称	批准机关	批准时间	批准规划面积（公顷）
北京				
1	北京经济技术开发区	国务院	1994.08	3980.00
天津				
1	天津经济技术开发区	国务院	1984.12	3300.00
河北				
1	秦皇岛经济技术开发区	国务院	1984.10	690.00
山西				
1	太原经济技术开发区	国务院	2001.06	960.00
内蒙古				
1	呼和浩特经济技术开发区	国务院	2000.07	980.00
辽宁				
1	沈阳经济技术开发区	国务院	1993.04	1000.00
2	营口经济技术开发区	国务院	1992.10	560.00
3	大连经济技术开发区	国务院	1984.09	2000.00
吉林				
1	长春经济技术开发区	国务院	1993.04	1000.00
黑龙江				
1	哈尔滨经济技术开发区	国务院	1993.04	1000.00
上海				
1	闵行经济技术开发区	国务院	1986.01	308.00
2	虹桥经济技术开发区	国务院	1986.08	65.20
3	金桥出口加工区	国务院	2001.09	2738.00
4	漕河泾新兴技术开发区	国务院	1988.06	1330.00

续表

序号	开发区名称	批准机关	批准时间	批准规划面积（公顷）
江苏				
1	南京经济技术开发区	国务院	2002.03	1137.00
2	昆山经济技术开发区	国务院	1992.08	1000.00
3	苏州工业园区	国务院	1994.02	7000.00
4	南通经济技术开发区	国务院	1984.12	2429.00
5	连云港经济技术开发区	国务院	1984.12	300.00
浙江				
1	杭州经济技术开发区	国务院	1993.04	1000.00
2	萧山经济技术开发区	国务院	1993.09	920.00
3	宁波经济技术开发区	国务院	1992.10	2960.00
4	温州经济技术开发区	国务院	1992.03	511.00
安徽				
1	合肥经济技术开发区	国务院	2000.02	985.00
2	芜湖经济技术开发区	国务院	1993.04	1000.00
福建				
1	福州经济技术开发区	国务院	1993.01	1000.00
2	福清融侨经济技术开发区	国务院	1992.10	1000.00
3	东山经济技术开发区	国务院	1993.01	1000.00
江西				
1	南昌经济技术开发区	国务院	2000.04	980.00
山东				
1	青岛经济技术开发区	国务院	1984.01	1250.00
2	烟台经济技术开发区	国务院	1984.10	1000.00
3	威海经济技术开发区	国务院	1992.01	572.00
河南				
1	郑州经济技术开发区	国务院	2000.02	1249.00
湖北				
1	武汉经济技术开发区	国务院	1993.04	1000.00
湖南				
1	长沙经济技术开发区	国务院	2000.02	1200.00
广东				
1	广州经济技术开发区	国务院	1984.12	3857.72
2	广州南沙经济技术开发区	国务院	1993.05	2760.00
3	惠州大亚湾经济技术开发区	国务院	1993.05	998.00
4	湛江经济技术开发区	国务院	1984.11	920.00

续表

序号	开发区名称	批准机关	批准时间	批准规划面积（公顷）
广西				
1	南宁经济技术开发区	国务院	2001.05	1079.60
海南				
1	洋浦经济开发区	国务院	1992.03	3000.00
重庆				
1	重庆经济技术开发区	国务院	1993.04	960.00
四川				
1	成都经济技术开发区	国务院	2000.02	994.00
贵州				
1	贵阳经济技术开发区	国务院	2000.02	955.00
云南				
1	昆明经济技术开发区	国务院	2000.02	980.00
西藏				
1	拉萨经济技术开发区	国务院	2001.09	546.00
陕西				
1	西安经济技术开发区	国务院	2000.02	988.00
甘肃				
1	兰州经济技术开发区	国务院	2002.03	953.00
青海				
1	西宁经济技术开发区	国务院	2000.07	440.00
宁夏				
1	银川经济技术开发区	国务院	2001.07	750.00
新疆				
1	乌鲁木齐经济技术开发区	国务院	1994.08	430.00
兵团				
1	石河子经济技术开发区	国务院	2000.04	1120.00
合计：52个				71135.52

纪念国家级经济技术开发区兴办20周年专稿

吴仪副总理在全国国家级经济技术开发区工作会议上的讲话

（2004年12月14日）

今年是党中央、国务院决定在沿海开放城市兴办国家级经济技术开发区20周年。经国务院批准，商务部、国土资源部、建设部联合召开全国国家级经济技术开发区工作会议，回顾20年来的发展历程，认真总结经验教训，对今后一个时期的工作进行部署，我认为很有必要，也非常重要。国家级经济技术开发区经历了20年的风风雨雨，进行了许多探索，积累了一些宝贵经验，在发展中也存在一些不足，当前又面临着新的机遇和挑战，确实值得我们静下心来认真地思考：究竟国家级经济技术开发区取得了哪些成效，有哪些成功经验和好的做法，还存在什么问题和困难，下一步如何继续办好，等等。会上，薄熙来部长将代表三个部门作工作报告，全面回答这些问题，他的讲话我看过，我都赞成。近日，温家宝总理专门作出重要批示，充分肯定了20年来国家级经济技术开发区在改革开放中发挥的作用，对在新的发展阶段如何提高国家级经济技术开发区发展水平提出了明确要求。刚才徐绍史同志作了传达，希望大家深刻领会，切实贯彻执行。下面，我受温家宝总理委托，代表国务院讲几点意见：

一、国家级经济技术开发区20年开发建设成效

众所周知，兴办经济技术开发区是在邓小平同志亲自倡导并积极推动下，党中央、国务院作出的重要决策，是我国对外开放的一个重大战略步骤，是改革开放和社会主义现代化建设的一大创举，是中国特色社会主义建设的成功实践和重要组成部分。国家级经济技术开发区20年来不平凡的创业历程，深刻影响了国际资本在全球的流向，它创下的发展模式、发展速度，以及所作出的贡献，不仅加快了改革开放的步伐，促进了我国经济社会的发展，也丰富了世界特殊经济区域发展的理论和实践。

大家一定还记得，1984年春天，小平同志视察深圳等经济特区回京后提出，不仅要把原有的特区办好，而且要再开放几个港口城市。他指出：“我们建立特区，实行开放政策，有个指导思想要明确，就是不是收，而是放。”“除现在的特区之外，可以再开放几个点，增加几个港口城市，这些地方不叫特区，但可以实行特区的某些政策。”1984年5月，党中央、国务院作出逐步兴办经济技术开发区的决策。当年国务院批准了大连、天津等10个经济技术开发区。1986年8月，小平同志专门视察天津经济技术开发区，亲笔题写了“开发区大有希望”。1992年春天，小平同志南巡发表重要讲话，掀起了我国对外开放和引进外资的新高潮。当年国务院批准了温州等5个经济技术开发区，1993年又批准了杭州等11个经济技术开发区。1999年，为了配合实施西部大开发战略，国家允许中西部各省、自治区在其省会或首府城市选择一个已建成的开发区，升格为国家级经济技术开发区。到目前为止，国家级经济技术开发区共49个

（沿海27个，中部9个，西部13个），加上5个经国务院批准享受国家级经济技术开发区政策的园区，总计54个，所在地区已从首批十几个沿海开放城市，扩展到全国31个省、自治区、直辖市。到2003年底，49个国家级经济技术开发区规划用地面积约570多平方公里，累计投入基础建设资金约2000亿元人民币。

20年来，国家级经济技术开发区坚持“以工业项目为主、以吸收外资为主、以出口为主，致力于发展高新技术”的发展方针，艰苦创业、锐意创新，从无到有、从小到大，质量和水平不断提高，发挥了窗口、示范、辐射和带动作用，取得了令人瞩目的成效，主要表现在以下几个方面：

（一）管理体制不断创新，成为改革开放的试验田和先行区。国家级经济技术开发区始终把体制创新作为发展的动力和保障，在充分借鉴国际上各种特殊经济区域管理方式和我国经济特区建设成功经验的基础上，创立了中国特色的管理体制。作为特定经济区域，绝大多数国家级经济技术开发区采取了“管委会”的管理模式，提出并成功实践了“小政府、大社会”的管理理念，保持了精简高效的运转；积极营造投资软环境，高度对外开放，努力与国际惯例接轨，全力打造“服务型政府”，首创了“一个窗口”对外、“一站式”办公、“一条龙”服务，较早形成了市场经济条件下的新型政企关系。此外，还在投融资体制、社会保障制度，以及非公有制企业党建和工会建设等方面进行了积极探索和大胆创新，取得了很好的成效。

（二）积极吸收外资，大力发展高新技术产业，成为现代制造业集中、产业集聚效应突出、经济高速增长、带动力强的外向型工业区。国家级经济技术开发区始终坚持“三为主，一致力”的发展方针，将承接国际制造业转移作为重点，不断优化外资结构，在促进产业链迅速延伸的同时，产业聚集效应凸显，形成了以电子信息、光机电一体化、生物医药、精细化工、汽车、环保等六大主导产业为代表的高技术产业群和研发基地，并成为国际产业分工和国际市场循环的重要环节。国家级经济技术开发区是我国外资最密集的地区，截至2003年底，累计实际使用外资金额728亿美元，占全国实际使用外资总额的15%。国家级经济技术开发区注重优化出口商品结构，2003年出口额达489亿美元，高新技术产品出口占56%，机电产品出口占65%，分别高于全国平均比重30.8和13.1个百分点。

随着改革不断深入，对外开放不断扩大，国家级经济技术开发区已成为我国经济增长最快的区域，国内生产总值、工业增加值、工业总产值、进出口额、实际使用外资额、财政税收等主要经济指标均保持了25%以上增速，远远高于全国平均增幅。2003年，49个国家级经济技术开发区实现国内生产总值4985亿元、工业增加值3602亿元、工业总产值12957亿元，占全国的比重分别为4.3%、8.8%和9.2%，拉动国内生产总值增长1.24个百分点。其中，六大主导产业工业增加值达2182.5亿元、工业总产值7931亿元，分别占国家级经济技术开发区总量的60.6%和61.2%，成为国家级经济技术开发区所在地区经济发展新的增长点。

（三）注重集约经营和合理开发利用土地等资源，取得较大经济、社会和环境效益，成为我国土地集约利用程度最高的区域之一。从建区之日起，国家级经济技术开发区就高度重视土地的规划、管理和利用，始终坚持滚动开发、少占耕地、有偿使用和工业用地为主的原则，土地单位面积产出迅速增加，投入产出率明显高于其他地区。截至2003年底，49个国家级经济技术开发区完成工业用地开发约460平方公里，占国家批准的全部规划用地面积的80%，已入区工业企业2.79万家，其中51%以上为外商投资企业。国家级经济技术开发区平均每平方公里累计投入基础设施建设资金4.46亿元。2003年，国家级经济技术开发区当年实现工业总产值是历年累计基础设施投入总额的5.2倍。

在集约高效开发利用土地的同时，国家级经济技术开发区十分注重妥善安置被征地农民，并根据当地实际情况，创造了不少好做法和成功经验。

（四）注重引进和培养高素质人才，就业规模不断扩大，成为安排就业的一个重要渠道。国家级经济技术开发区积极实施人才优先战略，在吸引国内外优秀管理人才、技术人才方面进行了一些探索，如：放宽户籍准入制度，建造青年和外商公寓，为大量入区企业吸收人才创造良好条件；设立创业服务机构、留学生创业园，鼓励高端人才进区投资创业；设立技术和技工学校，加强职业培训，吸引一批国内外知名高校到区内开办研究生教育，满足企业对高素质、高技能人才的需求，等等。目前，国家级经济技术开发区从业人员中，10%以上具有中、高级专业职称。开发区管委会也汇集了一大批高素质人才，大大提升了管理水平。目前，国家级经济技术开发区直接从业人员超过300万人，为大学毕业生就业、国有企业下岗职工再就业、安置被征地农民和解决农民进城务工等走出了一条路子。

还有值得一提的是，国家级经济技术开发区已成为加快内地与港澳经济合作和互动发展、密切两岸经贸关系的纽带和桥梁，为实现小平同志倡导的"一国两制"伟大构想、促进祖国和平统一大业作出了独特的贡献。

总结20年来的发展经验，我认为国家级经济技术开发区之所以能够取得今天的成就，贵在做到了"五个坚持"：一是坚持"三为主，一致力"的发展方针，集中体现先进生产力的发展要求；二是坚持体制创新，构建精简高效的管理体制和及时周到的服务体系，发挥窗口和示范作用；三是坚持发展开放型经济，充分利用国内国外两个市场、两种资源；四是坚持十分珍惜和合理利用土地、严格保护耕地的基本国策，集约高效开发利用土地；五是坚持转变经济体制和经济增长方式，发挥辐射和带动作用，促进本地区经济结构调整和区域协调发展，推动形成新的经济增长带。

在肯定成绩的同时，我们也要看到国家级经济技术开发区自身存在的问题和不足，主要是：总体发展不平衡，部分国家级经济技术开发区发展缓慢，水平不高；有的国家级经济技术开发区片面追求园区规模；个别国家级经济技术开发区招商引资过多过乱；新批准设立的中西部地区国家级经济技术开发区普遍存在基础设施较差、高素质管理人才缺乏等困难。这些问题是发展中出现的问题，是前进中出现的问题，需给予高度重视，认真加以解决。

二、继续办好国家级经济技术开发区的几个重大问题

2003年7月，针对一个时期以来一些地方和部门乱批滥设开发区、圈占耕地等问题，国务院作出了清理整顿开发区、加强建设用地管理的决定，开始在全国范围内全面清理整顿各类开发区，开展土地市场治理整顿。2004年以来，党中央、国务院又多次对清理整顿开发区、深入开展土地市场治理整顿提出了严格要求，出台了一系列深化土地管理体制改革、切实加强土地管理的措施。一年来，国土资源部会同有关部门做了大量工作，基本实现了土地市场治理整顿的阶段性目标，清理整顿开发区初见成效。经过国土资源部、建设部、商务部和发展改革委等部门的严格审核，49个国家级经济技术开发区已顺利通过验收，这必将进一步促进国家级经济技术开发区健康平稳发展。我以为，这次清理整顿对于国家级经济技术开发区来说既是一次严峻的考验，也是进一步发展的机遇。通过验收只能说明考试及格，还不能打满分，切不可沾沾自喜。下一步怎么办？我认为还需要在以下几个重大问题上进一步统一思想，统一步调。

第一，关于新形势下继续办好国家级经济技术开发区的必要性和重要性。国家级经济技术开发区不是要不要继续办，而是要如何办得更好。之所以要继续办好，我认为至少有三个方面的因素，一是国家级经济技术开发区经过20年的发展，已形成不可替代的优势。比如，投资环境优势、管理体制优势、产业集聚优势、各类人才优势，等等。现在，有的国家级经济技术开发区形成了自身的产业发展和配套、协作，有利于区内企业延伸产业链，向跨行业发展；有的国家级经济技术开发区为投资者和驻区企业营造了“九通一平”的软环境，即人才通、金融通、物流通、科技通、房产通、管理通、法律通、财经通、贸易通和综合性中介服务平台，海关、质检、税务、外运、银行、律师事务所及物资供应公司集中在一座大楼办公，外商只要在大楼里走一圈，所有事都可以办完；有的从最初谈判、批准项目，到建厂、买原材料、产品销售以及银行开户、海关报关等各个环节，都设有相应的服务公司，几乎做到外商有求必应，甚至主动排忧解难。二是国际经济发展的大势所趋。随着世界经济的快速增长和经济全球化的深入发展，全球产业结构调整和国际资本流动的进一步加快，跨国投资止跌回升，并重点流向高新技术产业和现代服务业。我国仍然是跨国公司产业转移和对外投资的主要选择地之一。但是，各国综合国力的竞争和吸引外资的竞争日趋激烈，对我国在更大范围、更广领域、更高层次上参与国际合作构成了巨大压力。作为改革开放的排头兵和窗口，国家级经济技术开发区已初步形成参与国际分工的开放型经济体系，完全有必要也有条件进一步提高发展水平，成为新一轮国际生产要素重组和产业转移的承接地和重要载体，在推进开放型经济发展中发挥更大作用。三是国内新形势新任务的要求。本世纪头20年是我国全面建设小康社会的重要战略机遇期，是完善社会主义市场经济体制和扩大对外开放的关键时期。胡锦涛总书记在中央经济工作会上提出的四个“刻不容缓”，深刻指出了进一步深化改革、解决制约经济发展深层次矛盾和问题的紧迫性。作为改革开放的试验田和先行区，国家级经济技术开发区已经在体制改革、制度创新等诸多方面作了一些有益尝试，取得了明显成效，完全有可能也有责任在走新型工业化道路、转变增长方式、促进区域经济协调发展等方面创造新的经验，为实现全面建设小康社会的宏伟目标作出应有贡献。而且，要实现国内生产总值和外贸进出口总额翻两番的目标，国家级经济技术开发区也责无旁贷。

第二，关于继续办好国家级经济技术开发区的指导思想和目标。胡锦涛总书记在中央经济工作会议上指出：“吸引外资是对外开放基本国策的重要组成部分。当前和今后一个时期，要把工作重点放在提高利用外资的质量上，坚持以我为主，为我所用，以提升自主创新能力为出发点，不断优化利用外资结构，促进国内产业升级和技术创新”。温家宝总理在近日的重要批示中指出：“在新的发展阶段，国家级经济技术开发区建设必须贯彻落实科学发展观，努力实现经济体制和经济增长方式的转变。要严格执行国家关于经济技术开发区的各项政策，认真总结经验，更加注重结构调整和优化升级，更加注重引进技术和开发创新，更加注重开发项目的质量和效益，更加珍惜和合理利用土地，防止盲目追求数量和规模，努力提高国家级经济技术开发区的发展水平。”这些都为当前和今后一个时期我国利用外资工作指明了发展方向，是继续办好国家级经济技术开发区的指导方针。因此，我们应与时俱进，按照中央的决策，继续坚持吸引外资，努力提高利用外资质量，进一步明确国家级经济技术开发区的发展思路，“三为主，一致力”的发展方针在新的历史时期也应赋予新的内涵，尽快由相对侧重经济功能向多功能综合型转变。

国家级经济技术开发区发展的指导思想是：以邓小平理论和“三个代表”重要思想为指导，全面落实科学发展观，以提高吸收外资质量为主，以发展现代制造业为主，以优化出口结构为主，致力于发展高新技术产业，致力于发展高附加值服务业，促进国家级经济技术开发区向多功能综合性产业区发展，以外资带动内资，增强自主创新能力，充分发挥辐射和带动作用，推动形成若干新的经济增长带，为全面建设小康社会作出新的贡献。

今后一个时期的发展目标是：努力建设成为促进国内发展和扩大对外开放的结合体；成为跨国公司转移高科技高附加值加工制造环节、研发中心和其服务外包业务的重要承接基地；成为高新技术产业、现代服务业和高素质人才的聚集区；成为促进经济结构调整和区域经济协调发展的重要支撑点；成为推进所在地区城市化和新型工业化进程的重要力量；成为体制改革、科技创新、发展循环经济的排头兵。

第三，当前需要着力把握好的几个方面。国家级经济技术开发区是改革开放的产物，一直服从和服务于国家的总体发展战略和部署要求，紧紧围绕各个不同时期国家经济建设重点来发展。当前，特别要注意把握好以下三个方面：

一是要牢固树立和落实科学发展观，不断提升发展水平。要全面落实“三为主，二致力，一促进”的发展方针，坚持以我为主、为我所用，变“招商引资”为“招商选资”，加大吸引高新技术产业、高附加值服务业及研发中心的力度。以提升自主创新能力为出发点，积极培育自主品牌，加强知识产权保护，努力营造吸引外资和鼓励创新的良好投资创业环境。坚持走新型工业化道路，更加注重开发项目的质量和效益，促进产业升级和技术创新，不断优化出口产品结构。在新的发展阶段，要努力实现“四个转变”：即从单纯发展制造业为主向发展现代制造业和承接国际服务外包并举转变，从注重规模效益向注重质量效益转变，从偏重引进向注重创新转变，从依靠政策优势向依靠体制优势和综合投资环境优势转变。

二是要自觉服从国家经济发展大局和宏观调控。沿海地区的国家级经济技术开发区要继续充分发挥在对外开放中的区位优势，率先成为高新技术产业密集的外向型现代化工业基地和服务外包承接地，提升在国际分工中的地位。中西部地区的国家级经济技术开发区要发挥当地资源和特色产业优势，按照西部大开发战略和中部崛起的要求，成为中西部经济和产业发展的重要支撑点。东北等老工业基地的国家级经济技术开发区要充分发挥装备制造业等产业优势，大力推进优化结构，成为振兴东北老工业基地的增长极。所有国家级经济技术开发区都要十分珍惜和合理利用土地，带头认真贯彻落实党中央、国务院关于严格土地管理的方针政策，把集约用地放在首位，千方百计盘活现有土地存量。对符合条件、确有需要扩大规划面积的，要依据土地利用总体规划和城市总体规划，严格按照《国家级经济技术开发区扩建审批原则和审批程序》的规定报批；建设用地必须以现代制造业、高新技术产业和承接服务外包业务为主，不得擅自改变用途，不得用于大规模的商业零售和房地产开发；严格执行耕地占补平衡制度，妥善安置被征地农民。

三是要坚持体制创新，增强自主发展能

力。国家级经济技术开发区要区别于城市的行政区，坚持长期以来形成的“管委会”模式，保持集中精简、灵活高效、亲商务实的管理和运行机制，进一步降低管理成本，提高办事效率。通过制订规划、完善政策、提供公共产品和服务，来优化综合投资环境。采取更加有效的措施，切实保护知识产权，建立并完善鼓励创新的政策体系和保障机制。努力为区内各类市场主体创造公平竞争的环境，提供良好服务，使国家级经济技术开发区在世界各国创办的同类产业区中保持竞争优势和对投资的吸引力。

最后，我再强调一点，国家级经济技术开发区的发展离不开各有关部门的大力支持和密切配合。希望各地区各有关部门一如既往，进一步支持国家级经济技术开发区在新形势下创新体制和机制，制定促进其发展的政策措施，创造良好的制度环境和政策环境。比如：鼓励在国家级经济技术开发区内设立出口加工区、保税物流中心、出口监管仓库和保税仓库；加强国家级经济技术开发区信息化建设，依托信息技术，强化联网监管和通关便利化，实现快速通关；抓紧研究落实承接服务业外包企业的信息管理和税收政策，以及国家级经济技术开发区内设立的高新技术企业享受国家高新技术产业开发区同等待遇；继续对中西部地区基础设施建设项目贷款进行贴息，在条件允许时，适当提高贴补率、延长贴息年限；中西部外贸发展专项资金和外国政府、国际组织的援助资金优先用于支持中西部地区和东北等老工业基地国家级经济技术开发区的建设和发展；金融机构对符合条件的国家级经济技术开发区的基础设施及公共服务项目给予一定的授信额度，等等。

国家级经济技术开发区的建设和发展是成功的，但其使命尚未完成，任重而道远。我坚信，在以胡锦涛同志为总书记的党中央领导下，在各有关部门和各级政府的大力支持下，通过自身的艰苦努力，开拓进取，埋头苦干，国家级经济技术开发区的明天一定会更美好，一定会为我国改革开放和社会主义现代化建设作出新的更大的贡献。

商务部部长薄熙来在全国国家级经济技术开发区工作会议上的报告

（2004 年 12 月 14 日）

同志们：

今年是党中央、国务院作出举办经济技术开发区的重要决策，以及首批国家级经济技术开发区成立二十周年。经国务院批准，商务部、国土资源部、建设部联合召开全国国家级经济技术开发区工作会议。这次会议的主要任务是，深入贯彻党的十六大、十六届三中、四中全会和中央经济工作会议精神，以邓小平理论和“三个代表”重要思想为指导，全面落实科学发展观，回顾国家级经济技术开发区的发展成就，总结经验，明确今后一个时期发展的方针、目标和主要任务，促进国家级经济技术开发区更好地发挥示范、辐射和带动作用，推动形成若干新的经济增长带，为促进国民经济发展和实现全面建设小康社会目标作出积极贡献。

党中央、国务院高度重视国家级经济技术开发区工作。温家宝总理为这次会议的召开，专门作出重要批示。今天上午，吴仪副总理专程到会看望大家，并作重要讲话。这充分体现了中央领导对国家级经济技术开发区的重视和支持，对从事国家级经济技术开发区工作的同志们的关心和期望。我们一定要认真学习温家宝总理和吴仪副总理的重要指示，深刻领会精神实质，并结合实际认真贯彻落实。

下面，我受商务部、国土资源部和建设部的委托，代表三部门，讲几点意见。

一、国家级经济技术开发区走过了不平凡的历程

国家级经济技术开发区是我国改革开放的产物，是在邓小平同志亲自倡导和积极推动下设立的。20年来，国家级经济技术开发区在邓小平理论和“三个代表”重要思想指引下，从无到有、从少到多、从沿海到内地，不断发展壮大，走过了不平凡的历程。

（一）1984~1991年是创建和探索阶段。这一时期，国务院先后批准在沿海12个城市建立了大连、秦皇岛、烟台、青岛、宁波、湛江、天津、连云港、南通、广州、福州、闵行、虹桥、漕河泾等14个国家级经济技术开发区。通过努力开拓、大胆探索，逐步形成了“三为主，一致力”的发展方针，即“以发展工业为主、以利用外资为主、以出口创汇为主，致力于发展高新技术产业”。在这一方针指引下，国家级经济技术开发区克服了发展基础薄弱、建设资金短缺的困难，探索出具有中国特色的基础设施建设模式，逐步建立并完善了管理模式与法规体系，培育了一批从事开发区管理与招商引资的人才。1991年，14个国家级经济技术开发区实现工业产值146亿元，税收8亿元，出口11亿美元。截至1991年底，累计吸收外资14亿美元。邓小平同志1986年视察天津经济技术开发区时，题写了“开发区大有希望”，是对这一阶段国家级经济技术开发区工作的充分肯定，更表达了对国家级经济技术开发区发展前景充满信心。

（二）1992~1998年是快速发展阶段。1992年，邓小平同志发表南方谈话，强调改革开放胆子要大一些，“大胆吸收和借鉴人类社会创造的一切文明成果，吸收和借鉴当今世界各国包括资本主义发达国家的一切反映现代社会化生产规模的先进经营方式、管理方式”。在邓小平同志南方谈话的鼓舞下，我国改革开放进入新阶段，国家级经济技术开发区得到了快速发展。这一时期，国家级经济技术开区规模进一步扩大，国务院又先后批准18个国家级经济技术开发区和3个享受国家级经济技术开发区政策的工业园区。同时，首批14个国家级经济技术开发区也迅猛发展，1998年实现工业产值1869亿元，比1991年增长6倍，年均增幅约30%；税收131亿元，增长9倍，年均增幅37%；实际吸收外资32.5亿美元，增长8倍，年均增幅约35%。国家级经济技术开发区不仅引进外资数量大幅增加，项目档次也明显提升，成为外商投资的热点和所在城市的重要经济增长点。江泽民同志在国家级经济技术开发区成立十周年时题写“努力把经济技术开发区办得更好”，对国家级经济技术开发区寄予厚望。

（三）1999年至今是稳定发展阶段。这一时期，为推进西部大开发战略，促进中西部地区扩大对外开放，发展开放型经济，经国家批准，以中西部地区省会、首府城市为主再次设立了17个国家级经济技术开发区，使国家级经济技术开发区增加到49个（其中沿海27个，中部9个，西部13个），加上5个享受相同政策的工业园区，目前共有54个。2004年1至9月，国家级经济技术开发区实现工业增加值3566亿元，高于全国增幅 26 个百分点；出口 553 亿美元，高于全国增幅 34 个百分点；实际吸收外资 99 亿美元，高于全国增幅 20 个百分点。

二、国家级经济技术开发区的巨大成就令人鼓舞

吴仪副总理在代表国务院所作的重要讲话中，对国家级经济技术开发区取得的巨大成就给予了充分肯定，我们感到深受鼓舞。从各地的具体实践看，国家级经济技术开发区的成就是多方面的，特色是鲜明的，作用是显著的，经验是宝贵的。

（一）带动了经济发展

经济实力迅速增长。1995—2003 年，国家级经济技术开发区 GDP 增长 6.7 倍，而同期全国 GDP 增长 89%。2003 年，国家级经济技术开发区 GDP 达 4985 亿元，增长 34.6%，比全国增幅高 25.5 个百分点；实现工业增加值 3602 亿元，增长 37.2%，比全国增幅高 20.2 个百分点；实现税收收入 757 亿元，增长 25.6%，比全国增幅高 5.3 个百分点；以仅占全国城市面积 1.6%的土地，创造全国 24%的工业产值。

成为区域经济发展的增长极。2003 年，天津经济技术开发区 GDP 占天津市的 19%，大连经济技术开发区 GDP 占大连市的 18%，广州经济技术开发区 GDP 占广州市的 12%。

外向型程度日益提高。2003 年，国家级经济技术开发区出口 489 亿美元，增长 48%，占全国的 11.2%；进口 520 亿美元，增长 56%，占全国的 12.6%；实际吸收外资 103 亿美元，增长 36%，占全国的 18.5%。截至 2003 年底，外商投资工业企业 1.4 万家，占工业企业总数的 51%；世界 500 强公司在国家级经济技术开发区投资兴办项目 720 个，投资总额达 361 亿美元，实际投入 123 亿美元。此外，台商在一些国家级经济技术开发区投资较集中，促进了两岸经贸合作交流。目前，昆山经济技术开发区累计吸收台资 80 多亿美元，占该区吸收外资总额的 70%。

（二）优化了产业结构

高新技术产业居于领先地位。2003 年，国家级经济技术开发区高新技术企业实现工业增加值 1322 亿元，占国家级经济技术开发区的 37%；机电产品出口 317 亿美元，占全国的 14%；高新技术产品出口 275 亿美元，占全国的 25%。财政投入科技创新扶持资金 58 亿元，完成科技研发成果 8630 项，其中产业化 6130 项。截至 2003 年底，共引进高新技术项目超过 4000 个，设立研发中心 653 个。

产业积聚效应明显。主要集中在电子信息、交通运输设备制造、电气机械及器材、生物医药、化学原料及制品和食品饮料等行业。2003 年电子信息产业的总产值 3777 亿元，工业增加值 915 亿元，占国家级经济技术开发区工业总产值和工业增加值的比重分别为 29%和 25%，是国家级经济技术开发区第一大支柱产业。

新兴制造业居重要地位。2003 年，国家级经济技术开发区轿车产量 92 万辆，约占全国的 46%。移动电话产量 6953 万部，约占 41%。汽车玻璃产量占 60%，程控交换机产量占 21%，复印机产量占 30%，录像机产量占 30%，彩色显示器产量占 14%。

产业集群各具特色。广州经济技术开发区形成了以宝洁为龙头的化工产业集群；天津经济技术开发区、北京经济技术开发区分别形成了电子信息产业集群；长春经济技术开发区、武汉经济技术开发区和重庆经济技术开发区分别形成了汽车产业集群；青岛经济技术开发区形成了家电、电子产业集群；沈阳经济技术开发区形成了装备产业集群；福州经济技术开发区、融侨经济技术开发区分别形成了显示器产业集群。

（三）推进了城市化进程

通过工业化推进城市化。国家级经济技术开发区注重加强基础设施建设，大力发展现代制造业和服务业，改变了荒郊野村的旧面貌，一批新兴城市和新城区迅速崛起。截至2003年底，经国务院批准规划用地面积约580平方公里，已开发土地中工业用地面积460平方公里，约占规划面积的80%。

利用外部资金推进城市化。国家级经济技术开发区利用有限的财政投入，通过“开发土地—招商引资—税收收入—再投入土地开发”的滚动发展模式，建设起一个个现代化城市新功能区。

高效集约利用土地资源。在选址上，尽量少占耕地；在招商引资过程中，重视土地的集约利用，妥善安置失地农民。2003年，49个国家级经济技术开发区平均每平方公里新批设立企业35个，创造GDP 9.1亿元，工业产值23亿元（有的高达70亿元，远远高于国内平均水平），实际吸收外资1889万美元，出口8457万美元。

（四）造就了一大批人才

吸纳培育人才。国家级经济技术开发区已成为对外开放的大学校、实验室和人才加工厂，各类培训中心、技术交流中心、留学生创业园和孵化器不断涌现，吸引了一大批国内外优秀人才。同时也推动了思想的解放和观念的转变。国家级经济技术开发区从业人员中，10%以上具有中高级专业职称；有的国家级经济技术开发区聚集了所在城市1/3—1/2的海外留学人员。

扩大就业规模。国家级经济技术开发区坚持“以人为本”，做好就业和再就业工作。目前直接从业人员超过300万。

（五）加快了体制创新

推进管理体制改革。通过地方人民代表大会立法和政府的特别授权，国家级经济技术开发区普遍采取“管委会”的“准政府”管理模式，实现管理机构精简、成本低、效率高。

推进投融资体制改革。利用国家给予的优惠政策，积极探索融资新方式，已经开始探索利用资本市场进行融资。

推进土地使用制度改革。坚持“整体规划，滚动开发”的原则，按照“投入一片，开发一片，建成一片，收益一片”的步骤，全面推行国有土地使用权有偿使用制度，确保高效集约开发利用土地，成为国内土地利用集约化程度最高的区域之一。

推进社会保障制度改革。国家级经济技术开发区社会保障制度的建立，比全国性社保法律出台提早10年。在险种设计、费率水平、征缴办法、区内统筹、保险金储蓄和增值安全等方面，出台了一系列可操作办法。部分国家级经济技术开发区的社会保障程度高于所在城市和地区。

国家级经济技术开发区的许多做法，已扩展到区外，有的在全国推广，甚至在国际上也备受瞩目。如一些地方政府部门广泛推行“一个窗口”对外、“一站式”办公、“一条龙”服务等；有些发展中国家借鉴我成功经验，开始建立以吸收外资为目的的经济特区和各种工业园区，如朝鲜这几年模仿我们开发区的模式搞了开城经济开放区，越南也建了不少开发区。

20年来，国家级经济技术开发区艰苦创业，锐意创新，开拓进取，取得了很大成绩。根据《国家级经济技术开发区投资环境综合评价办法》，天津、广州、昆山、青岛、大连、宁波、烟台、武汉、北京、漕河泾等2003年总指数位于全国前10名。

上述成绩的取得，证明了党中央、国务院举办经济技术开发区的重要决策是英明正确的，凝结着党中央、国务院有关部门包括原国务院特区办以及全国人大、政协和地方党委政府的关怀与指导，也凝聚了广大国家级经济技术开发区同志们的智慧、心血和汗水。在此，我代表商务部、国土资源部和建设部，向各位领导、有关部门和国家级经济技术开发区的同志们致以崇高的敬意并表示衷心的感谢！

三、对国家级经济技术开发区发展的主要体会

国家级经济技术开发区在资金、土地、人才和经验缺乏的条件下，凭借特定区位、优惠政策和精干机构的综合优势，有力推动了优质高效服务、土地集约利用、产业链延伸、优秀人才引进、区域经济快速发展，成为全国产出最高、拉动力最强、示范效应最明显的区域之一。

——积极探索发展之路。国家级经济技术开发区的建设，在国内没有先例可循，也不能照抄照搬外国的模式。从创立伊始，就始终坚持开放型经济取向和市场取向，率先突破计划经济体制束缚，紧密结合实际，充分发挥优势，准确把握定位，找准发展模式，探索了一条成功的发展之路。

——成为改革的试验田。国家级经济技术开发区以“敢为天下先”的精神，不断推进体制改革与创新，建立了与社会主义市场经济要求相适应的体制环境，既为自身发展增添强大动力，又为国内相关改革提供有益借鉴。

——优化综合投资环境。国家级经济技术开发区将优化投资环境摆在突出位置，牢固树立优质服务观念，着力创造良好的投资软环境，确保在吸引外资的激烈竞争中，始终处于有利地位，成为对外资最具吸引力的投资热点。

——大力发展开放型经济。国家级经济技术开发区是对外开放的前沿。在发展过程中,注重借鉴国际先进管理经验,适应跨国公司的要求,吸引了一大批面向国际市场的先进制造业项目,推动了产业结构优化升级。

——注重发展质量和效益。国家级经济技术开发区坚持集约开发的发展模式，不断提高经济发展的质量和效益，初步实现了全面协调可持续发展。

——依托母城，服务母城。国家级经济技术开发区与所在母城是一个整体，母城在资金、人才、政策和项目等方面给予国家级经济技术开发区巨大支持，国家级经济技术开发区也为带动当地经济发展起到了示范、辐射和带动作用。

——发扬“垦荒牛”的创业精神。国家级经济技术开发区始终把创业作为自己的最大使命，保持昂扬向上、奋发有为的精神状态，不计名利，甘于奉献。

——坚持“两手抓，两手都要硬”。国家级经济技术开发区始终坚持党的领导，注重发挥党的领导核心作用，积极探索改革开放与党的建设、精神文明建设有机结合的新途径，同时大力发展教育、医疗、文化等社会事业，不断提高党的执政能力，为自身发展提供了强有力的保障。

实践证明，国家级经济技术开发区的发展是求实的、高效的、集约的，在实现经济体制和经济增长方式“两个根本性转变”方面走在了全国前列，体现了统筹国内发展与对外开放的要求，体现了经济发展与环境保护、社会进步、人的全面发展的协调推进，体现了社会主义物质文明与精神文明建设的共同发展，这一历史创举为建设中国特色社会主义提供了宝贵经验。

四、国家级经济技术开发区面临的新形势

当前，国内外形势正在发生深刻变化，国家级经济技术开发区处在全面提升水平的关键时期。我们要按照温家宝总理和吴仪副总理的要求，努力提高国家级经济技术开发的发展水平，把国家级经济技术开发区继续办下去，办得越来越好。

（一）全面建设小康社会要求发挥更大作用

胡锦涛总书记在中央经济工作会议上指出，“为适应经济全球化趋势和我国经济持续较快发展的新形势，必须进一步树立全球战略意识，不断提高对外开放水平，为国内发展创造更大的空间和更有利的条件”，同

时还要求“不断优化外资结构，促进国内产业升级和技术创新”。温家宝总理强调指出，“在新的发展阶段，国家级经济技术开发区建设必须贯彻落实科学发展观，努力实现经济体制和经济增长方式的转变。要严格执行国家关于经济技术开发区的各项政策，认真总结经验，更加着重结构调整和优化升级，更加注重引进技术和开发创新，更加注重开发项目的质量和效益，更加珍惜合理利用土地，防止盲目追求数量和规模，努力提高国家级经济技术开发区的发展水平”。这为国家级经济技术开发区今后实现更快更好的发展指明了方向。

党的十六大提出全面建设小康社会、到2020年国内生产总值再翻两番的宏伟目标。实现这一目标，不仅要求我国第一、二、三产业实现快速均衡发展，而且要求地区经济实现全面协调可持续发展。国家级经济技术开发区是经济结构战略性调整和区域经济协调发展的结合点，是我国经济发展的重要增长极，在全面建设小康社会过程中必须发挥更加重要的作用。

党的十六届三中全会还提出，要进一步改善投资环境，拓宽投资领域，吸引外资加快向有条件的地区和符合国家产业政策的领域扩展，力争再形成若干外资密集、内外结合、带动力强的经济增长带。国家级经济技术开发区具备条件和基础，可以成为新经济增长带的支撑点，走新型工业化道路的示范区，更好地发挥示范、辐射和带动作用。

（二）参与经济全球化要求继续提高发展水平

当前经济全球化的一个重要特征是，世界经济和贸易增长速度明显加快，全球产业结构调整转移加速进行，跨国直接投资出现回升态势，并重点流向高新技术产业和现代服务业。更多高科技含量、高附加值的高端制造及研发环节，正在由美、日、欧等发达国家和地区向外转移，服务外包已成为当前世界经济结构调整的重要内容。联合国贸发会议预测，2004年全球跨国直接投资有望突破7000亿美元，实现恢复性增长；未来几年全球服务外包市场将以每年30%—40%的速度递增，2005和2007年全球服务外包份额将分别达5850和1.2万亿美元。国家级经济技术开发区是我国对外开放的窗口，拥有最好的投资环境、最完善的基础设施和最高效的行政服务，完全有可能继续成为国际产业转移的承接地和重要载体。

但承接国际产业转移不会“一帆风顺”。目前各国和地区纷纷采取措施，放宽外资准入，扩大优惠措施，加强投资促进，引资竞争空前加剧。2002年和2003年，各国调整外资政策492项，其中放松外商投资限制、简化手续、扩大优惠政策的达95%以上，一些国家甚至出台了企业所得税“7免3减”的政策，在税收、金融、土地等方面也都更加宽松。

此外，许多国家和地区还采取措施，大力促进工业园区发展。如捷克目前共有工业园区60多个，当前重点在经济落后地区兴建工业园区，并出台更加优惠的政策，吸引外商投资；匈牙利共有工业园区160个，共吸引国内外投资超过60亿美元，2003年工业销售收入占全国的26.3%，出口占全国的39%，从业人员12.8万人；马来西亚共有各类工业园区200多个，其中“多媒体超级走廊”实行5年免缴所得税、投资设备进口免税等优惠政策，截至2002年底共有779家企业入驻。

（三）自身发展亟需突破瓶颈约束

目前，国家级经济技术开发区已经有了一个好的发展平台，为今后进一步发展打下了一个坚实基础。但也存在一些制约因素，如有的国家级经济技术开发区产业结构不合理，尚未形成先进制造业和高附加值服务业集聚；有的国家级经济技术开发区不注重技术的引进、消化、吸收和创新，尚未形成一批具有自主知识产权的品牌和技术；有的国家级经济技术开发区人才结构有待进一步优化；一些东北等老工业基地和中西部国家级经济技术开发区，在带动地区经济发展中作用尚不明显等等。

五、今后国家级经济技术开发区的主要任务

吴仪副总理在重要讲话中指出，面对新形势，国家级经济技术开发区“三为主，一致力”的方针要赋予新的内涵，发展成为“以提高吸收外资质量为主，以发展现代制造业为主，以优化出口结构为主，致力于发展高新技术产业，致力于发展高附加值服务业，促进国家级经济技术开发区向多功能综合性产业区发展”。这是我们今后做好国家级经济技术开发区工作的重要指针。国家级经济技术开发区要按照这一方针，努力增创对外开放的新优势、产业提升的新优势、科技创新的新优势、可持续发展的新优势和管理体制的新优势。到2010年，国家级经济技术开发区国内生产总值要力争在2003年的基础上翻两番，达到2万亿元；GDP占全国的比重每年增加一个百分点，到2010年达到10%，提高国家级经济技术开发区对国民经济发展的贡献度。

今后一个时期，要重点做好以下几方面的工作：

（一）积极探索对外开放的新形式、新内容

国家级经济技术开发区要率先开放外商投资的新领域，抓住当前全球服务外包转移的机遇，利用自身经济发展快、产业相对集中、外商投资集聚的优势，积极承接跨国公司的服务外包，逐渐形成服务外包基地。外商在区内投资的服务外包企业可以视为生产型企业或先进技术型企业，享受同等的企业所得税优惠政策，在信息管理政策上对此类项目予以支持。

要在区内实施产业集群战略，以发展大型成套装备制造业为龙头，引进配套产业，扩展产业链，形成先进制造业基地。同时，要大力发展现代物流、工程装备配套服务、信息服务、技术服务、工业咨询服务等生产性服务业，完善产业配套和支持条件。

（二）优化经济结构，提升产业国际竞争力

国家级经济技术开发区要适应经济全球化和我国经济发展的要求，把高新技术研发与成果产业化放在重要位置，积极推动高新技术产业发展。同时要在西部大开发、东北等老工业基地振兴、中部崛起等方面更好地发挥示范、辐射和带动作用。

努力在区内引进技术含量高、附加值大、资源集约利用程度高、环境成本低的项目，进一步扩大高新技术产品和机电产品出口，增强国际竞争力。

加强区内软件园和各类专业孵化器建设，加快创立科技创新服务体系。加强技术的引进、吸收、消化和创新，培育自主知识产权和自有品牌。在有条件的国家级经济技术开发区设立研发园区，引进更多跨国公司到区内设立研发中心，形成具有世界水平的研发集群。

对区内设立的，经国家和省级科技主管部门认定的内资高新技术企业，可以享受其他国家级开发区内同类企业的相应政策待遇；经省、自治区、直辖市批准设立的高新技术产业创业服务中心，享受所在地区高新技术产业创业服务中心的各项政策；设立的创业投资非法人企业，享受外资税收优惠政策。

（三）进一步扩大出口，不断提高出口附加值

国家级经济技术开发区是各地扩大出口的主力军，出口加工区大都设立在国家级经济技术开发区，跨国公司投资的高科技项目也多集中在国家级经济技术开发区。国家级经济技术开发区应借助“大通关”试点和加

工贸易深加工结转的政策优势，鼓励在区内延长产业链条，支持具有自主知识产权和自主品牌的产品出口，改善出口产品结构，促进加工贸易转型升级。

（四）集约利用土地资源

国家级经济技术开发区要认真贯彻“十分珍惜、合理利用土地和切实保护耕地”的基本国策，提高集约利用土地程度，绝不允许违规下放土地审批权，违反土地利用总体规划擅自扩区。区内用地要符合土地利用总体规划和城市总体规划，严格执行土地利用年度计划，按照法律规定的程序审批和利用土地。在符合土地利用总体规划和城市总体规划的前提下，对已完成经国务院批准规划范围内的开发建设、因经济发展需要确需扩大规划用地范围和改变区位的国家级经济技术开发区，可以按规定程序申请扩大规划用地范围。

要注重盘活现有建设用地，鼓励挖掘存量建设用地潜力，根据各地情况，充分利用荒山、荒地、矿山废弃地、滩涂、低产盐田等进行开发，尽量减少占用耕地。要坚持土地有偿使用，鼓励规范高效用地。实行供地量与投资额、产出效益、建筑密度、容积率等指标挂钩。对于土地利用规范高效、内外资密集、高新技术产业发展快、带动力强的国家级经济技术开发区，在用地政策上继续予以支持和鼓励。

（五）加快推进体制改革与创新

国家级经济技术开发区要继续坚持“小政府、大社会”的管理模式，保持管理机构的精简、统一、高效，深化财政管理、市场管理、社会管理等方面的体制改革，创新社会保障体制和社区管理体制，继续发挥体制改革与创新的示范作用。

国家级经济技术开发区与所在行政区合并管理或取消国家级经济技术开发区建制的，须由所在省、自治区、直辖市政府报国务院批准。对已与行政区合并的国家级经济技术开发区，应保障国家级经济技术开发区行政、经济和社会职能的独立运转，明确具体管理办法，并报国务院主管部门备案。

目前，《国家级经济技术开发区条例》（草拟稿）已历经多次修改，并列入国务院法制办的立法计划，我们将尽快推动其早日颁布实施。

（六）扩大外商投资审批权

要认真贯彻《国务院关于投资体制改革的决定》，充分落实企业投资自主权。为更好地发挥先行先试的作用，将选择有条件的国家级经济技术开发区作为试点，推进服务贸易领域外资优先准入及简化审批程序的工作，缩短审批时限，放宽审批权限。具备与省和商务部联网条件的国家级经济技术开发区，可自行对限额以下允许类外商投资企业设立及各项变更进行审批；部分服务贸易领域的外商投资企业也可由国家经济技术开发区予以审批，颁发批准证书，并报商务部备案。

（七）继续推进城市化进程

坚持将国家级经济技术开发区发展纳入所在城市土地利用总体规划和城市总体规划。不断吸引具有更高技术含量的先进制造业项目和现代服务业，使开发区成为所在城市新的经济功能区，促进城市功能的完善和城市整体空间布局的合理。

严格按照国家土地管理法律、法规，坚持依法征地，合理补偿，妥善安置失地农民，保护失地农民的合法权益。探索建立失地农民的安置体制，促进失地农民就业，逐步建立城乡一体化的社会保障体系，提高农民的生活水平。

（八）加强环境保护

国家级经济技术开发区走要可持续发展道路，大力应用先进技术，提高资源与能源利用率。保证引进项目质量，适当设置准入条件，通过制定投资项目评价体系，有选择地引进科技含量高、投资规模大、经济效益好、污染程度低的项目，逐步淘汰高消耗、高污染、低产出的企业。

要提高环保意识，完善项目环保审核制度，加强区域环境基础设施建设，确保生态保护和环保工作与区域建设同步进行。建设污水集中处理系统，构建完善的环境监测和检测体系。全面推行国际环境管理体系（ISO14000），促进环境质量管理的标准化、国际化，创建国家环境示范区。实施生态保护工程，注重保护生态资源；坚持高标准控制和治理废水、废气、固体污染物，实施污染物排放总量控制和排污许可证发放工作。

（九）优化综合投资环境

国家级经济技术开发区要贯彻科学发展观，进一步完善综合投资环境，不仅要强调基础设施等硬环境的建设，更要注重依法行政、知识产权保护等软环境的改善。要加强部门合作，推动环保标准认证工作。要改变以宣传和强调优惠政策为主的招商引资模式，充分利用现代化手段招商，以优良的综合投资环境吸引境内外企业，不允许在招商中搞恶性竞争。

选择有条件的国家级经济技术开发区，开展与出口加工区、保税区和港区联动试点，实现优势互补。具备条件的国家级经济技术开发区可以申请设立出口加工区、保税物流中心、出口监管仓库、保税仓库和海关。加强信息化建设，强化联网监管和通关便利化，实现快速通关。对部分国家级经济技术开发区内设立的海关、质检机构试点实行7日24小时工作制，提高通关和质检效率。

（十）加快培养高素质人才

鼓励通过在国家级经济技术开发区内设立创业服务机构、留学生创业园等，吸引高素质人才进区投资创业。发挥产业和研发中心聚集的优势，鼓励企业加强人才培育，为高科技人员流动创造便利条件，扩大技术溢出效应。设立技工学校和职业培训机构，培养更多的实用型人才。加强区校联合，设立就业咨询机构，鼓励区内企业通过见面会洽谈、网上沟通、校园招聘会等途径积极吸收大专院校毕业生就业。

同志们，做好新形势下的国家级经济技术开发区工作，任务艰巨，责任重大。我们要以邓小平理论和“三个代表”重要思想为指导，在以胡锦涛同志为总书记的党中央领导下，树立和落实科学发展观，开拓创新，扎实工作，加快转变经济增长方式，推进科技进步和产业升级，为实现国家级经济技术开发区持续快速协调健康发展而努力奋斗！

走出新路子　再创新辉煌

——庆祝国家级经济技术开发区创办20周年

商务部副部长　马秀红

今年，适逢我国国家级经济技术开发区创办20周年，对开发区的历史发展和未来进行回顾、总结及展望，是十分有意义的。我愿意借此发刊之际，代表商务部向曾为开发区发展做出贡献的领导和同志们致以崇高的敬意，向所有国家级开发区和工作在开发区的同志们表示衷心的祝贺！

20年来，国家级经济技术开发区在邓小平理论及“三个代表”的思想指引下，沐浴着中国改革开放的春风，从无到有、从少到多、从沿海到内地，不断发展壮大，走过了不平凡的历程。现在全国共有49个国家级经济技术开发区和5个同类园区，分布于沿海和内地的省会、首府和部分开放城市。

国家级经济技术开发区开拓创新、敢为人先、奋力拼搏，为中国改革开放趟路，努力贯彻国务院确定的“以工业项目为主，以吸收外资为主，以出口为主，致力于发展高新技术产业”的发展方针，在城市边缘、荒滩沙地、小岛渔村，创造了一个又一个经济强区的神话，为所在地区经济与社会的发展做出了重大贡献，成为当地改革开放的窗口和示范区，有力地带动了所在区域的经济发展。

经过20年的发展，国家级经济技术开发区主要经济指标，年均保持25%以上的速度增长，创造了我国区域经济超常规发展的奇迹，极大地促进了所在地区社会经济发展、体制创新和科技进步，是当地强劲的经济增长点。2003年，49个国家级经济技术开发区及5个同类园区实现GDP4985亿元，同比增长34.56%，占全国GDP的4.27%，其中，工业增加值3602亿元，同比增长37.22%，占全国工业增加值的8.78%，工业产值12957亿元，同比增长38.40%，占全国工业总产值的9.16%；税收收入757亿元，同比增长25.60%，占全国税收总收入的3.70%；出口489亿美元，同比增长48.15%，占全国出口总额的11.15%；合同外资金额202亿美元，同比增长27.31%，占全国合同外资金额的17.62%；外商实际投资103亿美元，同比增长35.92%，占全国外商实际投资的19.31%；在区内就业人数已达280万人。截至目前，国家级经济技术开发区累计吸收外资金总额达到615亿美元，投资总额超过1亿美元以上的外商投资企业213家，已有400余家大的跨国公司在区内投资设立生产企业700余家。

国家级经济技术开发区致力于创建良好的科技创业和科技生产环境，推动科技创新，发展高新技术产业，形成了以电子信息、光机电一体化、生物医药、精细化工、汽车制造、环保产业等为代表的高技术产业群和研发基地，建成了不同特色的产业投资区。资金密集型企业和高新技术产业在区内占主导地位。

国家级经济技术开发区是在我国改革开放初期借鉴兴办特区的经验和政策创立的，是邓小平理论指导下的伟大实践。今天，随着我国社会主义市场经济的发展和完善，随着全球经济新一轮的国际产业转移，国家级经济技术开发区的发展面临着新的挑战和新的机遇。庆祝国家级经济技术开发区创建20周年，在肯定成绩、总结经验的同时，也要科学地审视自身，从国际经济结构调整中捕捉机遇，充分发挥国家级经济技术开发区业已形成的良好基础和优势，进一步优化综合投资环境，全面提升发展水平。我们还要以纪念创业20周年为契机，深刻领会邓小平理论，全面完成党的“十六大”确定的各项任务，继续贯彻国务院确定的“三为主、一致力”的方针，坚持科学发展观，使开发区增创新优势，走出新路子，实现新发展，办出新特色，再创新辉煌，为我国的改革开放和全面实现小康社会的各项目标做出新贡献。

（转自《瞭望》海外专刊2004年第6期）

把国家级经济技术开发区办得更好

人民日报评论员

从20年前第一批国家级经济技术开发区破土而出到今天，国家级经济技术开发区走过了波澜壮阔的奋斗历程，创造了令人惊叹的光辉成就，愈益显示出巨大的生机和活力。

设立国家级经济技术开发区，是改革开放的一个伟大创举，是邓小平理论的一个成功实践。20年来，国家级经济技术开发区坚持“三为主、一致力”的方针，因地制宜，艰苦创业，锐意改革，取得了丰硕成果。在经济发展、产业培育、科技进步、土地集约开发、城市建设、吸收外资、扩大出口、创造就业和精神文明建设等方面，国家级经济技术开发区发挥了窗口、示范、辐射和带动作用，成为国民经济中最有活力、最具潜力的新型增长带和特殊经济区，有力推动了经济结构战略性调整和区域经济协调发展，加快了各地工业化、信息化和城市化进程，促进了我国深度参与经济全球化。特别是在体制创新上，国家级经济技术开发区坚持不懈探索，积累有益经验，为深化改革提供了一笔宝贵财富。事实证明，党中央关于建立国家级经济技术开发区的重大决策是完全正确的，邓小平同志预见的“开发区大有希望”已经变为灿烂的现实。

目前，国家级经济技术开发区已进入“二次创业”的新阶段。随着国际国内环境的深刻变化，国家级经济技术开发区建设面临着新的机遇和挑战。从国际上看，近年来，经济全球化趋势日益明显，新一轮国际产业转移加快，我国成为跨国直接投资的主要目的国之一。而拥有国内最优良投资环境、最完善基础设施和最高效行政服务的国家级经济技术开发区，完全有可能承接更高水平的跨国产业转移，在现有发展基础上更上一层楼。从国内来看，国家各项宏观调控措施成效初显，经济运行中的不健康不稳定因素得到抑制，清理整顿开发区工作取得积极进展，为国家级经济技术开发区的可持续发展创造了更加规范、有利的环境。国家级经济技术开发区的综合竞争优势使其成为内资高科技企业的聚集地，并正在成为国内重要科研生产基地。同时，我们也应该看到，近年来国家级经济技术开发区政策优势逐渐弱化，国内外对外资的竞争不断加剧，给国家级经济技术开发区吸引更多高质量内外资、拓展更大发展空间带来了压力，增加了难度；从外向型工业园区向开放型特定经济功能区的转变，对国家级经济技术开发区管理模式提出了新课题；进一步加强和改善宏观调控，也对国家级经济技术开发区集约利用土地提出了更高要求。

国家级经济技术开发区建设，对于实现全面建设小康社会的宏伟目标具有重要的意义。国家级经济技术开发区实现到2010年GDP达2万亿元的目标，取决于能不能搞好“二次创业”，会不会抓住机遇、发挥优势，敢不敢应对挑战、不断创新。国家级经济技术开发区20年来已创造出管理体制、产业集聚、综合财力以及环境、人才、技术等大量优势资源，并已形成一批优质国有资产。要实现跨越式发展，还应当处理好一系列改革与发展的重大关系问题。实践证明，加快国家级经济技术开发区建设，必须全面落实以人为本、全面协调可持续的科学发展观。必须增强大局意识，根据国家发展战略需要，结合所在地的实际情况，确定自己的发展战略。必须继续坚持原有的发展方针，充分发挥聚合效应，着重发展高新技术、高附加值产业，向经济技术开发并举和以质量效益为主转变。必须按照国家有关规定严格土地管理和审批，提高集约利用土地的水平和效率，并进一步改进和完善国家级经济技术开发区综合投资环境评价体系。

体制改革与创新，是加快国家级经济技术开发区建设的不竭动力。要坚持国家级经济技术开发区作为特殊经济功能区的定位，继续加大改革力度，加快创新步伐，为开发区的进一步发展提供更好的制度保障。全社会也需统一认识，形成合力，共同为国家级经济技术开发区营造良好的条件，把国家级经济技术开发区办得越来越好，使其真正成为国民经济的重要增长极，为全面建设小康社会贡献更大的力量。

成功的实践　宝贵的经验

——国家级经济技术开发区20年发展启示录

在我国的东西南北中，活跃着一批特殊经济区——国家级经济技术开发区。短短20年，在昔日的碱滩沙丘、荒野渔村，崛起了一座座经济发达、环境优美、生机盎然的现代化工业园区，成为国民经济最有活力、最具潜力的增长极，成为推动各地工业化、城市化和信息化进程的排头兵。这些国家级开发区的探索实践，不仅是我国改革开放中的一项成功创举，也被视为一种宝贵的“中国经验”，受到国际社会特别是广大发展中国家的肯定、重视甚至借鉴。

20年创业史，20年风雨路。对于国家级开发区走过的不凡历程，我们应该怎样正确看待？从中该得到哪些有益的启示？

增长最快的经济区——

“三为主、一致力”是根本，探索经济技术发展的新路子

作为继经济特区之后的第二开放带，国家级经济技术开发区处于改革开放前沿。1984年，经国务院批准，大连等10个国家级开发区应运而生。20年来，经过艰难创业期（1984—1991）、高速增长期（1992—1998）、稳定发展期（1999年后）三个阶段，我国现已有49个国家级开发区，加上苏州工业园以及上海金桥、厦门海沧、宁波大榭、海南洋浦等5个享受国家级开发区政策的园区，共计54个。

值得注意的是，国家级开发区的分布走向由东而西，直至遍布全国：沿海32个，中部9个，西部13个，其中东北老工业基地5个。这一格局特点，恰恰体现出我国“东部率先”、“中部崛起”、“西部开发”、“东北振兴”几大战略目标。因此，自创建伊始，历史就赋予了国家级开发区不可替代的重大使命。

1986年，邓小平同志视察天津开发区时欣然题写了“开发区大有希望”。但是，兴建开发区，既无国内先例可循，又不能照

搬国外模式。各国家级开发区几经摸索，终于在“四窗口”（即技术、管理、知识和对外政策的窗口）基础上，确立了更务实更科学的“三为主、一致力”，即以发展工业为主、利用外资为主、出口创汇为主、致力于发展高新技术产业。这一方针，成了几代开发区人的立区之本。

“三为主、一致力”，使国家级开发区迅速发展成产业集聚效应突出的投资热土、辐射带动力强的龙头区域、深度参与经济全球化的重镇。

先摆一组数字：以 2003 年为例，国家级开发区实现 GDP4985 亿元，占全国 4.4%，其中 72%是工业增加值；工业总产值 12957 亿元，税收近 757 亿元，进出口额 1008 亿美元，外商实际投资 103 多亿美元，同比增幅均大大高于全国。实际上，20 年来国家级开发区主要经济指标一直保持着 25%以上的高速增势，据测算，1995—2003 年间，上述开发区 GDP 增长了 6.7 倍，远远高于全国经济增速。而且，每个国家级开发区均在母城的整体发展中发挥着重要作用，去年天津、大连等开发区 GDP 占所在城市的近 19%，其他指标占母城比例就更高，可以说，一些城市很大部分的经济效益，是由当地国家级开发区创造的。

从开放程度看，相对于国内其他经济区，国家级开发区的外向型经济发展得最快，实际利用外资和出口额分别占全国的 16%和 11%，是大跨国公司在华投资首选地，世界 500 强有 700 多个项目建在上述开发区，其新设的研发中心大多落户区内。开发区大量企业通过国内采购，“借船出海”，间接参与了国际分工，机电产品、高新技术产品分别占其出口额的 65%和 56%。东部沿海的一些开发区还有效促进了海峡两岸经贸合作交流。

作为发展中国家，我国处于全球产业链的低端。但国家级开发区却走出了一条在开放条件下实现新型工业化的大道。今天，无论漫步哪个国家级开发区，都会发现其主导产业多集中于新兴制造业和高新技术业。据不完全统计，去年国家级开发区轿车、移动电话产量均占全国半壁江山，汽车玻璃、程控交换机、复印机、录像机、彩色显示器的产量也各占全国总产量的 60%、21%、30%、30%和 14%。同时，各开发区形成了特色不同的产业集群，如广州开发区的化工产业集群，天津、北京开发区的电子信息产业集群，长春、武汉、重庆开发区的汽车产业集群，青岛开发区的家电产业集群等。迄今国家级开发区引进高新技术项目 4000 多个，上海漕河泾开发区高新产业的产值占该区工业总产值的近 80%，成批国有大中企业顺利嫁接改造。这些大大提升了我国在国际分工中的地位，“以点带面”地推促着经济结构战略性调整和区域经济协调发展。

点土成金的活样板——

不让一块地“闲”着，率先开创集约型发展新模式

土地，是开发区建设最根本的资源。土地，是开发区发展最重要的载体。土地，也是开发区面临的一个最敏感问题、一个最大制约因素。

还是用数字说话：截至 2003 年底，不算 5 个享受同等待遇的园区，49 个国家级开发区共完成工业用地开发约 460 平方公里，占全部规划用地面积 80%。已入区工业企业近 2.8 万家，其中 51%为外企。平均每平方公里建成投产工业企业数约 61 个、工业产值 23 亿多元（有的达 40 亿—70 亿元，远高于全国平均水平）、吸引外资 1878 万美元、出口 8407 万美元，国家级开发区工业产值是基础设施历年累计投入的 5.2 倍，区内外企工业产值、工业品销售收入均占全区总数的 73%。一句话，没有一块土地是闲着的。

面对如今厂房林立、楼群密集、花红草

绿的国家级开发区，谁能想象20年前它们只是一片片荒地荒滩？有人说，国家级开发区最可骄傲的一点，是在集约利用土地资源方面的表率作用。那么，白手起家，如何点“土”成金？

土地是宝。国家级开发区从建区之日起，就高度重视土地的首选规划、管理和利用，选址尽量不占耕地，并较早进行了土地使用制度改革。“投入一片，开发一片，建成一片，收益一片”，全面推行国有土地使用权有偿使用制度，坚持高效集约用地、工业用地为主，力求用地结构与其功能定位相一致。20年来，国家级开发区是国内土地利用集约化程度最高的区域之一，吸引了大批优质工业项目，土地单位面积产出逐年增加，经济规模迅猛增长，实现了以较少的土地资源投入，取得较大的经济、社会和环境效益。昆山开发区中的出口加工区，平均每亩工业总产值和进出口值达到806万元和197万美元；上海虹桥开发区面积仅0.65平方公里，年产GDP竟达47亿元，这在世界上都是很高的水平。

与此同时，国家级开发区千方百计妥善安置失地农民，注重“四统筹、四确保”：即统筹城乡就业，确保壮有所用；统筹区域性养老，确保老有所养；统筹农村合作医疗，确保医有所依；统筹低保和救助，确保困有所助。这当中包括对政府投资的公益性岗位优先安置本区劳动力、鼓励用人单位优先招用本地劳动力以及以土地补偿费、劳动力安置费和部分土地出让金等新增财力为基础，对得不到养老保障的大龄农民实行区域养老统筹，等等。从实际情况看，这些开发区对失地农民的安置工作很到位，明显改善了当地居民生活处境，为我国以工业化促城市化提供了很好的样板。到去年底，国家级开发区共吸纳就业288万人，其中相当一部分是失地农民。

国家级开发区还首创了“资金大循环”的土地开发新模式。刚起步时，国家3年内仅给首批开发区总计22亿元的开发贷款，且55%系商业贷款，像大连开发区只有1000万元财政拨款、2.3亿元开发性贷款，资金约束极大。开发区人没有叫苦喊冤，他们本着“整体规划、滚动开发”原则，通过市场融资完成基础设施建设，将“熟地”以不同价格出租或转让给生产企业、房地产开发商，利用招商引资后土地出让收入和部分税收收入，再投入新地的开发。这一模式走出了一条在开放条件下利用国际资金、利用市场机制推进城市化的新路，成为后起的各类特殊经济区争相效尤的经典范本。

体制创新的试验田——

建立精简速效的管理机制，形成具有国际能力的投资软环境

仅仅以经济成就来看待和评估国家级开发区并不足够，其20年实践更深层、更重大的意义，是在体制创新方面的大胆求索和积极贡献。

建立国家级开发区，是为了在小范围最先建立“具有国际能力的投资环境”（特别是软环境），这就需要一个科学、精简、高效、充满活力的体制加以保证。20年来，国家级开发区充分汲取国外各种特殊经济区和我国经济特区建设的成功经验，创造性地构建了一整套中国特色的开发区管理模式和制度，包括政府管理、土地开发、投融资、社会保障、工会组织、精神文明建设等，由于其实质是对旧体制的改革，因此被各地广为引用、移植，有力带动和推进了国内经济体制改革。

今天，人们对“小政府、大社会”不再陌生，而当初“吃螃蟹”的正是国家级经济技术开发区。绝大多数国家级开发区都采取“管委会”的“准政府”管理模式，这是国家级开发区体制创新中最具推广意义的，它区别于一般行政管理体制：管委会作为市政府派出机构，负责开发区管理与运营，其下

属开发总公司负责土地开发，同时设立党的工作委员会，并有效发挥工会组织作用。这种高度授权、特事特办、专心发展经济的管理体制，基本实现了管理机构最简、成本最低、效率最高。

国家级开发区的市场主体是外商投资企业，政府管理经济方式绝不能沿袭老套路。20年来，在硬环境上，开发区投入资金兴建符合国际投资者要求的基础设施，并不断提升其标准和保障程度；在软环境上，政府只制定市场准入规则，对企业经营，一不介入，二不干涉，更没有企业对政府的依赖。特别是管委会寓管理于服务之中，一切以企业为中心，打造“服务型政府”，形成市场经济环境中的新型政企关系，开发区首倡的“企业是生命线，投资者是上帝”、“为投资者提供方便，让投资者赢得利润”等，成为深入人心的引资理念。精简高效的政府管理大大削减了大小“衙门”，也大大化解和减少了审批环节，“一个窗口对外”、“一站式”办公、“一条龙”服务等，已在全国广泛推行；“亲商、安商、富商”的区域文化，得到了投资者的丰厚回报。广州开发区的“四区合一”、大连开发区的行政“绿色通道”、青岛开发区的“零费区”建设等，赢得中外投资者的普遍称赞。国家级开发区以软环境建设为旗帜的政府职能改革，表现出对市场经济的超前适应性，可以说提前完成了“政府入世”。

管理内、外资企业，必须依法治区。在国内经济法律体制尚不完善的情况下，国家级开发区的法制创新从未停步，各地为其制定的地方性立法尽管数量不一，但都针对资本、土地、环境、劳动等方面，符合国际惯例。截至2003年，有38个国家级开发区有省级人大立法，并以此为上位法，出台区内各种规范性文件，形成内部管理的法规体系，遇到问题依法办事。在我国加入世贸组织后的涉外经济法规清理中，开发区的政府法制经受了考验，显示了先导性和科学性。

作为又一种创新试验，国家级开发区社会保障制度的建立，比全国性社保法律问世提早了整整10年。从险种设计、费率水平到征缴办法、区内统筹、保险金储蓄和增值安全，都有自成体系的可操作手段，既确保了中方职工的合法权益，又规范了外资应支付的足额劳动力价值。与国家大法接轨时，仍保持了完备性和先进性。目前，部分国家级开发区的社保程度依历史沿革，总体水平仍高于所在城市和地区。

国家级开发区在体制创新方面的硕果，远不止上述几项。这些卓有成效的体制创新，使其真正成为改革的试验田和先行区，对于国内体制改革和国外一些发展中国家的经济建设都有着非比寻常的借鉴意义。

辉煌只属于过去，发展须着眼明天。今年以来，得益于国家宏观调控政策，国家级开发区总体上呈现出更加健康喜人的发展态势，然而，要顺利实现“二次创业”，国家级开发区还要走很长很难的一段路。我们坚信，在党中央、国务院的正确领导下，在全体国家级开发区人的奋力开拓下，国家级经济技术开发区一定会更上层楼、大有作为，在全面建设小康社会的伟大进程中写下新的华章！

（人民日报记者　龚雯）

与时俱进
把国家级开发区的发展提高到新的水平

1984年春天，中国国家级经济技术开发区（以下简称国家级开发区）肩负着国家和人民的重托，肩负着改革开放的重任，在我国东部沿海城市诞生了。二十年来，国家级开发区坚定不移地执行中央确定的发展方针，发扬和传承实事求是，开拓创新，与时俱进、奋力拼搏的精神，历经艰苦创业之艰辛，善应机遇和挑战，奠定了雄厚的基础，铸造了辉煌的业绩。为了这个大有希望的事业，开发区的建设者们忘我奋斗，无私奉献，有的甚至献出了宝贵的生命。值此国家级开发区兴办20周年之际，我代表中国开发区协会向取得辉煌成就的国家级开发区致以热烈的祝贺！向国家级开发区的所有建设者致以崇高的敬意！对各国家级开发区多年来给予中国开发区协会的大力支持表示衷心的感谢！

20年来，国家级开发区由小到大，逐步发展，在国家的改革开放和经济建设中，发挥着愈来愈重要的作用。2004年1至9月，在去年高速增长的基础上，工业产值同比又增长了46.35%，占全国的9.74%；工业增加值同比增长39.71%，占全国的9.19%；出口额同比增长69.68%，占全国的13.29%；外商实际投资同比增长41.22%，占全国的20.35%。这些发展业绩，不仅折射出国家级开发区产业聚集度的进一步提升，而且显示了其综合竞争力的进一步增强。

追求发展是国家级开发区的动力源泉。实现新一轮的发展，既要依托20年来已经形成的雄厚经济实力，又要根据新的形势和任务，扩宽发展视野，创新发展思路，谋划发展策略。

在发展方针上，我们仍应坚持国家制定的“三为主、一致力”的指导方针，这是国家级开发区的立命之本。要认真探索的问题是，下一步应重点发展什么内容的工业，重点吸收和利用好哪些领域的外资，以什么样的方式促进和扩展哪些产业的出口，以什么样的策略培植和提升发展高新技术产业的能力。要通过扩展和充实“三为主、一致力”的内涵，支撑国家级开发区新一轮的发展。

在发展模式上，我们仍应坚持勇于改革的创新精神。社会主义市场经济的逐步完善，世界经济一体化的深入发展，国家级开发区仍将有其独特的作用。而这需要开发区管理体制的改革配套，需要管理运行机制的提升创新。应集中力量，在总结经验的基础上，深化对相关问题的研究，提出积极有效的对策。

在发展目标上，我们应准确判断，稳重把握。超常规的增长，是国家级开发区20年发展的特征之一，这既是开发区集诸多优势取得的成就，也有基数小，土地有保障的客观前提。而目前国家级开发区已形成相当规模的经济总量，发展用地也会受到一定的限制，下一步的经济增长速度，很难持续保持过去的高增幅。为此，国家级开发区新一轮的发展，应认真贯彻落实科学发展观，在增长的质量上多下工夫，在产业上促集聚，在集约上求发展，在降耗上要效益，下气力进一步优化综合投资环境，实现全面、协调、可持续发展的工作目标。

在发展的保障上，我们应继续做好各个方面，特别是非公经济组织的党建工作；总结经验，继续解决好失地农民的保障和安置工作；健全和完善精简高效的行政运行机制；加强干部培训和人才培养，打造一专多能的复合型人才团队；搞好社区建设，促进精神文明发展。

我们相信，在实现党中央提出的全面建设小康社会宏伟目标中，国家级开发区一定会继往开来，与时俱进，再铸辉煌。

（中国开发区协会会长　刘培强）

改革开放铸就辉煌　科学统筹持续发展

大连开发区作为“神州第一开发区”，从它诞生那一天起，就显示了强大的生命力。大连开发区经历的20年，是艰苦创业、奠定基础的20年，是开拓奋进、振兴发展的20年。肩负着光荣使命的开发区人，以邓小平理论和“三个代表”重要思想为指针，以极大的政治热情，践行着党的改革开放政策，以开拓创新的革命勇气，在实践中探索前进，在昔日的黄土地上，建设起一座现代产业集聚，城市化特点突出，经济与社会事业繁荣的新城区。

一、20年的建设铸就辉煌，示范和牵动作用不断增强

1.社会生产力高速发展，经济实力不断增强。开发区始终把发展作为第一要务，全力以赴培育经济增长源，谋求经济规模的不断壮大。1984年到2004年9月，全区累计实现GDP1902亿元，年均增长45.3%，占全市的比重由最初的0.45%增长到18.4%；完成工业总产值3591亿元，年均增长54.4%，占全市的比重由最初的0.18%上升到33.8%；出口创汇实现242.8亿美元，年均增长44.4%，占全市的比重由最初的3.6%上升到43.5%，占全省的1/4；实现税收234亿元，年均增长51.2%。高新技术产业实力不断增强，全区经认定的高新技术企业达到118家，引进研发机构315个，2003年高新技术产值达到340亿元，占全区工业总产值的57%。

2.利用外资成效显著，现代产业初具规模。目前，共有42个国家和地区的投资商到开发区投资兴业，共签约1800多个项目，其中世界500强企业有40家进区投资，项目平均投资规模达7000多万美元。到2004年9月，全区累计实现合同外资106亿美元，年均增长38.6%，占全市的比重由建区初期的2.7%上升到31.4%；实际使用外资49亿美元，年均增长48.2%，占全市的比重由建区初期的5%上升到27%。全区已初步形成现代化工、新材料、电子信息、机电一体化、生物制药、食品加工六大产业群，实现产值占全区规模以上工业企业总产值的84%。

3.发挥了“牵动”和“基地”的作用，展示了改革开放的新形象。开发区兴建之初就确立了“集东北之优势，还东北之振兴”的建区方针，集约东北地区优质资源加快开发区的建设，以产业牵动和“嫁接基地”服务于东北地区的发展。中国一重研究院等12个研发机构进驻，扩大了大连母城和东北腹地企业直接或间接参与国际经济大循环的领域和范围。来自于母城大连和东北腹地的民营企业与开发区一起成长壮大，成为开发区发展中不可或缺的一支生力军。

4. 进行了扎实的基础设施建设，城市建设和社会事业全面发展。到目前，全区累计完成固定资产投资600亿元，其中基础设施和公共服务设施投资131亿元。进入新的世纪后，特别是在《建设“大大连”规划纲要》明确建设新城区的定位后，开发区按照建设现代化、生态型、综合性新城区的要求，在全国开发区中率先完成了ISO14001环境管理体系的认证，被国家环保总局和联合国环境署列入第一批“中国工业园环境管理”试点园区。

5. 体制和机制不断创新，投资环境日益优化。深化政府运行机制改革，促进政务环境优化。按照市场经济发展的客观要求，开发区先后出台了优化投资环境的系列文件，取消了不合理行政事业性收费，设立了“一站式”办公体系，初步形成了快捷顺畅的“绿色通道”。

6. 党的建设和社会主义精神文明建设在改革开放的实践中不断加强。坚持“围绕经济抓党建，抓好党建促发展”的方针，党员队伍和党的组织不断发展壮大，造就了一批素质较高、结构合理、适应对外开放需要的领导班子和干部队伍。外资企业党建工作始终走在全国开发区前列。2003年，大连开发区荣获辽宁省委、省政府创建文明城市标兵区称号。

大连开发区20年的实践充分证明，中央关于兴办开发区的决策高瞻远瞩，践行了邓小平同志的预见“开发区大有希望”。大连开发区的宝贵经验：

一是必须坚持以发展为第一要务，把解放思想、创新思维贯穿于开发区建设的全过程。二是必须坚持以项目建设为中心，形成稳定发展的产业支撑。三是必须坚持走工业化、产业化、现代化发展道路，形成区域持续发展的综合优势。四是必须按照市场化、国际化的要求，坚持不懈地改善投资环境，形成良好的环境比较优势。五是必须强化与开放前沿相适应的党建工作和精神文明建设，为经济发展提供有力的组织保证和思想动力。六是必须坚持“执政为民”和“发展富群众”的宗旨，把人民群众利益放在第一位。

二、科学规划未来，促进开发区可持续发展

大连开发区今后一个时期发展的思路是：以邓小平理论和“三个代表”重要思想为指导，以科学发展观和正确的政绩观统筹全局，抢抓机遇，开拓创新，把开发区建设成为大连市经济发展的火车头和经济国际化的先导区，体制和机制创新的实验区，对外开放条件下党的建设和精神文明建设的示范区。开发区的奋斗目标是：到2010年，实现GDP超千亿元，争取增长速度保持在20%以上，力争再造一个新大连。

1. 进一步强化机遇意识、发展意识。一是强化机遇意识。党中央、国务院做出实施东北等老工业基地振兴战略和建设大连东北亚重要国际航运中心的决策，开发区要抓住这个机遇，实现跨越式发展。二是强化发展意识。坚持科学的发展观，实现经济社会协调、健康、持续、快速发展；三是强化责任意识。要确立“大服务”观念，全方位、深层次地为东北老工业基地振兴作贡献。四是强化创新意识。用市场经济观念指导开发区的发展和建设。

2. 加大招商引资工作力度，做强做大产业基础。按照大项目——产业链——产业群——产业基地的方向，不断增强临港工业发展后劲。积极参与振兴东北老工业的产业分工，打造国有企业进区嫁接改造、合作升级的新平台，促进国有企业进区互动互补，共同发展。

3. 加速城市现代化进程，为现代产业集聚营造发展环境。大手笔编制开发区总体规划、分区规划和专业规划；构建城市重大基础设施框架，加快信息化建设步伐，完善配套设施，高效能管理城市，巩固和发展ISO14000国家示范区成果，加强生态环境建设。

4. 全面加快体制、机制和管理创新的步伐。要不断创新行政管理体制，规范政府运作方式，努力建设务实、高效、廉洁的服务型政府，按照效能原则推进“一站式”办公，形成高效独立的运转体系。

5. 坚持以人为本，实现社会各项事业协调发展。加强学习型开发区建设，提升学习型组织创建水平。开发区人文环境，建设具有开发区特色的现代社会文明。

6. 加强党的建设，为经济社会持续发展提供强有力的保障。按照党的十六届四中全会提出的加强党的执政能力建设、不断提高执政水平的新要求，认真践行“三个代表”重要思想，把各级领导班子建设成为科学执政、民主执政、依法执政的领导集体。

（大连经济技术开发区党工委书记、管委会主任　张杰威）

立足开发区产业发展和体制创新推进新型工业化和城市化进程

一、提高主导产业竞争力

主导产业竞争力是开发区核心竞争力的重要组成部分。提高主导产业竞争力是开发区应对产业转移压力的根本措施，主要做法有：

1. 完善产业政策——一视同仁、板块结构、梯度优惠。

一视同仁：遵循WTO的国民待遇原则，只要符合开发区鼓励的产业门类，不论内资、外资，也不分所有制形式，将一视同仁地享受优惠政策。板块结构：根据产业门类划分了“双高”板块、“制造业”板块、“第三产业”板块、“基础设施”板块等等。梯度优惠：对不同产业实施不同梯度的政策优惠，在产业普惠扶持的基础上，突出重点，有先有后，区别对待。

2. 优化产业结构——主导产业做大做强、二三产业协调发展。

继续做大做强电讯、汽车、制药三大主导产业，使之成为带动经济发展和提高区域竞争力的关键要素。认真实施已经出台的电子通讯、生物医药和汽车三个产业规划，真正发挥产业规划应有的指导作用。重点发展与工业企业相配套的第三产业，引进和培育金融、保险、会计、咨询、现代物流、中介机构以及会展业，把更多的人流、物流、资金流、信息流引进来，增强第三产业的比重，使二、三产业协调发展，相互促进。

3. 搞好产业配套——延伸产业链条、形成集聚优势。

提高产业集聚水平是指围绕开发区的主导产业、主要企业和主要产品，在区内最大限度地完备配套能力，延伸产业链条，形成相互关联和支撑的集聚优势。

提高产业集聚水平，在纵向上，要做好主导产业的上下游配套工作，在上游，要支持企业设立研发中心，在技术上引导产业提升；在下游，要支持企业在开发区设立销售中心、采购中心等等；在横向上，在加工制造环节，要把各类原材料、零部件的生产配套引进来，将来还要向装备、设备制造业方向发展，使开发区产业结构不断优化。

4. 推进产业升级——科技是第一生产力。

要最大限度地发挥政府资金投入的引导效应，鼓励企业从事技术创新活动和参与孵化器创建和经营活动。

要进一步落实“双高”（高新技术产业和高级人才）政策，吸引各类高级人才入区。深化分配制度改革，保护知识产权，鼓励技术、知识等生产要素参与分配。正确处理好自主培养人才和外部引进人才的关系。

加大创新载体建设力度，提升技术创新能力和水平。继续吸引国家级、省市级的研究中心、工程中心落户开发区，重点吸引电子信息、生物医药等领域的科研机构。积极鼓励社会力量发展信息咨询、成果转让、专利代理等科技中介机构，为科技创新提供配套服务。加大对主导产业核心技术、产品开发的支持力度。

大力促进技术转化，实现科技成果的市场价值。要在科技成果向现实生产力转化的环节上狠下功夫，加快形成一批能够产生市场价值、获取较高附加值的自主知识产权。积极鼓励企业采用高新技术和先进适用技术，提高科技含量和竞争力。

二、妥善处理新型工业化与城市化的关系

妥善处理新型工业化与城市化的关系，不但要站在开发区自身角度来看问题，而且要站在开发区历史使命来看问题，要站在所在城市对开发区功能定位和总体期望来看问题。

新时期开发区应继续坚持“三为主、一致力”方针，在此基础上还要有所创新和发展。

1. “以利用外资为主”。开发区争当中国参与世界性资源再分配、国际经济一体化和国际经济竞争的主力军和先锋队。

2. “以发展工业为主”。开发区将继续构筑中国走新兴工业化道路的示范基地。中国处于工业现代化阶段，正在成为“世界大工厂”。开发区应发挥优越的基础设施条件和良好的投资环境等优势，承接国内外产业转移，构筑主导产业优势，实现工业经济的集约化发展。

3. “以出口为主”。目前开发区的出口以加工贸易为主，以外商投资企业为主；今后开发区应注重发展一般性贸易，促进对外经贸合作，成为民族经济走向国际市场的重要窗口和桥梁。

4. “致力于发展高新技术产业”。坚持发展高新技术产业，是经济技术开发区的题中应有之意。

邓小平同志关于“科技是第一生产力”的论断、许多开发区提出的“科技兴区”发展战略都要求开发区必须提升区域产业结构水平，提高高新技术产业比重，加大企业和产品的技术含量，支持企业R&D，培育自有知识产权。

外界的客观需求就是开发区的使命所在。使命决定定位。开发区应该定位于以吸引外资和发展高新技术产业为主的特殊经济功能区，而不是一般的行政区域。如果开发区变成一般的行政区域，就缺乏自身的特色，就失去存在的意义。国家创办开发区的初衷就是希望开发区搞成工业区，因此才提出“三为主、一致力”的指导方针。开发区管委会既不是市政府的一个部门，也不是一级地方政府，而是市政府派出的管理特殊经济区域的机构，是一个“亚政府、准企业”的综合体。

目前有些开发区为了拓展发展空间、带动经济发展，在当地政府的主导下与周边区县实行了区域合并。与行政区实行的区域合并固然拓展了开发区的发展空间，但新老体制冲突所带来的漫长磨合期有可能使开发区丧失宝贵的发展机遇，经济和社会职能兼顾所带来的刚性财政支出有可能使开发区背上沉重的财政负担。

开发区城市化建设投资要服从和服务于完善投资环境的需要。开发区的土地不但属于稀缺资源，而且承载着国家赋予的各种优惠政策。过多、过快地推进城市化建设必然占用宝贵的土地资源，在某种意义上也浪费了国家赋予的优惠政策资源。例如，搞房地产项目固然可以获得较多的短期收益和一次性收益，但可能牺牲搞工业项目带来的长期收益和连续性收益，这就是经济学意义上的机会成本。当然，开发区在搞新型工业化过程中要继续推进产业结构升级，提高科技创新水平和产业附加价值，不能再搞“劳动密集型”项目。

三、深化改革创新

天津开发区在发展的第一个十年，艰苦创业、励志图新，积累了宝贵经验，打下了坚实基础。在第二个十年，面对复杂多变的国内外宏观环境和日趋激烈的竞争态势，准确把握定位，抓住机遇，实现从政策优势向体制优势和环境优势的转变，创造新的辉煌。

然而，天津开发区的改革创新相对滞后：一是市场化程度差，市场经济体制有待于进一步完善；二是政府、事业单位和国有企业改革均有待深化，效率、效益有待大大提高；三是内在动力不足，积极性没完全调动起来，思想意识、工作作风须有较大转变。

这些深层次的消极问题的实质是内在发展动力不足，必须依靠深化改革创新来解决。要根治政府部门的效率低下和官僚主义等顽症，必须建立有效的激励机制，改革平均主义的分配制度。我们不但要靠优越的物质条件和硬件设施吸引人，更要靠崭新的观念、崇高的社会理想和先进社会制度去吸引人，共同把开发区建设成为投资创业者、广大员工和居民都能得以发展和实现其人生价值并幸福生活的乐园。

（天津经济技术开发区管委会主任
李勇）

努力实践科学发展观
推动高新技术产业集聚发展

漕河泾开发区是国务院批准设立的首批国家级经济技术开发区和高新技术产业开发区之一。漕河泾开发区从成立起，始终努力实践全面、协调、可持续发展的科学发展观，坚持“三为主、一致力”方针和“外向性、多功能、高科技”的发展方向，注重提高经济增长的质量和效益，注重土地的集约开发和利用，推动高新技术产业的集聚发展，目前，开发区综合竞争力、单位面积产出率、高科技产业集聚度不断提高，迈入了新一轮的发展期。现已引进中外高科技企业1200多家，其中外商投资企业470多家；已建成区域每平方公里年产出超过110亿元。预计全年工业产值可望突破500亿元，销售收入可望达到600亿元，出口可望达到50亿美元。

总结20年的发展，漕河泾开发区的主要做法和体会有以下几条：

第一，坚持发展高新技术产业，努力实现向功能开发的转变。

漕河泾开发区视发展高新技术产业为立区之本，一贯坚持引进“高技术、高层次、高投资”项目，坚持摒弃不符合产业导向和环保要求的项目，守住了发展高科技工业的一方净土。

创建初期，我们利用本地原有的仪表电子产业基础，引进、消化、吸收国外资金和先进技术，建立了具有国际水准的微电子产业，进而延伸到其他产业，形成了信息、新材料、生物医药、航天航空四大支柱产业。这些产业，上、下游之间，整体与零部件之间，制造业与研发、服务业之间，相互依存、衔接，联动、集聚效应明显，产业群体不断壮大。如信息产业，包括微电子、光电子、计算机软硬件等门类，企业数占开发区企业总数的一半，销售收入占开发区总销售收入的70%以上，是开发区跨国公司最集中、项目集聚度和关联度最高的支柱产业。其中微电子产业，已形成包括咨询、设计、开发、制造、测试、封装、销售、服务及相关配套等在内的较为完整的产业链，拥有先进、贝岭、新进、讯科等芯片生产企业，共6条生产线；光电子产业，拥有美国朗讯科技光网络、朗讯科技有限公司、朗讯科技（上海）国际企业有限公司等代表企业。计算机及软件产业，拥有英业达、英华达、英顺达、爱普生、理光、启明、PFU、麦迪实、中晶、纬创资通、康泰克、金宝、万达等众多企业。

新材料产业，拥有3M、邮电3M、泰科瑞侃、汽巴精化、德莎胶带、科莱思化工、飞利浦照明电子、戈尔过滤产品、住矿电子浆料等企业，这些企业通过建立技术中心和研究开发中心，还建立了从研究开发到生产制造、经营销售的产业链。

生物医药产业，拥有我国目前最大的生物工程中试基地——中科院上海生命科学研究院、工业微生物研究所等科研院所，以及由聚科生物园区、泰科医疗器械、贺利古莎、复星等代表性企业组成的产业群体。

航天航空产业，由国家航天第八研究设计院以及801所、803所、807所、811所、812所、615所等组成，参与了我国“星、船、弹、箭”及飞机的研制。特别是801所等单位承担了“神舟一至五号”飞船推进系统、电源系统、测控信息系统以及其他7个子系统的研究、设计和制造任务，为我国载人航天事业作出了重要贡献。

现在，研究开发、技术创新、网络运行、金融数据和服务贸易五大中心已经或正在成为开发区新一轮发展的标志和亮点。

第二，重点引进高科技跨国公司及其研发机构，提高利用外资质量。

漕河泾开发区利用外资不仅注重数量，更注重质量；重视引进资金密集型项目，更重视引进人才密集型、技术密集型项目。目前，在开发区四大高新技术产业领域，知名跨国公司云集，GE、泰科、朗讯科技、3M、杜邦、飞利浦、爱普生、理光、NIT、联合利华、汉高等40多家500强公司在开发区内设立了60多家高科技企业。随着我国对外开放的深入，产品市场的竞争日趋激烈，加大研究与开发投入，组建技术中心、研发中心，与全球性研发机构开展联动研发，逐步由高新技术的制造转向研究开发与生产制造并举，研发中心的集聚，提升了开发区产业水平，已成为“今日漕河泾”的新特点。从最初的高科技生产制造，到生产与研发并举，再到头脑型企业的集聚，漕河泾已成为上海外资设立研发机构的主选地之一。2003年开发区引进的各类项目212个，70%以上具有研究开发功能。

第三，不断完善技术创新环境，推动中小科技企业快速成长。

技术创新是高新技术产业发展的生命力，也是开发区全面增强持续创新能力的关键。漕河泾开发区自建立以来在培育技术创新主体、完善技术创新环境方面，作了不懈的探索，努力推动科技成果的产业化。

从1994年起，开发区建立了科技企业

孵化器。历年累计孵化企业300多家，成活率超过90%。目前孵化器面积达2.9万平方米，在孵企业百余家。此外，开发区软件园积极探索开展产业增值服务；开发区加快引进管理、咨询、培训、金融、信息等各类服务资源，完善中小科技企业技术创新的社会化服务体系；鼓励和引导各种风险资金进区，扩大中小企业市场化融资渠道；设立孵化资金和创投资金为创业企业提供资金扶植。最近，开发区正开展“科教兴区”战略研究，准备制定行动计划和探索构筑公共技术服务平台。

通过以上措施，开发区培育创新型科技企业的工作取得了良好成效，集聚了500多家中小科技企业，涌现了一批有活力、技术起点高、具有较强国际竞争力的技术创新企业。如科技创业中心内的新涛公司，成立于1997年，由美国硅谷的华人集成电路设计专家参与组建，初始注册资金200万美元。经过三年多拼搏，成功开发出具有世界领先水平的通信芯片，被美国硅谷著名集成电路供应商以8500万美元“身价”并购，标志着漕河泾开发区已具备了培育世界一流高科技研发公司的良好环境。

第四，以高科技企业需求为导向持续改善投资环境，营造高科技发展良好空间。

吸引外商投资高新技术产业，不能着眼于单纯的减税让利，关键在于营造良好的综合投资环境。漕河泾开发区始终注重改善投资的软硬环境，坚持环境建设是开发区招商引资的第一窗口，服务是招商引资的核心资源。在发展初期，开发区重点开展了“七通一平”基础设施建设及配套设施建设，探索建立了“一站式”服务体系及适合高新技术产业发展的支撑服务体系，成立了科技企业孵化器推动技术创新。目前开发区内各类政府管理机构和服务、咨询等中介机构已达一百多家，如海关、税务、商检、高新技术企业认定、人才服务中心、留学人员中转站、专利商标事务所、成果转化中心、电信业务受理、开发区企业协会、创业投资公司、工业经济担保公司等，为企业提供了良好的发展环境。为进一步满足高科技企业对于人性化服务的需求，开发区成立客户服务中心，全天候接受企业投诉；建立企业联络员制度，加强与企业的沟通。“硬件”的建设与“软件”的优化并举，使得漕河泾开发区成为外商进驻上海的首选地之一。

双优园区即引入国际管理标准，创建ISO9001质量管理体系和ISO14001环境管理体系，将开发区建成质量和环境双优园区。2001年、2002年，2003年，开发区三年三大步，通过ISO9001、ISO14001、ISO14000国家示范区验收，今年又开始探索创建生态型“循环经济工业园区”。

数字园区即通过三至五年建设，将开发区建成“以电信全服务为基础、宽带信息网络为平台、数字化商业服务为应用”的数字园区。

国际园区即加强国际交流与合作，学习国外科技园区的先进理念及管理经验，把开发区建成全方位开放的国际性园区。

三大园区的建设激发了漕河泾开发区发展的活力。开发区的招商引资连年保持良好势头，经济指标连年创下新高。2003年，引进项目212个，引进外资8.9亿美元。

第五，科学规划和集约利用土地，推动健康、规范、持续发展。

漕河泾开发区从起步开始，就提出了“一次规划、分期实施、滚动开发、稳步推进”方针，坚持处理好开发建设与保护土地的关系，从产业规划、土地利用、市政建设、服务配套等方面，结合上海的实际，进行了科学的用地规划，力求做到“四个体现”：一是体现开发区发展战略。即：把有限的土地资源主要用于培育和发展高科技产业，充分依托母城的生活、文化、人才、教育服务等设施。二是体现功能分区合理、产业布局科学。即：针对高新技术产业的不同特点，注重在总体规划中对各种产业用地进行科学布局。三是体现“环境保护第一”。即：注重环境保护和环境管理工作，编制了环境保护规划，提出了开发区大气、地面水、噪声、绿化保护目标及措施。通过创建ISO14001环境管理体系和“ISO14000国家示范区”，实施新的环保两年行动计划和五年发展规划，将环境管理纳入了持续改进的有序轨道，并正在为发展循环经济和创建生态工业园做准备。四是体现发展形态。即：随着开发区发展战略从产业发展向功能开发的转变以及中国入世的需要，开发区对总体规划进行了又一次调整和优化，重新规划了综合服务区，强化了高科技商贸和服务功能，使生产和生活、二产和三产、现代制造业和现代服务业协调互动发展具有更完善的基础条件。

20年来，我们不断追求“人无我有，人有我优，人优我新”，不断朝创国内领先、国际一流的目标迈进。在当前经济全球化、建设小康社会的重要战略机遇期，开发区作为特殊的经济功能区，肩负着更重的历史责任，同样也有着难得的发展机遇。不久前，国务院批准我们扩地发展，新建上海漕河泾开发区浦江高科技园，“一区一园”的构架，为开发区新一轮发展开辟了新的空间。开发区将继续以“高起点、高规划、高附加值、高产出、高质量”为目标，努力建设成为国内高科技产业最为集中、土地产出效益最佳的一流科技工业园区之一，以全面、协调、可持续发展的新成绩迎接新的飞跃。

（上海漕河泾新兴技术开发区发展总公司）

坚持集约化开发模式　合理有效利用土地

广州经济技术开发区（以下简称广州开发区）是1984年经国务院批准成立的首批国家级经济技术开发区之一，规划面积为38.5772平方公里。自1998年以来，广州开发区先后与广州高新区、广州出口加工区、广州保税区合署办公，实行“四块牌子，一套人马”的管理体制，经国务院批准的四个国家级经济功能区总体规划面积达60多平方公里。

二十年来，广州开发区坚持“以引进外资为主，兴办工业项目为主，加工出口产品为主，致力于发展高新技术产业”的办区方针，不断优化投资环境，提高对外开放水平，经济社会发展取得了显著成绩。截至2004年9月，广州开发区累计实现国内生产总值1901.92亿元，工业总产值（现价）4439.23亿元，合同利用外资（按投资总额计）143.81亿美元，实际使用外资54.51亿美元，外贸出口151.14亿美元，税收收入460.46亿元。综合经济实力连续多年在全国49个国家级经济技术开发区中名列前茅。2003年，按建成区面积22.51平方公里计算，每平方公里已开发建设用地产出GDP18.79亿元，实现税收3.34亿元，完成外贸出口1.43亿美元；按已出让工业用地计算，每平方公里当年产出工业总产值61.10亿元；每1万元GDP实现税收1779元。

广州开发区之所以能够取得显著的成绩，实现经济的有效增长，非常重要的一条就是始终按照“十分珍惜、合理利用土地和切实保护耕地”的基本国策，以国家土地管理的法律、法规和政策为依据，对区内各工业园区的土地征用、开发、供应、使用等进行了严格规范的管理，不断改造、更新、优化用地项目的产业结构和质量，不断提高土地利用效率和集约化程度，让每一寸土地都能最大限度地发挥出经济效益和社会效益，主要做法是：

一、坚持高起点规划、高标准建设，打造一流的区域环境

我们严格遵守广州市土地利用总体规划和城市总体规划，按照布局集中、用地集约、产业聚集的原则，充分借鉴国内外城市和经济园区规划的先进规划理念、规划方法和手段，结合开发区的实际，提高规划的档次和管理水平。在实施广州科学城、广州国际生物岛规划设计时，邀请国内外著名的设计单位参加设计竞赛，同时邀请国内外著名的专家进行论证后确定最终方案。

二、严格控制土地用途，按园区功能集中发展工业

我们坚持发挥国家级开发区的优势，对园区进行科学规划，合理布局，集约用地。在功能定位上，我们坚持将土地主要集中用于工业及高新技术研发与产业化发展。

我们严格管制项目动工、竣工期限，在《国有土地使用权出让合同》中规定：签约后半年内必须动工（指打桩），两年内必须竣工，对超过期限不动工的，解除土地合同，收回土地；对一些分期上马的项目，明确要求分期动工的时间，确保土地发挥最大效益。

三、严格土地供应，提高土地集约化水平

近年来，广州开发区坚持不懈地实施可持续发展战略，按照科学发展观要求，提高项目入区“门槛”，提高土地集约化水平。

一是设置准入条件，保证引进项目的质量。我们规定进入工业园区的项目必须是科技含量高、投资规模大、经济效益好、污染程度低的项目。例如，进入广州科学城的项目，必须是经过科技部门认定的先进技术项目。

二是实行供地量与投资额、产出效益相挂钩。我们严格项目用地和预留用地审批，规定项目投资总额和密度必须达到一定的标准，才能供应土地。

三是实行供地量与建筑密度、容积率相挂钩。在规划设计条件上，我们明确项目用地建筑密度及容积率的下限，要求建筑密度不低于35%，容积率不低于0.6，防止多占少用、浪费土地资源。

四是坚持“环保一票否决”制度。如，我们专门成立了环境综合管理局，严格项目环评制度，严把项目环保关。比如，某外商的一个冶炼项目，总投资达8亿美元，但我们从环保和国家产业政策等方面考虑，还是委婉拒绝了。

四、充分挖掘存量土地潜力，提高存量土地的利用效益

积极鼓励增资扩产，拓展已引进项目内涵增长。近年来，一些早期进驻国内投资的外资企业，逐步进入稳定发展期，纷纷表示扩大在中国市场的占有份额，需要进一步扩大投资规模和生产规模。开发区紧紧把握住这个机遇，通过鼓励已引进的企业增资扩产，用尽量少甚至不占有土地的方式来吸引更多的外资，促使企业更新设备、扩大生产，提高企业的产值和效益规模，这是招商引资拓展内涵式增长的重要方式之一。

注重已开发土地的挖潜，通过逐步淘汰占地多、用地少、效益差的项目，清理、盘活闲置土地，使产业结构调整与土地使用调整相结合，让土地更快、更多地发挥效益。

坚决清理和收回闲置用地，提高土地利用效率。1999年重新修订的《土地管理法》实施后，我们不断加大闲置土地的处理力度，盘活闲置土地，全区范围内基本上消灭了土地闲置现象。开发区还积极推广建设多层标准厂房。我们注重将土地平面利用（低层专用厂房）与立体利用（高层标准厂房、办公楼）相结合，最大限度地开拓了土地资源，提高了土地的附加值。

五、做好农民集中居住，提高农村土地利用的集约度

按照统一规划、统一建设、合理补偿、妥善布置、照顾扶持困难户的原则，广州开发区依法有步骤地对辖区内的村庄进行搬迁和改造，由政府统一规划，按城市市政、公共配套、服务体系及绿化的小区标准，统一建设城市社区式农民公寓。严格限制新建一户一宅式住房，这样做既可节约农民居住用地，又极大地改善了农民居住环境，加快了农民变居民、农村变城市的进程。

六、严格遵守土地法律法规，依法规范土地出让价格

我们牢固树立遵守土地法律、法规的规定，坚持依法出让土地、土地有偿使用的原则，确定了合理的地价和优惠条件并对外公布。在土地出让过程中，严格执行有关规定，按既定的层级程序报批。

严格经营性土地招标、拍卖、挂牌出让制度。开发区的功能定位是工业园区，我区严格执行国家和省、市的有关规定，凡是经营性用地，都必须通过招标、拍卖或挂牌方式进行供地。

七、加强土地监察，严肃查处非法用地、违法建设

根据国家治理整顿土地市场秩序的要求，广州开发区积极开展土地检查工作，严肃查处非法用地、违法建设，发现一宗，查处一宗，重点抓大案要案，以点带面，综合治理。

今后，我们将进一步树立和落实科学发展观，按照国务院、省市的统一部署和要求，进一步依法加强和改进我区的土地管理工作，切实用好、管好土地，实现广州开发区经济与社会全面、协调、可持续发展。

（广州经济技术开发区管委会）

把农民致富奔小康作为开发区建设和发展的立身之本

合肥经济技术开发区于1993年4月成立，1997年作为全国开发区首批行政管理体制和机构改革试点单位成功进行了行政管理体制和机构改革，2000年被国务院批准为国家级经济技术开发区。经过十多年的发展，合肥经济技术开发区现已成为中西部地区开发区的排头兵，在商务部举办的“国家级经济技术开发区综合环境评价”活动中，开发区参评以来已连续3年位居中西部16个国家级开发区之首，在全国52个国家级开发区中位居第12位。到2003年，全区实现工业总产值201亿元，占合肥市全市工业总产值的36.7%，实现财政收入10.94亿元，占全市财政收入的10%。在经济快速发展的同时，开发区农民收入大幅度提高，1997年，农民人均纯收入1700元，2003年达到4006元，年均增长15.4%，比同期合肥市农民人均纯收入年均增长高11.1个百分点，预计2004年农民人均纯收入将达到4500元。合肥经济技术开发区目前形成的经济与社会、城市与农村统筹协调发展的良好局面，主要得益于始终把带领农民致富奔小康作为其立身之本。

一、以人为本，为失地农民提供终身保障

（一）妥善解决拆迁安置问题，为失地农民提供良好的居住环境和可持续发展空间。开发区克服创办初期资金紧张的困难，改“自拆自建”为“统拆统建”，按照新型社区建设要求，高起点规划，形成与现代化大工业相协调的社区风格。不仅解决农民安居和未来人口的聚集，而且为入区项目配套加工、仓储运输、三产服务预留了空间。与“自拆自建”相比，“统拆统建”节约了4倍土地，节省了6倍基础设施建设资金，使土地和资金价值最大化，保证了社区建设快速推进。“统拆统建”住房安置按20平方米/人（其中有独子生子女的三口之家按80平方米安置），并允许再按成本价购买20平方米；超出规定面积的按微利房价格出售给安置户；对于少部分暂时购不起房的老人和特困户，由社区集中建过渡房给他们租住；目前开发区规划建设的7个社区已初具规模，基本实现了超前建设、拆迁和安置同步。到2004年9月底，全区7个社区累计完成建筑面积140万平方米，安置入住8000多户。到年底，所有拆迁户均可入住新居。

（二）做好社会保障工作，让失地农民分享工业化、城市化成果。今年年初，为妥善解决失地农民转为城市居民后的基本生活保障问题，开发区制订出台了《合肥经济技术开发区失地农民基本生活保障实施办法》，按照财政拿大头，区、村、个人三者共同分担的原则，在全区建立了有效的社会保障机制，对失地农民按年龄分段，采取不同的补助和保障措施。分别是：男年满56周岁、女年满51周岁以上人员发放“供养卡”，每人每月凭卡领取120元供养补助；为18岁以下人员提供10000元/人的教育补助，分4—5年发放到个人手中；为待业人员发放“待安置卡”，每人每月凭卡领取60元生活补助费；每月为就业人员提供每人80元养老保险补助。近期，还将出台大病统筹等医疗保险实施办法，为农民提供医疗保障。

合理的补偿和终身保障，使失地农民实现了安居乐业，也使他们的心与开发区紧紧联系在一起，征地难、拆迁难问题迎刃而解，投资环境得以保证。海尔工业园，这个占地650亩、涉及4个村民组、158户农民的征地拆迁工作，在短短的12天内就全部完成。合肥经济技术开发区已成为全市外商投资最活跃和经济发展最快的区域之一。

二、统筹城乡，手牵手带领农民共同致富

开发区工委、管委会认识到，没有3万多农民的小康，就没有开发区的可持续发展，注重从长远和根本上解决农民致富奔小康问题。

一是把教育和培训工作，作为开发人力资源，实现农民致富奔小康的根本保证。开发区创办了成人高中和技工学校，通过多种形式组织劳动力岗前培训、技能培训和职业培训，使社区劳动力“充电上岗”。并为培训对象每人最多提供2次培训补助，补助标准为500元。培训结束后，由开发区推荐人员进入企业做工，这样既解决了农民就业问题，又使企业及时获得了合格的劳动力。

二是办好开发区教育，提高失地农民子孙后代素质，为改变其生存和生活方式打下坚实基础。开发区工委、管委会确立了“科教兴区”战略，从1998年开始，开发区每年都挤出资金改造教育硬件设施，引进高素质教育人才，提高开发区教育水平。一是规划先行，分步实施。把原来的2所初中、11所小学规划为1所普通高中、1所职业与成人教育中心、3所初中、7所小学、15所幼儿园，使教育布局趋向合理。已建成的4所小学、1所中学，硬件设施在合肥市堪称一流。二是改革学校用人制度，实行全员聘任制。全区教师中有1/3是通过招聘录用的，中小学教师学历合格率达到100%，2004年中考，开发区捷报频传。700分以上的有3人，600分以上96人，除一批成绩优异的学子凭实力考上省级示范高中外，有58名开发区的子弟按计划指标直接升入省级示范高中。这是开发区成立以来中考成绩最好的一年，也是升入省级示范高中人数最多的一年。此外，开发区还引入包括国家重点大学合肥工业大学和安徽大学在内的高校14所，开发区内形成了既有从幼儿园到硕士阶段的学历教育，又有各类职业教育和技能培训；既有公办教育，又有民办教育的人才成长的“立交桥”。

三是把实施多渠道安置，实现充分就业，作为促进农民致富奔小康的有效办法。对具有高中以上文化和一技之长的青壮年劳动力，由开发区推荐到区内的用人单位、开发区的开发建设及物业管理等岗位就业。对年龄偏大、无一技之长的劳动力，开发区成立劳务公司、快餐公司、绿化公司和搬运队，组织他们为入区企业提供餐饮、清扫保洁、搬运等后勤服务。在组织起来就业的同时，开发区对自谋职业农民一次性发放“补助费”5000元，鼓励其发展个私经济，从事第三产业。至2004年9月底，5292名劳动力经管委会职业介绍部门推荐上岗，自主创业、自谋职业的农民近10000人，区内劳动力就业率超过80%。

三、多措并举，实现农民向城市居民的根本转变

开发区统筹城乡发展的目标是实现三个转变，即：“农村向城市转变，农业向二、三产业转变，农民向城市居民、工人和第三产业从业者转变”。这三个转变中，最重要的是人的身份和思想观念的转变。为此，开发区采取了以下措施：

一是转换城市户口，实现开发区“农民”向“城市居民”身份转变。这项工作已经完成。根据国家有关政策，到2004年2月，全区216个村民组11559户33046人的城市户口，经上报一次性获得了批准。

二是改革社区管理体制，将农村社会管理体制转变为城市基层管理体制。开发区将全区7个社区整合到4个大社区，撤村建设区委员会，实现了社区管理社会化和社区服务、社区经济发展市场化“两化运作”的城市社区管理新模式。

三是加强社区基础设施建设和社区文化建设，促进农民实现从身份到思想观念的根本转变。在硬件方面，4个社区水、电、路、通讯等基础设施日益完善，绿化覆盖率达40%，道路硬化率达100%。社区中已建成文化广场3个、农贸市场4个、老人活动中心5座。开发区通过举办社区文化节、农民运动会、放映广场露天电影、开展普法教育等丰富多彩的活动，大大增强了社区居民的归属感和自豪感。

四是高起点配备管理干部，为社区建设和发展打下坚实的基础。开发区的社区干部均为聘用制，目前已根据需要聘用大学生287人。其中，具有本科学历的162人，专科学历的125人。储备了一批热爱基层、熟知基层的社区工作者队伍。

（合肥经济技术开发区管委会）

贯彻落实科学发展观
建设具有国际竞争力的高科技园区

苏州工业园区是中国和新加坡两国政府间的重要合作项目，自1994年启动至今已经走过十年的发展历程。十年来，在党中央、国务院的亲切关怀和高度重视下，在江苏省、苏州市的正确领导和全力推动下，园区始终坚持以“建设一个以高新技术为先导、现代工业为主体、第三产业和社会公益事业配套的具有一定规模的现代化工业园区”为目标，全力以赴推进园区开发建设。

经过十年开发，中新合作区70平方公里重点基础设施建设基本完成，主要经济指标年均增幅达45%左右，累计新增就业岗位超过18万个。2003年，园区实现GDP 365亿元，完成财政收入46.2亿元（全口径），进出口总额达143亿美元，固定资产投资超过200亿元，新增合同外资21亿美元、实际利用外资12亿美元，注册内资111亿元，各项主要经济发展指标基本达到了苏州市1993年的水平，相当于十年再造了一个新苏州。

目前，园区以不到苏州市3%的土地、3.5%的人口和5%的工业用电量，创造了全市14%的地方一般预算收入、16%的工业总产值、17%的固定资产投资、29%的注册外资、20%的实际利用外资、31%的进出口总额。同时，每万元GDP耗水5.9吨、耗能0.22吨标准煤，每度电产生GDP 24.3元、工业产值78元，达到了90年代世界先进水平，初步走出了一条高产出、低能耗的新型工业化发展之路，成为国内开发速度较快、协调发展较好、竞争力较强的开发区之一。

一、坚持学习借鉴，努力构建适应市场经济发展的管理体制与运行机制

十年来，园区十分注重借鉴国内外先进开发区的成功经验，始终把打造富有活力的体制机制平台，作为推进开发建设的强大动力。一是积极构建“小政府，大社会”的管理体制。按照“精简、统一、效能”的原则，对政府工作职能进行归并整合，并将传统体制下政府职能中较低层次和部门中间层次的职能分离出去，改由非政府性质的公务机构和中介机构来承担，有效减少了管理层次，提高了服务效率。二是以社会主义市场经济为导向加快推进政府职能转变。管委会在依法履行行政管理职能的同时，充分发挥市场在资源配置中的主体地位和基础性作用，把政府工作重心转移到为各种市场主体服务和创造良好发展环境上来，切实加快从管理职能向服务职能转变，从被动服务向主动服务转变，从审批式管理向程序化服务管理转变，努力使园区成为政府职能转变的先行示范区。三是大力营造规范的管理制度和法制化的运行环境。园区紧密结合中国国情，借鉴运用新加坡和其他国家、先进地区的成功经验，在城市规划建设管理、外商投资、客户服务、经济发展、社区管理、社会保障、人力资源管理、职业技术培训等方面取得了实际成效，先后编制实施了68项新的管理办法和实施细则，形成了依法治区的法制基础。

二、坚持以人为本，全力营造最适合人居和创业的优美环境

园区开发建设始终贯彻“以人为本”理

念。一是科学编制实施发展规划。早在开发之初，园区就根据区域发展总体目标，由中新双方专家联合编制完成了具有前瞻性的总体规划，科学合理地布局工业、商业、人口、交通、景观等各项城市功能，并确立了“先规划后建设，先地下后地上”的科学开发程序和“依法从严”的规划管理制度，确保了良好的开发秩序。二是适度超前建设基础设施。目前，建成区每平方公里基础设施投入近1亿美元，30平方公里建成区均达到“九通一平”标准。三是不断健全完善城市功能。以金鸡湖整治开发为重点，大力实施绿化、亮化、美化工程，并聘请国际知名设计公司对重点工程和景观项目进行专业设计，全力打造一流精品工程，先后启动了苏州国际博览中心等50多项地面实事工程，建成了湖滨大道、文化水廊、红枫林等一批开放式景观和与其相配套的文化旅游、餐饮娱乐等商业服务设施，新增绿地1200多万平方米，绿化覆盖率超过45%，区域环境整体通过ISO14001认证，环金鸡湖地区将成为苏州市集社交、购物、休闲、娱乐以及商务活动为一体的现代商业文化中心。四是高度重视实施环境保护。园区从开发伊始就按照“功能分区、项目分类、产业引导、污染物集中控制、雨污水分流”等原则，严格确定规划建设实施细则，确保空气、水体、土壤各类资源要素得到有效保护，确保开发建设有章可循、有序推进。园区确立绿色招商理念，切实加强项目筛选，由环保部门“提前介入”、“一票否决”，努力从源头控制污染项目进入。近年来，园区又按照中央和省市要求，把发展循环经济、建设生态园区作为环保工作的重要目标，率先在全国创建循环经济生态工业园区示范园，制订了资源循环利用方案，统筹布局产业结构，全面开展了中水回用、清洁生产等生态工业试点，有效提高了资源重复利用率。

三、坚持产业导向，不断加快国际资本集聚和区域核心竞争力的提升

园区坚持走经济国际化道路，加快提升园区的国际竞争力。一是加快国际资本集聚。瞄准国际科技和工业发展潮流，积极创新招商手段，拓展招商网络，组建职业化招商队伍，开展高频率的“上门敲砖”活动，提高了招商引资成效。同时，通过外资带动，积极鼓励内资、民资和中小企业参与跨国公司全球产业配套，初步形成了国资、民资、外资齐头并进的混合型经济发展新格局。二是注重产业层次提升。园区坚持走新型工业化发展之路，重点引进高技术、高投入、高产出；低能耗、低材耗、无污染的项目。大力发展电子信息、精密机械、生物制药、新材料以及航空零部件等高新技术主导产业，形成了半导体、光电、机电一体化3个重要支柱产业。三是突出自主研发和科技创新发展。目前，园区科技型企业已超过400家，海外留学人员创办企业200余家，跨国公司和国家级研发设计机构50余家，区内聚集各类高级专业技术人才2万余名，科技进步贡献份额达70%以上。

四、坚持协调共进，高度重视经济与社会、中心区与周边乡镇的协调发展

园区按照“三个代表”和科学发展观的要求，注重全面、协调和可持续发展。一是注重土地资源集约利用。十年间，通过湖底清淤取土4000余万方，用于低洼地、沼泽地的填土，避免挖废耕地1.5万多亩，相当于新增用地10平方公里。二是注重区镇联动和整体发展。近年来，管委会出资10余亿元，加快区镇基础设施对接步伐，基本实现了乡镇“两水两气”（自来水、污水、燃气、煤气或液化气）管网进村入户，有力促进了镇域经济发展和群众生活改善。三是注重执政为民和富民优先。始终将富民作为党委、政府的第一责任，不断加大财政转移支付力度，建立起保养安置、社保救助、就业创业三道保障防线，确保群众生活质量与经济社会发展相协调。

五、坚持亲商理念，积极打造“高效、透明、公平、规范”的服务型政府

园区率先提出“亲商”服务理念，把优质、高效、透明的政府服务作为吸引投资、增强综合竞争力的重要基石。一是建立起快捷高效的服务体系。严格控制审批时间，使建设项目审批事项从原来的56项减少为8项，审批时间由90天减少至25天左右。同时，设立“一站式服务中心”，统一代表管委会对外行使审批职能，派技术骨干到一站式服务中心现场办公，并开辟网上审批服务通道，提高了服务效率。二是提供全过程、全天候、全方位的优质服务。管委会全面推行社会服务承诺制和违诺投诉制。三是营造与国际接轨的商务环境。园区站在企业角度换位思考，努力营造低成本服务环境。园区还借鉴新加坡海关“绿色通道”经验，设立了保税物流中心（B型）、出口加工区，实行了EDI电子报关和SZV空陆联程快速通关模式，货物进出口时间缩短至半天以内，初步建立了方便快捷的进出口渠道和适应外向型经济发展的海关监管机制。

（苏州工业园区管委会）

艰苦创业　励精图治
再创经济社会发展新辉煌

2004年10月27日是秦皇岛经济开发区建区20年周年。作为国家首批国家级开发区之一，秦皇岛开发区开发建设的20年，是艰苦奋斗开创基业、改革开放阔步前进的20年，是开发区国民经济从无到有、经济实力显著增强的20年，也是各项工作实现重大突破、社会事业快速发展的20年。

一、20年开发建设的基本情况

（一）招商引资成效显著，产业集群已见端倪。从1985年第一家外资企业华燕邦迪有限公司落户至今，秦皇岛开发区累计批准各类项目3716个，其中外商投资项目599个，实际利用外资11.6亿美元；引进内资120多亿元。

（二）国民经济快速增长，带动作用显著增强。一批经济实力强、投资规模大、经济效益好的龙头企业迅速发展壮大，成为区域经济跨越式发展的强大引擎。2003年，全区产值超亿元企业达到16家；金海粮油、首钢板材进入全国外资企业500强；海湾集团、万基钢管、哈动力等一批企业规模居全国同行业之首。

（三）技术创新能力不断增强，高新技术产业发展迅猛。全区经省科技厅认定的高新技术企业累计达到81家，产值超亿元的高新技术企业3家，高新技术产品115项，146个项目列入国家、省各类计划。

（四）基础设施日益完善，区域环境更趋优化。按照基础设施建设适度超前的建设方针，大发展的基础设施框架已经形成。随着黄河道向西延伸，祁连山路和杨庄户两座跨铁路线立交桥竣工通车，四通八达的道路网络已经形成；水、电、气、热等管网全线贯通。城市环境建设成效显著，人均公共绿地14平方米；开放广场、投资服务中心广场、森林体育公园等一批城市景观工程相继投入使用。2001年6月，顺利通过ISO14000环境体系认证，并被国家环保总局批准为

ISO14000国家示范区。2002年5月被省政府授予环境保护模范区称号。

（五）城市化进程不断推进，社会事业全面进步。开发区的20年，是辖区农村发生翻天覆地变化的20年。区内21个村庄已经或正在转变为城市社区，彻底改变了原来的生产和生活方式，充分享受到农村城市化所带来的城市文明；建设农民新居近34万平方米，村民居住条件得到了全面改善；安置就业岗位6800余个，辖区农民务工有厂、经商有店、居住有楼、老有所养的小康生活正逐步成为现实。

二、20年发展建设的经验和启示

一是坚持科学发展观，促进了经济社会的全面、协调和可持续发展。以人为本，全面、协调、可持续的发展观，是我党在新世纪、新阶段面对发展大局提出的重要战略思想。坚持科学发展观，发展是核心，特别是"九五"以来，我们正是由于坚持了科学的发展观，注重环境对经济发展的基础性作用和后发效应，不断加大城区环境保护和建设力度，实现了区域经济的可持续发展。

二是坚持以招商引资和项目建设为中心，推动了区域经济的快速发展。项目是开发区的生命线，招商引资是加快项目建设的主要手段和途径。

三是坚持解放思想、勇于创新，激发了区域发展的动力和活力。"创新是一个民族进步的灵魂，是国家兴旺发达的不竭动力"。20年来，我们始终把创新作为考核工作业绩的一个重要标准，专门设立工作创新奖，鼓励创新实践，以国家行政管理体制和机构改革试点为契机，建立了"小政府、大社会，小机构、大服务"精简高效的行政管理体制；推行干部聘用制，形成了干部能上能下、优胜劣汰的良性循环；把ISO14000环境管理体系引入行政管理，实现了服务理念的升级；提出了资金大投入、项目大开发、经济大提速、环境大变化的开发新思路，形成了经济社会大发展的新局面。

四是坚持以农民利益为重，保证了开放成果惠及广大人民群众。开发离不开土地，建设离不开农民。做好农村工作，关乎开发区发展、稳定大局。做好农村工作，合理补偿是前提，扩大就业是根本，社会保障是关键，用"双创"工作统领全局。严格按照国家有关规定，制定了长治久安的补偿政策，将补偿费用足额、按时地发放到了农民手中；由财政出资，加大对农民的职业技能培训力度，鼓励农村劳动力参加各种职业培训，扩大了农民就业规模；积极探索失地农民社会保障制度，以彻底解决他们的后顾之忧。

（秦皇岛经济技术开发区管委会主任 胡英杰）

立足胶东　面向韩日
锻造区域经济火车头

烟台开发区已整整走过了20年的发展历程。在全方位开放格局已经形成的大背景下，面对新的机遇和挑战，总结过去、筹划未来正逢其时。归结烟台开发区这些年的发展经验，主要有三条：第一，作为全国首批第三个批准设立的国家级经济技术开发区，烟台开发区有幸搭上了改革开放的头班车。参照特区模式建立的特殊管理体制，为规避新旧体制直接碰撞和新体制的生成，提供了宝贵的时间错位机会；优惠政策的先行优势，为中前期原始资本积累起到了至关重要的促进作用。第二，立足母城烟台中等城市的实际，努力克服产业基础薄弱、人才资金匮乏等比较劣势，按照“实践第一、创新不止、效率至上、环境优先”的要求，破除思想上的禁锢，树立“敢闯敢冒敢试”的勇气；始终把先进作为标尺，自我加压、破满破难，以“两年翻一番”为目标加速规模扩张，比出了境界、压出了动力、抢得了先机，逐步缩小了与先进开发区的差距，实干和创新成为我们建设与发展的灵魂。第三，准确把握“三为主、一致力”方针的内涵，确立并实施“大工业立区、高新技术强区、优化环境兴区”三大战略，形成了主攻韩日、招大引强的招商特色，机械汽车、电子通讯为主导的产业特色，滨海风情与绿色园区相融共生的环境特色，从而构筑起以人为本、可持续发展的比较优势。

一、开发区区位差异性决定，应扬长避短，确立符合实际的开放开发之路

我们将通过抓住两大机遇、处理好一个关系，不断开辟工作的新境界。抓住两大机遇：一是抓住韩日产业加速对华转移机遇，着力建设韩日大公司投资密集地。毗邻韩日是我们最大的区位优势。这些年，我们通过主攻韩日，已累计引进韩日资项目总投资10.4亿美元、韩日世界500强企业10家，均占到全区的2/5、全市的1/4，初步形成了群聚效应。二是抓住台资北上机遇，实现对台招商的新突破。近年来，台商投资的集中地已由原来的珠三角逐步转向长三角，环渤海地区也日益成为他们理想的投资地。我们将紧紧把握这一趋势，争取形成长江以北重要的台资密集地。处理好一个关系，就是处理好扩大引资规模与集约用地的关系。

二、开发区产业基础决定，应加速产业集聚、企业集群，打造核心竞争力

从烟台开发区业已形成的机械汽车、电子通讯两大产业看，虽然占据了全区经济发展的主导地位，但也存在产业内部整合度不够、关联性不强等问题。今后一个时期，我们将以专业化分工和社会化协作为基础，加快两大产业的转型升级，通过建立生态化的经济合作体，做优产品，做强企业，做大产业。一是在集群规模膨胀上，力争用2—3年左右的时间，培育5家产值过100亿元企业。二是在集群层次提升上，坚持引进研发机构与优化专业孵化器并举，着力提高产业的科技含量，加快从低端的制造业向高端的、拥有核心技术的制造业延伸，从一般性加工制造业向核心技术研发与产业化延伸，大力发展拥有自主产权的高新技术企业，提升产业国际竞争力。三是在集群空间拓展上，实施开发区与出口加工区、八角港区“三区联动”，实现资源整合、功能互补、竞合发展。

三、开发区迅速扩张的规模决定，应以工业化为带动，向着新城区目标迈进

近年来，烟台开发区针对经济社会高速发展的实际，高起点规划、高强度投入、高标准建设，形成了高品质的区域环境。全区累计完成基础设施投资66亿元，全部实现“九通一平”，人口规模超过20万人，绿化覆盖率达到40%以上。在山东省率先通过ISO14000国家示范区认证，被联合国环境署确定为“中国工业园区环境管理示范区”四个试点区域之一，现正加紧推进国家级生态工业示范园区建设。同时，立足区域实际，坚持以工业化带动城市化，高度重视解决失地农民问题，先后出台了“农转非”、基本养老保险和就业等三个规范性文件，有效解决了失地农民的后顾之忧、生存之忧和发展之忧，实践证明，开发区建设与新型工业园区建设、城市新区建设是密不可分的。尤其是当前及今后一段时期，开发区作为城乡之间利益关系最重要的碰撞点和结合点，将被推到一个化解经济发展过程中突出矛盾的“改革区”地位。我们将在已有的建设基础上,以工业为支撑,以新城区建设为目标,按照适度超前投入、大力开发建设的原则,坚持城区建设与园区建设、产业发展与事业发展、发展生产与保护生态“三个结合”,建成人文环境优越、自然环境优美、生态环境和谐、文化品位高雅的生态型工业新城区。

四、开发区政策优势弱化决定，应持续深化体制、机制创新，保持管理模式的先进性

随着开放开发的不断深入，投资环境的内涵正迅速从政策优惠型转向综合优势型。我们的总体目标是，通过体制和机制的持续创新，帮助投资者赢得最低综合商务成本、最大企业利润空间、最强市场竞争能力，努力使服务行为符合国际商务活动的通行规则。在管理模式上，在坚持“小政府、大社会”模式的基础上，引入 ISO9001 贯标认证，按“精简、统一、效能”原则整合行政职能，将政府职能中较低层次和部门中间层次的职能分离出去，改由非政府性质的公务机构和中介机构来承担，减少管理层次，提高行政效能。在运行机制上，完善决策、执行、监督、服务等内部机制，推行决策民主透明，实施决策与执行相对分离，健全监督体系，强化流程协调，促进政府职能由管制型向服务型的彻底转变。

（烟台经济技术开发区工委书记、管委会主任　王秀臣）

办出特色　增创优势
努力实现开发区经济跨越式发展

近年来湛江开发区积极实施市委市政府提出的“工业立市，以港兴市”发展战略，强化工业主导地位，积极探索新的经济发展突破口，依靠湛江的深水良港优势、海洋资源优势、南亚热带作物资源优势，重点发展临港工业、资源型工业，经济发展取得了可喜的成效，连续三年来各项经济指标平均增幅达 20%以上。

2003 年 4 月 10 日，胡锦涛总书记考察湛江，嘱托要抓住机遇，努力建设新兴港口工业城市，省委张德江书记考察湛江时提出要把湛江建设成为新兴的港口工业城市，这是对湛江的新定位，体现中央和省领导对湛江极为关心和支持。此外澳门特首何厚华先生、香港特别行政区曾荫权司长也都先后带领商界代表团到湛江考察，寻求发展，这是湛江一次重大发展机遇，我们要紧紧抓住机遇，充分利用湛江的三大优势，加速经济增长，实现赶超目标。

（一）依托港口优势，构建临港工业体系。湛江位于祖国大陆最南端，属热带亚热带，地处粤、桂、琼三省通衢，拥有现代化的海陆空立体交通运输网络，是环北部湾经济圈中综合实力最强，最具发展潜力的城市，也是中国—东盟自由贸易区的桥头堡。三面环海，背靠大西南经济腹地，海岸线长达 1556 公里，占全国的 8%以上，占广东海岸线的 46%，适宜建港的港湾众多。湛江港港阔水深，是全国沿海十大港口之一和 19 个枢纽港之一，具有建设国际深水大港的条件，是中国大陆通往东南亚、中东、欧洲、大洋洲、非洲海运航线最短的出海口。现拥有5个装卸作业区，32个生产性泊位，其中万吨级以上泊位25个，10万吨级深水航道疏浚工程和30万吨级油码头扩建工程已完工。正在继续完成30万吨级深水航道疏浚工程和建设25万吨级铁矿石码头，这些大工程完工后，将可进出30万吨级以上的大吨位的巨轮，港口年吞吐能力将翻番达5000万吨以上，从而提升湛江港的华南枢纽港地位和大西南的主要出海通道的地位。港口以其运输量大，运费便宜而成为大宗货物运输的主要方式，这正符合临港型工业发展的要求。前些年国家拟在湛江建设1000万吨钢铁厂及最近韶关钢铁集团与上海钢铁合作准备选址湛江建设大型钢铁厂，就是看好在湛江发展工业有优越的港口为依托。开发区内也有国家一类对外贸易口岸霞海港，离湛江港也只约有4公里，使得开发区发展临港工业得天独厚。要充分利用港口大进大出，引进大型临港型项目和资源型项目，特别是石化、钢铁等资源型项目，发挥前港后厂、前港后库的作用，建立开发区的临港工业体系。在目前中海油、中石油两大项目的基础上，不断引进和壮大临港工业，使其发展成为开发区的主导产业，以大幅提升开发区经济总量和经济实力。

（二）发挥海洋海产资源优势，构建海产品加工工业体系。湛江市沿海滩涂广阔，海水养殖业发达，海产品总量连续多年居全省首位。海水养殖经过几十年的发展，已初具规模，形成以对虾、珍珠、牡蛎、鲍鱼等80种主要产品为龙头的规模化养殖格局。现有海产加工企业17家，正在建设的有3家，截止去年底累计投资总额达4.5亿元。去年全区海产加工企业完成工业产值7亿元，海产品加工业发展迅猛。

（三）发挥南亚热带作物资源优势，构建南亚热带作物加工工业体系。湛江土地广阔平坦，属亚热带，光热资源丰富，全市栽培的农作物有270多个品种；天然林113种，是桉树最大生产基地之一，也是全国三大热带作物基地之一。目前湛江热带水果种植面积已超过140万亩，产量近150万吨，但湛江现在每年水果出口量很少，不到5000吨，加工出口更少，如水果年加工能力仅是总产量的10%左右。开发区要将发展热带作物加工业作为一个重点的产业积极引进和发展，使其成为开发区三大特色产业之一，带动湛江由农业经济向工业经济发展。

（湛江经济技术开发区管委会主任
林萌）

创新思路　破解难题
全力加快开发区发展

总结20年来的实践，连云港经济技术开发区正反两方面的经验集中到一点就是：能否加快发展，关键在于能否主动顺应宏观经济形势变化，不断解放思想，创新思路，破解难题。我们认真贯彻党的十六届四中全会精神，落实科学发展观，强势推进二次创业，以新的思路寻求发展突破口。

一、针对开发区机制、体制退化的现象，实行体制公司化，以改革增动力

我区提出实施“体制公司化”战略，按

照与市场经济相适应、与国际惯例相接轨的现代化大公司管理模式，创新体制机制，以激发内部活力和动力。今年初，我们进行了机关机构改革，内设机构由15个精简到10个，减少33.3%。在此基础上，又重点实施了以“三制一化”为主要内容的机制创新。

“三制”：一是身份档案制，即机关事业单位干部员工的原身份性质、职级、编制性质、职称、工资标准等均作为档案保留，所有人员一律同为开发区员工身份。二是全员聘用制，即机关事业单位干部员工，分别与所属部门和单位签订聘用合同，以契约的形式明确个人与单位的人事关系；按照干部人事管理权限分别签订聘任合同，明确责任、权利和义务。建立能进能出、能上能下的新型用人机制。三是岗位工资制，即以岗定薪、岗变薪变。实行绩效考核制度，以绩计酬，将每个工作人员的收入与岗位和工作绩效挂钩。

“一化”，就是招商工作市场化。今年初，我区通过调整充实，设立了四个招商局，下达同样的招商任务，提供同样的招商条件，并抽出四名副主任“一对一”负责招商工作。从分管主任、局长到所有招商人员平时只发生活费，其年终收入与招商实绩相挂钩；机关其他人员的奖金也全部与招商实效捆绑在一起。

二、针对发展资金匮乏的难题，通过四个轮子一起转，到市场找资金

大发展需要大平台。今年以来，我区面临着招商信息多、客商多、在谈项目多，而无成熟土地可供出让的尴尬局面。但同时，我区近海临港地区有76平方公里的大片盐田却一直没有得到有效开发利用。为了充分发掘这笔宝贵资源的潜在价值，开辟招商引资的主战场，计划分三期至2015年把临港区域76平方公里的土地开发完毕，据测算，可形成近50平方公里的工业用地，连云港城市的建成区规模将因此而扩大一倍。

大开发需要大投入。我们采取“四个轮子一起转”的办法，破解资金匮乏的难题，加快推进临港区域的开发建设。一是以土地换基础设施建设。二是采取BT（建设—转让）方式。三是加大存量资产变现力度。四是继续争取银行贷款，努力增加资金总量。正是有了资金的支撑，今年以来，我区的向盐滩拓展空间战略得以顺利实施。

三、针对综合竞争力不强的现状，加强软硬环境建设，打造资本转移“洼地”

我们努力把新开发区域打造成既能生产、又能生活；既能留住项目，又能留住人；既能近期见效，又可持续发展的现代化新城区。软环境方面，我区以向上争取事权为突破口，进一步简化审批环节，为企业提供更加快捷高效的服务。同时，筹建一站式服务中心，实行对企业收费统一扎口制度，确保开发区的审批事项在区内就能办结。投资环境的改善，使我区逐渐成为承接长三角经济圈和环渤海湾经济圈产业和资本转移的“洼地”。1—10月份，引进外资项目平均投资规模突破1000万美元。

这些有益的经验将进一步指导新的实践。下一步，我区将坚持改革创新，拼搏进取，强势推进二次创业，大力实施“临港大开发、大项目带动、体制公司化和建设新城区”四大战略，以快于沿海地区开发区、并不低于全省11个国家级开发区的平均增长速度，加快打造实力开发区、活力开发区、魅力开发区。用三至五年时间，把开发区建成连云港市东部新城区、新的经济增长极和苏北地区的新亮点。为此，我们将重点抓以下四个方面：

（一）以规划为龙头，进一步加快临港开发。在总体发展概念规划基本完成的基础上，启动编制临港产业区二期等地块的分区控制性详细规划，以规划的权威性、严肃性，保证开发的科学性、有效性。

2005年，我区将续建和新建道路18条，工程总投资约12.2亿元。同时，加快临港产业区、大浦工业区、出口加工区等地块回填，全方位展开基础设施建设。

（二）聚焦大项目，进一步加大招商力度。突出建设临港工业基地、出口加工贸易基地和新医药、新材料、新能源“三新”产业基地。扬长展优，在大项目招引上求突破。具体工作中，重点是抓好“一二三四五”：“一”就是通过培训、外出学习、请专家讲座等多种形式，加快锻造一支想招商、会招商、能招成商的高素质招商队伍。“二”就是切实抓好细化招商资料和强化对外宣传两项基础性工作。“三”就是要强力推进“三个一批”，即跟踪落实一批在谈项目，建设投产一批谈成项目，增资扩股一批企业膨胀项目。“四”就是建立健全四大网络，即亲友关系网、客户关系网、部门关系网、友好单位关系网，拓展信息源，招引新项目。“五”就是要突出驻点招商、走出去招商、中间体招商、联手招商、网上招商等五种招商方式。

（三）按照公司化运行模式，进一步创新体制、机制。一是机关改革抓深入。机关各部门所有岗位，一律实行全员竞争上岗，双向选择。各招商局打破身份界限，自主选择招商人员，自主支配经费使用。二是事业单位改革抓推进。同步进行行政管理类、社会公益类、生产经营类事业单位改革，三步并作一步走，确保2005年4月底前全面完成。三是企业改革抓扫尾。确保区属企业与管委会彻底脱钩，不留任何后患。

（四）着眼提升综合竞争力，进一步优化发展环境。一是强化软环境建设。坚持24小时热线电话服务，继续推进服务企业的包片负责、到企业定期座谈、行风监督员等各项制度的落实。抓紧建设启用一站式服务中心。二是努力培育亲商富商文化。从思想上强化、在行动上实践“让投资者获取理想的效益是我们共同的追求”这一开发区理念。三是完善城市配套功能，消除“工业孤岛”不良效应。在新的园区开发中，同步布局，加快建设商住区、娱乐区、服务区，以聚集人气，增强城市吸引力。四是彰显绿色生态建设新城区。坚持绿化与建设同步，沿山环城开发生态旅游景点，尽快形成绿在城中、人在绿中，最适宜人创业、最适宜人居住的一流的优美环境。

（连云港经济技术开发区管委会主任　郝同福）

走科学发展之路　谱二次创业新篇

回眸二十年的奋斗历程，我们深深地体会到，南通开发区的发展得益于坚持从关键性、基础性、长远性工作抓起，以对外开放集聚要素资源，以增量投入带动结构调整，以体制创新激发发展活力，不断培植和优化经济增长的内生机制，形成了经济社会发展的良性互动局面。

一、围绕科学发展，因地制宜，统筹推进

二十年来，我们始终坚持把发展作为开发区的第一要务，因地制宜，攻坚克难，统筹推进，促进了经济社会的持续、快速、健康发展。一是注重发挥优势，坚持特色化发展。我们充分发挥沿江资源优势，规划建设了长三角北岸惟一的出口加工区和一批特色园区，大力发展临港型产业。目前，港口工业一区已落户10多个化学新材料项目，总投资6亿美元左右，项目已基本布满。港口工业二区已落户的18个轻工纺织项目，总投资6.92亿元。港口工业三区在建和即将开工建设的“王子”等一批重点项目，将成为我区的主要增长点。二是注重高点定位，坚持跨越式发展。不断提升我区在开放型经济中的贡献份额，不断提升我区的综合竞争力。2004年，在综合分析跨越发展的内在因素和外部条件的基础上，我区作出进入二次创业新阶段的判断，力争用3—5年的时间，主要经济指标在2003年的基础上翻一番以上，在综合实力、产业规模、区域构架上，再造一个开发区。三是注重统筹兼顾，坚持协调性发展。我区始终坚持立党为公、执政为民的根本宗旨，在工作中，始终坚持保护农民利益，发足“补贴费”，织就“保险网”，拓宽“就业路”，提供“安置房”，解除了广大拆迁户的后顾之忧；每年都有针对性地实施一批为民办实事工程，让人民群众分享开发区建设成果；始终坚持社会全面进步，努力营造安全稳定的社会政治环境。

二、贯穿招商引资，升温聚焦，重点突破

做强做大招商引资项目，推动技术含量高、市场前景好、经济规模大的项目入区成长，是我们持之以恒的目标和追求。在招商思路上，我们注重研究国际经济新形势和国际资本流动的动向和规律，分析国内外产业结构发展趋势，立足产业结构调整，确定引进项目战略方向。在工作推进上，建立党工委、管委会领导挂钩联系重大项目制度和项目协调会制度，建立专门服务班子，落实专人跟踪，加快项目推进。在工作战略上，采取“专业化+全员化”的办法，大力实施“大招商”的战略，坚持做到宣传招商与登门招商相结合，专职招商与兼职招商相结合，自我招商与借外招商相结合，实现了“引进一个、带来一串、辐射一片”的“乘数效应”。

三、突出优化环境，标本兼治，提升形象

二十年来，我们始终把优化环境摆上重要位置，大力实施环境先行战略。按照建设多功能、外向型、现代化新城区的总体要求，科学定位，合理布局，高起点编制规划。多渠道筹措资金，先后投资30多亿元，大力实施骨干路桥工程、区域路网工程、要素配套工程，提高了区域综合配套能力。近30万平方公里范围内达到“九通一平一防”，中心区绿化覆盖率达到45%。

四、强化作风建设，创新机制，狠抓落实

二十年来，我区积极实施管理创新，切实加强机关作风建设，为各项工作的开始提供有力的保障。按照科学、精简、高效的原则，建立了以决策指挥系统、招商引资系统、规划建设系统、工商事务系统、区域保障系统为主的部门组织结构；围绕规范化、程序化、制度化的要求，建立和完善了纵向政令畅通、横向关系协调的新型运行机制；组建了投资服务中心等服务机构，对投资者推出了“八个一”的服务举措，为招商引资提供了有力保障。

回顾过去，成绩斐然；展望未来，任重道远。今后一段时期我区将进入二次创业、跨越发展的关键时期。我们将紧紧围绕用3—5年再造一个开发区的目标，始终坚持以科学发展观为指导，在今后的工作中突出抓好以下三个方面：

（一）审时度势，把加快发展的机遇抓得更牢

抢抓机遇，加快发展，仍是我们面临的最重要任务。从国际上看，国际产业和资本向中国特别是长江三角洲地区转移的势头依然强劲，出现了结构高度化、项目关联化、

形式多样化、经营本土化的新特点和新趋势，为我区加快吸纳高新技术产业和新型服务业，提供了新的契机。从国内看，宏观经济政策保持连续性和稳定性，为加快发展注入了新的动力。从我区看，经过多年的发展，我区正处于经济增长周期的上升期，因此，要不断强化机遇意识，解放思想、开拓创新，以争第一的行动、创一流的实绩，促进全区经济社会全面协调发展。

（二）扩量提质，把加快发展的内涵拓得更广

一是以优化结构为取向，主攻招商引资。及时调整招商策略，促进招商领域由二产为主转向二三产业并重，招商重点由数量为主转向数量与质量并重，招商对象由外资为主转向内外资并重，不断提升招商引资的质量和效果。在引资结构上，坚持“一控三保”，即，控制盲目投资、重复建设和低水平投资项目，保有市场、有效益项目，保国家鼓励性项目，保环保型项目，注重发展的可持续性。二是以提升层次为核心，做强产业集群。围绕打造基地，大力发展材料产业；围绕拓展领域，加快发展医药及精细化工产业；围绕提升档次，不断发展现代纺织纤维业；围绕培育规模，致力发展光纤、光通讯器件及各类机械配件；围绕完善功能，努力发展城市经济，特别是现代物流、商贸物流等新兴服务业，促进城市规模与经济规模同步扩张、城市建设与经济发展良性互动。三是以完善机制为根本，促进协调发展。

（三）求真务实，把加快发展的保障做得更强

一是以务实的作风促落实。牢固树立求真务实的工作作风，把科学发展观与开发区的实际紧密结合起来，把实现二次创业的宏伟目标与当前工作紧密结合起来。二是以一流的服务促落实。围绕争创全国国家级开发区最佳办事环境这一总体目标，使开发区成为企业投资最方便、群众办事最容易、管理服务最高效的区域。

（南通经济技术开发区党工委书记、管委会主任　陈德新）

实施项目带动战略　促进全面协调发展

1985年1月23日，经国务院批准在马尾设立福州经济技术开发区。从此，马尾这个千年古港重新焕发出生机与活力。二十年来，我们坚持“三为主、一致力”的发展方针，牢固树立和落实科学的发展观，艰苦创业，积极探索，敢于创新，全面实施项目带动战略，以项目带动促进要素集聚，以项目带动促进发展后劲增强，以项目带动促进机关作风转变，以项目带动促进各方面力量凝聚，在建设海峡西岸经济区、做大做强省会中心城市中发挥了窗口、示范、带头、带动作用，社会事业全面发展，经济实力显著增强。建区二十年来，GDP年均递增22.1%，工业总产值年均递增35.5%，财政总收入年均递增30.8%，今年预计实现GDP 118亿元，人均81379元，工业总产值260亿元，财政总收入13.8亿元，人均9517元。截止今年10月，累计新批外资项目976个，合同外资25.17亿美元，实际到资19.49亿美元。

从江滨小镇到城市新区

改革开放前的马尾人烟稀少，基础设

施、生活配套设施相当落后，素有“自古马尾一条街”之说。开发区成立后，通过“外引内联”，各方筹措资金，先后投资70多亿资金陆续建成了福马一级公路、江滨大道、青洲大桥、白眉二水源、污水处理厂等一大批基础设施项目，基本满足了大规模引进外商投资的需求。近年来，我们按照《福州城市总体规划》要求，确定了“提升中心区、连接中间带、建设新组团”的总体发展思路，实施“西接东拓、沿江开发和城市化”三大战略，明确了工业区、商贸区、生活区三大功能定位，合理安排城市空间布局、产业布局，实现“三个集中”（工业向园区集中，“三产”向中心城区集中，村、居民向小区集中）。同时强化“城市经营”理念，以财政资金为先导，通过各种优惠措施吸引各方力量投资于城建项目，加快旧城改造、新村建设步伐，从而使城区形象大为改观，由建区初期的小渔村蜕变成一座初具规模、功能较为完善的现代化新城区。在加快城市建设的同时，强化城市管理，大力实施ISO14001环境管理体系，2001年通过了国际、国内双认证，2003年又被推荐为继续注册单位，先后获得了“全国绿化百佳区”、“全国首批社区建设示范区”、“全省最佳环境区”等殊荣。

从粗放经营到集约发展

建区之初，开发区基础配套薄弱，只能立足实际，靠“内联”打基础，引进了一批国有及军工企业和科技管理人才。随着经济的发展和基础设施的逐步完善，开发区开始发挥出自身的比较优势，按照“巩固台港，拓展日韩，突破欧美”的思路，实施全方位的对外招商引资战略，推行大招商，招大商，积极引进高产值、高附加值、低能耗、无污染的高科技项目，引进上下游产业关联度大、产业带动明显的重大项目。在引进资金、项目、技术的同时，特别注重引导外资企业设立研发机构，加快科技创新服务体系建设，提高科技创新能力。截止到2003年，全区高新技术企业达41家，产值占全部工业总产值的49%。通过项目带动，吸引集聚华映、LG、理光、JVC、NEC、美国空气化工等20多家世界500强或跨国公司和10多家上市公司相继落户。以此为契机，适时推出了产业链招商，通过产业链的延伸和扩展，聚集生产要素，培育产业集群，发展规模经济。目前，仅CRT显像管一条产业链就聚集投资总额逾10亿美元，实现了“百亿电子城”的目标，成为全球最大的显像管生产基地，也是全国九大电子信息产业基地重要组成部分。现在又增加了PDP、TFT－LCM两个投资10多亿美元的项目，投产后可新增产值500亿元，并进一步带动我区电子信息产业升级换代和上下游项目的有效集聚。我们在开发建设中始终坚持开发与节约并举，及时清理闲置土地、厂房，实行“二次招商”，资源利用效率稳步提高，土地资源得到了集约利用，土地综合收益达到1.138亿元/km^2，工业用地效益达到49.76亿元/km^2。

从工业立区到协调发展

在开发建设过程中，我们始终把群众利益放在第一位，让群众体会到“开发区发展我发展”的道理。加大财政资金投入，着力培育了“船政文化”、“企业文化”、“侨乡文化”三大特色文化，新建和改建了一批学校、医院、文体设施。2003年全区城市居民人均可支配收入1万多元，农民人均收入5620元，城市和农村居民恩格尔系数分别为40.2%和44.7%，全区94.12%公众对治安状况满意。

（中共福州经济技术开发区区委书记
郑有光
福州经济技术开发区管委会主任
林新国）

优质　高效　规范　集约

1986年8月，上海闵行经济技术开发区正式被国务院批准为国家级经济技术开发区，是全国和上海最早的国家级开发区之一，位于上海市西南角，黄浦江畔，地域面积3.5平方公里，在国家级工业开发区中面积最小。在开发模式上是利用外资搞开发、企业方式搞管理，探索一条以企业化方式建设、管理开发区的路子，开发区由上海闵行联合发展有限公司负责开发建设和经营管理。

回顾近20年的发展历程，闵行开发区为改革开放发挥了积极的作用：作为改革开放的试验场和示范区，为更多吸收外资、引进先进技术、设备和管理提供了经验；利用灵活的管理方式和良好的投资环境，吸引了大量外商外资，使自己成为发展外向型经济、扩展对外经贸的窗口和推动源。同时，积极发挥国家级开发区的优势，促进经济持续发展，取得了一些成绩。截止2003年底，闵行开发区累计引进了来自18个国家和地区的158个项目，进区项目合同投资额达到23.16亿美元，平均单项投资超过1400万美元。已累计完成工业销售额1687.11亿元，实现利润182.67亿元，实缴税金（含关税）207.51亿元，外汇收入81.44亿美元。经过18年的努力，闵行开发区在基础设施建设方面累计投入约10亿元，与累计上缴税收之比约为1:20，即相当于投资一个闵行开发区，创造了20个闵行开发区。

2003年开发区的各项主要经济指标在连续几年保持两位数增长的基础上，又实现15%以上的增长，创历史新高。完成销售收入230.67亿元，同比增长16.33%；利润28.14亿元，同比增长38.37%；税收26.42亿元，同比增长21.19%。总之，开发区发展的优势来自优质、高效、规范、集约。

一、重视土地产出效益，走产业优质之路

闵行开发区在招商引资方面，坚持以工业项目为主，外商投资企业为主，产品出口型与技术先进型两类企业为主的“三为主”方向，着眼于“增强经济实力，促进技术进步，注重产出效益”，认真把握好进区企业的质量，选择技术水平高、产品有市场、项目有前途、发展后劲强的企业进区。在开发区已引进的外商投资企业中，世界著名跨国公司和全球500强企业投资的项目达40多家（其中全球500强企业33家）。

闵行开发区在国家级工业开发区中，占地面积最小，但单位土地面积产出较高。2003年按工业可使用率62.5%计算，销售收入超过105亿人民币/km^2，利润近13亿人民币/km^2，上缴税收超过12亿人民币/km^2，外汇收入近4亿美元/km^2，累计吸引投资近11亿美元/km^2；人均劳动生产率超过74万元。

二、坚持土地使用规范，走资源集约之路

闵行开发区土地面积小，我们更加注重土地资源的集约利用。开发区建设一起步，首先是精心规划2.13平方公里，报市政府批准，按照分片开发和滚动发展的要求，划出了A、B、C三个区，除了招商功能上的考虑外，主要是为了土地合理使用和资金相对集中，避免了全面开花，战线过长，以及由于资金不够或项目不多造成的水系破坏和土地荒置。在土地使用上严格按照批准的规划要求，妥善处理好区容、绿化、企业要求与合理节约、有效使用土地资源的矛盾。同时在项目的引进上重视和引导行业的集聚和产业链的形成。现在，闵行开发区已形成三大主导产业，即以轨道交通、电站设备为代表的机电产业，以血制品、医药为代表的生物医药产业和以食品、饮料为代表的轻工产业。

三、强化土地精耕细作意识，走产业结构优化之路

目前，闵行开发区可供招商的土地资源已所剩无几，要在现有的土地上提高开发区的产出效益，除要充分利用开发区的每一块土地，提高土地的使用效率，调整产业结构、优化项目质量是势在必行的举措。

闵行开发区一些技术含量高、生产经营好、投资者实力雄厚的企业看好闵行开发区良好的投资环境，不断增资、扩大企业投资规模；同时也有少量企业，由于技术含量低，劳动力成本上升，市场竞争加剧等因素的影响，或迁出开发区或终止经营，这就需要调整、优化产业结构。如日本富士施乐公司项目在原址扩大，闵联公司为此动迁了周围的5家企业。通过土地的动迁、置换和调整，开发区的产业结构得到了优化；在同一地块上，调整前后土地单位面积的投资额和产出效益均成倍增加。

另外，闵行开发区按照建设天蓝、地绿、水清、路畅的优美洁净工业园区的目标和进一步完善投资环境建设的要求，取得了ISO14001环境管理体系认证。

（上海闵行联合发展有限公司总经理
董绍诚）

提高领导水平　为夯实党的执政基础作贡献

定好位

定好位是发展的前提。

定位必须切实。虹桥开发区仅有0.65平方公里，它以商贸为特征。经过20年的开发建设，已建成大型展览展示中心、商务办公楼宇、高星级酒店及公寓等建筑25幢，有2000多家中外企业代表处和跨国公司入驻，还有20多个国家建立了领馆或领事馆。区内可供开发建设的土地基本用完。作为承担开发区开发建设经营管理任务的虹联公司，其发展定位应该立足于这样的现实。

定位必须超前。虹桥开发区20年来的商贸繁荣，很大程度上得益于国务院关于“以外贸中心为特征的国家级开发区”的定位。如今，虹联公司面对发展机遇和挑战，为新一轮创业发展定位已经刻不容缓。

定位必须科学。本人认为，虹桥开发区的定位应该着眼于展览展销、办公商务、宾馆旅游、商业购物等现代服务业的拓展，着眼于涉外经贸与商务主导功能的增强，着眼于开放型、现代化、国际性的精品开发区的塑造。与此息息相关的虹联公司，其目标或者说努力方向，应该以区域性土地开发为基础，不断做强房产主业，大力发展相关服务业，逐步向基础业务大、主业业务强、相关业务实的大型集团公司迈进。

聚好力

领导者必须善于整合力量，使各方面的力点共同作用于发展目标，共同服务于发展举措。

首先要增强领导班子的整体合力。领导班子是“火车头”，在发展中担负着决策、组织、协调的重任。领导班子能不能同心同德，开拓进取，是发展能否顺利进行的关键。为此，要把领导班子建设放到突出位置，既要坚持不懈地抓思想武装和境界提升，也要始终不渝地抓能力培养和水平提高。

其次要增强企业凝聚力。凝聚力是企业发展的核心竞争力。把各方面力量凝聚到发展的共同目标下,企业就能充满生机与活力。作为领导者,要善于以发展理念引导人,以发展目标激励人,以发展成果鼓舞人。

用好人

人是发展的目的又是发展的主体。人在发展中具有决定性的作用。领导者要有识人的慧眼，容人的气度，育人的才干，用人的本领。

一要用好能人。能人是想干事、会干事、能够干成事的人，是德才兼备、敢于开拓的人。用好能人是事业兴旺发达的要素。

二要用好领军人。俗话说，兵熊一个，将熊一窝。发展固然需要千军万马，但最重要的是选好“将”。公司近年来开拓了不少新项目，实践证明，能否选好领军人，决定项目成败。

三要用好有特长的人。金无足赤，人无完人。对于有缺点但只要不是致命的缺点、有不足只要敢于正视和努力改进不足的有特长的人，要敢于和善于用其所长，让他们适得其所。

虹联公司正处于第二次创业期,我们要加大力度,加快步伐,尽早建成一支年龄结构合理、学历层次较高、专业知识全面、实践经验丰富、工作能力较强、能够适应第二次创业要求的中高级管理型、复合型人才队伍。

建好制

一要探索体制。要适应开发区工作重点的转变，在现有区政管理机构基础上，探索能够承担协调、服务、管理职能的开发区管理新模式，增强政府管理的权威性和履行行政管理职能的有效性。对于正在积极争取中的拟扩新区，我们将从有利于加强经营管理、有利于搞好协调服务、有利于提高办事效率、有利于实行新区的稳定持续健康发展出发，在上级部门的认可和支持下，建立符合新区实际的管理体制。

二要完善机制。近年来在深化改革、调整结构中，我们按照现代企业制度要求构建经营机制，对房产和物业等核心业务或优势业务实行“抓大做强”，对一些因缺少经营活力等原因而导致业绩不良的企业实行“放小搞活”，对区域性土地开发和经营性市政设施建设等符合公司发展方向的基础业务做到“进而有为”，而对不适应公司发展方向或者没有发展前景的企业则实行“退而有序”，有效地提高了经营质量和效益。我们将继续以市场为取向完善经营机制，积极探索技术、品牌、管理等要素参与分配的各种实现方式，积极探索股权、虚拟股、特殊贡献分红、项目工资、利润分享、年度奖励、风险收入、补充保险、福利待遇等多元化的分配形式，努力形成激励与制约机制。

三要健全制度。今年，我们以“抓管理、促发展”为主题，在建立健全制度方面做了大量工作，为提高管理程序化、规范化程度奠定了基础。我们要继续加大监督和考核力度，确保制度落到实处。特别要以推行全面预算管理为抓手，强化资金调度、监控、稽查功能，进一步拓展公司财务管理工作的广度和深度，把投融资风险降到最低限度，确保国有资产保值增值。

（上海虹桥经济技术开发区联合发展有限公司总经理　辛继平）

从民营经济的高地走向世界的舞台

温州经济技术开发区是1992年3月16日经国务院批准设立的国家级开发区。1998年和2000年，省级的温州高新技术产业园区和温州经济技术开发区滨海园区相继设立，使温州开发区形成了“一区三园”联动发展的格局和“三园合一”的管理体制。12年来，温州开发区不断优化投资环境，提高开发建设和对外开放水平，经济社会发展取得了显著成绩。预计2004年全区可实现生产总值68亿元，工业总产值165亿元，外贸出口5亿美元，财政总收入10.5亿元。

一、坚持“两条腿走路”的方针，充分发挥区域经济的特色和优势

作为温州经济的缩影和对外开放的窗口，温州开发区的开放型经济和民营经济都取得了长足发展。我们坚持“两条腿走路”的方针，招商引资“内外并举”，既吸引了20多个国家和地区的客商前来投资设厂，又不失时机地大力发展民营经济。到2004年10月底为止，全区共引进项目997个，总投资162亿元，其中外资项目241个，总投资10.6亿美元，合同外资3.67亿美元，实际利用外资1.32亿美元。民营企业的数量、工业总产值和GDP均占到了全区的四分之三以上。在12年的开发建设中，温州开发区从自身实际出发，发挥优势，扬长避短，不断探索出一条具有温州特色的开发区发展之路。

（一）建好环境，增强区域综合实力。建区以来温州开发区累计投入基础设施建设资金30多亿元，用于完善区域投资硬环境。在软环境建设上，我们以开展开发区信用工程建设为核心，包含信用政府、信用企业和信用个人三个方面。

（二）扶好企业，促进产业调整提升。为扶持重点骨干企业加快发展，我们连续几年开展扶优扶强活动，出台了一系列政策措施。一是鼓励企业进行技术改造和技术创新。开发区财政每年安排不少于500万元的资金，专门用于企业技改贴息，其中单个项目最高可贴息50万元。2003年开发区技改项目投资2亿元，兑现并争取上级技改贴息资金共476万元。技术改造使企业受益匪浅，如立可达包装有限公司，成立5年多来历经四次技改，产值连年翻番，去年达到2.5亿。开发区的科技三项费用优先用于企业技术创新。对创建国家级、省级或市级技术开发中心的，给予一定数额匹配补助资金。二是鼓励企业创名牌。规定获得中国名牌产品称号奖励180万元。获全国驰名商标的，奖励100万元。获浙江省名牌产品称号和省著名商标的各奖励10万元。三是鼓励企业实施管理创新。每年安排一定数量的专项资金用于支持企业开展管理创新，按实际咨询费用的50%予以补助，累计最高额为50万元。

（三）用好土地，提高投入产出效益。在国务院批准的5.11平方公里面积内，剔除6个行政村占地面积及河道面积共1.23平方公里，实际可开发面积仅3.88平方公里。从2003年的各项经济指标看单位面积产生的经济效益，开发区每平方公里实现GDP 14.04亿元，工业总产值34.02亿元，出口额1亿美元，财政收入2.37亿元，是温州市工业园区集约化发展的示范区。

（四）安好农民，推进全面协调发展。

我们把重点放在如何解决农民的后顾之忧上，例如，滨海园区已征以及与农民已签订征地协议的土地合计约20000亩，按政策规定返还留地15%，其中10%用作二产，5%用作三产。普遍作法是：二产留地集中起来租赁给企业，年租赁费2万元以上/亩。三产用地集中起来拍卖、挂牌出让，每亩价值约300万，拍卖所得不直接分配到户，而是购买房产或商场供出租。实行上述作法后，据测算，农民每被征一亩地，今后每年的净所得至少为1.1万元，以后随着物价的上涨收入还将按比例上浮，确保了被征地农民长期性的高收入。深受被征地农民的欢迎，并自发地在各村推广。近二年来，滨海园区被征地农民没有因征地问题而上访。我们还出资委托设计院对建成区内所有村庄进行旧村规划设计，将规划成果无偿提供给各村使用，把村民的注意力引导到全力建设现代化新农村。

二、进一步调整发展思路，把重点从发展民营经济转移到提高对外开放水平上来，真正把温州开发区建成为对外开放的窗口，产业升级的示范基地，高新技术的孵化中心和工业经济新的发展空间

（一）调整招商思路，大招商，招大商，确保每年都有外资大项目入驻。在招商引资的模式和内容上，要实现由被动招商向主动招商转变，由国内招商为主向国外招商为主转变，由侨资为主向真正的外资和跨国公司转变，由传统产业为主向新兴产业为主转变，由第二产业为主向二三产业并重转变。在引资的主攻方向上，要突出引进大的外资项目。重点吸引境内外大集团、大财团在开发区设立产业基地，特别是高新技术产业基地。

（二）全力以赴发展经济，确保每年25%以上的增长幅度。按照温州市委市政府确定的实施“一港三城”战略尤其是打造“国际性轻工城”的目标，努力把开发区建设成温州市现代化工业基地和高新技术的研发中心。

（三）加快滨海园区建设步伐，确保2012年前全面建成。我们的目标是，力争到2012年全面建成滨海园区，预计当年实现GDP 400亿元，工业总产值1000亿元，财政总收入50亿元。

（四）推进社会各项事业发展，确保在全市率先全面进入小康社会。按照温州市创建全国文明城市、卫生城市、环保模范城市的总体部署，进一步提高城市建设和管理水平。加大绿化和环保投入，加强环境整治，创建ISO14000国家示范区，指导企业开展ISO14001环境管理体系认证。大力推进“开发区信用工程”建设和“平安开发区”建设，切实维护社会稳定，积极推动所在区域农村社会的转型，促进城乡协调发展。

（温州经济技术开发区管委会主任
戴国森）

昆山开发区的成功之路

昆山经济技术开发区创办于1985年，1992年批准为国家级开发区。20年来，坚持项目以工业为主，资金以引进为主，产品以出口为主，致力于发展高新技术产业，与时俱进，开拓创新，取得了辉煌的业绩，走出了一条成功的“昆山之路”。

环境是基础。环境出形象，环境出效益。昆山开发区着眼于营造一个最佳人居、创业环境，近20年间，先后投入近百亿元资金，用于交通、电讯、供水，能源、环保等基础设施建设，基本达到“七通一平”要求，区内共建成桥梁80座，11—15万伏KVA变电站17座，铺设各类管线200多公里，筑成主次干道路208公里，均为4—8车道黑色路面，与沪宁高速公路、沿江高速公路、312国道、虹桥机场路、京沪铁路线相连接，交通十分便捷。并做到集中供热供气。区内没有烟囱，气化率达到78%，绿化覆盖率42%。饮用水达到国家二级水标准。还创办了国际学校，新建了外资医院，设立了外商公寓，开通了陆路口岸通关点，通过了ISO14001管理体系认证，提高了基础设施承载能力，构筑了良好的投资环境。

项目是生命。没有项目就不能发展，没有项目就没有后劲。招商引资始终是开发区的生命线。昆山开发区的主要做法是：把握重大机遇期，不断开拓创新。建区初期，依托昆山交通便捷、地理位置优越的区位优势，内联打基础，外引上水平，吸引了一批内外资项目；90年代，借助浦东开发开放的良好机遇，借势发力，错位发展，许多外资企业落户区内；2000年以后，台湾产业转移，国际产业资本加速流动，昆山开发区采取“以商引商、以外引外”策略，主攻高新技术大项目，扩大招商引资规模，提高利用外资水平。

截止到2004年9月，累计引进外资项目1159个，投资商来自欧美、日韩、港台等37个国家和地区，总投资额125亿美元，实际到账44亿美元。其中投资额1000万美元以上的项目352个，1亿美元的项目20个，独资项目占80%，高新技术企业占30%。世界500强有18家在开发区投资办厂。在众多投资商中，台资企业独领风骚，占总量的70%，成为台商投资最密集的地区之一。众多外资企业进入开发区，汇成了一支以先进技术为主的强大生产力。2003年，开发区完成工业总产值852亿元，进出口总额115亿美元，其中自营出口63亿美元，年均增长率保持在30%左右。2004年，工业总产值和进出口总额将分别达到1200亿元和150亿美元。开发区在全市经济发展中发挥了龙头带动作用，起到了举足轻重的影响。

服务是品牌。服务也是一种良好的投资和发展环境。昆山开发区创办以来，牢固确立服务是第一投资环境的理念，不断增强服务意识，倡导感情式服务，努力实施亲商、安商、富商工程。建区初期，明确提出“政策不足服务补、硬件不足软件补”，倡导“人人都是投资环境、个个代表开放形象”，“寓招商于服务之中”；以后又进一步提出“办好一家外资企业，是一本最好的投资指南，胜过千百条招商广告”、“诚信服务、规范行政、降本增效”；并逐步形成了“三个服务体系”（外商投资审批的一条龙服务、项目建设过程中的全方位服务、企业开工投产后的经常性服务），构筑了沟通政府部门与外商之间联系的“三条通道”（外商投资企业协会、台资企业协会、两个月一次的外商沙龙活动），建立了为外商提供服务的“三个中心”（外企服务中心、投诉中心、配套协作中心）。近几年来，昆山开发区每年引进10多亿美元的外资，三分之一来自于企业的增资。

产业是支撑。产业集聚是最具核心的竞争力。尤其是跨国公司和大企业、大集团，更看好产业的集聚能力。昆山开发区之所以能成为外商投资的一方热土，不仅拥有明显的区位优势和良好的软硬环境，更具有产业链的强劲拉动。昆山开发区的产业从劳动密集型起始，逐步向资金和技术密集型转变，如今已形成电子信息、精密机械、高档轻纺三大支柱产业，构筑了相对完整的产业链。

特别在电子信息产品制造领域形成了比较优势。昆山开发区内现在共有 IT 企业 250 多家，总投资 40 多亿美元，构成了以笔记本电脑、手机、数码相机为主导产品的电子信息生产企业群。昆山开发区生产一台电脑，在方圆 70 公里的范围内，最快 50 分钟，最慢 2 个小时，所有材料都能齐备。2003 年开发区电子信息产业完成工业产值 424 亿元，占全区工业总产值的“半壁江山”，成为第一支柱产业。许多信息产业的生产厂家，就是在获知昆山电子资讯业基础好、配套能力强的讯息后，才决定来开发区投资的。占地 2.86 平方公里的出口加工区，在三年多时间内，集聚了 50 多家电子信息企业，总投资额 13 亿美元，平均每平方公里的投资强度为 68 万美元。台湾十大笔记本电脑生产厂商有 6 家落户区内，5 家建成投产，接受来自世界各大公司的生产订单，笔记本电脑的产量占到全球的四分之一。2003 年昆山出口加工区完成进出口总额 58.71 亿美元，其中自营出口 32.57 亿美元，2004 年进出口额有望突破 100 亿美元，其中出口 55 亿美元，在全国出口加工区中居领先地位。昆山开发区已被江苏省人民政府列为全省 7 个电子信息产业基地之一，并作为苏州市的成员单位，成为中国首批 9 个国家电子信息产业基地。

（昆山经济技术开发区管委会主任
宣炳龙）

按照科学发展观走新型工业化道路

北京经济技术开发区 1992 年 10 月开工建设，1994 年 8 月成为国家级经济技术开发区。十二年来，开发区按照建成完善的社会主义市场经济体制和树立全面、协调、可持续的科学发展观要求，以建设符合首都功能需要和资源约束要求的现代制造业和高新技术产业基地为目标，与时俱进，开拓创新，由建设之初的村落逐步发展成为首都现代制造业和高新技术产业的主要基地。

一、产业集群化发展

到 2004 年 9 月底，开发区入区企业累计投资总额 84.2 亿美元，已初步形成移动通讯、汽车制造、微电子、生物技术与新医药、装备产业等主导高新技术产业，成为北京现代制造业和高新技术产业基地。

建设星网工业园，降低企业交易和生产成本。星网工业园投资总规模 12 亿美元，占地 100 万平方米。星网工业园将龙头企业和零部件生产企业集中在一起，每个配件送到装配线的时间只有几分钟，形同一个企业的不同车间，园内企业实现“零库存”。通过对人员、信息和物流的整合和优化配置，从根本上提高研发、生产、管理、服务和资源利用的效率，降低企业生产成本。强强联手，浓缩交易时空，增强企业应对市场的能力。

加快以奔驰汽车为龙头的汽车产业园的形成。汽车产业集群化是现代汽车制造业发展的必然趋势。德国大众、美国通用、法国雪铁龙等来华投资时，带动了国外的协作企业到中国投资。随着奔驰汽车公司进入北京经济技术开发区，必然带动零配件配套企业的集聚，快速形成集汽车制造与零配件生产于一体的汽车产业园。

推动主导产业集群化发展。针对北京发展高新技术产业和现代制造业的特殊约束，开发区把引资重点从注重引进数量转到追踪精品项目、从注重广泛吸纳转到重点打造产业链条、从注重政策优惠转到提升比较优势上来，结合产业集群化发展要求重点推动电子产业、汽车产业、医药产业、装备产业四大产业的集群化发展，适度发展配套服务业。

二、资源集约化利用

建设国家国有土地资本运营试点，高效集约利用土地资源。为高效、集约利用土地资源，国土资源部下发了《关于北京经济技术开发区国有土地资本运营试点方案的批复》。根据试点方案要求，开发区建立了包括土地征用、拆迁安置、基础设施开发、土地供应、企业项目建设、项目投产收益等六个环节的土地资本运营循环体系；组建北京市土地整理储备中心开发区分中心，建立土地储备制度，以实现土地的保值增值。建立工业企业项目入区评估机制，按照投资密度、产出效益和科技含量对拟入区项目进行分析，鼓励占地少、用水少、物耗少、能耗少、污染少、高附加值、高科技含量的项目入区。

提高水资源利用效率，降低企业生产用水成本。开发区采用 BOT（建设—运营—移交）方式建设的日处理能力二期共 4 万吨的污水处理厂，是北京市第一家利用外资建设的基础设施项目。也是全国第一家采用 BOT 方式建设并投入运营的污水处理厂。

改革投融资体制，鼓励社会资本投资经营基础设施项目。2003 年 7 月开发区在北京市率先制定了《北京经济技术开发区鼓励社会资本投资经营基础设施项目暂行办法》，科博会上推出了第一批项目。基础设施市场化有利于加快开发区基础设施建设，促进开发区投融资体制改革，形成产业化投资结构，提高基础设施的建设水平经营效率，降低企业经营成本。

三、政府法制化监管

按照《条例》授权，依法实施管理。为加快开发区的建设与发展，1995 年 4 月，市人大常委会制定并通过了《北京经济技术开发区条例》。根据《条例》，1995 ~ 2003 年，开发区共制定包括法制、建设、基础设施市场化等各项行政管理规定和政策措施 40 个，初步建立起开发区的行政法制体系，有效地保证了管委会对开发区各项事业的管理和服务。

改革行政事业性收费制度，建立无行政事业性收费区。为改革开发区行政事业性收费制度，北京市政府下发了《关于同意实施北京经济技术开发区行政事业性收费制度改革的批复》，除资源性、筹资性和符合国际惯例及对等原则的行政事业性收费外，其他行政事业性收费一律取消。市有关部门不得委托开发区管委会及其所属单位代收有关行政事业性收费。

改革财政管理制度，提高财政资金使用效益。为适应开发区不断发展的需要，加强财政管理体制改革，开发区成立了财务结算中心，推行国库集中支付制度，顺利实现了“统一支付、集中核算”的管理模式，加强了财政资金管理，提高了资金使用效率，同时使廉政建设关口前移。

四、园区人性化服务

加快配套设施建设，提高园区服务水平。1995 ~ 2003 年，开发区累计完成固定资产投资 253 亿元。建成一批基础设施和能源工程项目，区内道路、供排水、供电、供热、通信等设施日益完善。

建设北侧绿化隔离带绿化试点，改善周边环境。为加快北侧绿化隔离带建设，北京市政府下发了《关于北京经济技术开发区北侧绿化隔离地区土地置换的批复》，开发区作为国土资源部和北京市的绿化试点，实现了通过土地置换的方式，以地养绿的目标，完成了北侧绿化隔离带的拆迁安置工作。

搭建人才发展平台，优化人才发展环

境。开发区注重突破传统观念束缚，积极创造人才集聚的氛围和条件。在促进人才资源的合理流动和优化配置过程中，开发区先后建立了人才交流服务中心、留学人员服务中心等中介服务机构，为各类人才自主择业提供前提条件，为企业创造了“公开、平等、竞争、择优”的选人、用人环境。管委会发布了《鼓励高级人才入区的暂行规定》，出台十大举措，吸纳高层次人才，增加人力资源的储备。

（北京经济技术开发区管委会主任 鲁勇）

综　述　篇

2004年国家级经济技术开发区发展综述

【经济发展】 2004年是国家级经济技术开发区兴办20周年。20年来，各开发区在邓小平理论和“三个代表”重要思想的指引下，认真贯彻落实“三为主，一致力”发展方针，经济发展，科技进步，利用外资、对外贸易、社区建设等方面，已经取得了显著成就，成为所在城市社会经济发展中的一个亮点。

2004年各开发区认真贯彻党的十六届四中全会和全国经济工作会议精神，把发展作为第一要务，努力调整产业结构，积极发展高新技术，大力发展外向型经济，认真加强社区建设，在经济社会发展各个方面又取得了新的进展。据统计，2004年全国54个国家级经济技术开发区（包括5个同类工业园区）实现GDP 6601.44亿元，占全国GDP的4.84%；同比增长32.43%，比全国增幅高22.93个百分点；工业总产值17949.11亿元，同比增长38.53%；工业增加值4855.62亿元，占全国的7.73%，同比增长34.80%；比全国增幅高23.30个百分点；税收收入933.04亿元，占全国的3.63%，同比增长23.31%，比全国增幅低2.37个百分点。上述主要经济指标，在上年的基础上又取得了大幅增长的成绩。

在54个国家级开发区的发展排序方面，出现了一些新的变化。名列前三名的是：广州开发区，GDP达562.07亿元，增长32.86%，工业总产值1338.49亿元，增长49.41%，工业增加值455.32亿元，增长45.03%；天津开发区GDP达530.218亿元，增长19.09%，工业总产值1822.14亿元，增长45.61%，工业增加值435.91亿元，增长24.13%；苏州工业园区GDP达502.70亿元，增长37.69%，工业总产值1404.50亿元，增长56.41%，工业增加值345.40亿元，增长63.08%；其次是昆山开发区（GDP 411.37亿元，增长51.09%），金桥出口加工区（GDP 395.13亿元，增长30.82%）、大连开发区（GDP 361.01亿元，增长20.24%）。在我国中西部地区的16个国家级开发区中名列前三名的是合肥开发区GDP 109.06亿元，增长42.38%，工业总产值281.00亿元，增长39.80%，工业增加值81.31亿元，增长35.07%；长沙开发区GDP 102.32亿元，增长45.96%，工业总产值217.88亿元，增长48.15%，工业增加值63.85亿元，增长48.08%；南昌开发区GDP 92.12亿元，增长61.05%，工业总产值196.35亿元，增长93.83%，工业增加值55.73亿元，增长111.90%。从上述数字可以看出，中西部地区的国家级开发区虽然成立较晚，但发展速度很快，主要经济指标都以40%以上的超常规速度增长。

2004年许多开发区按照产业发展规划，坚持发展各具特点的主导产业聚集效应进一步发挥。天津开发区2004年相继制订了《天津开发区提高产业聚集的指导意见》、《天津开发区汽车产业发展规划》，建立了促进生物医药产业发展的领导机构，产业聚集和主导产业进一步发展。2004年全年引进22个电子元器件项目，引进汽车配套项目25个，使该区汽车产业配套项目达68个，使电子通讯产业和汽车产业的产业链进一步完善，聚集效应更加明显。同时，不少开发区的科技创新能力不断增强，高新技术产品不断增加。天津开发区的创新主体积极开展研究开发活动，取得了丰硕成果。如国内首次完成了90纳米集成电器设计，生物芯片的研发进入了临床试验，电动汽车已经进入商业试运行，千吨级海水淡化厂已经投入使用，科技攻关成绩斐然。2004年天津开发区新认定高新技术企业26家，累计达115家，全区高新技术产品产值达1097亿元，占全区工业总产值的比重达到60.2%。2004年漕河泾开发区的信息技术、新材料、生物医药、航天航空、IT软件等高新技术产业的销售收入589.9亿元，税收14.5亿元。

【招商引资和利用外资】 各开发区始终把招商引资作为工作的重中之重，不断研究招商引资新思路，建立招商引资新机制，探索招商引资新举措，不断取得招商引资的新业绩。2004年，在上年取得显著成绩的基础上，又取得了大幅度增长。据统计，54个国家级开发区合同外资金额达220.64亿美元，占全国合同外资额的14.38%，同比增长8.85%，低于全国增幅24.53个百分点。外商实际投资136.07亿美元，占全国外商实际投资22.44%，同比增长31.74%，比全国增幅高18.24个百分点。在54个国家级开发区中，外商实际投资前五名的是：苏州工业园区仍居第一，达18.123亿美元，增长64.03%，随后是青岛开发区12.04亿美元，增长50.69%；天津开发区9.49亿美元，增长50.8%；武汉开发区7.66亿美元，增长62.97%；昆山开发区6.73亿美元，增长16.10%；广州开发区6.55亿美元，增长8.4%。在中西部地区的开发区中，利用外资的成绩也很显著。不少开发区成几倍的增长。如兰州开发区实际利用外资同比增长900%，郑州开发区增长870.68%，西宁开发区增长816.92%，石河子开发区增长220%。

在2004年的招商引资中，一是各开发区十分注重产业链招商，以不断增强各具特色的主导产业优势。青岛开发区2004年引进了总投资103亿元的1000万吨的大炼油项目，总投资3.89亿美元的丽水化工项目，总投资2.7亿美元的浦项不锈钢一期项目，总投资1.1亿美元的晓星钢帘线项目和总投资3.8亿元的青岛港液体化工码头等龙头大项目，有力地带动了上下游产业的发展，初步形成了家电电子、石油化工、机械制造、新型材料、高新技术、仓储物流等六大产业集群。二是各开发区十分注意提高利用外资水平。如大连开发区积极抓好大项目和配套项目招商，拓展经济技术增长点。他们全力以赴抓好对世界500强、国内企业集团总部及大企业的项目招商，力争引进一批投资规模大，技术含量高，产业带动力强的大项目。到目前为止，已有42个国家和地区的投资商到大连开发区投资兴业，共签约1800多个项目，其中世界500强有40家进区投资，项目平均投资规模达7000多万美元。2004年累计实际使用外资51亿美元，年均增长44.4%，占全大连市的27%，全区已初步形成了现代化工、新材料、电子信息、机电一体化、生物制药、食品加工等六大产业群。三是各开发区十分注重从偏重引进向消化吸收创新转变。天津开发区努力通过提高自主创新能力推进经济结构调整和经济增长方式的转变，通过高新技术产业的发展不断提升和优化开发区的产业结构水平，以促进经济质量和效益的提高。他们正在积极引进更多跨国公司的研发中心入区，逐步形成具有世界水平的研发集群，培育自有品牌的高新技术企业，提高区域自主知识产权产品的比重。

【对外贸易】 2004年国家级开发区的对外贸易又取得了较大幅度增长的好成绩。据统计，2004年54个国家级开发区进出口总额达到1662.08亿美元；同比增长64.78%，比全国增幅高29.09个百分点。其中出口总额803.04亿美元，占全国出口总额的

13.53%，同比增长64.29%，比全国增幅高28.89个百分点。

在54个国家级开发区中，外贸出口位居前5名的是苏州工业园区，出口额118.84亿美元，同比增长99.31%；昆山开发区出口额113.915亿美元，增长80.53%；天津开发区出口额111.75亿美元，增长62.28%；漕河泾开发区出口额55.298亿美元，增长127.73%；金桥出口加工区出口额48.217亿美元，增长61.26%。广州、大连、福清融侨、杭州、南京、宁波等开发区的外贸出口都大幅度增长，成绩很显著。特别是中西部地区的长沙、西安、银川、呼和浩特、南昌、昆明、太原、郑州国家级开发区的外贸出口都取得了三位数增长的好成绩。这些数字说明中西部地区的国家级开发区的工业正在快速崛起，产品质量不断提高，在国际市场中的竞争力进一步增强。

国家级开发区长期坚持产品以出口为主的方针，同时努力优化出口产品结构，不断增加高附加值的机电和新技术产品出口，加之有不少开发区的出口加工区良好运作，有力地拉动了国家级开发区出口的迅速增长。如昆山开发区现有各类电子信息企业250多家，形成了以笔记本电脑、手机、数码相机为主导产品的产业链，其中台湾十大笔记本电脑有6家集聚在这里，2004年全区笔记本电脑产量达到1000万台，占全球的四分之一。由于产业链的完善和产业的高度聚集，提高了产品质量和降低了产品的生产成本，大大增强了这些产品在国际市场的竞争力。昆山开发区的这些产品绝大部分都畅销国际市场。昆山开发区占地2.86平方公里的出口加工区平均每亩的土地投资强度为68.2万美元，2004年的进出口总额突破100亿美元，其中出口额达60亿美元，成为土地单位面积投资最高，产出和出口最多的地区之一。天津开发区和苏州工业园区的机电产品和高新技术产品出口额都达90%以上，福清融侨的显像管和北京开发区的手机等产品，都畅销国际市场。

【投资环境】 不断完善投资环境是开发区建设的永恒主题。2004年国家级开发区的投资环境，不论是软环境建设还是硬环境建设都取得了新的进展。天津开发区在不断完善“九通一平”硬环境的基础上，又提出了“新九通一平”软投资环境的理念，即信息通、准入通、配套通、物流通、融资通、市场通、人才通、核算通、人脉通，建设面向21世纪的中国新经济平台，搭建了与国际接轨的软环境平台。在此基础上他们正在优化“大通关”，推进保税物流园区和保税仓库建设，降低区内企业采购成本和物流成本，以达到做大市场规模和改善产业配套环境的目的。

威海开发区着力营造环境优美，设施齐全，功能完善，稳定和谐的发展环境，坚持高标准规划，高水平建设，高质量管理原则，不断加大投入，努力营造环境优、配套齐、程序简、效率高、收费低的投资环境，凸现了在招商引资中投资环境的比较优势。

秦皇岛开发区在不断完善硬投资环境的基础上，加大协调服务力度，进一步完善软投资环境：一是完善三个服务体系，加强开发区投资服务中心建设，提高了“一个窗口对外”，“一条龙服务”的效果。二是优化政务环境，政务工作更加规范、公开、公正，协调服务力度不断加强。三是改善社会治安环境，为区内的投资者和企业提供了强有力的安全保障。

漕河泾开发区随着发展高新技术产业的需要，不断完善技术创新环境。他们从1994年起就建立科技企业孵化器，现已累计孵化企业300多家。成活率超过90%，目前孵化器面积达2.9万平方米，在孵企业百余家。此外，开发区软件园积极探索开展产业增值服务；开发区加快引进管理、咨询、培训、金融、信息等各类服务资源，完善中

2004 年全国保税区主要经济指标统计分析

【经济发展】 2004 年是全国保税区发展具有历史突破性的一年，继上海外高桥保税区后，又有七家保税区获准“区港联动”试点。在海关总署的关怀指导下、各保税区秉承开拓创新的宗旨，抓住区域“先行先试”的发展机遇，加快体制创新，完善综合投资环境，强化招商，在不断优化产业结构的基础上，提高服务质量，促使全国保税区经济总量继续保持快速、健康、持续的发展势头，区域竞争力显著提高。

2004 年，全国保税区在上年增速达到 37.1%的基础上，全年增速又突破 30%，实现增加值[1] 985.34 亿元，同比增长 31.8%。并且是在国家实施宏观调控措施下所取得的，来之不易，这充分显示出全国保税区经济发展势头之强劲。

保税区已成为推动地区经济增长的重要动力。上海外高桥保税区、深圳保税区和天津港保税区实力强劲，增加值名列前三位。其中上海外高桥保税区全年共完成增加值 456.0 亿元，同比增长 41.1%，占全国保税区经济总量的 46.3%；深圳保税区包括福田、沙头角和盐田港三家保税区，合计实现增加值达到 182.0 亿元，同比增长 19.9%，占全国保税区的 18.5%；天津港保税区的增加值也突破百亿，达到 111.81 亿元，同比增长 34.7%，占全国保税区的 11.3%。

随着各保税区经济总量的不断扩大，保税区已成为推动地区经济增长的重要组成部分，对周边地区辐射效应显著提升。上海外高桥保税区实现增加值占上海市和浦东新区达到 6.13%和 25.48%，分别比上年提高 0.96 和 4.04 个百分点，与张家港和宁波两家保税区共同构筑长三角地区经济发展的“金三角”；深圳三家保税区毗邻香港，成为珠三角对外经济的重要枢纽；天津港保税区海关关税及代征税占天津市总量的三分之一，合同外资占 27.1%，在环渤海湾经济带中发挥举足轻重的作用；大连保税区以大连市 1‰的土地，创造了 55%的集装箱承运量，11%的实际利用外资额和 10%的自营出口贸易额，为振兴东北老工业基地作出贡献。

保税区发展实力强劲。综合全国各保税区经济发展态势及经济总量，虽然与上海外高桥、深圳、天津港三家保税区有一定差距，但发展势头丝毫不逊色。发展速度最快的珠海保税区，增速达到 78.2%，厦门保税区的增速也达到 44.7%，显示出强劲的增长势头。

面对中国进入 WTO，各保税区积极应对入世后的挑战，依托“区港联动”的优势，高瞻远瞩，走出了一条适合自身发展的道路。上海外高桥保税区和天津港保税区重点突出现代物流与国际贸易功能，“以贸易带动物流，以物流促进贸易”的格局基本形成，外高桥物流园区已成功运作半年，天津空港国际物流区保税库通过验收并投入运营；大连保税区紧紧围绕振兴东北老工业基地和建设东北亚重要国际航运中心的战略部署，区港联动试点通过国家验收，填海造地工程提前竣工；张家港保税区以特色增强引力，以特色集聚优势，以特色放大效应，精心打造中国“内河港型”保税物流园区；宁

---

① 由于广州实行四区合一，广州保税区增加值无法单独测算，故增加值总量中未包括。

波保税区适时调整贸易招商重点，多渠道开拓思路，确定引进大市外内资项目为新目标，成为区域经济发展新亮点；福州保税区依托其地理优势，定位在衔接长三角、珠三角和对接台湾海峡西岸的国际物流枢纽中心；厦门保税区充分发挥厦门港的区位优势和保税区的政策优势，立足于提升厦门在海峡两岸航运格局中的地位；汕头保税区明确发展思路，确立区港工贸一体化发展战略，全面建设仓储物流、高新技术产业和出口加工三大基地，逐步构建临港经济体系；深圳保税区在保持以高科技为主导的出口加工功能优势的同时，借靠近港口码头和一号桥直通香港的独特优势，大力发展保税仓储和物流分拨产业；珠海保税区全面推进跨境工业区珠海园区的开发建设，取得了阶段性成果，在澳门回归五周年之际实现首批项目动工；海口保税区加快“五区合一”开发建设的步伐，大力发展生物医药制造和机电信息制造产业。

良好的投资环境和不断提高的服务质量，不仅推进了企业发展，也有力促进了企业经济效益快速提高，同时也为政府贡献了巨大税收。

经济规模保持快速增长。2004 年全国保税区共实现销售收入 5478.69 亿元，同比增长 29.7%。从各保税区完成情况看，上海外高桥保税区突破三千亿元，达到 3046.91 亿元，同比增长 34.3%，占全国保税区的 55.6%。张家港保税区以 801.24 亿元居第二位，同比增长 31.4%。天津港保税区和宁波保税区也保持较强的增长态势，分别达到 515.49 亿元和 394.97 亿元，同比增长 42.6%和 27.7%。此外，大连、青岛和广州三家保税区销售收入也分别突破百亿，分别达到 218.15 亿元、173.92 亿元和 133.93 亿元。

税收收入又创新高。税收收入的增加是保税区可持续发展的重要保证，随着保税区投资环境的日益完善，企业纷纷迈入高产期。同时，各保税区强化招商引资，都十分重视对税收的培育。在海关税率逐步下降的基础上，努力开辟新税源，推动了税收收入持续增长。2004 年，全国保税区税收总额又创新高，达到 579.29 亿元，同比增长 15.1%。税收总额排列前三的依次是上海外高桥保税区、天津港保税区和张家港保税区，分别达到 285.14 亿元、129.28 亿元和 40.46 亿元。汕头保税区增长速度最快，在上年基础上翻了一番。

税务部门税收增长速度快，全国保税区共完成 168.37 亿元，同比增长 27.7%，比税收总额的增速高出 13 个百分点，占税收总额的 29.1%。上海外高桥保税区完成 103.21 亿元，同比增长 34.2%，占全国保税区的 61.3%，由于其总量大且增长速度快，拉动了平均速度的增长。其次是天津港和张家港保税区，分别完成 16.22 亿元和 11.24 亿元，同比增长 22.4%和 13.7%。

【主导产业】 从各保税区的产业发展情况上看，虽然侧重点有所不同，但工业、贸易业和物流业三大产业是保税区经济发展的主体。特别是近两年来，物流业规模迅速壮大，与工业和贸易业并驾齐驱，三大产业全面发展，是推动保税区经济发展的主要组成部分。

工业产值增势不减。2004 年，全国保税区克服商务成本高、部分企业外移、电力紧缺等不利条件，实现工业总产值 1773.32 亿元，同比增长 34.1%，工业经济继续保持快速增长势头。从总量上看，主要体现在深圳保税区和上海外高桥保税区，分别完成 685.23 亿元和 513.82 亿元，同比增长 25.1%和 26.0%，两者合计占全国保税区的 67.6%。张家港保税区工业产值突破 150 亿元，同比增长 57.4%。广州保税区的工业产值上升速度最快，同比增长 1.3 倍，天津港保税区的增速也达到 1.2 倍。

大中型工业企业的快速发展和重点行业的支撑，有力地带动了保税区工业经济的持续增长。上海外高桥保税区亿元产值工业企业已达63家，比去年增加13家，共完成工业产值473.59亿元，占工业总产值的92.2%。电子信息产业作为其支柱产业，全年完成工业产值406.26亿元，占全区工业产值的79.1%；宁波保税区产值超亿元的13家工业企业实现产值43.9亿元，占总产值的78%；天津港保税区产值超亿元企业也达10家，产值合计占全区的86.8%，农副产品深加工业、金属制品加工业和机械设备制造业等重点行业分别占全区工业产值的20.7%、16.5%和14%。这些企业及行业已成为保税区工业经济的支柱。

科技创新能力不断提高。宁波保税区成为全市高科技产业发展的重要区域，全区有10个项目列入国家级科技计划项目，24个项目列入宁波市科技计划项目；天津港保税区依托天保科技中心和空港物流加工区标准厂房平台，推动高新技术成果转化基地建设，全年完成专利申请35件，其中发明专利8件，实用新型专利27件；汕头保税区的骨干工业企业纷纷进行技术改造，提高产品质量和档次，全年开发新产品30多个，上报国家商标局申请商标注册136件；上海外高桥保税区经市科委认定的15家高新技术企业，全年实现工业产值123.61亿元，占工业总产值的24.1%；海口保税区以生物医药制造为主的高新技术产业实现工业产值10.73亿元，占全区产值的46.5%。工业产业逐步向高科技、高附加值方向发展。

商品销售额强势增长。我国出口产品竞争力的增强、国内市场需求旺盛、进口关税税率逐年下降，为保税区贸易企业带来了良好的商机。2004年，全国保税区实现商品销售总额4127.47亿元，同比增长34.7%，对销售收入增长的贡献率达到75.3%。上海外高桥、张家港、天津港、宁波等保税区由于拥有为数众多的国内外著名的跨国公司，利用其全球营销网络体系的优势扩大销售额，从而促使保税区的商品销售额迅速增加。从各保税区情况看，上海外高桥保税区实现商品销售额2385.4亿元，同比增长44.9%，占全国保税区的57.8%。张家港保税区完成641.69亿元，同比增长31.1%，天津港保税区完成374.73亿元，同比增长30.0%，宁波保税区完成338.90亿元，同比增长23.4%。这四家保税区合计占全国保税区的90.6%。

物流发展取得新突破。2004年底获准实施“区港联动”的保税区已达8家，物流园区的批准设立，必将为保税区新一轮发展注入新的生机和活力。2004年，上海外高桥、大连、天津港、张家港、厦门、汕头六家保税区物流企业营业收入突破1000亿元大关，达到1093.10亿元，同比增长29.8%，占销售总收入的五分之一。

随着保税区产业功能布局的逐步调整，各保税区着力深化物流功能开发，加速发展现代物流业。外高桥保税区经认定的物流分拨企业共完成营业收入492.74亿元，占保税区物流企业营业收入的49.2%。叶水福物流、丰田通商、嘉里物流等多家国际知名物流企业在天津港保税区内建立区域物流中心，逐步建成电子、钢材、工程机械、石油化工等多种产品的分拨配送中心。珠海保税区的重点企业物流业务量增长一倍以上，逐步成为航空发动机零配件、电子元器件、医疗设备及医药等商品重要的物流分拨配送基地。

更值得高兴的是已获批准的保税物流园区招商形势喜人。上海外高桥保税物流园区2004年共批准企业项目9个，吸引投资额3900万美元；大连保税区的东车物流、美加连物流、万德隆物流等企业也已投资运作，伊藤忠、东方海外、马士基、美国总统船务等世界知名企业正在洽谈中；世界著名的化工物流企业荷兰孚宝已决定投资1.8亿美元在张家港保税物流园区发展专业化的物流服务，这一龙头企业的落户，吸引了数家大型物流企业的意向加盟。

保税区物流企业的蓬勃发展也带动了进出区货物量和货运总量的攀升。2004年，全国保税区进出区货物量达到2009.32万吨，同比增长72.2%。货运总量达到1647.72万吨，同比增长2.3%。

【招商引资】 在区域竞争日益加剧，保税区发展面临诸多挑战的新形势下，全国各保税区结合自身特点及时调整招商思路，推陈出新，强化招商引资，做好亲商服务，增强保税区经济发展后劲。张家港保税区注重"招商选资"，引导项目的配套跟进，力求企业上下游产品联动，不断拉长产业链，以形成较好的产业集聚效应；汕头保税区确立了引进大项目、促进大发展的招商思路，大力引进大型临港工业项目；深圳保税区紧紧抓住产业链关键接点的招商，致力于拓展保税区功能，鼓励跨国公司设立地区总部、研发检测机构、生产基地和采购配送中心，将保税区纳入全球营销系统。

投资额保持较快增长，增资势头良好。2004年，全国保税区吸引投资总额达到79.17亿美元，同比增长14.5%，其中外商投资额增长速度快，达到60.30亿美元，同比增长25.8%，占投资总额的76.2%。合同利用外资40.22亿美元，同比增长16.0%，实际利用外资20.76亿美元，同比增长14.3%，充分显示出保税区吸引外资的优势。

从吸引投资总额上看，天津港保税区表现出色，达到28.37亿美元，同比增长33.8%，居各保税区首位，占全国保税区的35.8%。其次是上海外高桥保税区，吸引投资额达到14.74亿美元，同比增长8.4%。宁波和张家港保税区也分别达到9.47亿美元和9.35亿美元，同比增长19.7%和40.6%。此外，海口和广州保税区投资额增长速度快，分别达到一倍和39.0%。

从外商投资额上看，天津港、上海外高桥和张家港保税区列前三位，分别达到23.80亿美元、13.36亿美元和8.32亿美元，同比增长70.9%、23.1%和45.0%。在合同利用外资和实际利用外资上，天津港和上海外高桥两家保税区依然保持前两位。天津港保税区完成合同外资额15.17亿美元，同比增长56.8%，实际利用外资5.64亿美元，同比增长40.3%。上海外高桥保税区完成合同外资额7.71亿美元，同比增长26.3%，实际利用外资5.8亿美元，同比增长15.8%。宁波保税区在合同外资上列第三位，达到5.58亿美元，而张家港保税区则在实际利用外资上略胜一筹，为1.95亿美元，居第三。

企业增资势头良好。企业经济效益日益提高，生产经营规模不断扩大，使得追加投资现象不断涌现，是推进保税区投资额增长的重要因素。上海外高桥保税区2004年的增资项目共吸引投资额8.29亿美元，同比增长1.6倍，占保税区吸引投资总额的半壁江山；大连保税区全年共有63家企业增资，其中外资企业增资达1.1亿美元；宁波保税区合同外资增资额6067万美元，增资总额占全年合同外资总额的10.8%；汕头保税区增资扩产企业4家，新增投资额1.15亿元。这与保税区投资环境的不断完善密不可分。

项目总量略有下降，质量与结构进一步优化。2004年，全国保税区共批准投资项目4247个，比去年下降7.2%。其中外资项目数量累计达到1790个，占总数的42.1%。引进项目数出现回落主要原因一是受土地资源制约，部分保税区出现"有价无地"的局面；二是相继颁布的《外商投资商业领域管理办法》和《汽车产业政策》等规章，使得前来投资的部分企业处于观望状态；三是不少保税区侧重引进大项目，使得投资额上升数量却出现下降。

从批准项目数量上看，上海外高桥保税区拓展招商渠道和方式，多次组团开展招商活动，以1010个的项目总量居第一位，其中外资项目达到868个，占到85.9%。其次是天津港保税区达到982个，外资项目257个。张家港保税区居第三，达到490个，其中外资项目51个。此外，青岛和宁波保税区批准项目数也分别达到438个和429个，外资项目116个和92个。其他保税区虽然数量不多，但增长速度较快，如厦门和珠海保税区的批准项目虽然只有53个和55个，但增速分别达到65.6%和48.7%。

从批准项目结构上看，贸易项目仍占主体，物流项目基本持平，工业项目下降幅度大。2004年，全国保税区引进贸易项目3341个，占总数的78.7%，工业项目310个，同比下降13.7%。仓储物流项目292个，与去年基本持平。

项目质量进一步提高。从全国保税区引进项目上看，虽然项目总量比去年有所回落，但各保税区加大力度引进规模大、效益好的项目，项目质量进一步提高。天津港保税区投资额在2000万美元以上项目55个，企业平均投资规模590万美元，同比增长32.6%；张家港保税区1000万美元以上的项目19个；上海外高桥保税区1000万美元以上项目达到13个，共吸引投资额2.57亿美元，占投资额的17.4%；宁波保税区全年共引进了总投资1000万美元以上企业12家，平均投资规模达4582万美元。此外，菱星汽车配件、汽车码头、港湾集装箱等一批超千万美元的外资大项目落户大连保税区；汕头保税区紧紧抓住聚苯乙烯、造纸和氧化铝三个大型项目，其中总投资17亿元、年产40万吨的聚苯乙烯项目已成功入区；珠海保税区成功置换土地13.5万平方米，引进了投资额超亿美元，延伸航空产业链的翔翼飞行员培训项目。

【进出口贸易】 世界经济的复苏、新一轮世界范围内产业结构调整和转移进程的加快，国内市场开放程度的日益提高都为保税区国际贸易的发展提供了有利的契机。同时，各保税区进一步增强服务意识，着力提高通关效率。如上海口岸“一单两报”试点工作率先在外高桥保税区实行，珠海保税区主动与企业沟通联系，协调解决进出口许可证、出口退税等实际问题。多种举措并举，鼓励企业扩大进出口业务，推动保税区进出口贸易持续高速增长。

2004年，全国保税区进出口货物总额达到761.32亿美元，同比增长42.6%，占全国进出口总额的6.6%。从进出口贸易方式上看，仓储转口贸易和加工贸易占主要比重。其中，仓储转口贸易进出口总额447.32亿美元，同比增长51.5%，加工贸易进出口总额259.80亿美元，同比增长28.2%，合计占进出口总额的比重达到92.9%。一般贸易进出口总量相对较小，仅为19.18亿美元，同比增长38.8%。

从各保税区完成情况看，上海外高桥保税区居第一位，进出口总额达到308.15亿美元，同比增长47.2%，占全国保税区的40.5%。其次是深圳保税区，达到239.54亿美元，同比增长33.8%，占全国保税区31.5%。第三是天津港保税区，完成54.40亿美元，同比增长50.3%。张家港、大连、宁波和厦门四家保税区也分别达到31.80亿美元、22.68亿美元、20.45亿美元和20.0亿美元，同比增长67.0%、21.9%、64.7%和21%。此外，汕头、珠海、福州等保税区均保持50%以上的高速增长态势。

出口额增速较快。2004年全国保税区的出口额达到265.56亿美元，增速达到44.0%，比进口增速高出2.1个百分点，占全国出口额的4.5%。主要是由于外高桥保税区的出口额增幅较高，其工业经济的蓬勃发展、物流分拨优势的日益突出使得出口额增速超过80%，拉动了全国保税区出口增长速度。从各保税区情况看，出口额居首位的是深圳保税区，突破百亿元大关，达到122.06亿美元，同比增长26.4%。其次是上海外高桥保税区87.86亿美元，同比增长81.0%。两家合计占全国保税区的79.0%。从出口方式上看，加工贸易出口占主要比重，达到160.6亿美元，占出口额的60.5%。仓储转口贸易出口85.69亿美元，同比增长64.8%。

进口优势明显，仓储物流成为主体。随着国内市场需求的不断增加，保税区进口优势充分发挥。2004年全国保税区进口总额高达495.76亿美元，同比增长41.9%，占进出口总额的65.1%，占全国进口额的8.5%。从各保税区情况看，进口额居第一位的是上海外高桥保税区，达到220.29亿美元，同比增长37.0%，占全国保税区的44.4%。其次是深圳保税区，达到117.47亿美元，同比增长42.5%。从进口贸易方式上看，物流业近几年的蓬勃发展，使得以仓储转口贸易方式的进口额不断攀升，全年共完成360.28亿美元，同比增长48.2%，占进口额比重的72.6%。此外，随着保税区工业企业业务量增多和经营规模扩大，进口量也随之上升，加工贸易方式进口额达到99.20亿美元，同比增长19.0%。

【固定资产投资】 随着保税物流园区建设的逐步推进，2004年全国保税区固定资产投资又掀新高潮，全年投资总额达到149.20亿元，同比增长21.4%。天津港保税区引进项目数量多，固定资产投资力度大，全年完成投资额52.82亿元，同比增长69.1%，居首位，占全国保税区的35.4%。张家港保税区克服“银根紧缩”的困难，固定资产投资额达到25.92亿元，同比增长32.4%。上海外高桥保税区完成22.52亿元。

在保税区固定资产投资增长的同时，各保税区努力营造良好的投资环境，不断追加道路建设、水电气供应、环境绿化等基础设施投资额，全年基础设施投资仍达到39.74亿元。从各保税区情况来看，大连保税区由于完成保税物流园区、填海工程等21项基本建设工程，使得固定资产投入达到15.62亿元，同比增长43.6%，列第一位。天津港保税区仅次于大连，为15.16亿元，同比增长4.5%。随着各保税区物流园区的陆续启动，必将增加对各项基础设施的投入，固定资产投资额也将迎来一个新的增长期。

（上海外高桥保税区管委会统计调查所）

2004年边境经济合作区发展综述

【经济发展】 边境经济合作区成立以来，切实从本地实际出发，克服资金、技术、人才、交通等不利因素，积极拓展招商引资渠道，探索各具特色的经济发展路子，经济效益不断提高，主要经济指标，年均保持20%以上增长幅度，2004年又取得了新成绩。据14个合作区的不完全统计，GDP 72亿元，同比增长58%，工业总产值46亿元，同比增长80%，全口径财政收入9.8亿元，同比增长24%，税收总额8.6亿元，同比增长25%，出口创汇32亿美元，同比增长30%，安排就业24万人，各合作区主要经济指标在所在市所占比重平均达到20%以上。珲春、满洲里、东兴、瑞丽等合作区主要经济指标占所在市的40%～50%以上。满洲里合作区经过12年的开发建设，经济发展相当该市百年的建设水平。各边境经济合作区在开发步骤上，走自费开发、自我积累、滚动发展之路，在服从城市整体规划的前提下，先商贸（投资回收期短），后工业（投资回收期长），先上马后完善，突出重点，循序渐进，先易后难，分步到位；在开发目标上，绝大多数合作区从“短平快”的商贸区起步，向“高新大”工业园区发展，项目从少到多、由小到大，层次由低到高，规划由小到大。截止到2004年底，全国14个合作区共开发建成面积49平方公里，平均每个区3.5平方公里，入区企业达5056家，其中工业企业2860家。平均每平方公里累计投入基础设施建设资金1.35亿元，相当经济技术开发区的1/3；平均每平方公里已投产工业企业58家；平均每平方公里累计完成GDP 8.7亿元，工业总产值4.1亿元，分别是投入基础设施资金的6.4倍和2.3倍，合作区的建设带动了当地城市化进程，扩大了城市规模，增添了新区。

据统计到2004年累计基础设施投入66亿元，完成GDP 486亿元；实现工业总产值238亿元；招商吸引内资121亿元、外资11亿美元；出口创汇210亿美元；实现税收43亿元；财政收入45亿元。在地区经济发展中，发挥了窗口示范带动作用；在建设边疆、巩固国防上，发挥了兴边富民、促进民族团结、维护边疆稳定的作用；在对外开放和交往中，增进了与周边国家经济合作，边境贸易空前活跃，在国门为国家树立了改革开放的良好形象，发挥了睦邻安邦的作用。

【对外贸易】 2004年边境经济合作区积极开展对周边国家的边境贸易和国际经济合作，对外贸易发展很快，有力地促进了所在城市的发展。1992年改革开放前，边境城市除了有国家边贸或国家向毗邻援助的物资需要过境外，本身没有什么贸易，民间交换一些日用品，也是私下交易。边境经济合作区设立后，紧紧抓住沿边开放的机遇，从商贸入手，大力发展对外贸易，使人烟稀少的边境地区，贸易方式和渠道多种多样，带动所在城市贸易额的大幅上升。据14个城市不完全统计，边贸额1992年只有14亿美元，而2004年达到160多亿美元。仅丹东合作区就达到3.14亿美元，整个对外进出口总额达20亿美元。珲春合作区充分利用其中、俄、朝三国陆地相连的地理优势，经国务院批准成立了出口加工区，成为我国边境合作区、出口加工区、中俄互市贸易区“三区一体”的国家级合作区，对外贸易大幅增长。现在珲春合作区已经形成了以纺织服装、林产品加工、矿产加工、农副产品加工为主要特色的优势产业，工业经济保持快速增长，工业总产值已占全市的71%，国内生产总值平均每年以40.5%的速度增长。

【招商引资】 2004年各合作区加强了工业和科技项目的引进，特别是引进周边国家的资源进行深加工，有力地推动了工业和高新技术的发展。到2004年底，14个合作区共有工业企业2860户，工业总产值达46亿元，同比增长70%，一批高科技项目落户合作区，丹东、黑河、珲春、伊宁等合作区还创立了高科技创业中心、孵化中心，建立信用担保和基金扶持等机制，鼓励工业企业尤其高科技企业和人才到合作区创业发展。各合作区还利用地缘优势与周边国家开展经贸合作。满洲里、黑河、绥芬河等充分利用俄罗斯丰富的木材资源，分别开设了年加工80万立方、30万立方和20万立方的木材加工生产线，将俄罗斯原木加工后，出口到其他国家。黑河还利用俄罗斯丰富的电力资源，与俄方签定30年每年10亿度至30亿度的购销合同，吸引了北京、辽宁、吉林等地生产工业硅、铬合金等企业前去投资办企业。2003年7月内蒙古自治区政府批准满洲里设立进口资源加工园区，第一期工程

5.13平方公里，合作区仅用一个多月时间就解决了“三通一平”，为企业投资创造了条件。满洲里合作区以园区为依托，以加快发展进口木材、化工原材料深加工项目为重点，广泛深入地开展了招商活动，现在进区项目近50个，其中木材加工项目占一半以上，大项目有了历史性突破，上亿元的项目有3个，2000~5000万元的项目5个。大项目带动了合作区内木材加工业向高档深加工发展，掀开了满洲里地区工业发展的新篇章。

【投资环境】 边境经济合作区建立以来，就十分重视投资环境建设，现在交通、通讯、能源供应等基础设施已经配套。14个合作区中，已有9个合作区建立了民用机场。软硬投资环境不断完善，为外商投资创造了良好的条件。丹东边境经济合作区截止到2003年累计固定资产投资达27亿元，其中基础设施建设达15亿元，把过去沿鸭绿江边8公里长的旧码头和荒滩，建设成一条工贸繁荣的开放带。其中有商贸旅游区、高新技术园区和工业园区，建成一座新型城市。在加强硬环境建设的同时，他们还突出软环境建设，在干部职工中树立了“服务是第一投资环境”的理念，坚持“一个中心”、“三个到位”，即以投资者为中心，服务扶持到位，政策落实到位，感情投资到位。对外商投资企业和利税大户实行公开挂牌、重点保护，并建立管委会领导和企业联系制度，外商有什么困难，大到项目审批，小到生活服务都可以直接联系。2004年，他们还开展了“软环境建设年”活动，向“零收费、零投诉、零距离”的服务目标前进，取得了良好效果。

伊宁边境经济合作区在硬环境建设上，坚持大力度投入，高标准建设，按照“上档次、出精品”的要求，大力实施美化、绿化、亮化工作，初步建成了具有“绿色、环保、生态”鲜明特色的工业园区；在软环境建设中，他们建立了投资服务中心，倡导“人人都是投资环境，人人都是服务窗口”，进一步完善了“一个窗口办事，一条龙服务”的服务体系，坚持执行“服务承诺制、首问责任制，违反限时承诺经济赔偿制”，进一步简化了行政审批程序，加快了办事节奏，提高了办事效率，受到了广大客户的称赞。

【兴边富民】 边境经济合作区的快速发展，带动了当地经济增长，在兴边富民方面发挥了重要作用。合作区的经济工业发展和良好的生产和生活环境，已经成为所在城市的亮点，所在城市随之而繁荣，面貌有了改观。合作区的社会经济发展，为当地各族边民，改变了思想观念，增加了就业机会。现在除了与朝鲜对岸的丹东合作区以外，其余13个合作区均与毗邻国家建立了互市贸易区。据不完全统计，现在每年到14个城市旅游的人数达2000多万人次，旅游收入逐年增加。各族边民摆脱了自然经济圈子，积极参与边贸，从事与边贸有关的种植业、养殖业、加工业和商贸旅游服务业，逐步走上富裕之路，人均可支配收入13年来平均增长4~5倍。广西东兴市10多年前还是一个只有一条几百米长小街的码头小镇，如今被成片楼群取代，成为拥有近20万人口、年贸易额10多亿美元、过境旅游人员超百万人次、集商贸、旅游、出口加工为主体的现代化城市。其他合作区在这方面都取得了显著进展。整个边境地区呈现出民族团结、社会稳定、安居祥和的局面。

（中国开发区协会　林其辉）

2004年浙江省开发区发展情况综述

【经济发展】 2004年浙江省8个国家级开发区、54个省级经济开发区（以下通称开发区），牢固树立和认真落实科学发展观，围绕全面实施环杭州湾、温台沿海产业带和金衢丽地区生产力布局与产业带发展规划，建设先进制造业基地的要求，适应形势，真抓实干，齐心协力，奋力拼搏，经济保持较快发展，带动性进一步增强，取得显著成绩。

据统计，2004年62个开发区工业总产值4991.36亿元，同比增长35.77%；工业增加值1058.07亿元，同比增长29.48%，占全省规模以上工业增加值的25.35%；出口总值165.78亿美元，同比增长50.1%，占全省的28.50%；财政收入283.2亿元，同比增长22.41%，占全省的15.7%。

8个国家级开发区全年完成工业增加值451.67亿元，同比增长26.94%，占全省开发区总量的42.66%，财政收入137.9亿元，同比增长14.47%，占全省开发区总量的48.69%。54个省级经济开发区工业增加值606.4亿元，同比增长31.4%，占全省开发区的57.34%，财政收入145.3亿元，同比增长31.04%，占全省开发区的51.31%。

【投资环境】 坚持环境立区理念，千方百计筹集建设资金，扎实推进基础设施建设。2004年又完成了一大批供水、供电、道路、桥梁和港口等重要工程。同时还积极推进环保工程，建设污水处理厂、进行垃圾无害化处理，综合配套环境迈上新台阶。温州经济技术开发区在2003年通过ISO14001环境管理体系的基础上，2004年又通过了由国家环保总局组织的创建“ISO14000国家示范区”。截至2004年底，浙江省开发区已建成工业用地面积433平方公里，累计基础设施投入1101亿元。在加强基础设施建设的同时，浙江省国家级、省级开发区更加重视发挥体制机制优势，把提高办事效率、建设服务体系、加强法制建设等投资软环境建设提到重要位置，并根据实际发展需要不断优化，形成投资环境综合优势。有53个开发区建立了综合服务中心，有9个开发区通过了ISO9001质量管理体系认证。

【吸引外资】 2004年，新批外商投资项目1333个，合同外资71.08亿美元，实际外资33.74亿美元，分别占全省总数的34.85%、48.81%和50.5%，合同外资和实际外资分别比上年增长15.0%和20.9%。外商直接投资大项目向开发区集聚的趋势比较明显，全年新批总投资1000万美元以上的大项目415个，比上年增长44.6%。全年新批外商投资项目平均规模继续增大，平均单项合同外资金额533万美元（全省为381万美元），比上年增长31.1%。截至2004年底，全省开发区累计批准外商投资企业8154家，占全省的25.3%；合同外资额315.35亿美元，占全省的50.15%；实际外资额145.98亿美元，占全省的50.33%；1000万美元以上的项目1509个，1亿美元以上的项目28个，世界500强企业在开发区落户的项目111个，分别占全省的47.24%、60.87%和65.29%。国家级开发区新批外商投资企业428个，其中总投资1000万美元以上的145个，比上年增长1.13倍，合同外资28.91亿美元，比上年增长23.7%，占全省开发区的40.67%，实际外资14.62亿美元，同比增长18.7%，占全省开发区的43.33%；省级经济开发区新批外商投资企业905个，其中总投资1000万美元以上的270个，比上年增长23.3%，合同外资42.17亿美元，比上年增长9.7%，占全省开发区的59.33%，实际外资19.12亿美元，同比增长22.4%，占全省开发区的56.67%。按照当年合同外资额占20%和实际外资额占80%进行综合排名，列前三位的国家级开发区分别为宁波经济技术开发区、杭州经济技术开发区和宁波保税区；列前十位的省级经济开发区分别为嘉兴、嘉善、平湖、慈溪、柯桥、湖州、余姚、长兴、莫干山、镇海经济开发区。

【出口贸易】 2004年全年出口总值165.78亿美元，比上年增长50.1%，占全省出口总值的28.5%，增幅比上年提高1.95个百分点。其中国家级开发区出口总值85.5亿美元，省级经济开发区出口总值80.26亿美元，分别比上年增长62.8%和38.6%。年度出口总值超过10亿美元的开发区分别有杭州（25.4亿美元）、宁波（19.79亿美元）、杭高新（12.7亿美元）、甬保税（10.46亿美元）。出口加工区在发展加工贸易出口方面扮演了重要的角色。杭州出口加工区2004年出口12.21亿美元，比上年增长1.75倍，仅东芝信息机器（杭州）有限公司出口笔记本电脑及配件达11.08亿美元，占杭州开发区出口总额的43.6%，占杭州市出口总额11.11%；宁波出口加工区全年出口总值9200万美元。

【产业发展】 全年新批工业企业2821个，占当年新批企业总数的52.8%，累计已投产工业企业20812家。全年实现销售收入5425亿元，比上年增长35.7%，其中国家级开发区2552亿元，同比增长35.6%。杭州高新技术产业开发区全年实现技工贸总收入700亿元，比上年增长32.1%，通讯设备制造和软件已成为支柱产业，其中通讯设备制造业400亿元，比上年增长35.7%，软件及相关服务收入100亿元，比上年增长39.9%。杭州经济技术开发区积极培育电子信息、家用电器两大龙头产业，做大生物制药、汽车零部件等新兴产业，巩固机械制造、轻工食品、纺织化纤等传统产业，全年实现销售收入512亿元，比上年增长51.9%。宁波经济技术开发区积极发展以能源、石化、不锈钢、粮油食品加工、造纸五大临港产业，以及精密机械、电子信息、汽车零配件、生物医药、新材料五大高新技术产业，全年实现销售收入501亿元，比上年增长35.8%；省级经济开发区全年实现销售收入2874亿元，比上年增长35.8%，其中全年销售收入超过100亿元的开发区主要集中在环杭州湾产业带的柯桥（192亿元）、南浔（123亿元）、嘉兴（112亿元）、湖州（103.97亿元）、上虞（103.93亿元）经济开发区，以及温台产业带的乐清（103.9亿元）经济开发区。

【高新技术产业园区建设】 杭州高新技术产业开发区和12个省级高新技术产业园区，全年实现技工贸总收入1361.56亿元，增长47.1%；销售收入1239.8亿元，增长43.5%；工业总产值1137亿元增长39.6%；出口总额38.17亿美元，增长62.3%；利税总额138.82亿元，增长34.7%。至2004年底，全省高新技术产业园区引进人才22626人，其中高级人才1699人，留学人员136人；已创建12个省级高新技术创业服务中心（孵化器），2004年度已建孵化场地29.9万平方米，投入建设资金2.68亿元，在孵项目1923个，拥有专利330项，开发省级新产品134个。

【清理整顿取得阶段性成效】 按照国务院、省政府的统一部署，经过清理整顿，全省开发区、园区数量已经从原来758个压缩到现在的134个，其中原有的8个国家级开发区和54个省级经济开发区基本予以保留，并上报国务院审核。国土资源部会同国家有关部委，按照土地利用总体规划和城市总体规划对上报资料和图件进行审核，先后分两批向社会公布了通过规划审核的95家国家级经济技术开发区、出口加工区、保税区、跨境工业区。浙江省已通过规划审核的有杭州、宁波、温州、萧山经济技术开发区和杭州、宁波、嘉兴出口加工区。

（浙江省外经贸厅开发区处　阮建雄）

2004年福建省开发区建设发展情况综述

2004年，福建省开发区立足全省实际，贯彻落实国家宏观调控政策，充分发挥政策、体制、功能等方面优势，在促进吸收外资、扩大外贸出口、加快产业集聚、集约利用土地和推动城市化进程等方面发挥了十分重要的作用。全年省级以上开发区完成规模以上工业产值2925.68亿元、实际利用外资（按报表口径）16.28亿美元、出口创汇161.68亿美元、税收收入123.34亿元、固定资产投资402.3亿元，分别占全省的45.49%、34.29%、55%和20.03%、21.18%。全年工作呈现以下五个特点：

一是经济运行持续快速增长。工业产值、外贸出口、税收收入、固定资产投资等指标比去年分别增长32.73%、69.16%、65.85%和74.62%。外贸出口占全省的比重突破50%大关。规模以上工业产值上百亿元的开发区有6个，完成工业产值2003.33亿元，其中火炬高新区工业产值达469亿元，居首位；实际利用外资5000万美元以上的开发区有8个，总额达9.65亿美元，其中福州经济技术开发区（含福州台商投资区）实际利用外资21028.45万美元，居首位；税收收入上亿元的开发区18个，实现税收总收入111.44亿元，其中海沧台商投资区（含厦门出口加工区）税收收入33.51亿元，居首位；出口创汇在10亿美元以上的开发区有4个，出口总值为89.50亿美元，其中福清融侨经济技术开发区出口34.16亿美元，居首位。

二是发展空间不断拓展。经国务院批准，象屿保税区被列入港区联动试点，增加物流园区面积0.7平方公里；福州经济技术开发区面积扩大13平方公里；积极向国家争取台商投资区扩大区域范围；盘活闲置土地203宗，面积1.2万多亩，吸引项目243个，总投资9.2亿美元。

三是产业集聚水平进一步提高。开发区内电子信息、石油化工、机械制造三大主导产业完成工业总产值1867.1亿元，占全省的62.18%。福州经济技术开发区引进总投资8.2亿美元的PDP项目，使为华映光电配套的上下游企业达到近20家，投资总额近20亿美元；青口投资区自东南汽车落户以来，相继引进了143家配套厂，其中118家已经投产，总投资1.8亿欧元的奔驰轻型车项目也正式获国务院批准；融侨开发区以冠捷、捷联两大企业为龙头，新引进8家配套厂，形成了有27家配套企业的产业集群，全年产值超过300亿元。

四是清理整顿成效显著。全省开发区清理整顿工作于2004年3月份率先通过国家验收，并得到国家有关部门的充分肯定，国务院检查验收组认为：福建省创造的“飞地工业做法值得在全国推广”。清理整顿后，各类开发区保留67个、拟保留60个；共撤消196个，核减土地面积5.6万公顷，开发区小而散的局面得到有效改观，布局更加合理。

五是融资渠道进一步拓宽。泉州经济技术开发区吸收社会资本投资建设污水处理厂，兴泰工业区采用BOT方式经营自来水项目，福州经济技术开发区挂牌出让自来水公司1.5亿元资产。招商局漳州开发区与厦门市政府联合开发组合港，总投资达100亿元。泉州经济技术开发区还采取多元投入，市场运作的办法成立担保公司，为区内中小企业贷款提供担保服务。

（福建省开发区协会）

2004年河北省开发区发展情况综述

【经济发展】 2004年，河北省开发区认真贯彻党的十六届四中全会和省委六届六次全会精神，坚持科学的发展观，以开发区项目建设和环境建设为主线，克服整顿土地市场清理开发区对开发区建设带来的影响，不断开拓进取，对外开放和经济建设取得了较大的成绩。实际利用外资6.49亿美元，同比增长44.8%，实际进区内资281.82亿元，同比增长42.5%，出口创汇完成14.04亿美元，同比增长52.1%，工业销售收入完成1261.32亿元，同比增长59%，GDP完成498.78亿元，同比增长33%，财政收入完成62.11亿元，同比增长44.8%。2004年建设发展速度较快的开发区主要是：邯郸开发区、秦皇岛开发区、唐山海港开发区、南堡开发区、邢台开发区、燕郊开发区；综合实力强的开发区是：秦皇岛开发区、石家庄高新区、廊坊开发区、燕郊开发区、保定高新区、唐山开发区、唐山海港开发区、石家庄开发区等。

2004年开发区生产总值、财政收入、出口创汇分别占河北省的6.3%、8.0%和15%，直接利用外资和引进省外资金分别占32.7%和22%。截至2004年底，累计进区企业15076家，其中外商投资企业1856家，内资企业13220家，直接利用外资49.13亿美元，实际进区内资1138.18亿元，基础设施累计投资170.1亿元，固定资产投资1217.99亿元。全省开发区就业人数27万人，高新技术企业961家。在对外开放和经济发展方面取得了可喜的成绩。

2004年河北省开发区工业销售收入首次突破1000亿元大关。工业销售超10亿元的开发区由2003年的13个增加到25个，其中石家庄高新区、秦皇岛开发区、保定高新区工业销售收入超过了100亿元；生产总值超5亿元的开发区由上年的12个上升到24个，其中石家庄高新区、秦皇岛开发区、燕郊开发区、廊坊开发区GDP超过了50亿元；财政收入超5000万元的开发区由上年的4个增加到19个，过亿元的开发区达12个。其中秦皇岛开发区、石家庄高新区、廊坊开发区、燕郊开发区超过6亿元，燕郊开发区首次突破5亿元大关。工业销售收入超亿元企业由去年的89家增长为139家，其中秦皇岛金海粮油等18家企业工业销售收入超过10亿元。上缴税金超过1000万元的企业由上年的40家增加到58家，其中保定高新区长城汽车股份有限公司、石家庄高新区的宝石电子集团等11家企业上缴税金超过5000万元。唐山松下、保定长城、秦皇岛首钢板材等8家企业实现利润过亿元。

【投资环境】 2004年河北省开发区进一步加强和巩固基础设施、完善城区功能、创新和提高服务水平，努力营造高效、稳定、安全、生态和有利于开发区发展的环境。

在硬环境方面，全年河北省开发区完成基础设施投资39.81亿元，同比增长104.67%。秦皇岛开发区投资6.25亿元完善了道路、桥梁、水厂、变电站等基础设施建设，大大提高了对大项目的承接能力。南堡开发区投资3.5亿元，着力加强基础设施和城市建设。完成了220千伏变电站、城网改造、污水外网及供热改造工程。邢台开发区投资10794万元，开工道路10条，“四横七纵”城区路网初步形成。燕郊开发区为进一步满足客商对设施的需求，工程建设注重质量，配套设施注重档次。该区基础设施投入1.9亿元，完成规划路10条，重点施工7条，先后实施了环保、学校、图书馆以及市政管线等8项工程。

在软环境方面，一是进一步推行开发区行政、投资服务中心做法，秦皇岛开发区、石家庄高新区、廊坊开发区行政（投资）服务中心不断完善一站式、一个窗口对外办公，进一步拓宽服务领域，深化服务层次，规范服务行为，提高服务质量和工作效率。秦皇岛开发区以建设数字化开发区为重点，全力打造阳光政府，电子政务一期已经正式运行，网上业务报批系统、办公自动化系统全面开通，公开办事程序，推进审批事项网上报批，政务工作更加规范、公开、公正。邯郸开发区建立了虚拟大厅、零距离服务机制，设立了项目手续办理绿色通道，为项目构筑了“引进审批服务全过程、建设服务全方位和投产服务全天候”三个服务体系。二是河北省商务厅在全省开发区积极倡导推行ISO14001环境管理体系认证和ISO9000质量管理体系认证。继秦皇岛、廊坊、燕郊开发区获得专业机构颁发的ISO14001环境管理体系认证，唐山开发区创业中心通过ISO9000质量管理体系认证后，唐山高新区、衡水开发区先后通过ISO14000认证，南堡开发区基本完成ISO9001质量管理体系认证。保定、邢台、石家庄、承德、张家口、高碑店等开发区积极开展两项国际标准宣惯工作。三是中介服务机构和组织建设得到进一步完善加强。廊坊开发区新增认证中心和律师事务所两家，石家庄开发区设立项目代办办公室专门为企业服务受到好评。保定高新区充分利用燕赵人才超市网为企业引进人才600余名，中介服务组织建设越来越受到各开发区重视。

【招商引资与利用外资】 利用外资质量和规模进一步提高，大项目明显增多。2004年批准利用外资项目216个（其中工业项目179个），合同总投资20.65亿美元，同比增长68.4%；合同利用外资14.46亿美元，同比增长78.5%；实际利用外资6.49亿美元，同比增长44.8%。合同利用外资和实际利用外资高于河北省平均增幅69.2个百分点和17.8个百分点，占河北省比重分别为67.25%和32.8%。外商投资企业平均投资规模提高到956万美元，较上年增加235万美元，同比增长32.57%。已批准、注册总投资超过500万美元以上的项目有51个，其中总投资1000万美元以上的项目39个（比上年增加17个）。2004年世界500强在河北省开发区共设立11家企业、在谈2家，其中1000万美元以上的有7个企业。西班牙德佳德斯、德国帝森·克虏伯等世界500强在唐山海港开发区注册4家企业，柯达与保定乐凯合资总投资4135万美元的“乐凯胶片”完成注册，韩国BIO－ONE等世界500强在香河、廊坊开发区新注册5家企业。到2004年底已有34家世界500强在河北省开发区设立了39个企业。外商投资企业增资势头强劲，有61家外商投资企业增资1.8亿美元，中方增资7060万美元。

实际利用外资超过1000万美元的开发

区有12个，其中秦皇岛开发区、保定高新区实际利用外资过亿美元，廊坊、燕郊开发区近1亿美元。利用外资增幅较大的开发区有邯郸开发区、保定高新区、衡水、燕郊、南堡、唐山海港等开发区。

引进内资稳步增长。2004年共批准内资企业1806家（其中工业企业595家），注册资金83.22亿元，同比增长53.28%，实际进区内资284.96亿元，同比增长44.03%。33个开发区中，实际进区内资额除1个开发区外均超过亿元，其中超过10亿元的开发区由上年的6个增加到11个；秦皇岛、燕郊、廊坊开发区、石家庄高新区进区内资额均超过了20亿元。2004年批准、注册5000万元以上内资企业达85家，比上年增加15家，其中1亿元以上的大项目达52个。其中较大的内资项目有秦皇岛开发区11.6亿元的渤海铝业项目、邯郸开发区总投资15亿元的功能新材料基地项目和投资5.4亿元的高新技术创业中心项目、涿州开发区6亿元的新凯汽车制造项目、廊坊开发区总投资6.2亿元的新奥工业IT项目、宣化开发区总投资4.6亿元的装载机和汽车改装生产项目等。

【对外贸易】 2004年开发区贸易进出口总额22.70亿美元，同比增长60.35%，其中贸易出口总额14.04亿美元，同比增长52.1%。出口创汇占河北省的比例为15.03%。出口总额超过1000万美元的开发区由上年的9个上升到21个，秦皇岛开发区、廊坊开发区、石家庄高新区、保定高新区等4个开发区出口总额超过1亿美元。宣化、邯郸、芦台、南堡、唐山港、邢台、承德等开发区出口均有较大增幅。出口额超过300万美元的企业79家，较上年增加19家，其中秦皇岛开发区金海粮油、石家庄高新区维生药业等27家企业出口额超过1000万美元（秦皇岛开发区有9家企业超过1000万美元），比上年增加8家。贸易进口总额8.66亿美元，同比增长93.30%。进口额大的开发区主要是秦皇岛、燕郊、滦县和唐山开发区。

【特色产业园区】 保定高新区新能源设备产业在档次、规模、产业链条完整性上均较上年有大幅提升。在世界风电界的认知度得到极大提高。风电行业继续稳居国内龙头地位。叶片产品走向多样化、系列化，技术将更加成熟，更具市场竞争力。成功引入风电总装行业中世界排名第五的德国恩德公司投资的风电总装项目，风电设备产业链延伸实现质的突破。太阳能光伏发电技术逐步提升。天威英利新能源公司大型太阳能电池组件，达到世界先进技术水平。唐山开发区焊接产业已经成为工业经济发展的新亮点，松下三期、小池酸素二期均已开工建设。邯郸开发区新材料基地建设取得较大进展，投资15亿元功能新材料基地开始建设，投资1.1亿元的有机光导鼓和投资2.1亿元的新材料基地和硅谷硅氟新材料项目均已开工建设。石家庄开发区的华北药城投资1000万美元的华药集团与美国WTS合资项目签约，石药恩必谱和石药宏源项目年内开工建设并投产。清河开发区羊绒科技园也都加快了建设发展步伐。

【集约用地】 2004年，河北省商务厅召开了集约利用土地座谈会和推广标准工业厂房研讨会，全省开发区认真贯彻国务院和省政府关于土地集约利用的各项规定，加强内涵挖潜，依法节约用地，腾笼换鸟，推广标准工业厂房，努力盘活存量土地，提高土地集约利用水平。标准厂房建成面积超过30万平方米。秦皇岛开发区坚持以项目促开发原则，进一步规范土地出让程序，其集约利用土地的成功经验在《中国国土资源报》刊载。廊坊开发区进一步提高土地资源的综合使用效益，提高项目的市场准入标准，对外商投资300万美元和国内投资5000万元以下科技含量低的一般项目不再配置土地资源，提出每百亩土地投资在1.5亿元以上，大幅度增加单位土地面积的资金投入和产出效益。香河开发区通过整体收购、租赁经营、协商转让等措施盘活闲置土地并先后办理转让手续28宗638亩，有效缓解了项目占地紧缺的矛盾，成为土地集约利用较好的开发区之一。石家庄经济技术开发区注重单位面积的投资密度和投入产出率，注重产业布局，按照规划摆放项目。规范了企业的用地行为，通过对闲置的土地盘活调整提高了土地的利用率。该区的投资强度达到120万元/亩，土地管理工作迈上了法制化、规范化的轨道。

（河北省开发区协会）

2004年山东省经济开发区发展情况综述

【经济发展】 2004年山东省经济开发区认真落实科学发展观，紧紧围绕“迎接国际产业转移、加强区域经济合作、打造先进制造业强省”的总体要求，以“争创优势，加快发展”为主题，努力克服各种困难和不利因素，开拓创新，真抓实干，经济工作取得了显著成绩。全年实现工业总产值4242.6亿元，增长64.5%；工业增加值1162.7亿元，增长64.7%；税收收入163.1亿元，增长27.5%；财政收入140.4亿元，增长82.8%；完成固定资产投资1246.9亿元，其中基础设施投资244.4亿元，分别增长41.7%和54.7%。截至2004年底，全省经济开发区累计投资过1000万美元以上项目958个，吸收外商投资合同额337.4亿美元，实际利用外资金额169.4亿美元。2004年开发区积极落实国家清理整顿土地秩序、压缩银根等一系列宏观调控政策，把引进科技含量高、投入资金大、带动作用强的项目作为区域经济增长的支撑点，不断提高土地集约利用水平。截至2004年底，累计开发区面积773平方公里，每平方公里实现基础设施投资1亿元，引进项目总投资9.5亿元。2004年每平方公里实现工业总产值5.5亿元，增加值1.5亿元，税收2110万元，出口1274万元。

【投资环境】 开发区按照“小政府、大社会”和“精简、统一、效能”的原则，不断创新管理体制和运行机制，在依法行政、社会保障、土地利用、农民安置、人才引进、投融资等方面进行了积极而有益的探索，积累了许多好的经验和做法。认真做好投产外资企业的服务工作，积极推行“零收费、零距离服务、零投诉”，创造了富商、安商的良好发展环境，外商投资企业对经济发展的推动作用日益明显。2004年开发区外商投资企业完成工业总产值1485.4亿元，工业增加值429.8亿元，税收48.9亿元，分别占山东省经济开发区总额35%、37%和30%。青岛开发区先后进行了3次行政审批制度改革，将1050项审批事项精简到147项，总精简幅度86%，全面启动了一站式行政审批中心，积极推行“零收费区”建设，涉及工业企业的行政事业性收费仅保留2项，2004年为企业减轻负担5000多万元。德州、泰安、龙口、新泰等开发区坚持以人为本，初步建立起“经济补偿、就业扶持、居住安置、社会保障”四位一体的失地农民安置模式。高密、文登开发区采取土地折资入股、建设标准厂房出租等方式，解决了农民补偿问题，确保农民“失地有业不减收”。

【招商引资与利用外资】 2004年山东省经济开发区共吸收外商投资项目1394个，其中投资总额超过1000万美元的大项目275个。合同外资金额82.5亿美元，实际利用外资金额40.2亿美元，分别增长8%和27.6%，占山东省的比重为38.4%和40.9%。利用外资规模和质量有新的提高。一是总体规模进一步增强。2004年山东省经济开发区吸收外商投资合同额比上年增加6.1亿美元，实际利用外资额增加8.7亿美元。实际利用外资超过5000万美元的开发区27家。其中青岛开发区11.8亿美元，日照开发区2亿美元，威海开发区1.8亿美元，邹平开发区1.8亿美元，烟台开发区1.5亿美元。二是项目档次进一步提高。全省开发区坚持“招大、靠高、引强”的方针，加大对大项目、高科技项目的引进力度，全年新批投资总额超过1000万美元的大项目比上年增加54个。大项目的投资领域主要分布在汽车及零部件、电子信息、机械设备、生物制药等制造业和仓储、物流等服务业。青岛开发区2004年引进了浦金钢材深加工、美标威伯科、辉门活塞、捷丰柏坚货柜维修和法国液化空气5个世界500强项目和总投资5000万美元的高丽制钢、总投资2400万美元的五征农业装备、总投资2000万美元的浦金钢材深加工等过千万美元的外资大项目61个，初步形成了“大项目—产业链—产业群—产业基地”的发展之路。三是投资国别趋于合理，亚洲各国和地区在开发区的投资继续占据主导地位。合同外资居前三位的分别是：韩国19.7亿美元，占开发区吸收外商投资合同额的23.9%；中国香港15.7亿美元，占19%；美国7.4亿美元，占9%。实际利用外资居前三位的分别是：韩国14.8亿美元，占开发区实际利用外资额的36.8%；中国香港7.9亿美元，占19.7%；日本4亿美元，占10%。四是中西部开发区招商引资取得重大进展。随着国务院、省政府清理整顿各类园区向纵深发展，省级以上经济开发区优越的投资环境进一步呈现，尤其是中西部开发区水、电、劳动力等资源相对比较优势日益凸现。据对除半岛城市群8市以外的中西部18家开发区统计，全年引进项目总投资505.7亿元，合同外资36.6亿美元，实际利用外资5.5亿美元，合同外资和实际利用外资分别增长了3.3倍和2.3倍。其中邹平、德州经济开发区实际利用外资都超过1亿美元，聊城经济开发区引进的韩国希杰集团生物科技项目总投资也达到了1亿美元。

【对外贸易】 2004年山东省经济开发区把外贸出口作为发展外向型经济的一项重要工作，用好用活国家“免、抵、退”等税收政策和出口鼓励政策，加大对企业的帮扶力度，引导企业积极开拓国际市场，扩大出口渠道。全年完成进出口额170.5亿美元，同比增长50.6%。其中，进口72.1亿美元，增长49.9%；出口比上年净增33.4亿美元，达到98.5亿美元，增长51.3%，比全省平均增幅高出16个百分点，占全省的比重由上年的24.5%提高到27.5%，拉动全省出口增长9个百分点。出口超过1亿美元的开发区31家，其中青岛开发区13.5亿美元，烟台开发区10亿美元，威海开发区4.4亿美元，青岛保税区4.2亿美元，淄博开发区3.9亿美元，胶州开发区3.7亿美元，文登开发区3亿美元。从出口商品结构和企业性质分析，机电产品、高新技术产品出口比重增加，外商投资企业仍然占据主导地位。全年开发区机电产品出口26.1亿美元，分别占开发区和全省机电产品出口总额的26.5%和26.9%；高新技术产品出口18.9亿美元，分别占开发区和全省高新技术产品出口总额的19.2%和75.9%。外商投资企业出口66亿美元，增长48.6%，占开发区和全省外商投资企业出口总额的67%和

35.9%。烟台经济技术开发区深入分析国际市场走势，调整产业发展方向，提高出口产品档次，优化产业领域和市场结构，手机、微型变电器、机械零部件等机电产品出口额达到4.5亿美元，占全区出口总额的45%。

【保税区和出口加工区】 青岛保税区充分利用国家赋予的优惠政策，通过招商引资和发展国际贸易，调整和优化产业结构和布局，截至目前，已累计引进世界500强投资项目22个，约占全省的1/8，青岛市的1/5。在2.5平方公里的土地上，已有40多个国家和地区的3000多家企业投资经营。每平方公里创造地方财政收入1.4亿元，各项税收4.6亿元，外贸进出口4.5亿美元，单位面积产出率居全省第一，名列全国保税区前茅。特别是被国家批准“区港联动”试点以来，青岛保税区大力发展现代国际物流、国际商展、跨国采购、服务贸易等行业，现已初步建成化工产品分拨中心、国际商品展示中心、汽车展示交易中心、国际采购中心和国际建材自由贸易城，正在大踏步的向自由贸易区方向发展。威海出口加工区与海关、国检等部门建立了联动机制，使进区企业真正享受到“境内关外”的优惠政策，进一步增强了出口加工区的吸引力和投资者的信心。2004年，友石半导体、新韩精工、世一电子、佳友电子等5个进区企业相继增资，增资额1780万美元，占当年实际利用外资额的27%。截至目前，共引进项目59个，其中过1000万美元项目13个。烟台出口加工区引进项目总投资7.6亿元，其中合同利用外资8242万美元，实际利用外资2165万美元；完成进出口总额1.7亿美元，其中进口8228万美元，增长48.4%，出口9042万美元，增长95%。青岛出口加工区2003年12月份封关后，加大了招商引资力度，2004年引进项目3个，合同利用外资3200万美元，项目利用外资平均规模达到1067万美元。济南、潍坊出口加工区高起点规划，高标准建设，招商引资和基础设施建设同步进行，可望2005年上半年验收合格封关运作。

（山东省开发区协会）

2004年湖北省开发区发展情况综述

【经济发展】 2004年湖北省开发区不仅按照国务院通知要求，扎扎实实开展开发区清理整顿工作，而且还把清理整顿工作作为发展机遇，下大力招商引资，不断提高土地利用效率和效益，着力培植和壮大主导产业，使开发区保持了良好的发展态势。

2004年湖北省开发区经济发展不仅有较大的增长总量，而且有较高的增长速度。据统计，全省开发区GDP 1637.3亿元，同比增长22.5%；税收收入103.2亿元，同比增长17.8%；规模以上工业增加值531.5亿元，同比增长16.6%。在经济总量和增长速度中，凸显两个明显特点：一是大开发区、重点开发区对全省开发区总量和速度的拉动作用明显。武汉、东湖、黄石、襄汽、襄高、葛店、荆州等7家开发区规模以上工业增加值占全省开发区工业增加值54%。二是大企业、骨干企业对开发区的总量和速度支撑作用明显。武汉东湖开发区经济高速增长，主要得益于长飞、邮科院、凯迪股份等重点企业的拉动。开发区的快速发展，使得开发区成为当地经济的强力支撑。武汉吴家山台商投资区 GDP 占全区 86%，全口径财政收入占全区 75%。

【招商引资】 据统计，2004 年湖北省开发区新引进规模以上项目 1586 个，其中工业项目 1327 个，工业项目占引进项目 83.7%；引进 500 万美元以上三资项目 141 个，同比增长 95.8%；实际利用国外直接投资 17.2 亿美元，同比增长 26.8%。武汉开发区 2004 年新批项目 63 个，项目投资总额 72 亿元，投资规模亿元以上项目就有 16 个，不仅有美国伟世通等 7 家世界 500 强企业落户开发区，而且新引进外资额达 6.1 亿美元，创历史新高，名列全国国家级经济技术开发区前茅。在招商引资中，全省开发区出现了许多可喜的变化。一是招商引资门槛普遍提高。不仅对污染项目、低附加值项目、房地产项目予以控制，而且还对引进项目的投资强度、占地面积、技术含量、产业配套有明确要求。襄阳开发区明确规定，凡每亩占地投资额少于 100 万元不能入区发展，2004 年他们已婉拒了 10 个投资规模小、占地多的项目。二是招商引资领域不断扩大。不仅引进工业项目，而且还引进有旅游产业项目、服务业项目。武汉汉阳经济开发区立足实际，大力引进汽车贸易、物流、信息服务项目，仅各类汽车销售公司入驻开发区的就有 140 余家。三是项目建设速度加大。荆门开发区年初 22 个在建、拟建项目，就有 20 个已建成投产。

【产业结构】 湖北省开发区或通过政策引导，或依托优势资源，或依托龙头企业，一方面吸引骨干企业、大企业、知名企业到开发区落户，另一方面培植和做强做大龙头企业，使得开发区不仅是众多企业的聚合，而且是若干产业相关联企业的集聚，形成了开发区经济板块和支柱产业。这种集聚呈现出三种形式：一是同一产业的同类企业的集聚。荆门开发区以打造新材料谷为契机，引进能源新材料、新型建材、新型电工材料等企业 14 家，新材料产业在开发区六大产业中投资额比重占 45.8%，销售比重占 32.5%。二是生产相同产品众多企业的集聚。武汉经济技术开发区围绕拉伸汽车产业开展招商引资和服务，不断引进汽车产业上下游企业、整车生产企业、零部件生产和销售企业、以及与汽车生产相关的服务性企业，汽车产业企业产值占开发区规模以上企业产值 70% 以上。三是来自同一地区投资企业的集聚。汉川开发区出现福建投资者云集态势，福建投资者在开发区投资过千万元企业 14 家，占开发区规模以上企业近 1/3。安陆经济开发区 21 家规模以上企业就有 9 家是浙江投资企业。企业扎堆、产业集聚，做强做大了开发区企业和产业，使得开发区特色更加明显，不少开发区已呈现出品牌效应。如武汉开发区的华中现代制造业基地、东湖开发区的光谷、葛店开发区的药谷、荆门开发区的新材料谷等，在全国都有一定影响，有的还成为代名词。与此同时，开发区产业壮大，也支撑和构成了湖北省若干产业带，如武汉—孝感—襄樊—十堰汽车走廊、宜昌—荆州—武汉—黄石的沿江高新技术产业带等。

【土地集约利用】 2004 年，湖北省开发区以开发区清理整顿为契机，大力提高开发区土地集约利用水平。一是对开发区建设项目和土地使用进行全面清理。武汉开发区全面清理过去批建项目，凡两年内未开工的项目收回批用土地，已清理出 1000 多亩闲置土地。二是多途径盘活存量土地。不仅让闲置厂房和土地得到了较好利用，而且区内荒地、山地、滩地也得到了较好利用。葛店开发区一方面严把项目质量关，谢绝档次低、投资规模小的项目进入开发区，目前在建和即将开工的 25 个项目，投资额都在 1000 万元以上。另一方面，通过对外招商、对内置换，盘活了一批闲置厂房、土地、烂尾楼和低值企业，盘活存量资产 1.6 亿元、土地

258亩。三是妥善安置失地农民。不少开发区对征地农民除按规定给足补偿外，还采取低保、招工、商业门面等多种途径安置失地农民。武汉江夏开发区的“四个一”工程即“一栋房、一个商铺，一份股本、一份保险”，使拆迁户和失地农民生活、工作得到了较好的保障，近年来都没有出现失地农民上访的情况。

【投资环境】 湖北省开发区一方面不断加大投入，新建和配套完善基础设施，进一步改善投资硬环境。葛店开发区不仅争取到了4000万国债资金建设污水处理厂，而且自筹资金投入1800万元，配套建设管网、道路、绿化以及700亩土地平整。另一方面通过各种途径大力优化投资软环境。宜昌开发区大力强化服务意识，开展“亲商、富商、安商”活动，打造诚信开发区，受到客商的普遍欢迎，不少投资者不仅追加投资，而且还介绍引进了大批企业进区发展，2004年开发区新引进规模以上项目20个，工业产值增幅达71%。武汉开发区通过推行“并联审批”，以及对审批、办证、年检、收费等事关开发区环境和形象环节进行重点整治，使审批环节进一步减少，投资环境进一步改善。2004年开发区出口加工区平均空运通关时间由原来的3天缩短为1天。

【领导重视】 各级各地党委、政府都清醒认识到开发区在经济发展中的地位和作用，重视和支持力度不断加大。省委、省政府明确指出，湖北开发区主要矛盾是发展不够，不是要不要办的问题，而是如何办好、办出成效。两次省长办公会都要求出台一个加快开发区发展的政策性文件，以支持全省开发区快速发展。各市、县党委、政府主要领导不仅把开发区工作列入议事日程，经常到开发区检查工作，听取情况汇报、协调解决问题、亲自带队外出招商，而且配强开发区领导班子。襄樊市委常委会形成专题决议，每县（市）增设一名专职常委任开发区书记，以加强开发区工作领导和协调。与此同时，各市（州）县加大开发区工作推进力度。武汉市从财政拿出80万元，对先进开发区和个人进行奖励。襄樊市每季度召开一次全市开发区工作会议，通报各开发区招商引资情况及项目建设情况，总结交流开发区建设经验。黄冈市两次召开全市工作会，市长、分管市长不仅到会讲话，而且还对开发区发展提出明确要求。一些市县，如鄂州、大冶、浠水、京山等，还重新对开发区政策进行修订和完善。孝昌县委、县政府不仅支持开发区实行“四零”（零距离接触、零干扰服务、零收费优惠、零差错管理）服务，而且还加大查处力度，仅2004年就查处工商、公安、城建、土地、卫生等部门副局级、科级干部7人。实践证明，党委、政府的支持，使开发区更具有吸引力，发展更具有活力。

2004年既是湖北省开发区清理整顿的一年，又是湖北省开发区大发展的一年，不仅经省政府批准认可的开发区数量由原来30多家发展成为140家，而且开发区经济总量迅速增长，发展速度快速提高。但也存在一些问题。主要表现在：

一是开发区发展不平衡。这种不平衡既表现在同一类型的开发区之间，也表现在不同类型的开发区之间，还表现在不同市州的开发区之间。这种不平衡性使得开发区发展具有明显的层级性。形成这种层级性的原因，既有开发区建设时间长短、产业发展快慢的因素，也有区位、环境不同的原因。一般来说，位于大城市的开发区好于位于县城、乡镇开发区；经济开发区、高新开发区好于旅游度假区；经济发达地区开发区好于相对落后地区开发区。如，从引进项目和资金情况看，武汉等地开发区新增企业上百个，利用外资几亿美元，而一些开发区却未能实现零的突破。

二是清理整顿给部分开发区带来一定影响。特别在省政府公布保留开发区之前，一些开发区由于对清理整顿工作认识不清，对开发区是否保留心里没底，普遍存在担心情绪和等待观望现象，这不仅影响开发区机构和人员稳定，也影响了开发区招商引资和项目建设，影响了开发区的发展速度和质量。

三是相当部分开发区用地矛盾较为突出。随着国家对土地市场秩序整治以及征地冻结，不仅使得开发区区域面积进一步压减，而且使得开发区项目引进受到了一定制约，不少洽谈项目因不能办理土地征用手续而搁浅。例如，美岛公司拟在大冶开发区新上一个投资1亿元的项目，因区内土地无法满足他们的要求，只好转往别处。公安开发区也有6个已签订合同的项目等待批地入区。

四是能源供应紧张导致部分开发区企业生产受影响。湖北省开发区内项目绝大多数是工业项目，对能源要求量较大，尤其是上半年全国普遍存在煤、电供应紧张的问题，开发区尤其是市县开发区发展受到较大影响。如枝江开发区先后13次拉闸限电，导致部分企业在生产旺季被迫停产。区内稳健公司一笔100万美元的外贸出口订单，因限电问题不能按期交货。

（湖北省发展改革委开发区管理处
刘薪冈　李千伢）

2004年内蒙古自治区开发区发展情况综述

【经济发展】　2004年，内蒙古自治区经过清理整顿保留下来47个开发区。开发区的各项工作呈现了良性循环：形成了经济建设保持快速、高效发展的态势，产出密度进一步加大，优势、特色产业进一步集聚的大好局面。

据统计，内蒙古自治区全年完成工业总产值915亿元，同比增长86.1%；实现工业增加值327亿元，同比增长86.8%；利润总额达到66亿元，同比增长77.6%；完成税收50亿元，同比增长86.4%；产品销售收入完成848亿元，同比增长82.4%。

自治区重点开发园区（含国家级开发园区）产业规模效应明显。全年完成工业总产值716亿元，同比增长67.5%；实现工业增加值259亿元，同比增长72.5%；利润总额达55亿元，同比增长71.6%；实现税收37亿元，同比增长77%。

自治区普通开发园区一部分已初具规模，大部分尚处于起步阶段。全年完成工业总产值199亿元，同比增长211%；实现工业增加值677亿元，同比增长173.4%；利润总额达12亿元，同比增长113.4%；实现税收13亿元，同比增长121.2%。

【投资环境】　2004年，内蒙古自治区开发区继续加大亮化工程，绿化工程以及基础设施的建设力度，坚持投资环境与招商引资同步进行，软、硬环境一起抓，两手都要硬的开发理念，实现可持续发展战略。硬环境：辖区内基本达到“七通一平”，“水、电、汽”供应充足，确保企业运行畅通。软环境：不断强化服务意识，实行“一条龙服务”、“一个窗口对外”。基本形成了基础设施功能配套、服务体系完善、法制体系健全、办事程序快捷以及提供如税收、土地、厂房等一系列优惠政策的投资环境。

这些已经受到了海内外投资商的青睐，美国、韩国、日本、瑞士、中国香港、中国台湾、英国等纷纷前来投资兴业。加快以企业为主的多元化投融资体制建设。

【招商引资】　截止到2004年，内蒙古自治区引进企业累计达3354家，其中国内大型企业205家。全年引进资金达1238亿元，同比增长131.8%。

自治区重点开发园区（含国家级开发园区）全年共引进企业2633家，其中，国内大企业161家。引进资金为865亿元，同比增长91.5%；普通开发园区引进企业721家，其中国内大企业44家。引进资金为373亿元，同比增长354.2%。台湾建鼎集团的汉鼎光电总公司落户呼和浩特开发区，首期投资2亿美元（16.6亿人民币），占地456亩，建筑面积32万平方米，年产量2400万台，年产值500亿元，可创造上万个就业岗位。总投资5.7亿元，年产量600万部，建筑面积为1.6万平方米的TCL手机工业园于2003年在呼和浩特开发区建成投产，创下了开发区入驻企业当年建设，当年投产、当年见效的奇迹。8月份开工生产，当年生产手机223万部，实现工业总产值37.3亿元。坐落在盛乐园区的总投资30多亿元，占地55万平方米，建筑面积14万平方米，荣膺中国成长企业百强之冠的蒙牛乳业，竟然引来了世界500强企业摩根士丹利的巨资入股。鼎晖投资公司和英联投资公司也同时投资，创造了内蒙古自治区一次性引进外资数额最大的项目。

内蒙古自治区已经形成了以IT业、乳品业、电子业、生物医药业、纺织业以及稀土等六大支柱、特色产业，全面拉动自治区的经济发展。

【管理与服务】　为努力实现首届内蒙古自治区开发园区工作会议确定的目标，抓住“西部大开发”、“振兴大东北”的发展机遇，利用民族政策和地域政策，有效推进以电子、信息、乳业、生物药业、轻纺、稀土等六大支柱产业的发展壮大。为实现这一目标，先后组织部分开发区赴南非、埃及、日本、韩国等国家和地区开展以宣传投资环境，推介合作项目为主要内容的投资促进活动；召开全区开发区经济座谈暨“四比四促”表彰大会；举办内蒙古自治区首期规范化招商引资高级研修班；设立内蒙古开发区干部培训中心和内蒙古开发区招商引资服务中心；接待上海嘉定区党政代表团来呼实地考察；协会领导分期分批率工作组深入到基层对30多个开发区考察调研、指导工作，形成了近2万字的调研报告上报内蒙古自治区、呼和浩特市两级党委、政府，为成功召开“首届全区重点开发园区现场会”和早日出台《开发区管理条例》奠定了基础。还利用开会和办班之机，组织几十位开发区领导及驻区企业领导赴长江三角洲和东北地区，对近30个开发园区进行了实地观摩和考察，给大家创造了学经取宝、加强协作的好机会；组织部分开发区参加了由国家六部委联合在北京展览馆举办的“2004诚信中国成果展”、在人民大会堂举办的“共铸诚信”高层论坛；参加了由国家三部委联合主办的“中国开发区建区20周年”大型系列庆典活动等。

（内蒙古自治区开发区协会）

专题研究篇

我国开发区在邓小平理论指引下快速发展

2004年是我国改革开放的总设计师邓小平同志诞辰100周年，也是我国经济技术开发区成立20周年。我国经济技术开发区的兴办是改革开放的伟大创举，是邓小平理论的实践硕果。20年来，我国开发区在邓小平理论的正确指引下，取得了举世瞩目的辉煌业绩。

1978年底，我党召开了具有伟大历史意义的党的十一届三中全会。会议总结了我国的历史经验，分析了当前的国际形势，提出了改革开放的基本国策，拉开了我国对外开放的序幕。1980年春天，深圳、珠海、汕头、厦门四个经济特区相继投入建设，迈出了我国改革开放的重大步伐。

经过4年的建设，经济特区取得了显著的成绩。1984年春天，邓小平同志亲临深圳、珠海、汕头、厦门特区等地视察，明确指出："深圳的发展和经验证明，我们建立经济特区的政策是正确的"。对经济特区的发展，给予了充分的肯定，并为对外开放指明了方向。他说，我们建立经济特区，实行开放政策，有个指导思想要明确，就是不是收，而是放。在总结经济特区成功经验的基础上，他进一步提出："除现在的特区之外，可以考虑再开放几个点，增加几个港口城市，这些地方不叫特区，但可实行特区的某些政策"。根据邓小平同志的建议，中央、国务院于4月初召开了沿海部分城市座谈会，以中发［1984］13号文件批转了《沿海部分城市座谈会纪要》，提出进一步开放天津、上海、大连、秦皇岛、烟台、青岛、连云港、南通、宁波、温州、福州、广州、湛江和北海等14个沿海城市。其中一个重要措施，就是"这些城市，有些可以划定一个有明确地域界限的区域，兴办经济技术开发区。"1984年9月，批准兴办大连经济技术开发区，我国第一个开发区开始动工。随后陆续批准了秦皇岛、天津、烟台、青岛、连云港、南通、宁波、福州、广州、湛江、上海虹桥、闵行、漕河泾等14个经济技术开发区，并相继投入建设。

对经济技术开发区的建设，根据国务院的有关文件和国务院领导同志的指示精神，从一开始就提出了明确要求，基本原则是：一要明确划分开发区的地域界线，全面规划，分期开发，小块起步，滚动发展。二要十分讲究经济效益，节约用地，少占农田，坚持开发一片，建成一片，投产一片，收效一片。三要以吸收外资及发展工业为主，引进项目的技术起点要高一些，兴办一批新型的知识和技术比较密集的能填补国内空白和扩大出口的工业项目。产品主要是销往国际市场。四要依托和服务于母城，作为母城发展经济和技术的补充。五要加强涉外经济立法和服务功能，在经济体制改革方面走在前头，坚持社会主义精神文明建设和党的建设。中央和国务院指示的这些基本精神，成为我国开发区建设发展的指导方针，以后概括为：以工业项目为主，以吸收外资为主，以出口创汇为主，致力于发展高新技术产业的"三为主、一致力"方针，指引着开发区艰苦创业，健康发展。为了节约用地，不占良田，大连开发区就建在辽南第一山的大黑山脚下，在丘陵地上劈山填海；天津开发区原来是天津塘沽的一片盐碱地，不长粮食，只长芦苇；福州开发区是在马尾的闽江滩上吸沙造地；宁波开发区是在山沟里炸山平地；广州开发区是在低洼地上填土造地建设起来的，如此等等。这些开发区都没有占用良田，但发展很快，建设得很好。20年后的今天，昔日的荒坡野岭或丘陵洼地，已经变成工厂成片，经济发达，商贸繁荣，科技进步，人民富裕的现代化新型工业园区。

和任何新生事物一样，经济技术开发区的发展也不是一帆风顺的。建设初期，确实遇到了不少困难，有资金短缺、条件艰苦等客观实际，也有新旧观念的碰撞和旧体制的制约，还有社会上一些人对开发区建设提出的种种非议，怀疑“开发区的红旗能打多久”。1986年8月21日，邓小平同志亲自到天津开发区视察。他看到在芦苇丛生的盐碱滩上，建设者们艰苦奋斗，施工现场热火朝天，工业厂房拔地而起。他得知这个才开工一年多的开发区已有35家外商投资企业，非常高兴，并挥毫写下了“开发区大有希望”的光辉题词。他的题词，不仅充分肯定了开发区在我国改革开放中的重要作用，描绘了开发区未来的发展前景，也给予开发区建设者们有力鞭策和巨大鼓舞。在以后开发区建设的道路上，他们无论遇到什么艰难险阻，只要想到“开发区大有希望”这个英明论断，就能产生无穷无尽的力量，奋力拼搏，克服种种困难，推动开发区胜利前进。

在邓小平同志题词的鼓舞下，开发区迅速发展，建设步伐进一步加快。1991年与1987年相比，13个开发区的工业总产值增长11倍，出口创汇增长9.3倍，财政收入增长2.5倍。

1992年春天，邓小平不顾88岁高龄，又一次到深圳、上海等地考察，发表了著名的南巡讲话。2月12日，邓小平同志先后到上海闵行和漕河泾开发区考察，听取了两个开发区领导的汇报。当听到闵行开发区基础设施投资不仅没有“扔到黄浦江”，而且取得了相当于投资2.8倍的回报时，小平同志高兴地说：这就是社会主义嘛，这就体现了社会主义的优越性。建立开发区的政策是正确的，是有利于发展社会主义生产力，有利于增强社会主义国家的综合国力的。小平同志还说：认识暂时不统一不要紧，不要争论，通过实践统一认识，只有实践才是检验真理的惟一标准。小平同志又一次肯定了开发区取得的成就，又一次指明了开发区的发展方向，使开发区进入了一个新的发展时期。从那一年起，我国开发区的发展从沿海向沿（长）江和内地逐步推进。从1992年到1994年，国务院又先后批准了温州、昆山等18个国家级开发区，同时还批准建立了15个保税区和14个边境经济合作区，使我国基本形成了沿海、沿边、沿江和内地相结合的、多层次、宽领域、全方位的对外开放新格局。

在邓小平理论和“三个代表”重要思想指引下，我国经济技术开发区不断向前发展。1997年以后，作为实施西部大开发战略的重要措施，我国又在中西部地区建立了一批国家级经济技术开发区。现在我国已有49个国家级经济技术开发区及5个同类园区，分布在省会、自治区首府和一些重要的中心城市。2003年54个国家级开发区GDP 4985亿元，占全国的4.27%；工业增加值3602亿元，占全国的6.72%；对外贸易1008亿美元，占全国进出口总额的11.8%；外商实际投资103.29亿美元，占全国的19.3%。经济技术开发区已经成为我国新的经济增长点、发展外贸的窗口、吸收国内外投资的热土、新兴工业化的基地、发展高新技术产业的园区、体制创新的实验区和精神文明建设的示范区，在今后我国改革开放和现代化建设中将发挥着越来越重要的作用。

（中国开发区协会）

坚持科学发展观 推动开发区可持续发展

党的十六届三中全会提出了坚持以人为本，树立全面、协调、可持续的发展观，对指导我国今后的经济社会发展有着重大的现实意义。2004年是我国实现“十五”计划的关键一年，又喜逢我国创建国家级经济技术开发区20周年。国家级开发区要以此为契机，增创新优势，走出新路子，实现新发展，办出新特色。开发区工作要进行思想观念创新、管理体制创新、科技发展创新、资源利用创新、投资环境创新，促进国家经济技术开发区的全面、协调和可持续发展。

目前我国国家级经济技术开发区49个，加上实行国家级经济技术开发区政策的国家级工业园区共54个。这些开发区经过近20年的艰苦创业，已经取得了显著成绩。2003年，这些开发区的GDP达4985.01亿元，占全国GDP的4%以上；外贸出口达448.8亿美元，占全国外贸出口额的10%以上；实际利用外资103.29亿美元，占全国实际利用外资的19%，成为我国经济发展最快的地区之一，对我国经济社会快速、健康、协调发展发挥了重要作用。

但是近年来，不少地方出现滥办开发区的情况。其中，有的开发区乱占良田，开而不发，大片耕地撂荒，侵占农民利益；有的开发区违背经济规律，乱开优惠，进行恶性竞争，造成国有资产流失；有的地方不顾客观条件，违反审批程序，擅自设立开发区，造成开发区管理和布局上的失控。

针对这些问题，国务院做出清理整顿开发区的决定和部署，是完全必要和及时的。清理整顿开发区，对于我国开发区的持续健康发展具有重要意义。

开发区建设要按照党的十六届三中全会的要求，坚持以人为本，树立全面、协调、可持续的发展观，保持开发区建设规范健康发展。首先，必须正确处理规模、速度与效益的关系，更加注重经济增长的质量和效益。切实改变片面追求数量扩张的发展模式，注重产业结构的优化升级，致力于高新技术产业的发展，合理开发和集约使用自然资源，保障开发区的可持续发展。其次，必须正确处理开发区与周边地区发展的关系，努力为所在城市的产业结构调整和经济发展服务。同时，要切实做好失地农民的安置工作，保障他们的合法权益。第三，必须正确处理开发建设与保护土地的关系，继续坚持科学规划，滚动发展的方针，珍惜每一寸土地，着力提高土地利用率和单位面积产出率。第四，必须正确处理开发建设与环境保护的关系，把建设人文和生态环境放在重要的位置，把开发区建成人文环境优越、自然环境优美、生态环境和谐、文化品位高雅的现代化园区。第五，必须正确处理突出重点与全面协调发展的关系，充分利用好国内外两种资源和两个市场，坚持可持续发展原则，不断提高开发区的综合实力。

国家级开发区的发展潜力很大，前景广阔。首先，国家级开发区已经形成了较为完善的投资环境。不仅创造了国内一流的硬件投资环境，也形成了精干高效的投资软环境。许多开发区建立了功能完善的服务体系：投资审批的一条龙服务、项目建设的全方位服务、投产企业的经常性服务，形成了“知商、亲商、安商”的良好氛围。开发区顺应新形势需要，提出“新九通一平”概念，努力打造国际一流的投资环境。这里的“新九通一平”指信息通、市场通、法规通、配套通、融资通、物流通、人才通、技术通、服务通和新经济平台。其次，开发区致力于发展高新技术产业，通过多种形式的扶持鼓励措施，使新兴技术得到有力促进和提高，形成了一定规模的技术产品，成为区域经济发展的催化剂。开发区的集约开发已取得一定效果，投资密度和产出率有较快提升。如有些国家级开发区平均每平方公里实现的销售额已达到80亿到100亿元。第三，开发区积淀了比较雄厚的资金、人才和管理经验，形成了富有发展潜力的品牌。这些都是开发区经过多年奋斗积累形成的宝贵财富，是进一步发展的潜力所在。

开发区要抓住历史发展机遇期，继续发挥自身的体制创新优势、科技创新优势、环境创新优势，坚持实事求是、解放思想、与时俱进原则，深化改革，勇于创新，不断开拓新的发展道路。在这个发展时期，国际国内资源和市场进一步融合，国际产业进一步向我国转移，必将推动我国产业经济的巨大发展。开发区“三为主、一致力”的指导方针决定了最有条件承接国际产业的转移。开发区的产业结构急需调整。应将产业集聚作为今后制定规划、招商引资等方面工作的重要原则。项目建设规划、土地利用规划应当突出发展主导产业的需要。目前，不少开发区已经形成并确立了主导产业的发展框架，汽车、电子计算机、生物制药等一批支柱型产业将在不长的时间内出现在开发区。

在我国开发区成立之初，国家和地方赋予开发区一些优惠政策，比如财政返还、企业所得税减免等，这是必要的，为开发区的崛起发挥了主要作用。随着我国加入世贸组织，优惠政策弱化，开发区的投资环境、管理效率、产业优势的作用越来越突出。开发区今后的发展，主要靠完善的软硬投资环境取胜，靠体制创新、科技创新取胜，靠提高核心竞争力取胜。

开发区多年来坚持的“三为主、一致力”方针，对于开发区经济的快速发展起到了重要指导和保障作用。这个指导方针对开发区健康发展的重要指导意义，已为20年的实践成果所证明。虽然20年来国内外情况发生了很大变化，开发区也已成长壮大起来，但我国的工业化进程仍在进行中，经济全球化进程也在进行中，发展仍是国家的第一要务。据此，开发区的功能和作用不应转向，而是要在已形成的实力基础上继续深化。“三为主、一致力”作为开发区的基本指导方针应当继续坚持。同时要按照与时俱进的要求，根据形势的发展需要，深化完善指导方针的内容，以更有针对性地指导开发区今后的发展。比如随着民营经济的发展，这方面的投资需求在增加，对此要探索新的思路，很有可能成为开发区持续发展的新途径。产业发展也要坚持产业配套、服务业并举的发展思路。这方面也有不少思路需要探讨。

经过20年发展，当初国家审批给国家级开发区的用地面积基本开发完毕。一些开发面积较小、综合效益较好的开发区遇到了发展空间不足的问题。对此，一方面开发区要继续探索采取区内产业替换等方式，使现有土地实现更大的技术和产出含量。另一方面，应从区域经济总体发展的角度，抓紧研究集约开发原则下的解决办法，确定一些刚性标准，给予国家级开发区新的发展空间，以充分利用和发挥这些开发区积累多年的理念、经验、人才、资金及合作渠道等资源，为国家和地区经济发展做出更大的贡献。

目前开发区发展的总体形势良好。2003年末吴仪副总理在全国商务工作会议上明确提出，“要全力支持国家级开发区的发展，使其更好地发挥示范、辐射和带动作用”。我们相信，只要认真贯彻中央提出的科学发展观，坚持正确的指导方针，利用好已经形成的雄厚基础，开发区必将在工业化、城市化、现代化中继续发挥重要作用，必将对我国经济社会持续健康、快速、协调发展做出历史性贡献。

（中国开发区协会　刘培强）

中国开发区可持续发展的思考

中国开发区是改革开放的产物。到目前为止，全国共有国家级、省级开发区 1128 个，其中由国家审批的开发区为 157 个，省级审批的开发区 978 个。据统计，全国 54 个国家级经济技术开发区 2003 年实现 GDP 4985.01 亿元，占全国 GDP 的 4.27%，比上年增长 34.5%，比全国增幅高 25.46 个百分点；完成工业增加值 12957.13 亿元，同比增长 38.40%，比全国增幅高 11.20 个百分点；工业增加值 3602.08 亿元，占全国工业增加值的 6.72%，同比增长 37.2%，比全国增幅高 20.22 个百分点；完成税收 756.64 亿元，同比增长了 25.60%，比全国增幅高 5.26 个百分点。出口总额达 488.8 亿美元，占全国出口额的 11.14%，同比增长 48.15%，比全国增幅高 15.19 个百分点。

开发区的快速发展，为我国吸引外资引进先进技术和管理、培养人才、聚集高新技术产业、优化工业布局、推动工业技术进步发挥了巨大作用。中国开发区已成为我国新型产业的集中区，各类优质资源的聚合地，经济增长的动力源，经济结构和产业结构调整的排头兵，外贸出口的主力军，在我国经济发展中占有的地位越来越重要。但是我国开发区在取得巨大成就的同时，也面临很多问题。如加入 WTO 后，我国开发区政策优势弱化、法律地位不明；开发区“散、多、小、杂”，设立过多过滥；有的开发区定位不准、水平不高、开而不发，违法用地和闲置土地问题比较突出、体制优势逐渐丧失；开发区之间出现不良竞争现象，政府承担的风险加大；部分开发区不同程度的存在产业结构雷同、层次低下、项目规模偏小等。

我国今后发展的主要动力在工业化、城市化和体制创新。中国开发区在这一过程中应继续发挥产业聚集和体制示范作用。今后 5～10 年，中国开发区将进入以产业聚集和体制创新为动力，以培养发展制造业为主要任务，推动实现以新型工业化为主导的“二次创业”阶段。在新的形势下，中国开发区如何开展二次创业、如何推进可持续发展，是中国开发区未来发展必须明确的战略性思考。党的十六届三中全会提出了坚持以人为本，全面、协调、可持续的发展观。开发区今后的“二次创业”，要走可持续发展的道路。

一、坚持可持续发展，要树立中国开发区建设的科学指导思想

在开发区建设的指导思想方面，就现状看，地方政府都赋予了其中较多的政治内容，常常把开发区发展速度、引资额和基础设施投入量等指标视作反映政绩、展示当地形象的标准。因此，必然把这些指标提高到不恰当的高度加以强调，开发区走上规模型扩张的道路与此不无关系。要实现内涵型可持续增长，突出开发的效益和质量，就必须淡化开发区的政府目标和社会功能，将承载的过重的政治负担卸去，强调其高效利用经济资源、高质量地发展经济、建立更合理的产业内涵、获得更持久的发展潜力这一应有的功能。在发展速度上，宁可慢些，也要质量高些。在引进项目上，宁可放过一些，也不要照单全收，在开发效益上，宁可放弃一些表面的东西，也要追求实实在在的好处。同时，对于不同功能的开发区，要有不同的指导思想。开发区的发展必须正确处理规模与结构、速度与效益的关系，要更加注重经济增长的质量和效益，要明确增长不等于发展的指导思想，要切实改变片面追求数量扩张的发展模式，在提高质量和效益上狠下功夫，注重开发区产业结构的优化升级，致力于高新技术产业的发展，合理开发和集约使用自然资源，引入市场机制，逐步摆脱依赖政府的无限投入和对土地资源的无限消耗，保障开发区的可持续发展。

二、坚持可持续发展，要建立新的评判开发区建设的指标体系

现行体制下，政府对开发区发展业绩的评价考核，采用的是开发面积、建设资金投入、招商数量、经济产出，以及发展速度、增长幅度等指标，这些指标都具有平面和单向的特性，并不足以全面真实地勾勒出开发区建设的完整情况，尤其是无法反映实际的质量和效益。这一点也正是开发区的政府主导模式与规模型扩张的发展方式实现对接的媒介。为引导开发区走上内涵型可持续增长之路，必须调整开发区的业绩考核标准，在上述指标之外，还要加入与发展质量与效益相关的指标，如单位面积土地投资强度、单位面积土地产出和效益、经济增长率，基础设施投入产出比、开发负债率、区内外企业配套率、技术转移和吸收率等，而且对所有的指标还要有所偏重。

三、坚持可持续发展，要加强规划控制，形成对开发区发展方式的硬性约束

规划设计对开发区的未来发展起着决定性的作用。在规划的编制和执行过程中，应注意开发区的整体布局和功能配置，使开发区在整个开发区群落中占据不同的地位和功能，保持发展的协调性和互补性，避免因同化竞争导致开发区资源的浪费。同时，要严格禁止随意扩大开发范围的行为。

四、坚持可持续发展，要大力实施开发区的归并整合，统筹区域经济

目前，除了一批较大规模的国家级和省级开发区外，我国还有众多的小型开发区，大部分为县乡镇所办。这些开发区受客观条件的制约，基础设施建设投入、投资项目质量、管理服务水平、开发效益等方面都还存在着欠缺，需要增强实力，提高水平。而在现有条件下，以这些开发区自身之力是很难实现的。政府在引入企业主导模式的同时，应以行政力量推动，帮助这些开发区从各自特点和当地的实际情况出发，采取不同的方案实现整合重组，以扩大规模，增强产业承载能力。

五、坚持可持续发展，必须正确处理开发建设与保护土地的关系

开发区应当继续坚持指导多年的科学规划，滚动发展方针，珍惜每一寸土地，着力提高土地利用率和单位面积产出率。同时，要以人为本，正确处理开发区与周边地区发展的关系，搞好社区建设，切实做好失地农民的安置工作，保障他们的合法权益。

六、坚持可持续发展，必须坚持统筹人与自然和谐发展，正确处理开发区建设与保护环境的关系

人文环境和生态环境是投资环境的重要组成部分，要把建设人文和生态环境放在重要的地位。对于开发区而言，统筹人与自然和谐发展，就是要把开发区不仅建成工厂林立、经济繁荣、科技发达的新兴工业化基地，而且要建成人文环境优越、自然环境优美、生态环境和谐、文化品位高雅的现代化园区，把开发区建成当地的亮点。

七、坚持可持续发展，必须正确处理突出重点与全面协调发展的关系

中国开发区要继续坚持国务院制订的以

工业为主，以外资为主，以出口为主，致力于发展高新技术的发展方针。同时，也要充分利用好国内外两种资源和两个市场，注重适用技术的发展，拓宽就业渠道，大力推进新型工业化，不断提升开发区的综合经济实力和核心竞争力。

八、坚持可持续发展，要统筹经济和社会发展，推动物质文明、精神文明、政治文明等各项社会事业全面进步

坚持做到“物质文明扎扎实实、精神文明踏踏实实、政治文明落到实处，三个文明统一落实”，真正做到经济发展与社会全面进步，推动中国开发区全面、健康、协调、可持续发展。

（湖北省孝感市经贸委主任　万文涛）

关于加强开发区管理政策措施的建议

国务院有关部门对我国各类开发区作了深入的调查研究，对加强开发区管理的政策措施提出了建议。并强调指出，开发区清理工作要注重各地的实际情况，尽量不搞“一刀切”。现摘登如下。

一、全国各类开发区的基本现状和清理整顿工作的进展情况（略）

二、当前全国各类开发区发展过程中存在的一些共性问题

（一）在发展经济的指导思想上，存在急于求成的倾向，开发区发展过程中铺摊子、招商摊派等现象十分普遍。在开发区和工业园区的建设上，追求规模、数量，热衷于铺摊子，把所办的开发区和工业园区规模和引进企业数量当成领导干部的重要政绩，而对企业素质、园区特色考虑不够，基本上还没有摆脱粗放式的发展格局，在一定程度上导致重复建设。在开发区和工业园区招商引资过程中，地方各级政府通过行政手段对所属部门和下属市、区县、乡层层压任务、下指标的摊派现象也十分普遍。

（二）在征用土地补偿和安置上存在不同程度的损害农民利益的现象。主要表现在部分开发区和园区的建设用地上，当地政府为争取项目投资，除了擅设优惠政策外，主要通过压低被征地农民土地补偿标准的方式，向投资商提供低价工业用地，从而把对投资商优惠所付出的成本转嫁到被征地农民头上。在补偿标准的确定上，测算依据只考虑土地原值，没有考虑土地预期增值收益；在补偿分配上，土地补偿的主要部分——土地补偿费使用缺乏透明度；在安置方式上，对农民的安置责任不明确，安置方式不合理。

（三）恶性竞争现象仍很普遍，不同程度地存在着国有资产不增值，甚至亏损的问题。一些园区为吸引投资，对一些入园项目给予较大优惠。一是土地出让价格低于开发成本，目前在所调查的园区中，作为国有资产的土地，在经营过程中基本没有盈利，有的甚至亏损。二是地方政府超越管理权限，擅自采取先征后返、财政奖励等办法，对进入开发区和工业园区的企业给予税收等方面的优惠政策。

（四）由于相关政策和法律法规不完善，缺乏统筹规划，对开发区和工业园区还没有形成一套保证其健康发展的管理机制。在审批上，开发区和工业园区形式多种，审批单位众多，开发区和工业园区的布点和分工失控；在管理上，目前各地区开发区管理机构的职能差异较大，责任和地位不明确。

三、加强开发区管理的政策措施建议

（一）在指导思想上要树立新的发展观。针对开发区建设过程中存在的认识上的偏差，各地区要在经济工作指导思想上，把认识统一到党的十六届三中全会提出的“五个统筹”上来，全面把握发展的内涵，牢固树立实事求是的工作作风和可持续发展的观念，纠正只顾眼前、不顾长远，盲目铺摊子、不顾发展条件求大求快等现象。从行政上、组织上采取有力措施，加强领导，明令制止摊派招商、将招商引资与干部考核工作挂钩等不实事求是的作法，坚决贯彻落实中央采取的有关措施，结合开发区清理整顿工作，统筹考虑开发区的发展。

（二）完善宏观政策和法律法规。加强对各地区开发区管理工作的规范和指导，纠正工业园区建设过程中存在的问题，加强相关制度建设，根据形势需要，适时对相关法律法规作必要的调整。强化国家和省级人民政府对设立开发区的两级审批制度。严格控制开发区用地审批，开发区用地指标要纳入各级人民政府年度用地计划。修改土地管理法，努力解决对农民的征地补偿问题。制定平等的市场规则，采取有效措施制止各地为吸引投资而擅自设立各类优惠政策，遏制开发区之间的恶性竞争。认真研究将国有土地资产纳入国有资产管理序列的政策措施。在工业用地出让过程中，要严格遵守城市基准地价。加强对开发区建设的监督检查和基层土地执法监督能力建设，保护好被征地农民的切身利益，严格控制国家产业政策限制类的项目或明显重复建设的项目。

（三）省级发展改革部门要编制开发区专项规划，以规划统筹指导开发区空间布局、定位开发区发展方向。适应政府职能从项目管理向规划管理、从微观管理向宏观管理的转变，省级发展改革部门要通过编制专项规划、报请省级政府审批的方式，对本地区开发区发展进行调控。通过规划编制过程中听取意见、协调、论证等各个环节，让全社会了解政府导向，使市场主体的行为方向与政府意图相一致。

（四）开发区清理工作要注重各地的实际情况，尽量不搞“一刀切”。开发区发展在不同地区、不同阶段有其自身的规律。近年来，沿海一些省市认识到开发区过多过滥所引发的过度竞争给当地经济发展带来的危害，已主动采取措施对本地区各类开发区进行清理。因此，对沿海经济发达地区的清理工作重点是，鼓励其对现有各类开发区的整合和归并，压缩开发区数量，引导开发区进一步形成地区特色。相比之下，中西部地区的开发区正处于起步阶段，主要问题是单个开发区规模小、开发程度低，对失地农民的补偿不合理。因此，对中西部地区的开发区清理工作要在加大清理力度的同时，扶持一批有影响力的开发区，采取有效措施，做好失地农民的补偿和安置工作，保持经济健康发展和社会稳定。

（中国开发区协会提供）

开发区体制问题研究

开发区是我国为发展经济而设立的特殊行政区域，国家设立开发区的目的，主要是在特定的区域内造成“政策势能”，使开发区能够依靠政策驱动获得快速发展，并“以块管理”的方式，实现管理体制上的创新。我们认为，多年来开发区在体制创新方面的成果主要表现在以下几个方面：

（一）转变政府职能。新旧体制之间的屏障，使开发区较快地实现政府职能的转变成为可能，政府从原来的包办一切的做法中解脱出来，基本形成了“小政府、大社会、小机构、大服务”的格局。

（二）精简管理机构。机构设置综合化，按照管理内容的需要尽可能地精简机构设置，与旧体制区别最明显的一点，是开发区都不设立产业部门。

（三）提高工作效率。通常的做法是减少审批环节，简化办事程序，如“一站式”服务、“一门式”服务、“一条龙”服务、“一个窗口对外”等口号，都是从开发区出来的。

（四）更新管理观念。在开发区管理体制改革的过程中，大胆学习借鉴市场经济发达国家的政府为社会、为企业、为纳税人服务的理念，这一理念的确立改变了政府凌驾于企业、社会之上的传统观念，为进一步加快政府改革扫清了认识上的障碍。

但是，必须看到，开发区行政管理体制毕竟脱胎于旧体制，既受到旧体制的冲击，同时本身又带有不可避免的缺陷，与社会主义市场经济的要求和国际上先进的管理方法相比，还存在很大的差距和薄弱环节。主要表现在：

1. 行政授权不到位，宏观控制缺乏力度。开发区的管理权限是“切块”下放的，一般都是根据开发建设的需要，才下放某一块权力，缺乏整体性和综合协调管理力度。

2.“以块管理”体制弱化，条块关系难以理顺。主要表现在：一是按照中央和地方建立开发区的精神，相当一部分应该赋予开发区的管理职能，由于种种原因而没有下放。同时，随着开发建设的深入和管理职能的增加，一些亟需新增的管理权限也无法落实。二是随着开发区经济规模扩大和经济效益增长，开发区在区域经济中所占的比重不断扩大，部门和条线直接插手开发区的现象越来越多。三是随着条线管理的加强，原有一些职能也逐步上收，增加了协调环节。

3. 市场竞争环境不完善，行政执法缺乏规范性。目前，由于大部分开发区在市场、中介等要素机制和政府管理的补充手段的建设完善方面还相对滞后，依靠行政手段管理经济和社会事务的现象还非常普遍。

4. 新旧体制冲撞激烈，旧体制复归趋向严重。经过新一轮区划调整后，目前全国有不少开发区成为城市的一个行政区域，区内区外两种制度体系处于直接的粘合状态，使开发区原来建立起来的与旧体制的屏障不断地遭到削弱。“小政府、大服务”的模式受到传统行政体制的侵蚀，机构不断膨胀，人员越来越多，职能越分越细。

因此，重构体制优势，提升政府管理服务水平，是增强开发区综合竞争能力的基础和前提。我们认为最重要的有以下几个方面：

1. 加快实施规范化管理的步伐。一是坚持政企、政事分开。开发区管委会作为开发区日常管理机构，应把政府管理的重点放在规划、指导、协调、监督和服务上，着重抓好区域内产业发展规划的制订和组织实施上，运用政策导向和宏观调控手段引导企业健康发展。二是加快市场、中介建设。积极创造有利条件，加快金融、信息、法律、会计、审计等服务机构和中介机构的建设和完善，创造更为完备的市场经济运行环境。充分发挥各类中介组织和行业协会的桥梁与纽带作用，把政府管不了、管不好的事情交给社会中介组织去完成，在开发区内营造一个良好的区域市场经济环境。

2. 加快现代政府管理的各项要素建设。政府管理要按照社会主义市场经济体制和国际化运行的要求。围绕规范、优质、高效的要求不断完善，重点在形成新的政府管理方法上寻求突破。首先是要形成强有力的研究决策系统。要形成由从事综合研究、政策设计的专家队伍组成的、具有高度分析驾驭能力的政府软科学研究机构。目前，在我国政府管理中研究和决策系统往往相互脱离。因此，在完善政府管理中必须要建立和完善政府决策体系和科学决策程序。其次是要建立灵敏的信息反馈系统。要加快“信息港”的建设，在对外政务公开的基础上，通过设立高速主干网，加快实现政府信息化和区域信息化进程，使政府服务突破时空和部门分隔的限制。通过将信息资源向全社会开放，使开发区“透明政府”的轮廓越来越清晰，进一步提升服务的社会化水平。同时，必须建立有效的政府信息管理和处理中心，形成信息反馈体系，为宏观决策提供准确及时的信息。第三是建立严密的行政监督系统。行政监督是对政府行政工作实施监控的主要途径，对开发区来说，由于政府管理的一切内容都是在全新的基础上建立起来的，传统规范较少，特事特办较多，因此，建立健全监督系统，追踪观察经济社会经济运行状况，是保障经济社会快速健康发展的重要一环。

3. 进一步加快国际化运行步伐。一要建立国际化管理体系。开发区要适应当前世界科技经济一体化、区域化、网络化、集团化、国际化发展和新技术产业成长的需要，必须加速形成一套开放式行政管理体制。充分利用好上级领导部门赋予开发区管委会的经济管理权限，加大行政体制改革力度，使外经、外贸管理全面与国际接轨，形成符合国际规范的国际化管理体制，为开发区全面推进国际科技经济一体化战略创造必备条件。二要建立国际化信息系统。开发区管委会要充分利用计算机通信网络等现代化信息管理手段，加强与国际企业集团、知名大学和研究院所等机构的联系，加强驻外机构的建设，建立快捷高效的国际信息通道。三要建立国际化运行体系。通过建立国际化管理体系和信息管理系统，形成符合国际惯例的现代化运行机制，遵循市场经济的发展规律，按照国际规则办事，推动与加强国际间的合作，提高经济国际化的运行能力。通过以外带内加强配套和辐射功能，增强与世界经济的联系度。积极学习借鉴先进国家的管理思想、管理理念和管理技术，致力于打造一个适应市场经济要求、按国际惯例运作的服务型政府。

4. 加快建设一支高素质行政管理服务队伍。重点是要努力建设一支有管理能力、会专业技术、懂国际化运作的高素质的行政管理干部队伍，坚持择优录用、能上能下、能进能出的用人机制。一要坚持高标准。在管理队伍建设中要坚持科学的精神和科学的态度，提倡尊重科学、尊重知识、尊重人才，按科学的规律公平、公正办事的原则。二要注重新能力。开发区的行政管理人员必须具有开拓进取、勇于创新的精神，能够研究新情况，解决新问题，提出新措施，克服因循守旧、不思进取的种种痼疾。三要追求高效率。高效率首先应该体现在政府服务管理之中，效率是加快构建服务型政府最重要的方面。通过各种制度建设，把“效率”和“服务”意识植入每一个开发区管理人员的头脑之中。

（苏州高新区党政研究室）

开发区是形成新型经济增长带的基石

自1984年建立起第一个开发区——大连经济技术开发区以来，我国开发区已经走过了20年发展历程。20年来，作为我国经济体制改革的试验田和对外开放的窗口，开发区为我国经济的快速发展作出了突出贡献。54个国家级经济技术开发区年均各项指标以两位数增长，成为推动国民经济快速发展的重要力量。在新时期新形势下，开发区如何贯彻落实中央的路线方针政策，找准发展定位，开拓发展思路，保持持续快速协调发展，更大程度上发挥示范、辐射、带动作用，为全面建设小康社会目标做出应有的贡献，是开发区亟待深入研究的重大课题。

一、开发区未来功能目标定位

中国经济发展具有工业化、城市化、体制创新和科技创新四大动力。开发区将在工业化、城市化、体制创新和科技创新中发挥先导作用。

工业化是经济发展的基本动力。世界各国均将工业化进程作为推动经济发展的重要途径。工业化对于中国来说更为重要。中国是个制造业基础薄弱的国家，尤其需要大力发展工业。我国的工业化具有明显优势和特点。我国农业劳动力多，劳动力价格将保持长期低廉，在国际竞争中将保持优势。随着我国加入世贸组织和经济全球化的深入，制造业逐步向中国转移，中国的生产将直接为全球生产，将为我国的工业化带来巨大动力。

城市化是经济增长的源泉。城市化一方面可以降低企业基础设施成本，另一方面通过人口聚集促进服务业的发展。中国目前城市化水平低，城市人口少，仅占总人口的35%，有65%的人口居住在乡村。随着城市化进程的深入，预计今后30~40年时间中每年有1000万农民进城。因此，城市化进程对推动我国经济快速增长具有重要意义。

体制创新始终是我国经济增长的动力和源泉。改革开放的20年本身就是体制创新的20年。20年的体制创新对我国的经济增长起到巨大推动作用。每一次体制变革都大大解放了生产力，发展了生产力，促进了经济发展和社会进步。

科技创新是经济高速增长的发动机。世界各国经济快速增长主要归功于科技进步的作用。科技创新对我国经济发展保持着强大推动力，对经济的快速发展起到巨大推动作用。我国的科技进步底子薄弱但潜力巨大，具有后发优势。

开发区的优势就在于推进工业化、城市化、体制创新和科技创新进程。开发区20年的发展表明，开发区大幅度推进了工业发展、城市建设、体制改革和科技进步，为国民经济发展和社会进步做出了巨大贡献。

在今后发展中要继续发挥开发区优势。开发区未来发展的基本功能定位应围绕工业化、城市化、体制创新、科技创新的要求展开。具体是：要使开发区成为产业发展和产业集聚的平台；成为中国城市化进程的重要组成部分；继续担当体制改革试验区，完善体制创新功能；成为科技创新的基地，完善科技创新功能。我国开发区未来发展目标定位应是：世界制造业基地；世界研发中心；体制改革和科技创新的摇篮。

二、开发区是形成新型经济增长带的基

石

党的十六届三中全会明确提出，要统筹国内发展与对外开放，进一步扩大利用外资、技术，着力吸引跨国公司转移到我国，进一步改善投资环境，拓宽投资领域，吸引外资，加快向有条件的地区和符合国家产业政策的领域扩展，力争再形成若干外资密集、内外结合、带动力强的经济增长带。十六届三中全会关于新型经济增长带的论述对于开发区的发展具有重要指导意义。

事实上，开发区具有外资密集、内外结合、带动力强等突出特点。从开发区自身的特点和发挥的作用可以得出结论，开发区将是推动我国形成若干外资密集、内外结合、带动力强的经济增长带的基石。

开发区外资密集。开发区强调资金以外资为主，产品以出口为主。20年来，引进外资逐年增长，2002年成为世界上实际利用外商直接投资最多的国家，首次超过美国。其中开发区引进外资做出了突出贡献，仅国家级经济技术开发区实际利用外资超过全国的15%。一些城市外商直接投资的30%～40%都集中在开发区。大批外资公司，包括世界500强企业聚集在开发区。

开发区内外结合。主要表现在发展工业和高新技术产业、促进对外贸易方面。国家级经济技术开发区一直奉行“三为主、一致力”的发展方针，强调产业以工业为主，产品以出口为主，致力于高新技术产业发展。通过吸纳外资和技术，不断发展我国的制造业，提高了工业化程度和生产技术水平。其中一些开发区实现了单位平方公里创造100亿元工业产出的好成绩。开发区大部分产品出口国外，占我国货物出口的重要份额，为我国对外贸易跻身世界四强作出了重要贡献。开发区以发展高新技术为己任，重视引进国外先进技术和研发机构，注重国内科技企业的孵化成长。世界知名跨国公司研发机构纷纷落户开发区，使得开发区不仅有望成为世界制造业中心和世界销售中心，而且有望成为世界科技研发中心。

开发区带动力强。开发区的带动力主要体现在对区域经济发展的带动上。基于开发区强大的资金实力、先进的科技水平和丰富的管理经验，除本身得到快速发展外，还带动了所在地区经济的快速发展，成为推动地区经济发展的重要力量。据测算，国家级经济技术开发区在工业增长、GDP增长、就业增长等方面比所在地区的平均扩散倍数超过3倍。

开发区在经济圈发展中发挥了突出的作用。我国长三角、环渤海经济圈已经初具规模，推动着中国经济快速向前发展。长三角聚集着14个国家级经济技术开发区，环渤海聚集着9个国家级经济技术开发区。开发区在这些经济圈中发挥了突出的作用，占据着重要的地位，带动和辐射着区域经济的发展，成为区域经济发展的领军力量。

开发区在西部大开发中发挥了重要作用。作为实施西部大开发战略的重要措施之一，1999年国务院决定“允许中西部各省、自治区、直辖市在其省会或首府城市选择一个符合条件并已建成的省级开发区申办国家级经济技术开发区”。中西部16个国家级经济技术开发区的增速尤为明显，尤以实际利用外资、合同外资额、工业总产值的增幅最多。

三、充分发挥开发区作用，加快新型经济增长带形成

按照十六届三中全会“努力再形成若干外资密集、内外结合、带动力强的经济增长带”的要求，结合开发区具有的突出特点，有必要大力支持开发区的发展，充分发挥开发区的重要作用，催动未来新型经济增长带的形成。

根据权威部门的研究成果，我国有望形成四大经济增长带，即长江经济带、珠江经济带、陇海经济带（兰新）、津京包经济带。

据统计，长江经济带拥有国家级经济技术开发区21家，珠江经济带、陇海经济带（兰新）、津京包经济带分别拥有若干个开发区。这四条经济增长带需要按照外资密集、内外结合、带动力强的要求，充分发挥开发区的作用。

大力支持开发区的发展壮大，加速新型经济增长带的形成，需要在以下几个方面着力：确立开发区中长期发展战略和发展规划；对开发区的宏观指导要走向法制化和分类实施；充分发挥产业集聚效应，推动产业发展的集群化；坚持土地集约开发，提高土地综合利用效率；支持开发区向外拓展空间，坚持“走出去”开放战略；促进开发区资源的辐射与整合，探索与周边地区资源整合、联动发展的途径；创设政府、投资者、开发商共荣共赢机制；坚持开发区对外开放和体制改革试验功能，支持开发区的“先行先试”；充分发挥开发区在西部大开发和振兴东北等老工业基地中的作用。

（中国开发区协会　静泊）

由规模型扩张到内涵型增长

——论苏州开发区发展方式的转换

苏州的开发区建设起始于上世纪80年代中期，目前已在全市范围内形成了一个多层次、多类型的开发区群落，其密集程度、建设水平和规模总量在全国同类城市中均名列前茅。

最近十多年间，伴随着外向型经济的异军突起，苏州经济一直保持着较快的增长速度，呈现出鲜明特色，这一切，是与开发区建设的不断进展和大量外资持续不断地投向各开发区密切相关的。目前，开发区已成为苏州各类优质资源的聚合地，新型产业集中区的和经济增长的动力源，并在全市经济与社会发展格局中占据了重要的份额。2002年，仅全市17个国家级、省级开发区的国内生产总值、财政收入和外贸出口额就分别占全市总量的40%、40%和72%。从发展趋势看，今后无论是经济的增长和整体结构的优化，还是城市综合竞争力的增强，或是社会事业的完善和居民生活水平的提升，开发区无疑都将起到更加明显的引领和支撑作用。

对于开发区这一新的经济发展形态，应是在成功的同时保持一份清醒，善于发现问题，不断总结经验，及时加以改进和完善。

一、规模数量的增长与质量效率的相对滞后

总体上看，苏州开发区的发展速度和规模、基础设施、引资数量和水平等，都呈现出比较良好的状态。然而，不足也很明显，其中之一，就是一直延续着规模型扩张的发展方式。这种发展方式主要表现为：开发区以较为优惠的条件和较为低廉的投资成本吸引外来投资，以各项经济资源的持续投入支撑开发建设的扩大和深入，而开发建设的推进又在很大程度上表现为开发面积的扩大和土地占用量的增加。它呈现出以下几个特点：

（一）形态平面化。强调外延的扩张，对土地、基础设施等基础性资源的依赖较大，土地开发是主要的开发形式，开发区的总体数量和单体规模都呈不断增加之势。

（二）产业单一化。区内的产业以工业为主，其中又以依赖当地较为廉价的劳动力成本的加工制造型产业为主，相关的核心技术、研发能力和销售市场大都不在当地。

（三）效益低度化。比较强调发展速度和绝对的产出规模，与大量土地资源与基础设施投入及投资产出相比，实际的开发效益偏低。

（四）影响局限化。较为注重短期的开发效果，区内的产业都自成一体，与当地经济的联系较少，对本土企业的影响也较小。

目前，虽然这种规模型扩张的发展方式为各地开发区所广泛采用，具有一定普遍性，但由于苏州的开发区承担着较高的机会成本，而且已有很大的规模，因而，这个问题尤为突出，对今后发展的负面影响也更大。

开发区的规模型扩张，导致了资源浪费和粗放经营。虽然苏州开发区目前这种规模型扩张与过去的粗放型发展不可同日而语，投入和产出效率要大得多，但毕竟与预期的目标之间还有一段不短的距离。

在高速增长的同时，开发的质量和效益的提升却相对落后。

产业发展的基本载体是土地，土地资源的使用情况是反映开发质量和效益的一项重要指标。苏州历来是一个人多地少的地区，土地资源较为紧缺。因而，随着开发的逐步深入和投资条件的逐渐改善，土地价格应不断攀升。但是，现实情况却是相反，开发区内的地价一直保持着较低水平，一些地方不仅没有上升，反而有所下降，有的开发区每亩土地的出让价仅数万元，远远低于开发成本。土地成本的相对低廉对吸引外来投资具有一定的作用，但同时也必然鼓励投资者扩大用地规模，降低单位面积土地的投资强度。有学者做过统计，苏州开发区的投资强度大大高于全国开发区的平均值，但以国际水平看仍是偏低。按照目前的实际开发面积和在这些土地上实际引进的国内外投资数量来计算，2002 年，苏州开发区土地上的投资强度约为每平方公里 1 亿美元。但实际可能还要低于这个数字，因为有很大一块资本仅在开发区内注册，实际投资地点在区外。土地价格偏低，影响土地出让收益还是其次，更重要的是降低了开发区的内涵质量，造成了资源闲置和浪费，事实上，苏州开发区的发展正是伴随着土地的大量被占用和消耗而实现的。土地资源日见短缺，发展空间日趋紧张，目前已成为苏州各开发区面临的普遍问题，也是制约开发区今后发展的重要因素。

在这 17 个国家级省级开发区中，除了苏州太湖国家旅游度假区和昆山旅游度假区外，其余的都为工业性的开发区。这 15 个开发区的产业内涵具有较大的共性，以外资投入为主，以工业项目为主，以两头在外的生产加工型企业为主。区内的外资企业实际大都为发达国家的加工贸易型项目，主要功能是对进口的零部件进行生产加工和装配，产品大部分再返运出口。这种产业特点使开发区内的投资项目在整个产业链中充当着次要角色，内含价值较低，主要因人工的投入而实现增值，主要增值部分并不在开发区内，开发区的经济效益的提升因而受到很大的限制。

其实，开发区对于一个地区最主要的作用不在于带来多少现实的经济收益，更在于通过引入高层次的产业，引进先进的生产技术、管理方法和工艺手段等，带动和提升当地产业，并通过吸收消化外来的先进的技术管理等，在当地经济中产生内生性的新型成份。但开发区这种两头在外的经济很难起到这样的作用。

在经历了多年的发展后，苏州开发区已经进入了收获期，开发收益逐年增加，达到了一定的规模。2002 年，17 个开发区的国内生产总值达 840 亿元，税收收入 110 亿元，财政收入达 115 亿元，与 1994 年比较，都实现了成倍的增长。然而，不能把这样的产出绝对化。应该看到，在开发收益增加的同时，开发区的各种投入和开发成本也在逐步加大。由于开发区呈平面扩张之势，随着开发的扩大，基础设施方面的投入必须继续进行，而且投入强度也会逐步提高。

二、开发区的内涵式增长及其基本特征

规模型扩张的发展方式除了直接消耗大量宝贵的土地资源及开发效益相对滞后外，还会给苏州带来其他更为深远的经济和社会问题。第一，在短期内大量占用优质的社会资源，不利于全局的发展和开发区的产业升级和调整，更会影响开发区的可持续发展。第二，人为降低土地投资成本的做法，不仅扭曲和打乱了市场价格体系，而且还造成国家土地收益的大量流失。第三，大量的前期开发投入，会加重开发区及当地政府的财政负担，影响对其他经济和社会事业的发展。第四，在征地过程中，由地价与开发成本的倒挂而使拆迁补偿和人员安置费用无法全部到位，直接损害了农民的利益，进而影响社会的稳定。

从根本上讲，规模扩张型发展只能是一种短期性和战术性的开发策略，不适宜长期实行。

经过十多年的发展，苏州各开发区形态构建已基本完成，基础设施基本具备，发展框架和方向已经基本确定，引资数量和开发面积已经达到较大规模，各种关系已经理顺，经济实力也大大增强。同时，各开发区在实践中已经探索并积累了一套行之有效的管理经营方法。另一方面，随着我国加入 WTO，对外开放进一步扩大和深入、外来资本正在长江三角洲地区扩散和转移，投资对象正在由劳动密集型的普通加工制造业向高新技术和基础原材料产业转移，投资领域正由第二产业向服务业拓展。

在发展初期，为了保证开发建设能够顺利启动，短时期内大量吸引投资，扩大影响，开发区通过大量资源的投入和优厚投资条件的提供以实现快速发展的发展策略不失为明智之举的话，那么在现时条件下，及时调整，转而选择内涵型增长的发展方式，乃大势所趋。

相对于规模型扩张突出发展速度、强调发展规模、重视短期效果等特点，内涵型增长注重投资质量的提高和结构的完善，追求开发的综合效益，强调开发区全面、协调、长远的发展，把苏州开发区作为一个整体来看，内涵型增长应具备这样一些基本特征：

第一，较高的资源利用率。尤其是土地及各项基础设施的使用效率逐步提高，单位面积土地的投资强度和产出量呈现上升趋势，在经济增长的同时，对土地的占用量逐步减少。

第二，合理的产业内涵和构成。现有的产业进一步集聚，层次进一步提升，结构进一步优化，并形成较为完整的产业链。同时，服务产业的规模相应扩大。在生产加工型业态的技术水平不断提高的过程中，研发、管理型机构的投资加快增长。

第三，协调的区际关系。各开发区结合自身的基础条件和发展目标，在产业内涵、开发方式、功能定位上形成各自的特色和优势，同时，开发区之间在政府意志和市场力量的双重驱动下成为一个有机的整体，既合作又竞争，既统一又独立，通过资源共享，优势互补，相互促进，实现共赢发展。

第四，逐步加深的属地化发展。产业由外植性向内生性转变，产业链向区外延伸，最大限度地利用当地的经济资源。区内企业与当地企业结成密切的联系，或进行并购扩张，或进行广泛的协作与配套，并在品牌、技术、管理、研发等方面对当地产生较大的辐射和带动作用。

第五，较强的资源集约程度。开发区之

间的行政分割和封锁被打破，资源实现跨地域流动，并在流动中重组整合，形成合理的分布和配置。开发区由分散趋于集中，由封闭变为开放，由各自为政变为相互合作。在现有规划面积保持不变的前提下，减少数量，增强实力。

第六，明显的综合经济效益。开发区对当地经济发展有较大的贡献，具体表现为企业增加值率、利润、上缴税收等指标保持在较高水平，开发区有足够的财力从事各项建设事业，形成开发——收益——再开发——再收益的良性循环。

三、在政府主导模式之外引入企业主导模式

规模型扩张的发展方式，其形成绝非偶然，开发区起步阶段的特殊需要固然是其中的一个原因，更主要的还是受社会文化环境和行政体制的影响，即集权型、政府主导型的行政管理体制和经济发展方式。因此，要实现发展方式的转换，有意识，有目标、有计划地进行调整固然是必须的，更为重要和迫切的，应是开发区体制的改变。

苏州开发区一个共同而显著的特点，就是几乎无一例外地采用了政府主导模式。具体而言，开发区无论何种级别和何种功能，本质上都是当地政府属下的一个行政区域，开发区的主办者和管理者——开发区管委会或类似的机构则是当地政府的派出机构。

开发区建设的宗旨就是完成政府的发展目标，职能就是承担政府的各项任务，所有经济活动也都体现了政府的工作要求。虽然开发区一般都有作为开发主体的开发公司，但它只是为便于对外展开经营性活动而设立的，实际也是政府的一个工作机构。由此而来的，自然便是开发区建设的成就等同于开发区管理者及当地政府的政绩。

政府主导模式在开发区建设的初期，这样的选择是明智的，也是成功的。但同时，它也存在着明显的弊端。以苏州开发区的经验看，这种弊端往往会导致以下五大问题，并且它们还会随着开发的不断延续和扩大变得越来越突出。

（一）过于强调发展速度和即期效果。开发区的主办者大都希望快出成果，出更大的成果。其结果，很容易使开发区踏入重速度、轻质量，重规模、轻效益，重眼前、轻长远的路径，甚至采取浪费资源、牺牲长远发展潜力的方式来从事开发建设。同时，一些短期内的增长无效或有负效，但能够提升长期增长潜力的关键问题往往容易被忽略。

（二）出现开发区一哄而上、遍地开花的局面。出于自身利益考虑，在开发区建设过程中，计划经济时代那种投资冲动会很自然地体现在政府的行为之中。有观点认为各地开发区的种种问题可归结为开发区的数量太多太滥，这固然有道理，但根本原因还在于政府主导的发展模式。

（三）各开发区之间相互封闭、各自为政。由于开发区隶属于当地政府，就只能建立于所在的行政区域内，按行政区域关系进行分布，不可能“跨地经营”，无法按市场规律进行流动，既不可能引进其他开发区的资源，也不可能输出自己的资源，导致利用率偏低。

（四）开发区之间形成恶性竞争。在一个行政区域内有多个开发区同时并存，同时开发区的建设进展又与当地政府的政绩挂钩的格局之下，开发区之间必然存在着激烈竞争。为了在竞争中胜出，各个开发区的首选策略只能是竞相提出更为优厚的条件，使出种种超出常规的办法，甚至为此不惜牺牲长远利益和全局利益。

（五）开发区可以无限制地获得资源投入。开发区建设所需的各种资源都来自于当地政府，一般情况下，开发区是通过行政划拨的方式来获得政府资源的，自然也就可以不计成本地使用它们。所以，对开发区来讲，事实上不存在高效率地使用资源的内在要求和外来压力。

当然，政府主导模式并不是规模型扩张之路形成的全部原因。但这五大问题的共同作用，使开发区在面对多种路径选择时，从利益最大化的角度出发，必然走上以速度和规模为重、质量和效益为轻的发展道路。

要改变政府主导模式一统苏州开发区天下的局面,理想的办法是在开发区建立企业主导模式。建立企业主导模式也就是将开发区改造成企业性的组织,开发区的管理者成为独立的市场利益主体,开发区成为以土地开发经营、产业投资,管理服务等为主业的经济实体,并以实现企业的内在价值为其经营目标。

事实上，开发区完全可以以企业的身份出现于市场之中，它向投资者提供的土地及其附属物，以及以相关的设施和服务为形式的投资空间和发展环境也是商品，其交易目的就是以此来换取投资者的投资活动以及由此而带来的各种收益，只不过这种商品交易有一定的特殊性。

如果政府主导模式之下的开发区可以被视作传统意义上的国有企业的话，那么，按照企业主导模式建立的开发区则是市场体系中的真正意义上的企业。随着政府行为的退出和市场机制的引入，原来构成开发区规模扩张机制基础的行政权力构架和经济利益关系也会因之而不复存在，开发区的发展目标、指导思想、运作机制、发展方式等都会发生根本性的转变。这一点已被改革的实践所证实。

此外，企业主导模式的建立，还能给开发区带来一系列积极的影响，如：理顺开发区与所在的行政区的关系和开发过程中的政府行为与企业行为界线；开发区可以摆脱行政事务和社会事务，集中力量投入开发，打通投资渠道，吸引民间资本投入开发区的开发建设；促使开发区提高土地价格和利用率，保护土地资源，更好地实现可持续发展；为开发区资源整合重组、提高资源的利用效率创造条件；在开发过程中农民的利益得到合理的保护，等等。这些都可以反过来促进开发区实施内涵型增长。

不过，向开发区引入企业主导模式并不是全盘将开发区都改造为企业性质的开发经营主体，而是要区分主次，有所取舍，逐步展开。就现状而言，苏州开发区中，有的已不再仅仅是单一的经济区域，而已成为中心城市的重要组成部分。具有多重城市功能，只能作一个行政区域而存在，有的开发区则承担着重要的政府职能，仍需要保持原来的政府主导模式。因此，引入企业主导模式有两种形式可供选择。一是在总体规模较小、功能较为单一的产业开发区内，以企业性质的开发经营主体——开发公司取代现有的由政府派出的开发区管理机构。二是在综合功能性的开发区内，在现行的政府主导体制平台上，以专业性的小型产业园区为对象，将它们改造为企业性的开发园区。

最终理想的结果应是，在整个开发区群落中，政府主导模式与企业主导模式并存，并形成合理的结构，开发区同时成为政府履行社会管理与服务职能和发展经济职能的着力点，和各个利益主体依靠市场机制、高效合理地配置和使用资源、实现财富增值的理想场所。

四、促成开发区发展方式转换的必要措施

在现实社会文化环境和行政体制还不可能在短期内发生根本性改变的情况下，要实现开发区的主导模式的转换，还有赖于地方政府辅之以其他有力的措施。

首先，调整开发区建设的指导思想。

就现时看，在开发区建设的指导思想方面，地方政府都赋予了其中太多的政治内容，常常把开发区的发展速度多快、引资额和基础设施投入量多少等指标视作反映政绩、展示当地形象的标本，因此，必然把这些指标提高到不恰当的高度加以强调，开发区走上规模型扩张的道路与此不无重要关系。要实现内涵型增长，突出开发的效益和质量，就必须淡化开发区的政府目标和社会功能，将承载的过重的政治负担卸去，强调其高效利用经济资源、高质量地发展经济、建立更合理的产业内涵、获得更持久的发展潜力这一应有的功能。在发展速度上，宁可慢些，也要好些。在引进项目上，宁可放过一些，也不要照单全收。在开发效益上，宁可放弃一些表面的东西，也要追求实实在在的好处。同时，对于不同功能的开发区，要有不同的指导思想。

其次，建立新的指标体系来评判开发区开发建设的业绩。

现行体制下，政府对开发区发展业绩的评价考核，采用的是开发面积、建设资金投入、招商数量、经济产出，以及发展速度、增长幅度等指标，这些指标都具有平面和单向的特性、并不足以全面真实地勾勒出开发区建设的完整情况，尤其是无法反映实际的质量和效益。这一点也正是开发区的政府主导模式与规模型扩张的发展方式实现对接的媒介。为引导开发区走上内涵型增长之路，必须调整开发区的业绩考核标准。在上述指标外，还要加入与发展质量与效益相关的指标，如单位面积土地投资强度、单位面积土地产出和效益、经济增加值率。基础设施投入产出比、开发负债率、区内外企业配套率、技术转移和吸收率等，而且对所有的指标还要有所偏重。

再次，通过加强规划控制，形成对开发区发展方式的硬性约束。

苏州开发区都是通过征用农业土地发展起来的，前期规划设计对开发区的未来发展起着决定性的作用。因此，无论是对于新编制的规划还是对于目前不少开发区正在重新编制的规划，政府都应将突出效益和质量、注重内涵型增长的指导思想溶入进去，科学、审慎地编制，保持其严肃性和权威性，同时，严格执行，杜绝随意改变。在规划的编制和执行过程中，应同时解决两个问题。一是苏州开发区的整体布局和功能配置，使各个开发区在苏州整个开发区群落中占据不同的地位和功能，保持发展的协调性和互补性，避免因同化竞争导致开发区资源的浪费。二是严格禁止随意扩大开发范围的行为。在经历了多年的大规模开发后，发展空间不够是苏州开发区目前面临的普遍问题，有不少开发区过去的开发是依照着“摊饼”方式进行的，原来的规划面积开发完后，就顺势向周围扩大范围。这也正是造成开发区低效益、低质量的一个重要原因。对发展空间的严格限定，能够促使开发区改变原来的那种开发方式。

最后，大力实施开发区的归并整合，以扩大规模，增强产业承载能力。

除了一批较大规模的国家级和省级开发区外，苏州还有众多的小型开发区，大部分为农村乡镇所办。这些开发区受客观条件的制约，基础设施建设投入、投资项目质量、管理服务水平、开发效益等方面都还存在着欠缺，需要增强实力，提高水平。而在现有条件下，以这些开发区自身之力是很难实现的。政府在引入企业主导模式的同时，应以行政力量推动、帮助这些开发区从各自特点和当地的实际情况出发，采取不同的方案实现整合重组。在这方面，已经有了成功的先例。常熟的东南开发区就是由原来的三个乡镇小开发区合并而成的。事实证明，这样的重组效果良好。

最后的结论是，在我国对外开放已呈现全方位展开之势，市场体制正在全面建立的背景下，苏州开发区的发展方式必须在引入市场机制的基础上实现转换。否则，仍旧依赖政府的无限投入和对土地资源的无限消耗，是无法实现开发区建设的初衷的，也是无法支撑开发区的长远发展的。

（苏州市委研究室　冯坚）

创新 成就 大发展

——经济学家吕政、宋宁、樊纲纵论开发区走势

在经济全球比和政策优势弱化的形势下，开发区如何有效应对发展中出现的问题，继续担当改革“试验田”的角色；如何承接国际产业转移、率先发展，继续成为经济发展的“火车头”；如何在全面建设小康社会进程中，贯彻和运用政策、发展自己并做出更大贡献，成为开发区面临的紧迫而重大的课题。

国内著名经济学家吕政、宋宁、樊纲就开发区未来发展，开发区招商引资战略、发展方向与产业定位等进行了专题论述。

吕政：突破制约大有作为

开发区是改革开放的产物，加入WTO后，开发区还有无存在的必要？对此，中国社科院工业经济研究所所长吕政认为，经过多年发展，国家级开发区已成为我国吸引外资最为密集的地方、高新技术产业聚集的地方和推动工业技术进步的基地。同时，在未来发展中，开发区将继续起到优化工业布局、改善产业结构和聚集生产要素、降低开发成本、促进经济发展的多种作用。因此，吕政认为，开发区，尤其是已形成规模的国家级开发区，今后不但要存在，还要不断扩张发展。

开发区取得成就的同时，也面临很多问题，如政策优势弱化、法律地位不明。有的开发区产业层次偏低、用地过多过滥、体制优势逐渐丧失。针对这些问题，吕政认为，人世后，开发区的政策优势没有丧失，但在弱化。要通过创新，解决条块分割的体制矛盾，继续保持开发区“小政府、大社会”的气候和优势，防止背上各种传统社会的包袱。要在法律上对开发区地位予以明确，从根本上优化和保证开发区的投资环境。对于土地浪费严重问题，一方面要减少不合格开发区的数量，另一方面要满足发展好的开发区的用地需求。可采用区域内土地置换的办法，实现土地的总量平衡和动态平衡。就开发区今后发展，吕政还提出了提高产业技术档次，发展生产服务业、保障农民利益、内外资并重引进、注重引进龙头企业、建设学习型开发区和创造优越生活文化环境等建议。

吕政分析了国际产业转移趋势后说，中国承接国际产业转移，欢迎低层次的转移模式，同时要争取控制研发和销售渠道的高层次模式。在引进方式上，可以采取“钓鱼式”的逼近战略和“以夷制夷”方法，获取较高层次的技术。在开发区产业定位上，吕政认为，开发区必须寻求充分竞争下的相对垄断，发展特色产业，建立产业集群。这样既可以避免开发区产业雷同，又能形成规模效应，极大增强开发区的产业竞争力。在发展取向上，吕政不主张把开发区变成一个新的行政区，而要尽量保持经济区的优势和特征。

宋宁：硬措施解决“软问题”

关于发展对外经济，国务院研究室宏观司司长宋宁认为，首先要完善对外开放的制度保障，转政策管理为法律管理，以形成公平、稳定、透明的法律环境，保证各类企业在竞争中享有平等权利。这是吸引外资、提

高竞争力的根本保证。对于招商引资，宋宁认为，应把重点放在引进先进的技术，管理和人才上。既鼓励跨国公司进行战略投资，又抓一般的加工贸易，以扩大出口，增加就业。

对开发区发展问题，宋宁指出，改革开放后，开发区在利用外资、扩大出口、推动经济发展上发挥了巨大作用，但近几年出现了过多过滥现象。有的开发区定位不准、水平不高、开而不发。宋宁认为，开发区发展好坏关键取决于发展定位和产业定位。在发展上，要坚持外向型经济取向；在产业上，要走产业集群或块状发展的路子。宋宁强调，开发区要尽可能地减少对优惠政策的依赖，转到依靠优化投资环境促进经济发展上来。特别是软环境的改善，要拿出“硬措施”来。

樊纲：差距蕴藏发展良机

中国下一步发展的机遇在哪里，开发区在全国这个大盘子里有何使命，能有哪些作为？中国改革研究基金会国民经济研究所所长樊纲认为，中国今后发展的主要动力在工业化、城市化和体制创新。开发区在这一过程中应继续发挥产业聚集和体制示范的作用，否则价值要打折扣。

樊纲认为，非农业人口在全国人口中所占的比例是衡量工业化水平高低的主要标准。中国有近4亿人口要转移到非农产业中去，因此工业化主要是农民转为非农人口。由于可以无限供给廉价劳动力，劳动力和市场优势将成为中国经济发展的长期优势。樊纲指出，制造业是中国目前和今后很长一段时期内最有优势的产业，是中国经济振兴的基础。因此要最大可能地把国际制造业转移到中国来。从目前情况看，开发区是承接和聚集国际产业的最好平台，要抢抓机遇大力发展制造业。只有在产业聚集上发挥了作用，开发区在新形势下才有价值。

改革开放能取得巨大成就，在很大程度上得益于体制改革。为什么体制改革能促进经济发展？樊纲认为，体制改革降低了成本，提高了效率，减少了消耗。樊纲说，企业竞争力的高低，不在于是否有大资本、高技术、好的管理和人才，而在于能否用较低的成本生产同样的产品，或用同样成本生产更多、更好的产品。竞争力实质是一个成本概念。因此，要通过体制改革、管理改进，最大限度降低企业的制度性成本。开发区也是如此。过去开发区有体制优势，但现在这种优势正在丧失。开发区必须放弃依靠政策优势的方针，积极进行体制创新，以保持体制优势，为中国城市化提供经验，做出贡献。

（中国开发区协会提供）

坚持实事求是　切忌“一刀切”

——对清理整顿开发区的思考

近几年来，有的地方形成一股“开发区”热，大有开发区“一哄而起”之势。其中，有的开发区乱占良田，没有项目，“开而不发”，大片耕地撂荒，没有效益，侵占农民利益；有的开发区土地出让价格低于成本价格，擅自越权给予外商优惠，进行恶性竞争，造成国有资产流失，管理混乱，经营亏损；有的开发区未经有关领导部门批准，没有统筹规划，不顾发展经济的客观需要和发展条件，擅自设立，贪大求快，盲目铺摊，造成大片土地浪费。针对当前各类开发区存在的这些种种问题，最近国务院及有关部门对各类开发区进行清理整顿的有关规定，是完全必要和及时的，必须认真贯彻落实。

但是，我们必须看到，在适当地区划出一定面积区域，用较少的投资建成较好的投资环境，吸引外资，利用国际国内两种资源和两种市场，推动本国和本地区的经济技术发展，已经成为世界潮流。对于这种潮流，只能因势利导，促其健康发展。党的十六届三中全会通过的《中共中央关于完善社会主义市场经济体制若干问题的决定》中提出："进一步改善投资环境，拓宽投资领域，吸引外资加快向有条件的地区和符合国家产业政策的领域扩展，力争再形成若干外资密集、内外结合，带动力强的经济增长带"。而这些经济增长带的形成，也只能以有条件的现有各类开发区为基点，以点带线，逐步形成和发展。同时，我国现有9亿多农业人口，我国要逐步实现工业化，必须把农民从土地上解放出来，建立小城镇，发展县域经济，发展乡镇企业，增加就业机会，增加农民收入。办得较好的开发区，在这方面发挥着越来越重要的作用。

因此，清理整顿各类开发区，必须根据开发区的发展规律，区别不同时期，不同阶段，不同地区，实事求是，区别对待。笔者认为，根据下列不同情况，该扩大的扩大，该扶持的扶持，该保留的保留，该撤消的撤消。

一是国家级开发区。这类开发区经过近20年的建设，已经取得了显著成绩。国内生产总值，工业总产值、利用外资、外贸出口、税收收入等主要经济指标，持续保持着超常规的高速发展的良好态势，是我国经济技术发展最快的地区之一，成为所在城市的新经济增长点，利用外资的热土，外贸出口的窗口和发展高新技术产业的基地。这类开发区基础设施配套，投资环境良好，深得外国投资者特别是著名跨国公司的青睐，发展前景良好。但由于经过多年的建设，经国家批准的规划面积内的项目已经挤满，特别是建立较早的东部沿海的国家级开发区，原来国务院批准的规划面积就较少，但发展速度很快，需要增加新的发展空间。对于这类国家级开发区，确有扩建需要的，按照规定上报国务院审批后，应根据需要，增加其规划面积，以利这些国家级开发区持续发展。

我国中西部地区，总的来说，其基础设施和投资环境与我国东部沿海地区还存在一定差距，办好现有中西部地区的国家级开发区，对实施西部大开发战略，促进老少边穷地区的经济发展，缩小地区之间的差距，有着重要意义。这类国家级开发区，由于成立时间较短，一般来说，不存在扩建问题，关键是对这类国家级开发区进行分类指导，统筹规划，加强管理，办出特色，提高经济效益，充分发挥示范和带动作用。

二是省级开发区。省级开发区在各省市政府的领导下，一般都符合土地管理法律法规和土地的利用总体规划，经过十几年的建设，具有相当规模和基础，经济技术发展很快，已经成为当地的一个亮点。在当地经济技术发展中，发挥着重要作用。对充分利用规划面积，项目已经摆满，经济效益较好，发展前景良好，确有扩建需要的省级开发区，应该给予扶持，按照规定程序上报省级政府审批后，应该根据实际发展需要，适当给予增加规划面积。

各类开发区经批准后扩大面积，应尽量不占耕地，或少占耕地，更不能侵占良田。在不影响生态环境的情况下，应尽量利用荒坡和低洼盐碱地。国务院批准的第一批国家级开发区，大部分是利用荒山野岭和低洼滩涂建设起来的，这些经验值得推广。另外，经批准后需要扩建的各类开发区，经过正常审批程序，也可以就近兼并已有一定基础设施和项目，但经营管理不善，经济效益不好的开发区。这样，可以优势互补，相得益彰，共同发展。

三是省级以下的开发区。这类开发区也应分成二种，一种是经有关领导部门批准，而且基础设施已初具规模，工业项目已经建设上马，已经产生经济效益，具有发展潜力。这类开发区按规定程序报有关领导部门审批后，应当保留。但应纳入当地的经济发展总体规划，调整布局，整合功能，合理规划，与发展县域经济和建设小城镇结合起来，与发展当地的乡镇企业和农副产品加工业，增加农产品的附加值结合起来，与解放农村劳动力和增加农民收入结合起来，促进当地的经济发展。另一种是未经有关部门批准，不符合总体规划，没有形成基础设施，布局不合理，开发程度低，项目资金全都不落实的，应该撤消。依法收回土地，能够复垦的，应该尽快组织复垦，交还农民耕种，千万不能撂荒闲置，充分发挥土地的作用。

沉舟侧畔千帆过，病树前头万木春。我们相信，经过这次清理整顿，我国的开发区，将会更加健康地快速发展，在促进我国的经济技术发展中发挥更大的作用。

（中国开发区协会　实文）

与时俱进　励精图治
再创秦皇岛开发区经济社会发展新的辉煌

2004年是秦皇岛开发区建设史上极其不平凡的一年，开发区迎来了建区二十周年。20年来，开发区国民经济从无到有，经济实力从弱到强，经济总量从忽略不计到全秦皇岛市龙头的发展历程，更坚定了率先发展的信心和勇气。截至2004年12月，开发区累计批准各类项目3847个，其中外商投资项目610个，总投资39亿美元，合同利用外资26亿美元，实际到位外资11.6亿美元；引进内资项目3237个，实际引进内资127亿元，实现财政收入38.5亿元；出口创汇18.9亿美元；工业总产值746亿元；工业增加值163亿元；GDP 272亿元。20年来，开发区累计完成基础设施和城市建设投资近40亿元，投资环境日益完善，城市载体功能不断增强。

为实现党的十六大提出全面建设小康社会的宏伟目标，秦皇岛开发区必须坚持“解放思想、迎难而上、凝心聚力、率先发展”的工作目标，认清形势，增强忧患意识、责任意识，以饱满的工作热情和只争朝夕的精神状态投入到实际工作之中。

一是思想要进一步解放。解放思想、与时俱进是确保开发区实现跨越式发展，永葆生机和活力的决定性因素。思想解放的程度决定经济发展的速度。近年来，我们虽然在不断地解放思想，但思想解放的程度还不够，还不能适应开发区跨越式发展的要求。我们要以邓小平理论和“三个代表”的重要思想为指导，全面落实“三为主、二致力、一促进”的方针，树立科学发展观，以招商引资和项目建设为中心，把党和国家的路线方针政策，同开发区的实际结合起来，用足、用活政策。要适应新形势下的新要求，就要勇于突破各种条条框框，不能仅局限于服从上级的文件和命令。在具体工作中，要破除言必寻章，行必问典，没有政策不敢办，有了政策机械办的僵化思想；要破除重眼前、轻长远，重小利、失大局的短视观念；要破除因循守旧、顽固不化的工作作风，大力营造鼓励创新的机制和氛围。凡是有利于开发区发展的就要大胆去闯。紧紧围绕招商引资和项目建设这个中心，把解放思想贯穿于工作的方方面面，彻底转变工作作风，提高服务意识，使开发区成为外商投资兴业的理想乐土。

二是观念要进一步更新。观念是决定开发区发展的关键，这是关系到开发区能否率先发展的一个重要问题。开发区的开发建设本身就是一个观念不断创新的过程。创新是开发区的灵魂，过去的发展得益于创新，现在取得的成果来自于创新，今后的跨越式发展更要依托于创新。面对开发区的发展，必须充分认识创新的巨大作用，树立强烈的创新意识。头脑再活一点，气魄再大一点。要把“体现时代性”和“把握规律性”统一起来；把“富于创造性”和“符合科学性”统一起来；正确处理各种矛盾，把握各种关系，坚决剔除“不求有功但求无过”的思想。对开发区干部而言，无功便是过。20年来，开发区始终把创新作为考核工作业绩的一个重要标准，以国家行政管理体制和机构改革试点为契机，建立了“小政府、大社会，小结构、大服务”精简高效的行政管理体制，推行干部聘用制，形成了干部能上能下、优胜劣汰的良性循环。当然，在创新过程中出现一些失误和偏差是难免的，关键看是否出于公心，是否为开发区发展大局着想。有过错不一定没有业绩，失误可以在以后的工作中纠正和完善，只有这样，大家的积极性和创新热情才能得到保护和充分发挥。只有这样，才能在区域竞争中领先一筹，高人一等。也只有这样，开发区的发展才会有更大的突破，才大有希望。

三是环境要进一步优化。环境是项目最基本的保障和要素，项目建设的一个核心点就体现在投资环境上。环境出效益，环境出生产力。环境是多方面的，包括基础设施，交通运输，市政建设等硬件环境，也包括政策、法制、人才、服务等软环境。从1997年开始，秦皇岛开发区连续几年开展了“投资环境年”活动，主要通过改善投资环境进一步增强招商引资竞争力。2001年6月，秦皇岛开发区顺利通过ISO14000环境体系认证，并被国家环保总局批准为ISO14000国家示范区。2002年5月被河北省政府授予环境保护模范区称号。在巩固ISO14000国家级示范区成果的基础上，不断优化环境管理体系，顺利通过了ISO14001年度监督审核。在环境保护和建设方面，秦皇岛开发区走在了全省乃至全国的前列，塑造了“绿色开发区”建设的典范。呈现出“白天是景点、晚上是亮点、节日是看点”的崭新形象。但是与兄弟开发区相比，秦皇岛开发区的投资环境特别是硬环境还有待于进一步优化。硬环境不足软环境补，软环境关键靠服务。服务是品牌、是形象，服务是招商引资，服务也是生产力。开发区为此不断推出优化服务的新举措，努力铸造企业投资发展的福地。完善了“三个服务体系”。成立了开发区投资服务中心。把涉及项目咨询、审批、服务的14个部门集中到服务大厅，统一受理服务事项，推行代办和限时办结制，真正实现了“一个窗口对外”、“一条龙服务”的环境。金海食品、万基钢管、哈尔滨动力等一批大项目之所以能够在开发区落户，靠的就是服务。

四是发展要进一步加快。发展是硬道理，跨越式发展是我们的历史使命。经过

20年的发展历程，一批经济实力强，投资规模大，经济效益好的龙头企业迅速发展壮大，有效地带动了区域经济的快速发展，经济运行质量显著提高。2004年，全区共实现生产总值73.2亿元，出口创汇4.44亿美元。全区工业销售收入达到215亿元，产值超亿元企业达到20家，比上一年翻一番。科技创新能力不断增强，高新技术创业服务中心顺利通过科技部审批，晋升为国家高新技术创业服务中心，在全区84家规模以上工业企业中，有30家建立了研发机构。2004年开发区全面超额完成了各项目标任务，各项经济指标快速增长，在全国开发区中增幅位居前列，实现了位次前移；在全省开发区中综合排名稳居榜首，国民经济和社会各项事业呈现出大发展的良好态势。虽然秦皇岛开发区经济这几年发展较快，但基数低，总量太少。可以说，正处在发展的十字路口。要想有所突破，只有抓住机遇，尽快发展，才有可能做大经济总量，提高经济质量，缩小与先进地区的差距，否则就会坐失良机，越落越远。从当前的国际、国内形势和项目建设情况看，必须树立正确的科学发展观。因为科学发展观是我们党对社会主义现代化建设指导思想的新发展。科学发展观进一步明确了发展是硬道理，强调要以经济建设为中心，注重提高经济增长质量和效益；要以人为本，实现经济社会全面协调可持续发展。无论是解决当前经济运行中的突出矛盾和问题，还是全面建设小康社会，都必须以科学发展观为指导，把科学发展观贯彻到改革开放和现代化建设的全过程。只要我们坚持用科学发展观统领经济社会发展全局，励精图治，知难而进，一定能够开创改革发展稳定的新局面。2005年是“十五”计划的最后一年，也是充满希望和挑战的一年。开发区将以邓小平理论和“三个代表”重要思想为指导，全面落实“三为主、二致力、一促进”的发展方针，树立全面、协调、可持续的科学发展观，努力实现秦皇岛开发区超常跨越式发展，为构建秦皇岛开发区和谐社会，为秦皇岛市经济社会提速发展做出更大的贡献。

（秦皇岛经济技术开发区管委会主任
胡英杰）

强化农村社会保障体系建设
打造城乡一体的社会全保障区域

近年来，青岛开发区随着落户辖区的项目不断增多，开发建设步伐不断加快，农民赖以生存的土地资源不断减少。虽然经济的快速发展提供了大量就业岗位，部分农民通过就业解决了生存问题，但仍有相当一部分农民因为年龄、素质等多种因素未能实现充分就业。这部分农民特别是其中的大龄和老龄农民的生活和养老、医疗等社会保障问题日渐突出，解决不好，不仅会严重影响农民的基本生活，而且会直接妨碍城市化进程的推进，影响社会稳定。对此，青岛开发区认真贯彻落实“三个代表”重要思想，想群众所想，急群众所急，提出了“城乡一体化、建设全保障区域”的工作思路和目标，积极探索构建适合开发区区情的农村社会保障体制，努力使每一位农民都能享受到改革开放的成果，实现老有所养、病有所医、失有所助，解除农民后顾之忧，为全区的经济建设和社会发展提供了稳固的后防。

一、以土地换保障，建立农村社会基本养老保障的长效机制

近几年来，青岛开发区坚持社会统筹与定额补助相结合，采取了一系列措施，在一定程度上解决了部分农民的养老保障问题。目前，全区14万多的农村总人口中（包括村改居人口3.3万），已有5万多名农民参加了各类社会养老保险，占总数的35.5%。从2002年1月1日起，对因项目征用失去部分土地的农民，在达到退休年龄时每人每月发放60元的养老定额补助，并按照6%的标准逐年递增。但全区仍有7万多人未参加任何保险。2003年以来，青岛开发区在充分考察调研学习的基础上，探讨建立“以土地换保障”，深化农村社会保障制度改革新机制，出台了《农村社会基本养老保险暂行办法》，对未参加任何保险的农民实行区域性养老统筹的办法，从根本上解决全区农民的养老保障问题。

“以土地换保障”就是将农民赖以生存的土地被征用后获得的补偿费优先用于解决农民的养老问题，同时将政府的部分土地出让金反哺给农民。具体说，就是以土地补偿费、劳动力安置费和部分土地使用权出让金及部分因项目建设产生的新增财力为保障基础，实行社会统筹与个人账户相结合的养老保险模式，给达到一定年龄的农民发放养老保障金，解决农民的养老问题。养老保险待遇与经济发展水平和参保个人缴费挂钩，以“以收定支，收大于支，略有结余”为原则，不足部分由区财政兜底解决。在具体运作上，凡具有本区非城镇户籍（包括农转非区域的原非城镇户籍）年满18周岁未参加现行城镇职工社会基本养老保险的人员，按照自愿的原则，均可加参农村社会基本养老保险。区、街补助的基本养老保险费列入当年财政预算，专款专存，专款专用；村（居）集体将每年的征地补偿费所得部分、村（居）土地租赁费和厂房租赁费，设立专户，优先用于缴纳村（居）集体养老保险补助费。参保个人可按规定补缴相应的保险费，在达到法定退休年龄时享受养老待遇。参保人员一次性补缴确有困难的，可通过商业银行货款予以解决。该制度的建立，从根本上解决了农民尤其是大龄农民的养老问题。据测算，从2004年1月1日起，凡参加该保险，男年满60周岁、女年满55周岁以上的本区非城镇人口均可领到270元左右的养老金，保障范围及标准均处于全国领先水平。

二、建立以大病统筹为主的农村合作医疗制度，解决农民的基本医疗问题

为解决农民的基本医疗问题，提高全区农民的健康水平，从根本上消除农民因负担不起高额医药费而出现的“因病致贫”或“因病返贫”现象，2003年以来，青岛开发区根据国家、省、市有关文件精神，对农村（含村改居）没有参加医疗保险的人员，积极探索建立了以大病统筹为主的新型农村合作医疗制度。设立农村合作医疗基金，实行个人缴费、集体扶持和政府资助相结合的资金筹集机制。具体为农民个人每年缴纳10元，村（居）集体按每人每年10元进行扶持，街道办事处、区政府分别按每人每年20元、10元的标准进行补助，通过区、街、村、个人四级负担，每年可筹集资金达500余万元。基金主要用于补助参加新型农村合作医疗农民的大额医疗费用和住院医疗费。参保人员按有关规定，住院医药费按一定比例，分档计算、累加支付。独生子女户、双女户家庭成员在资金补助与报销额上增加5%的优惠。对年内没有动用农村合作医疗基金的，安排进行一次常规性体检。

三、开创“城乡统筹就业”新思路，加快农村富余劳动力转移

青岛开发区把促进就业作为健全社会保

障体系的一项根本措施，出台了《关于促进城乡统筹就业工作的意见》，并创造性地将对城镇失业职工除税收优惠外的其他政策适用于本区农村劳动力。力争到“十五”末，有就业要求的农村剩余劳动力实现就业率达到80%以上。一是充分发挥市场就业主渠道作用，为本区农村劳动力提供求职登记、就业培训、市场择业、招用备案、社会保障等“一站式”服务，有效促进了农村劳动力就业。截止目前，通过区劳动力市场实现就业的本区农村劳动力累计达3万余人。二是针对大量的农村适龄劳动力因文化、技能不适应企业需求而就业困难的状况，制定下发了《被征地村（居）农村劳动力培训工作意见》，从2000年8月至今，累计举办被征地农村劳动力培训班16期，进行了电工、焊工、钳工、微机、服装、电子等多个专业的培训。经考核合格，取得了职业资格证书的，得到了妥善安置，定向培训安置率达到了58%。三是加大就业岗位开发力度。坚持在经济发展中创造就业岗位的同时，对政府投资的公益性岗位优先安置本区劳动力。鼓励用人单位优先招用本区劳动力，用人单位使用本区劳动力按用人数量给予社会保险补贴，符合政策的给予相应的税收优惠。要求区属国有、集体企业的新增就业岗位，安置本区劳动力应不低于50%；街、村（居）投资兴办各类企业的新增就业岗位，安置本区劳动力应不低于60%。四是实施促进就业的优惠政策。政府每年设立统筹就业专项基金，对招用本区“4045”未参加农工商企业保险及自由职业者社会保险的农村劳动力、社会职业介绍机构介绍本区失业人员就业、用人单位招用残疾人就业等，区别情况分别给予以青岛市上年度职工社会平均工资60%为基数，基本养老保险20%，基本医疗保险6%，失业保险2%的比例的社会保险补贴、50～100元/人的职业介绍补贴、3000～5000元/人的超比例安置残疾人就业补贴。

四、创新扶贫帮国工作机制，健全社会救助网络

近年来，青岛开发区先后制定了农村最低生活保障制度、农村困难群众临时救助制度和社会帮扶制度，并于2002年成立了青岛市慈善总会黄岛分会，在全区形成了以最低生活保障、临时救助为主体，以社会帮扶、慈善救助为辅助，以优惠政策为补充的社会立体救助网络。

（一）建立农村贫困人口保障新机制。于1997年1月开始对农村年人均收入低于720元的贫困户进行最低生活保险，缺多少，补多少，宽进严出，动态管理。并根据经济发展情况，适时调高最低生活保险标准。同时，加快推进人均耕地少于0.1亩村的村民实现“农转非”，使原享受农村最低生活保障的困难家庭“转非”后享受城镇最低生活保障等政策，最大限度地提高贫困家庭的生活待遇。

（二）对农村困难群众实施临时救助制度。为有效解决因家庭收入低或出现天灾人祸等给农村家庭造成的严重生活困难，2003年，青岛开发区突破城镇临时救助制度规定的范围，出台了《农村困难群众实施临时救助暂行办法》，对农村人均收入低于1200元的困难家庭实行衣、食方面的临时性、应急性生活救助。其他单位、群众团体、慈善机构等组织和个人对临时救助提供的资助，纳入社会救济专项资金，进行统筹安排，专款专用。

（三）建立双“三位一体”扶贫帮困新机制。从2003年以来，青岛开发区理顺扶贫帮困工作管理渠道，形成上下贯通的扶贫帮困体系，打破了以前独立运作的模式。由区社会救助办公室统一管理，帮扶对象和救助款物统筹安排。对全区各类困难村、贫困户普查摸底、登记造册，建立帮扶信息库。一是实行区领导牵头、部门负责、强村（企业）参与“三位一体”的扶贫模式，三年内贫困村集体经济收入均达到30万元以上。二是实行区领导牵头、部门协调、党员干部参与“三位一体”帮困模式，采取“指一条路子、送一条政策、供一条信息、捐一点资金、上一个项目、教一门技术”的方式，进行“一帮一”帮扶结对，逐步建立起“政府领导、部门牵头、社会联动”的扶贫帮困新机制。

五、强化基层基础工作，为建设全保障区域提供保证

青岛开发区高度重视社会保障基层基础工作。一是及时建立街、村（居）劳动保障服务平台，改变了过去社会保障管理服务一直是由区一级管理、基层基础工作薄弱的现状。即在各街道办事处成立了编制4—6人的劳动保障综合服务中心，村（居）设立了劳动保障服务站，政府花钱买岗位设立劳动保障联络员。同时，建设社会保障计算机网络系统，初步实现了区、街社会保障管理服务机构的联网。二是高度重视劳动保障服务环境建设。2003年，政府投资新建了9000余平方米的劳动保障服务大厅，集劳动培训、劳动就业、劳动监察、劳动争议仲裁和社会保险等于一体，实行集约化办公，“一条龙”服务，极大地方便了企业，方便了群众。同时注重抓好软环境建设，劳动和社会保障队伍进一步优化，办事效率进一步提高。

（青岛经济技术开发区管委会）

与时俱进 用市场化的经营理念
开创开发区发展新局面

南昌经济技术开发区是1992年3月由江西省委、省政府批准设立的全省第一家省级技术开发区。2000年4月，经国务院批准为国家级经济技术开发区。开发区规划面积40平方公里，现已开发28平方公里。

据中国开发区协会统计，2002年在全国16个中西部国家级经济技术开发区中，南昌经济技术开发区综合经济实力由15位上升到第3位，主要经济指标增幅名列前茅。2003年5月和9月，胡锦涛总书记、吴邦国委员长和回良玉副总理曾先后到南昌经济技术开发区视察，对园区经济的良好、协调和快速发展给予了充分肯定。

总结南昌经济技术开发区的发展，主要经验是：

一、解放思想，实事求是，确立超常规的正确发展思路

南昌经济技术开发区建区11年来，走过了一段不平凡的路程。开发区新领导班子大胆解放思想，与时俱进抢抓机遇，尤其是抓住沿海产业梯度转移的新形势。确立“赶超战略”的发展思路，积极依托省会中心城市和国家级开发区的优势，首先是突破“小快起步，滚动发展，建成一片，收益一片”的传统发展模式，实现跳跃式发展。其次，运用逆向思维，有效破解了“缺少资金搞基础设施建设——基础设施薄弱则难以引进投资项目——经济总量增长低位徘徊”这个开发建设的“怪圈”。工业园区建设一般发展程序可以用 $X+Y+Z=A$ 表示（X、Y、Z、A分别代表基础设施建设、招商引资、项目落实和经济总量增长），常规求解是X→Y→Z=A，即先根据自有资金和引进资金的多寡建设基础设施，招商引资，然后落实项目开工开业，最后实现园区经济总量增长。管委会领导班子。首先确定“三年翻两番，五年翻三番的超常规发展目标（A），再以创新的理念和有效举措搞好基础设施建设（X）。与此同时全面突破招商引资，项目密切跟进（Y），精心打造项目开业投产平台（Z）等难题，从而突出重围，实现崛起。同时，结合南昌经济技术开发区面临赣江黄金主航道，毗邻中国第一大淡水湖——鄱阳湖，京九铁路、昌九高速公路、105国道纵贯全区，离昌北机场10公里，交通便捷的较好区位优势，确定把开发区建设成“四个基地”的发展定位。即承接国外、港澳台和沿海发达地区传统产业梯度转移基地；国内外大企业、大集团、上市公司低成本扩张的生产基地；高等院校、科研院所科技成果转化生产力的基地；归国留学生、私营、民营企业寻求发展空间的创业基地。根据这个定位，开发区注重引进那些投资规模大、知名度高、技术先进、产业链长的项目，以形成品牌效应、聚集效应，吸引后续企业和配套产业入园。经过近两年的着力拼搏，开发区主要经济指标的增长速度，已由在全国倒数一、二位转而跻身前列。

二、大胆进行投融资体制改革，实施多元化开发投入

基础设施建设的资金问题，历来是开发区建设的“瓶颈”。开发区的超常规发展，需要大量的开发建设资金，能不能解决好资金投入问题，是建设发展开发区的一个关键环节。为了破解基础设施建设资金这个难题，开发区在投融资体制改革方面进行了大胆尝试。管委会先后与香港威达、上海鼎迅等10家公司合作成立了3家投资公司，作为基础设施建设市场化运作的主体，广泛吸收社会资本、民间资本、金融资本、法人资本和境外资本，构建了开发建设主体多样化、融资形式多样化、运作方式市场化的投融资新体制。具体操作上：一是“以地换路”。对承建基础设施的单位不先支付工程款，而是等工程完工后按工程决算金额划拨等价的土地给他们，这样就解决了建设资金问题，又通过划拨的土地进行招商，引进项目，一举多得。如物华大道、龙腾大道等建设就是采取这种办法。二是实行土地产权资本化。开发区管委会将土地出让金转为开发区的开发建设资金，除补偿农民个人所得部分先落实到位外，村镇提留的管理费和集体经济部分以入股方式，由开发区统一掌握用于基础设施建设。三是引进投资者办“区中园”进行成片开发。这样就可解决园区内部基础设施建设的资金问题，又有利于扩大招商引资渠道。如清华科技园、北大科技园的建设。四是施工单位垫资建设。在信守合同的基础上，以优惠的政策吸引施工单位垫资承建工程项目，待工程验收合格后，施工单位按合同提取利润并由投资公司归还投资及利息。如庐山南大道、双港大道、麦庐大道等拓宽、建设、美化、亮化，都是先由施工单位垫资，再逐步还款。五是争取银行贷款。以投资公司作为融资主体，以土地抵押向银行申请贷款，并由公司统借统还，建设过程中的利息支出先从开发区财政预算中安排。这些市场化的融资方式，较好地缓解了开发区初期投入大的难题，大大加快了开发区基础设施建设步伐。2003年共引进内外资项目106个，引进的资金额超过前9年的总和。实进外资1.04亿美元，同比增长884%；实进内资10.2亿美元，同比增长537%。这两项指标均名列全省各类工业园区之首。

三、把亲商、安商、富商同亲民、爱民、为民有机结合起来，不断增强对外商的吸引力和园区的集聚效应

开发区的招商引资实质是环境、服务的

竞争。基于这种理念，开发区把成本最低、回报最快、效率最高、信誉最好的“四最”品牌放到了各项工作的核心位置上。例如：在创造低成本方面，严格贯彻经济核算的要求，千方百计采取一系列降低营商成本的举措，使开发区建设成本大幅下降。开发区首先在供电、土地平整等基础设施建设方面下功夫，自己投资建变电站；精确计算土方平整方案，削高填低，不到区外取土；对土方运输实行无标底竞争，将原来12元的定额取费降到了4.5元；对建设项目实行招标竞争，进场基建队向开发区让利，使二类企业取费标准降到三类企业，使开发区的施工项目平均比国家定额下幅10%。比过去减少了一半多。在提高效率方面，在全国率先将项目审批制改为登记制，3个工作日内便有专人为企业办妥工商注册、税务登记等全部手续。在土地款到账50%以后，7个工作日内即可办好《国有土地使用证》。并在全国首创“经济110”的服务理念，组建了投资服务中心，安排专人专车昼夜值班，全天候，全方位地为客商投资快捷优质服务。在诚信服务方面，做到一诺千金，真心实意为投资者排忧解难，靠诚信赢得投资者的信任。

开发区在壮大自身的过程中，不仅要“亲商、安商、富商”，更要“亲民、爱民、为民”，让那些失去土地的农民有个更好的归宿，真正把“三个代表”重要思想贯彻落到实处；真正体现我党全心全意为人民服务的宗旨及“立党为公、执政为民”的本色。开发区先后采取了一系列有效措施，一是有计划、有步骤地对征地农民进行就业培训和就业安排，提高其就业能力；二是以村为单位建设农民公寓和农民新村，比较好地解决了农民安居问题；三是逐步解决农民养老保险、失业保险和医疗保险，做到老有所养。2003年9月，国家建设部来开发区视察，对区内建设农民公寓和养老保险的经验做法，给予了高度评价，并在全国推广。

（南昌经济技术开发区工委书记、管委会主任　汤成奇）

集群化中国开发区产业发展的新方向

产业集聚已成为世界各地区域经济发展的主流。经济的全球化和信息化正导致生产要素、各种资源和产业分工在不同层次上迅速地变化着，并日益集群于有个性的地区。基于人的相互联系，产业间、组织间以及产业与组织间的合作与互动是创新的主要因素。具有较强外部性或溢出效应的企业、企业创新或生产区位的选择往往具有集中的趋势，即产业集群现象。产业集群现象对区域产业创新起到了至关重要的作用。

一、区域产业集群必然性与必要性的理论分析

产业集群有别于产业集聚或企业集约。关于产业集群的定义和内涵，目前国内产业经济学界众说纷纭。应当说，产业集群是指一群既独立自主又彼此依赖，既具有专业分工、资源互补现象，又维持着一种长期的、非特定合约的企业在一定地域范围内的聚集，已形成相当的规模，并在该地域GDP中占有较高的比重。有关产业集群研究在国际学术界很活跃，有以下几个比较知名的集

群分析理论：

1. 弹性专业化模型。它的分析点主要集中于专业化的分工，认为健康成长需要培育群内企业的分工合作。

2. 集体效率模型。认为集群成长主要来自于外部性与联合行动两个部分，即公司的集中产生了经济上的外部性，然后还需要群内企业进行联合行动，才能更具竞争优势。

3. 钻石模型。认为集群成长需要生产要素、需求条件、关联与支持性产业及企业竞争战略这四大因素的密切配合，政府在其中起着综合作用。此理论的分析点集中于宏观的国家层次，对象多为发达国家相对成熟的集群。

4. 全球价值链模型。此理论内核最早来自价值链理论。之后，学者们把公司间的联系考虑进去，扩展到全球价值链，强调不同国家在全球贸易价值链的合作及其关联。

5. 新国际贸易模型。认为产业集群成长可能由当地历史中的“偶然事件”发起，重要的是现实中的累积因果关系。这种解释过程中的关键的催化因素是规模收益——特别是不同形式的马歇尔式的外部经济，比如劳动力的集中、专业化的投入供应和服务的发展以及知识的溢出效应。这样的收益是市场规模的函数，它的实现依赖地区间的贸易。

一般认为，促进集群成长的因素有五种，即创造性的产生——机会的暴露；企业家能力的产生——雇主的模仿；容易识别消费者的意识——地域的观念；容易识别供应者的策略——经纪人的作用；有限或稀缺资源的整合——成长到更大规模的潜力。

许多国外学者研究发现，建立一个新集群和支持一个已有集群的增长是不同的。在集群的最初发展阶段，外部效应、集聚因素和结网协同并没有很大的影响；显著的企业家活动、企业家对承担风险并建立新企业的愿望、企业进入现有技术和市场新领域的能力，对于集群的产生则是决定性的；企业家努力的成功又主要取决于企业进入集群外部市场的能力。因此，集群关系的开放性和积极寻找大型外部市场是产业集群产生的成功关键。

二、沿海国家级开发区产业集群发展轨迹

我国沿海国家级经济技术开发区迅速崛起，其经济势能之所以为国人乃至世人刮目相看，是因为有了产业集群快速成长而使区域经济膨胀增势。这个发展过程，是随着中国改革开放政策的延续和完善，加入 WTO 之后国际国内市场的日益融合，世界范围内的产业调整和转移，逐步认识到了世界上地区经济发展的一般规律，即依托于企业集聚效应而形成的产业集群是许多发达国家地区经济实践的成功经验。于是，由单纯注重产业积聚逐步关注产业集群，纷纷提出了“产业链”招商、集群化发展，以进一步提升开发区有限空间的生产效率。

为了深入探讨开发区的产业集群发展情况，这里有必要区分主导产业和产业集群这两个概念。主导产业是指在一国或地区经济中占有一定的比重，对该国或当地经济发展起导向性和带动性作用，代表产业结构的演变方向或趋势的产业部门。一个地区的主导产业可以由一个规模较大的企业，或众多生产相同或类似产品的企业构成，并不一定存在企业间紧密的协作配套关系。产业集群强调的恰是各企业之间的协作配套关系，集群企业可以是同类产业，也可以不属于同类产业，对单个企业规模大小并不看重，而看重它们之间的协作配套关系。

从主导产业到产业集群的发展轨迹可以发现，一些发展较快的开发区在培育区域国民经济主导产业的同时，注重完善产业发展环境、拉长产业链条、搭建企业协作平台，初步形成了一个以上产业集群或产业群落，从而形成若干产业技术进步与辐射基地。通过技术的聚集和产品的配套，形成一定发展

规模的产业链，带动周边更广大地区的经济发展。如广州开发区（2002年）形成了以化学原料及化学制品业、电子及通信设备制造业、电气机械及器材制造业（12.97%）、食品饮料制造业（13.10%）等为主的四大产业集群，总产值占工业总产值的75.35%；福州开发区（2002年）以中华映管为龙头的电子产业集群已有40多家企业，产值占全区工业产值的25.3%；青岛开发区（2002年）电子家电基地共有企业41家，产值占全部工业企业的85%；天津开发区（2002年）电子通讯、机械制造、医药化工、食品饮料等四大产业集群的产值占全区工业总产值的91.4%，都形成了各区突出的产业集群优势。

天津开发区产业集群的发展轨迹在全国更具代表性。可以说每个开发区产业集群的形成都有一个历史演进轨迹，不可能一蹴而就。

三、开发区如何设计产业集群化创新政策

从我国沿海各开发区的实践中可以获得如下启示：

1. 创造有竞争力的区域环境，努力使其成为赢得第一个企业（先导企业）的区位。在存在聚集经济时，赢得第一次的区位竞争对之后的企业更具吸引力。所以对第一个进驻企业应给予较高的财政激励，以对以后的产业形成吸引力；后进驻的企业虽然获得的补贴较少，亦能从产业集群的外部经济中获益。

2. 积极扶持现有的产业集聚区（如专业化生产区、高科技工业园区），注重引导和培育企业协作配套关系。政府在企业合作中的中介作用主要在集群形成的初始期，当集群发展到一定规模后，应主要由社会中介组织如行业协会发挥作用。

3. 在招商引资和参与国际竞争中加快产业集群发展。对外开放是开发区最大的优势，依靠国际资本和技术加快产业集群发展，是迅速提升开发区产业整体竞争力，尽快融入全球产业链条和经济循环的必由之路。

4. 重视发展中小企业。实践经验表明，当前不再是福特时代了，超大规模企业受到了挑战，出现了“灵活的专业化”的新分工，大量的中小企业在相联系的部门中群集、竞争和合作。围绕在大企业周围的中小企业是大企业的协作配套企业，通过中小企业的集聚获得外部规模经济效应，利用其灵活多变、接近市场的特点，激励创新，亦可形成相当规模的产业集群。

5. 营造加快产业集群发展的创新环境和市场环境。政府要在企业之间、企业和大学及研究机构之间建立合作关系的过程中充当媒介。在区内建造大学或科研机构，是促进科技成果产业化的捷径。

总之，大力发展产业集群，是开发区当前和今后加快发展的必然选择，是优化开发区产业布局和发展的方向。在这方面，应该说是理论明确，经验丰富，创新天地宽广，发展前景大有可为。

（青岛经济技术开发区　凌嵩）

产业集聚　整合提升各类园区的法宝

如何在有限的土地范围内，实现生产力资源最佳配置，以期产生最佳效益，创造最大的利润，这是各类园区建设与发展中必须考虑的问题。而通过产业集聚，走集约化之路，达到土地资源最大化利用，不失为一种较佳的选择。

人们知道，产业集聚，简单地说，就是在一个适当大的区域范围内，生产某种产品的若干个同类企业，为这些企业配套的上下游企业，以及相关的服务业，高密度地聚集在一起。而产业基地、开发区和各类工业园区是各级政府经上级政府（中央、省、市）的批准，专门划出一块特定的地块，通过一定的政策引导和资金投入，创造出优于其他区域的投资环境，实现以产业集聚和企业集群为目标的特殊空间。

由于产业基地、开发区和各类工业园区各级政府过度依赖和缺乏有效的调控等原因，的确使得目前产业基地、开发区和各类工业园区的发展上出现了一些问题，如区域上过于分散，开发面积过于庞大，结构趋于雷同，与当地经济关联度弱化，缺乏专门而高级的企业服务业等。当务之急是，需要从经济全球化的高度，对产业基地、开发区和各类工业园区重新定位，正确处理好三者之间的关系，千万不能搞“圈地运动”和刮风，一定要通过寻求新定位率先参与国际和国内竞争，再度推动区域经济向更高的层次发展。

目前，首先应从制度层面把守土有责作为考核政绩的硬指标。保护耕地，关键在领导，各级党委、政府要提高认识，统一思想。要从经济社会发展的全局、从可持续发展的角度看问题，树立科学、合理、依法、节约用地的观念。在领导重视的同时，要狠抓落实，即始终抓紧两条战线。一是科学规划，做到合理用好每寸土地，抓好节流，力求节约每寸土地；对基本农田保护区内的耕地，不能做它用。二是以土地整理为主要手段抓好开源，为占补平衡和保证耕地动态平衡提供保障。三是在严肃查处各种土地违法行为中，要对违反规划用地、未批先用、边报边用、越权批地、擅自改变土地用途等违法违规操作的单位和个人，严肃查处，一查到底，决不姑息。

要切实保证提高集约化利用程度，促进土地资源可持续利用。与此同时要各类工业园区（基地）分门别类做好整治提升工作：

1. 产业基地：应抓住新一轮全球性工业布局调整的机遇，建设具有国际竞争力基地。对于基地的规划建设，要抓住当前世界产业结构新一轮调整的机会，引导企业推进国际化经营战，充分利用国际市场和国际资源发展产业，在全面参与国际竞争中构建新的比较优势，建成具有国际竞争力的产业基地。

加强规划。要按照“外向型、高起点、国际化”和“统一规划、分步实施、滚动开发”的方针，为基地内各个企业提供配套的一体化公用工程、一体化服务设施、一体化物流配送体系。使得整个基地，不仅仅是一个单纯生产基地，最终建成在国际上有一定地位的同行业制造中心、产品研发中心、价格形成中心、商务物流中心，成为真正具有国际竞争力的产业基地。

打破区划。作为产业基地建设，有别于

园区建设模式，就要求彻底打破现有的行政区划限制，成立基地开发公司，对基地实施统一组织、统一规划、统一管理、统一开发。立足全国、面向国际分工，以环境综合达标治理为前提，以增强国际竞争力为导向，以提高国际市场占有率和经济效益为目标，以加快集聚、扩大出口、提升产业层次为突破口，让分散企业按照专业分工的高度化和集中化原则，形成企业大集群格局。

增大投入。基地建设事关增强区域工业国际竞争力的大局，综合性强，投资数大，需要我们通过争取各类资金，建立风险基金等途径，集中财力办基地。如积极争取财政支持；积极利用外资，大胆接纳国际产业转移，不断扩大外资的吸引力；还可以建立R&D投入风险机制，通过汇集社会闲散资金，实现高科技产业的高投入，分散高科技产业的高风险，共享科技产业的高收益；积极鼓励民间资金参与投资，按市场化运作方式建设基地。

2. 开发区：应以提高技术水平为主体，在更宽领域和更高层次上构筑新的竞争优势。对于开发区的下步发展，我们认为应以提高产业和产品档次为重点，通过技术创新，进一步激活开发区活力，为工业量和质的提高发挥先导作用，在更宽领域和更高层次上构筑开发区新的竞争优势。

突出重点。坚持“以工业、出口、外资三为主”的发展方针，尽快把开发区建成一个具有一定经济实力的外向型经济区域。要统一规划、分步实施、滚动开发，为区内各个企业提供配套的一体化公用工程、一体化服务设施、一体化物流配送体系。由于目前土地转让收益成为开发区重要财源，为杜绝圈地运动和土地闲置，对开发区面积应有一个总量控制，确保集中有效的开发。在优化和完善经济功能的基础上，大力拓展完善社会功能，发展包括生活居住、商贸、金融保险、中介咨询等服务，使开发区朝着新城区转变，使工业化与城市化同步。

一区多园。从投资拉动型向投资生产和技术创新并举转变。考虑目前开发区已出现各类块状经济、为防止不正当竞争，建议实行“一区多园”模式，统一管理和政策，发挥开发区规模和集聚效应。以发展高新技术产业和先进制造业为产业主方向，设立高新技术产业园、外商投资产业园、贸易和出口等产业园；在产业结构提升过程中，把形成比较完整的产业链作为目标，不但追求上下游之间配套，而且要注意生产、科研技术创新、资本之间的联合。通过放宽行业准入，不分域内域外，产业依次向开发区集中，以弥补产业集聚缺陷和增强产业集聚力。侧重充分挖掘区域潜力，培养和增强当地企业的能力，以便尽早形成区域特色产业，并在此基础上从域外引进与之相关的企业，使开发区真正成为产业集聚地。

功能再造。从发挥积聚功能向发挥枢纽、服务和辐射功能转变。开发区与其所在城市和腹地区域要联动发展。坚持提高城市竞争力，充分发挥对外开放的“窗口”和“桥梁”作用，在吸引外资方面起带头作用；对国际经济技术合作和技术交流起强化作用；对引进和开发先进技术，调整产品结构和技术结构起补充作用，有些门类要起先导作用；还应发挥经济体制改革和人才培养的示范作用。要充分发挥这些作用，就应注意与省内、国内、国际上有关部门、生产企业、科研单位、大专院校等密切配合，大力协作。

创新机制。从着重于税收的优惠、建设的主导、招商引资向体制和机制创新转变。鼓励技术要素参与分配，通过技术股权等手段调动技术创新者的积极性，促进技术创新，让开发区成为技术创新者的摇篮；研究开发区土地、资金、技术等各种资源的合理配置，着眼于长远发展，探索提高开发区经济密度的有效途径，实现开发区集约型扩张；注意解决与开发区的技术创新相匹配的资本市场，积极推进开发区企业上市及建立各种风险投资基金。

总之，通过真正把“合理利用每一寸土地，切实保护耕地”作为基本国策加以宣传贯彻，通过真正对园区的整合提升，“中国的园区只有‘圈地’企业没有产业‘集聚’”的问题，一定会得到较好的解决，并使园区经济真正成为区域发展增长极，和世界先进制造业基地的一部分。

（张国云）

国家级开发区是振兴老工业基地的最佳载体

根据市场经济的要求，我国土地政策对城市不同地段规定了不同的土地价格。国家级经济技术开发区（以下简称国家级开发区）多处于城市边缘，土地价格较老工业企业所处地段价格低廉，利用这种“级差地租”积极促进国有大中型企业在国家级开发区易地嫁接改造是一个可以尝试的途径。长春、沈阳国家级开发区成立十多年来，把国有大中型企业的改造置于改革开放中，实现了“一老换五新（新厂房、新设备、新技术、新产品、新机制），对搞活国有大中型企业具有一定的借鉴意义。

一、长春、沈阳国家级开发区在改组改造老工业企业过程中采取的新举措

他们首先利用“级差地租”原理，吸引老工业企业。开发区地处城郊，土地价格较低，利用地段级差收入，使企业完成改造，通过出售市内黄金地段，获得启动资金迁入开发区后，用级差收入换来了新厂房、新设备、新技术、新产品和新机制，使企业走出困境。目前，长春市内二环路以内的99户企业中，已有25户企业迁入开发区，拟进入开发区进行易地搬迁改造的企业40户。

二是通过吸收外资嫁接改造老工业企业。长春市是新中国汽车工业发展的摇篮。长春开发区把老工业基地改造的重点放在为汽车配套的零部件加工项目上。沈阳开发区共吸引市内45家国有大中型企业进区利用外资嫁接改造，建成中外合资合作项目66个，其中投资额在亿元人民币以上的项目11个，项目平均投资规模为8722万元。

三是对进入开发区易地改造的工业企业，在政策上给予各种扶持。长春开发区除了国家给予的优惠政策外，通过减免配套费、帮助企业解决部分技改资金、给予贷款贴息支持、土地先用后付款、土地投入合资扶持等措施，支持企业。十多年来，长春开发区在帮助老工业企业改造中投入的资金已达10亿元左右。

四是坚持标本兼治，着力打造软硬环境俱佳的发展平台。在硬环境建设上，为进区改造的老工业企业提供了良好的基础设施条件。在软环境建设上，把高效率、低成本和安全性作为基本要求，为进区改造的老工业企业顺利发展开辟一条畅通无阻的“绿色通道”。

二、长春、沈阳国家级开发区在改组改造老工业企业过程中取得的新经验

一是资本嫁接。就是把引进外资和国企改革紧密结合起来，做强一批，实现以强升级。长春大成实业集团经过引资嫁接，在短短的6年时间，就成为全国农业产业化的重点龙头企业，年工业产值已达60亿元，年加工玉米能力和赖氨酸年产量均居亚洲第一。

二是机制嫁接。就是按照现代企业制度和管理方式去改造老企业，促进国有企业与现代企业制度接轨。通过嫁接改造成立的长春百事可乐有限公司，由于实行了全新的管理体制，销量始终以两位数、三位数增长，这个不到300名员工的企业，利润指标增长居亚太区、印度区和中国区第一名。

三是技术嫁接。就是在技术开发、产品开发的基础上进行嫁接。长春皮尔金顿安全玻璃有限公司通过采用英国皮尔金顿的全套生产技术，主要生产设备全部引进具有当代国际水平的全自动化玻璃生产线，产品质量达到国际标准，年生产能力已达100万平方米，现已成为英国LDV汽车公司独家配套伙伴，产品销往东北、华北地区，同时大批量出口美国及欧洲各国。

四是人才嫁接。就是积极为进区改造的老国有企业引进高素质的人才，提高企业的管理水平。

（商务部外国投资管理司）

发挥国家级经济技术开发区在环渤海地区的龙头作用

一、环渤海地区国家级开发区的发展概况

1.产业规模不断扩大，综合实力不断增强，已经成为环渤海地区重要的增长极。十几年来，环渤海9个国家级开发区以邓小平理论和“三个代表”重要思想为指导，坚定地贯彻“以发展工业为主、以吸引外资为主、以出口创汇为主，致力于发展高新技术产业”的战略方针，自力更生、艰苦创业，经济总量迅速扩张，综合实力大幅攀升。

在2002年度，环渤海9个国家级开发区合计的GDP、工业总产值、高新技术产品产值、出口总额、税收收入和合同外资金额分别为1169.4亿元、2977.9亿元、1771.5亿元、123.7亿美元、191.2亿元和62.5亿美元。其中有5个开发区的GDP超过了百亿元，6个开发区的工业总产值超过了两百亿元，6个开发区的高新技术产品产值超过了百亿元，3个开发区的出口总额超过了10亿美元，6个开发区的税收收入超过了10亿元。天津、北京、大连、青岛开发区的全员劳动生产率是全国平均水平的4倍左右，接近中等发达国家的水平。

昔日一个个的荒野渔村，已经逐步演变成为一个个环境良好、功能完善、发展强劲的现代化外向型经济区，日益成为环渤海经济圈中重要的组成部分，成为环渤海三省两市对外开放的示范区、改革的试验区以及重要的经济增长极。

2.良好的投资环境受到海外投资者的青睐，招商引资工作取得丰硕成果，成为环渤海地区对外开放的先导区。环渤海9个国家级开发区秉承“投资者是帝王”、“让投资者赢得利润”的理念，积极营造国际化的投资环境，受到了海外投资者青睐，吸引了一大批投资规模大、技术含量高的跨国公司的投资，在这些跨国公司的带动下，其相关的配套企业及其他中小型外资企业也纷纷进驻各开发区，成为了环渤海地区改革开放的先导区。

截至2002年底，环渤海9个国家级开发区累计合同外资金额达到403.5亿美元，

累计实际使用外资金额达到224.1亿美元，占环渤海三省两市的比重分别达到21.6%和24.0%；累计批准外资项目9601个，据不完全统计，其中投资1000万美元以上的大项目达到了1221个，世界500强企业的投资项目超过了250个。目前，在每平方公里的已建工业用地上平均吸引外资金额基本达到2亿美元以上，天津开发区已超过7亿美元，可以说，环渤海9个国家级开发区完全起到了环渤海地区对外开放的桥头堡的作用。

3. 原规划面积的土地开发任务已经基本完成，土地短缺成为进一步发展的瓶颈。环渤海9个国家级开发区经国务院批准的规划面积合计是174.66平方公里，截止到2002年底，已开发的土地面积达到239.4平方公里，已建工业项目用地面积为115.9平方公里，从总体来看，已经胜利并超额完成了对原规划面积的土地开发和招商引资工作。尤其值得一提的是，在土地开发过程中，9个国家级开发区都采取滚动开发的模式，充分利用自身财力和社会资源，累计完成了固定资产投资2489.5亿元，基础设施投资595.4亿元，实现了土地的巨大升值，为国家和当地政府形成了一大笔优质资产。

但是，土地短缺的瓶颈正严重制约着环渤海大部分国家级开发区的进一步发展，一些大的招商项目由于土地问题而难以落实。目前，只有北京开发区获得了国务院批准，在环渤海各个国家级开发区中率先完成了土地拓展，增加了规划面积24平方公里，解决了土地短缺的难题。

二、开发区产业发展透视

1. 产业规模——部分开发区的产业规模已经相当于大中城市的水平。从工业增加值、工业总产值、高新技术产品产值以及出口总额这四个指标来看，天津开发区、北京开发区、大连开发区和青岛开发区这四个开发区的工业增加值都接近或超过100亿元，工业总产值都超过了350亿元，它们的产业规模已经相当于我国的大中城市。如果把9个开发区作为一个整体来看，那么它的产业规模与北京、天津两大直辖市不相上下，并且已经超越了吉林、内蒙古、重庆、陕西等十多个省级行政区。

2. 土地、资金利用效益——产出远远大于投入。从土地的利用效益来看，其效益也非常显著。截止到2002年底，天津开发区每平方公里的合同外资金额和累积税收收入分别达到了7.4亿美元和11.3亿元，北京开发区每平方公里的产值达到了91.1亿元。从总体上来说，环渤海9个国家级开发区每平方公里的产出效益要远大于我国省市级的开发区以及传统的工业区。

从财政资金的利用效益来看，产出远大于投入。截止到2002年底，每1元人民币的基础设施投资，天津开发区共计吸引了1.6美元的外资，产生了2.5元人民币的税收收入；大连开发区共计吸引了0.8美元的外资，产生了1.7元人民币的税收收入；秦皇岛开发区共计吸引了1.2美元的外资，产生了1.4元人民币的税收收入；沈阳开发区共计吸引了2.2美元的外资，产生了4.0元人民币的税收收入。

3. 三次产业比例——第二产业占据主导地位。从产业构成来看，由于在建区的时候，烟台、大连等6个开发区成建制的接收了一些乡镇，因此这6个开发区都有少量的第一产业；另外，由于大部分的开发区与市区有一定距离，为了与第二产业配套，各个开发区都兼顾了第三产业的发展，实践证明这也是非常必要的。从总体上看，环渤海绝大部分开发区第二产业的比例都大于60%，这是与各开发区以工业为主的发展思路相吻合的。

4. 所有制结构——外资占主导，但开发区已经成为民营企业的青睐之地。在开发区的发展过程中，各开发区逐渐认识到发展民营经济的重要性，理由有两个，第一，提供了与外商合资合作的平台；第二，民营经济具有植根性。因此，各开发区都相继提出了“两条腿走路”的发展方针，这在一定程度上加速了开发区的发展步伐与可持续发展程度。另外，开发区优良的投资环境也天然地成为了民营经济投资的首选之地，如在民营经济比较发达的胶东半岛，青岛开发区的内资企业产值比重就超过了60%。从总体上看，环渤海9个国家级开发区外商投资企业的产值比重达到了80%，规模以上工业内资企业的产值比重只有20%。

5. 投资结构——大项目主导型的特征明显。大部分开发区投资超千万美元的大项目数在累计批准外资项目中的比重接近或超过10%，虽然这些大项目总数不多，但在产业规模上却普遍占据了主导地位。大部分的开发区产值超亿元企业完成的产值占总产值的比重大于50%，同样，大部分的开发区出口超千万美元企业完成的出口值占出口总额的比重也大于50%。天津开发区上述两者的比例均超过90%，大项目主导型的产业特征尤其明显。

三、开发区辐射带动效应

环渤海9个国家级开发区地处环渤海经济圈最开放的地带，一直是环渤海地区对外开放的龙头和桥头堡。十几年来，按照“三为主、一致力”的发展方针，利用各自腹地的资源及工业基础优势，大力发展外向型经济，在起到窗口示范作用的同时，不断地扩大辐射带动作用，扩大了环渤海经济圈直接或间接参与国际经济大循环的领域和范围，为环渤海经济圈的改革开放做出了重要的贡献。

1. 经济总量不断攀升，拉动作用日益明显。环渤海国家级开发区对所在城市的拉动作用显著。2002年度，从GDP占所在城市的比重来看，有5个开发区的比重超过了10%；从工业总产值占所在城市的比重来看，有8个开发区的比重超过了10%，天津、秦皇岛和大连三个开发区的比重超过了30%；从出口总额占所在城市的比重来看，有4个开发区的比重超过了40%；从实际使用外资占所在城市的比重来看，有5个开发区的比重超过了20%，天津开发区超过了40%，秦皇岛开发区更是达到了近60%。

2002年度，9个国家级开发区为环渤海地区提供了近70万个高质量的直接就业岗位，还间接带动了200多万个就业机会，在较大程度上减轻了环渤海地区的就业压力。

从2002年度合同外资金额和实际使用外资金额来看，9个国家级开发区占环渤海三省两市的比重分别达到28.2%和24.6%；从累计合同外资金额和累计实际使用外资金额来看，9个国家级开发区占环渤海三省两市的比重也分别达到了21.6%和24.0%。

“十五”期间，环渤海国家级开发区的拉动辐射作用不断增强。根据环渤海各个国家级开发区制定的“十五”规划以及过去两年的发展情况，“十五”期间，各开发区还将继续保持快速增长的势头，在环渤海经济圈中的经济份额将不断扩大，对环渤海经济圈的拉动作用也将不断增强。到2005年，将有6个开发区的GDP超过200亿元，其中天津和大连开发区分别超过了400亿元和600亿元，9个开发区的GDP占所在城市的比重都将超过10%；天津开发区的工业总产值占天津市的比重将接近40%。辽东半岛三个国家级开发区的工业总产值占辽宁省的比重将达到20%，胶东半岛三个国家级开发区的工业增加值占山东省的比重也将超过8%。

2. 发挥对外开放优势，积极促进国有大中型企业的嫁接改造，在振兴东北老工业基地中发挥重要作用。在促进国有企业和外国资本进行“对接”，实现国有企业的嫁接改造方面，环渤海9个国家级开发区也作出了巨大的贡献。如沈阳开发区地处我国的老工业基地沈阳市，凭借国家级开发区投资环境的优势，在招商引资中积极为中外企业牵线搭桥，同时充分利用级差地租原理，大力促进沈阳市的国有大中型企业到开发区易地嫁接改造，使一大批国有大中型企业在开发区获得了新的发展空间，实现了“一老换五新（新机制、新厂房、新设备、新技术、新产品）”，使企业在短时期内实现了脱胎换骨的改造，获得了新生，从而探索出一条搞活国有大中型企业的有效途径。截止到2001年底，开发区共吸引了沈阳市45家国有大中型企业进区建设，建成了66个中外合资项目，项目投资总额达到35.2亿元。

大连开发区也积极推动了大显、冰山集团、鞍钢等国有大中型企业在开发区与外商合资合作办厂，现有国有企业与外商合资合作的企业83家，2002年完成产值163亿元。国有企业在开发区实现与外国资本的对接，不仅解决了企业发展的资金缺口，也促进了企业现代管理水平的提高，增强了企业的国际竞争力。如大连冰山集团与日本三洋电器合资，在开发区兴办了12家企业，全部盈利，2002年这12家企业实现产值达到了21.4亿元，是冰山集团合资办厂前产值的11倍。

3.开发区内外资企业配套本地化策略的实施，给当地乃至国内的配套企业拓展了市场空间，提供了“借船出海”的渠道。开发区内越来越多的外资企业实施本地化策略，使得开发区产业的辐射能力越来越强。据统计，大连开发区外资企业2002年区外采购的总额达到167亿元，其中有40多亿元是由区外的内资企业实现，国内企业为外商提供配套，不仅拓展了产品的市场空间，创造了新的就业岗位，还推进了国内企业与国外先进企业的技术对接，为国内企业参与国际市场的竞争提供了空间和舞台。

又如摩托罗拉在天津开发区投资设厂以后，积极实施配套国产化战略，如帮助国内配套商制定设备升级计划，改进生产工艺和管理，建立质量控制系统，并提供技术和管理培训，以使这些配套商生产的产品能够达到摩托罗拉的标准。另外，摩托罗拉还积极促进当地配套商与国外一流厂家合作或合资，如促成了美国耐普罗公司与天津电子塑料制品厂的合资等。到2001年，摩托罗拉在国内采购额达到114亿元人民币（其中24亿元的采购额在天津），摩托罗拉在中国的直接与间接供应商达到了近900家，直接推动了天津及国内电子通讯配套产业的飞速发展。

（中国开发区协会　天津经济技术开发区）

推进开发区战略升级的思考

一、开发区是改革开放的试验区，是经济发展的主战场

从1979年创办经济特区起，开发区已在我国实践了多年，数量由少到多，种类由单一到多样，规模由小到大，分布由沿海到内陆，逐步发展起来。开发区建设是我国改革开放后引进吸收国际产业资本、技术和企业的重要载体，也是利用外资提升我国制造业水平、能级的新天地。

二十多年来，国内各地相继建立一大批以吸引工业项目为主的开发区，在管理体制改革起到示范作用。很多地方为了改善开发区软环境，提高政府办事效率，在开发区专门设立了管委会，集中办公，简化审批手续，实行“一条龙会审、一支笔审批、一个窗口对外”，将审批的工商、税务、海关、法律、商检等10多个部门集中在一个大楼办公，大大缩短了项目审批的时间，提高了办事效率，从而使投资的局部环境有了更快、更好的改善。因此可以说，开发区是我国对外开放的试验地。

更主要的，开发区在吸引国外投资、引进国际先进技术，扩大对外经贸合作以及加速区域经济发展等方面发挥了巨大的作用。以上海为例，工业开发区正成为工业投资的主要载体。在完成工业总产值、利润总额、税金总额和从业人数上占全市工业总量的比例分别达到43%、33%、29%和25%，为体现上海工业实力和水平奠定了基础。工业开发区一批微电子、计算机、通信设备、现代生物与医药等高新技术标志性产品项目已竣工投产，初步形成了产业集聚的格局。

二、开发区在发展中存在的问题

一是开发区“散、多、小”。比如国家级开发区——上海闵行开发区，面积五平方公里多一点，漕河泾也是如此。上海的土地资源少，产业规划水平必须提高。对开发区要进行整合，把开发区组合在一起，打品牌效应，注重产业链、产业群和产业配套。

二是开发区吸引外资偏重降低土地成本和税费，忽视综合投资环境的改善。近年来，很多开发区纷纷公布优惠办法，竞相大幅度降低税费，不顾项目的效益，互相攀比吸引外资数量。这种税费一降再降的“优惠”并不能支持可持续发展。有些开发区采用土地零出让的政策，转嫁开发成本，损害当地农民利益。

三是开发区种类多、层次杂，政策五花八门，形成恶性竞争的态势。全国各地设立的开发区名目繁多，如经济特区、经济技术开发区、高新技术产业开发区、科技工业园区、保税区、出口加工区、工业小区、旅游度假开发区、私营经济区（城）、台商园等等。这些开发区，既有国务院批准的，有各部委批准的，也有省市人民政府批准的，还有区县人民政府批准的，更有乡镇级甚至还有未经任何部门批准的村级工业区。在开发方式和开发理念方面，有三种情况比较普遍：一是按“级别”。既有“国家级”的，也有“省市级”的，还有“地级”、“区县级”的，无数“乡镇村级”的。这种以行政单位为主的开发方式，是造成开发区星罗棋布、无序竞争甚至恶性竞争的主要根源；二是按“国别”或地区。为了重点吸引某国家、某地区的投资商，可见“X国工业园”、“X地区工业园”等。不过凡事总有利有弊，既然是“A国工业园”，那么B国、C国、D国投资者的兴趣就不会高了。其招商效果与初衷难免要打折扣；三是按“所有制”，如“私营开发区”等。

三、推进开发区战略升级的几点探索

1.开发区规划和建设要依据区位优势和综合要素准确定位。开发区规划选址的基本条件是：一有足够的建设资本，二有充足的素质较好的劳动力供应，三有原料燃料、工资、运费、地租等要素竞争优势，四有良好的政策投资环境，五有市场依托并有利于产业集聚发展。开发区建设必须正确处理开发区和母城的相互依托关系，城市基础设施和社会服务功能容量是为开发区提供所需服务的基础。

2.要把握开发区规划，推动开发区建设上档次。首先是，要搞好合理的产业规划，不能搞“拉到篮子的都是菜”的招商政策。如新加坡政府将裕廊确定为全面发展的综合型工业区，对其进行合理而妥善的规划。根据地理环境的不同，将靠近市区的东北部划为新兴工业和无污染工业区，重点发展电子、电器及技术密集型产业；沿海的西南部划为港口和重工业区；中部地区为轻工业和一般工业区；沿裕廊河两岸则规划为住宅区和各种生活设施。为充分发挥裕廊工业区的综合功能，新加坡政府在裕廊码头内设立自由贸易区，将裕廊工业区建成既是工业生产基地，同时也是转口贸易区的综合园区。二是先建设基础设施，生产、生活同步发展。在裕廊工业区整体开发建设过程中，一开始就投入大量资金完善基础设施建设，建成了总长达一百多公里的区内现代化公路网、发电量占全国一半以上的裕廊电厂、裕廊港码头、自来水厂以及三百多幢标准厂房等，裕廊工业区还同步建设了各种社会服务设施，兴建了学校、科学馆、商场、体育馆、公园等，使裕廊工业区成为生产和生活设施齐全完备的企业投资乐园，成为风光别致的工业区兼旅游区，被称为“花园工业镇”。

3. 要大力提升开发区产业能级和产业联动性，形成产业集聚效应。从国内外成功的工业开发区案例看，在这些区域形成的不仅是一种企业集聚，更是一种产业集聚，尤其是主导产业的集聚。形成了一种生态产业链，使产业的上、下游之间，整体与零部件之间，制造业与生产性服务业之间相互依存、衔接，并在空间上集聚，形成了低成本、高效率、紧密型的产业群。从上海看，微电子产业基地中的张江、漕河泾、松江；上海化学工业区及金山石化城；外高桥造船基地；嘉定的汽车产业基地和宝山地区的精品钢材基地等，都是产业特色明显、产业集聚性强的工业开发区。通过这种集聚、辐射的良性循环，使工业开发区成为经济发展和产业升级的“动力源”，成为上海“四个中心”建设的重要支撑。

4. 要改革开发区投融资开发建设机制，引进现代园区管理经验。要吸引国内外知名专业性开发公司或社会投资参与现代产业园区建设，建立一个投资开放、政企分离、资源共享、利益多赢的管理模式，引进现代产业园区先进管理经验，提高招商引资的质量和水平，提升园区管理水平和产业能级。将政府管理职能和园区开发经营的服务职能分开。管理委员会主要负责发展规划、招商引资、项目审批和执法监督。开发运营公司主要负责基础设施的建设、招商引资、园区物业管理、生产和生活配套服务等。要打破行政区划界限，要形成园区资源为全区所有，招商引资不分区域和隶属关系，利益分配按贡献分成的合作机制。

5. 要继续完善开发区投资软环境的建设，进一步规范开发区管理和政策。要从土地的集约利用方面加快对各类开发区的清理整顿，更要从开发区的管理体制和政策环境的一致性进行清理整顿；要建立一种有序、健康发展的开发区管理政策和法制环境，既要保持各开发区之间的竞争态势，又要防止以损害国家和第三方利益为代价的恶性竞争。

（上海市浦东新区经济贸易局　何兴刚）

把强烈的发展意识
贯穿党建工作始终

一、以强烈的发展意识推进班子建设整体水平提高，才能把握正确的发展方向

1. 要努力提高领导班子的创新能力。创新是党建工作的活力之源，也是各级领导班子与时俱进的内在动力。长春开发区党工委、管委会结合毗邻母城的实际，精心谋划、大胆实践，充分利用开发区的区位、体制和政策优势，努力把开发区建设成设施配套、功能齐全、结构合理、环境优美、综合优势明显、能与国际经济接轨的现代化新区。在开发建设实践中，开发区积极实施了“高点起步、突出重点、并举同步、结合‘双改’”的工作思路，取得了丰硕成果。我们将国家确定的开发区发展方针与本地实际相结合，以创新的精神确定发展方向和思路，对开发区快速健康发展起到了决定性作用。

2. 要着力提高领导班子的决策效率。效率影响效益，效率决定发展，在开发建设实践中，我们在提高决策效率上不断进行摸索。例如：遇到紧急任务，班子成员超半数开会，迅速决策，事后沟通；通过主任办公会扩大会议研究解决重大事项，在吸纳中层干部经验智慧的同时，把党工委、管委会的决策及时地贯彻下去；设立专门工作领导小组，让分管领导带领小组成员具体负责处理涉及多部门的复杂难题等等，这样做既符合民主决策的基本原则，又体现了开发区“特事特办”的特点，使决策的效率大大提高。

3. 要坚持创造性地解决前进中遇到的重大矛盾和问题，提高攻坚克难驾驭局面的能力和水平。一是抢抓发展进程中的重大机遇。比如我们成立长春经开股份有限公司，并成功上市和配股，为开发建设募集了11亿元发展资金，成为国内首家经济技术开发区上市公司。二是围绕“二次创业”的实际需要，明确了以“四建”为重点的党建工作目标。即建设一批坚决贯彻执行党的路线、方针、政策，善经营、会管理、团结协作、廉洁公正、开拓进取、得到干部群众拥护的各级领导班子；建设一支能够在改革、发展中经得起困难和风险考验并始终发挥先锋模范作用的党员队伍；建立一个适应改革和发展要求、与开发建设紧密结合、能够保证党组织发挥作用的机制；建立一套加强党员教育管理，及时解决自身存在矛盾和问题，不断增强凝聚力和战斗力的工作制度。这些新的工作举措，为开发建设提供了坚强的组织保证。三是开展思想教育活动，激发广大干部职工积极性和创造性。

4. 要自觉维护失地农民利益。开发建设征用农民的土地，尽管我们按照国家规定给予了补偿，但由于失地农民在城市就业中竞争力不强，部分农民的生产生活出现了困难。我们加大了对区内农民的就业培训力度，拿出上千个就业岗位专门安置农民；出台了新的土地补偿办法。同时，我们还抽调精干力量组成工作组，深入村社征询意见，化解各种矛盾，解决了农民生产、生活中的实际问题。

二、以强烈的发展意识强化基层党组织建设，才能打牢发展的坚实基础

加强党的建设，发挥好基层党组织的战斗堡垒作用和党员的模范带头作用，是事业成功的重要保证，也是促进发展的重要基础。

一是要充分发挥党工委班子成员自身的模范带头作用，激励和带动基层党组织和广大党员献身开发建设。在开发建设过程中，我们党工委成员经常吃住在施工现场，每人每天平均休息时间只有五六个小时，开发建设11年，生命的透支使三名党工委委员戴上了心脏起搏器。党工委领导的表率作用就是无声的力量。各级党的组织带领广大干部群众，迎难而上，战胜各种困难，在实践中形成了“艰苦奋斗、奋发图强的创业精神；顽强拼搏、锲而不舍的进取精神；科学实干、任劳任怨的奉献精神；恪尽职守、高度负责的主人翁精神”。

二是要大力加强非公有制经济组织党的建设。开发区是非公有制经济的聚集区。非公有制经济组织党的建设能否提高，决定着开发区党的建设整体水平的跃升。针对我区非公党建的具体情况，我们采取了“四结合”的工作方式。即：党组织的作用发挥与解决职工群众的热点、难点问题相结合；党建与企业文化建设相结合；党建与工建、团建相结合；组建与规范相结合。不断增强党对非公有制经济组织的影响，引导非公有制企业党组织围绕企业的经营和发展开展党的工作。现在，长春经开区具备组建条件的非公经济组织中，已经有69%的企业建立了党组织。

三、以强烈的发展意识打造综合素质好、技术过得硬的职工队伍，才能增强长远发展的动力

为了建设一支善学习、肯钻研、能吃苦、愿奉献的开发建设队伍，我们做了积极的探索和尝试。

（一）在人才培养使用上，坚持积极吸纳、破格使用、企业至上的原则。

1. 积极吸纳。我们先后两次面向社会招聘具有本科以上学历的外经外贸、规划建设和企业管理人才70名，并优先为他们解决了住房。2003年，为了吸引专门人才进区，我们先后又划拨专款6500万元，用于建设人才开发基地、人才创业园和博士工作站；投资800万元建设人才交流大厦；同时，我们正积极运作，与市科技局共同投资500万元，建设高新技术人才创业园区。

2. 破格使用。在人才工作中，我们始终坚持“打破常规吸引人才，创造条件留住人才，不拘一格使用人才”。在人才使用上，我们不唯学历、资历，注重个人的魄力和能力。年轻干部只要有水平，大家信得过，我们就大胆提拔使用。

3. 企业至上。驻区企业的发展是开发建设实现跨越式发展的关键，只有不断为驻区企业网罗、输送各类高素质人才，促进驻区企业的成长壮大，才能在开发建设中有所作为。针对区内企业人才渠道不畅通这一难点问题，我们设立了长春经开区人才劳务交流服务中心，先后投入上千万元，共为驻区企业用人单位提供人才服务1.3万余人次，培训各类人才5300余人次，累计安置征地动迁劳动力5100余人，为项目建设单位提供用工服务7.6万余人，为驻区企业构建了吸引、吸纳和使用人才的绿色通道。

（二）在队伍建设上着力提高素质，培养“一专多能”的复合型干部。

队伍建设是党的建设的根本。工作中，我们坚持“以人为本”的原则，大力提高干部职工队伍整体素质。根据不同群体的不同特征与需求，本着“干什么、学什么，缺什么、补什么”的原则，多渠道提高干部整体素质。在培训的基础上，我们采取轮岗制度，先后数十次调整干部岗位，使每个干部在不同岗位上锻炼提高，培养出了一大批“一专多能”的复合型业务、技术骨干，保证了开发区各项建设事业的快速发展。

四、以强烈的发展意识不断优化经济发展软环境，才能营造良好的发展氛围

经济发展软环境建设的水平是衡量一个地区服务质量的重要标志。一是要围绕转变政府职能，着力强化服务意识。在转化政府职能方面，我们广泛借鉴国际国内先进经验，把不断强化服务意识作为优化经济发展软环境的落脚点。杜绝了“门难进、脸难看、事难办”的现象，端正了服务意识、完善了服务措施、提高了服务水平、在全区上下形成了“学服务、想服务、比服务”的良好风气。二是要围绕提高服务水平，健全完善制约机制。为保证向企业提供优质高效的服务，我们相继健全和完善了一系列规章制度，用以规范和约束全区广大干部职工的服务行为。我们成立了软环境建设投诉中心，专门受理驻区企业提出的意见和建议。出台了《党工委联系企业制度》，不仅使企业提出的合理化建议和正当要求得到了及时采纳和落实，也使我们的工作作风和服务质量有了进一步提高。我们每年两次请驻区企业对各部门的服务进行无记名背对背测评，满意率始终保持在97%以上。

大规模开发建设11年来，由于我们把强烈的发展意识贯穿党的建设始终，使党的建设充分发挥了领导、服务和保证作用，有力地推动了开发建设的快速健康发展。截止到2003年底，长春开发区的经济总量完成2322.56亿元，国内生产总值累计实现684.6亿元，工业总产值1589.35亿元，财政收入85.64亿元，实际利用外资11.8亿美元，为长春市的经济发展做出了突出贡献。

（长春经济技术开发区党工委）

在党建工作中贯彻以人为本原则初探

以人为本是科学发展观的一个根本要求，也是在党的建设中必须坚持贯彻的一个基本原则。如何在党建工作中贯彻以人为本的原则，是党的建设面临的新的重大课题。

一、以人为本原则在党的建设中的地位

以人为本的重要地位主要体现在以下几个方面：

（一）以人为本是党的建设的根本要求

党章在总纲中将坚持全心全意为人民服务作为党的建设必须坚决实现的四项基本要求之一，这也是在党建工作中贯彻以人为本原则的根本要求。我们开发区在学习贯彻“三个代表”重要思想，推进区内农村城市化的过程中，工委、管委会坚持以人为本，认认真真地对待和解决好农民最关心的问题，切实为农民群众办实事。在历时三年的时间里，开发区投资10亿元人民币建设了六大社区和60万平方米住宅，将全区30个自然村8000多散住农民集中搬进组团式的新社区，实现了农村变城市、村民变居民、生活变小康的历史性转变。使广大群众真正得到了实惠，也密切了党群关系和干群关系。实践使我们体会到，坚持以人为本，把维护人民的利益放在第一位，就能够得到群众真心实意的拥护。

（二）以人为本是党的建设的根本保证

以人为本是党的建设的根本保证，主要在于：党的建设的各项任务，都是依靠全体党员来完成的，而且要依靠全体党员的同心协力才能完成。在党建工作中贯彻以人为本原则，要相信人，不仅要相信党内的广大党员，而且要相信党外的人民群众，充分调动人的积极性、主动性和创造性。要团结一切可以团结的力量，不仅要团结和自己意见相同的人，还要团结和自己意见不相同的人，包括那些意见错了愿意改正的人。要始终不渝地坚持把绝大多数人紧紧地团结在自己周围，包括尊重不同制度、不同民族、不同信仰的人。最后还要依靠人，善于集中人民的智慧，凝聚人民的力量，真正为人的才能发挥提供广阔的空间，创造必要的条件。

（三）以人为本是党的建设的根本标准

我们党的纲领、指导思想和所确定的党建工作的任务，无不体现了以人为本和人的全面发展；我们党的最高理想和最终目标是实现共产主义，而共产主义就是一个人的全面发展的社会；我们党以马克思列宁主义、毛泽东思想、邓小平理论和“三个代表”重要思想作为自己的行动指南，而马列主义、毛泽东思想、邓小平理论和“三个代表”重要思想是指导人的全面发展的理论；我们党所确定的现阶段党建工作的基本任务就是全面推进党的建设新的伟大工程，它实际上是现阶段实现每个党员全面发展的伟大工程。因此，在党建工作中贯彻以人为本原则，最终要落实到每个党员的全面发展这个根本标准上。

（四）以人为本是党的建设的根本课题

党的全面任务和责任，就是为实现人民群众的根本利益而奋斗。人心向背，是决定一个政党、一个政权兴亡的根本性因素。一个政权也好，一个政党也好，其前途与命运最终取决于人心向背，不能赢得最广大群众的支持，就必然垮台。我们党作为执政党，必须高度关注人心向背的问题、同人民群众的关系问题。这是执政党建设必须解决好的一个根本课题。

二、在党建工作中贯彻以人为本原则的几点思考

我们不仅要充分认识和深刻把握在党建工作中贯彻以人为本原则的必要性及其重要地位，而且更重要的是在实践中把这一原则付诸于行动，贯彻到党的各项建设之中。

（一）在党的思想建设中必须贯彻以人为本原则

当前在党的思想建设中贯彻以人为本原则，应抓好以下两个重点问题：

1. 党的思想建设以人为本必须着眼于提高人的思想素质。以人为本，就要树立科学的发展观，努力实现人的全面发展。人的全面发展的一个重要方面就是人的思想素质的提高。

要用“三个代表”重要思想武装全党的头脑。“三个代表”重要思想，是继邓小平理论之后，在世纪之交诞生的中国化的马克思主义新成果。用“三个代表”重要思想教育和武装全党，必须把“三个代表”重要思想落实到党的建设中，落实到改造客观世界和改造主观世界中，并紧密联系新形势下党员干部在思想认识上遇到的新情况新问题，引导广大党员干部正确认识和处理党的最高纲领与最低纲领、实现共产主义远大理想与扎扎实实做好现实工作的关系，使广大党员干部真正在思想上有所提高，使各地各部门的工作切实得到改进。

2. 党的思想建设以人为本必须注重改进思想政治工作。改进思想政治工作，需要积极探索市场经济条件下思想政治工作的规律和方法。比如，市场经济条件下，人们的主体意识、权利意识增强了，我们的思想政治工作要贯彻民主和疏导的原则，坚持以人为本，做到关心人、爱护人、理解人、尊重人，以浓厚的人情味和亲和力影响人、打动人、感召人；再如，市场经济条件下，人们的物质利益观念增强了，人民内部的思想问题大量地反映在实际问题上，我们的思想政治工作要以人为本，就要注意关心群众的实际困难，坚持解决思想问题同解决实际问题相结合；思想政治工作要抓好基层落实，培养一支有战斗力的基层思想政治工作队伍。只有这样，思想政治工作才能跟上时代的步伐，才能贴近到位、深入人心。一批企业的党委在探索市场经济条件下合资企业的基层党建和思想政治工作中，坚持以人为本，取得了较好的成效。他们将思想政治工作与党支部活动创新结合起来，组织基层党支部开展了“团队拓展训练”、“职工文化论坛”、“党员岗位创优”、“讲故事学楷模”等贴近职工、贴近生产、形式活泼、易于普及的活动，在党员和职工中引起了强烈共鸣，收到了提高党员和职工素质，促进企业生产经营的效果。

（二）在党的组织建设中必须贯彻以人为本原则

党的力量在于组织。党的组织是由党员组成的。世界上众多不同性质的政党执政历史表明，仅凭执政党人员数量的优势是不能巩固执政党地位的。必须把党员队伍的数量优势转变为质量优势。为此，就必须在党的组织建设中贯彻以人为本原则，充分尊重党员的主体地位，进一步推动党内民主的发展。

1. 用人要民主。用人不公、缺乏民主，在一些地方的干部选拔任用工作中表现比较突出。因此，党的十六大提出，要扩大党员和群众对干部选拔任用的知情权、参与权、选择权和监督权。而要扩大党员的这四种权力，关键是贯彻以人为本原则，发展党内民主。随着党内民主的发展，将会有力地推动用人上的民主化，有效地遏制干部任用中的腐败风气。

2. 决策要民主。重大决策要在党内保证广大党员充分参与和酝酿，集体讨论决定也必须尊重大多数党员的意见，广开言路、集思广益，避免"一言堂"。只有决策的民主化才能带来决策的科学化，只有实现决策的科学化和民主化，保证决策正确地反映客观规律，正确地反映人民群众的意愿和要求，才能在人民群众中树立起先锋队的形象，才能发挥各级基层党组织的战斗堡垒作用。

（三）在党的作风建设中必须贯彻以人为本原则

党的十六大报告指出："推进党的作风建设，核心是保持党同人民群众的血肉联系。"党风建设以人为本，就要牢牢抓住这个核心问题。抓住党风建设中的核心问题，就要使每个党员领导干部牢固树立"三观"。一是牢固树立正确的权力观，二是牢固树立正确的地位观，三是牢固树立正确的利益观。

抓住党风建设中的核心问题。要按照党的十六届三中全会提出的"八个坚持、八个反对"的要求，下大力气解决好领导干部在思想作风、学风、工作作风、领导作风和干部生活作风方面存在的突出问题。要发扬党的解放思想、实事求是、与时俱进的思想作风，把握改革发展稳定的大局；发扬理论与实践相结合的学风，努力提高广大干部马克思主义理论素养和理论水平；发扬密切联系群众的工作作风，全心全意为人民群众谋利益；发扬民主集中制的领导作风，进一步增强团结，营造风正气顺、劲足业兴的政治局面。

（武汉经济技术开发区党工委）

开发区未来发展思路与策略的若干思考

中国的开发区创建于1984年，至今已走过了二十年的辉煌历程。作为中国对外开放及体制创新的经济功能区，开发区的建设已取得了令人瞩目的成就。今后十年乃至二十年，开发区如何更快更好地发展，采取什么思路和策略实现全面协调可持续发展，是摆在我们面前的一项重大课题。

一、确定开发区功能目标的主要原则

如何确立开发区的功能目标，直接关系到开发区未来的发展。二十年来，各地对此做了多方面的探索。在全国首批14个国家级经济技术开发区中，有的坚持选择创建时就定型的工业产业区模式，有的尝试转型为高科技园区模式，有的选择城市新区模式，有的尝试自由贸易区模式，甚至有的一开始就选择了企业化的发展模式。

在广州开发区，也曾经历过：建区初期的"引进先进技术，实现进口替代"的出口加工区发展思路——80年代后期至90年代中期提出的"现代化工业园区"发展思路

——90年代后期改为“综合经济区”发展思路等几次较大的转变。

这些发展思路、功能目标定位的转变，在各个不同的发展时期，有其合理性，其得失成败我们不予置评。回顾开发区二十年来在发展思路和功能目标选择上的经验和教训，我们可以得出一个结论，这就是：开发区发展目标的选择，必须坚持“因地制宜、与时俱进、突出特色、高点定位”的原则。

“因地制宜”，就是功能目标的设定，必须与所处母城乃至更大范围区域的社会、经济发展的趋势更深更广地融合起来，避免成为游离于母城发展之外的“孤岛”。“与时俱进”，就是开发区的功能目标不能也不可能一劳永逸地固定不变，必须根据社会经济发展的变化及时调整，通过一个又一个阶段性目标的实施，逐步实现从初级功能向高级功能提升，从局部区域向全局区域融合的持续性发展，避免固化在原来或现存的“纯经济功能区”的定位上。“突出特色”，就是要按照“有所为有所不为”的原则，从各开发区自身及所在区域的实际出发，扬长避短，合理确定自己的功能定位，形成自身的竞争优势和区域特色。“高点定位”，就是在确定功能目标时，不能把开发区完全等同于其他的行政区，其目标设定，至少在某些标准或要求方面要比其他的行政区高，否则开发区就没有继续存在的必要。

二、开发区的建设应当注意研究和借鉴国外工业园区的经验教训

我国的开发区与国外工业园区具有一定的相似性，因而研究和借鉴其经验教训具有现实意义。

国外工业园区的发展历程表明，单一的、固化的工业园区发展道路，潜伏着最终走向衰亡的巨大风险。这方面的典型案例如德国鲁尔区、纽约布鲁克林区、英国曼彻斯特等。

有人认为：老工业区也可以通过技术改造或产业结构调整焕发出新的生机。我们说，理论上有此可能，但实际操作起来十分困难，而且再建成本会惊人的巨大。德国的鲁尔工业区从战后到现在，整整花了几十年时间才完成其新区域功能的改造；纽约的布鲁克林区至今还是纽约这一国际大都市内的“噩梦区域”；英国的曼彻斯特曾经号称“工业革命的故乡”，但在二战以后却逐渐变成了“疲惫的重工业城市”，直到上世纪九十年代，才通过工业改造和“非工业化运动”重新有所振兴。其原因在于，随着时间的推移，单一的、长期固化的工业区发展道路将遇到许多自身难以克服的客观历史困境：

一是城市经济结构调整所产生的困境。随着社会经济的发展，以工业为主体的城市经济结构向以第三产业为主体的经济结构转移已被众多事实证明是一个基本的规律，在这一发展趋势下，以工业为主体的开发区或工业园区在城市经济总量中的比重和权重不可避免地会越来越小，与此相应，曾经辉煌的工业园区在整个城市发展中的地位和重要性也会逐渐降低。比如，英国目前2790万就业大军中，产业工人仅为350万，占12.5%，是英国完成工业革命以来的最低点，工业在国民生产总值中所占比例降到20%。正如任何一种工业品都会因为更高级替代品的出现而产生无形折旧一样，第三产业在城市经济结构中权重、比重的增加也必然会带来工业园区本身的“加速折旧”。

二是城市空间扩张所产生的困境。绝大多数工业园区开始都选址在城市的边缘地带，过去这里地广人稀、地价便宜，为园区工业的发展提供了相对广阔的空间和低廉的成本，这是工业园区早期能够迅速集聚工业产业并获得快速发展的重要条件。但随着城市都市化的扩张，以房产、商贸、娱乐业等三产设施为主的城市中心区迅速向工业区蔓延，由于商贸用地的级差地价远远高于工业用地，在巨大的利益诱惑下，无论是政府还是商界都会产生“把工业用地变成商业用地”的冲动，其结果，要么是以“异地改造”的名义把老工业园区排挤出去，要么在工业园区周围形成高楼林立的繁华商贸住宅区，几十年后的工业园区将像一个丑陋、苍衰的老人那样夹杂在现代乃至后现代的亮丽人群之中，其最后的命运、结局可想而知。

三是技术变革与知识更新速度加快所产生的困境。压力主要作用于两个方面，一是作用于企业。在以往技术变革速度较慢的时期，工业企业可以通过不断的技术改造逐步提升自身的技术档次，使自己能够跟上产业和技术发展的步伐，但随着科学技术的发展，现代工业技术的变革速度惊人，而且往往表现出不是“小修小补”的变化而是整个产业、整套技术的大变革，这种带有根本性的大变革往往导致一种产品、一个企业甚至一个行业被整体上淘汰，家大业大的老工业企业除非另起炉灶，否则很难跟上技术变革的步伐；技术与知识更新加快给老工业区带来的另一方面压力表现在人才上，现代人才的知识如不及时更新平均不到5年就会过时，老工业企业和工业园区本身已聚集了大量的传统知识人才，要想在短期内使这些人才的知识得到更新或者用新一代人才替换掉这些“知识老人”，都是十分困难的。

四是生活质量与环境保护标准提高所产生的困境。随着社会经济的发展，人们对生活质量和环境保护方面的要求越来越高，而单一的工业区大多在环保方面差强人意，大都属资源、能源高耗型或者有一定程度的污染，这使得老工业区受到来自周围城区越来越多的责难，甚至工业区内本身的员工和居民也越来越难以忍受日益恶劣的环境而纷纷迁移。其结果，企业的发展受到越来越多的限制，园区也因人口的减少而逐渐变成一个“空城”乃至“废区”。

五是国家为特殊功能区域发展提供的特殊优惠政策降格、淡化和普惠化所产生的困境。改革开放前十年，国家对开发区设立的一系列优惠政策为开发区的资源聚集提供了巨大的支撑作用，随着开放区域的迅速扩大和中国市场与世贸规则的逐渐接轨，依靠特殊优惠政策带来的产业资源聚集优势迅速消退，靠特殊优惠政策的另类发展环境和一枝独秀的功能显现难以为继，这一情势不可逆转。

一般单一功能及固化发展的工业园区发展后期所面临的困境，具有普遍性。如果广州开发区还依然固守工业园区或者纯经济功能区的发展思路，或迟或早都将遇到工业园区后期必然遭遇的上述困境。事实上我们已经开始遭遇到其中的困扰因素了，比如土地资源紧缺、地价飚升、环保成本倍涨、与周边区域资源竞争趋烈、劳动人口通勤压力增大等等。因此，审时度势，做出新的发展思路和功能定位抉择，已成为广州开发区不可避免且十分紧迫的任务。

三、努力创造新的“区域位势”是开发区持续发展的关键

回顾广州开发区的发展历程不难发现，之所以能在上世纪八十、九十年代吸引国内外大量的投资，主要得益于广州开发区的区域位势，即在特殊优惠政策、管理体制、产业结构以及基础设施配套等方面比其他区域具有明显的比较优势。

“区域位势”是为了反映一个地区的综合发展潜力而从物理学借用的一个概念，指一个区域在社会经济发展中所拥有的各种比较优势综合之后，使该区域与周围其他区域相比而具有的更高的发展势能，或者说是一个区域与周围其他地区的发展势能落差。利用“区域位势”这一范畴也可以较好地反映一个经济功能区生存和发展的潜在价值。

开发区之所以有存在的基础，是因为我们组合了特殊优惠政策、相对精简的体制、相对先进的产业以及相对完善配套的基础设施等发展要素，使其具备了比其他地区更高的区域位势；开发区之所以在前20年能够以较高的速度取得突出的成就，就是因为其组合的较高区域位势转化成了强大的发展动力。反之，如果开发区与周围其他区域相比，其区域位势并不高甚至还较低，那开发区就不仅不会比其他区域发展快，甚至没有存在的必要。一言以蔽之，当前全国开发区面临的共同问题，正是区域位势的趋势性失落！能否在新的形势下重新获得新的、更高的区域位势，成为关系到开发区能否继续发展的关键。

目前，国内各开发区，尤其是已有二十年发展历史、不同程度进入成熟工业园区阶段的国家级开发区，在抢占新的区域位势制高点方面大体形成两大思路，一是走经济功能“专业化”或工业“集群化”发展的思路，即通过产业结构调整提高区域企业的集约化程度和技术档次，使以往行业分布较分散、产业技术水平较低的工业园按照专业化、集群化的方向重新布局，以图在汽车、石化、电子等某些重点行业形成区域比较优势，突显出本开发区的产业特色，从而获得下一步发展的高区位优势和错位竞争优势。另一类是“综合化”或“城区化”的发展思路。即顺应母城城市化进程加快的趋势，增加和拓展开发区的区域功能，跳出单一的、固化的工业园区的窠臼，重新策划开发区未来的发展目标定位，在更大范围、更广领域重新确立开发区的高点位势。

道路的选择不应该也不可能强求一律，无论是“专业化”、“集群化”的发展思路还是“综合化”、“城市化”的思路，都是各地根据自己的实际所做出的抉择，在“重新确立区域位势制高点”这一方面，他们都有其存在的合理性。

抢占新的、更高的区域位势，就必然要求开发区在经济、社会、环境乃至文化建设等方面都走在母城的前列，成为发展的“排头兵”。只有成为排头兵，开发区才能获得新的生存基础和发展势能，才能成为各种发展资源新的吸附中心，才能重新成为母城乃至更大范围区域发展的“增长极”。

四、“建设新城区，争当排头兵”是广州开发区在新形势下的必然选择

2002年7月，在广州开发区第一次党代会上，区党委明确提出了“建设新城区，争当排头兵”的奋斗目标。这一区域功能目标的新定位，对广州开发区来说具有客观必然性。

上个世纪九十年代末以来，广州市的社会经济发展出现了新变化。广州的城市发展目标进行了新调整，明确提出了建设国际化大都市的目标，特别是CEPA、泛珠三角区域发展战略提出后，按照全面、协调、可持续的科学发展观，广州在更大范围内对自身的发展思路进行重新定位。三年一中变后，广州的城市规划和城市建设实现了新的突破、新的发展。市委、市政府提出“南拓、北优、东联、西进”的城市发展思路和建设适宜创业发展和适宜生活居住的城建工作目标，以高起点规划、高标准建设、高效能管理为出发点，形成符合城市长远发展新格局，重点推进自然生态、园林绿化、人文景观三大体系建设。配合2010年亚运会，提出了“拉开建设、新区先行，带动旧区改造，重点向东、向南发展，建设多核心、组团式的城市结构”的发展思路。

广州城市建设与社会经济发展方面的这些新情况、新变化，要求开发区发展目标和区域功能定位也必须做出相应的调整，以适应全市经济发展与城市结构调整的新形势。发展策略调整的基本思路是：在继续集聚和提高制造业产业的同时，要逐步加大第三产业和高新技术产业的比重；在继续吸引外资、壮大外源型经济的同时，要逐步培育和增加内源型经济；在继续搞好经济建设的同时，要更加重视和加强城市建设与管理、生态环境保护、社会文化事业发展等方面的内容；在继续促进经济功能区发展、搞好园区经济的同时，要在更大范围内进一步发挥其先导辐射带动作用，通过城乡统筹、一体化运作，以先进带落后，以工业带农业，以城市带农村，以市民带农民，为全市的现代化事业做出更大的贡献。以上调整的基本思路归结到一点，开发区未来十年的发展必须走“建设新城区”的道路。

五、对开发区的产业结构进行根本的调整与升级

与工业园区不同，现代化新城区对产业的要求，一是污染要小，必须是环保型洁净产业；二是占地要少，因为城市土地资源宝贵；三是效益要好，因为城市级差地租、基础设施、人员工资等成本都远高于一般工业区。为了“建设新城区，争当排头兵”，必须按照“以工业化促进信息化，以信息化带动工业化”的思路，从根本上改造和提升开发区的产业结构，大幅度提高城区产业、企业和产品的知识含量。“高知识含量产业”不局限在工业领域，还包括第三产业甚至第一产业中的“高知识含量”行业门类。具体而言，就是指工业中的高新技术企业和产品、第三产业中的智力密集型或智能型企业和（服务）产品以及农业中的“三高”农业企业和产品。

据此，广州开发区目前的产业结构还需要下力气进行调整。必须有意识地限制那些对土地、能源等需求过大的资本和劳动密集型工业企业，把这一类企业逐步引导到其他地区，而集中力量发展占地面积较小、污染较少的高新科技类企业。与此同时，还需要大力发展诸如现代物流、信息咨询、法律财会、金融保险、文化旅游等高智能型第三产业。对于农业、种植业、蓄养业等第一产业，也要通过结构调整和技术改造提高其科技含量，加快传统农业向现代都市农业、观光农业的提升。

在产业转型、升级过程中，要特别重视处理好工业化与信息化以及工业化与城市化的关系。产业演替的一般规律表现为：传统农业及手工工业——劳动密集型轻纺工业——资本密集型制造工业产业——技术密集型科技产业——信息密集型第三产业。这一产业发展序列具有内在的客观必然性。一个国家或地区一般不可能跨越某一环节，但能够通过努力缩短某一环节所需要的时间。从广州及珠三角地区的现实看，目前的产业发展层次主体上仍处于从“资本密集型制造工业产业”向“技术密集型科技产业”过渡的时期，在相当一段时期内，现代工业、装备制造业对经济发展的支撑、拉动仍然发挥着主体作用，不可能短时期内就迅速提高知识密集型高新技术产业的比重，只能取渐变的方式，逐步用信息化改造传统产业，用传统产业所积累起来的资金再发展高科技产业，推动信息化。

工业化与城市化的关系，同样有一个“度”的把握问题。国外发展的经验表明：工业化是城市化的先导和基础，工业化的程度越高级，城市化的倾向就越强烈；反过来，城市的发展，城市化水平的提高又可以缩小城乡差别，加速资源积聚，从而加快一个地区特别是农村地区的工业化进程。没有工业作为支撑的城市缺乏动力，而没有城市作为腹地的工业区则缺乏活力，这两者相辅相成，缺一不可。

中国近十年来城市化呈现出加速发展的势头，但仍然处于工业化发展的中期，即使是比较发达的珠三角地区，工业化仍然是推动区域发展的主要动力。开发区更不用说，其经济增长的引擎、财富和财政积累的主体还是工业，因此，在相当一段时期内，开发区的现代工业产业这一块不仅不能削弱，而且要在高层次上进一步强化；在开发区现有的四个经济功能区（经开区，高新区，保税区，加工区），应当主要通过加速工业化来促进城市化；在农村地区，则应是通过加快城市化进程带动这些区域的工业化。双管齐下、交相呼应，最终实现全开发区工业化与城市化的“双赢”。

六、按照现代化新城区的功能定位搞好规划和建设

从现代化大都市的一个新城区的发展角度重新审视和规划开发区，是我们面临的一个新课题。以往，我们对于开发区的战略研究与规划，主要着眼于她的产业发展，虽然也涉及城建基础设施、社会文化事业等方面，但只是将其作为工业发展的“配套措施”来看待的。当确立“建设新城区”的发展目标后，再用这种单纯产业发展或单纯工业发展的思想来看待规划开发区，显然已不合时宜，而必须真正把开发区当作一个新城区或城市组团去规划和建设。

以往，人们往往更多地从经济“量的增长”、“质的提高”和体制改革先行、对外开放创新等角度来评价开发区，而忽视了开发区在母城城市发展上的现实价值和历史创造价值。如果从城市建设和发展这一新的角度重新审视开发区，我们发现，前20年的开发区不但在中国的改革开放与工业化过程中充当了“窗口”、“桥头堡”、“排头兵”等角色，发挥了重要的先导、辐射、带动作用，而且在中国的城市化过程中也已经扮演着特殊的角色。多数开发区都选址在城市的边缘或近郊，容易受到母城扩张的融合，开发区的产业聚集带来人口、商贸等城市要素的聚集，成为城市新区不过是时间长短和实现方式的区别。事实上，开发区自觉不自觉地成了母城城市拓展的一条捷径和物化载体。

广州开发区位于广州“东进”轴线的中心，是广州城市东翼组团的核心区，区内有广深公路、广深高速、广园快速路、广惠高速以及东二环等纵横路网通过，山水秀美，环境优良，建设广州卫星城区的条件可谓得天独厚。在具体城市功能定位上，综合考虑开发区的条件，开发区的城市功能定位可以考虑为：以先进制造业、高新科技产业和现代服务业为依托的广州东部商务中心区及配套的舒适生活居住区。

这个定位应当而且能够成为开发区向新城区建设目标挺进的战略支撑点之一。

七、采取切实有效措施提高开发区人口素质

吸引并维持相当数量的人力资源是工业园区能否顺利转型到新城区的关键，也是新城区能否兴旺发达的关键。

正如开发区在经济结构上存在着不同地块发展水平不平衡的矛盾一样，未来的新城区在人口的知识结构上同样存在着相互差异甚至反差的矛盾。一方面，高知识含量的产业结构和高档次的生活居住条件要求高素质的人才与之相适应，另一方面，相当面积的农村地区和相当数量的农村人口的存在，又是一个短期内无法改变的客观现实。人口素质和经济地位上的这种落差如果不消除，新城区的建设目标、功能定位等都将落空，一个大多数劳动力还是从事农业生产或简单体力劳动、大多数人口还只有中小学教育程度甚至文盲的区域是不能称为现代化新城区的，而要缩小这种落差，保证新城区功能目标的实现，除了尽快改造农村和农民之外，别无他途。要通过培训教育、扶贫造血等手段消灭城区与乡村在物质生活与精神生活上的现实差距，消除农村在物质上的贫困和精神上的贫乏。与此同时，要通过营造“两个最适宜”的高档次创业和生活环境，形成对高素质人才的强大吸引力，大规模地吸引各类高精尖人才和熟练技术工人来我区工作和居住，通过增量调整逐步实现人口及人才结构的优化。

（广州市委常委、广州开发区
管委会主任　凌伟宪）

关于保税区性质、管理与立法的思考

自1990年6月以来，国务院批准了上海外高桥、天津港、大连、青岛、宁波、厦门象屿、福州、广州、汕头、海口、张家港、珠海以及深圳的福田、沙头角和盐田港15个保税区。批准规划总面积46.23平方公里，封关运作面积34.80平方公里。经过10余年的建设发展，保税区在基础设施建设、招商引资、功能拓展和经济效益等方面都取得了明显的进展，显示了日益强劲的经济活力。特别是保税区独具特色的功能优势日趋成熟，在连接两个市场、发展物流、促进贸易等方面发挥了不可替代的重要作用，开创了外向型经济新模式。

一、保税区的性质——关于向自由贸易区转型

目前全球各类自由贸易区总数已达1000多个，其中，三分之二分布在经济发达国家，仅美国的对外贸易区加上分区，已达800多个。表明自由贸易区在当今世界上仍然有着强大的生命力。它不仅对发达国家，而且对发展中国家促进对外贸易和本国经济的发展都是有效的。

关于中国保税区的性质，应明确保税区既是符合国际惯例的自由区，又是我国对外开放的功能区，是积聚投资、实行投资贸易便利的区域。因此，首先要汲取世界自由区，如自由贸易区、自由港等管理的成功经验，并大胆创新。国际上有关自由区的重要通行规则是《关于简化和协调海关制度的国际公约（京都公约）》中有关“自由区”的内容。《京都公约》第二章自由区中，对自由区的定义是：自由区系指缔约方境内的一部分，进入这一部分的任何货物，就进口税费而言，通常视为在关境之外。也就是说，保税区是我国境内的一部分，是海关监管下的特殊功能区，其货物也处于关境之内，货物进出处于海关的监管之下，仅进口税费有“境内关外”的特征。因此，我们要有这样的认识，保税区的围网仅是对货物的隔离，而不是对企业的隔离。货物管理在进口税费方面存在着“一线、二线”不同管理，而区内企业作为国内企业，应享受国民待遇。其次，中国保税区又不同于国外的自由贸易区，它是一个吸引投资、聚集企业的开放区，地方政府希望保税区在扩大开放、带动经济增长上发挥作用。作为一个吸引投资、聚集企业的开放区，要有包括政策、经营范围、管理、服务等优势条件。

要从确保中央与地方利益方面，规范中央与地方对保税区的管理。在确保地方利益方面，保税区管委会往往努力使之成为一个功能齐全、经济增长快、财力扩张快的综合区。对于中央，要扩大对外贸易，服务对外贸易发展，强调物流、贸易等功能。所以，衡量中国保税区在新世纪的发展与作用表现在两个方面：一是物流兴旺，二是企业聚集。

二、保税区的管理——处理好一线、二线的关系

保税区的“一线、二线”管理不同于口岸管理，应围绕对货物实施“一线、二线”的管理，而不是对企业。

1. 实行“一线放开，二线管好，区内宽松”的货物管理。

（1）一线放开。除禁止进出境及国家另有规定的以外，允许货物在保税区与境外之间自由进出，免征关税及进出口各税，免领许可证件，由海关实行无纸化登记备案。实现口岸货物与保税区直通，实行一次申报、一次查验、一次放行。

（2）二线管好。实现保税区海关有效监管。从非保税区运往保税区的货物应按规定办理出口手续。对办结海关出口手续的企业，凭有效凭证办理出口退税；从保税区运往非保税区的货物应按规定办理进口手续。根据WTO原产地规则，对全部采用境外料件在区内加工的产品，增值达到一定的比例，认定原产地为中国，在销往非保税区时按运入料件进行补税。

（3）区内宽松。完善保税区物流监管系统，形成入区核对、出区查验的全方位海关监管格局。允许货物在企业、仓库之间流转。允许非保税区注册企业，凭与区内仓储物流企业的相关协议办理入区仓储和转口出境手续。

2. 实施无“一线、二线”之分的保税区企业管理。

保税区企业为境内企业，应按照国家有关部门对企业从事进出口业务和国内贸易的管理办法，赋予保税区企业进出口经营权及国内贸易权。按照国家外汇管理局对经常项目下外汇管理的有关法规，办理区内企业在经常项目下外汇不足时的购汇业务，允许区内企业结汇自由，简化区内企业付汇手续。

三、保税区的立法——国际惯例与发展实际相结合

尽管我国保税区所在省市制定了地方性的保税区管理规章，但与世界上自由贸易区的实际运作存在着较大差异。

“入世”后，在保税区这样一个高度开放的区域，吸引投资、繁荣物流和经济必须制定出台具有权威性的全国保税区条例。

保税区立法应考虑的主要内容包括：

1. 起草的目的。保税区条例起草的目的是为了规范保税区的运作和管理，促进保税区的健康发展。

2. 保税区定义。保税区是中华人民共和国境内实施特殊经贸优惠政策的开放区域。从境外进入保税区的货物，仅就进口税费而言，通常视为在关境之外，免予常规的海关监管。

3. 区域设立。保税区是我国总体对外开放的一部分，是国家的行为，保税区的设立必须由国务院批准。

4. 区域功能。保税区应发挥国际物流、国际贸易、出口加工、商品展销以及相关的各项功能，促进货物流通，方便对外贸易，带动区域经济发展。

5. 货物进出。应明确，除国家禁止进出境的货物外，允许货物在保税区与境外之间自由进出。在保税区与境外之间进出的货物，应当由收货人、发货人或者其代理人向海关登记备案。

6. 进出管理。货物在保税区和非保税区之间进出，国外自由区按进出口管理，在我国须考虑实际情况，货物由保税区进入非保税区视同进口，由非保税区进入保税区视同出口，按有关规定办理进出口手续。

7. 货物储存。应明确，除国家禁止进出境的货物外，货物在保税区内储存的品种和期限不受限制。在保税区内储存的货物，应按海关规定的格式做好存货信息档案和报送。海关有权随时对保税区内储存的货物进行核对。允许对储存在保税区的货物进行分级、包装、挑选、分装、改装、刷贴商标或者标志等商业性加工。

8. 外汇管理。按照保税区的性质，贸易项下进出保税区的货物，原则上要以外币计价结算。但在保税区内加工制造的产品销往非保税区，要考虑其与国内的联系，既可以外币计价结算，也可以人民币计价结算。按国际的通行做法，货物在保税区与非保税区之间进出，需办理出口收汇和进口付汇核销手续；货物在保税区与境外之间进出，不办理外汇核销手续，但需办理国际收支统计申报。

9. 港区一体。国际上绝大多数国家和地区的自由区都实行港区一体化的模式，我国具备条件的保税区正努力实现港区一体化。

10. 企业设立。中国境内外的企业、其他经济组织或者个人依照中华人民共和国有关法律、法规，可以申请在保税区设立企业或机构。

11. 企业经营。保税区企业可以从事进出口贸易、转口贸易、加工制造、货物仓储、发拨配送、商品展示交易和服务贸易及其他相关业务。应鼓励保税区生产企业从事出口加工业务。原材料来自境外、制成品销往境外的加工项目在保税区内不受限制，国家产业政策禁止的除外。经批准，保税区企业可以委托非保税区企业或者接受非保税区企业委托开展加工业务。

12. 区域管理。国务院设立保税区管理部门，负责全国保税区的统一协调和管理。保税区的日常行政管理工作由保税区所在地的人民政府负责。中华人民共和国海关要在保税区设立机构，负责对保税区的隔离设施及周边货物进出卡口，以及对进出保税区的货物、运输工具和个人携带物品实施监管。

（天津港保税区管委会研究室　董维忠）

对我国出口加工区存在问题的思考

加工区已逐渐成为我国高新技术产业先导区、出口创汇重点区、规范加工贸易示范区，也将成为我国对外贸易新的增长点。特别是一些加工区能充分利用政策优势迅速发展起来，对周边的经济带动作用已初露端倪。昆山、上海松江两个加工区，2002 年出口额占全国加工区出口总额的 84.4%。但是，其他 17 家已经封关动作的出加工区出口额在全国份额还不足 16%，其中有四家加工区进出口额都为零（截止到 2003 年一季度仍然为零）。可见，我国的加工区发展极不平衡，甚至出现了“空壳”现象，加工区存在的一些不容忽视的问题，影响着加工区的顺利发展。

一、出口加工区存在的问题

1. 出口加工区功能定位过于理想化，使得政策脱离实际。我国设立出口加工区的宗旨在于对加工贸易实行“优化存量，控制增量，规范管理，提高水平”，改现行加工贸易“漫山放羊式”为“圈羊式”管理，逐步把加工贸易增量引入封闭的加工区域内，是规范我国加工贸易管理和发展外向型经济的重要举措。加工区被要求设在国务院批准的现有经济技术开发区内，定位为“海关监管的特殊封闭区域”，具有“境内关外”的独特功能。而事实上，设立加工区的数量和规模都很有限（相对数量庞大的加工企业而言），全国十多万家加工贸易企业不可能都用“圈羊式”管理，遏制加工贸易走私的目的并未达到。而过于理想化的功能定位，使得加工区的政策过于理想化。

2. 出口加工区缺乏以国家名义的立法来明确“特定区域”的涵义和地位、各种配套规定不完整。目前出口加工区这一“特定区域”的涵义和地位没有得到立法的明确。一些相关部门对加工区的管理思路没有新突破，管理权限不肯轻易放手。相关的配套法规还未完全出台，有些已出台的还存在管理职能没有从根本上转变的现象，使得加工区各项政策法规还不能做到完整、配套、科学、规范、稳定。如：《中华人民共和国海关对出口加工区的暂行管理办法》（以下简称《暂行办法》）第十六条规定：“加工区与境外之间进、出的货物，除实行出口被动配额管理的外，不实行进出配额、许可证管理。”但在法定商检、旧机电产品证明、进口药品通关单、无线电设备进关审查批件等方面并没有区别对待。目前加工区的管理由海关主要负责，海关内部由加贸部门管理，而事实上，加工区涉及到很多方面，需要除海关外的其他部委的协同管理，而在海关内部，由于管理部门的职能限制，加工区的通关等问题就没能在具体的优惠措施上有所突破，围网的优势没能得到发挥。

3. 出口加工区的经济活动范围狭隘。《暂行办法》第五条、第六条规定：出口加工区内只能设置出口加工企业和专门为加工区服务的仓储运输企业；区内不得经营商业零售、一般贸易、转口贸易及其他与加工区无关的业务。使区内加工贸易企业的附属经济活动受到很大限制。而现代企业难免有必要的附属经济活动（如售后服务、跨国公司作为区域性原料中继站而从事的附带的少量中转业务等），如果过分强调其生产活动的单一性，要求企业将必要的附属经济活动移到区外另搞一摊，不利于企业的发展。

4. 出口加工区的一些政策没能与区外很好平衡。

（1）区内企业视同境外客商向国内销售成品问题。从长远看中国经济会成为全球经济的引擎。在全球经济普遍不景气的情况下，我国经济正由出口带动的外部驱动型向内需拉动的内部驱动型转。中国拥有的市场需求是别国无法比拟的。加工区企业和许多境内外跨国公司一样，不能不考虑中国巨大的内需市场。在区内企业内销产品问题上，现行政策强调外销，而对内销限制太多。境外客商能以多种形式向我国销售产品，而加工区企业反到不可以。目前我国的加工贸易企业的产业链比较完整、配套生产相对成熟，企业动作比较方便；而加工区内配套条件还不具备，如果区内企业不能将成品结转给区外企业深加工，只能出口，迫使加工区企业采取商品“境外游”的方式运作，这样一来，除了增加企业政策成本外，没有其他积极意义。此外，区外企业产品内销只对进口料件部分进行补税，而区内是按照成品征税，显而易见的税收损失使企业不敢轻易进驻加工区。

（2）区内企业外贸经营权问题。进区的内资企业经营权问题一直没有明确，仍需由外贸公司代理进出口。既然出口加工区是加工出口产品的封闭区域，企业进出口产品就很自然，也就应该很自然地给予企业外贸经营权,但现在没有明确规定,加工区内的内资企业感觉难于理解,打击了进区的积极性。

（3）通关制度的成功改革使得加工区的通关优势不再有优势，围网监管的优势没有得到充分发挥。加工区的政策优势，如快速通关等，自 2002 年海关进行通关改革实现大通关、电子通关、加工贸易联网监管核发电子手册，以及为出口大户和高科技企业开辟快速通关、便捷通关等绿色通道以来，优势已不明显。

5. 一些优惠政策没有得到切实落实。如出口退税问题。出口加工区实行“境内关外”政策，入区企业购买国内原材料供货商视为货物出口可享受出口退税优惠政策。我国目前没有完全放开企业进出口贸易经营权，区外没有进出口经营权的企业销往出口加工区的原材料须通过出口代理商，增加了购销环节和代理费。同时，在退税环节也增加了流转过程。另外，国家给予区内企业使用区外水、电、气予以退税的税收优惠政策，但实际工作中由于原国家原退税政策没有这种情况，无具体操作办法，而这些物资的供应商都为国营垄断企业，很难配合用户将这一优惠政策得以落实。

二、解决出口加工区面临问题的对策

出口加工区是国际上普遍采用的区域化管理模式，有着很强的生命力。由于我国成立出口加工区时间不长，目前存在的一些问题是完全可以通过各方努力得以解决。

1. 提升地位，扩大功能。要解决如前所述的加工区功能单一、政策不配套、地位不明确等诸多问题，就应该根据各地实际，尊重现实，突破传统思维创新建区思路，将出口加工区建成不同特色的特殊自由贸易区。这在国际上是有先例的，如：目前印度共有7个出口加工区，区内企业达553家。提出加快经济特区建设，并拟将目前的出口加工区和工业园区全面升格为经济特区。

2. 平衡区内外政策，保持加工区政策的优势落差。建议对区内外已经优势“倒挂”的政策，尽快分析原因，寻找对策，降低政策成本，重构区位优势。

(1) 统一区内外加工贸易内销补税的归类方法。目前区外加工贸易企业内销产品征税是按原进口材料税率征税，入区企业内销产品按产成品税率征税相对成本较高，企业存在疑虑，不利于引导企业入区。通过企业调查分析，入区企业保证100%加工产品出口只占少数，大部分企业都占一定数额的内销比例，基于此，按照国民待遇原则和无歧视原则，要么区内区外企业产成品内销部分都按进口原材料征税，要么都按产成品征税，这样，才有相对的政策比较优势，有利于引导企业入区。

(2) 对进出口产品检验检疫予以简化。现行对出口加工区企业进出口货物检验检疫管理规定，要先报检，后报关。通过调查了解到，不少企业认为增加了通关环节，担心先报检会影响企业通关速度，与海关“三个一”通关管理不一致。对这一问题要加大政策宣传力度，增加检验检疫法规透明度，尽量和国际通行做法相一致，入区企业产品达到国际质量检验标准在国际已认可的可不检。同时，把住重点企业和重点产品检验检疫质量，引导区内企业在引进加工贸易产品的加工质量标准上和国际质量标准相一致，提高我国产品在国际贸易中的信誉度和影响力。

(3) 发挥围网监管的优势，简化通关手续，使企业货物进出口更加区外灵活、方便。

近年来，总署对通关制度进行了多次改革，但出口加工区的通关模式，却在原地等待，并没有同步保持优势。而加工区的企业整体上都在海关的监管之下，通关风险要小得多。建议让所有区内企业都自动享受区外大型高科技企业才已经享受的便捷通关待遇。在即将运行的H2000海关管理系统中，为加工区设立专门的简化通关程序，使加工区真正实现备案制管理。

3. 根据《暂行办法》的要求，实现海关与企业的联网监管。与企业实现计算机联网，充分运用企业生产、供销、储运各环节数据源，实现对企业的动态管理。实现真正意义上的EDI报关网络化管理，简化企业的报关手续。以电子口岸执法系统为基础，与外贸、外汇管理、银行、税务、保险、运输等单位实行计算机联网，充分利用相关行政管理部门的独立数据源进行交叉稽核、相互印证、规范管理，控制物流和信息流，在确保海关监控有效，不断提高对加工贸易的监管效率。

4. 扩大区内仓储物流功能，积极探索物流改革之路。随着高新技术的广泛采用和劳动生产率的提高，企业产品加工和制造环节花费的成本越来越低，而用于仓储、装卸、等待加工和运输的成本则相对越来越高。降低物流成本，从物流管理中寻找利润，成为众多（包括出口加工区企业）关心的课题。在加工区着手建立与区内企业进出口货物相配套的现代物流体系不仅十分重要，而且更有优势。加工区货物、物品、运输工具的进出境及其境内存放、移动、处置行为始终处于海关有效监控之下，进行物流改革的海关监管风险很小，可以首先与国际接轨。可将开发加工区保税仓储的功能为国际物流分拨配送功能作为加工区发展的一个重点，为建立从加工制造、物流分拨到以国际物流为核心的服务贸易体系积累经验。物流分拨模式的基本思路是：整合货物供应商、仓储公司和生产企业之间的物流功能，放大加工区内仓储企业的中介作用，将物流配送链条由杠铃式变为橄榄式。

5.出口加工区成为改革我国出口退税制度的试验区。我国出口产品的退税率近年来已调到了平均15%的水平，但仍低于一般产品17%的增值税税率，留有一定的出口税负。依据WTO规则和国际惯例许可的全额退税原则，应尽快恢复实行增值税条例所规定的出口产品零税率制度，即允许对出口产品在产销全过程中所缴纳的增值税都给予退税，彻底排除“多征少退”现象，以增强我国产品在国际市场上的竞争力。加工区可以成为改革现行出口退税政策的试验区。

6.出口加工区可作为贸易便利化的实验区。贸易便利措施是我国加入WTO后必须解决的问题。旨在加速货物和贸易信息的跨境流转，从而在强化完全控制的同时促进经济增长。最近的研究表明贸易便利化措施可以节省高达15%的交易成本。这些措施涉及商家、海关、运输代理、银行、保险及国际贸易的其他参与者。由于加工区的特殊性，尝试贸易便利化改革更容易。

7.加工区的发展要因地制宜，有进有退。像昆山和上海松江出口加工区的成功发展，除了各级管理部门的工作得力外，也有当地经济、地理位置等自身的内在原因。但是，这些条件其他的加工区就不一定具备。建议主管部门审慎地对待新的建区申请；对已经批准尚未验收运营的加工区要严格把握标准，不能再让“空壳”加工区继续耗费人力、物力、财力。对那些已经陷入运营困境的加工区，国家可以考虑取消资格，改按普通开发区形式进行管理，清理整顿应该成为今后一段时期内加工区工作的重要内容。

8.新建出口加工区要突破传统思维。目前，我国加工区基本沿用的是先圈地造房，后报批建区，再招商引资的“筑巢引凤”式的套路。这种方式在绝大多数加工区实施的效果并不理想，证明传统的建区思路有其不适应现实状况的方面，亟需加以创新。首先，对珠三角地区一些产业结构比较合理、加工贸易形成规模、转厂配套相对规范、本身形成加工区域的地方，国家可以考虑采取开辟“自然保护区”的方式，“先牧羊后圈养”，在条件许可的前提下，以“凤栖再筑巢”的方式设立加工区，以实现“优化存量”的目标。其次，对于进区企业不搞来者不拒，而是适当设置企业注册资本、生产能力、产业前景的准入门槛，通过“控制增量”来“提高水平”。最后，各加工区可以根据本地产业特点进行产业分工定位，鼓励相关企业，相关产品进入同一加工区，在具有比较优势的生产环节组成组装与制造能力的相对集中，创造“规范管理”的区域环境，抓住国际梯度分工带来的发展机遇，以此参与国际分工。

（苏州海关课题组）

确立三大发展目标　打造三大产业板块

一、争创一流投资环境，打造一流产业群落

伊宁边境经济合作区地处欧亚大陆桥桥头堡的战略区位，在“内引外联、东联西出”中具有不可替代的地缘优势，同时它作为伊宁市的经济新区，又处在伊犁河谷区域的中枢，拥有得天独厚的资源优势。依托这两大优势，合作区提出了“环境立区、工业强区、商贸兴区”的发展目标。

“环境立区”的一个显著标志就是全力打造“绿色、生态、环保”的新型工业园区，并以经营环境为理念，以合作区投资服务中心的建立为契机，努力构筑“重商、亲商、爱商”的服务高地。

“工业强区”就是坚定不移地推行伊宁市“工业兴市”发展战略，把伊犁河谷的资源优势转化为产业优势，形成工业聚集效应，加快伊犁河谷区域经济的发展。

“商贸兴区”的着眼点是大力发展国际商贸，在伊宁市发展成为中亚国际商贸中心的总体规划中，把合作区建成面向中亚的国际物流汇合区和出口加工标志区。

（一）招商引资力度加大，产业群聚效应初见成效

2001～2003年引进项目45个，其中工业项目32个，3000万元以上的较大项目10个，平均年引进项目达到双位数。

2001～2003年合计引资10.189亿元，相当于前9年引资总额的3.12倍。

（二）基础设施日趋完善，项目承载能力不断加强

三年来，合作区建成区由原来的1.61平方公里扩大到4.71平方公里，相当于前9年的2.9倍，新建道路10.827公里，相当于前9年的3.3倍。

总体构架由原来的“二纵二横”变为“四纵五横”，“工业新区”的初步建成，不但标志着三年中“再造一个合作区”计划的超额兑现，而且大大提升了众多大型项目入区的承载能力。

（三）民营经济发展壮大，经济效益逐步攀升

2001～2003三年中，占据主导地位的区内民营企业不断发展壮大，创造了良好的经济效益：国内生产总值分别完成8735.7万元、9478.46万元、11999.4万元，同比增长204.7%、8.5%、26.6%。

（四）投资环境明显优化，服务理念深入人心

在硬环境建设上，坚持大力度投入、高标准建设，按照“上档次、出精品”的要求，大力实施美化、绿化、亮化工作。三年中在工业新区植树12000棵，新增园区街灯400盏，完成草坪、花灌木造型12万平方米，初步打造出了具有“绿色、环保，生态”鲜明特色的新型工业园区；在软环境建设中，以投资服务中心的建立为契机，大力倡导“人人都是投资环境，人人都是服务窗口”，在市政府各部门的通力协助下，赋予了合作区各职能部门相对独立的行政审批权，使投资服务中心“一个窗口办事，一条龙服务”的服务体系有了切实的落脚点。在具体运行中，投资服务中心坚持执行“服务承诺制、首问责任制、违反限时承诺经济赔偿制”，树立起规范、高效的办事作风，进一步简化行政审批程序，加快办事节奏，提

高工作效率，降低收费标准，规范收费行为，受到了广大客户的欢迎和称赞。

二、打造三大产业板块和六大支柱产业

为实现新一轮的“三年再造一个合作区”目标，2004年度主要经济指标是国内生产总值增长50%；财政收入增长30%；完成招商引资5亿元，力争突破6亿元，实际到位资金确保3~4亿元；进出口总额增长30%，基础设施建设投入8000万元，继续保持高速度增长的发展态势。

（一）依托资源优势和地源优势形成三大产业板块

合作区坚持以“龙头”企业为重点，中小企业为配套的产业发展格局，重点做大做强绿色产业、出口加工业、商贸流通业三大产业板块，初步形成关联度高、配套能力强的产业集群。

1.突出发展绿色产业。依托伊犁河谷绿色生态资源，以德隆乳业、阿旺都食品、雪梦乳饮、巴口香牛肉、百信蜂业等深加工龙头企业为载体，加大招商引资力度，内引外联，东联西出，开拓国际国内两个市场，实现伊犁河谷优势资源的工业化、产业化、市场化，形成以绿色食品产业集群为主导，生物制药、饲料加工为两翼，包装、彩印、林产品深加工为配套的产业集群，把合作区建成为新疆最具竞争力的绿色产业化基地。

2.加速发展出口加工产业。以合作区占有的战略区位优势直面中亚市场，紧盯独联体国家在近期难于改变的市场缺位，以合作区现有的食品、建材、轻工等企业为基础，努力承接东部地区的产业转移，大力构筑以轻工、纺织、食品为主的加工产业化平台，争占与周边国家进行国际贸易的互补容量，形成不断壮大的出口加工产业群。

3.大力发展商贸流通产业。目前合作区已建成亚中国际商贸城、新世界建材大世界两大物流中心，沿218线、解放西路西侧其他商贸设施也在加快建设之中。以此为依托，大力发展商贸流通产业，建设国际边贸物流园区，初步构建伊犁河谷国际边贸平台，形成国际边贸产业群。

（二）以园区建设为载体，形成六大支柱产业群

1.突出发展绿色产业园区。伊犁河谷流域独特的地理环境造就了良好的绿色、生态资源，是合作区发展绿色产业的先天优势。因此做大做强绿色产业品牌，是合作区在产业趋同情况下独树一帜的优势品牌。

一是争取德隆乳业二期工程早日投产，达到日处理鲜奶720吨生产能力；二是依托巴口香公司建设10万头标准化肉牛育肥养殖基地，形成屠宰、冷贮加工一体化的产业链；三是依托伊犁河谷经济林总量将达到100万亩的资源，发展各类天然有机饮品的浓缩加工；四是大力发展特色马肉、菜油、糖业、马鹿制品、禽类、玉米、亚麻等伊犁河谷的优势农畜产品深加工，构筑绿色产业长廊。

2.加快发展林纸/板材工业园区。伊犁河谷生态林资源丰富，土地、气候条件等适合发展速生经济林。加快发展林纸/板材一体化产业，建立林纸/板材工业园区，构建伊犁河谷绿色生态林业产业化发展平台，形成林纸/板材的产业群。

3.精心打造生物制品园区。伊犁河谷是大山生态链生物资源最为富集的地区，野生动植物资源丰富，品种繁多，是世界生物基因的宝库，具有发展生物制品业的天然条件和优势。以伊犁河谷稀有的野生动植物资源为依托，合作区主要发展中草药产业，羊胎素产品开发产业和孕马血清促性腺激素（PMSG）提取等产业。

4.加速建设饲料加工园区。按照伊犁河谷畜牧业的发展需求，整合伊犁河谷饲料加工业，重点支持泰昆、泰康、易西利等饲料加工企业，通过几年的建设和发展，把合作区建设成为伊犁河谷重要的饲料加工基

地。

5. 努力建设轻工产品出口加工园区。伊犁河谷棉、毛、皮等农牧资源丰富，发展潜力巨大。目前在合作区内食品加工、建材和服装等轻工企业已初具规模。针对中亚对轻工产品的市场需求，依托口岸及国际边贸物流园区，发展轻工产品出口加工业。

6. 建设一流的国际边贸物流园区。一是打造一流的物流园区。合作区拥有面向中亚的国际市场优势和中心城市优势，拟建的伊宁火车站在合作区内，构成了面向国内与亚欧大陆桥贯通的货运平台。加快建设国际边贸物流园区，主要建立八大中心，即建材、家俱交易中心，五金、小家电交易中心，服装、小商品交易中心，农资产品、农副产品交易中心，绿色食品交易中心，汽车交易中心，仓储货物中心和客运中心；二是围绕“721”工程的纸业基地建设和伊犁的绿色食品产业，在伊宁合作区建设包装印刷城，以提升产品包装为核心，形成西部一流的现代化物流产业基地。

（伊宁边境经济合作区管委会主任 吴奉军）

巩固成果　迎接挑战　再攀高峰

满洲里边境经济合作区是1992年3月经国务院批准设立的国家级开发区，规划面积为6.4平方公里。近年来，随着合作区的快速发展，原规划范围已不能满足发展需要，市委、市政府将东山、南区两个办事处规划合作区，并将内蒙古自治区人民政府批准设立的进口资源加工园区作为合作区的延伸，交由合作区筹建和管理。目前，合作区实际辖区面积为38.31平方公里，区内设有进出口加工区、仓储区、生活服务区和行政区。

截止到2003年底，合作区累计完成固定资产投资18.5亿元，其中基本建设项目投资7.7亿元；基础设施项目投资3.5亿元；生产性投资7.3亿元。招商引资额累计达14.8亿元；引进各类项目938个。全区总产值累计完成6.4亿元。财政收入累计达1.9亿元。

一、在本区域经济中发挥的作用

招商引资成效显著，既有量的增长，更有质的提高。合作区凭借国家实施西部大开发的东风，着力营造良好的招商引资环境，随着上千万、上亿元大项目的引进，招商引资额迅速攀升，2002—2003年招商引资的总额相当于10年前年招商引资总额的1.3倍。香港联发、山东欧亚、北京仟鼎、黑河联众、大庆太福等企业纷纷落户合作区，带动了满洲里口岸加工业的快速发展。

区域经济活力增强，经济扩张能力提高。目前，合作区已建成一批木材加工、精细化工、食品果蔬加工、建筑材料等类型的工业企业和一批具有丰富进出口经验的贸易企业，基本形成了贸工结合、以贸带工、科工贸一体化的经济格局。截止2003年底，合作区总产值累计完成6.4亿元，工业总产值累计完成5.2亿元，对外贸易进出口总额累计完成6283万美元，财政收入大幅增长。特别是进口资源加工业已成为满洲里市调整产业结构，扩大经济总量，增加就业岗位，壮大财政收入的排头兵。

区域功能日趋完善，投资热土基本形成。合作区摸索出了一条自身积累、借贷开发、合作开发、融资划片开发相结合的路子和适合合作区实际的“超前规划、双轮启动、梯度推进、突出特色、精品建设”的城市建设方针。已完成区域内“六通一平”工作，开发项目已基本摆满合作区，工业厂房和一批为完善区域功能或配套服务的仓储、居住、商业、办公、旅游、娱乐、学校、医疗卫生等设施已经建成，并凸显出中西文化交融的口岸城市特色。入区人口由建区初的不足4千人增加到1万8千人。促进了满洲里市国际贸易旅游城市的建设。

二、2003年新进展2004年工作思路

进口资源加工园区建设进展迅速，招商引资成果喜人，区域经济实现了跨越式发展。2003年7月经内蒙古自治区政府批准，在满洲里设立进口资源加工园区，其中一期工程5.13平方公里，合作区仅用1个半月就完成了一期工程给排水管线的铺设任务，确保了入区企业的正常运营。以园区建设为依托，合作区以加快发展进口木材、化工原料深加工项目为重点，广泛深入地开展招商活动，全年进区项目46项，其中木材加工项目占一半以上。大项目有了历史性的突破，上亿元的项目有3个，五千万元以上的项目有2个，三千万元以上的项目有1个，两千万元以上的项目有2个。大项目的进区带动了区内的木材加工业由板方初加工向高档次深加工方向发展，满洲里的木材加工一改过去口岸资源酒肉穿肠过的历史，掀开了满洲里地区工业历史新的一页，为区域经济注入了新的活力。2003年合作区全年总产值（现价）完成2.1亿元，完成责任目标的150%，比上年增长155.7%；工业总产值实现1.8亿元，完成责任目标的126.8%，较上年增长128.4%；进区资金达4.4亿元，其中引进国内区外资金2.2亿元，较上年增长99.1%；引进国外资金1237万美元，较上年增长75.9%；财政收入实现5699万元，完成责任目标的158.7%，较上年增长79.3%，是1999年以前历年财政收入的总和。

2004年合作区工作的思路是：2004年，我们将继续全面贯彻“全党抓经济，重点抓项目，突出抓口岸”、“扩大经济总量，建好口岸城市”的工作方针，把握住西部大开发和东北振兴战略的脉搏，全力推进“项目立区，引人入区，政策活区，科技兴区”战略，以合作区和进口资源加工园区为载体，以发展口岸加工业为切入点，以创新政府管理服务机制为重点，着力抓好进口资源加工园区基础设施建设，着力改善投资环境，着力推进企业改革，营造出更快发展的良好环境，促进经济合作区实现超常规、跨越式发展。

2004年主要经济预期目标确定为：工业总产值力争实现4.4亿元，较2003年增长55.8%；财政收入实现7500万元，较2003年增长24%，实现就业人口3000人。

三、相邻国家经济贸易合作的发展趋势

与满洲里市相邻的国家是蒙古和俄罗斯。就经济合作来说，多集中在贸易、劳务、农业种植、养殖、森林采伐和木材初加工、餐饮馆业、建筑材料、塑料包装制品、制衣、食品加工业等领域。近年来，由于中俄两国政府均以扩大内需为主要政策导向，为拉动本国经济增长，两国各自在本国内为对方创造了良好的政策环境。从贸易合作上讲，2003年，两国的贸易发展已成为两国对外贸易发展的一个亮点，在贸易额大幅度增长的同时贸易结构也发生了明显的变化，中方自俄罗斯进口商品的种类不断增加，由最初的钢材、化肥、铝锭扩展到12大类，即鱼类制品、矿物油、化肥、塑料制品、木材及木制品、木浆纸浆、印刷品、钢材、铜、铝、化学品。俄对中方机电产品和高科技产品出口占到了俄出口总额的23%，而中方高科技、高附加值的机电产品在对俄出口商品结构中未占据主导地位。

四、当前存在的问题及解决的办法

第一是建设资金压力大。一方面城市的基础设施面临着维护、更新改造、新建的问题，特别是进口资源工业园区基础设施的投资需求很大；改善城市环境，实施净、美、绿、亮、洋工程仍需要一定量的资金。另一方面，合作区还贷的压力也较大，建区之初形成的1亿元外债仍有3000余万尚未还清；园区一期工程建设中施工队赊、垫的资金也需尽快还清。对此，合作区将从有所为、有所不为的战略考虑，转变政府职能。一是强化财政、资金、投资的管理工作，同时积极协调争取银行贷款及时到位；二是集中财力、物力，选择最需要、最能见效的项目投资。三是想方设法拓宽资金渠道，整合社会闲散资金；让民间资本参与基础设施建设，对有经济效益潜力的生产性项目或短期内能回收的基础设施项目，允许民间资本经营或参与；四是一些公益性项目建成后的管理和维护工作，向社会开放，承包给有经营管理能力的企业，减轻管委会政府的负担。

第二是合作区内引进的项目，产品科技含量低，项目的产业链较短，项目之间分工协作较少，没有形成整体态势。对此，合作区一是将把吸引符合产业导向政策和产业布局规划的项目作为选择目标，并围绕重点产业的发展要求，下大气力引进与之相关联的项目，完善产业链。在抓好大项目引进的同时，不忽视中小项目，努力形成大中小配套、上中下游联动的格局。当前和今后一段时期，在项目选择上，要根据满洲里经济基础和科技基础薄弱的现实，选择有资源优势和市场竞争力的科技项目重点突破，形成高技术产业的局部优势，带动相关企业的技术改造和创新，同时，限制低层次项目的入驻；二是创新服务体系。加快建立和发展与国际惯例接轨、市场经济相适应的各类中介组织和信息网络，建立健全完善的全程服务体系。

第三是边境经济合作区自组建起一直由国务院特区办主管，国家体制改革后，撤销了特区办。目前，从中央到地方都没有设立边境经济合作区的主管部门，合作区许多工作无法同上级相关部门进行沟通，这对边境经济合作区进一步发挥优势，减少或消除自身发展中存在的相关问题都会产生一定的消极影响。为此，我们建议，国家将14家边境经济合作区纳入国家商务部的管理范围内，由商务部对边境经济合作区实施动态的监控和管理，据此进行及时的政策、目标和方向的调整，以促进边境经济合作区的对外开放和经济增长。

（满洲里边境经济合作区
管委会副主任　高斌）

国家级经济技术开发区篇

大连经济技术开发区

DALIAN ECONOMIC & TECHNOLOGICAL DEVELOPMENT AREA

【体制改革】 2004年8月，大连市委、市政府下发《中共大连市委、大连市政府关于深化先导区管理体制改革的意见》（大委发［2004］13号）和中共大连市委办公厅、大连市人民政府办公厅关于印发《大连先导区管理体制改革工作方案》的通知（大委办发［2004］20号）文件，实施大连经济技术开发区、大连出口加工区、大连金石滩国家旅游度假区和“双D港”园区四区合一。“双D港”园区和出口加工区交由开发区管理，旅游度假区管委会和开发区管委会合并；开发区管委会、出口加工区管委会和旅游度假区管委会实行一个机构、三个牌子。此举是按照全面、协调、可持续发展的要求以及“大大连”规划纲要和老工业基地振兴钢要的部署，建立有利于新市区建设和经济社会协调发展，有利于资源合理配置和充分利用，有利于增强内在活力的管理体制和运行机制。深化行政管理体制改革，把行政管理与开发建设职能分开，建立集中的行政管理体制，对公共事务实行统一管理，创新用人机制和分配机制，提高行政管理效率，为先导区的持续快速协调健康发展提供了动力支持和体制保证。

截至2004年末，大连金石滩国家旅游度假区已完成与开发区的合并。

【经济与社会发展】 2004年，大连开发区实现GDP 367.6亿元，同比增长20.3%；实现工业总产值715亿元，同比增长19%；完成固定资产投资71.3亿元，同比增长12.8%；实现进出口总额82亿美元，同比增长24.2%，其中出口40亿美元，同比增长23.4%；完成注册外资9亿美元，同比增长28%；完成实际到位外资（按新口径统计）5.4亿美元，同比增长139%；完成综合财政收入18.4亿元，同比增长27.3%，其中一般预算收入11.06亿元，同比增长21.5%；实现社会消费品零售额34.3亿元，同比增长14%。

2004年，大连开发区规模以上工业实现产值620亿元，同比增长18.8%；80%以上企业生产实现不同程度增长，增长幅度超过5000万元的企业有30多家。鞍钢—蒂森克虏伯钢板有限公司等3户新投产企业新增产值占全区新增工业产值的12%，大连西太平洋石油化工有限公司实现产值208亿元，增加50亿元，占全区新增工业产值的44%。大连罗姆电子有限公司、柯尼卡（大连）有限公司、美能达精密光学（大连）有限公司等增资扩资企业也拉动全区生产增长近10个百分点。全年工业企业实现利润总额32亿元，增长28%，高于工业生产增速9个百分点，全区工业企业盈利能力进一步增强。

2004年，全区对外贸易增长较快，出口结构进一步完善。全年进出口额比上年增长24.2%，出口增长23.4%，出口额中最终产品的比例提高到63%。高新技术产品出口16亿美元，增长18.5%，占出口总额的40%；机电产品出口23亿美元，增长

29%，增长速度同比提高8个百分点，占出口总额的57%。出口产品已经覆盖到91个国家，比去年增加3个国家，市场进一步多元化。

第三产业快速发展，城区服务功能进一步增强。2004年，麦凯尔、铜锣湾百货市场、必胜客餐饮等具有现代化经营理念的国际化连锁经营项目入驻，开发区市级商业中心框架初具规模。全年实现社会消费品零售额34.3亿元，增长14%；金石滩主题公园、光彩生态园等7个重点旅游项目建设进展顺利，凯伦国际温泉俱乐部、新海天国际酒店投入运营，全区接待海内外游客287万人次，旅游收入增长20%；全区完成客运量4000万人次，增长37%；货物吞吐量8166万吨，增长134%。金融健康平衡运行，金融机械各项人民币存款余额193.8亿元，增长27%，各项人民币贷款余额121.7亿元，增长9.5%，现金净投放26.2亿元，增长5亿元。

2004年，全区建设性支出19.98亿元，占财政支出总额的65%，其中：征地、征海、动迁补偿支出2.6亿元，保证了东方精工、大众发动机等大项目前期建设的顺利进行。城市基建支出9.2亿元，保证了市政道路、电力、热力及公共服务工程资金的需要；教育基建支出1.57亿元，新建了湾里中学等3所学校，续建了十中等3所学校，为12所学校配备了大量教学设备，对30所学校进行了校舍维修，办学条件和设施更加完善。文化基建支出1.5亿元，为4个社区配备了设备、续建了档案馆、国际会议中心等项目。

2004年，大连开发区认真贯彻国家出口退税政策，全年出口退税总额3.4亿元，区本级承担0.6亿元，保证出口退税及时到位，促进了出口企业发展。积极落实振兴东北老工业基地税收优惠政策，全口径增值税退税2230万元，鼓励企业更新设备进行技术改造。重点扶持高新技术产业，对高新技术项目和科技人才创业予以补贴，全年科技三项费支出1288万元。继续加大对中小企业的扶持，给予56户中小企业贷款贴息和房租补贴共计483万元。落实相关政策共用2544万元，促进了开发区企业的持续发展。支持招商项目落实财政扶持资金2700万元，保证了高丽焊接材料、世运钢板等项目顺利建成投产。

2004年，继续加大对社会事业的投入。教育支出3.57亿元，增长5%；文化事业支出1.7亿元，卫生事业支出4800万元，与上年基本持平（农业方面，落实农村税费改革政策，免征农业税、农业特产税635万元；给予农民种粮、良种直接补贴170万元）。积极推行农村医疗合作制度，建立动迁农民社会保障制度。保证社会保障支出需要，全年抚恤救助支出2100万元；提高城市最低生活保障标准，由原来的每人每月244元提高到263元，低保支出265万元，全年936户1863人次享受低保待遇。继续促进再就业工作，公益性岗位和失业人员小额贷款支出680万元。提高社区工作人员待遇和支出标准，保障社区工作顺利开展。公检法司投入继续增长，全年支出达1.2亿元，保证了设施配备和经常性支出的需要，维护社会的安全稳定。

【投资环境】 2004年，大连开发区编制、审定了《开发区空间发展战略规划》，完成了《新城区近期建设规划》和《拓展区总体规划》大纲。完成了城北工业区和小孤山滨海居住区控详规的编制、审批工作。组织开展了51号小区、临港小区、14所中小学校等多项工程规划、设计招标工作。积极推进基础设施建设，完成了500千伏开发区送变电工程可研性报告及初步选址、220千伏高城山送变电工程可研性报告审查等工作。对重点在建工程进行了有效跟踪监督，保证了工程顺利进行。完成了金猴线得胜段公路大修工程，对部分公交车进行更换，加大了城区公交网络密度。全区提高了土地使用效率，完成了全区基本农田底数检查、土地利用现状调查及土地利用总体规划修编等相关工作；对存量待供地、预留地和闲置团地进行了全面清查；积极盘活闲置土地，收回部分已供应土地；对经营性土地全部按照招标、拍卖、挂牌程序纳入市场化运作。

城区管理、环境保护工作有新进展。2004年，加大了城市综合执法力度，规范了房地产和建设市场秩序。加强行业管理，城区环境卫生管理和物业管理工作有效开展。完成了《大连开发区生态环境保护与建设规划》和《大连开发区生态工业园区建设规划》的编制工作。大连开发区成为国家环保总局首批批准的三家“生态工业园建设示范区”之一。积极推进企业ISO14000认证，通过认证的企业已达62家。

【招商引资与利用外资】 2004年，大连开发区新批项目105个，其中投资额1000万美元以上的项目13个。一汽大众发动机、大连亚太沥青制造有限公司、大洋船舶工程、汉拿空调、美顿耐火材料、泛太汽车技术等项目的投资额超过3000万美元。内资招商工作取得了突破性进展，全年引进内资项目40个，投资总额54亿元，注册资本7.45亿元。中远船务总部、齐化聚碳酸酯、龙涤QTA等一大批项目相继落户开发区。产业园区建设稳定发展，模具工业园已初具规模，入园企业已有12家。

【管理与服务】 2004年，大连开发区服务型机关建设得到加强，制定实施了《大连开发区2004年软环境建设实施方案》。开发区和度假区合并后，重新明确机构、编制和岗位职责，按照《行政许可法》要求理顺了行政执法部门和单位的责权限。改善“一站式”办公条件，确定了行政许可事项进入“一站式”大厅办理的三项原则与工作时限。初步搭建起开发区信息网、招商网和政务内网平台，网上办公内容日趋完善。有重点地开展了行风评议活动，全面清理行政事业性收费，加速推进ISO9001质量管理体系认证工作。企业发展环境不断完善。制定了《大连开发区劳动中介机构年检考核标准》，完善劳务工综合保险制度，降低企业劳动用工成本。实现了社会保险“五险合一”集中征缴，出台了多项医疗保险配套文件，降低了参保人员和企业医疗费用负担。加强了重大险源的管理，安全生产形势平衡。2004年，大连开发区就业工作有序开展，成立了人才工作协调小组，开展了人才资源普查工作。启动了“开发区人才广场”，全年举办各类人才招聘洽谈会42场，参会企业1833家，达成意向7195人。引进各类人才6250人，同比增加10%。出台了《博士后科研工作站管理办法》，建站企业达6家。调整了就业和再就业政策，加大了就业安置工作力度，共安排失业人员就业4765人次，失业率控制在3%以下。

2004年，大连开发区的“三农”工作得到加强。落实相关政策，补贴农田5.45万亩，受益农户1.24万户，受益人口4万人。扶持农业企业、产业园区20个，金山水产等4家企业被评为省级农业产业化龙头企业。绿色生态农业、海珍品养殖业和林业管理取得新成效。20004年，修订了《农村住宅房屋拆迁补偿安置办法》和《动迁房建设统一标准》，起草了《海域养殖清理补偿办法》、《被征地人员社会保障实施办法》等政策性文件，规范了动迁安置工作。完成企业动迁44家，拆除厂房5万平方米，运迁居民1511户，清理海域4900亩，保证了重点项目和工程建设需要。2004年，大连开发区文教卫生工作质量稳步提高。初步建立起与区域经济发展相适应的教育体系，特色教育水平进一步提高。高中阶段入学率达到92%，职业中专就业率达到96%，高考专科以上上线率达94.6%，本科进线率达

72.09%。卫生监督与疫病预防控制体制改革基本完成，计生工作优势继续巩固，文化体育工作明显进展。大连开发区的基层政权和社区建设不断深入，在社区组织实施了设施标准化、队伍专业化、居民民主化、服务人文化、数字化、工作一体化的六化管理模式。完成了第八届村民委员会换届选举。双拥共建活动扎实开展，分别被省市授予双拥模范区和拥军优属模范单位。完善了社会帮救体系，建立了领导干部包产和部门包村扶贫制度。武装、残联、优抚等工作成效明显。

【法制与精神文明建设】 大连开发区的民主法制建设扎实推进。党工委、管委会定期召开座谈会通报经济建设和社会发展情况，认真听取人大代表、政协委员、民主党派、工商联、无党派人士的意见建议，党政部门、司法机关和驻区单位分别聘请人大代表、政协委员作为监督员，较好地发挥了民主监督作用。统战工作以民营经济组织为重点，不断拓展工作新领域。加大了法制宣传力度，不断提高人民群众的法律意识，认真办理群众来信来访，围绕人民群众反映的热点和难点问题积极开展协调工作，努力维护群众合法权益。司法机关在打击刑事犯罪、依法调节经济民事关系、化解各类矛盾、维护社会稳定方面做出了积极努力。

2004年，大连开发区的精神文明建设继续深化。2004年末，开发区被评为辽宁省思想政治工作先进单位，“创建文明城市工作标兵区”，5家单位被评为省文明单位，17家单位被评为市级文明单位，80%以上社区硬件建设达到省级文明示范社区标准。新闻宣传发表专稿200余篇，专版80个，特别是建区20周年报道有特色、有深度。创建文明城市、学习型开发区和《公民道德建设实施纲要》教育活动广泛开展，在突出企业文化特色、突出社区特色、突出农村特色、突出开放共建特色方面取得可喜成绩。加强了未成年人思想道德建设，齐抓共管的氛围正在形成。

【党的建设】 2004年，大连开发区把深入学习贯彻“三个代表”重要思想和党的十六届四中全会精神作为各级党组织的首要任务。制定了《党工委中心组学习规范》，坚持每月一次理论学习制度，带动了各级党委（党组）中心组的理论学习。抓好基层党组织、党政机关、党员干部、群众四个层面的学习教育，组织10余次“三个代表”重要思想、“加强党的执政能力建设”等专题培训。开展了“东北大振兴、大连大发展、开发区创新业”学习教育活动。

干部队伍建设得到加强。对35个领导班子、345名干部进行了考核，调整区管领导干部16名。有1100多人次参加了省、市、区组织的各类干部培训和挂职锻炼。2名年轻干部通过省公开选拔考试走上了领导岗位，7名干部被确定为市优秀青年干部。对5名县处级领导干部在企业兼职情况进行了清理，对21名处级以上领导干部进行了离任审计。老干部工作进一步加强。基层党组织建设取得新进展。农村党建三级联创活动、“创业富民”活动和社区党建扎实推进。机关党建开门评议、争做“四个表率”等活动的开展，促进了党员干部服务质量的提高。国企党建推进“双向进入、交叉任职”的机制，较好发挥了党组织的政治核心作用。外资企业党建工作实施“引凤筑巢”工程、“1+3”工作模式和“两个延伸”的经验在全市组织工作会议上交流。发展新党员500名，培养入党积极分子1300余名。工会基层网络建设进一步加强，以维护权益和扶贫帮困为重点卓有成效地开展了工作。共青团、妇联以特色活动和素质培育为重点，桥梁纽带作用得到有效发挥。

党风廉政建设和反腐败工作扎实有效。围绕经济建设中心工作，积极探索并实践有开发区特色的教育、制度、监督并重的反腐倡廉工作思路和做法，按照党风廉政建设责任制的要求，推动全区反腐倡廉工作深入开展。以落实“两个条例”为重点，有针对性地开展“五查五看”活动；利用正反两方面典型开展示范和警示教育；组织宣读小组深入基层组织送课上门，开展宣传教育活动。先后在严肃政治纪律、组织纪律，经济工作纪律和群众工作纪律等方面制订出台了10余个规章制度。采取定期述廉、任前廉政谈话、诫勉谈话等形式加强对各党政部门领导人的监督。

【机构设置与管理会领导】 大连经济技术开发区党工委、管委会内设机构为：党工委（管委会）办公室、纪工委监察审计局、党群工作部、发展改革局、规划建设局、财政局、劳动从事与社会保障局、社会事业管理局、经济贸易局、教育卫生局、城市管理与行政执法局、总工会、公安局、旅游局。

大连经济技术开发区党工委书记周海斐（1～4月）、张杰威（5～12月），书记张亚东、张秀廷，管委会主任周海斐（1～4月）、张杰威（5～12月），管委会副主任张亚东、路刚、王延辉、李本海、刘国忱（2004年10月离任）、盛德伟（2004年12月离任）。

（大连经济技术开发区 夏俊林）

秦皇岛经济技术开发区

QINHUANGDAO ECONOMIC & TECHNOLOGICAL DEVELOPMENT ZONE

【经济发展】 2004年是秦皇岛开发区建区20周年。开发区按照“高强度招商、高标准建设、高质量服务”的工作思路，在国家进行宏观经济调控、大力清理整顿开发区和暂停项目建设用地审批的情况下，全面超额完成各项目标任务，多项经济指标快速增长，在全国开发区中增幅居前列，实现了位次前移。实现GDP 73.21亿元，工业总产值202.87亿元，产品销售收入215.28亿元，财政收入8.4亿元，固定资产投资25.8亿元，同比增长依次为31.4%、47.1%、68.7%、22.9%、32.4%。

【投资环境】 2004年，秦皇岛开发区投资8.93亿元进行大规划基础设施建设和城市环境建设，开发土地面积7平方公里。完成基建、城建工程：道路1.3万米，桥梁589米，3000吨级码头泊位254米，变电站容量10万千伏安，厂房10.83万平方米，房屋59.37万平方米，河堤7443.2米，园林绿地41.66万平方米。绿化覆盖率达42.8%，绿地率达38.12%，人均公共绿地12.42平方米。通过中环联合认证中心ISO14001环境管理体系年度审核。全面落实中共河北省委、河北省政府《关于优化发展环境的若干规定》，提高区域竞争力。以政策创新为核心，优化政策环境。出台了《鼓励软件企业发展优惠政策》、《新产品优惠政策管理办法》，全年为软件企业退增值税149万元，新产品退税1000万元。延伸政法和行政执法服务职能，优化法制环境。公安部门实行

“警企共建促发展”、检察部门实行“外企、民企维权”，审判部门实行“送法进企”。规范行政行为，营造公平竞争的市场环境，杜绝对外企行政事业性收费及各种摊派，取消对民营企业的各种歧视性政策。实行“阳光政府”、诚信公务，打造融洽和谐人文环境。

【招商引资与利用外资】 秦皇岛开发区全年共批准外商投资项目49家，总投资3.90亿美元，合同外资2.73亿美元，后两项同比分别增长50.6%、19.6%；实际利用外资1.33亿美元，引进内资31亿元，同比分别增长25%、47.3%，分别完成全年目标任务的101.1%和110.72%，利用外资占全市比重66.7%。总投资2500万美元的生产大型的变压器天威保变出海口基地、总投资1500万美元的从事GE燃气轮机维修的能源服务项目开工建设，壮大了临港重大装备制造产业规模。一批涉及金属压延、食品、医药、非金属矿物等加工及制品业的项目也取得重大进展。

【对外贸易】 2004年，秦皇岛开发区对外贸易增长较快。完成进出口总额9.48亿美元，同比增长55.1%。其中出口总额4.44亿美元，同比增长70.41%，分别完成河北省建设发展目标和秦皇岛市政府考核目标的170.69%、153.03%；进口总额5.04亿美元，同比增长47.68%。外商投资企业产品出口到日本、香港、德国、美国等30多个国家和地区；出口产品以秦皇岛金海粮油工业有限公司豆粕、秦皇岛正大有限公司冻鸡、渤海铝业有限公司铝箔、秦皇岛首钢板材有限公司中厚钢板，以及秦皇岛三秦西服有限公司、秦皇岛和信皮革制品有限公司的服装等产品为主。

【社会事业】 2004年，秦皇岛开发区科教文卫工作扎实推进，各项社会事业蓬勃发展。一是办学条件不断改善，教学质量明显提高。全区近百篇教研课题研究获省、市奖励，燕大附中高考上线率及重点大学考取人数获历史突破，专科以上上线率达到91.87%，公助生上线率为100%。二是医疗卫生水平不断提升。进一步健全了突发性公共卫生事件应急处理和快速反应机制，预防“高致病性禽流感”工作取得阶段性胜利；开发区第二医院已投入使用。三是群众性文化活动丰富多彩。精心组织了开发区第四届艺术节、第四届“创业杯”运动会；圆满完成了第十一届省运会火炬传递仪式，成功组织了全国（秦皇岛之夏）第一届大字书法展等活动；隆重举办了庆祝建区20周年系列活动。四是社区工作运转良好。社区服务网络进一步健全，服务领域不断拓宽，社区志愿者队伍不断壮大，前进村村改居试点已经完成，区内农村村改居工作逐步实施。五是劳动和社会保障工作全面推进。进一步完善了企业养老保险、医疗保险制度，发挥劳动保障服务站的作用，不断拓宽再就业渠道，全区城镇新增就业岗位3120个，下岗失业人员实现再就业418人，开发公益性岗位安排“4050”（女40岁，男50岁）人员62人，发放再就业优惠证224件。六是农村工作呈现新局面。全年征用土地320公顷，拆迁房屋401户5万平方米，建筑安置房9万平方米，返迁农民767户。农民收入增长15.9%，高出秦皇岛市人均水平9.5个百分点。免征农业税57万元，发放粮食直补资金14万元。免费培训农村劳动力3700多人，安排失地农民就业200余人。

【管理与服务】 秦皇岛开发区行使市级审批权，经秦皇岛市政府批准，采取封闭式管理。2004年秦皇岛开发区采取切实有效的措施，扎实推进服务型机构建设。2月10日，下发了深入贯彻落实《中华人民共和国行政许可法》的通知，按照《行政许可法》和政务公开的要求对行政许可事项和非行政许可事项进行了规范，实现了直接管理与间接管理、静态管理与动态管理、事前许可与事后监管的有机统一。并将《行政许可法》

纳入“四五”普法计划。进一步推进电子政务工作的开展。2月16日，颁发了《关于推进电子政务实施有关工作的通知》，更加明确岗位职责和工作责任，完善了电子政务系统运行管理机制。本着“精简、统一、效能”的原则，结合开发区实际，在原有机构基础上，于4月15日成立投资服务中心。完善招商引资的“三个服务体系”，把项目审批“全过程”服务，项目建设“全方位”服务和项目投产后“全天候”服务三个服务体系具体化、制度化、规范化；把涉及项目咨询、审批、服务的14个部门集中到服务大厅，统一受理服务事项，推行代办和限时办结制，实现了“一个窗口对外”、“一条龙服务”。以建设数字化开发区为重点，全力打造“阳光政府”，网上业务报批系统、办公自动化系统全面开通，公开办事程序，推进审批事项网上报批。加大协调服务力度，多次召开外商投资企业座谈会，帮助企业协调解决生产经营和生活中的各种实际困难和问题，全年共受理企业咨询投诉50余项，办结率100%；兴建了覆盖全区的监控网络，对区内重点保护单位实行24小时安全巡逻。

【高新技术产业及重点企业】 秦皇岛开发区实施“科技兴区”战略，2004年相继制定《开发区新产品优惠政策管理办法》、《开发区鼓励软件企业发展优惠政策》等文件，全力扶持高新技术创业发展。全区经省认定的高新技术企业达到31家，高新技术产品43种，全年列入省级以上计划项目16项，列入国家计划10项，创历年之最。2004年规模以上高新技术企业实现总产值21.67亿元，同比增长66.1%。高新技术创业服务中心顺利通过科技部审批，升级为国家级创业服务中心。全区84家规模以上工业企业中，已有30家建立了研发机构。其中燕山大学产业集团、海湾安全技术股份有限公司和领先科技发展有限公司3家企业各自创立的研发中心被认定为“省级企业技术中心”。

秦皇岛金海粮油工业有限公司于2000年6月成立，由新加坡丰益集团和世界500强之一美国ADM公司投资兴建的大型综合性粮油加工企业。2004年，公司累计投资额近1.6亿美元，占地66万平方米，拥有9万吨食用油中转储罐、22万吨散粮库容以及4000米铁路专用线，是东北粮食入关和装船南运的最佳通路。公司年加工大豆近300万吨，年产精炼食用油100万吨，特种油10万吨，大豆浓缩蛋白2.5万吨。公司已形成蛋白和油脂两大门类，“口福”、“丰苑”、“益海”和“莎妮雅”四大品牌，60多个品种产品。“丰苑牌”豆粕获2004年“河北省优质产品”称号。

秦皇岛戴卡兴龙轮毂有限公司于2003年1月成立，由秦皇岛戴卡轮毂有限公司和秦皇岛市兴龙房地产开发有限公司合资兴建，占地11.33万平方米，总投资1亿元。主营铝合金汽车轮毂及汽车零部件的生产、销售和开发，兼营铝及有色金属的生产、销售，产品主要销往欧、美等国家。2004年9月，设计年产50万只铝合金汽车轮毂二期项目完工，这是世界上第3条锻造铝合金轮毂生产线，填补了国内乃至亚洲的空白。2004年10月，公司通过ISO/TS16949：2002国际质量体系认证。

乐金电子（秦皇岛）有限公司于1995年12月成立，由韩国LG集团投资兴建的一家拥有先进技术的外商独资企业，也是LG电子在中国投资的主要企业之一，占地1.8万平方米，总投资850万美元，注册资本500万美元。公司主要生产铸件及铸件加工品，年产铸件3万吨，加工品650万套。2004年4月，公司二期工程开工兴建，该项目总投资2300万美元，占地6.67万平方米，将建造铸造车间、机加车间、综合楼、空压机房、原材料库等，主要生产空调、冰箱、洗衣机等压缩机铸件及汽车零部件，年产量将达5万吨，产值2.6亿元，利税4500万元。

秦皇岛领先科技发展有限公司于1999年6月成立，系民营企业，占地2万平方米，总投资6000万元，注册资本1000万元，主要从事农业领域生物工程技术及产品研究、开发、生产和经营的高技术企业。公司以生命科学研究、生物工程技术开发为核心，以人类食物与营养、环境与健康为目标，形成一个跨行业，多领域的“富思德”绿色产业。公司主要产品为生物肥料和生物农药两大系列。2004年生物杀菌剂列入国家重点新产品计划，公司被省政府授予“河北省农业产业化经营重点龙头企业”。

旭硝子汽车玻璃（秦皇岛）有限公司于2003年8月成立，2004年2月迁入秦皇岛开发区，由日本旭硝子集团在中国投资建立的专业生产汽车安全玻璃的全资子公司，占地12.4万平方米，初期投资总额超过5000万美元，一期工程建成可年产120万辆汽车配套安全玻璃。公司采用世界最先进的生产设备和旭硝子专有技术，生产夹层钢化及各种多功能汽车用安全玻璃。日本旭硝子集团是当今世界三大玻璃制造集团之一，在秦皇岛开发区建立的新工厂是亚洲、太平洋地区最重要的生产中心之一，是全国第二大汽车玻璃生产企业。

【出口加工区建设】 2004年是秦皇岛出口加工区正式封关运行后的第一年。出口加工区不断完善各项基础设施建设，建成标准厂房4栋，建筑面积6900平方米；完成连云港道、南通道、湖北北路的通讯、热力等基础设施配套工程建设；合理地对出口加工区内地面进行绿化、硬化。同时加大软环境建设，实行项目全程领办或代办、手续即时办、企业问题协调会、企业定期走访等制度。与秦皇岛市检验检疫局、外汇管理局协调，促成检验检疫局于2004年6月25日正式入区，《秦皇岛出口加工区外汇管理条例（细则）》文件出台。随着投资软、硬环境的逐步完善，招商引资与项目建设取得一定进展。已投产项目2个，分别是总投资70万美元的韩资企业秦皇岛一心西服有限公司和总投资500万美元的内资企业秦皇岛途锦玻璃有限公司；在建项目3个，均为外资企业，分别是总投资200万美元的秦皇岛关东针织有限公司、总投资200万美元的飞凯特金属制品公司和总投资420万美元的秦皇岛罗普钢索有限公司。

【机构设置与管委会领导】 中共秦皇岛开发区工委内设机构为：工委办公室、政法委、工会联合会。秦皇岛开发区管委内设机构为：管委办公室、经济发展局、社会发展局、城市发展局、劳动人事局、财政局、政策法制局、建设规划管理局、审计局。法制机构设公安分局、检察院、法院。

秦皇岛经济技术开发区工委书记田永生，副书记胡英杰、宋兰香、唱进章、苏景文、周雁。管委主任胡英杰，副主任田永生、苏景文、赵福宏、刘晓毅、邵宏根、王亚洲、李颖熹、扈秋宁、吕宝全。

（秦皇岛经济技术开发区　丁飞宇　程军）

烟台经济技术开发区

YANTAI ECONOMIC & TECHNOLOGICAL DEVELOPMENT AREA

【经济发展】 积极适应国家宏观调控政策，以调控促调整、以调整促发展，烟台开发区经济继续保持速度与质量同步提升、协调发展的良好态势，经济总量持续膨胀，综合实力再上新台阶。在发展速度上，主要指标增长幅度均超过40%。GDP、工业总产值分别达到202.3亿元和410.2亿元，比上年增长44.5%和41.8%。在运行质量上，工业增加值、税收收入和财政总收入分别完成125.7亿元、24.8亿元和22.3亿元，占GDP的比重分别提高到62.1%、12.2%和11%；人均GDP达到1.73万美元，比上年增长38.4%。在经济结构上，工业主导地位更加突出，全年实现产品销售收入386亿元、工业利税35.2亿元，分别比上年增长43.1%和87.5%，工业综合效益指数达到232.7%，提高33.7个百分点；三次产业比例为4.8∶74.3∶20.9，二、三产业分别完成增加值150.3亿元和42.3亿元，拉动当年GDP增长33.5个和9.7个百分点。每平方公里项目投资29亿元、工业增加值产出7.86亿元、税收收入产出8853万元。

【招商引资与利用外资】 2004年，烟台开发区着眼提高土地集约利用率，及时转变招商思路，抬高招商门槛，紧盯韩日港台重点区域，主攻大项目、好项目。引资总量高位增长，完成合同外资额5.1亿美元，比上年增长78.9%；实际利用外资翻番增长，达到1.5亿美元；实际使用内资32.6亿元，增长179.6%。进区投资国家和地区达到35个，累计合同外资额32亿美元、实际利用外资额18亿美元，韩、日投资分列一、四位，面向韩日加工制造业基地建设已见雏形。大项目进区再创新高，新落户千万美元以上项目30个，投资总额占到全区的77.3%，其中过2000万美元的达到23个。鸿富泰、现代冰轮、万华SKC等7个世界500强项目，以及山西美锦、山东丛林等5个国内500强的加盟，使全区“两个500强”投资项目总数分别达到31家和27家。产业配套招商成效显著，围绕东岳汽车、浪潮LG、鸿富泰等龙头企业，新引进配套项目50个，注册资本3.8亿美元，产业集聚进程明显加快，为持续加速发展注入了新的动力。全年新注册各类企业3851家，比上年增长88.6%，全区累计注册各类企业10173家，项目总投资达到55亿美元。

【投资环境】 按照高标准建设、高效能管理、高水平经营的思路，烟台开发区创新融资举措，坚持超前投入，优化建设体制，加速开发建设，城区功能大为跃升，配套能力显著增强，形象面貌发生新的变化。累计投入77.2亿元，按照现代工业发展的需要，超前进行了基础配套设施和公益设施建设，总长140公里的“9横13纵”主干路网全部形成，建成十万吨水厂、两大热电站、两大通讯枢纽、六座变电站，给排水、热力、煤气和天然气管网全线贯通，基础配套达到“九通一平”，并逐步向“精准化、专业化、集约化”方向发展。倾力打造智力支撑平台，以留学人员创业园为中心，建成7.6万平方米的国家级孵化器和4个博士后工作站，技术学院、国际学校等办学规模逐年扩大，人力资源供应充足，创业体系完备。全区引进各类人才8377名，其中中级以上职称1922人。高标准建设省级金沙滩旅游度假区，区内生活文化设施配套齐全，海滨、河滨景区靓丽如画。现代服务业繁荣发展，从业人员已达5万多人。坚持保护生态环境，大力推行清洁生产，节约利用资源，发展循环经济。全区绿化覆盖率接近40%，在山东省率先通过ISO14000国家示范区认证，被联合国环境署和国家环保总局确定为“中国工业园区环境管理示范区”，正加紧推进国家级生态工业示范园区建设。

【对外贸易】 进一步加快出口产品结构调整，有力促进了对外贸易的扩大升级。全年完成进出口总额25.9亿美元，比上年增长44.6%。其中进口总额15.8亿美元，增长41.2%；出口总额10亿美元，增长50.4%。全区进出口企业有216家，与40多个国家（地区）的客商建立了进出口贸易关系，经济外贸依存度达到106.1%。当年出口500万美元以上的企业32家，其中4家过5000万美元。出口产品结构不断优化，加工贸易、机电产品出口额分别占到全区出口总量的68.1%和45%。

【高新技术产业与重点企业】 把“大工业立区”与“高新技术强区”融为一体，着力推进骨干企业高新化、高新技术产业化，逐步走出一条特色发展之路。经过多年的持续引进和建设，通用东岳、浪潮LG、鸿富泰、大宇重工、首钢电装、氨纶股份等骨干企业加速壮大，赛欧雪佛兰轿车、大宇大型挖掘机、LG手机等名牌产品纷纷涌现，轻型汽车、大型装备、第三代移动通信、消费电子和化纤纺织等五大生产基地渐成规模，构筑起以机械汽车、电子通讯两大产业为主导，以新材料、生物医药、化纤纺织、食品加工为重点的产业发展格局。2004年，六大支柱产业实现工业产值308.2亿元，比上年增长45.8%，占全区工业总产值的75.1%，其中机械汽车、电子通讯两大产业实现产值209亿元、利税17.5亿元，对全区的贡献率分别为51%和50%。全年产值过亿元企业46家，其中4家过30亿元；利税过千万元企业40家，其中8家过亿元。区域科技创新体系不断完善，已建成启动正海网板、东星集团、麦得津生物等省级以上技术开发中心和重点实验室，企业自主创新能力大为增强。2004年，规模以上高新技术企业实现产值154.6亿元，比上年增长79.9%，占规模以上工业总产值的比重达到41.8%，提高10.9个百分点。全区已有84家企业通过省级以上高新技术企业认证，累计承担国家火炬计划45项，省级火炬计划215项，科研攻关和新产品开发1426项；取得科技成果602项，其中达到国际先进水平121项；拥有自主知识产权1688项。

【社会事业】 在加快开放开发的同时，烟台开发区深入落实科学发展观，牢固树立“以人为本”理念，坚持经济发展与社会事业发展有机结合，着力构建和谐社会。高度重视解决失地居民问题，统筹城乡发展，实施联村帮扶措施，出台和落实了一系列政策办法，失地居民参保率、就业率、安居率大幅攀升。2004年，城乡居民收入显著增加，城市居民人均可支配收入13975元，农村居民人均纯收入5565元，城乡恩格尔系数分别为29.3%和36.3%。大力实施就业再就业工程，年末从业人员达到6.37万人，比上年增长22.3%。社会保障体系更加完善，全区有4.1万名职工参加养老保险社会统筹，全年保险费征缴增长42.6%。金融业在调控中健康运行，年末金融机构存款余额74.3亿元，贷款余额60亿元。同时，党建、精神文明建设、对外宣传、文教卫生等事业取得新成效，整个社会呈现出关系和谐、共图繁荣的可喜局面，保证了各项事业的快速、健康和可持续发展。

【管理与服务】 按照“小政府、大社会”的管理模式运作，按照市场经济规律界定政府职能，一切以企业为中心，寓管理于服务，形成了符合市场经济的新型政企、政民关系。围绕优化行政管理和服务，在坚持已有政策优惠基础上，建立了“项目引进一条龙、项目建设全方位、项目投产经常性”三大服务体系，创造出公开、公正、高效、有序的服务环境。设立了投资服务中心，围绕进区投资项目，实行“一条龙”办公，办理投产项目从申报立项、注册登记、开工建设、基础配套，直到建成投产等各个环节的手续，实行全过程跟踪服务。推行了首接责任制、服务承诺制和服务代理制，变被动服务为主动服务，变随意性服务为规范性服务。集中规范清理各项收费，实行一个“窗口”统一收取，强化监督稽查机制，实行有奖举报，区内无乱收费、乱罚款、乱摊派现象，建成了与国际接轨的低投资成本、低收费区域。近年来，全区未发生一起外商针对政府部门行政行为的投诉，管委的政府职能已由管制型彻底转变为服务型，在全区形成了自下而上促动服务转变的“倒逼”机制。

【出口加工区建设】 烟台出口加工区是经国务院批准设立的全国首批15个出口加工区之一，规划面积2.96平方公里。2003年9月，海关总署报经国务院批准，对烟台出口加工区原规划面积进行置换调整，在烟台经济技术开发区设立烟台出口加工区B区，规划面积2.26平方公里。2004年5月，出口加工区B区正式开工建设，年底完成海关办公大楼、管理局办公楼、海关监管卡口、监管仓库等工程建设，建筑面积11000平方米。区内中央主干路、巡视路工程基本结束，铺设道路面积6万平方米，水、电、暖、通讯等沿路管线的敷设工程完成总量的2/3。标准厂房规划设计全部完成，2幢标准厂房开工建设。

【机构设置与管委会领导】 烟台经济技术开发区有16个工作部门，公务员编制120名，达到了精简、统一、效能的目的。实行公务员管理制度，先后实施了县级干部排序管理、中层干部竞争上岗和全员末位交流淘汰三项改革，建立了与岗位目标责任制考核挂钩的激励机制和绩效分配机制。另外，国税、地税、工商、海关、商检、国家安全局、技术监督局、广播电视等省市垂直管理单位在区内设有派驻机构。

烟台经济技术开发区工委书记、管委会主任王秀臣，工委副书记、管委会副主任陈文晔，工委副书记谭维忠，管委会副主任高明经、高松敏、苏智、王恩政、孙夜晓、刘尚勇、王宏峰。

（烟台经济技术开发区管委会）

青岛经济技术开发区

QINGDAO ECONOMIC & TECHNICAL DEVELOPMENT AREA

【经济发展】 2004年，青岛开发区实现GDP 275.1亿元，增长28.9%，其中第一产业实现增加值4.1亿元，增长7%；第二产业增加值181.8亿元，增长29.5%；第三产业增加值89.2亿元，增长28.6%。一二三次产业在生产总值中的比重为1.4∶66.1∶32.5。工业经济增长速度和效益实现双高，完成总产值606亿元，增长31%；完成工业增加值160.1亿元，增长30%；规模以上工业完成销售产值574.7亿元，增长29.08%；实现利润15亿元，增长40%。农村经济稳步发展，农村集体经济总收入57.8亿元，增长13.4%；集体经济纯收入4.4亿元，增长17.8%。财政收入稳步增长，完成区域性全口径财政收入（含保税区）31.7亿元，增长30.1%；区域性地方财政一般预算收入13.6亿元，增长31%。金融业有序发展，成功创建一级金融安全区；金融系统各项存款余额129.9亿元，比年初增加25.15亿元；城乡居民储蓄存款余额49.94亿元，比年初增加13.13亿元；各项贷款余额130.84亿元，比年初增加32.08亿元。居民生活水平日益提高，全区社会消费品零售总额实现28.4亿元，职工年平均工资达14990元，增长6.7%；农民人均纯收入5641元，增长8.1%。据商务部最新统计数据显示，青岛开发区区域综合投资环境评价总指数列国家级开发区第四位，综合经济实力列国家级开发区第五位。

【投资环境】 截至2004年底，青岛开发区基础设施投资累计超过200亿元，建成了青岛前湾港、黄岛油港、胶黄铁路、环胶州湾高速公路、轮渡码头、国际国内电话交换站、移动通讯基站等一批大型交通通讯能源设施以及区内的道路、供排水、供电、供热、供气等市政环保设施。

2004年青岛港年吞吐量1.6亿吨。其中矿石吞吐量5300万吨，列全国第一；进口原油吞吐量2300万吨，列全国第一；集装箱吞吐量515万标箱，列全国第三；外贸吞吐量1.2亿吨，列全国第二。胶黄铁路全长43公里，与胶济铁路相接，与全国铁路联网。与胶济铁路电气化改造同步的胶黄铁路电气化改造已经展开，届时胶黄铁路的运输能力将进一步提高。由青岛开发区至青岛老市区的环胶州湾高速公路，全长66公里。从济南到青岛的全封闭高速公路312公里，与环胶州湾高速公路相连。贯通中国南北的环海公路干线同三高速公路（黑龙江同江至海南三亚）经过开发区，青岛段已建成投入使用。青岛流亭国际机场距开发区53公里，通过环胶州湾高速公路可直达，汽车行程约40分钟。目前开通国际航线的国家和地区有：汉城、釜山、大邱、香港、澳门、新加坡、福冈、东京、大阪、法兰克福，另外有开往泰国曼谷的包机旅游航线。青岛开发区至青岛老市区之间有渡轮和快艇相通，有黄岛—青岛、薛家岛—青岛两条主航线。轮渡30分钟、快船12分钟可抵彼岸。

青岛开发区的电源来自山东省电力网，区内的黄岛发电厂装机容量67万千瓦。正在筹建增加装机容量60万千瓦的扩建工程。建成220千伏安变电站一座，110千伏安变电站四座，35千伏安变电站三座，可实现双回路供电。开发区有三个热源厂，供气(热)能力为710吨/小时，可为工业提供生产用蒸汽，并为单位和居民提供集中供热。区内新奥燃气公司可为企业提供管道天然气，供气能力为10万立方/日。区内有高家台、小珠山、殷家河、管家楼四个净水厂，综合供水能力为16.3万立方米/日。有泥布湾和镰湾河两个污水处理厂，污水处理能力为6.5万吨/日。

全区交换机总容量达13.25万门，可以办理电报、传真、数据等各项通信业务，在山东省内最先达到电话区标准，与国内外实现直接通信联络。宽带网络覆盖全区，区内中国移动和中国联通的移动电话均实现了无缝隙覆盖。

【招商引资与利用外资】 全年青岛开发区共批准外商投资项目138个，项目总投资

20.68亿美元，合同利用外资（新口径）12.16亿美元。引用法国液化空气、新加坡四季香、山孚日水等过千万美元大项目69个，引进韩国浦金深加工等世界500强项目五个。实际利用外资（新口径）6.9亿美元，增长52.8%；实际到位内资56.5亿元，增长13%。大炼油、造修船等一批重大项目取得突破性进展；浦项不锈钢、晓星钢帘线等一批项目建成投产；丽东化工、钟渊化学、山孚日水等一批外资项目，邯钢彩涂板、龙德碳素、科泰重工等一批内资项目开工建设。北汽福田重工、中海油、邯钢、包头钢铁设计研究总院等国内重点科研院所和知名大企业相继入区投资。

【对外贸易】 2004年全区共实现外贸出口13.5亿美元，增长53.7%；进口8.7亿美元，增长60.2%。其中国有企业出口3.1亿美元，增长37.4%，占出口总额的比重达23%；三资企业出口9.5亿美元，增长53.4%，占出口总额的比重达70.1%；其他企业出口1.0亿美元，增长155.4%，占出口总额的比重达7%。

【社会事业】 科教兴区战略加快推进，开发区被科技部命名为“全国科技进步先进区”，并顺利通过“全国科普示范城区”评估验收。教育整体水平进一步提升，顺利通过山东省教育工作示范区预查，创建国家级重点职业中专两处，一中、六中扩建工程竣工。全区拥有山东科技大学、中国石油大学(华东)、青岛理工大学、青岛职业技术学院、青岛港湾职业技术学院、北京电影学院教学基地等八所高等院校，在校学生七万余人。拥有中小学校43所，其中普通高中一所，职专一所，初中八所，小学33所；在校生3.4万人，中小学教职工2800名。拥有各级各类民办学校67所，学历教育学校10所，非学历教育学校57所，在校生4.26万人。有区成人中专、教师进修学校、业余体校各一处。

文化事业取得新进展，区文化馆被命名为国家一级文化馆，区图书馆被命名为国家一级图书馆，区市民文化广场被评为全省优秀文化广场，黄浦江路社区被评为全国文化先进社区，成功举办了第七届金沙滩文化旅游节，采用市场化运作方式组建了开发区艺术团。全区有线电视用户达七万户。

医疗卫生事业取得新的进步，全区拥有区级综合医院和中医医院各一处，街道办事处医院四处，疾病控制机构一处，卫生监督机构一处，妇幼保健机构一处，基层血站一处，疾病控制与卫生监督工作站五处。拥有医疗病床755张，每千人拥有病床2.8张。从事卫生事业人员968人。

社会保障制度日益健全，认真落实城乡统筹就业政策，培训农村劳动力6279人，开发过渡性就业岗位1812个，安排“4045”人员就业928人。扎实推进了农村社会基本养老保险工作，参保农民达19705人，5523人已经开始领取养老金。全面推行新型农村合作医疗制度，参保人数在89770人。进一步完善了城乡最低生活保障机制，农村最低生活保障线由每人每年720元提高到960元，城市最低生活保障线由每人每月210元提高到230元，全年发放最低生活保障金250万元。

【管理与服务】 以“转变作风、提高效能、优化环境”为目标，持续实施了政府管理体系“五项工程”改革，开展了“四型机关”创建、“双学三创”等活动，初步建立起精干高效、运转协调的行政管理体制。不断深化许可制度改革，将1054项许可事项精简到147项，总精简幅度达86%。积极推进“零收费区”建设，实施了第九次行政事业性收费改革，取消收费项目14项，降低收费标准十项，面向工业企业的区属收费项目由原来的334项减少到目前的两项，每年可以减轻企业负担5000余万元。建立了“一站式”行政许可中心，将与项目引进和建设相关的行政审批和服务事项全部集中到行政审批中心统一办理，提高了办事效率。设立了机关效能投诉中心，机关效能建设走在全省、全国前列。建立了企业负责人约见区领导等制度。扎实推进“平安西海岸”建设，荣获“平安山东建设先进区”称号。

【城区建设】 以建设现代化国际新城区为目标，坚持高起点规划、高标准建设、高效能管理，城区功能和形象明显提升。全年完成全社会固定资产投资143.6亿元。增长35.5%。“五项精品工程”基本完成，滨海公路开发区段主车道竣工投入使用，团结路、嘉陵江路综合改造工程，长江路、江山路综合改造工程，金沙滩景区综合改造工程，环胶州湾高速公路管家楼出入口综合改造工程等已顺利完工。新街口综合改造工程，昆仑山路、淮河路路面改造工程，香江路、井冈山路罩面工程全部完成。全市第一条城市隧道——嵩山隧道正式通车。管家楼水厂投入运行，城区日供水能力达16万吨。城市环境综合整治和生态建设取得新进展，开发区被评为山东省城市环境综合整治先进单位，被确定为省级清洁生产示范区，成功创建ISO14000国家示范区，荣获中国人居环境范例奖，并顺利通过国家无障碍设施建设示范城验收。

【高新技术产业和重点企业】 高新技术产业快速发展，新认定高新技术产品38种，总数达209种；新认定高新技术企业16家，总数达105家；完成高新技术产业产值409.3亿元，占规模以上工业总产值的比重达到73.5%。开发区被科技部命名为“全国科技进步先进区”，并顺利通过“全国科普示范城区”评估验收。

国风生物海洋药物工业园是由青岛国风药业股份有限公司投资兴建，规划占地1000亩，2000年9月正式动工，总投资7亿元，主要包括海洋药物、生物工程产业及现代中成药的研究开发及生产。一期工程海洋药物生物工程中心已建成投产，此工程被列为国家重大技术改造项目之一。二期工程即将开工，主要生产以海洋资源为原料的抗肿瘤、抗心衰药品。

捷能高新技术项目由青岛捷能汽轮机股份有限公司投资成立，总投资1.2亿元，主要进行工业汽轮机的生产销售，一期工程于2004年建成投产。公司拥有雄厚的设计能力和工艺编制能力，是一个集科研、开发、制造于一体的大型机械加工集团。

新都(青岛)理光有限公司由世界500强企业韩国新都理光株式会社投资设立，项目总投资2000万美元，注册资本1000万美元，合同外资2000万美元。主要经营办公信息自动化设备及相关配件、消耗品的生产和销售。年产各种型号激光打印机60万台，打印机用墨盒240万个，年产值约1亿美元。

欧地希机电是DAIHEN株式会社投资设立的独资企业，主要从事焊接机、机器人、变压器及其机械器具的生产、销售和售后服务。

【机构设置与管委会领导】 青岛开发区工委（区委）设置工作部门七个，部门管理机构一个。工作部门为：青岛市纪委青岛经济技术开发区工委、青岛区纪律检查委员会机关，工委（区委）办公室，组织部，宣传部，统一战线工作部，政法委员会；区直机关工作委员会。部门管理机构为信访局。

开发区管委（区政府）设置工作部门19个，部门管理机构一个。工作部门为：发展和改革局（物价局、中小企业局）、教育体育局、科学技术局、公安分局、司法局、财政局、劳动和社会保障局、城市建设局、规划分局、国土资源管理局、城市管理局、交通局、农村经济发展局、海洋与渔业局、对外贸易经济合作局、卫生局、审计局、统计局、旅游局。部门管理机构为：法制办公室。

开发区管委会主任姜杰

（青岛经济技术开发区　李颖　吴峰）

宁波经济技术开发区

NINGBO ECONOMIC & TECHNOLOGICAL DEVELOPMENT ZONE

【经济发展】 2004年宁波开发区实现GDP 176.3亿元，可比价增长25%，财政收入31亿元，同比增长32.3%。工业经济整体素质明显提高，全区全年累计实现工业增加值130亿元，可比价增长24.2%，实现工业产值503亿元，同比增长32%。重点骨干企业支撑拉动作用明显，有39家企业产值超2亿元，共实现产值358.7亿元，占全区工业总产值的71%。全区全年实现外贸出口总额19.79亿美元，同比增长58.3%。同时，外经工作也取得了新的进展。

【投资环境】 2004年，宁波开发区主动应对水、电、土地等能源、资源日趋紧张的状况，按照中央部署，以积极的态度开展了土地市场治理整顿，清理调整了一批政府投资项目，固定资产投资得到有效压缩。春晓万亩围海造田工程建设进展顺利，七姓涂围海造田和黄龙坑水库建设工程已进入前期准备阶段。开发区东区开发建设工作全面展开。研究制定了北仑电网建设和发展规划，加快了变电所和热电厂的建设，调整并实施了区域夏季有序用电方案。

按照“一体两翼”的总体框架，编制完善了各街道、乡镇的总体规划、详规和城市设计方案，启动了全区乡村规划编制工作。城市基础设施不断完善，中心城区建设进展顺利。329国道陈华至白峰段及沿海中线北仑段全线建成通车，区域菜场的建设和改造工作开始启动。区域环境影响评价全面完成，“生态区域”创建规划的编制工作进展顺利，环境综合整治和污染源专项整治工作深入开展，加快了城东生态绿化隔离带建设。中心区建设全面推进，凤凰山公园、行政中心、体艺中心、商业街等重大项目即将建成投入使用，中国女排未来四年内国际比赛的主场落户开发区，中国国际女排精英赛、世界女排大奖赛、世界女排锦标赛亚洲区资格赛等三项世界级大赛将于2005年在新落成的北仑体艺中心举办。区疾控中心、急救中心建设开始启动。城区管理体制进一步理顺，社区建设成效显著。

【招商引资与利用外资】 开发区认真分析宏观调控形势，针对土地、水、电等要素供应全面趋紧的实际情况，在缓解资源“瓶颈”制约方面采取了一系列的措施，并提出了招商引资在引进欧美企业、高新技术龙头项目、三产项目和产业链招商、现有企业增资扩股等五个方面取得全面突破的工作思路，及时调整策略，转变招商重点和方法，切实提高投资密度和项目档次。全区全年新批外商投资企业129家，投资总额28.9亿美元（含增资），合同利用外资10.4亿美元（含增资），同比增长30%，占宁波市的26%，实际利用外资5.8亿美元，同比增长15%，占宁波市的27.6%。项目结构不断优化，新批总投资在1000万美元以上的外商投资企业达50家。企业增资扩股势头强劲，“以外引外”呈现良好势头，全年共有65家外资企业追加投资，增加总投资12亿美元。

【社会事业】 加强监控，禽流感防治工作成效显著。扎实开展扶贫帮困工作，健全救助体系，形成了有效的运作机制。大规模的土地被征用人员就业培训工作有序推进，积极构建多渠道就业机制，千方百计扩大就业。农村二次水改、建设经济适用房等实事工程扎实开展。以培育创业文化为主题，以创建全国文明城市、省级文明城区为载体，深入开展了群众性精神文明建设，城乡居民文明程度不断提高。大力推进教育教学改革和创新，促进教育均衡发展。启动了“平安北仑”创建工作，严打整治斗争深入推进，社会治安动态防控体系建设不断完善，实行依法信访工作机制，及时化解社会矛盾，建立健全了安全生产监管、督查、预警、应急救援机制。

【管理与服务】 各项改革不断深化。深入学习贯彻《行政许可法》，开展了第三轮审批制度改革。五家国有行政性转体部门完成撤并，企业股份制改造、上市融资工作取得新进展。国有资本退出竞争性领域的步伐继续加快，党政机关与所办经济实体脱钩工作全面完成。按照宁波市统一要求，积极开展财税体制改革工作。切实加强了对政府投资项目的监管力度。研究制定并全面实施了《北仑区、开发区机关公务用车制度改革方案》。住房分配货币化改革全面实施。社保扩面、被征地人员养老保障、农村新型合作医疗等工作进一步推进，社会保障体系不断完善。

重大项目进展顺利。台塑石化一期、宝新不锈钢四期、申洲技改、三菱丽阳等项目建设稳步推进，中华纸业三期项目已建成投产，临港大工业产业群和高新技术产业群正在迅速崛起。

【党建工作】 党的建设进一步加强。积极探索多层次、大规模的干部教育培训工作格局，加大了人才引进培育力度。积极实施《开发区人才队伍建设五年规划》，面向全国公开招聘部分区管副局级干部和紧缺人才；选派了一批优秀年轻干部到开发建设、信访部门、农村基层一线和外地挂职锻炼；出台了《干部差额考察制试行办法》。开展了集中清理党政领导干部企业兼职工作。不断创新区域党建模式和非公企业、新社团组织、社区、学校党建工作。机关效能建设成效显著，干部作风进一步转变，发展环境进一步优化。深入学习贯彻“两个条例”，加大案件查办力度，扎实推进反腐保廉体系建设，努力从源头上遏制腐败。建设廉政文化，形成立体式党风廉政宣教新格局。

【机构设置与管委会领导】 宁波开发区管委会是宁波市人民政府派出机构，拥有市一级审批权限，负责行使开发区的管理职责。管委会下设对外贸易经济合作局（经济发展局）、投资合作局、投资管理局、招商局、科技创业园服务中心、国土资源局、规划分局、建设局、建筑工务局、财税局、工商局等经济发展、招商引资、城市规划建设等职能部门。

宁波经济技术开发区管委会主任姚力，副主任胡奎（分管招商）。

（宁波经济技术开发区管委会）

湛江经济技术开发区

ZHANJIANG ECONOMIC & TECHNOLOGICAL DEVELOPMENT ZONE

【经济发展】 2004年，湛江经济技术开发区完成GDP 34.8亿元，同比增长20%；完成工业总产值85.7亿元，同比增长23%；出口创汇3.7亿美元，同比增长10%；实际利用外资4022万美元，同比增长100%；财税总收入4.28亿元，同比增长25%；固定资产投资9.1亿元，同比增长63%。2004年湛江开发区加大力度促进企业的技改挖潜，做大做强。在用地紧缺的情况下，投入3700多万元把停产半停产企业厂房、土地等按市场价回收，支持重点企业扩大生产规模。冠豪纸业、包装材料、国联水产等大企业都顺利扩建。喜利得公司是一家外商独资公司，在开发区良好投资环境的吸引下，把美国、墨西哥等地的分厂搬迁到开发区，使其生产规模比原来增加了一倍以上。湛江开发区积极实施名牌带动战略，推动企业创名牌意识，有四家企业申报广东省著名商标，其中三家通过审定，目前开发区拥有省级著名商标六个，成为湛江市拥有省级著名商标最多的区。开发区努力发挥当地资源优势，大力发展水产品加工业，拥有各类水产加工、深加工企业20多家，2004年10月，开发区被国家农业部定为“全国水产品加工出口示范基地”。

【招商引资与利用外资】 2004年，湛江开发区利用外资增长较快，全年实际利用外资4022万美元，较上年增长100%，圆满完成湛江市下达的3600万美元的引资任务。其中，喜利得（中国）有限公司已增资1115万美元、湛江大中纺织有限公司已投资1115万美元、湛江巨恒海产品有限公司已投资450万美元、湛江百事可乐饮料有限公司已投资174万美元。世界500强中的可口可乐和百事可乐首次到开发区投资，引起社会关注。2004年，湛江开发区在建设投资项目进展顺利；全年全区共有13个项目动工建设，进度较快。其中，广东冠豪高新技术股份有限公司、喜利得（中国）有限公司、湛江国联水产有限公司、湛江包装材料有限公司、湛江建龙混凝土有限公司等五个增资扩建项目工程基本完成，部分投产；湛江大中纺织有限公司、湛江中粮可口可乐饮料有限公司、湛江帕特铝业有限公司、湛江百事可乐饮料有限公司、湛江中富容器有限公司、湛江巨恒海产品有限公司等八个新投资项目已动工建设。还有新华水产物流中心、70万吨木浆、翔峰容器等五个生产项目正进入组建阶段。

【外贸出口】 2004年，湛江开发区外贸出口在曲折中攀升。主要出口产品受美国反倾销诉讼影响较大，其次是国家调整出口退税政策造成部分企业观望等待。为了保证年度计划的顺利完成，开发区积极做好应对美国水产品反倾销的工作，聘请专家学者到区内作专题辅导报告，与企业共同商讨水产品出口遭受反倾销的对策；另一方面积极争取上级部门支持，确保及时兑现出口退税的有关优惠政策。全年出口创汇累计完成3.7亿美元，同比增长10%，2004年出口增幅较大的企业有：纺织集团公司、通用集团公司、新紫荆商贸、新湛实业、国联水产、港湛万贸、亚洲海产等。2004年水产品加工出口成为湛江开发区出口创汇的一大亮点，国联水产公司更是这一行业的推动者。该公司全年出口创汇9107万美元，同比增长192%，占全区出口总额近三分之一。特别是在美国进口水产品对虾反倾销诉讼案中，国联水产以其标准化生产的流程赢得了官司，成为中国惟一一家出口美国对虾零关税的水产品加工企业。

【科技工作与高新技术产业】 2004年，湛江开发区继续加大对科技的投入，支持企业的技术改造和产品研发，取得较好的效果。全年新增省级以上高新技术企业七家，全区省级以上高新技术企业达17家，占湛江市的38%；新增国家火炬计划重点高新技术企业一家，全区国家火炬计划重点高新技术企业达到四家，占湛江市的55%；有六家工程中心和两家企业研发机构通过湛江市验收。2004年全区高新技术产品新增16个，高新技术产品达到55个，占湛江市的29%，高新技术产品产值23.26亿元，占湛江市的37%。湛江开发区大力支持企业和科技人员的技术创新工作，一是组织了全区2003年度技术创新奖的评选，评出一等奖二项，二等奖二项，三等奖一项。在此基础上，开发区推荐企业和个人参加湛江市和广东省科技进步奖的评选，共计有海滨医疗器械有限公司的项目获省二等奖，冠豪公司的项目获市科技进步一等奖。

【机构设置】 中共湛江经济技术开发区委员会和湛江经济技术开发区管理委员会内设职能部门为：党委、管委会办公室；组织人事局；经济发展局；科技与招商局；规划国土建设局；纪委机关、监察局；社会事业管理局；财政局。还有市政管理局、机关事务管理局、国有资产经营公司三个事业机构。

（湛江经济技术开发区管委会）

天津经济技术开发区

TIANJIN ECONOMIC – TECHNOLOGICAL DEVELOPMENT AREA

【经济发展】 2004年，天津开发区实现GDP 530.22亿元，按可比价格计算，比上年增长25.3%，其中第二产业增加值完成440.37亿元，可比增长32.2%，第三产业增加值完成89.85亿元，可比下降3.7%，二、三产业比例为83.1∶16.9。全区人均地区生产总值20.08万元，可比增长9.9%。

财政收入稳步增长。全区完成财政收入83.19亿元，按可比口径比上年增长23.0%。其中税收收入73.39亿元，可比增长20.9%。实现地方财政收入38.45亿元，增长5.1%。

工业经济增长势头强劲，成为自1997年以来增长最快的一年。2004年，天津开发区实现工业增加值435.91亿元，按可比价格计算，比上年增长32.4%；实现工业总产值1822.14亿元，同比增长45.6%，其中外商及港澳台投资企业完成1774.99亿元，同比增长46.0%。

大中型企业拉动作用显著，增长点增多。全区工业产值超过1亿元的有138家，比上年增加30家，产值合计占全区的94.0%；产值过10亿元的企业22家，比上年增加5家，产值合计占全区的73.1%。摩托罗拉（中国）电子有限公司、天津三星通信技术有限公司、天津一汽丰田汽车有限公司、天津乐金大沽化学有限公司、诺和诺德（中国）制药有限公司等企业发展势头强劲，生产规模快速扩张。飞思卡尔半导体（中国）有限公司、中芯国际集成电路制造（天津）有限公司、英保达资讯（天津）有限公司、京瓷（天津）太阳能有限公司等新企业增长势头良好，为开发区进一步发展提供了保障。

重点行业快速增长，支柱作用明显。全区电子通讯、机械制造、医药化工、食品饮料等四大支柱产业共完成工业总产值1673.64亿元，比上年增长46.2%，占全区工业总产值的91.9%，比上年提高0.5个百分点，对全区的经济贡献率为92.6%。

产品结构继续优化，主导产品产量大幅增长。液晶显示器、数码摄像机、新型电子元器件、芯片、汽车电子产品、酶制剂等一批高科技含量、高附加值产品生产规模大幅增长，有力促进了开发区工业产品的升级和多元化。

工业经济效益大幅提升。2004年，全区工业企业实现销售收入1847.65亿元，比上年增长47.9%，其中外商及港澳台投资企业实现1799.84亿元，增长48.2%。产销衔接良好，工业产品销售率为101.4%，比上年提高1.6个百分点。规模以上工业企业实现利润（正负抵）169.29亿元，增长2.1倍；经济效益综合指数为298.7，比上年提高94.9点，总资产贡献率21.2%，比上年提高9.6个百分点，成本费用利润率9.8%，提高5.3个百分点，全员劳动生产率25.62万元，按可比口径比上年增长20.1%。

小区工业取得新发展。开津开发区微电子工业区、逸仙科学工业园、化学工业区全年共完成工业总产值370.01亿元，比上年增长45.2%。其中微电子工业区实现产值315.00亿元，增长53.7%；逸仙科学工业园实现产值53.76亿元，增长8.9%；化学工业区实现产值1.25亿元，增长1.5倍。

建筑业保持健康发展势头。全年建筑业实现增加值4.45亿元，按可比口径，比上年增长7.3%，实现建筑业总产值25.32亿元，同比增长19.4%。

第三产业稳步发展。2004年，天津开发区第三产业实现增加值89.85亿元，其中交通运输、仓储邮政业实现增加值5.68亿元，批发和零售业实现增加值32.30亿元，住宿和餐饮业实现增加值1.89亿元，金融业实现增加值15.88亿元，房地产业实现增加值13.46亿元。

【投资环境】 区域投资环境进一步优化。2004年天津开发区出台了《改善综合投资环境的指导性意见》，进一步完善了企业服务制度体系。充分发挥国际商会、工商业联合会等协会组织的作用，为企业发展提供全方位的服务。充分协调各方关系，克服电力供应紧张的局面，确保未出现“拉闸限电”。按照“有限目标、逐步逼近”原则，完成改善投资环境15件实事，有力促进了开发区综合投资环境的改善。

区域拓展工作取得新突破。2004年，天津开发区母区加大了土地清理整顿力度，提高了土地使用效率和集约化水平。国务院正式批准天津开发区西区起步区4.97平方公里扩区规划，为开发区进一步发展拓展了空间。

固定资产投资稳定增长。2004年，天津开发区积极适应国家宏观调控的要求，及时调整固定资产投资结构，保持了投资的稳定、健康增长。全年完成全社会固定资产投资156.83亿元，比上年增长20.1%。其中工业项目投资完成95.86亿元，增长82.8%，占全区固定资产投资的61.1%；外商及港澳台项目完成投资90.01亿元，增长91.4%；基础设施投资完成23.71亿元，下降40.0%。全年开工房屋面积168.87万平方米，竣工房屋面积155.77万平方米。

工业项目固定资产投资保持适度增长。全年工业项目固定资产投资额超千万元的项目有117个，超过亿元的项目21个。中芯国际芯片扩能、丰田汽车二期、摩托罗拉汽车电子、三星集团、飞思卡尔、罗姆华科、英保达、英泰汽车、东海炭素、赛威传动等为代表的一批符合国家产业政策的项目，增强了天津开发区主导产业优势地位，为开发区进一步发展奠定了良好的基础。

交通、能源等基础设施配套能力继续完善。2004年，津滨轻轨正式投入运营，新港桥改造、中小企业园周边道路等项目相继竣工，海滨大道项目进展顺利，天津开发区交通体系进一步完善。工业区燃气管网配套等工程已完工，五号热源厂二期、2#100千伏电站、天然气储配站等能源类基础设施项目已开工建设，能源保障能力继续得到提高。

西区建设蓬勃开展。第九大街跨京山铁路西延线、中心庄路跨京津塘高速公路立交桥、中心庄路跨津滨高速公路立交桥、北大街跨唐津高速公路立交桥和西区起步区内主次干道等一批路桥工程相继竣工，天津开发区西区交通主体框架基本形成。能源配套能力初步建立，征地拆迁文明有序展开。西区土地开发具备了招商和项目摆放能力，已有多家企业开工建设。

城市公建项目进展顺利，城市功能进一步完善。2004年，泰达足球场、泰达国际会议中心、科技大学泰达校区一期、职业技术学院新院区一期等公建项目已完工并投入使用，泰达市民文化广场、泰达时尚广场等项目正抓紧实施，新城区形象建设成就斐然。

城市公用事业综合服务能力不断提高。2004年，天津开发区自来水售水量2984.08万立方米，比上年增长19.9%，再生水售水量105.73万立方米，比上年增长84.1%；售电量122909.67万千瓦时，比上年增长24.0%；天然气售气量2980.87万立方米，比上年增长98.4%。

2004年，天津开发区新增道路面积92.62万平方米，给水管网89.34公里，排水管网103.51公里，供热58.8吨/小时。2004年末，全区累计形成道路面积667.71万平方米，给水管网337.69公里，排水管网852.64公里，供水能力25.5万吨/日，供热能力873.4吨/小时，供电能力424兆伏安，供燃气120.6万立方米/日，污水处理能力13万吨/日，雨水总排放能力120.24立方米/秒，污水总排放能力为13.94立方米/秒。累计开发土地面积39平方公里，其中工业区29.2平方公里，生活区9.8平方公里。

环境保护工作继续深入，环境指标保持优良。2004年，天津开发区环境空气质量达到或好于国家二级空气质量标准的天数为302天，达标率为85.6%，主要污染物——可吸入颗粒物年平均值比上年下降9.4%。区域环境噪声为52.9分贝，交通噪声平均值为66.8分贝，均达到国家《区域环境噪声标准》要求。2004年末，开发区污水处理厂出水水质达标率为94.9%，达到国家《城镇污水处理厂污染物排放标准》二级要求。对重点污染源实施在线监测，重点水污染源在线监控率达95.7%，烟气在线监测率达100%，水质在线监测率达50%。

生态环境建设取得新进展。2004年，天津开发区创建国家生态工业示范园区获得国家环保总局正式批准。ISO14001环境管理体系认证推广工作进展顺利，2004年末，全区已有41家企业通过ISO14001认证。全面启动“废物最小化俱乐部”工作，举办了首届中国（天津）国际绿色电子制造技术与产业发展研讨会和国家环保总局推进循环经济交流会，促进了生态工业园建设及循环经济的发展。

城市生态环境持续改善。2004年天津开发区微电子工业园区“生态公园”竣工。开发区全年新增绿地面积204.75万平方米。2004年末，全区绿化面积785.05万平方米，其中公共绿地面积288.87万平方米，建成区绿地率31.4%，绿化覆盖率35.0%，人均绿地面积75.70平方米/人。

资源利用效率进一步提高。2004年，天津开发区万元工业总产值能耗94.04公斤标准煤，比上年下降13.9%，万元工业总产值新鲜水消耗2.06吨，比上年下降12.6%。

【招商引资与利用外资】 2004年，面对国内、国际日益激烈的竞争，天津开发区继续秉承“投资者是帝王”、“让投资者赢得利润”的理念，不断改善和提升招商体制和机制，强化主导行业的优势，进一步促进产业链的完善和产业集群度的提高，全年招商引资工作取得显著成绩。

招商引资规模继续扩大。全年新批外商及港澳台投资项目165家，办理增资项目144家，项目投资总额（含增资）34.01亿美元，比上年增长48.5%，合同外资金额19.22亿美元，增长50.8%，实际使用外资金额9.49亿美元，增长50.1%。全年登记注册内资企业1445家，注册资本26.70亿元，其中私营企业1225家，注册资本19.10亿元。

利用外资项目质量继续提高。全年新批外商及港澳台项目投资规模在1000万美元以上的有38家，新批项目平均规模1545.99万美元，比上年增长1.22倍；新批跨国公司项目53家，比上年增加18家；新批《财富》全球500强项目12家，比上年增加3家。

增资扩产势头强劲。全区全年外商及港澳台项目增资总额8.50亿美元，其中合同外资金额3.72亿美元，平均增资规模590.46万美元。增资额超过1000亿美元的项目有22家。

产业聚集效应显著，配套产业链日臻成熟。2004年，摩托罗拉汽车电子、丰田通商钢业、丰通汽车零部件、日邮振华物流、虹冈铸钢、双叶协展机械、三荣汽车部品、韩国万都、现代高新电子、格拉默车辆内饰等一批汽车配套项目相继建立，天津开发区汽车产业链不断完善，汽车配套企业已达75家。三星视界移动、韩国宝星电子、新加坡裕廊科技等企业的人区，进一步加强了移动通讯产业的聚集。

2004年《财富》全球500强企业中，共有来自境外9个国家的44个跨国公司在天津开发区投资，投资企业达91家。一大批国际著名跨国公司已经成为天津开发区的投资主体。2004年末，全区共有内资企业9729家，注册资本394.49亿元，其中私营公司7276家，注册资本总额193.19亿元，注册资本在1000万元以上的内资企业达1006家。

天津开发区已在美国、日本、欧洲、北京、上海等地设立了办事处。

【对外贸易】 进出口实现高速增长，出口创历史新高。全区实现进出口总值211.77亿美元，比上年增长53.6%，其中外商及港澳台投资企业完成204.91亿美元，增长53.2%。进口总值完成100.02亿美元，增长44.9%，其中外商及港澳台投资企业完成95.36亿美元，增长43.2%。出口总值完成111.75亿美元，增长62.3%，其中外商及港澳台投资企业完成109.55亿美元，增长63.0%。加工贸易出口保持快速增长势头，全年实现101.57亿美元，比上年增长

67.0%，仍然是主要出口形式；一般贸易出口实现10.16亿美元，比上年增长26.8%。全区工业产品外销率50.7%。

核心企业对出口拉动作用大，增长点增多。2004年全区实现产品出口的企业有481家，其中出口额超过1000万美元的有54家，比上年增加11家，出口总额105.57亿美元，占全区出口额的94.5%。出口额超过1亿美元的企业有13家，比上年增加4家，共实现出口额92.81亿美元，占全区的83.1%。

与主要贸易对象贸易联系日益紧密。全年与天津开发区发生贸易关系的国家和地区有152个，其中出口产品涉及的国家和地区148个。对美国出口快速增长，继续保持开发区第一大出口目的国的地位，全年实现出口37.91亿美元，增长48.3%，占全区出口总额的33.9%。对欧盟、东盟出口高速增长，分别实现出口23.44亿美元和16.62亿美元，比上年增长91.2%和1.31倍，占全区出口总额的21.0%和14.9%。在其他主要出口目的地中，日本占9.0%，香港占6.1%，韩国占5.4%。

主要出口产品增长迅速。移动电话、基站、数码相机、高频调谐器、摄像机等主要产品出口金额均实现1倍以上的增长。高新技术产品出口实现强劲增长，全年出口90.11亿美元，比上年增长75.2%，占全区出口总额的80.6%，比上年提高了5.9个百分点。机电产品出口104.69亿美元，比上年增长67.2%，占全区出口总额的93.7%，比上年提高了2.8个百分点。

【社会事业】 教育体系进一步完善，教育规模大幅提高，教学水平继续提升。2004年，天津科技大学泰达校区正式启用，北大青鸟软件学院和天津生物工程职业技术学院积极筹建，天津开发区基本形成了类型完备，功能齐全的现代教育体系架构和规模。2004年，开发区居民及流动人口子女九年制义务教育入学率100%，高中阶段入学率97%。全年全区各级各类学校在各学科竞赛中共获国家级奖项7项，市级奖项11项。

卫生事业取得新进展，卫生服务体系基本形成。2004年，泰达国际心血管病医院运行顺利，天津市急救中心泰达分中心开始运行，与塘沽区合作建设的滨海中心血站已经启用，天津医科大学滨海中心医院正积极筹建。全区医疗废物集中收集处理率100%。

文化、体育事业迈上新水平。2004年，泰达电视台播出国内外节目45套，全年制作各类专题、新闻类节目320期，平均每日播出自办节目8小时，其中自制节目1小时27分钟。围绕建区二十周年，天津开发区举办了系列文化活动。定期开展的专业性、群众性的文体活动，使得区域文化生活日渐丰富。2004年，泰达足球场启用并举办了世界杯足球赛亚洲区预选赛中国队对马来西亚队比赛、2004年中超联赛开幕式等多场国际、国内赛事和大型文艺演出。成功承办了“泰达杯”中日韩世界围棋超级冠军争霸赛。

社区建设取得新进展，方便、舒适、和谐的新型社区初步形成。2004年，天津开发区新建3个外来务工社区，1个学院社区工作部。社区安全综合管理体系进一步深化；各社区公共设施陆续启用，成立了区内首家民办社区活动中心；电子社区建设积极推进，社区居委会全部实现网上办公。社区志愿者服务活动蓬勃展开，组建了由区内外籍人士组成并面向住区外籍人员开展各项志愿服务的华纳国际义工团。

人才引进与人才培养工作取得新进展。全年引进高级人才45名，其中院士3名，博士后14名。成功举办了“2004天津市职业技能系列大赛暨第二届泰达杯职业技能大赛”。

积极推进就业、再就业工作。2004年，

天津开发区共举办全市性人才市场6次，区域性人才劳务市场16次。建立“天津市青年职业见习基地”11家，开发外埠劳务基地6家。新建再就业基地3个，社区就业组织1个，为失业下岗人员提供就业岗位6973个。

社会保障事业稳步推进。2004年末，天津开发区投保单位数达到2493家，全年养老保险征缴人数为14.75万人，比上年增加2.47万人。实现基本养老、基本医疗、失业、工伤、生育及子女医疗五个险种社会保险征缴10.91亿元，其中基本养老保险缴费额为6.92亿元。全年共向2242名离退休人员发放了养老金。

【管理与服务】 区域法制环境进一步优化。2004年，天津开发区以“依法治区”为原则，坚持公开、公平、公正的宗旨，继续加强区域法制建设，完善区域法制环境。新颁布了《天津经济技术开发区鼓励住宅物业管理发展的暂行规定》。2004年末，天津开发区共有现行有效的行政规范性文件84项。

继续加强社会治安综合治理，确保社会的安全和稳定。2004年，公检法司各部门共同努力，有效地维护了区域安定团结的局面。天津开发区全年受理法律援助案件、法律事务113件，其中刑事案件9件，挽回经济损失60万元。全面开展人民调解指导工作，全区成立人民调解委员会6家。深入开展公职、公司律师试点工作，充分发挥政府法律顾问的职能优势。2004年末，全区共有律师事务所3家。

服务型政府职能进一步完善，政府管理水平显著提高。2004年，天津开发区深入贯彻落实《行政许可法》，进一步推动了审批制度改革，全面清理了全区各行政机关行政许可项目，成立了行政许可中心。投诉受理和法律援助一体化的信访中心步入正轨。修改完善了《天津经济技术开发区应急突发事件预案》和《应急指挥基本流程》，筹建了应急指挥系统的软、硬件平台，危机处理能力进一步提高。

国有企业改革继续推进。2004年，天津开发区进一步明确国有企业产权关系，推进政企分开。继续推动投融资体制改革，实现投资主体多元化。国有企业的城市经营能力、资源控制能力和资本运作能力继续提高。

对外交流成果显著。2004年，天津开发区成功举办了一系列高层次大型会议，有效促进了天津开发区与国内外的交流与合作，提高了开发区的知名度，树立了开发区的形象。

【高新技术产业】 2004年，天津开发区围绕提高科技创新能力，改善科技创新环境，坚持科技产业化和产业科技化兼顾的原则，进一步完善科技事业发展环境，全面提升信息化水平，有力推动了科技对区域发展的促进作用。

科技促进工作取得重大进步。2004年，天津开发区继续深化“双高”政策体系，完成了《国家及天津市重点科技项目开发区匹配专项资金管理暂行办法》，成立开发区生物技术产业发展推动小组，出台了《天津开发区生物医药产业发展纲要》。全年投入科技发展金和科技风险金1.84亿元。引进了天津中新药业中药现代化技术工程中心、华立达企业技术中心、中新药业研究中心、天津市光电子联合科学研究中心等4家工程技术研究中心，新建了8个企业博士后工作站，开泰企业孵化器正式启用。2004年末，开发区已有14家工程技术研究中心，6家企业技术中心和6家跨国公司研发中心，34个企业博士后工作站，6个高科技创业孵化基地，4家风险投资公司，累计投入科技发展金和科技风险金10.66亿元，为开发区发展提供了强大的科技保障。

科技创新能力继续提高，科技创新活动活跃。2004年，天津开发区有55个项目进入国家和天津市科技创新计划，共得到国家和天津市经费支持额度2.3亿元，项目数量和经费总额均创历年最高。其中有2个项目列入国家863计划，26个项目列入天津市2004年科技发展计划，14个项目列入天津市2004技术创新项目，2个项目获得天津市科技进步奖。全年共有7个项目获科技部中小企业技术创新基金资助，资助总额度达到530万元，是开发区获得中小企业技术创新基金资助最多的一年。

高新技术产业规模日益突出。2004年，全区高新技术企业实现工业总产值1096.93亿元，比上年增长52.4%，占全区工业总产值的60.2%。电子信息、生物医药、新能源产业增长迅速，对全区高新技术产业发展带动作用明显。

高新技术产业化进展顺利。2004年，天津开发区有9个项目列入国家发改委重大高技术产业化示范项目，项目总投资达到10.6亿元。11个项目列入天津市重大高新技术产业化项目，项目总投资约26亿元人民币。认定高新技术企业26家。全年技术交易总额0.4亿元，技术合同登记46项，科技成果鉴定登记完成13项，申报专利152项。以在国内首次完成90纳米集成电路设计、生物芯片研发进入临床试验、电动汽车进入商业试运行为标志，天津开发区高新技术产业化取得显著成效，已经成为天津市乃至全国高新技术产业化基地。

信息化建设跃上新水平。2004年，天津市电子政务专网滨海新区核心节点落户天津开发区；有线电视网数字化光纤化改造工程基本完成，实现光纤到居民楼。推出企业信息化解决方案，促进区内企业提高管理信息化水平。开发区海关积极推进口岸信息平台建设，口岸通关速度明显加快，有效地提高了天津开发区通关效率。

（天津经济技术开发区管委会）

连云港经济技术开发区

LIANYUNGANG ECONOMIC AND TECHNOLOGICAL DEVELOPMENT ZONE

【经济发展】 2004年，连云港经济技术开发区完成GDP 52.42亿元，比上年增长17.1%；工业总产值148.32亿元，增长18.5%；财政总收入8.01亿元，增长23.04%；出口总额2.01亿美元，增长45.5%；合同利用外资2.4亿美元，增长9.4%；实际利用外资6502万美元；内联到位资金5亿元；固定资产投资13.45亿元，增长34.1%。特别是基础设施建设投入和大项目引建取得了历史性突破，完成基础设施建设投资3.52亿元；拆迁面积5.66万平方米，相当于上两年的总和；回填场地7200亩，相当于建区以来工业用地回填面积的总和。

【投资环境】 硬环境建设重点是拉开了基础设施建设主框架，加快推进大浦工业区和临港产业区一期开发，开始筹划加工区二期建设。开工新建了新东方大道、振兴北路、虎平路、碱厂南路二期、三环路等12条道路，续建了新港城大道、中心路、大浦路、西环路、振兴路及中心路桥。新建道路约6.35公里，新增绿化面积100万平方米，全年建筑工程在建规模28.5万平方米。同时，突出规划先行，委托深圳城市规划设计研究院在连云港市城市规划范围内，编制以临港区域为重点的126.23平方公里的开发区总体发展概念规划，规划方案已通过由国内一流专家组成的评审团论证。力争以此为龙头和蓝图，通盘谋划，完善功能，拉动发展，鼓舞斗志，把开发区打造成既能生产、又能生活；既能留住项目，又能留住人；既能近期见效，又可持续发展；产业集聚效应明显，城市功能配套完善，现代化气息浓郁的新型工业城区。全年完成项目选址53项，面积3807亩，预选址300余项，审查各类方案200多个。

投资软环境得到明显改善，尤其是为了提高办事效率，全区上下联动，组织专门班子，主动沟通，多方协调，努力简化审批程序。同时采取挂牌上岗、设立行政效能投诉中心等一系列举措，切实推进行政效能建设。

【招商引资与利用外资】 连云港开发区进一步强化招商举措，不断加大招商工作力度。招商工作网络化，以每个招商人员为终端，结交和培养各类可以利用的关系，组建招商关系网，并派专人赴韩国驻点招商，开拓项目信息源。已初步编织出一张渗透长三角、珠三角，联通日韩台港澳，涉足欧美的初级招商网络。招商活动经常化，组织了赴日本、韩国、新加坡、中国香港、中国台湾等国家和地区的集中招商活动，多次赴上海、北京、温州、深圳、青岛、西安等国内经济发达地区跟踪、推介和洽谈项目；并在日本大阪、韩国汉城、昆山等地举行投资说明会；利用南京金秋贸易洽谈会、江苏农洽会、上海招商月活动等契机，广泛宣传投资优势，提升了开发区的知名度和美誉度。强化招商"五个一"基础工作，编制完成了一幅招商挂图、一盘招商光碟、一本投资指南、一份招商计划，正在抓紧制作全景式规划沙盘。通过采取上述措施，拓宽了投资信息渠道，密切了与客商的联系，在手在谈项目不断增多，为下一步招商引资打下了良好基础。全年新批内外资项目376个，其中外资项目48个，投资额1000万美元以上的项目达14个。

【对外贸易】 2004年，全区共实现进出口总值7.45亿美元，比上年增长69.3%，其中进口5.43亿美元，增长80.2%，出口2.01亿美元，增长45.5%。三资企业出口1.78亿美元，增长42.2%；三资企业进口4.35亿美元，增长73%。全年共办理加工贸易291票，出口额1.28亿美元。特别是核心企业对全区出口拉动作用明显，全年产品出口企业80家，比上年增加27家，出口超1000万美元5家，共完成出口总值1.22亿美元，其中升德升电子、益海粮油两家企业共出口8739万美元，对全区出口增长贡献率达71.6%，拉动全区出口增长32.6个百分点。外贸企业快速发展，全年有产品出口的外贸企业达到16家，比上年净增14家，出口额增长81.5%。

【社会事业】 社会事业发展较快，开发区先后出台了对农村计划生育家庭优惠激励政策，由财政出资，为全区农村独生子女购买了"全家福"保险。全区计划生育率达99%以上，超过了省示范区水平。教育、文化、卫生等各项社会事业进一步发展。大力扶持乡镇加快发展，制定出台了相关文件，从致富项目、乡镇建设、农村劳动力培训、资金投入等方面加大对农村的扶持，为富民强镇（街）提供有力支持。镇街财政总收入突破5000万元。继续开展农村七件实事活动，出台了《关于对历次开发建设被征地"农转非"人员给予基本生活补助的意见》，确保被征地农民的生活保障。不断提高防汛、防火、防疫能力。率先实现粮食直补资金拨付率、兑付率双百分百，受益农户1.25万人。实现农民人均纯收入4800元，同比增长12.9%。

【管理与服务】 2004年，连云港开发区以建立服务企业制度体系为重点，加大了管理与服务工作力度。一是建立了以包片负责制、行风监督员制和24小时热线电话制为重点的服务企业制度体系。通过现场办公、问卷调查和召开座谈会等形式，加强了政企沟通，及时帮助企业协调解决实际困难。投资环境的改善，增强了企业在区内发展的信心。2004年，全区增资扩股企业数比上年多一倍。二是注重培育亲商富商文化。通过组织参观、规范要求、以事说理等多种形式，不断强化全区上下的服务意识。"让投资者获取理想的效益是我们共同的追求"、"先投资者之忧而忧，后投资者之乐而乐"等开发区理念日益深入人心，提高了对客商的亲和力。

【高新技术产业和重点企业】 2004年，全区完成高新技术产业产值45.2亿元，占全区工业产值的34%，比上年提高了4.5个百分点，增长41%，高出全区产值增幅20.4个百分点。全区高新技术企业11家，产值过亿元企业8家。特别是江苏中电华威电子股份有限公司的"0.5～0.35μm集成电路封装用环氧膜塑料产业化开发"等四个项目，分别被国家科技部、信息产业部、发改委、江苏省科技厅批准立项，获得政府财政扶持。

重点企业发展良好。2004年，全区工业产值达10亿元以上企业3家，分别是益海粮油、如意集团、恒瑞医药；5亿元以上企业3家，分别是康缘药业、豪森制药、升德升电子。由于重点企业的支撑和拉动，重点行业增长较快，支柱作用明显，特别是食品、医药、电子、纺织四大产业共完成工业产值104.2亿元，比上年增长48.2%，占全区工业产值的78.2%。同时，全区投资1000万元以上的24个工业项目建设顺利，投资总额达18.3亿元，其中投资过亿元的项目6个，主要有天联工控胶合板、益海油化油脂加工、迎旭实业玩具等项目，竣工投产项目18个，主要有罗盖特12.5万吨/年山梨醇一期工程、益海粮油二期等项目。

【出口加工区建设】 2004年，连云港出口加工区起步区0.71平方公里区域内土地全部出租、出让。区内已有5家企业在加工区海关登记备案，其中新增4家，投资总额超过1000万美元的企业2家，即投资总额1150万美元的艾业无纺布制品有限公司及投资总额2000万美元的迎旭实业有限公司。另有投资总额1550万美元的2家企业正在办理海关备案手续。区内新增从业人员900人。按照海关监管、政府协管、企业自管、社会共管模式，采取分批进货、集中报关的办法，简化了报关手续，提高了通关效率，实现了管理规范、运行健康的良好开局。海关监管代码获得海关总署批准，1月12日正式封关运作。国检、海关监管运输企业等驻区机构和单位相继入驻。成立了由海关、国检等单位和部门组成的加工区协调领导小组，建立了驻区机构、企业之间的沟通、协调机制和登门走访制度，服务体系逐步完善。经连云港市政府推荐，江苏省建设厅专家考核，连云港出口加工区荣获江苏省第四批园林式单位称号。

【"三制一化"体制机制改革】 2004年，开发区突出实施了以身份档案制、全员聘用制和岗位工资制为重点的机关改革，激发了工作活力，提高了工作效率。招商工作市场化，挑选40%的机关人员专职招商，将招商局扩充为四个，并抽出四名管委会领导"一对一"负责招商工作。各招商局对招商经费全额包干、自主使用，从分管领导、局长到所有招商人员平时只发生活费，其年终收入与招商实绩相挂钩，调动每个招商人员的主动性和积极性，增强招商工作的源动力。组建专门班子抓企业改革工作，区属企业改革总体上已进入扫尾阶段。结合机关机构改革，对原有事业单位实行归口管理，并已开始启动事业单位改革，初步完成了区属事业单位的改革方案制定工作。

【机构设置与管委会领导】 连云港开发区内设机构为：办公室、纪工委、党群工作部、规划建设局、财政局、经济发展和社会事业局、国土管理局、招商一、二、三、四局等11个部门。

连云港经济技术开发区党工委书记李国章，管委会主任郗同福，副主任杨光留、邱家海、易爱平、陈永良、武心明。

（连云港经济技术开发区 王勇 李发新 赵长学）

南通经济技术开发区

NANTONG ECONOMIC TECHNOLOGICAL DEVELOPMENT AREA

【经济发展】 2004年，南通开发区实现GDP 54.14亿元，同比增长19.9%。其中一、二、三产业增加值分别增长10.6%、21.5%、14.8%。实现财政收入10.3亿元，同比增长28.8%。全区实际利用外资额在全省开发区的排名由上年的第16位跃升至第14位。实现工业总产值160.39亿元，同比增长41.99%；销售收入150.49亿元，同比增长53.26%；利润4.35亿元，同比增长124.02%。重点企业支撑强劲，形成产值超亿元企业30家，167家规模以上企业实现总产值115.05亿元，占全部工业的71.73%。工业投入增长迅猛，完成工业投入25.23亿元，同比增长60.51%。民营经济发展加快，新增个体工商户1260家，同比增长40.67%；新增私营企业564家，同比增长41%；新增民营企业注册资本9.44亿元，同比增长79.53%。农村经济成效显著，农民人均纯收入5658元，同比增长11.2%。

【投资环境】 南通开发区切实提高规划水平，完成了分区规划编制和中心区控制性详规成果论证工作。围绕南拓、东移、北靠、西连、中优的区域发展取向，全力推进基础设施建设。东方大道、通常汽渡连接线、C大道、沿江公路等骨干路桥工程顺利完成。按照“精心设计，用心建设”的要求，组织实施了C大道、336线绿化、星湖东广场绿地改造、中央路口景观优化和纪念林公园等工程，全年新增绿地60万平方米，提高了环境建设的品位和档次，提升了南通市南大门的形象。港口工业三区污水处理厂、热电厂、氯碱厂等要素配套工程取得实质性进展。全面清理整治广告标牌，拆除违章灯箱广告340余幅，改造、规范大型广告牌及店面标牌280余块，新建通常汽渡连接线广告位35个，粉刷出新大型广告牌23只，区域整体形象有了新改观。全年基础设施建设总投资8.4亿多元，道路总长30公里，总面积100多万平方米，相当于开发区前十年的总和，进一步拉开了开发区未来发展的轮廓框架。按照争创国家级开发区最佳办事环境的要求，切实加强机关作风建设，服务效能进一步提升，投资软环境进一步改善。

【招商引资与利用外资】 全区全年新批外商投资项目52个，新批增资项目15个；项目总投资11.31亿美元，同比增长50.72%；新批注册外资4.97亿美元；注册外资实际到账2.83亿美元，同比增长41.32%。项目单体规模扩大，67个项目平均投资达1687万美元，平均注册资本742万美元。投资额1000万美元以上项目20个，创开发区年引进千万美元项目的历史新高，项目总投资9.91亿美元，占全区新批项目总投资的87.6%。项目结构明显优化，投资额千万美元以上的新批项目以高新技术项目为主，非化工类项目占80%以上，机电类项目占比达50%。

【管理与服务】 南通开发区首批通过了国土资源部规划审核，明确了规划面积为24.29平方公里，在全国首批通过规划审核的52个国家级开发区中列第9位；出口加工区也通过国土资源部规划审核，获批恢复用地。通过与解放军总后勤部、南京军区和江苏省军区的沟通协调，成功取得江苏省军区副食品基地3800亩土地使用权，为南通开发区拓展发展空间提供了重要保障。纪念建区20周年系列庆祝活动，特色鲜明，富于创新，被评为南通市2004年度十大新闻之一，凝聚了人心，鼓舞了士气，提升了形象。

开发区顺利完成了14家集体工业企业改制。直属企业改革有序推进。炜赋电机公司由巴西WEG公司整体收购，成为全区首例成功利用外资嫁接改造的国有企业；三荣、炜赋等贸易公司通过改制，退出国有资本5400多万元；园林绿化处改制工作顺利完成；市政公司改制工作加快推进，清产核资已经结束。建立健全国有资产管理和监督体制，出台了直属企业经营业绩考核管理办法，确保国有资产保值增值。本着促进发展、稳步推进、因地制宜、公正透明的原则，深入调研，细化方案，落实责任，全力推进，良种场、种畜场两家生产经营性事业单位的改制工作顺利完成，改制后两场运转正常。

【社会事业】 南通开发区全面加强党的建设，顺利完成了中心区域社区管理范围调整，新建的七个社区运转正常。认真抓好村居换届选举工作，选好配强了村居领导班子。建立健全了村居干部社会保障制度，解决了他们的后顾之忧。通过党工一体化交叉任职等措施，加强投资企业党组织建设，在全省率先实现了具备条件的非公企业党组织组建率、党建工作覆盖率双百分之百的目标。工会工作经验被省总工会在全省开发区推广。全面落实党风廉政建设责任制，加大查案执纪和纠风治乱力度，全年立案查处违纪违法案件12件，挽回经济损失240多万元。深入开展精神文明创建活动，以纪念建区20周年为契机，完成了《开放潮涌》电视宣传片及一批节目的创作和制作，丰富了全区的精神文化生活，为二次创业、跨越发展提供了政治保证和精神动力。扎实推进平安开发区创建活动。妥善处理了群体性上访事件，既维护了群众的合法权益，又依法打击了违法犯罪分子。完善社会矛盾大调解机制，成立了区社会矛盾纠纷调处中心及镇场街7个专业调处分庭。调整完善领导接访制度，提高了接访质量和效率。建立了处理信访突出问题和群体性事件联席会议制度，形成了各负其责、整体联动的信访工作机制。高度重视安全生产工作，为经济发展营造了稳定的社会环境。集中力量为民办实事，年初确定的十件为民办实事项目得到了较好落实。大力发展社会事业，累计投入7200多万元，加快改善天星湖中学硬件设施，教学水平显著提高；投入510万元，顺利完成了实验小学整合周边教育资源四校合并工作。加强计生工作，全区人口自然增长率为-2.88‰，连续五年实现负增长。认真落实党在农村的各项基本政策，全区计税农业税附加下降49%，一事一议下降3%，农民负担下降42%。高度重视、快速推进低价位商品房建设，出让低价位商品房建设用地五块，总面积39.77万平方米，全年共建成低价位商品房20.47万平方米，2000多户过渡在外的拆迁户陆续搬进新居。

【管委会领导】 中共南通经济技术开发区工作委员会书记、管委会主任陈德新，副书记、副主任曹震、李俊、严宪。副主任范新泉、董克新、周健、陈强。

（南通经济技术开发区管委会）

广州经济技术开发区、广州高新技术产业开发区、广州出口加工区、广州保税区

GUANGZHOU DEVELOPMENT DISTRICT

【经济发展】 2004年，广州经济技术开发区、广州高新技术产业开发区、广州出口加工区、广州保税区（以下简称广州开发区）经济发展实现了七项历史性新突破。全区GDP突破500亿元，达到560亿元，同比增长32.33%，比2002年翻一番；全年工业总产值突破1000亿元，达到1338.49亿元，同比增长49.29%，比2002年翻一番，新增工业总产值442.62亿元，占全市增量的40%；工业总产值单月平均数突破100亿元；年工业总产值超1亿元的企业突破100家，年工业总产值超过100亿元的企业3家，其中突破200亿元的企业1家；进出口总额突破100亿美元，达到107亿美元，同比增长50.7%；财税总收入突破100亿元，达到126.13亿元，同比增长47.36%；一般预算收入32.1亿元，同比增长16.55%。广州开发区主要经济指标相当部分已达到九十年代初广州市的总量水平。

【投资环境】 基本完成了215平方公里区域发展总体规划修编工作，《广州开发区区域环境影响报告书》获得国家环保总局的批准，新城区的发展定位和未来建设蓝图更加清晰。全年共完成公共基础设施投资48亿元，新建和改造道路42.34公里，新城区主干路网体系初步形成。科学城建设快速推进，国际生物岛各项建设准备工作顺利开展。顺利通过了国家环保总局、科技部联合验收组创建ISO14000国家环境示范区的现场验收，广州开发区成为广东省第一个通过国家环境示范区验收的区域。积极实施“青山绿地”和“蓝天碧水”工程，全年新增和改造绿地面积3.19平方公里。加强了区域环境整治，共拆除各类违法违章建筑8.01万平方米，区域环境更加美化、净化，具有岭南山水特色的绿色开发区初步形成。

【利用外资和对外贸易】 全年合同利用外资（按注册资本计）13.17亿美元，同比增长2.60%；实际使用外资6.5亿美元，同比增长8.4%。项目引进的水平和质量不断提高，新引进了84个1000万美元以上的项目和6家世界500强企业，以及松日、3M、光宝电子通讯等一批技术含量高的项目。汽车、电子信息产业集群化招商效果明显，共新引进项目47个，投资总额5.4亿美元。内源型项目规模与质量有所提高，新办内资

项目477个，注册资本6.42亿元。全年完成出口总额达47.5亿美元，同比增长47.25%；高新技术产品出口总额26亿美元，同比增长52.94%，占全区出口总额的54.74%；保税区实现进出区货物总值33.23亿美元，同比增长35.86%。企业筹建和服务工作全面提速，全年投试产企业121家，正在建设中的企业181家。海关、工商、税务、检验检疫、外汇管理、银行、电力、电信、邮政等驻区单位给予了大力协助和支持，驻京办事处、宣传部门、投资促进中心在沟通内外关系、扩大区域影响方面做了大量细致的工作，有力地促进了招商引资。

【高新技术产业】 科学城广州科技创新基地和广东软件科学园建成开业，全区孵化场地面积达到30万平方米，在孵企业225家，累计引进留学人员项目达255家，产业化企业66家。建成了一批开放性公共实验室，引进各类研发机构124家，一批跨国公司的研发中心相继进驻。全区全年共申请专利210件，同比增长55%，京信通信、威创日新、迪森等公司的多项专利或专有技术已经转化为国家或者行业的标准，全区科技企业承担国家、省、市科技项目80余项，以广州科学城为核心的广州电子信息产业基地经国家信息产业部认可并授牌。全年新办高新技术企业50家，累计认定高新技术企业和先进技术企业120家。全区高新技术产品产值达到458亿元，占全区工业总产值的35%。

【管理与服务】 继续深入推行了ISO9001质量管理体系标准，全面清理了各项规范性文件和行政许可事项，制定出台了近20项新的规范性文件和内部管理细则。进一步完善部门预算、政府采购、国库集中支付以及建设工程合理低价中标等制度，节约了行政和建设成本，全年全区财政和国有资金建设工程共节约资金4.04亿元，近两年共追回各种债权3.6亿元。以实行聘用制和改革分配制度为重点，对事业单位实行了分类管理，基本完成了首批47家事业单位改革工作。健全了区国有资产监督管理机构和工作机制，推动国有资产重组，区属国有企业由原来的11家减少为5家，企业主营业务收入28.05亿元，同比增长43.27%；利润3.63亿元，同比增长16.85%。土地集约利用效益进一步提高，2004年建成区每平方公里土地产出GDP 21.54亿元，实现财税收入4.85亿元，已出让工业用地每平方公里产出工业总产值89.23亿元。城市社区管理进一步加强，完成了四个街道的设置调整工作，夏港街四个社区率先通过了示范社区验收；完成了市下达区的计划生育任务，全区计划生育率95.31%，出租屋合格率由8.9%上升为76%，居全市各区出租屋合格率首位；大力整治“六乱”，加强了农贸市场、安全生产、质量技术监督、食品和药品监督等各个方面的管理，加大了整顿规范市场经济秩序和严厉打击制售假冒伪劣商品的力度，社会面貌和秩序得到改善。

完成了全区农民户口改城市居民户口工作。建成了玉树、黄陂、暹岗三条新村2175套新房，共26.29万平方米，八成以上的原住户已经签订搬迁协议。全年培训农民1243人次，成功安置本地农民就业2526人，超出年度计划26.3%。农村经济稳步发展，农民人均所得预计达到9806元，同比增长5.8%，城乡低保应保尽保。制定了教育强区工作方案，对新区部分学校进行了改造、扩建，改造了萝岗医院和社区医疗服务中心，农村地区教育和医疗卫生事业得到改善。

【党的建设和社会事业】 掀起了学习“三个代表”重要思想和科学发展观的新高潮，区党委中心组的理论学习取得明显成效。高度重视干部人才队伍建设，选拔了一批优秀的干部到各级领导岗位，干部队伍结构进一步优化。固本强基工程深入推进，突出抓好了非公有制经济组织、农村和社区党建工作。党风廉政建设和反腐败工作进一步加强，查办案件16宗18人，挽回经济损失1266.97万元；认真落实责任追究制度，抓好党风廉政教育，深化纠风工作，群众反映强烈的一些问题和损害群众利益的突出问题得到进一步解决。加大审计监督力度，查处违规资金1467万元、管理不规范资金1.64亿元，上交财政2091万元。贯彻落实《全面推进依法行政实施纲要》，进一步提高了行政机关依法治区的观念和依法行政的能力。公、检、法等政法机关工作取得显著成绩，推动了全区民主法制建设。认真做好维护稳定和社会治安综合治理、信访、劳动执法监察等工作，人民内部矛盾得到了妥善调处，社会基本稳定，没有发生大规模的越级上访和恶性群体闹事事件，区域犯罪率明显下降。全区500多家规模以上生产性企业没有发生重大的劳动安全、特种设备安全和食品卫生安全事故。

【管委会领导】 广州开发区党委书记、管委会主任凌伟宪，党委副书记徐咏虹，管委会副主任江宁理、卢锦洪、刘悦伦、朱秉衡、李红卫。

（广州经济技术开发区、广州高新技术产业开发区、广州出口加工区、广州保税区管委会）

福州经济技术开发区

FUZHOU ECONOMIC AND TECHNICAL DEVELOPMENT ZONE

【经济与社会发展】 2004年，福州开发区致力于打造“海峡西岸产业聚集新高地”，推动经济社会持续健康发展，全年实现GDP 117.35亿元，增长15.1%；工业总产值272.3亿元，增长24.2%；财政总收入13.9亿元，增长25.4%；社会消费品零售总额13.5亿元，同比增长10.1%；社会固定资产投资总额27.4亿元，同比增长5.6%；城市居民人均可支配收入11200元，同比增长11%。2004年是福州开发区“十五”计划实施以来经济发展效益最好、质量最高、亮点最多的一年。

在国民经济快速健康发展的同时，精神文明建设和民主法制建设取得明显成效，党的建设得到进一步加强。科技、教育、文化、卫生等各项社会事业也得到全面的协调发展。科教兴区战略持续推进，全年开发新技术产品28项，其中2项科研成果列入国家级火炬项目，5项列入省级科技计划重点项目；新增高新技术企业3家，民营科技企业6家；科技进步对工业经济增长的贡献率达53%；实施名牌战略成果取得历史性突破，飞毛腿锂电池被授予“中国名牌”产品称号，实现开发区“中国名牌”零的突破。教育“双高普九”工作通过省级验收；师大二附中、开发区职专分别进入省二级达标校和重点职专行列。文化、卫生也取得令人瞩目的成绩。加快船政文化资源的整合和开发利用，完成船政主题公园“三馆两园一广场”等景点建设和改造，使之成为福州四大文化旅游品牌之一；成功举办纪念马江海战120周年系列活动；城乡爱国卫生、医疗服务、疾病控制和卫生监督工作进一步加强，建立和完善突发公共卫生事件应急处理体系。人口与计划生育工作整体水平稳步提高，全区人口自然增长率为1.71‰，连续六年保持一类先进区水平，被评为福建省计生优质服务先进区。社会治安综合治理不断强化，社会防控体系进一步完善，全区政治稳定、经济安全、社会安定，人民群众对社会治安满意率达92.5%，创建“平安马尾”成效显现。

【投资环境】 福州开发区地处台湾海峡西岸闽江下游，区位优势突出，是福建省会城市福州的水上门户。距闽江入海口34公里，至台湾基隆港149海里，至高雄港248海里，至香港492海里。区内马尾港是福州港的主体港，福州港主要集装箱码头和客运码头都分布在马尾港区，现有万吨级码头泊位10个（其中集装箱专用泊位3个，国际客运泊位1个），5000吨级泊位2个；另外，长安港区还有在建、待建万吨级码头泊位13个，已开辟至日本、新加坡、中国香港等30多个国家和地区的航线。马尾港历史悠久，是全国集装箱枢纽港、台湾海峡两岸船舶直航试点口岸和“两马”（马尾与马祖）民间经贸文化交流与合作口岸。

福州开发区交通十分便利，距福州市中心10公里，北京至福州的104国道横穿开发区；沿闽江北岸修建的江滨大道，把马尾与母城福州紧密相连；纵贯祖国南北的沿海大通道“同三线”（黑龙江同江到海南三亚高速公路）与江滨大道、104国道在此交汇。福（州）马（尾）铁路可通往全国各地，筹建中的福（州）温（州）铁路和福（州）厦（门）铁路将穿区而过。福州长乐国际机场与马尾一江之隔，年吞吐量4500万人次，从马尾经青洲大桥到机场仅30分钟车程，是距机场最近的福州城区。

建区以来，福州开发区基础设施和市政建设的力度不断加大，累计投入70多亿元，集中力量建设了一批事关全局和长远发展的基础设施重点项目。区内通讯、道路、供电、供水、供气、污水处理、防洪排涝等主要配套设施日臻完善。全区现有电话程控交换机容量7.8万门，宽带铺设覆盖率100%。区内建成了220千伏变电站2座，容量720兆伏安；110千伏变电站3座，容量为157.5兆伏安；在建110千伏变电站1座，将于2005年10月投入使用。区自来水公司成功改制，为城市公用设施建设与发展创出新路子，截至2004年底，日供水能力达14.5万吨，水质指标达到国家一类水标准；区内共建有6家燃气企业，年供应燃气量2.3万吨；2座污水处理厂，日处理污水能力4万吨。防洪排涝的标准不断提高，江滨大道堤防能力达到百年一遇防汛标准。开发区建区以来，一直致力于经济与环境协调发展。环境保护和生态建设设施不断增强，结合创建国家环保模范城市和生态工业示范园区，进一步巩固和深化城市长效管理成果，市容卫生、空气质量、水源质量等更趋优化，区域ISO14001环境管理体系通过华夏认证中心换证复审，城市生活污水处理率达60%，垃圾无害化处理率达90%，绿化覆盖率达34%，优良空气天数稳定在330天以上。此外，区内还有保险、金融、口岸通关等各种配套服务机构，随时为投资商提供方便快捷的服务。

福州开发区始终把投资软环境建设作为区域经济发展的核心竞争力来培育。2004年，继续完善全程跟踪无偿代办制、“企业服务110”、企业家工作午餐制等制度，组织开展“企业服务月”和“问题落实月”活动，扎实推进“诚信马尾”建设，深入开展机关作风整顿工作，“企业优先”、“项目优先”和“亲商、安商、富商”的理念深入人心。2004年10月，为进一步拓展利用外资领域，优化产业结构，鼓励发展跨国公司服务外包项目，转变经济增长方式，使之成为新的经济增长点，颁布实施了《福州经济技术开发区关于发展跨国公司服务外包项目若干规定》。

【招商引资与利用外资】 2004年，福州开发区大力实施项目带动战略，加大产业链招商力度，招商引资质量和水平明显提高，外经外贸增长势头强劲。全年新批外资项目29项，总投资2.27亿美元，合同利用外资1.12亿美元，实际利用外资2.1亿美元。其中增资项目18项，千万美元以上项目8项，新增跨国公司投资项目4项。总投资8.2亿美元的华映PDP项目立项获国务院批准。同时，项目建设也取得突破性进展。全年新开工重点项目33项，完成投资14.3亿元。NEG二期、TFT—LCM、PDP整机装配、飞毛腿电子、万德电气、大地管桩等14项重点项目顺利建成投产。其中，大地管桩公司创造了从审批到投产仅6个月的纪录。人造板厂、瑞闽技改、三爱药业、冠城大通、国脉科技、国光电子等项目建设全面推进。同时，进一步全面落实扩大出口的各项政策，支持企业申报进出口自主经营权，2004年新增出口企业6家，全年实现出口7.41亿美元，同比增长25.2%。

【对台工作】 2004年福州开发区坚决贯彻中央对台工作部署，进一步巩固和扩大马尾与马祖直接往来和民间经济文化交流成果。2004年"两马"直航共完成518航次，2.16万人次，同比增长201.28%；"两马"货运直航602艘次，共运载砂石、水泥等建材53.94万吨往马祖，不但满足了马祖之所需，而且巩固和扩大了"两马"直接经贸。

此外，"两马"民间交流日益频繁。正月期间，"两马"再次携手共同举办"两马同春闹元宵"活动，众多国内外新闻媒体进行了广泛的报道，使之成为开发区对台工作的一个品牌。2004年"海交会"期间，马祖方面派出2个代表团来榕参展，展馆充分展示马祖风土人情、土特产品以及丰富的旅游资源，取得了良好的宣传效果。7月，在马尾成功举办了"两马同心——促进海峡两岸经济建设"研讨会，汇聚两岸智慧，为实现两岸经济一体化献计献策。同时，福州开发区还积极筹备福建居民赴马祖旅游事宜，为进一步加强两岸交流作出积极贡献。一年来，马祖方面组织了经贸、卫生、环保、旅游、民信、宗教等团体来榕交流考察，福州也组织地方戏剧团体赴马祖演出，形成了良好的交流互动。

2004年，福州开发区对台经贸交流与合作不断拓展，一批台湾知名企业到马尾投资或增资。截至2004年底，全区累计批准台资项目216项，总投资15.29亿美元。"两岸试点直航"取得新进展，规模不断扩大，优势得到有效发挥。全年直航798航次，进出集装箱24.27万标箱，成为福州港运货增加最快的航线。对台小额贸易进口台轮398航次，货物交易量4576吨，交易总额899万美元。

【管理与服务】 福州开发区作为改革开放的先行综合实验区，不断推进行政管理体制的改革和探索。1992年福州开发区与马尾行政区"两区合一"后，党政管理体制采取福州开发区和马尾行政区"两块牌子、一套人马"的形式。现行管理体制是按中编办1998年批准的全国开发区行政机构改革试点方案构架的，共有党政机构25个。其中党委设办公室、组织部、宣传部、统战部、政法委等5个部门；管委会下设办公室、计划统计局、经济发展局、教育局、科技发展局、公安局、监察局（与纪委合署）、民政局、司法局、财政局、人事劳动和社会保障局、国土资源局、建设局、城市管理执法局、交通局、农村发展局、文化体育局、卫生局、计划生育局、审计局、环境保护局等21个职能部门。

建区以来，福州开发区一直致力于健全法规体系，已制定和颁布了《福州经济技术开发区条例》等30多个区域性法规，在坚持依法行政、依法管理的基础上，积极探索与国际惯例接轨，大力精减审批项目，简化审批手续，减少收费项目，管委会专设投资服务中心为客商投资提供法律咨询、项目申报审批等全程免费代办服务，为投资者提供全方位的服务。

【重点企业与重点项目】 福州开发区已引进华映光电、NKK、NEG、LG、JVC、东和钢铁、顶益食品、统一企业、爱普生、理光、清禄等20多家跨国公司投资的企业，以及三木集团、实达集团、新大陆集团、紫江企业、上润企业等十多家国内上市公司，成为全省跨国企业和上市公司投资最密集的地区。

华映光电股份有限公司，是福州开发区规模最大的企业。1994年1月起由台湾中华映管公司投资建设，先后多次增资，目前总投资额约6亿美元，占地492亩。公司主要生产单、彩色显示器像管及高精密度电子枪零组件，是全球最大的显示器像管生产企业。

福建电气硝子玻璃有限公司，成立于2002年7月，由日本电气硝子株式会社（NEG）和日本住友商事株式会社（SC）共同投资的外资公司，总投资1.7亿美元，占地143亩，主要生产14~34英寸高分辨率彩色显示管用玻壳及超大屏幕彩色显像管用玻壳。该项目2003年1月动工，同年12月投入生产。

LG麦可龙（福建）电子有限公司，成立于2001年12月，主要由韩国LG Micron株式会社投资，总投资7000万美元，占地130亩，主要生产高分辨率荫罩板等电子器件。公司于2002年5月动工，2003年8月投入批量生产。

福建JVC电子有限公司，成立于2000年12月，主要由日本胜利株式会社投资，总投资2900万美元，2001年6月完成厂房租赁和设备安装工作后投产，主要生产显示器用偏转线圈等新型电子元器件。该企业自建厂房于2001年7月奠基，占地114亩，2002年竣工投入使用。

飞毛腿（福建）电子有限公司，由香港飞毛腿集团公司投资兴办，2002年7月起在福州开发区租厂生产，2003年投资3000万美元建设飞毛腿新型高能环保电池园，占地210亩，于2004年5月正式开园。该企业主要生产移动终端电池及充电器等产品，是国内最大的手机配件制造商之一。

福建中日达金属有限公司，成立于1995年，主要由台湾东和钢铁企业有限公司、日本钢管株式会社（NKK）以及住友商事株式会社、丸红株式会社、三菱商事株式会社、NKK贸易等，投资总额9000万美元，公司厂房占地面积21663平方米，仓库占地面积7000平方米。公司引进日本先进的电镀锡技术，生产高品质镀锡钢板（俗称马口铁），年生产能力达15万吨。

中铝瑞闽铝板带有限公司，成立于1993年，由福建南平铝业有限公司和维尔京群岛MILLEN LIMITED合资兴办，投资总额6303万美元，于1996年8月正式投产，主要生产铝材产品，年生产铝及铝合金板带箔材6万吨。2003年公司对原有的冷轧生产线进行技术改造，生产规模也由原来的年产6万吨提高到8万吨。该公司于2004年12月增资到9000万美元，增加中国铝业公司股东，名称由福建瑞闽铝板带有限公司变更为中铝瑞闽铝板带有限公司。

福建新大陆科技集团有限公司，公司于1994年2月创立，是集信息技术、生物制药、环保科技三大产业为一体的民营高科技产业集团。其中，从事信息技术产业的新大陆电脑公司于2000年8月在深交所上市。集团先后开发出百余项创新产品，其中1项属于国际发明专利，3项被列入国家“九五”重点攻关项目，10项列入国家火炬项目，7项列入国家级新产品，3项获国家级推广项目，30多项获国家专利，10项填补国家空白，12项列入福建省火炬计划项目，4项获省级科技进步奖，科研成果的转化率超过80%。2001年，经国家人事部批准，新大陆博士后科研工作站正式启动。

【机构设置与管委会领导】 中共福州经济技术开发区委员会内设机构为：纪律检查委员会、办公室、组织部、宣传部、统一战线工作部、政法委员会、台湾工作办公室、机构编制委员会办公室、区直机关工作委员会。福州经济技术开发区管委会内设机构为：办公室、计划统计局、经济发展局、教育局、科技发展局、公安局、监察局、民政局、司法局、财政局、人事劳动和社会保障局、国土资源局建设局、城市管理执法局、交通局、农村发展局、文化体育局、卫生局、计划生育局、审计局、环境保护局。

中共福州经济技术开发区委员会书记郑有光，副书记、管委会主任林新国，副书记林义铭、吴乃国、柳欣，管委会副主任高明、雷成才、李苏林、伍南腾。

（福州经济技术开发区管委会）

上海闵行经济技术开发区

SHANGHAI MINHANG ECONOMIC & TECHNOLOGICAL DEVELOPMENT ZONE

【经济发展】 上海闵行经济技术开发区由上海闵行联合发展有限公司负责开发、建设和经营管理，面积3.5平方公里，是国家级开发区中面积最小的一个工业区。2004年11月，国土资源部发布的《第一批通过规划审核的开发区公告》将闵行开发区列入其中。

闵行开发区2004年的主要经济指标在连续多年保持两位数增长的基础上，又实现18%以上的增长，销售收入、利润、上缴税收分别达到273.7亿、33.5亿和24.8亿。虽然闵行开发区在国家级工业开发区中占地面积最小，但土地集约利用水平较高，根据2004年商务部公布的统计数据，2003年闵行开发区单位面积上缴税收和销售收入分别在全国开发区中名列第一和第三位。2004年按纯工业用地计算，销售收入超过125亿人民币/平方公里，上缴税收超过15亿人民币/平方公里，累计吸引投资超过11亿美元/平方公里，人均劳动生产率超过81万元人民币，预计也将名列国家级开发区的前列。

【投资环境】 为了适应闵行开发区工作重点的转移，从开发和招商为主向服务和管理的转变，负责闵行开发区开发、建设和经营管理的闵行联合发展有限公司采取切实措施，着力提升开发区软硬件水平，通过努力，开发区的生产环境、生活环境和生态环境不断完善。一是开发区管理办公室和外商服务中心的地位和功能越来越明显。二是通过了ISO14000环境管理体系的两次监督审核。三是新管理中心按时完成并于2004年6月28日正式启用，增强了开发区会议功能；上海电机高等专科学校入驻开发区，为区内企业输送蓝领人才；紫藤宾馆的各项改造任务已全部完成。四是开发区天然气的转换工作基本完成。五是建立定期走访企业制度，在推进企业工会组织的组建和“两新”组织达标率的同时，了解企业的发展历史和经营情况，倾听企业对开发区服务的要求和建议，及时解决一些迫切需要解决的问题，与企业进一步探讨共同协作发展的途径。积极开展开发区社会治安综合治理工作确保开发区有一个良好、稳定的投资环境。

【招商引资】 截至2004年底，闵行开发区累计引进了来自19个国家和地区的163个项目，进区项目合同投资额达到24.59亿美元，平均单项投资超过1500万美元。在开发区已引进的外商投资企业中，世界著名跨国公司投资的项目达40多家（其中全球500强投资企业34家），大多数企业具有层次较高、技术较高、投资额高、附加值高、投资回报也较高的特征。开发区有近50余家企业在国内同类产品中市场占有率名列前茅，这些项目的引入使开发区土地的使用，具有了较高的价值，达到了外资、技术和效益的优质化，整个开发区的销售利税率超过20%。

为了进一步提高区内优势企业的质量和效益，闵行开发区积极调整产业结构，认真贯彻“更加注重开发项目质量和效益”的精神，在招商理念上，从过去只注重规模和数量，转向注重质量和效益，注重引进技术和开发创新，积极推动技术含量高、市场前景好、经济规模大的项目入区成长，不断提升招商引资的质量和效益；在不断优化产业结构上，一是重点发展以轨道交通、电站设备为代表的机电产业；二是吸引全球500强企业、世界著名跨国公司进区；三是以优势企业为龙头，推进产业集群化发展，培育出三菱、强生、西门子、ABB、圣戈班、富士施乐、饮料、YKK、汽车配件、医药等10个年产值超过20至50亿的企业集群或核心企业。另外对区内优势企业或龙头企业予以扶持，培育和加强服务。截至2004年，闵行开发区总投资1000万美元以上的外资项目57个，占全区总项目数的35%。总投资3000万美元以上的外商投资企业大项目12个，占全区总项目数的7.59%，总投资额达到7亿美元，占全区总投资额的30%。通过分析，全区优势企业的数量在开发区内约占40%，而主要经济指标要占开发区总指数的95%以上。

【土地利用】 在土地集约利用上闵行开发区的成绩得到上海市政府的认可，被上海市推荐为“全国土地集约利用先进单位”。闵行开发区根据开发区土地面积小的情况，为了提高土地利用效率和集约化程度，下功夫搞好产业空间布局的调整，对长期没有立项的地块依据政策设法收回，对区内闲置土地、厂房和效益不好企业的土地进行回购。其次，通过落实政策，实现“零地块”招商。开发区积极向区内企业宣传《上海市对郊区工业用地规划》，将覆盖率从0.4调整为0.5，容积率从1.0调整为1.5，帮助企业在不增场地的情况下扩大生产规模，提高土地的集约利用率达十个百分点。第三，提升开发区土地资源的集约利用；抓苗头性项目的跟踪和挖掘，意向性项目的推进和落实；对回收土地或已回购厂房的整治和推介工作；促使已签约项目尽快投资到位，开工建设，早出效益。如为支持上海富士施乐复印机有限公司扩大生产规模，闵行开发区挖潜将该企业周边的5家企业调整给上海富士施乐，第二工厂投产后，复印机生产能力以9万台跃升至30万台，预计年销售将增至30亿元。负责闵行开发区开发、建设和经营管理的闵行联合发展有限公司投巨资建设的，在高压走廊下，占地面积约40万平方米的闵行开发区生态公园于2004年7月30日免费对外开放，这是上海惟一在高压走廊下利用土地资源建造的大型公共绿化，为上海高压走廊下土地资源的利用起到示范和推广作用。

【机构设置与管委会领导】 上海闵行联合发展有限公司机构设置为：董事会、总经理、副总经理，下设部门：办公室、人力资源部、计划财务部、业务部、投资管理部。

上海闵行联合发展有限公司党委书记、董事长陈妙法，党委副书记、总经理董绍诚，党委副书记、纪委书记沈旅铄，副总经理薛宏、张维国、周布宪。

（上海闵行经济技术开发区管委会）

上海虹桥经济技术开发区

SHANGHAI HONGQIAO ECONOMIC & TECHNOLOGICAL DEVELOPMENT ZONE

【经济发展】 2004年，虹桥开发区销售收入53.4亿元，其中三资企业49.6亿元，开发区利润8亿元，税金3.4亿元。到2004年底为止，开发区营业收入489.53亿元，利润总额46.55亿元，上缴税金28.29亿元，外汇收入38.32亿美元。

围绕“立足虹桥、完善虹桥、走出虹桥、发展虹桥”的战略，全力推进区内深度开发，着力打造精品开发区；全力推进区外广度拓宽，着力创造新的发展平台。

区内深度开发正式启动。新虹桥大厦改造工程正式动工，开发区加油站、新虹桥俱乐部、中心广场景点项目已获准规划立项；国际展览中心项目改造、新建外交公寓项目和31号基地商品房项目已编入市控详规划；31号基地的合作开发已初步达成协议。

区外广度拓展正有序推进。在房产项目建设方面：浦东虹桥花园一期20万平方米商品房项目，已全面完成施工建设和竣工验收，并交付使用。二期已按计划开工建设。无锡虹桥花园41幢小别墅项目已进入总体建设，无锡太湖花园酒店改造工程已完成项目立项报批的前期准备工作；吴江芦墟100亩地块的规划设计正在进行方案调整。安亭国际汽车城项目建设方面：市政基础设施建设基本完成，吴淞大桥9月份已正式通车，建设的动迁用房已交付使用，汽车大厦9月份已结构封顶；汽车博览公园基本完成基础设施建设，高尔夫球场已动工兴建。东南郊环高速公路项目：50公里长的高速公路，年底已基本建成，已进入试通车阶段。

【投资环境】 2004年，虹桥开发区从贯彻落实科学发展观高度抓开发区形象塑造，努力营造一流商贸环境，建设虹桥美好园区。一是按照建设“数字虹桥”方向和市场化、社会化经营方式，完成了宽带业务和有线电视引入开发区工作，开通了政府网站。二是按照ISO14001国际环境认证标准，对开发区范围内的开发、建设、管理、服务及相关活动建立和实施环境管理体系，促进了全员环保意识的增强和环境行为的改善，并顺利通过了主管部门的注册认证。三是对区内市容市貌整体规划，分步实施。在提升整体功能的前提下改造新虹桥大厦，改善办公楼宇形象；拆除了区内架空线，更新了灯光广告。

【招商引资与利用外资】 2004年，虹桥开发区共新批准项目11个。有住设机电工程（上海）有限公司、上海伟驰咨询有限公司、日写数码设计（上海）有限公司、世达志咨询服务（上海）有限公司、三源传艺商务咨询（上海）有限公司、英德知市场咨询（上海）有限公司、上海西提餐饮管理有限公司、清水建设（中国）有限公司、杰梯系统集成（上海）有限公司、数益信息服务（上海）有限公司、尤通服务技术咨询（上海）有限公司、先雅软件（上海）有限公司、凯达普科技咨询（上海）有限公司。外资企业新增投资1754万美元，实际利用外资1985万美元。开发区累计项目136个，其中三资企业127个。开发区总投资累计达30.52亿美元，其中三资企业项目总投资29.54亿美元，合同外资25.36亿美元，实际利用外资24.71亿美元。

【管理与服务】 虹桥开发区构筑了独特的管理和服务机制，市政府商贸审批机关外经贸委、外资委以及上海市对外投资促进中心、外商投资促进中心、上海跨国采购中心、上海跨国采购促进中心等机构设在区内，另外开发区还加强了区政管理和物业管理。2004年主要在提升服务质量、拓宽服务领域、做大物业管理规模上狠下功夫。建立了ISO14001和ISO14000两个完整的物业管理体系，有效地规范了管理职责，提高了服务质量，开展了“争先创优”活动。新虹桥中心大厦被评为“全国物业管理示范大厦”，新虹桥中心花园被评为“上海市四星级花园”。

【重点企业与重点项目】 承担开发区开发建设和经营管理的上海虹桥经济技术开发区联合发展有限公司（简称虹联公司），2004年各项工作获得突破性进展，公司利润超计划156%。

2004年公司以全国国家级开发区成立20周年纪念活动为契机，系统总结了成功经验，完善了第二次创业的“立足虹桥、完善虹桥、走出虹桥、发展虹桥”的发展战略，编印了虹桥开发区《崛起与奋进》纪念图片册、纪念邮册和《敬业与创业》征文集。配合商务部、国土资源部、建设部主办，中国开发区协会承办的国家级经济技术开发区20周年成就图片展览，充分展示了虹桥开发区“起步较早、功能独特、外资密集、效益显著”的个性化成就，充分展示了虹联公司“运营模式新、资质信誉好、综合实力强，创新领域宽”的知名品牌。

截至2004年底，公司以全资、控股、参资等形式对外投资的项目已达21个，包括投资上海国际汽车城建设、东南郊环高速公路建设、浦东联洋房地产建设以及无锡太湖花园小别墅建设和江苏芦墟房产开发建设，取得了较为丰厚的回报。2004年对外投资收益超计划55.87%。公司跻身于“第二届上海房地产开发企业五十强”。

办公楼出租刷新了应收租金总额和年增长率的最高记录。其中新虹桥大厦出租率达97.5%，新虹桥中心大厦出租率达95%，东方国际大厦出租率达90.4%，鑫达大厦出租率达89.4%，合同应收租金约5913万元，比上年净增22.3%。商业网点租赁针对商业网点和零星房源的各自特点，做好服务工作，出租率达100%。

房地产是开发区支柱产业。浦东联洋S地块商品房克服施工项目多、队伍杂、工期紧等困难，科学安排，合理高度，按时完成了规划、绿化、人防等一系列工作，向广大客户交出了满意的楼盘，目前交房率达90%左右。销售工作及资金回笼情况也令人满意。截至2004年10月底，完成商品房预售签约1148套，签约率达98%，资金回笼超额完成了考核指标。“浦东虹桥花园”还获得“全国人居建筑规划设计方案综合大奖”和“浦东新区预售面积第一名”等荣誉。

（上海虹桥经济技术开发区办公室
朱德茂）

上海漕河泾新兴技术开发区

SHANGHAI CAOHEJING HI－TECH PARK DEVELOPMENT CORP

【经济发展】 2004年，上海漕河泾新兴技术开发区各项经济指标持续攀升，保持快速增长势头：全年实现销售收入628.9亿元，同比增长61%；工业总产值563.4亿元，同比增长44.2%；GDP 241.7亿元，同比增长62.8%；税收收入16.6亿元，同比增长20.4%；出口总额55.3亿美元，同比增长128%；进口总额54.8亿美元，同比增长118%。截至2004年底，开发区拥有各类高科技企业千余家，累计引进外商投资企业490余家，世界500强企业在开发区内投资设立了60余家高科技企业。经认定的高新技术企业193家，约占上海市的十分之一。

漕河泾开发区在推动高新技术产业集聚发展的同时，注重提高经济增长的质量和效益，注重土地的集约开发与利用。2004年，开发区已建成工业区域实现每平方公里销售收入131亿元、工业总产值117亿元、出口创汇11.5亿美元、吸引外资7亿美元的佳绩，人均劳动生产率超过91万元，发展与效率指标在全国开发区中居首位。

【投资环境】 2004年，开发区持续改进投资环境，“三大园区”建设取得突破性进展。

双优园区方面，通过了ISO9001、ISO14001两个体系的复评，继续推动ISO14000国家示范区的持续改进，同时开展了发展循环经济、创建生态工业园的前期工作。年内，开发区总公司成立了创建“循环经济、生态工业园区”组织机构（推进委员会、领导小组、工作小组和咨询专家顾问小组），召开了“发展循环经济、创建生态工业园区”研讨会，完成了创建“循环经济、生态工业园区计划”和首次“创建循环经济和生态工业园区”基础理论培训，特邀国家环境保护总局科技标准司胥树帆处长作关于“循环经济理论与实践”的讲座。

数字园区方面，完成了ERP招商、建设模块的开发，推动了资产、物业及征地动迁模块的应用、维护和改进，并完成了系统的初步集成。

国际园区方面，完成了“科技绿洲”首期基础设施建设和环境建设工作，招商工作同步开展，至年底已有项目落实，并与英国方面研究与探讨合作新模式。年内，开发区正式启动了服务贸易区地块开发，成立领导小组及工作小组，开展区内客户需求调研，完成策划报告，动迁准备工作也于年底取得突破性进展。开发区兴园宾馆引入华美达品牌特许经营，成为“国际园区”创建的又一个标志性内容。嘉里漕河泾物流有限公司进入正常运作。

【招商引资与利用外资】 2004年，开发区新签约各类进区项目248个（包括三资项目40个），其中信息产业和从事科研开发的项目约占总数的20%，生产性服务和中介、贸易服务机构约占一半。新批准进区三资项目27个，增资项目14项；项目总投资额2.95亿美元，其中增资额9370万美元。至年底，开发区累计批准进区三资企业491家，累计总投资额突破33.5亿美元，其中外商投资额23.5亿美元，合同外资额12亿美元。

开发区不断创新招商手段和调整招商策略，重点引进一批知名跨国公司研发中心及技术新、发展潜力大的内资高科技项目。美国的泰科国际、安德鲁、天合、格柏，法国的佛吉亚，瑞士的汽巴精化等国际著名企业落户开发区设立研发型企业。海得控制系统、航天金穗等内资高科技企业也纷纷入驻。

截至年底，开发区内具有研究开发功能的外商投资企业达145家，其中注册资本200万美元以上的有45家，经市外资委批准研发中心18家、地区总部4家。

【管理与服务】 2004年，漕河泾开发区持续改进以顾客关注为焦点的ISO9001体系，积极稳妥地推进以绩效考核为重点的人事制度改革步伐，不断提高以追求效益最大化为核心的财务管理水平，使企业的内部管理更趋规范，员工的质量意识、服务意识、责任意识、效率意识、效益意识、安全意识有了新的提高，逐步凝聚成企业发展的内在动力。

秉承“客户至上，追求卓越”的服务理念，开发区年内组织了三次“企业联络员”活动，并配合创建“循环经济、生态工业园区”，对区内企业进行了深入的调研。开发区客户服务中心全天候接受企业来电、来访、来信，以及意见、建议和投诉，踏踏实实帮助企业排忧解难，解决实际问题。2004年10月26日开发区召开了客户服务工作总结大会，会议总结了三年来客户服务工作的经验和教训，提出了改进建议和要求，确立了今后客户服务工作的目标和方向。

【高新技术产业和科技创新】 2004年，开发区信息（微电子、光电子、计算机软硬件）、新材料、生物医药和航天航空等高新技术支柱产业都得到了持续、健康、快速的发展，其中信息产业发展尤为突出，年销售收入达到开发区总销售额的70%，出口总额超过开发区出口总额的90%。

2004年，漕河泾开发区科技创业中心在孵企业105家（其中2004年新引进33家），企业总收入3.79亿元，税收2325万元，实现各类高新技术成果转化项目170项。年内，孵化基地内7家企业成功毕业。在亚洲企业孵化器年会上，开发区国际企业孵化器被授予“亚洲企业孵化器”称号。

2004年，漕河泾开发区积极推进浦江高科技园及出口加工区的规划、用地、建设、招商工作进程。7月7日，国务院正式批准漕河泾开发区扩区发展，在闵行区浦江镇建设占地10.7平方公里的浦江高科技园。园区委托品牌咨询公司对园区的总体发展战略目标、产业定位、服务功能定位、综合配套管理、招商引资导向以及财务盈利模式等方面进行详尽的分析和策划，以制定园区的发展战略，保障浦江园区持续健康稳定的发展。

【重点企业】 瑞士汽巴精化是世界精细化工业的领先者之一，其产品广泛运用于造纸、汽车、包装、建筑、电子、印刷、水处理、家用及个人护理等诸多行业，致力为客户的产品提供高附加值效能。公司业务网络遍及全球逾120个国家，为客户的生产工序和产品开拓创造性的全新思路。汽巴精化2004年销售额达60亿美元，目前每年在研发领域投入约2.4亿美元。2004年，汽巴精化将其北亚区域总部迁到上海漕河泾开发区，并将进一步在此建立其中国研发中心。

美国捷普公司在上海投资的独资企业捷普科技（上海）有限公司注册资本3100万美元，总投资额为9500万美元。其母公司美国捷普公司是世界上最大的电子生产服务商之一，在全球有23家工厂，共14000多名员工，为通信、计算机及外围设备、汽车和消费品产业提供高科技设计、生产、装配等服务，服务业务遍及北美，南美，欧洲，亚洲。

法国佛吉亚集团是法国第一、欧洲第二、全球第九大汽车零部件供应商。集团在全世界27个国家设有企业，被公认为汽车行业的创新领导者。该集团目前全球销售额达到100多亿欧元，并和几乎所有主要的汽车制造厂家有业务合作，如标致雪铁龙集团、大众、雷诺/尼桑、宝马、戴姆勒—克莱斯勒、丰田、福特、通用汽车等。佛吉亚集团在全世界共拥有160家工厂，雇佣员工5.9万名。目前佛吉亚集团在汽车仪表板和驾驶控制系统、排气系统、汽车内饰模块和前端模块等六大产品领域中均名列世界前茅。2004年初，该集团落户漕河泾开发区，将进一步强化在中国的技术研发水平。

美国天合汽车集团(TRW AUTOMOTIVE)是汽车安全系统的全球十大供应商之一，目前在22个国家有将近6.4万名员工，2003年销售收入110亿美元。天合公司总部目前位于美国密歇根州，产品包括集成车辆控制、驾驶员辅助系统、制动系统（转向和悬挂系统）、乘员安全系统（安全气囊、安全带和方向盘）、汽车电子和发动机气门、工程紧固系统以及售后市场产品。2004年下半年在漕河泾开发区新设立的天合汽车研发（上海）有限公司是具有独立法人资格的研发中心，投资总额775万美元，主要从事汽车零部件和系统（包括转向系统、底盘系统、汽车电子组件、制动系统、限制系统、乘员保护系统、汽车紧固件和零部件等）的研究和开发。

中策集团是全球性跨国公司，总部位于瑞典，主要从事高分子技术研究和开发。该集团的经营范围主要分为四个部分：汽车零部件、车轮系统、工程系统和建筑材料。其中，中策汽车零配件公司是集团中规模最大的子公司，年营业额达10亿美元，专业经营减震降噪零部件产品，在全球处于行业领先地位。目前中策集团在全球13个国家拥有39个制造基地。2004年，中策集团入驻开发区，并计划设立减震降噪技术研发中心。

美国安德鲁公司是在纳斯达克上市的全球最大的移动通信射频设备和解决方案跨国公司，为标准普尔500家公司之一。该公司在全球37个国家和地区设有研发、制造和销售机构，产品的用户遍及170多个国家和地区，其产品包括移动通讯器材、卫星通信设备、地铁和室内通讯设备，以及移动网络优化和应急定位等。进驻漕河泾开发区的安德鲁科技（中国）有限公司是安德鲁公司在中国投资的一家为中国和亚太市场开发技术领先的移动通信基础设施的独资公司，将为中国和亚太地区的移动原始设备制造商和运营商开发和生产3G、GSM和CDMA基站配套的功率放大器、收发信机模块以及相关的射频子系统等，并提供技术支持和售后技术服务。

Waters公司是一家总部设在美国马萨诸塞州Milford的上市公司（NYSE：WAT），为标准普尔500指数的成员之一。公司拥有行业领先的技术，是全球高效液相色谱仪、质谱仪、热量分析仪和流变学产品和服务的著名供应商，在全球分析实验室中是质量和成果的同义词。Waters公司在中国的香港、北京、上海、广州均设有销售办事处。

格柏（上海）工业数控设备有限公司是格柏科学有限公司的一个分公司，其总部位于美国康纳狄格州，销售网络遍及全世界，在117个国家设有分公司、代理商和分销商，全球客户超过1.4万家。格柏科学有限公司是一家世界领先的全球性高科技公司，主要为服装、汽车、航空、家具等工业提供全系列的CAD/CAM/CAS/CIS自动化系统。公司向服装业和其他软性材料业提供综合计算机硬件和软件系统，在世界上处于领先地位，其系统显著提高了信息管理、产品、纸样设计、推档和排版/嵌套、铺布、裁割和材料运用处理的效率。目前格柏在中国区有1300家客户，在近5000个系统和工作站，系统安装总金额超过1亿美元，是所有CAD/CAM供应商中最多的。2004年，格柏进入漕河泾开发区，将在开发区内设立总部和一个新的工程技术中心。

【出口加工区建设】 2003年3月26日，国务院批转海关总署同意在浦江高科技园内增设国家级出口加工区，首期0.9平方公里于当年11月23日顺利通过了国务院八大部委的联合封关验收。经过一年的努力，2004年3月1日，漕河泾出口加工区正式封关运作。先后引进了英顺达、英华达、英业达、英源达四大项目，投资总额2.98亿美元。在开发启动第一年完成出口19.2亿美元（封关后出口额为15.13亿美元）的良好成绩。还落实了一批后备项目。

（上海漕河泾新兴技术开发区发展总公司）

温州经济技术开发区

WENZHOU ECONOMIC & TECHNOLOGICAL DEVELOPMENT ZONE

【经济发展】 2004年，温州开发区坚持以科学的发展观为指导，致力创新、奋发有为，提前两年迈进全国开发区中游水平，经济与社会各项事业与时俱进，实现了持续快速，健康发展。全年完成GDP 66.35亿元，同比增长21.74%；工业总产值165.75亿元，同比增长25.13%；实现工业增加值45.25亿元，同比增长26.07%；三产营业额101.26亿元，同比增长13.24%；财政总收入10.82亿元，同比增长17.85%；其中地方财政收入4.78亿元，增长15.34%。全年经济运行呈现以下几个特点：一是工业经济规模以上企业实力持续走强，重点骨干企业支撑和拉动作用进一步放大。243家规模以上企业完成工业产值159.21亿元，占总产值的96%，产值超亿元企业有41家，比上年增加8家，这41家企业完成工业产值107.66亿元，占开发区工业总产值的65%。其中人本、庄吉和燃机发电3家企业产值突破10亿元。二是对外贸易发展迅猛。形成了外商投资企业、自营生产企业和外贸出口企业共同发展的良好局面。全年共完成进出口总额6.67亿美元，同比增长31.8%亿美元。工业企业出口交货值35.44亿元，外贸依存度22.2%，增长率30.8%，比工业经济增长率快5.7个百分点，出口对经济增长的拉动作用愈加明显。三是名牌战略继续推进。新增省名牌产品1家，市名牌产品10家，国家免检产品7家，国家级守合同重信用单位1家，省级守合同重信用单位16家。累计拥有驰名商标3个，省著名商标11个，知名商标17个。四是技术创新能力进一步增强。1个项目入选国家创新基金，3项项目列入省级创新基金，列入省级新产品25项；列入省科技计划项目4项，市科技计划项21项，新批准建设省级企业技术研发中心1个，市级企业技术中心7个。新增省级高新企业3家，市级3家，区级8家。高新技术产业领域逐步拓展到机电一体化、新材料、生物医疗、电子信息、环保新能源等领域。高新企业产值占全区工业总产值的25%。五是技术改造投资力度加大。全年共实施技术改造项目44项，计划总投资5.3亿元，完成技术改造投资1.5亿元。区财政兑现技术改造贴息资金493万元，获市财政技术改造贴息410万元，通过技改贴息政策的扶持，激发了企业加大投资的积极性，促进经济进一步发展。

温州开发区按照科学发展观的要求，加强对投资强度、投资规模、土地利用率和产出水平的综合管理，提高单位面积产出的经济效益，按已达产的工业土地计算，每平方公里生产总值17亿元，工业总产值41亿元，财政收入2.5亿元，是全国国家级开发区平均水平的1.7倍。

【投资环境】 滨海园区大规模开发建设全面铺开。完成二期征地附属物政策处理和一期征地遗留政策处理，起步区一、二标段市政工程主体部分施工基本完成，区内道路网基本建成，滨海大道二、三期半幅通车，近期将全部竣工交付使用，主要区域的综合管线已建成投入使用；市政绿化全面铺开，污水处理、垃圾转运等配套工程相继开工建设，管道燃气工程正式投入使用。建筑面积近27万平方米的职工宿舍工程全部完工，并交付使用。基础设施的日臻完善加快了滨海园区建设步伐，目前区内已有80余家企业进场施工，累计在建面积130平方米，建成面积11万平方米。41家企业投入生产或试生产，滨海园区正成为温州开发区新的经济增长点。

高新园区基础设施建设基本完成，创业服务中心（孵化器）跻身国家级行列，成为浙江省第三家国家级创业服务中心。创业园二期D幢标准厂房进入主体工程施工，三期标准厂房工程完成立项审批。留学人员创业园成功入选第二批中国侨联“科技兴国示范基地”。博士后科研工作站与重庆电气科学研究院、重庆大学达成长期合作协议。正泰成套设备制造有限公司等45家单位成为该工作站的核心单位，现已引进博士后3名。

温州开发区坚持环境塑区，以科学发展观创建生态环保园区，在通过ISO14001环境管理体系认证的基础上，申报创建ISO14000国家示范区，2004年9月通过由国家环保总局组织的现场验收，成为全国第7个，浙江省第1个获此荣誉的国家级开发区。商务中心和西片邻里中心的开工建设，使温州开发区综合配套迈上新的台阶。信用工程建设扎实推进，涌现了一批星级信用企业。全面实施人才强区和招才引智战略，全年引进各类专业人才966名，具有中级职称以上281名。社会保险覆盖面不断扩大，企事业单位参保达522家。劳动关系进一步规范，实施职工技术培训，建立劳动信用管理，推行欠薪保障金机制，强化纠纷协调和清薪调查，增进社会的和谐。

【招商引资与利用外资】 2004年温州开发区共引进项目60个，总引资16.31亿元，其中外资项目22个，总投资1.83亿美元；合同外资1.01亿美元，同比增长25.7%，实际利用外资4538万美元，同比增长78%；合同外资和实际利用外资全部超额完成且都保持较高的增长幅度。单个外资项目平均投资额、合同外资和实际利用外资额分别达到831万美元、460万美元和206万美元。引进项目的质量也有了较大的提高，首次引进了世界500强可口可乐和泰国正大集团易初莲花公司项目。实现了温州引进世界500企业的新突破，而且外资一改以往侨资一统天下的局面，国际化趋势日益凸现，项目以境外大公司为主，独资比例增多，外方股比增加。项目科技含量也大有提升，在新引进的汽车配套行业、整机设备制造业、IT业等产业中，既有为美国箭牌、德国奥迪、大众知名品牌作配套的，也有自主生产，有核心技术的高科技产业，这些产业的引进对温州开发区经济结构的调整优化十分有利。截至2004年底温州开发区累计引进项目1007个，总引资168.78亿元，其中外资项目249个，总投资11.42亿美元，合同外资4.08亿美元，实际利用外资1.55亿美元。

【对外贸易】 2004年温州开发区外经贸工作，坚持以服务为主，管理为铺的方针，积极鼓励多出口多创汇，引导企业走向国际市场，全年完成出口总额5.26亿美元，同比增长35.86%。自营出口2.47亿美元，同比增长47.6%，创办境外公司5家。一年来，全区共有30家企业开展加工贸易业务，审批加工贸易合同165个，同比增加63.45%，加工贸易进出口额7826万美元，同比增加67.5%；其中进口2377万美元，同比增加67.4%；出口5446万美元，同比增加67.6%；加工贸易出口占自营出口的比例从2003年的20%上升到23.5%，提高3.5个百分点。2004年温州开发区出口企业积极开展规范出口行为工作，共有20家骨干企业通过考核验收，占全区出口总额的70%；有16家外资企业申报“两类”企业，取得外商投资产品出口企业确认证书，19家企业获进出口自营权。到2004年底温州开发区自营进出口企业累计达102家。与此同时，积极应对经济全球化带来的变化，引导企业“走出去”，2004年有红蜻蜓等3家企业在国外设立5家境外公司，积极开拓国际市场，扩大出口。

【管理与服务】 2004年温州开发区根据深化效能革命的要求，加强机关工作作风建设，进一步规范干部的选拔考核，优化整合人力资源，推行双向选择工作岗位。深化政务公开，推进三轮行政审批制度改革，办事大厅增挂了市审批中心开发区分中心的牌子，进一步缩短办事期限，精简环节，增强办事透明度。管委会导入运行ISO9000质量管理体系并实施电子政务网上办公系统，全面提升服务的质量和效率。同时加强“三公”管理力度，巩固“三社”整治成果，突出经济责任审计，实行监督制约机制关口前移，对行政管理、财政管理、干部人事制度以及经营性土地出让使用权招标拍卖挂牌，工程招投标，政府采购等工作从严监督，注重源头治理，有效地预防和遏制腐败行为的滋生蔓延。

社会事业持续发展，积极开展文明工业园区创建工作，委派机关干部担任创建指导员，向企业员工派发创建倡议书和市民道德规范手册，签订禁毒责任书。举办职业病防治培训会，负责为60岁以上老人体检并建立健康档案；建设占地1800平方米体育精品场所，为1500余外来务工人员的子女减免入学规费，营造“第二故乡”人文环境；积极落实优生优育政策，开展婚育新风进万家活动；开展群众性文化活动，满足人民群众文化消费需求，在“五一”和“十一”期间，免费在社区放映爱国主义影片；积极开展慈善捐资活动，在2月份“慈善一日捐”活动中共募得善款114万元；帮助9位特困职工，26户特困户，一名孤儿结对扶贫；台风“云娜”赈灾募捐，共收到捐款37.55万元，全部支援灾区重建。

【机构设置与管委会领导】 温州经济技术开发区内设机构有：党委办公室、纪律检查委员会(监察室)、管委会办公室、经济发展局、招商局、国土规划建设局、人事劳动局、城管市政环保局、社会发展局、财政局、滨海园区开发建设指挥部、温州高新技术产业园区开发建设办公室、温州高新技术产业园区创业服务中心、温州清华科技开发中心、温州经济技术开发区基础设施投资有限公司。

温州经济技术开发区党委书记孟建新，党委副书记戴国森、汤光耀、张元斌；管委会主任戴国森，副主任汤光耀、白楠生、戴若舒、陈叶挺。

（温州经济技术开发区管委会）

昆山经济技术开发区

KUNSHAN ECONOMIC & TECHNICAL DEVELOPMENT ZONE

【经济发展】 2004年，国家出台了一系列宏观调控措施，土地紧缩，资金紧张，电力紧缺，出现了许多新情况、新矛盾。面对复杂多变的严峻挑战，昆山开发区在积极应对中抢抓机遇，破解难题，经济保持良好发展势头。招商引资在项目用地比上年减少53%的情况下，新增注册外资8.88亿美元，与上年基本持平。实际到账外资5.88亿美元，比上年增长23.98%，创历史最好水平。项目投资呈现向增资拓展、向服务贸易领域拓展、向欧美日韩企业拓展的趋势。全年完成工业总产值1261亿元，比上年增长48.24%，实现利税66.73亿元，比上年增长48.98%。在全部工业产值中，电子信息产业完成产值739亿元，占总量的58.60%，居三大支柱产业首位。昆山开发区作为苏州市的成员单位，已被列为全国首批9个电子信息产业基地。2004年，昆山开发区完成进出口总额198.66亿美元，比上年增长67.56%，其中出口113.91亿美元，比上年增长78.33%。出口额超过一亿美元的重点企业有24家，总出口量为90.13亿美元，占总量的79%。地方一般预算收入8.49亿元，比上年增长38.32%。新批民营企业713家，新增注册资金10.5亿元。开发区累计共有民营企业3139家，注册资金32.53亿元。综合投资环境在全国49个国家级开发区中继续名列前茅。

【投资环境】 依据开发城市副中心和东部整体开发的规划要求，2004年昆山开发区基础设施建设重点向东区转移，围绕主干道路建设、农民动迁房建设和开工项目配套建设，集中资金，确保重点。全年基础设施工程开工量达到29.13亿元，实际完成工程量24亿元，比上年减少20%。完成农户动迁1025户，拆除面积24万平方米；企业动迁33家，拆除面积6.3万平方米。新建道路44公里、其中包括合兴路改造、樾河路改造、312国道改造等工程。新建桥梁5座，南浜路夏驾河桥和三巷路夏驾河桥均已建成开通。新建出口加工区A区和港东污水处理厂2处，新建中小学3所。在建动迁房面积136.85万平方米，竣工面积45万平方米。新增绿化面积347万平方米。与此同时，抓好政府重点实事工程的建设。2004年开发区列为市政府和管委会的重点实事工程共10项，总投资16.88亿元，其中市政府重点实事工程6项，投资额7.93亿元，4项为开发区重点实事工程，投资额8.95亿元。这些工程的如期完成，进一步优化了投资环境，促进了产业发展。

【社会事业】 党群工作部门组织党员干部认真学习"三个代表"重要思想，加强基层党组织建设，加强干部队伍建设，坚持党群工作一体化思路，发挥群团组织作用，推进精神文明建设和"新昆山人"工作。全年新建基层党组织14家，发展新党员141人；新建基层工会组织58家；有199家非公企业建立了以职代会为基本形式的民主管理机制，成立了开发区总工会，并成功承办了全国经济特区、开发区第十七次工会会议（昆山论坛）。纪检监察部门加大信访、案件查处力度，加强审计、专项清理工作，落实党风廉政建设责任制，促进干部廉洁自律。经济发展部门积极推进企业转制改制，在加强环境保护、严格安全生产的同时，认真做好经济普查和外向配套工作。配套企业从上年的240家增加到360家，全年完成配售销售近30亿元，比上年增加了一倍多。劳动人事部门以保障企业用工需要为重点，加大人力资源开发力度。全年举办各类人力资源市场41期，引进各类人力资源1.5万人，其中应届大专、本科毕业生2500人。受理各类劳资纠纷投诉600多起，大量社会矛盾得到及时化解。基层组织建设得到进一步加强。顺利完成党支部、村民委员会换届选举和社区调整、行政村撤并工作。ISO9001质量管理体系通过认证中心现场审核，开发区档案工作通过省一级档案目标管理验收。

回顾一年的工作，虽然取得一定成绩，但也存在着一些问题和不足。一是在改革发展过程中，由于事权小，财力不足，可以调节的资源有限，因此在经济发展质量、资本运作能力、基础设施建设等方面离要求还有一定的距离。二是农民增收的制约因素增多，离群众想富、盼富的愿望还有相当的差距。三是社会不稳定因素依然存在，维护稳定的任务十分繁重。

【园区开发建设】 出口加工区以“保持先发优势、积蓄发展后劲”为指导思想，挖掘内部潜力，强化服务管理，拓展招商引资，扩大对外贸易。全年新批外资项目15个，增资项目15个，新增合同外资1.44亿美元。新增开工投产企业10家，累计达到52家。全年进出口总额突破100亿美元，达到114.64亿美元，其中出口68.34亿美元，分别比上年增长99.80%和117.20%。进出口总额占开发区总量的近三分之二，在全国38个出口加工区中居领先地位。国际商务中心充分利用省政府给予的政策平台，加大招商力度，加快项目启动。全年新增内外资企业19家，主营业务收入9.25亿元，比上年增长68%。完成进出口总额1.95亿美元，其中出口1.42亿美元，分别比上年增长161%和139%。亚太26层商务写字楼和8万平方米汽车展示中心开工建设。留学人员创业园全年引进研发、中试类项目13个，引进博士、硕士18人、专业技术人员近百名，申报科技项目28项，注册软件产品15项，被省委、省政府命名为“留学回国人员先进工作集体”。

【农村“富民工程”】 以农民增收为重点，广泛开展“人人有技能、个个有工作、家家有物业”的农村“三有工程”。全年举办各类技能培训班11期，参训劳动力1500人，采集就业岗位2500个，推荐就业1500人。通过发展“房东经济”和三产服务业，新增物业户1348户。全年新办富民合作社3家，累计达到12家，入社农户2431户，总股金5022万元。创办股份合作社2家，量化集体资产3993万元，1209户农户得到股份。新建土地合作社1家，土地折股147股。各行政村和社区新建标准厂房42幢、面积14.6万平方米，竣工9.6万平方米，出租7.5万平方米，增加集体经济收入。与此同时，健全农村最低生活保障和基本养老保险、基本医疗保险三大机制。农村低保对象204户、476人，全年发放低保金39.37万元。参加农村基本养老保险17601人，参保率99.8%，参加基本医疗保险39040人，参保率98.5%，做到贫有所济、老有所养、病有所医。2004年全区农民人均纯收入8400元，比上年增长15%。针对多年来因动迁政策多次调整而出现的农民上访增多的情况，开发区与各部门领导深入基层，与群众面对面交谈，过细做好工作，变群众上访为干部下访，较好地解决了部分早期动迁农民住房实际困难等问题，并出台了《开发区调整征（使）用土地补偿标准的实施办法》和《开发区被征（使）用土地农民养老保养制度的试行办法》，维护农民合法权益，保持农村长期稳定。

【机构设置与管委会领导】 昆山经济技术开发区管委会内设机构为：党政办公室、党群工作部、招商局、规划建设局、经济发展局、劳动人事局、城乡事业管理局。

昆山经济技术开发区党工委书记曹新平，副书记朱凤泉、李春发、张玉林。管委会主任宣炳龙，副主任朱凤泉、任雪元、陆宗元、何燕、杜立新、陈艺。

（昆山经济技术开发区党政办公室）

威海经济技术开发区（出口加工区）

WEIHAI ECONOMIC & TECHNOLOGICAL DEVELOPMENT ZONE (EXPORT PROCESSING ZONE)

【经济发展】 2004年，威海开发区牢固坚持科学发展观，紧紧抓住发展这个执政兴国的第一要务，聚精会神搞建设，一心一意谋发展，在国家清理整顿土地市场、压缩银根等一系列宏观调控政策面前，真抓实干，攻坚破难，拼搏赶超，保持了经济社会持续快速健康发展。实现GDP 71亿元，增长40.5%；实现地方财政收入3.3亿元，增长52.9%；新批外资项目90个，合同外资额2.1亿美元、实际利用外资1.8亿美元、利用内资18亿元，分别增长21%、83.7%和51%；全社会固定资产投资41.6亿元，增长38.4%；完成现价工业总产值141亿元，增长45.4%；实现产品销售收入115.1亿元，增长46.5%；城镇居民人均可支配收入1.1万元，增长9%；农民人均纯收入5387元，增长9.2%；社会消费品零售总额21亿元，增长49%。

【投资环境】 2004年，威海开发区抓住建设半岛加工基地和半岛城市群建设的有利时机，坚持高标准规划、高水平建设、高质量管理的原则，加大投入，努力营造环境最优、配套最齐、程序最简、效率最高、收费最低的投资环境，使环境在招商引资中的比较优势得到进一步发挥。突出抓了贝卡尔特、出口加工区、豪盛瓷砖北、工业新区等重点项目和重点区域的配套建设，做到项目到哪里、配套到哪里，保证了项目建设的顺利进行。全区规划总面积达804.6公顷，城市规划覆盖率达98%。新建道路8条、31公里，建设桥涵27座，铺设油路8万米、人行道板3.8万平方米、路牙石3.4万米、给排水管道2.4万米，绿化21万平方米。占地64.22平方公里、一期开发18平方公里的工业新区，已完成道路、桥涵、给排水、电力通讯、场地平整等配套设施建设，规划建设了港口仓储、船舶制造、汽车及零部件、医药、电子等五个园区，具备了承接项目入驻的条件。

【招商引资与利用外资】 2004年，威海开发区抓住威海市府建设三大基地和日韩产业大规模向外转移的有利时机，全面落实大项目领导承包负责制、部门招商引资责任制、公务员定点联系企业制度，投资环境进一步优化。在巩固对韩招商的基础上，加大对日及欧美国家的招商力度，全年共派出国外招商团组125批次、500人次，保持对外招商的强劲攻势，实现了招商数量与质量的新突破。

韩资的主导地位进一步巩固。在新批准的90个外资项目中，韩资项目67个，占总数的74.1%；合同利用韩资1.4亿美元，占总数的64.5%；实际利用韩资1.5亿美元，占总数的72.0%。

招商区域进一步拓宽。在2003年引进总投资2990万美元的比利时钢帘线项目，实现引进欧美大项目突破后，通过引进总投资2000万美元的侑昵机电（威海）项目，实现在韩国南部地区招商的突破；通过引进威海海马大和地毯、威海东风木业等4个项目取得了对日招商的新突破。

引进项目档次进一步提高。批准的90个外商投资项目中，总投资在1000万美元以上有20个，总投资3.9亿美元，占总数的87.1%；合同外资1.7亿美元，占总数的77.0%。

已进区项目规模进一步扩大。2004年，有29个外资项目增资，增加合同外资额5620万美元。其中，增资过千万美元以上的项目有8个。

【对外贸易】 2004年，威海开发区完成进出口总额8.2亿美元，增长48.6%；其中，外商投资企业出口创汇4.3亿美元，占全区的97.8%，增长41.2%；在威海市外经贸局公布的32家骨干创汇外商投资企业中，世一电子、大宇电子、威东日食品、金海食品、大宇船业、东源食品、威泉塑胶制品、世比亚食品等8家企业榜上有名。外商投资企业完成加工贸易出口额3.6亿美元，同比增长45.7%，占全区的82.9%。威海开发区被山东省政府授予“外经外贸工作先进单位”荣誉称号。

【社会事业】 威海开发区积极探索和实施鼓励加快农村经济发展的奖励政策、两个低保金等为民、利民措施，全面推行新型合作医疗制度，全年发放城镇居民低保金17.2万元，发放农村低保金7.7万元，发放各类抚恤补助经费197.6万元，新型合作医疗制度覆盖面达到96.5%，失地农民保障制度已进入试点阶段。完成教育基础投入2000万元，建设了4800平方米的新都中学综合办公楼，开工建设了总建筑面积1.3万平方米九年一贯制西苑学校；年末，拥有各级各类学校18所，在校学生13061人。其中，初级中学4所，在校学生5601人；小学14所，在校学生7460人。幼儿园37所，在园儿童3106人。科技三项经费投入达385.4万元，占财政支出的1.75%；申报高新技术企业5家，创高新技术成果10项，申请专利6项，审批省级工程技术研究中心2家。

【管理与服务】 威海开发区提出了“管理委员会就是服务委员会”、“人人都是投资环境、个个都是招商窗口”的口号，切实转变政府职能，实现由管理型政府向服务型政府的转变；全面落实大项目领导承包负责制、部门招商引资责任制、公务员定点联系企业制度，坚持每月召开一次外商投资企业代表座谈会，及时向外商宣传国家宏观调控政策，坚定外商投资的信心；全面落实“只要你来干、手续我来办”的服务宗旨，一切围绕招商转，一切围绕项目干，建立和完善了三个服务体系，为投资者实行一条龙、一站式、全方位、全天候和“零障碍”的服务。按照“在谈项目抓落户、落户项目抓投产、投产项目抓增资、相关项目抓配套”的思路，全面落实项目全程跟踪服务制、机关干部联系企业负责制和企业负责人定期座谈等制度，及时解决企业生产过程中遇到的困难和问题。

【高新技术和重点企业】 威海开发区坚持财政支出向高新产业研发和生产倾斜，不断加大财政投入，2004年科技三项经费投入达385.6万元，扶持24个科研项目；实施了《关于鼓励发展高新技术产业的意见》，对高新技术企业在税收、土地使用和配套设施上予以优惠，调动了进区企业研发创新和科技投入的积极性，前期引进的豪顿华、大宇电子、清华紫光、迪莎药业、世一电子、友石半导体等高新技术企业已进入成熟期和产值高速增长期。2004年，限额以上工业完成高新技术产业产值41.2亿元，增长97.6%。新引进的总投资7830万美元的华夏药业、总投资1.5亿美元的贝卡尔特、总投资1.7亿美元的华盛轮胎、总投资1.7亿美元的海马尼龙和总投资1100万美元的安然纳米等投资大、科技含量高的项目已投产。

【出口加工区建设】 2004年4月27日经国务院批准成立的威海出口加工区，规划面积2.6平方公里，一期面积为1.34平方公里。目前已累计投资2亿多元人民币，达到了“七通一平”的投资条件，累计批准外资项目60个，总投资4.2亿美元，实际利用外资2.4亿美元。已有世一电子、友石半导体、东源食品、有一电子、大企汽车等36个项目投产，广濑高丽、海纳开碧、三海化工、泰成塑料、久映配件等一批投资1000万美元以上的大项目开工建设。累计完成进出口额7.2亿美元，年均增长5.5倍。2004年，威海出口加工区新引进外资项目14个，实际利用外资6700万美元；审批加工贸易523笔，实现进出口额3亿美元，其中进口1.6亿美元、增长82%，出口1.4亿美元、增长47%。

【农村工作】 坚持“千方百计增加农民收入、千方百计提高农民就业率、千方百计加快农村城市化进程”的思路，通过调整农村经济结构促进农民增收，培训适龄农民增加其就业能力，加快农村城市化进程，推动城乡互动，实现城乡共赢。威海开发区新开工标准厂房面积39万平方米，全部出租年租金收入可达到3900万元。加大农村产业调整力度，加快生态农业、高效农业、创汇农业建设，农村总收入达到27.9亿元，同比增长11%；渔业总产量达到6.2万吨，增长18.3%；肉、蛋、奶产量分别达到3175吨、4500吨和3890吨，分别增长5%、24%和27%。

【机构设置与管委会领导】 按照精简高效和“小政府、大服务”的原则，全区仅设工委（管委）办公室、人事劳动局（组织部）、宣传部（武装部）、纪工委（监察审计局）、建设局、经济发展局、科技与工业发展局、财政局、社会事业局和出口加工区管理局10个正处级单位和招商局、农业经济局、市政建设公共事业管理处和政策法制处4个副处级事业单位，设有土地、环保、工商、税务、海关、公安、金融、保险等办事机构。

威海经济技术开发区党工委书记、管委会主任陈乐章。

（威海经济技术开发区　孙胜山）

福清融侨经济技术开发区

FUQING RONGQIAO ECONOMIC & TECHNOLOGICAL DEVELOPMENT ZONE

【经济发展】 2004年福清融侨开发区完成规模以上工业总产值366亿元，同比增长55.7%，占福清市规模以上工业总产值的77%，福州市的22%；当年净增131亿元，占福清市增加额的88.5%，福州市的34.9%；完成出口额33亿美元，同比增长74%，占福清市的96.65%，福州市的43%；税收收入6.8亿元，同比增长18%（加上免抵调库数达8亿多元），占福清税收收入43%；实现销售收入362亿元，同比增长58%。主要经济指标继续位居福建省内各开发区前列，在全国国家级开发区中，进出口额位居前6位。

【投资环境】 2004年开发区在建项目36个（包括2003年结转11项），固定资产投资总额24亿元，累计完成投资20.76亿元，已建成厂房及配套设施面积42万平方米。

福耀浮法玻璃三条生产线已点火试投产，配套扩增项目也已在建；南方二期已建成投产，三期进入设备安装，预计2006年上半年转入投产；冠捷配套生活区已进入装修扫尾阶段，捷联总建筑面积9.9万平方米的新厂区建设已经开工。洪宽工业村项目建设取得新突破。

基础设施建设方面，投资2000万元已基本完成清宏路（福融—福通）段工程建设和福环路改建，道路绿化和路灯建设将同步配置；清宏路（福政—福玉）段和太城溪桥梁及引道工程已基本完成。区内环境绿化、美化和整治取得一定成效，拆除违章搭盖十余处，福玉路、福政路等重点路段脏乱差现象得以有效遏制；环境保护力度持续加大，重点对龙江、虎溪、太城溪进行整治，妥善协调、合理补偿、拆除污染环境的猪、鸡、鸭舍2.85万平方米，处理各类环保投诉七起，核报环境影响报告书九份。积极稳妥推进在建路段农民拆迁安置，切实维护群众利益；紧密配合国土资源部开展国家级开发区用地清理工作，并首批获得审查通过。

在国家用地控制严格情况下，土地资源供求矛盾更为突出，开发区继续把土地集约利用，盘整闲置土地、盘活闲置厂房做为重要抓手，从多方面、多层次、多渠道挖掘土地利用潜力，积极推动闲置土地、厂房进行二次招商，促进了名味食品、鑫铭电子、三照电子、正伟塑胶等工业企业快速落地，积极支持宏信公司等民间资本投向工业标准厂房建设；同时加强企业用地规模有效控制，引导合理规划，优化土地利用结构，尽量扩大生产性用房，控制生活、办公性用房比例。大力实施“借巢生蛋”，积极利用部分企业空置厂房出租，引进宏图车城等一批新项目。全年全区共调整用地11幅，安排项目12个，盘活闲置用地面积474.6亩，吸引各类投资4565万美元。

【招商引资与利用外资】 2004年全区各类引资总额约2.56亿美元，同比增长48%，实际到资1.13亿美元。全年新批项目26

项，其中外资10项，合资5项，内资11项，总投资4454万美元；增资22项，其中外资12项，合资6项，内资4项，总增资额2.11亿美元；新签意向项目5个，总投资约2300万美元。

【管理与服务】 围绕加快发展，融侨开发区继续深入实施项目全程代办，重点项目跟踪负责制等一系列行之有效的企业服务措施。积极协助冠捷公司完成高级员工宿舍区的河床滩地征用，全力配合捷联公司新厂房建设及各项手续报批，跟踪协调华日汽配、五友模具、诚丰新万进公司增资扩建手续审报。继续做好生产、生活用电科学统筹安排，紧密配合市供电部门及区内供电所，千方百计满足企业用电需求，确保大部分企业正常生产经营；认真开展企业科普宣传，精心组织动员企业申报创新基金；加强企业知识产权保护，配合两级工商部门开展打假活动，妥善处理冠辉、飞龙等企业商标遭受侵权案件，切实维护企业合法权益。着力发挥品牌对资金和技术的聚合作用，坚持利用品牌和质量优势，打好反倾销主动战，福耀玻璃在继加拿大反倾销调查案胜诉后又赢得了美国胜诉。进一步增强企业质量意识，广泛开展各种质量体系认证，打破国外市场技术壁垒，巩固一批质量、知名度俱佳的品牌。认真组织企业参加各类体系认证内审员培训，为企业参与质量体系认证做好人员队伍准备。全年全区15家企业通过ISO9001、ISO14001和OHSAS18001认证。

围绕机关改革认真开展效能建设，进一步规范办事程序，公开办事流程，减少审批事项；结合岗位绩效考评、AB工作制的实施，健全各局办业绩评价体系；延伸政务公开范围，推行财务经费公开，加强政务活动社会监督。结合党风廉政建设，推行阳光工程，严格执行公开招投标制度，确保政务活动依法有序开展。进一步提高机关内部运作协调效率，及时完成文件起草，文稿质量有了新提高，改进了公文阅办方式，认真落实催办督办制度，加大督查落实力度。进一步规范会议服务和政务接待，继续加强信访和安全保卫，密切与企业之间的联系，出台一系列行之有效的办法，进一步规范统计档案管理，加强保密工作，连续三年被评为市先进单位，继续完善机关后勤保障，认真抓好食堂建设及相关大院绿化、美化，促进办公环境和对外形象进一步改善。

【高新技术产业和重点企业】 融侨开发区注重优先和重点发展高新技术产业，促进产业升级、优化产业结构和布局，使高新技术产业产值逐年大幅增长。2004年高新技术企业产值达339.35亿元，技术密集型企业所占全区比重逐年上升。以冠捷、捷联为龙头，福强精密印制线路板、冠茂金属制品、景翔电子等企业组成的显示器产业链已经颇具规模，共有33家企业围绕冠捷、捷联电子进行协作配套，形成产业集聚，涌现出冠捷电子、捷联电子、实达电子、福强线路板、缔邦电子等一批国内外知名企业和“AOC”终端显示器、实达打印机等一批名牌产品。2004年，开发区显示器产业链销售收入超亿元的企业五家，其中超100亿元的一家为捷联电子，超50亿元的一家为冠捷电子，显示器产量居世界首位。

随着全球电子信息技术更新换代的速度加快，开发区电子信息产业也不断加大科技投入，加速产业结构调整与优化。冠捷电子的产品技术和质量均稳处于国际先进水平，冠捷研发中心已具备完整的CRT和LCD显示器开发能力。2004年冠捷跃升为全球科技“百大”第14位、获评中国显示器最受欢迎品牌；福强公司的“刚性双面和多层印制板技术”达到国际先进水平；实达机电公司的针式打印机，缔邦电子公司的智能售卡机均达到国家同类产品的领先水平。

【机构设置与管委会领导】 融侨开发区的内设机构有：办公室、党群工作部/劳动人事局、国土规划建设局、经济贸易发展局和财政局。

福清融侨经济技术开发区管委会主任魏唐茂，党工委书记戴宗椹，管委会副主任郑昆金、陈恭尧、汤臣和，党工委副书记关建瑞。

（福清融侨经济技术开发区管委会）

东山经济技术开发区

DONGSHAN ECONOMIC & TECHNOLOGICAL DEVELOPMENT ZONE

【经济与社会发展】 2004年，东山开发区党委、管委会积极抓好“工业发展年”和“求真务实抓落实”活动，努力扩大招商引资，加快项目建设，壮大规模工业，完善基础设施，进一步优化投资环境，全年各项工作任务得到较好的落实。2004年完成工业产值24.25万元；合同外资额3630万美元，实际利用外资2021.2万美元；出口创汇8948万美元；财政收入1.11亿元，本级财政收入3378万元；固定资产投入1.37亿元；投产企业20家，其中外资企业12家，内资企业8家。

【投资环境】 开发区投资500多万元完成东西一路C段、建发南路、村镇创业园区、英雄路等区内道路建设，完善区内路网。投入200多万元对雷凯轻工、鑫豪轻工、泰林轻工、全联冷冻等项目用地进行平整。加强区内规划建设工作，抓好村镇创业园区道路、排水管网、电力、供水的规划及建设设计工作，完善园区的控制性详细规划。重新修订汇泉城450亩土地的控制性详规及樟塘蒙来水库西北侧1000亩轻型工业加工区的控制性详规。加大土地管理力度，规范土地运作，合理利用有限的土地资源。积极开展闲置项目用地的清理工作，保证新项目用地需要，提高土地开发的综合效益。严格执行建设项目环保“三同时”制度，区内项目环保“三同时”执行率达到100%。着手抓好全区ISO14000环境管理体系的认证工作，并争取省环保局对该项目前期补助资金10万元。加强区内环境卫生的管理，对区内主干道绿化及卫生管理实行公开招投标，进行市场化运作。

【招商引资与利用外资】 一是组织专门招商队伍开展经常性的招商工作，主动出门招商。管委会主要领导多次带队到汕头、东莞、厦门、泉州、晋江、石狮、福清等地洽谈、跟踪项目。突出重点抓住招商重点区域，选派精干招商人员长驻晋江、石狮等地搜集信息、联系客户、洽谈项目。同时，积极参加“第八届中国投洽会”、“第八届漳台经贸恳谈会”和“第二届福建省项目成果交易会”等招商活动，取得良好的招商效果。二是加大招商宣传力度。重新印制《东山经济技术开发区投资指南》及VCD等宣传资料，扩大招商宣传，增强东山开发区对外影响力。三是实行招商引资量化考核及项目引进奖励机制。制定了各部门招商引资量化考核指标，下属各部门也对本部门的工作目标任务实行量化分解，责任落实到人；实行招商奖惩制度，发动企业职工招商，聘请社会中介机构人员担任开发区的特约招商员，实行项目引进奖励激励机制，在全区形成招商引资良好的工作氛围，进而带动全社会参与开发区招商引资。四是“飞地工业”政策效应突显。2004年有嘉慧箱包、顾地塑钢、专芳箱包、亿洋金属制品、长景饰品等区外项目在区内注册，享受开发区内的相关优惠政策。

【企业发展】 通过建立挂钩规模工业企业责任制，开发区认真做好现有企业的服务工作，集中精力培育好主州、欧凯、椿益、贝贝等轻工企业；绿沅、罗莎等饮料生产企业；华农、海魁、龙生、华昌、富丽达等水产品加工企业；华远、东强、英特等芦笋加工企业，努力打造一批具有区域特色的产业集群。对一批有潜力、科技含量较高、竞争力较强的企业，积极引导他们进行技术创新和工艺改造，提高科技创新能力。2004年先后帮助主州环保科技公司申报国家火炬计划和省高新技术企业项目，使主州环保科技公司获省科技厅认定为省高新技术企业、主州环保科技公司的可替代塑胶之高降解淀粉制品被国家科技部列为2004年度国家火炬计划项目，这是东山县惟一一家省高新技术企业和惟一入选国家火炬计划的项目；同时，开发区还积极协调检验检疫部门理顺华农食品有限公司烤鳗恢复出口等问题；帮助海魁集团做好向世行贷款360万美元及申请对欧盟水产品出口注册等项工作。通过扶持帮助，区内规模工业企业生产状况良好，海魁、绿沅、华昌、欧凯、华远、龙生、椿益、贝贝、康力等规模工业企业产值均比去年同期有大幅度增长，产值增幅达1倍以上。一批临界规模工业企业跃升为规模工业企业，全年新增规模工业企业12家，全区规模工业企业增至58家。

【项目建设】 认真实施项目带动战略，继续实行项目挂钩联系制度，狠抓项目建设。成立项目征地建设领导小组，管委会主要领导亲自挂帅，定期深入项目建设现场，协调解决征地和建设中的困难和问题，营造主要领导亲自抓、各部门齐心协力配合抓项目发展的良好氛围，促进了项目早开工、早建设、早投产。今年有主州环保、少彬服饰、辉永通旅游用品、鑫海阳家具、嘉慧箱包、宝捷电池材料、专芳箱包、良伍玩具、雷凯轻工、贝思凯轻工、长景饰品、顾地塑钢等20个项目投产，在建项目32个。雷凯、贝思凯等企业已先期在开发区租赁厂房进行生产和技术工人的培训，为企业厂房建成后大规模的生产做好前期准备。

【党建、精神文明建设】 党风廉政建设和反腐败工作得到贯彻落实。党的建设不断增强，非公党建工作有新突破，成立了开发区非公有制企业联合党支部，着力抓好“50100”计划的实施，积极组建非公企业党组织，大力发展非公企业入党积极分子。深入开展创建“平安东山”、“平安单位”活动，综治、信访工作取得明显成效，矛盾纠纷得到及时处理。扎实抓好安全生产工作，及时消除安全隐患，全区社会安定、稳定。深入开展机关效能建设，服务质量、工作效率明显提高。大力加强精神文明建设，积极开展爱国卫生运动。发动全区员工献爱心，踊跃为幸福工程捐款。着力抓好计生工作，成立开发区计生协会，强化对全区计生工作的管理，协助计生挂钩村抓好计生工作。加强对工、青、妇等群团组织的领导。积极组建非公企业基层工会组织，维护企业员工的合法权益。

【机构设置与管委会领导】 东山经济技术开发区管委会内设机构有：办公室、经济发展局、财政局、国土资源局、建设环保局。

东山开发区党委书记、管委会常务副主任林加和、党委副书记许必胜、管委会副主任李明利、杨东黎。

（东山经济技术开发区管委会）

沈阳经济技术开发区

SHENYANG ECONOMIC & TECHNOLOGICAL DEVELOPMENT ZONE

【经济发展】 2004年沈阳开发区以建设中国先进装备制造业中心为目标，坚持“全面开放，活化资源，打造环境，产业升级，完善功能，强化管理”的发展方针。实施大思路引导，大项目拉动，大环境优化，大力度推进，大手笔动作，使各项工作都取得了显著成绩。年内共新引进项目124个。其中，1000万美元以上的项目21个，5000万元人民币以上的项目22个，项目平均投资规模为9575万元。协议投资总额118.72万元，同比增长10%；合同利用外资额3.6亿美元，同比增长3%；实际利用外资额3.07亿美元，同比增长17%；固定资产投资50.2亿元，同比增长102%；实现GDP 144.2亿元，同比增长27%；工业总产值409亿元，同比增长26.9%；税费收入16.7亿元，同比增长9%。

在主要经济指标快速增长的同时，开发区的经济运行质量明显提高。

一是装备制造产业集群正在加速形成和壮大。通过引进国内外大项目，异地搬迁改造装备制造业大企业，培育中心企业为大项目配套等多种方式，先后引进了沈阳重型、沈阳鼓风机、沈阳机床集团、阿特拉斯凿岩机、三一重装采掘机、方圆工程机械等十几个在国内外颇有影响的装备制造业大项目，带动了120多个装备制造业企业在开发区配套发展，装备制造产业集群的基本架构在开发区已经形成。

二是企业效益明显提高，财政税收继续保持较快增长。2004年开发区企业实现利税总额34亿元，同比增长30%。全年规模以上工业企业实现利润9.5亿元，同比增长35.8%，其中实现利润超千万元的企业超过3户，实现利润超亿元的企业有20户，开发区税收收入全年完成16.7亿元，可支配财政收入达8.16亿元，同比增长33%。

三是对沈阳市经济的贡献度继续提高。2004年开发区主要经济指标占沈阳市的比重继续提高，实际利用外资占全市的12.7%，出口创汇占全市的21%，GDP占全市的8.3%，工业产值占全市的15%。在全市工作企业实现利润前50户企业中开发区有21户，在全市工业企业实现利税前50户企业中开发区有18户。

【招商引资与利用外资】 2004年沈阳开发区招商引资成果显著。一是大项目引进和建设实现了重大突破。成功引进了沈阳鼓风机、沈阳重型机械、沈阳机床集团等装备制造业的旗舰企业，努力促成了米其林轮胎、普利司通轮胎、中化聚碳酸酯、久大聚酯切片等投资上亿美元的大项目。这些大项目的引进和建设对开发区工业的整体布局和长远发展都将产生重大影响。二是企业开工建设及新投产项目明显增多。年内开发区新开工建设项目77个，其中较大的项目有：投资1亿美元的普利司通钢帘线项目，投资5000万美元的韩国统一重工车桥项目，投资2亿万人民币的中外运项目等。年内开发区新投产项目达73个，同比增长35%。三是追加投资明显增多。2004年开发区共有20多家企业追加投资达1亿美元之多，特别是米其林、贝卡尔特等大企业的追加投资，使这些企业成为亚洲最大的生产基地。区内企业追加投资的明显增多，一方面说明这些企业对中国市场的看好，同时也反映了投资者对开发区投资环境的充分认可。四是项目储备明显增多。2004年开发区共有各类储备项目769个。其中工业项目656个，投资3000万美元以上的外资项目有56个，投资5000万元人民币以上的项目有61个。为开发区可持续发展打下了良好基础。

【投资环境】 2004年开发区在基础设施和公用设施建设上投入4.4亿元，完成基础设施和公用设施建设70多项。对沈新路、沧海路、洪湖一街等开发区入口街路的改造和绿化，使开发区的入口环境更加通畅、漂亮。建成了沈大高速公路平交桥。彻底解决了沈大高速公路将开发区一分为二的格局，使开发区一期与二期的交通更加通畅便捷。对开发区的主要街路实施亮化工程，开发区的环境品位明显提升。2004年开发区绿化投资216万元，建设绿地面积130万平方米，植树20多万株，沈阳开发区绿化覆盖率达到35%。

【管理与服务】 2004年管委会机关各部门坚持以项目为中心，以优化环境为重点，以提高服务水平为突破口，努力在服务上创新。经发局建立了开发区重点项目“动态跟踪库”，为领导决策提供了科学依据；财政局切实加强基本建设支出管理，有效保证了开发区基本建设和重点企业的顺利发展；管委会其他各部门都在为企业服务上积极出主意，想办法，开发区机关的服务水平明显提高。

驻区单位想开发区之所想，急开发区之所急，推出了许多服务新举措。检验检疫办事处推出了“优化检验检疫快速通关环境的10条措施”，极大地优化了开发区的通关环境，开发区检验检疫办事处荣获了2004年全国质量监督检验检疫工作先进单位荣誉称号；海关开展了门对门式服务，在监管模式上试行“加工贸易电子账册联网监管”，实现了多点报关、口岸放行，降低了成本，提高了效率，为企业提供了很大方便；工商、税务部门推出了发票上门认证，重点税源单独窗口申报等举措，并能够经常性地举行企业座谈会，宣传政策，沟通情况，提高了驻区企业对开发区的认可度；公安、检察、法院、消防、交通等部门都把深入企业服务作为本单位工作的重要内容来抓，自觉为开发区的招商引资和经济发展保驾护航，为开发区的招商引资和经济发展提供了可靠保证。

（沈阳经济技术开发区　赵志维）

杭州经济技术开发区
（浙江杭州出口加工区）
HANGZHOU ECONOMIC & TECHNOLOGICAL DEVELOPMENT AREA (HANGZHOU EXPORT PROCESSING AREA OF ZHEJIANG)

【经济发展】 2004年杭州开发区完成GDP 130亿元，同比增长25.6%；工业总产值504.3亿元，同比增长52.75%；实现财政总收入33.81亿元，同比增长13.71%，其中税收（新口径）17.5亿元，同比增长12.44%；全年完成进出口总额47.63亿美元，同比增长106.25%，其中外贸出口25.4亿美元，同比增长101.4%；完成社会固定资产总投资58亿元；企业实现利润29.48亿元，同比增长21.99%。全年新批外资项目63个，增资项目36个。完成合同外资5.2亿美元，同比增长29.4%；实际利用外资2.9亿美元，同比增长49.65%。值得指出的是，2004年工业总产值、外贸出口、合同利用外资三项重要指标，较之往年实现了重大突破。

围绕着城市化目标，杭州开发区着力于经济结构的调整，2004年效应初显。在130亿元GDP中，农业增加值1.17亿元，工业增加值120.2亿元，商贸服务业增加值8.66亿元，三次产业的比重依次为0.9%、92.44%、6.66%。第二产业处于主导地位，第三产业已呈迅猛发展之势。全区人均GDP 11.1万元，按可比口径增长8.08%。

工业是开发区发展的立身之本，开发区管委会出台奖励政策，大力扶持技术含量高、产业规模大、经济效益好、龙头作用强的企业。全年完成工业总产值504.3亿元，同比增长52.75%，高出杭州市平均水平23个百分点；完成工业销售产值509.28亿元，同比增长56.11%；全区规模以上工业企业完成总产值500.48亿元，占杭州市规模以上工业企业总产值的12.06%。总的看，工业呈现四大特点：

一是电子信息异军突起。2004年，开发区电子信息行业全年实现工业总产值212.43亿元，同比增长119.09%，占全区工业总产值的42.13%，成为全区工业的“领头羊”。

二是支柱行业支撑有力。以电子通信为龙头，集聚机械制造、塑料橡胶、食品饮料四大行业共完成产值415.81亿元，占全区工业总产值的82.46%，起到重要的支撑作用。

三是规模企业日益壮大。2004年开发区年产值超亿元的企业已达55家，比上年增加11家。其中年产值超10亿元的有11家，比上年增加3家。规模企业合计完成工业总产值455.4亿元，占全区工业总产值的90.31%。

四是工业产销衔接良好。全区实现工业产品销售收入512.09亿元，同比增长62.68%。产销率达100.99%，比上年提高2.17个百分点，高出杭州市平均水平2.59个百分点。适销对路的工业产品为企业带来利润29.48亿元，同比增长21.99%。

农业在全区经济结构中比重虽然下降，但自身产业结构仍不断优化。开发区注重推广先进农业技术，不断拓展效益农业空间，全年完成农林牧渔业总产值2.02亿元，同比增长5.88%；农业增加值1.17亿元，同比增长26.53%；农民人均纯收入9868元，比上年增长10.3%。

商贸、服务、物流等第三产业取得快速发展。全年实现第三产业增加值8.66亿元，同比增长21.7%。当年批零贸易及住宿餐饮业行业实现商品销售总额34.51亿元，同比增长54.8%。商品交易市场不断扩大，成交额4.45亿元，同比增长15.96%。引进浙江元润汽车有限公司、浙江新迪国际食品有限公司等大型商贸企业和上海物美、易初莲花等大型超市。福雷德广场、华元十六街区、邻里中心、金池商贸广场、文渊大厦相继开工建设，总建筑面积达35万平方米。开发区现有仓储物流企业15家，交通运输企业13家，全年实现营业收入1.61亿元，同比增长51.75%。

【投资环境】 2004年，开发区管委会明确提出实施“工业兴区、科教强区、环境立区”三大战略，并把“环境立区”作为核心战略加以实施。全年以推进城市化为主线确立“精品化、个性化、特色化”的城市建设理念，坚持高起点规划、高强度投入、高标准建设，兴起第二轮大规模开发建设的热潮。

一是调整发展规划。围绕“造城”目标，及时调整修编沿江区块和下沙新城中心区的规划，完成行政服务中心选址、沿江生活居住公建的规划调整和控规编制。通过调整新增了沿江居住与公建用地2300亩，大大优化了土地利用价值和未来城市景观。全年还完成其他10多个专项规划编制，为下阶段大规模城市建设奠定了坚实基础。

二是确立“东进、西延、南优、北拓”的空间发展目标。开发区“东进”即加快沿江开发及谋划跨江开发“江东工业园区”；“西延”即以下沙镇为主战场，开发区核心区向西推进城市化与市区靠拢；“南优”即合理调整南部区块空间布局，着力优化产业结构，提高土地利用率，改善环境面貌；“北拓”即加快北部工业区块的建设，解决未来几年中开发区发展工业主导空间的问题。

三是加大核心区块环境综合整治与建设的力度。开发区在2004年10月开始启动总投资6亿元，历时一年的环境综合整治与建设工程。整个工程将改造和新建道路54.6公里，整治河渠65公里，改造绿化面积3624亩，新建绿地面积3406亩。至2004年底已建成一批精品亮点工程，全年新增绿地面积76万平方米，同比增长31.33%。截止到2004年底，开发区已累计开发土地面积34平方公里，其中工业用地19.78平方公里，大学城用地10.91平方公里。累计建成道路总面积3.64平方公里，河渠29.77公里，桥涵48座。建成供电能力24万千伏安，日供水能力12万吨，供热总能力每小时210吨，储气总能力197吨等能源保障体系。

四是进一步完善公用事业的保障能力。2004年城市公交新增线路7条，使公交营运线路达到22条，营运线路总长度达422公里，开发区与主城区交通网络进一步健全。邮电通信行业也同步增长，全年邮电业务总量432.59万件，总收入748.97万元。电话线路总容量10万门，累计已开通6.57万门，同比增长53.02%。

实施“环境立区”核心战略仅一年，开发区的“硬件”面貌的提升已初见成效，加上管委会在“软件”管理上实施一系列高效能建设，其投资环境获国内外客商普遍赞誉。2004年日本贸易振兴机构对中国75个城市开发区就投资环境满意度调查5354家日资企业，杭州开发区的综合评价指数为全国最佳。另据美国《财富》杂志2004年公布的世界500强企业，杭州开发区累计已有来自8个国家和地区的24家“500强企业”投资项目38个。

【招商引资与利用外资】 2004年全区新批外资项目63个，增资项目36个。投资总额10.84亿美元，同比增长30.05%；合同外资5.2亿美元，同比增长29.4%；实际利用外资2.9亿美元，同比增长49.65%。引进投资额超1000万美元的大项目28个。截止2004年底，已累计批准30个国家和地区的外商投资企业370家，项目总投资54.34亿美元，合同外资35.56亿美元，实际利用外资16.07亿美元，投资额超1000万美元以上的工业项目已达137个。

面对2004年国家实施宏观调控，各类要素制约加剧的形势，杭州开发区一是整合资源发挥体制优势，把原经贸局、招商中心、服务中心整合成招商局，建立起招商与服务一条龙的新机制，进一步理顺了关系，提高了效率；二是对超千万美元的大项目，严格责任状，全程跟踪服务，使引入的外资项目平均投资额达1721万美元，比上年提高538万美元，创历史新高；三是建立招商引资工作新机制。出台招商必须与“投资密度”和“土地产出率”两挂钩的项目考核体系，同时设立8项评估内容，实行项目联席会议预审制度。新机制实质性地提高了引进项目的质量，还规范了入区项目的审批程序和条件，促进了招大商、招优商。据测算，全年落户项目平均投资密度比上年每亩高出7.9万美元，节约土地近300亩；四是大大增强了外宣力度。全年利用我国建立国家级开发区20周年、日本东京等地与杭州直航、日本贸易振兴机构对杭州开发区良好评价、松下工业园入区启动等契机，通过各种载体和媒体手段，进行全方位、广角度、多层次的对外宣传活动，有力地提升了杭州开发区的知名度和影响力。

内资项目招商继续增长，2004年引入内资项目191个，注册资本8.26亿元。其中工业项目有33个，注册资本2.87亿元。截止到2004年底，开发区共引入内资项目1583个，总投资143.8亿元，注册资本53.69亿元。

【对外贸易】 2004年实现进出口总额47.63亿美元，同比增长106.25%，其中外资企业完成46.58亿美元，同比增长106.71%。出口总额完成25.41亿美元，其中外资企业完成24.65亿美元，同比分别增长101.4%和99.53%。进口总额完成22.21亿美元，其中外资企业完成21.93亿美元，同比分别增长94.03%和96.59%。

加工贸易出口占主导地位。全年实现21.49亿美元，占出口总额的84.56%，占杭州市加工贸易出口总额的57.05，同时带动了一般贸易，扩大了全区的出口，为开发区创建加工贸易基地奠定了基础。

大企业对出口的拉动作用明显。2004年全区已有出口企业132家，其中出口额达到1000万美元以上的大企业19家，共计实现出口23.6亿美元，占全区出口总额的92.85%，其中出口额在1亿美元以上的企业有4家，共计实现出口18.28亿美元，占全区出口总额的71.93%。

出口方向日趋多元化。与开发区有贸易关系的国家和地区已达到122个，其中出口产品涉及的国家和地区达到118个。出口企业以日本、欧盟、美国为最大的出口市场，全年实现对日出口12.13亿美元，对欧盟出口8.02亿美元，对美国出口7.35亿美元，同比分别增长90.2%、103.6%和26.5%。

出口产品逐渐升级。以笔记本电脑及其配件为代表的高新技术产品大宗出口，全年实现出口总额10.62亿美元，占全区出口总额的41.79%。机电产品和高新技术产品出口的主体作用明显，从机电类产品看，出口额20.86亿美元，占出口总额的87.5%。从高新技术类产品看，出口额17.42亿美元，占出口总额的73.1%。

【社会事业】 2004年开发区的社会事业在推进城市化进程中也获喜人发展：一是经浙江省政府批准，2004年11月25日开发区下沙镇正式“撤镇建街”，成立“下沙街道办事处”，标志着以原下沙镇为主战场的城市化进程将大大加快。二是教育事业持续发展，管委会投资6000余万元，建成了下沙二小和文海实验小学；配合建成杭州市标志性中学——杭四中下沙校区。三校进一步完善了开发区基础教育能力。区内高教园区是目前浙江省最大的大学城，截至2004年底已累计完成投资61.8亿元，占计划总投资的93.67%，累计竣工面积已达371.31万平方米。目前包括杭州电子科技大学、浙江理工大学、浙江工商大学、浙江传媒学院等升格更名大学在内的14所高校均已顺利开学，在校学生已达97719人。至此，经过四年的艰苦奋战，总规划10.91平方公里的下沙高教园区已基本建成。2004年底开发区已有各级各类学校21所，其中大学14所、中学3所、小学4所，在校学生总计103975人，教职员工11292人，其中专职教师6535人。三是文化产业健康发展，各类文化娱乐场所已达到166个，比上年度增加46个。开发区调动高校和企业的积极性，全年举办22场各类文艺演出，还成功举办了首届职工运动会和首届“十佳”歌手大赛。四是卫生事业设施进一步完善。2004年度共有医疗机构26个，其中综合性医院（三级甲等）1所。拥有床位295张，医生379人。五是就业形势保持稳定，2004年底全区计有就业人员65356人，其中工业企业从业人员58499人，人均年劳动报酬20577元。六是社会保障体系更为健全，失土农民利益得到充分保护。全年参加社会保险和基本医疗保险总人数达2.84万人，同比增长38.59%；参加基本失业保险人数2.1万人，同比增长41.67%。开发区还建立了区、街道、村（社区）三级救助基金，累计发放救助款52.4万元，为4500余名失土农民办理了养老保险，为12883名农民购买了合作医疗。2004年，开发区还在全国开发区首家建立了慈善总会，积极做好帮扶救助工作。这些举措有力地维护了杭州开发区社会稳定，促进了各项事业的和谐发展。

【管理与服务】 2004年，杭州开发区面临前所未有的缺电和缺地等要素制约，党工委、管委会开展了“强化效能建设，实现二次创业”主题年活动，加快转变政府职能，努力构建服务型政府，通过各种扎实有效的管理与服务化解面临的困难与矛盾。

一是千方百计保障电力、土地供应。开发区专门设立“有序用电办公室”，坚持节电、管电、建电并举，贯彻“突出重点，有保有压，扶优扶强，合理调配”的原则，让有限的电力资源发挥出最大的效益。管委会还专门出台了鼓励企业自备发电的扶持政策，促进企业自购发电设施并拥有发电容量6万千瓦以上，缓解了电力供求矛盾。此外，积极支持企业利用节假日、低谷电时段开足马力生产，力求错时生产取得电力供应平衡。为合理利用开发区有限的土地资源，开发区首先对现有地量重新科学规划，对一些功能区块进行适当的布局或调整。其次对招商用地制定了相应的准入制度，使节约用地、集约用地的目标很快实现。第三是对先期入区的企业二期备用地量进行逐一调查核实，根据不同情况，按有关政策进行处理。对优质新项目，则做到“有地快用，有地优用”。

二是全面创新政府服务，促进企业投产达效。招商局进行重新整合后，进一步完善了项目跟踪和全程服务的有机联系。其下属的投资服务中心（办事大厅）对外是管委会各职能局的延伸服务窗口，对内是协调、督促、督查的重要节点，由此大大提高了服务效能，获得广大进区企业的一致好评。在全委的共同努力下，2004年确保了49个工业项目顺利开工，43个工业项目按时投产，创下又一个历史之最。根据近年企业出口量大、批次多、频率高、周期短的新特点，管委会在开发区海关的配合支持下，实行了“5+2”工作日通关服务，最大限度满足企业进出口业务的需求。此外，开发区还加快标准厂房建设，及时为企业提供廉租临时厂房，解决一些企业抢抓市场先机，扩大生产规模的燃眉之急。

三是认真贯彻实施《行政许可法》。除对全体公务员实施培训、考核外，还建立健全了公共服务的8项工作制度，全面清理了内部规章制度和规范性文件，共清理各类文件127件，其中废止46件。全委还结合机关效能建设和年度“满意、不满意单位”的评选活动，引入全区企事业单位和百姓群众对机关局室的监督、评判机制，严格兑现奖惩，进一步规范了公务员的职务行为。此外，管委会还顺利完成电子政务一期工程，推动了政务信息公开，提升了政府工作透明度，为建设“电子开发区，网上管委会”奠定了重要基础。

四是加强城市管理，构建和谐社会。2004年管委会设立“城市管理办公室”专职机构，使开发区城市管理工作纳入规范渠道。同时又明确开发区综治委办公室为全区维护社会稳定的协调机构，统一协调有关部门对涉及危害开发区安定的现象实施整治、打击和预防工作。全年既有各职能部门开展的专项整治活动，又有集中整治的联合执法行动，有效地维护了全区良好的政治局面、生活学习环境和生产工作秩序，为百姓安居乐业和投资者谋求发展提供了保障。

【出口加工区建设】 2004年杭州出口加工区企业全面进入规模生产。全年完成工业总产值107.9亿元，进出口总额22.19亿美元，其中出口额12.21亿美元，同比增长184.1%。进出口总额位居全国39个出口加工区第4位。出口产品以笔记本电脑及配件、数码相机配件、小家电、汽车配件、体育用品为主，主要出口日本、欧美等国家。全年新引进项目5个，合同外资3923万美元，实际到位资金2103万美元。到2004年底出口加工区累计引进项目27个，合同外资16594万美元，实际到位资金10170万美元，累计建成厂房面积30.1万平方米，在建厂房7000平方米。

出口加工区作为我国发展加工贸易的重要基地，国家赋予了特殊的优惠政策，也提供了方便、快捷的通关条件。但由于配套条件的缺乏，实际运作中未能真正全面发挥通关便利的优势。为此，出口加工区管理部门积极开拓思路，主动与海关、检验检疫等驻区机构沟通协调，采取了一些有效措施。一是在全国出口加工区中率先开发并投入使用简便、通用的计算机联网管理系统，为企业报关提供了便利。二是为推进快速通关，针对区内IT企业进出口货物以空运为主，且存在批次多、批量小、时间紧、运输成本高等特点，开通了出口加工区与浦东国际机场的批量直转业务，大大节约了企业的运输成本。对出口加工区与杭州萧山国际机场的通关方案也进行了积极探索。三是继续坚持并完善24小时预约通关制度。通过这些有效措施，进一步改善了出口加工区的通关环境。

积极引入H2000通关系统这一海关信息化建设的核心工程，通过该系统，海关建立起全国集中式的业务数据库，统一存放各地海关的各项业务数据，各地海关均可随时调用，使企业在办理各种跨关区进出口业务时享受相关工作便利。杭州出口加工区采用该系统后，不仅有效解决了转关手续繁杂、时间长等问题，提高了转关速度，还解决了转关数据传送丢失和转关数据有时需多次发送的问题。

针对出口加工区邮寄快件量大面广的特点，出口加工区管理部门在杭州市邮政局的支持配合下，专门建立区内“快件集中处理中心”，这在全国出口加工区中尚属首例，是出口加工区管委会为企业优化服务的一项具体举措。该中心免除了快递公司和区内企业怕延误快件交接的担忧，双方只要将快件移交给快件集中处理中心，就能确保彼此快件及时安全送达。

出口加工区的东芝信息机器（杭州）有限公司，继2003年4月第一条年产120万台中高档笔记本电脑生产线投产后，于2004年二季度，完成二期年产120万台笔记本电脑生产线并投产，生产能力继续扩大，产品迅速打入欧美市场。2004年，该公司生产笔记本电脑118万台，完成工业总产值95.33亿元，外贸出口11.08亿美元，同比增长202.4%，成为杭州市最大的出口企业。

10月20日，由日商投资的真珠乐器（杭州）有限公司在杭州出口加工区开工建设，该项目投资1.1亿元人民币，主要面向国际市场生产打击乐器和管弦乐器。该公司具有60年专业生产历史，在世界同业界具有较高声誉和市场占有率。项目全部投产后，年出口规模可达2400万美元。这一项目的开工建设，标志着出口加工区在调整产业结构及产业门类方面迈出了重要一步。

运萨（杭州）包装制品有限公司是土耳其运萨集团独资在杭州出口加工区建立的公司，该项目协议外资750万美元，专业生产柔性集装袋。运萨是世界上规模最大的大型集装袋生产商之一，近年来已分别在伊斯坦布尔、德国、荷兰等地建有生产基地，并在美洲、欧洲、亚洲建立销售网络。该项目是运萨在中国建立的首个生产基地，也是土耳其目前在杭州市投资的第一个项目，由此得到了土耳其政府的高度重视。

【机构设置与管委会领导】 杭州经济技术开发区管委会是杭州市政府的派出机构，与浙江杭州出口加工区管委会实行“两块牌子，一套班子”的管理体制。管委会内设机构为：管委会办公室（党工委办公室）、公安分局、财政局（审计局）、经济发展局（统计局、物价局、农村发展局）、规划建设局（环境保护局）、国土资源与房产管理局、人事劳动社会保障局（组织部）、社会发展局、招商局、监察局（纪工委）、综合管理局（系管理出口加工区的机构）、总工会（妇工委、团工委、企业党委）、城市管理办公室。

杭州市副市长，管委会主任金胜山，党工委书记、常务副主任盛成皿，党工委副书记俞建国，管委会副主任张学宁、张必来、施水祥、邵剑明。

（杭州经济技术开发区　汤峻）

武汉经济技术开发区

WUHAN ECONOMIC & TECHNOLOGICAL DEVELOPMENT ZONE

【经济发展】 2004年武汉开发区实现GDP 116.86亿元，增长9.38%；实现工业总产值259.60亿元，增长6.25%；实现固定资产投资52.92亿元，增长33.19%；完成财政收入20.44亿元，下降10.03%，剔除神龙公司因素，面上完成财政收入14.53亿元，增长22.64%；实际利用外资6.38亿美元，增长35.70%；实现出口创汇10082万美元，超额完成全年工作目标。在商务部公布的全国49个国家级经济技术开发区综合环境评价体系中，开发区综合指数名列第八，综合经济实力名列第六。

街道经济成为新亮点。全年实现生产总值22.26亿元，增长37.86%；工业总产值37.6亿元，增长34.3%，其中规模以上工业产值24.8亿元，增长37.8%；完成财政收入1.2亿元，增长43.54%；农民人均收入6500元，增长18.2%。

以汽车为主的现代制造业基地建设取得新进展。汽车产业不断壮大，积蓄了发展后劲。2004年，武汉开发区汽车及汽车零部件完成产值142.4亿元，占全区规模以上工业产值的57.53%。

神龙公司积极应对激烈的市场竞争，全面实施“双品牌”战略，顺利投产东风标致307车型，启动了总投资77.07亿元的二期工程项目建设，全年生产轿车88304辆，销售89129辆，实现产值88.8亿元。

东风本田累计生产CR－V车11899辆，实现产值24.4亿元。总投资28亿元的年产12万辆轿车项目获国务院批准后已正式启动，建成后将具有年产CRV、MPV多功能车5万辆、思域轿车7万辆生产能力。

武汉中誉汽车公司当年建设当年投产，具备了高档商务车、豪华大客车、轻型客车的设计生产能力。

优势行业和优势企业成为重要支撑。电子电器行业继续强劲增长。全年电子电器业实现产值42.2亿元，同比增长16.76%。其中唯冠公司生产显示器155.23万台，实现产值19.5亿元；海尔公司生产空调177.9万台，实现产值11.9亿元。美的空调当年签约，当年建成投产，完成投资3.5亿元，建设厂房20万平方米，形成了年产空调60万套生产能力。冠捷公司入驻出口加工区，进一步壮大了电子电器业。

食品饮料业呈现快速发展态势。全行业实现产值14.3亿元，增长24.34%。其中，可口可乐公司实现产值3.5亿元，顶益公司实现产值3.9亿元，顶津公司实现产值1.3亿元。

造纸印刷包装业保持平稳增长。全行业实现产值20.73亿元。其中晨鸣公司实现产量32.9万吨，产值15.1亿元，红金龙印务公司实现产值2.9亿元，紫江公司实现产值1.5亿元。

新投产企业成为新增长点。东风本田、麦克维尔、东盛制药、东峻工贸、中誉汽车、新叶烟草、合力开关、坦萨凯乐股份公司等24家企业建成投产，实现产值27.05亿元，成为开发区新的经济增长点。

【投资环境】 全年武汉开发区共安排财政投资基础设施建设项目74项，其中续安排项目36项，新安排项目38项，包括二号工业区基础设施、太子湖共建区基础设施、城市公共基础设施、环境创新及公共绿化四大类。

征地拆迁完成了全力组团等5200亩工业用地的征地报批、沌口街郭蔡路拆迁工作，保证了东风生活区建设顺利进行；完成了耕地占补、征地补偿及土地收购储备工作。

以“亮化、黑化、绿化”为内容的道路综合改造工程全面启动。完成了沌阳大道、神龙路、创业道改造工程；基本完成全力组团基础设施项目；东风大道南段改造工程已完成快车道黑化及绿化工程；投资1.73亿元的梅子路工程于2004年10月份开工建设，长江中路工程已完成项目的前期工作。新建成道路56公里，新铺排水管网168公里，完成植树10.05万株，新增绿化面积73.4万平方米。

采用BOT方式建设的污水处理厂于2004年6月底开工建设，已完成土建工程；生活垃圾处理厂已于上半年投入试运行，达到日处理生活垃圾100吨。

建设了开发区政务服务中心，完成了政务服务中心网络平台与网上审批软件建设，形成联接开发区审批网站、多个职能部门与政务服务中心的审批服务网络，实现了办事状态和结果的网上实时查询。

【招商引资与利用外资】 全年武汉开发区新批项目73个，项目投资总额73.7亿元；实际利用外资6.38亿美元，完成了年度目标的117.14%；全年出口创汇1.01亿美元。

实行产业链招商取得新进展。重点打造汽车、家电、电子等三大产业集聚基地。新批项目中，汽车、家电、电子等三大产业关联项目48个，总投资58.41亿元。其中汽车产业项目34个，总投资48.21亿元；家电产业项目7个，总投资6.4亿元；电子信息产业项目7个，总投资3.8亿元。

在大项目引进上有新突破。新批项目中，投资规模在亿元以上的项目16个，占项目总数的21.92%，新批项目平均投资规模1.01亿元。新引进了美国李尔、伟世通、开利、日本本田、东芝、伊藤忠、日通商事、住友等8个世界500强项目，占武汉市引进总数的78%。同时，还引进了法雷奥车灯、美的空调等2家研发中心。

外资项目、出口加工项目又有新进展。新批外资项目33个，总投资5.98亿美元。外资项目中来自美国、日本等发达国家的投资项目达16个，总投资4.67亿美元，占外资项目总投资的78.09%。新引进冠捷科技，投资总额2500万美元。出口加工区因唯冠电子、冠捷科技而得到发展和支撑。

【管理与服务】 完成了开发区城市总体规划调整的前期工作和土地利用规划的基础性工作，积极推进开发区扩区申报工作。完成了行政文化中心、体育中心二期的规划设计工作和开发区湖泊保护规划的编制工作，完成了四新南路、芳草路、东荆路、三角湖北路、长江路的市政专项规划设计工作。继续推进ISO14001环境体系正常运行，顺利通过中国环境认证中心的第二次监督审核。

规范了城市管理执法工作，加强了建设工程招投标管理。依法严格监督工程招投标，进行安全及文明施工监督，实施工程质量监督。严格执法，取缔、查处场外无照经营、各类占道经营；查处违法建筑；拆除、整治影响市容的建筑物、设施、广告及乱贴乱画等。

理顺开发区清扫保洁责任体系，实施长效管理。严把项目环保审批关，审批建设项目环评，验收“三同时”建设项目，处理环保信访投诉，区街两级组建了工地秩序整顿专班。

盘活存量资产，资源配置进一步优化。充分利用原武汉万通公司的资产重组，引进了东风本田、武汉中誉，通过嫁接、改造，达到了调整生产结构，扩大生产规模，盘活存量资源，实现多方共赢的目的。顺应国家宏观经济调控新形势，认真开展了清理整顿土地市场工作，并顺利通过国家五部委的阶段性验收，收回闲置土地7宗，面积423亩，及时安排了新的产业项目，清理闲置土地9宗，面积632亩。

大力实施名牌战略，涌现出了一批本土“精品名牌”。继神龙富康系列被国家工商管理总局认定为“中国驰名商标”后，猫人公司又成为武汉开发区服装行业新龙头，完成税收过千万元，猫人品牌成为中国内衣行业的强势品牌。武汉致嘉钢琴公司成为国内惟一荣获国家科技部“国家级重点科技成果”的数码钢琴制造企业。

产业集群和规模效应不断增强。汽车产业形成了以神龙汽车、东风本田、武汉中誉、三环集团、东风电动等为代表的汽车整车厂，以东风汽车工业投资公司、东风汽车有限公司、东风裕隆、东风伟世通、东风股份为代表的公司总部，以东风汽车、东风有限、法雷奥车灯为代表的研发中心，以及80多家汽车零部件企业的汽车产业集群规模进一步扩大。

电子信息产业以唯冠电子、冠捷科技为代表，具备了年产显示器500万台的生产能力。

家电行业以武汉海尔、武汉美的为代表，将具备年生产空调500万台套及100万台冷柜、100万台热水器的能力。

【社会事业】 进一步加强了党建工作，在麦克维尔、太平爱克、李尔云鹤等7家企业建立了党组织；7个还建社区和4个过渡型社区选举产生了第一届社区党组织；在全区基层党组织中广泛开展了党支部组织生活创新活动，集中总结、宣传、推广了15个支部的经验，党组织的覆盖面进一步扩大，党组织的凝聚力、战斗力进一步增强。作为国家级开发区典型，武汉开发区党建和精神文明建设经验在全国开发区工作会议上进行了交流。

进一步加强了领导班子和干部队伍建设。进行了街道、武塑集团领导班子成员的调整。以处级以上干部为重点，组织了《行政许可法》知识培训。开展“机关作风建设月”活动，牢固树立立党为公、执政为民的思想，更好地服务企业、服务基层、服务群众。

认真贯彻“四项纪律、八项要求”规定，开展党风廉政建设和反腐败斗争。制定党风廉政建设责任制工作目标，促进了“一把手”和班子成员落实“一岗双责”。严肃查处6起违纪案件，处理违纪人员7人。组织实施了开发区21个窗口行业和部门的2004年行风建设评议工作。开展了“认真执纪执法树形象”活动。坚持“全面审计，突出重点”，加强了审计监督。

积极解决失地农民就业及社会弱势群体的救助和社会保障问题。全区新增就业岗位4500个，实现城镇下岗失业人员和失地农民再就业1620个，再就业培训1100人次，养老保险扩面新增参保4358个，失业保险扩面新增4358人，均超额完成全年任务；办理低保342户、957人。沌口街为入区企业、学校和社区居民配套服务的15万平米三产业设施已完工，部分投入使用。

按照市社区建设“883行动计划”，基本完成了15个社区的组建，按有关标准建立了社区卫生服务站、计划生育服务室、文体活动室、劳动保障服务站。全区计划生育率、流入人口婚育验证率，都较好地完成了市级目标。卫生工作中抓好疾病控制和卫生监督，提高了人民健康水平。

开展群众性文体活动，丰富群众生活。全年共培训社区文体骨干600余人，举办综艺演出、戏曲晚会21场，进社区放映电影80余场，参加市二届社区文化节和市三届社区运动会，举办了首届社区文化节。

完成管委会机关公务用车改革，在省公务用车改革动员会上介绍了经验，得到了省市领导的充分肯定。

对外宣传以国家级开发区成立20周年为契机，依托《人民日报》等煤体，大力宣传开发区和区内企业，取得了较好的反响。

工、青、妇及文化管理部门结合各自的工作特点，开展了一系列有声有色的活动。认真贯彻“劳动法”、“工会法”，有效维护了开发区职工合法权益。

安全生产责任制逐步落实，全年各项控制指标均未突破。

【机构设置与管委会领导】 武汉经济技术开发区内设机构有：工委、管委会办公室、工委组织部（统战部、劳动人事局、机构编制办公室）、工委宣传部、纪工委（监察审计局）、工会联合会（妇工委）、团工委、财政局（国资办）、规建局（环保局、房产局）、经发局（统计局）、招商局（出口加工区办公室、投资服务中心）、社发局（教育局、农业办公室、武装部）、发展研究中心、重点项目推进办公室、机关事务服务中心、政务服务中心管理处。

武汉经济技术开发区工委书记、管委会主任胡绪鹍，工委副书记、管委会副主任鲍红志，管委会副主任王远昌、李作清、谭北伟、张业高、彭绪宁。

（武汉经济技术开发区管委会）

芜湖经济技术开发区

WUHU ECONOMIC & TECHNOLOGICAL DEVELOPMENT AREA

【经济发展】 2004年，芜湖经济技术开发区继续保持快速发展，各项主要经济指标得到大幅增长，全年实现GDP 95.8亿元，比上年增长27.1%。全年新建规模以上工业企业完成工业总值220.4亿元，同比增长25.8%，占芜湖市50%以上；产销率平均为101.5%，经济效益综合指数达249%，实现利润总额9.0亿元，实现工业增加值73.9亿元，同比增长17.7%（按可比价计算）；实现进出口总额5.2亿美元，同比增长76%，占芜湖市78%；其中自营出口1.9亿美元，同比增长2倍。产值超亿元企业19家，10亿元以上企业6家。全年完成固定资产投资额40亿元，同比增长18.4%。新增开工项目45个，其中工业项目35个。

【投资环境】 为确保开发建设的需要，芜湖开发区加大投入，加快基础设施建设和功能开发步伐。全年征用土地16宗6208亩，出让工业用地31宗共137万平方米，完成了凤鸣湖开放空间总体规划、城市东风概念规划、九华北路控规及景观设计等工作。多渠道筹资9.1亿元，完成基础设施建设投资7.4亿元，东四大道、东一路、凤鸣湖北路等道路工程相继竣工，“西气东输”管网全线贯通。三产投资快速增长，达11.6亿元，同比增长幅度8.3%，远方物流、沃尔特大酒店、宇润人才公寓、银湖华庭等一批重要三产项目竣工或开始建设。

【招商引资】 芜湖开发区继续坚持围绕龙头企业的建设发展，推行产业招商，不断扩大招商引资。全年工商注册企业109家，其中工业企业46家，投资总额32.2亿元；实际利用外资1.15亿美元，其中直接利用外资8106万美元，同比增长77.7%；实际利用内资42.8亿元，其中实际利用省外资金18.5亿元，同比增长42.3%；新增德国巴斯夫、日本东芝、美国联合技术集团开利公司3家世界500强企业投资项目。汽车及其零部件、电子电器、新型材料三大支柱产业规模进一步壮大；生物医药等新经济产业得到蓬勃发展。截至2004年底，开发区内汽车零部件企业达40多家，家电配套企业近50家。

【社会事业与精神文明建设】 继续坚持“小政府、大社会”的管理模式，加快建立与国际惯例接轨的政府服务体系，以投资者为中心，以ISO9001质量管理体系为平台，以电子政务建设为依托，服务效率和质量进一步提高，社会事业管理能力得到加强。就业人口继续扩大，区内就业人数已达4.6万人；多形式的企业文化活动、机关内部文体活动蓬勃发展。非公有制企业党建工作进一步延伸，基层党组织组建力度加大；纪工委、监察室正式运行，反腐倡廉工作得到很大加强。

（芜湖经济技术开发区管委会）

长春经济技术开发区

CHANGCHUN ECONOMIC & TECHNOLOGICAL DEVELOPMENT ZONE

【经济发展】 2004年，长春经济技术开发区认真执行国家宏观经济调控的各项政策措施，积极进行治理整顿，在治理中求生存，在困境中谋发展，各项工作都取得了可喜的成绩。招商引资在激烈的竞争中取得了历史性的突破；项目建设克服重重困难取得了较快进展；基础设施建设在资金、土地“双趋紧”的情况下稳步推进；党建和精神文明建设得到全面加强，整个开发建设始终保持了良好的发展态势，一些主要经济指标均实现较大幅度的增长。全区完成GDP 192亿元，比上年增长20%；完成工业总产值456亿元，比上年增长20%；完成全口径财政收入20.19亿元，比上年增长5.17%；实际利用外资3.61亿美元，比上年增长20.5%；实际利用内资27.1亿元人民币，比上年增长10.4%。实现出口总额3.1641亿美元。

【投资环境】 2004年，在国家对建设用地冻结、银行信贷缩紧的情况下，长春开发区本着量入为出的原则，积极进行投资环境建设，全年完成基础设施投资4.8亿元。其中，投资2.1亿元为西门子、采埃孚和李尔等三个大项目建设厂房；修建道路7条，长度2260米，铺装面积2.44万平方米；修复、翻建市政道路8项，修复面积2000平方米；铺设排水管线3900米；铺设供水管线3170米；建设热力站3座，铺设热力管线1.33万米；建设箱式变压器8台，新设高空线路2556米；敷设电力电缆9116米；迁移改造电信线路3868米；建设改造燃气管线1057米；绿化街路9条，铺设方砖2.12万平方米，绿化面积1.54万平方米，彩化23万株，有7项工程被评为长春市精品街路绿化工程；建设居民回迁楼投资1.4亿元，建筑面积13.4万平方米，共安置1218户农民回迁新居；拆迁补偿费用4348.5万元；支出征地费用9429万元。

在努力搞好硬环境建设的同时，长春开发区还采取有效措施，大力加强了软环境建设。一是落实了党工委、管委会领导班子成员联系企业制度。11名党工委委员共联系具规模的企业69户，及时为企业解决实际困难。二是率先在长春市建立了软环境建设投诉中心。选聘了100名软环境建设信息员，赋予其监督权力，开通了软环境建设投诉电话，建立了“直诉、快查、速结”的处理机制。三是完善了项目服务体系，使进区项目从立项签约到项目竣工投产，实行专人负责，全程服务，实现了各项服务的无缝隙覆盖。为了提高工作效率，在投资服务中心增设了一个专门收费的窗口，对企业应缴纳的费用集中收取，给投资者提供了方便。四是清理行政事业性收费。共取消行政事业性收费项目10项、降低收费标准1项。2004年3月，中国城市规划设计研究院在为长春开发区制作总体规划的过程中，对区内企业进行了问卷调查，企业对开发区的管理水平、工作效率以及配套服务等认可程度较高，有81.4%的企业表示如果重新选址仍会选择长春开发区。进一步强化ISO14001环境管理体系认证成果，为招商引资打造了绿色名片。

【招商引资与利用外资】 开发区管委会通过改革招商体制，强化了招商引资的激励机制，极大地调动了招商人员的积极性，使开发区的招商引资工作实现了历史性突破，达到了建区以来的最好水平。全年共引进外商投资企业37户，投资总额8.6亿美元，同比增长64%。一批投资额超亿元的大项目到长春开发区投资。其中超过1000万美元的大项目有西门子威迪欧、丰田发动机、采埃孚、蒂森克鲁伯、李尔内饰件、天合转向器、益发传动轴、科德宝滤清器、富奥石川岛、博泽等18户，世界500强企业有7户。在招商引资方面，主要采取以下几种做法：一是突出“优”的导向。充分发挥开发区已形成的汽车零部件、粮食深加工、光电信息、生物制药等产业优势，着力引进高科技项目、产业链项目和品牌项目，推进产业集聚，形成企业集群。二是积极适应宏观调控，严格控制用地规模。坚持“有所为，有所不为”，对掌握的项目进行全面梳理，区别对待。对占地少，污染小、市场前景好、自有资金足的项目，优先落实用地；对发展前景好但占地面积较大的项目，适当压缩供地规模；对不符合国家产业政策、用地效率又不高的项目，坚决亮“红灯”。三是突出企业在招商引资中的主体地位，利用现有的企业平台，实现以存量引增量，以企业引企业，以客商引客商，共有12家外商投资企业进行了增资扩股，增加注册资本6994万美元，同比增长41%；增加投资总额7312万美元，同比增长84%。项目建设快速推进。2004年全区共有建设项目78项，已开工58项。这些项目建成投产后，将成为开发区新的经济增长点。

【管理与服务】 2004年，长春开发区以深化改革为动力，以加强管理为核心，各方面管理水平不断提高。

一是企业管理蒸蒸日上。积极为企业协调资金，组织召开了开发区工商银行金融产品推介暨与驻区企业合作洽谈会，全区有100多户企业参加了会议，使银企之间增进了了解，增加了合作机会。加强安全生产工作，管委会制定并下发了《长春经济技术开发区突发公共事件应急预案》和《安全生产责任追究意见》，开发区的安全生产工作得到了市政府的表彰，被市政府评为特别嘉奖单位。为了激励企业不断上进，以企业实现的年销售收入和纳税额等指标做为评定标准，由高到低依次排序评出开发区内50强企业，在开发区管委会大楼旁边的翔鹤广场上竖起50强企业的旗帜，以此激励企业快速发展。

二是财务管理得到加强。全年实现财政收入20.19亿元，为开发建设提供了较强的资金支撑。制定了机关、企事业单位财务管理细则，大大规范了行政事业单位、企业的财务行为。财务结算工作认真遵守国家财务会计制度规定，严格执行开发区财务管理办法，2004年控制不合理开支162万元，控制预算内公用支出1091万元，减幅达29%。审计工作从内抓管理，外树形象入手，切实搞好财务收支审计、离任经济责任审计，依法开展审计监督。按照《公司法》和《证券法》的要求，切实加强了股份公司的规范和管理，改善了股份公司的资本、收入和现金流量结构，为长春经开股份公司的健康发展奠定了基础。完成政府采购项目48项，实际采购金额比预算节约资金621万余元。

三是城市面貌日新月异。为营造高标准的城市环境，开发区采取“抓重点、攻难点、增亮点”的整治方式，对区内店面、路面、街面、广告牌匾等实行形象管理；对建筑工地实行跟踪管理，确保进出车辆不带泥土上路；对驻区企业实行“门前三包”，使庭院管理又上新水平。加强小区环境卫生管理，2004年，开发区昆山路社区和一汽专用车厂社区被长春市精神文明办评为市级文明社区。

四是切实解决农民困难，社会事业协调发展。开发区管委会在坚持已建立的村一级“现金管理制度”、“集体资产资金管理制度”、“财务审计制度”的同时，认真研究保障失地农民切身利益的办法。首先，按照新土地管理法的有关规定和开发区的实际，提高了征用土地的现金补偿标准。其次，着力解决失地农民的就业问题，全区直属企业及事业单位共安置近百名失地农民走上了工作岗位。第三，对生产生活确有困难的失地农民发放暂借款，共为14239名失地农民发放困难补助款1172万元。第四，加大回迁房的建设力度。2004年，共建设农民回迁楼13.4万平方米，使农民得到了及时回迁。城乡社会事业协调发展，这对维护社会稳定，确保开发建设顺利发展起到了重要作用。2004年，南区（建成区）认真落实党在农村的各项方针政策，实现了“两增一稳”（农业增效、农民增收和社会稳定）的目标，实现经济总量9.6亿元，农民人均收入达到3956元，比上年增长4%。北区（兴隆山镇因后划入开发区代管，数据单独核算）加速了经济结构调整的步伐，镇域经济得到进一步加强。全区各项社会事业得到了全面发展，教育事业通过加强师资力量、改革教学体制和教学方式，改善教学环境，教学质量显著提高。控制人口数量，提高人口素质这一基本国策得到进一步落实。此外，民政、武装、“双拥”以及社会治安综合治理等项工作也都取得了优异成绩。

【高新技术产业和重点企业】 长春开发区积极致力于发展高新技术产业，已形成了汽车零部件、粮食深加工、生物制药、光电信息四大支柱产业，围绕这四大支柱产业培育了一批高新技术企业。截止到2004年末，长春开发区已有106户高新技术企业得到认证，其中省级高新技术企业43户，市级高新技术企业63户。

2004年，开发区管委会加强对高新技术企业的管理与服务。有36户企业申报国家和省、市各类科技扶持计划，累计帮助企业获得科技扶持资金400多万元；制定了《长春经济技术开发区科技发展基金管理暂行办法》，每年按财政支出预算的1%～1.3%的比例对企业予以资金支持；积极组织企业申报国家支持东北老工业基地调整改造项目，有5户企业如广泽乳业、大成公司、旭阳集团、奥普光电和卓尔信息等，已通过国家发改委的审批，列入国债支持项目。

2004年，有13户企业被列为吉林省、长春市重点企业，分别是吉林北方彩晶集团有限公司、长春百事可乐饮料有限公司、长春大成玉米开发有限公司、长春轮胎有限公司、长春海拉车灯有限公司、长春联信光电子有限公司、杜邦红狮涂料（长春）有限公司、吉林省吴太集团感康制药有限公司、长春精优药业有限公司、长春天诚药业有限公司、吉林省乳业集团广泽有限公司、福耀集团（长春）有限公司、长春市兴隆实业（集团）有限公司。这些企业全年实现工业产值125.825亿元，实现销售收入117.83亿元。

【党建和精神文明建设】 2004年，党工委紧密结合长春开发区的实际，积极探索新形势下党建工作与开发建设的结合点和切入点。一是为了解决失地农民的稳定问题，加大了农村基层党组织及村级政权建设。通过村级党组织换届选举及村委会改选，提高了村级党组织的威信和战斗力。针对农村中出现的问题，选派了30多人的农村工作组，深入各村宣传政策，协调解决有关问题。二是认真贯彻以人为本的方针，努力培养和选拔优秀后备干部。从各部门推荐的148名干部中，经过考试、组织考核、党工委讨论、公示等程序确定了处级后备干部80名，并组织他们到市委党校进行了比较系统的培训。三是切实加强廉政建设，用制度约束领导干部的行为。全年班子成员及处级干部无违纪违法案件发生。四是认真筹备、精心组织，成功承办了全国开发区第14次党建工作研讨会，得到了中国开发区协会和与会代表的一致好评。五是认真抓好非公经济党组织建设，积极稳妥地搞好在新的社会阶层中发展党员工作。2004年，在10户驻区企事业单位建立了党组织，非公经济组织已有党员1152人，预备党员32人，积极分子300人。有效地发挥了党组织的战斗堡垒作用和党员的先锋模范作用。

长春开发区的精神文明建设取得了新成果。2004年，开发区领导班子在“学、做、创”活动中，被市委、市政府评为“创一流业绩领导班子”。受到市委、市政府的表彰。

【机构设置与管委会领导】 2004年末，长春经济技术开发区按照“精简、统一、高效”的原则，积极推行开发区机构改革。全区党政群机构由原来的25个部门减至17个，精简幅度为36%，机关人员由原来的257名减到156名，精简比例为39.29%，中层干部由72名精简为47名，精简比例为34.72%。开发区内设机构为：党群部门的主要机构有3个，即党工委办公室，纪工委办公室，群团工作办公室。管委会机构部门14个，即管委会办公室、政策研究室、人事劳动局、财政局、经济综合发展局、经济贸易促进局、建设局、科学技术和安全生产管理局、社会事业发展局、文教局、审计局、规划环境保护局、国土资源局、城市管理行政执法局。

长春经济技术开发区党工委书记、管委会主任李相国，副书记阚云忠。管委会副主任王绍川、许铁志、陈德新、林崇哲、李世杰、孙洪健。

（长春经济技术开发区　郭义军
李艳苹）

哈尔滨经济技术开发区、哈尔滨高新技术产业开发区

ADMINISTRATIVE COMMITTEE OF HARBIN ECONOMIC & TECHNOLOGICAL DEVELOPMENT ZONE ADMINISTRATIVE COMMITTEE OF HARBIN HIGH & NEW TECHNOLOGICAL DEVELOPMENT ZONE

【经济发展】 2004年，哈尔滨经济技术、高新技术产业开发区牢牢把握发展这个主题，努力加大对区内企业的培育力度，注重提高服务的质量和水平，经济运行质量显著提高。全年实现GDP 153.8亿元，增长29.1%；工业总产值538亿元，增长31.2%；税收25.4亿元，增长23.9%；进口总值5.5亿美元，增长70.3%；出口总值3.3亿美元，增长46.6%。突出发展了工业集中区，全力推动入区项目投产达产、增收创税，工业集中区经济规模进一步壮大。全年实现GDP 46.4亿元，增长49.2%；工业总产值（不含哈飞、东安）131.7亿元，按可比口径实现翻番增长；税收14亿元，增长13.8%；进口总值2.27亿美元，增长154.3%；出口总值1.25亿美元，增长160.1%。全区涌现出完达山乳品、光宇电源等纳税超千万元的企业20家，九三油脂、安博威飞机等产值超亿元企业22家，开发区在哈尔滨市经济中的带头发展作用日益显著。

【投资环境】 2004年，哈尔滨经济技术、高新技术产业开发区进一步强化了硬环境建设。积极配合国家和省、市对开发区的清理整顿，强化内部挖潜，努力集约用地，认真研究循环经济，全力推动国家级开发区保级工作，哈尔滨经济技术开发区和哈尔滨高新技术产业开发区第一批通过国家的规划审核。在省、市有关部门的支持下，推动了新区拓展工作，初步完成了新区功能分区规划、社会发展规划和新区30.5平方公里的报件工作。投入3.1亿元进行集中区基础设施建设，新建和翻建了30条道路，建设了57公里源头管网工程。加强了环境的长效管理和综合整治，推动了生态型园林城市建设，栽植树木16.8万株，新增绿地面积37.64万平方米，开发区的硬环境档次进一步提升；进一步优化了投资软环境。在降低企业成本方面，实行了百万元以上项目入门零收费、建设项目前期费用垫付制度。在拓展服务领域方面，协调省建行等金融机构在工业集中区开设分理处，引进了中铁快运公司入区建点，做好了公交车开进工业集中区的前期工作。在提高审批效率方面，实行了窗口审批超时默许和跟踪问效机制，启动了大项目绿色通道制度，在全国开发区率先推出了企业设立登记“一表制”。开发区投资服务中心荣获全国第六届“人民满意的公务员集体”称号。在完善信用体系建设方面，评定了82家诚信企业和30名诚信经营者。辟建了中介服务大厅，引进67家中介机构加盟。在完善法律支撑体系方面，落实了开发区法庭的职能，设置了审判庭，加强了与巡防支队的合作，加大了工业集中区的治安

防范力度，开发区管委会被评为市级警民共建先进标兵单位。在完善服务功能方面，加强了人才和劳动力市场建设，积极为入区企业培训和推介人才，全年新增劳动就业3456人。完善了对俄跨国直销贸易通道建设，新入驻企业75家，年出口过货实现1360万美元，增长49.4%。

【招商引资与利用外资】 2004年，哈尔滨经济技术、高新技术产业开发区把握国际战略投资规律，积极引进战略投资者，努力推动理性招商。立足解决工业用地不足的矛盾，坚持集约用地，积极推动载体招商和无地招商。瞄准世界500强企业、跨国公司和国内知名企业财团，积极推动大项目招商。针对产业发展的薄弱环节，积极推动组团招商和产业链招商。全年实现合同外资额3.04亿美元，增长22.6%；实际利用外资1.69亿美元，增长20.5%；内资协议额52.8亿元，增长31.3%。新开工工业项目73个，项目平均总投资规模突破7000万元。引进美国嘉吉公司等世界500强企业和跨国公司项目7个，新开工加拿大美康食品等合同外资额超千万美元生产型外商投资项目7个，博实汽车ABS电子系统等内资协议额超亿元人民币生产型内资项目10个。预计2004年新开工工业项目全部达产后可新增产值120亿元。

【管理与服务】 2004年，哈尔滨经济技术、高新技术产业开发区加强了战略研究，充分研究思考总体发展目标和阶段目标，三个集中区的发展定位等重要因素，着手草拟了开发区二次创业发展方案，编制了“十一五”综合经济发展计划（草案）。提高了行政效能，深入贯彻《行政许可法》，积极推动ISO9001和ISO14001国际认证体系的贯标工作，全面推行电子政务和网上办公，机关标准化和现代化办公水平大幅提高。完善了“岗位靠竞争、报酬靠贡献、末位被淘汰”的机制，在开发区内部初步建立起干部能上能下、人员能进能出、待遇能高能低的良好格局。推进了学习型组织建设，形成了积极向上、崇尚学习的良好工作氛围。加强了领导班子建设，实行了企业家参与决策制度，完善了民主化决策程序，提高了决策的透明度和企业的参与度。实施了先锋工程，加强了非公有制经济组织党、团和工会建设。狠抓了“两风”建设，落实了党风廉政建设责任制，开展了“四承诺、三树立、两禁止”等多种形式的警示教育，严查了违法违纪案件。开展了区域文明建设，新创建省、市、区级文明单位19家，展示了开发区人昂扬向上的精神风貌。

【高新技术产业】 2004年，哈尔滨经济技术、高新技术产业开发区不断加强孵化器建设，新创办科技企业孵化器4个，新增孵化面积1.8万平方米。加快了孵化器国际化进程，中俄互建国际孵化器进入实质性运作阶段。加速了孵化项目建设和产业化进程，新发展高新技术孵化企业60家，有六家高新技术孵化企业在工业集中区开工建设。完善了技术创新体系，成立了开发区企业协会孵化企业分会，建设了火炬创业园网络平台。强化了对高新技术企业的服务，为214个项目争得国家和省、市专项扶持资金1.31亿元。加强了对俄科技合作，密切了与俄罗斯有关科技园区、科研院校的合作关系，引进俄罗斯高新技术项目13个，有两个对俄高新技术项目在工业集中区开工建设。推动了哈工大科技园的建设，哈工大八达集团组团项目进展顺利，博实机器人、轻型小飞机、环保制氢等项目正式投产。全年引进高新技术项目39个，高新技术企业产值突破450亿元。

【老工业基地调整改造】 2004年，哈尔滨经济技术、高新技术产业开发区积极跟踪全市老工业基地调整改造进程，分类筛选项目，开发区有17个项目成为国家立项的老工业基地改造项目。与动力区深入合作，推动了哈尔滨机电工业基地的基础建设，对接了一批电站机电配套项目，有12个项目完成了建厂选址和开工前期准备工作。与大学大所加强合作，积极配合省、市有关部门推进了703所舰船动力重点项目及兽研所新项目搬迁入区。与老国有企业密切配合，促成了哈一工具与德国PVT公司、美国格里森公司，哈轻制罐与香港永富容器公司的合资合作。同时，围绕传统支柱产业的改造和提升，与市有关部门配合，推进了二工具、哈轴、哈空调等改造项目与外商的洽谈合作。重点加强了对汽车、医药和食品工业园的专项服务，积极帮助园内企业降成本、搞研发、拓市场、创效益。汽车、医药、食品企业全年实现产值249.1亿元，开发区支柱产业规模不断壮大。

【机构设置与管委会领导】 2004年，哈尔滨经济技术、高新技术产业开发区共有内设机构21个（含市派出的规划、土地分局）和机关党委，其中党工委内设机构4个：办公室、组织部、党群工作部、纪工委；管委会内设机构17个：招商局、经济合作局、对俄合作局、投资服务中心、建设局、企业服务局、人事劳动局、审计局、统计局、财政局、高新技术发展局、资产经营局、政策研究室、信息化办公室、机关服务中心、规划分局、土地分局。

哈尔滨经济技术、高新技术产业开发区党工委书记、管委会主任李志恒，党工委副书记郭树范、刘明俊，管委会副主任刘玉奎、冯耀东、师逸、费聿海、刘忻、张立成。

（哈尔滨开发区管委会）

重庆经济技术开发区

CHONGQING ECONOMIC & TECHNOLOGICAL DEVELOPMENT ZONE

【经济建设】 2004年，重庆开发区全年实现总收入272亿元，同比增长52.15%；实现GDP 77亿元，同比增长45.61%；实现工业总产值210亿元，同比增长65.27%；实现入库税金18.74亿元，同比增长5.88%；实现财政收入6.5亿元，同比增长57.75%；实现预算内可支配财力4.65亿元，同比增长95.42%；实现签约项目合同投资总额97.13亿元；合同外资金额1.12亿美元，同比增长48.58%；签约项目到位资金28.02亿元，同比增长85.44%；外资到位5028万美元，同比增长45.11%；完成全社会固定投资92.27亿元，同比增长79.45%。全区经济总量再上新台阶。

【投资环境】 2004年，开发区加大了开发建设的力度，推进了重点工程和基础设施建设。一是遵循规划先行原则，在《北部新区总体规划》、《经开园控制性详细规划》的基础上，全面完成了《经开园人防规划》、《经开园消防规划》、《经开园绿地系统规划》、《经开园市政设施布点规划》等四个规划项目的设计报批和礼嘉中心组团、嘉陵江景观带的设计工作，完善了汽车城产业规划的编制和“金系列”道路的修编，积极配合行业部门对区域内水、电、气进行了专业规划，启动了《经开园排水规划》和《龙景湖公园及黄桷公园周边用地控规》的编制工作。二是排除阻力，克服各种困难，努力推进了“金系列道路”、“亚太市长峰会”项目和功能性项目，全年计划开工21个项目，实际开工26个项目，竣工18个项目（含7条道路23万平方米）。在建项目43个，金兴大道、礼白大道和一批区间干道动工建设，完成平场工程4个约350万立方米；督促保利生态体育公园、蓝湖郡、奥林匹克、汽博中心等一批项目加紧建设；实施了210国道和金开、金渝大道的景观建设。三是全面推进了市政设施配套工程，完成了坪人、坪界220千伏电力线路和720、426燃气管网的迁建，积极争取市各行业部门同步或超前实施能源管网综合配套。四是抓紧了转非安置房和标准厂房的建设，全年新开工转非安置房60万平方米，新建成标准厂房10.72万平方米，实现了基础设施建设“上档提速”。

2004年，开发区把体制创新作为加快发展的强劲动力，围绕精简高效和实现“小政府，大社会”的目标，积极有效扎实地推进体制创新工作。一是在2003年底机关新一轮“竞争上岗、双向选择”后，用极短的时间使机关工作进入正常运行轨道，不断理顺各部门的职能职责，进一步激发了机关干部的工作积极性。二是在深入学习《行政许可法》和完成执法人员培训工作的基础上，清理了行政许可事项，进一步简化了行政许可程序。三是在全区上下认真开展“软环境自评与支招大讨论”活动，制定落实了10条针对性和操作性强的整改措施，汇编了《办事指南》，南北行政服务中心对“一站式办公”、“一个窗口对外”、“一条龙服务”进行了有益的探索和改进，进一步减少了办事环节，工作效率、服务质量有了明显提高。四是不断规范和继续推行了指令性工程项目的“BT”和“BOT”运作模式，积极争取中央财政对中西部国家级开发区基础设施建设贷款贴息近1000万元，减轻了筹资压力，节省了资金利息。五是根据重庆市委、市府关于调整北部新区公安管理体制的决定，正式完成了开发区公安分局的组建，督促、指导和帮助鸳鸯撤镇设街道，实现了工作重心、工作方式转变的平稳过渡。六是不断规范公车改革工作，及时纠正和查处车改后出现的违纪行为，巩固了车改工作的成果，为全市推行公车改革工作积累了经验。七是顺应信息化发展的新趋势，在机关积极探索和试行了无纸化办公新模式，开发使用了“重庆开发区党政办公应用信息系统”，经过8个多月的调试和完善，获得了专家的验收通过，保证了政务内网和对外网站的正常运行。2004年5月份与中国开发区协会一起，成功举办了“全国开发区首届信息化建设年会”，为进一步促进开发区信息化建设，做出了贡献。

【招商引资与利用外资】 2004年，重庆开发区把项目作为关系开发区发展的生命线，一切围绕招商引资，一切为了招商引资。在招商工作中，把吸收外资项目作为引进的重点，在工作安排、用地保障和政策优惠等方面给予适当倾斜，取得了引进外资的较好成效，全年新引进外商投资项目29个，其中投资上千万美元的项目9个，投资总额2.23亿美元，合同外资7438万美元，实际到位外资5736万美元。尤其引进了可口可乐、伟世通发动机系统、TI（邦迪）、天纳克、福耀玻璃、大江东阳、青田家私等世界500强或国内外知名企业。一批颇具规模和实力的劳动密集型、功能型或外向型企业，如双星、中汽西南、嘉斯特和润际合金项目也正式落户。同时按照“内外并举”的方针，注意引进内资项目，全年新注册内资企业601户，注册资金21.20亿元。为促进区域协调发展，适度推进了地产项目和三产项目的招商工作，全年完成了南山湖片区开发、体育公园、文化广场、断桥湾水库片区开发等项目的公示或引资工作，保利、加新、建工、联想、同创、天津融创等一批知名品牌的开发商入驻开发区，为构筑北部新区开发园整体形象和都市风貌展示区奠定了基础。为加大对区内企业的支持协调力度，建立了管委会领导对重点项目、重点工程的联系制度，强化在谈在建项目的追踪与服务，千方百计促进企业早建成、早投产。截至2004年底，开发园内已签约的95个项目中，已有43个项目投产，32个项目开工，开工率达到74.4%。为“再造一个重庆工业”，奠定了基础。

【出口加工区建设】 重庆出口加工区于2001年6月15日经国务院批准设立，位于北部新区经开园，规划面积2.8平方公里，首期开发建设1平方公里。2002年8月28日建成0.4平方公里的起步区通过海关总署、外经贸部、国土资源部等国务院八部委联合验收合格，实现封关运行。出口加工区是由海关监管的特殊区域，实行“一次申报，一次审单，一次查验”，全封闭，卡口式24小时通关服务。区内企业不出园区便可办理完一切进出口手续。出口加工区管委会与开发区管委会实行“一套班子，两块牌子”的领导体制。截至2004年底区内入驻企业共9家，投产企业7家，总投资1604万美元，合同利用外资800.2万美元。美心防盗门、车用门锁拉索、生物降解树脂、液晶电视和液晶显示器等区内企业生产的产品全部出口。

2004年，出口加工区采取切实措施，加大招商引资力度。一是认真分析招商引资面临的机遇与难题，找准主攻方向。二是变被动为主动，加强与市级有关部门、海关、中介机构等各方面的联系沟通，深入了解重庆市加工贸易和出口型企业的情况，有针对性的上门招商；充分利用各种代表团参观加工区的机会，向其分发宣传资料，介绍加工区的优惠政策；邀请全市20多家大型外贸企业老总召开出口加工区情况说明会等，使招商途径不断拓宽。三是强化服务意识，营造亲商、安商、富商的氛围。树立“服务兴区”、“以人为本、以客为尊”的理念，大力整治发展环境，不断简化办事手续，规范办事程序，提高办事效率；编印《重庆出口加工区投资指南》、《重庆出口加工区政策汇编》和《重庆出口加工区办事指南》，使企业办事方便快捷；定期走访企业，了解企业运做情况，对企业提出的各种问题和困难，做到有求必应，有难必帮，想方设法为企业服好务，为其创造良好的发展环境。四是抓好在谈项目的跟踪落实，对重大项目和意向性项目，明确专人负责，实行跟踪问效；同时对已签约落户项目，积极促进其早日开工建设，对在建项目促使其早日竣工投产。经过多管齐下的努力，出口加工区呈现出健康、快速发展的态势。2004年实现进出口总额1336万美元，同比增长62.9%；其中出口创汇847万美元，同比增长84.4%，进口额487万美元，同比增长35.5%。引进企业4家。重庆合通生物技术有限公司、重庆华福数码资讯有限公司等3家企业被重庆市科委评为“高新技术企业”，BTG水润滑复合橡胶轴承、BTG水润滑塑料合金轴承、可生物降解树脂、液晶电视和液晶显示器等5个产品被重庆市科委评为“高新技术产品”。重庆利时德汽车部件有限公司、重庆合通生物技术有限公司等两家企业通过了ISO14001环境管理体系认证。2004年，重庆贝特尔实业有限公司参与研发的“基于新型工程复合材料的高效传动系统关键技术及产业化”荣获国家科学技术进步二等奖。

【土地市场清理整顿】 2004年，重庆开发区把土地征用、储备作为全年工作的重中之重。一是根据国家宏观调控和清理整顿土地市场的统一部署，认真开展土地市场的清理整顿工作，进一步规范了土地征用出让程序，加强基础管理，首批顺利通过了国务院土地市场清理整顿验收小组的检查验收。二是积极主动争取市政府和市土地管理部门的支持，按需征用和储备了土地，全年新征用集体土地1.07万亩，农转非人员住房安置4758人，及时调查处理转非人员反映的问题，努力排除来自各方面的阻工行为，尽可能减少因阻工对重点工程建设的影响。三是办理土地出让、划拨1.07万亩，办理土地房屋产权交易权属登记806万平方米，受理登记率100%。四是依法加大土地出让金的收缴力度，全年共收取土地出让综合价金18.24亿元，为开发建设“上档提速”奠定了基础。

【社会事业】 2004年，开发区认真贯彻“五个统筹”、“五个坚持”的科学发展观。一是高度重视公共卫生服务设施建设，以较优惠的政策引进了两所三甲医院；建立了公共卫生突发事件应急处置预案；对新建、改扩建项目严格执行《职业病防治》的规定，要求企业进行职业病危害评价，做好职业病的预防和控制工作。二是全面研究了区域的教育布局和发展方向，加快了鸳鸯、礼嘉中小学的改扩建工程。三是研究和实施了区域敬老院的建设方案，为“老有所养、老有所乐”不断创造条件。四是研究编制了4个社区的建设方案，完成了选址定点、立项和初设等前期工作。五是社会保险工作取得新进展。基本养老保险金收入1.08亿元，补缴历年欠费2346.93万元；确保按时足额发放率、社会化发放率均达100%，新增参保人数11277人，较上年新增25%；医疗保险新增30%，启动了工伤保险。六是坚持以“以民为本、真情为民”的服务思想，认真做好民政救济和优抚安置工作。截至年底，对全区2485户、5243人次发放低保金33.6万元，低保覆盖面达到100%。七是认真贯彻落实人口与计划生育基本国策，积极开展优生优育和生殖健康服务。全年男女性别比为92.7∶100，符合政策生育率达到95%，人口自然增长率控制在了5‰以内。八是高度重视转非人员的培训和就业工作，在预算专项经费、组建工作班子、下达目标任务、召开全区促进农转非就业工作大会作广泛动员部署的基础上，对镇、街18～45岁年龄段所有人员的基本信息全部录入微机管理，准确掌握他们的家庭状况、求职意愿、技能水平、培训情况和就业去向。根据市场就业需求对转非人员进行免费技能培训，帮助他们树立正确择业观念，鼓励入区企业定向招收转非人员就业。全年累计提供就业岗位7660个，举办各类就业培训班59个，培训4217人；组建促进就业宣讲队，到街镇34个村（居委会）举办30场宣讲活动；为54家企业举办65场用工招聘会，指导帮助3299名农转非人员实现了就业，转非人员的就业热情和就业能力明显增强，各项社会事业协调发展。

开发区把维护全区社会稳定和安全生产作为事关开发区发展的大事来抓。一是建立了综合治理、维护稳定、创平安开发区工作班子，制定实施了《关于社会治安综合治理的工作意见》、《积极预防和处置群体性事件综合预案》，进一步加大法制宣传教育工作力度，落实稳定工作责任制。二是认真贯彻“安全第一、预防为主”的方针，严格执行“六个一律”制度，加强安全监督，企业安全生产和水陆交通运输安全取得较好成效。三是继续推进了劳动和社会保障体系建设，重视和狠抓“拖欠工程款和农民工工资”的督查工作，全年共接受工程款拖欠71起，涉及金额1.56亿元，清理和协调解决了71个工程项目的拖欠问题，涉及金额1.50亿元，拖欠工程款投诉处理率96.1%；授理和协调处理民工工资投诉59起，涉及民工2900人、金额1310万元，民工工资拖欠处理率100%，切实维护了劳动者的合法权益。四是高度重视信访工作，调整充实信访工作力量，进一步明确和落实信访工作责任，围绕重点、难点、热点问题做了大量深入细致的矛盾化解工作，全年共接待群众来信来访500余人次，及时化解了大量矛盾，努力减少了集访、上访事件。全面实现了社会稳定和安全生产目标。

【党建和干部队伍建设】 2004年，开发区按照“关键在人，关键在党”和提高执政能力的要求，狠抓了党的建设和干部队伍建设。一是组织全区党员干部认真学习《中共中央关于加强党的执政能力建设的决定》和市委关于贯彻决定的《意见》，努力提高广大党员干部对提高党的执政能力重要性、紧迫性的认识。二是狠抓党员领导干部的政治理论和业务知识学习，把“三个代表”重要思想的学习不断引向深入，抽调和选派干部参加各级各类学校培训，进一步提高了干部的理论政策和业务知识水平。三是按照“政治坚定、求真务实、开拓创新、勤政廉政、团结协作”的要求，狠抓了开发区领导班子的思想、政治、作风建设，增强了班子的合力。四是坚定不移地开展党风廉政建设和反腐败斗争，加强对党员特别是党员领导干部的廉洁从政教育。同时从制度上加强防范措施，强化了对容易滋生腐败行为的重要环节、重要领域和重要岗位的源头治理，切实落实党风廉政建设分工包项责任制和建设工程廉政责任合同双签制，加大案件查处和反腐倡廉宣传教育力度，扎实抓好职务犯罪的预防工作，全区党风、政风进一步好转。五是认真开展了党员先进性教育的准备工作，完成了党员队伍基本状况专项调查，建立起了区、镇街二级党员服务站和流动党员双向联系卡，为开展党员先进性教育奠定了基础。六是十分注意加强基层党的组织建设，深入开展“创先争优”活动，不断增强基层党组织的凝聚力和战斗力，广大党员的先锋模范作用得到较好发挥。进一步完善党建指导员制度，抓好新经济组织的党建指导工作。全年新建非公有制企业党组织9个，基本实现100人以上企业有党组织的目标，进一步扩大了党组织的覆盖面。

【管委会领导】 重庆经济技术开发区（出口加工区）党工委书记、管委会主任唐文峰，党工委副书记王明瑛、李作华，管委会副主任王明瑛、高志明、谢克毅、陈炯，出口加工区副主任韩宝昌。

（重庆经济技术开发区　吴泉水、谢年发）

萧山经济技术开发区

XIAOSHAN ECONOMIC & TECHNOLOGICAL DEVELOPMENT ZONE

【经济发展】 2004年，萧山开发区按照“招商引资年、环境建设年、素质提升年”的要求，以科学发展观为指导，努力克服宏观调控带来的困难影响，积极创新发展思路，着力提升引资质量，稳妥推进开发建设，优化综合投资环境，各项经济社会事业得到全面快速发展。

经济保持快速增长，全年实现工业总产

值168.2亿元，比上年增长25.3%；GDP 46.5亿元，增长13%；工业利润10.5亿元，增长16%；税收8.39亿元（按上年同口径），增长50.1%；自营出口8.2亿美元，增长42.1%。亿元产值提供税收498万元，比萧山全区高出46.7%。

产业结构升级优化。精密机械、轻纺服装、电子电器、建材家具、精细化工、医药食品等主导产业加速扩张。其中精密机械产值占开发区总量的33.4%。

终端产品生产企业日益集聚。截至2004年底，开发区生产终端产品的企业达120多家，占投产工业企业总数的48%。数控机床、平面磨床、喷水织机、电动缝纫机、自动麻将机、雅马哈乐器等终端产品在国内外的市场占有率和知名度不断提高。如友佳机械公司是国内最大的数控机床生产企业之一；松冈机电公司的电动麻将机在国内市场占50%的份额，佳农机械公司的注塑机在日本占20%的市场份额。

外外合作成效明显。已在区内投资的台湾友佳实业集团与日本高松机械工业株式会社在开发区合资设立杭州友嘉高松机械有限公司，生产具有竞争力的数控车床、数控机床、自动化生产线等产品。区内台资企业浙江荣德机械有限公司与德国永克公司建立技术合作关系，专业生产高精度磨床。杭州乐荣电线电器有限公司也与世界500强企业爱立信公司确立合作关系，计划合资设立一期总投资2000万美元的爱立信乐荣通信电缆项目。"外外合作"的开展，为区内企业提升自身发展水平探索了新模式。

【投资环境】 全年投入基础设施建设资金1.96亿元，共新建道路总长5.3公里，面积13.9万平方米；新增绿地6.46万平方米；敷设热网4.5公里，埋设排污干管8公里、供水管道7.5公里；新建桥梁4座，电力开关站4座，污水泵站3座，配套用房2万平方米。全年办理供地项目43个，面积151万平方米；完成33个项目的规划定点，竣工建筑面积140万平方米。

服务环境日益优化。创新服务机制，建立管委会领导干部联系重点企业制度。开展"齐解难题，共谋发展"服务活动，加强有序用电管理，保障企业生产。建立开发区人才服务中心，全年引进大中专毕业生近500名。加大经贸服务力度，先后举办产品出口、高新项目申报、加工贸易等培训班近十期。强化亲商安商，全年有五位区内外商被区委区政府授予"萧山荣誉市民"称号。同时，区块服务管理不断加强，区域环境进一步美化亮化。

台湾电机电子工业同业公会公布2004年大陆投资环境调查结果，萧山继2003年被列为台商极力推荐的首选投资城市后，再次获此殊荣。台湾电机电子工业同业公会是台湾首屈一指的产业公会，有3000多家会员企业在大陆投资设厂。该公会在萧山的调查对象主要是开发区台资企业。这一调查结果的公布，对开发区扩大知名度，促进招商引资，将起到十分重要的作用。

【招商引资与利用外资】 招商引资创历史最好水平，全年新批外商投资企业43家，外资增资项目18个，引进外资总投资6.36亿美元，合同外资2.61亿美元，实际到位外资1.48亿美元，分别比上年增长15%、23%、17%。新批内资企业14家，协议市外内资6.35亿元，实到市外内资3.92亿元，分别增长31%、87%。截至2004年底，累计批准进区企业611家，其中外资企业338家，总投资28.48亿美元，合同外资16.43亿美元，实际到位外资7.98亿美元；批准内资企业273家，总投资62.87亿元。有26个国家和地区的外商进区投资。

集约招商成效显著。针对土地资源短缺的现状，管委会积极探索集约化招商新路子，建立项目评价机制，提高项目准入标准，引进项目精挑细选，挖潜盘活存量土地，加强土地集约利用，力争以最少的资源代价获取最大的投资收益。全年单个项目平均投资额达1011万美元，投资密度由2003年的17万美元/亩，提高到2004年的25万美元/亩以上，提升幅度近50%。同时，在不新增建设用地的情况下，全年有18家外资企业办理增资，增加总投资2亿美元。有13家企业4.6万平方米实行了退绿搞建设，提高了土地利用效率。

引进项目质量提升。全年引进高新技术项目16个，占新批项目总数的37%。如总投资2980万美元、设计制造混合集成电路的中美合资通测微电子项目，日本独资总投资2200万美元的爱克斯精密钢球项目，总投资1850万美元生产移动通讯导航定位专用机的通测通讯电子项目等一批高档次项目先后落户开发区。

【社会事业】 依法治区有效推进。社会保险全覆盖工作深入开展，全年完成区下达参保任务的120%。安置征地农转非人员131人，再就业人员1506名。出台了重大群体性突发事件和重特大安全事故的应急预案，成立了开发区城管执法中队，增设了农场计生服务站，建立了企业计生协会，加强了安全生产、土地、环保、劳资、文化、市场、卫生、城管等督查管理，外来民工子弟学校教学管理得到规范。认真处理群众信访，妥善化解矛盾纠纷，全年调处报结信访136件。加强社会治安综合治理，深化防控体系建设，区域治安环境继续保持良好。为弘扬先进，树立典型，进一步营造扎根开发区、奉献开发区的良好氛围，组织开展了开发区首届“十佳青年”评选活动。在“扶贫济困献爱心”、“温州抗台救灾”等捐款活动中，区内企业和干部职工踊跃捐款，奉献爱心，赢得了社会各界的一致好评。

【管理与服务】 按照“素质提升年”的要求，加强机关干部队伍建设。通过组织开展科学发展观专题教育、机关效能建设和中层干部述职竞岗等一系列活动，机关干部思想作风得到改进，队伍素质得到提高，工作积极性进一步调动。加强党的建设，以规范管理为重点，进一步健全基层组织网络，全年新建党支部十个，党总支一个，发展新党员42名。认真落实党风廉政建设责任制，学习贯彻党内三部《条例》，深入开展“三增一创”和“两不”整治活动，党员干部勤政、廉政、优政的意识进一步增强。工会、共青团、妇联等群团组织积极开展各类文娱活动，有力促进了开发区精神文明建设。

齐心协力抗击“电荒”。面对夏季电力紧缺，管委会成立有序用电工作领导小组，动员全区上下抗击“电荒”，保障生产。管委会在为区内企业争取到“停二供五”优惠用电政策的基础上，科学制定用电方案，加强有序用电管理，并出台补偿政策，鼓励企业自备发电。全年自备发电的企业达140家，发电功率6.5万千瓦，管委会补贴资金653万元。区内企业和职工切实增强节电意识，积极推广应用节电新技术、新设备，最大限度地提高能源利用效率。通过全区共同努力，企业生产用电得到了较好保障。

召开银企合作座谈会。为架起企业与银行交流合作的桥梁，帮助企业解决融资困难，2004年11月26日管委会召开银企合作座谈会。人民银行萧山支行和萧山境内16家商业银行的行长及开发区50多家企业的主要负责人参加会议。通过座谈、交流、沟通，六家银行当场与13家开发区企业签定了授信协议书，授信总额达8.28亿元。

【高新技术产业和重点企业】 高新技术产业加速发展。区内企业积极实施名牌战略，加大科技创新力度，全年成功申报先进技术企业四家，确认五家；申报信息化示范企业12家，确认六家；被评为省市区级名牌产品企业六家，批准技术中心六家；获ISO9000或ISO14000认证的企业有17家。11月25日，杭州国家软件产业基地萧山扩展区块在开发区创业中心挂牌。

龙头企业群体壮大。全区产值超亿元企业达51家，利润超千万企业33家，税收500万元以上的有65家，出口超500万美元的有37家。龙头企业群为开发区经济发展发挥了主力军作用。

2004年汉帛（中国）有限公司又增加投资9950万美元，累计投资达到1.69亿美元，成为开发区首个投资超亿美元的项目。该公司是国内最大的女装生产企业，由香港伟量发展有限公司于1992年独资设立，已先后5次增资，总投资从最初的40万美元，增加到2002年的6950万美元。此次增资主要用于汉帛女装园建设。汉帛女装园一期建筑面积16万平方米，汇集生产、物流、研发、展示、商贸等多种功能。到2005年建成后，年产服装规模可达1000万件，预计实现销售收入10亿元。

【土地置换】 2001年萧山撤市设区后，根据杭州城市发展总体规划，市北区块国家级开发区范围内4平方公里土地规划被调整为城市建设用地。为确保开发区规划用地，是年7月管委会向上请示要求将国家级开发区的该面积土地置换到桥南区块。经过近3年的努力争取，2004年底，经国务院批准，国家商务部、国土资源部、建设部以商资函［2004］199号文，复函同意将国务院批准范围内安排用于非工业用地的部分土地调整到桥南区块，作为规划建设用地，控制面积4平方公里，四至范围为：东至浦十四线，西至桥南四号路，南至桥南六号路以东部分的南沙大堤及桥南六号路以西的萧山机场专用道，北至沪杭甬高速公路。是年11月，萧山开发区顺利通过国家清理整顿验收，成为全国首批通过规划审核的52个国家级开发区之一。

【机构设置】 萧山经济技术开发区党工委、管委会内设机构为：党政办公室、招商局、经济发展局、国土规划建设局、人事劳动局、社会事业发展局。

（萧山经济技术开发区管委会）

广州南沙经济技术开发区

GUANGZHOU NANSHA DEVELOPMENT ZONE

【经济与社会发展】 2004年，南沙开发区各项工作取得较大进展。全年完成GDP91.2亿元，比上年增长16.0%；完成工业总产值170.1亿元，比上年增长22.1%；完成固定资产投资90.2亿元，比上年增长49.1%；实现财税总收入17.0亿元，比上年增长46.8%；实现社会消费品零售总额17.6亿元，比上年增长33.4%；外贸进口总额12.2亿美元，比上年增长37.6%，外贸出口总额9.3亿美元，比上年增长44.3%。期末存款余额97.1亿元，比上年增长14.3%，其中城乡居民储蓄余额42.5亿元，比上年增长20.0%，期末贷款余额86.3亿元，比上年增长55.1%。

2004年3月18日，经国务院批准，广州南沙经济技术开发区规划面积增加17.7平方公里，即从原来的9.9平方公里扩大到现在的27.6平方公里，加上南沙资讯科技园的2.5平方公里，南沙开发区内可以享受国家级开发区优惠政策的面积已达30平方公里。

国务院批准广州南沙经济技术开发区规划范围扩大，这对开发区实施广州市政府“南拓”战略，优化产业布局，加快发展汽车、钢铁、石化、机械装备、IT产业等将起到极大的促进作用，不仅为南沙的可持续发展提供了更广阔的空间和发展机遇，也使得更多落户南沙开发区的外商投资企业享受到国家级经济技术开发区的税收优惠政策。

【投资环境】 2004年，南沙开发区抓紧推进城市基础设施建设，在68个路桥建设项目中，道路里程的总长度达242.9公里，其中：主体工程完工通车的项目有11个，道路里程达73.5公里；正在施工的项目有29个，道路里程达101.6公里；开展前期工作的项目有28个，路桥项目总长达67.8公里。

市南路汽车城段、黄阁北一路改线段、黄阁北路汽车城段等部分路段已先后建成通车，初步完成丰田汽车城及汽配园周边路网建设；推进了滨水大道东、蕉前路项目建设；新上马的金蕉大道、环岛路贯通（逸涛段）等路桥建设项目也全面铺开了前期工作，将于2005年陆续进入工程实施阶段；亭角立交系统建设取得了可喜进展；凤凰大桥、凫州大桥等南沙主骨架路网的路桥项目工程的前期工作已接近完成，将于2005年上半年陆续开工建设；地铁四号线的前期工作快速推进；投资70亿元，全长65公里的南沙港快速路于2004年12月31日全线开通。

港口码头建设方面，投资26亿的南沙港首期四个码头已于2004年9月底建成并投入运营，头三个月的货物吞吐量达到13.6万标箱，预计2005年吞吐量为100万标箱。

市政公用设施建设方面，完成了广州丰田发动机项目临时污水处理设施的建设；南沙污水处理厂首期工程的BOT项目法人招标及前期准备工作。完成了近6公里长的汽车城周边绿化景观带建设，推进了大角山滨海公园、大山乸生态公园等一批公园、绿化项目的建设；完成了龙穴岛110千伏变电站、丰田二座110千伏变电站的建设和黄阁汽车城、汽配园高压线迁建工程；完成了黄阁镇、南沙经济技术开发区公交站场的前期准备工作。

水利建设方面，投资约1.2亿元，推进了蕉门河水利整治与景观工程、黄阁镇汽配城工业园内河涌改道工程、龙穴岛造船基地防洪排涝工程以及三镇两区水闸泵站和堤围加固等工程。

【招商引资与重点项目】 2004年，南沙开发区新批外商投资项目44个，合同利用外资4.9亿美元，比上年增长1.5倍；实际利用外资3.1亿美元，比上年增长2倍。南沙开发区内单位项目平均投资额已达1040万美元，位居全国开发区前列。

2004年，南沙开发区的招商引资取得显著成效。汽车、钢铁、造船、机械装备、化工、高新科技以及港口物流等七大产业在南沙崛起，产业的聚集效应已初步形成。随着广州丰田发动机、整车项目的落户，目前已有近20家一级零配件企业进驻南沙，投资总额超过3亿美元；广钢JFE热镀锌板项目，也带来了一批与气体、切割、物流等相关项目。

汽车产业方面，广州丰田汽车公司的发动机项目和整车生产项目分别计划投资2.66亿美元和4.45亿美元。首期30万台发动机项目已于2003年初动工建设，凸轮轴和曲轴二个部件已正式下线生产，整个发动机项目将在2005年6月正式投产；首期10万台的整车装配项目建设正顺利推进，计划在2006年5月份下线生产。

船舶工业方面，中船集团投资45亿元、

年产300万吨的造船基地已全面开始筹建，预计2007年部分投产。

钢铁业方面，为汽车整车配套的，投资1.68亿美元的广州JFE热镀锌板项目已开始建设厂房，预计2005年底建成投产。

机械装备工业方面，投资4200万美元的生产燃气轮机关键部件的三菱重工东方项目和计划投资7200万美元的生产核电高压设备的东方电气项目全面动工建设，分别将于2005年5月和2006年初建成投产。

高新技术产业方面，投资5400万美元的慧视光电子基本完成土建，正在安装设备，预计2005年6月完工；香港金柏科技公司的芯片封装项目进入了筹建阶段。

港口物流产业方面，随着广州港南沙港区4个5万吨码头的建成，龙穴岛物流园区的功能日渐显露，包括美国、日本、中国香港等国家和地区的物流跨国企业纷纷前来寻找合作机会，招商工作已摆上重要议事日程。广东省最大的粮食加工物流企业在万顷沙基地正在抓紧施工，该项目投资7.63亿元、年加工大豆400万吨、油菜籽100万吨，2005年7月将可试产，正式投产后，2005年第4季度产值可达15亿元以上。

石化产业方面，已有一批如新加坡建华兴、瑞士龙沙、日本新石油、香港威路士以及国内民营企业立白等精细化工项目进入南沙。

【社会事业】 2004年，围绕南沙发展战略目标与重点工程的推进，南沙开发区进一步深化了城市规划的编制工作，完成了《南沙地区发展规划》及《广州南沙地区交通及市政基础设施规划》，其中《南沙地区发展规划》已于2004年12月经广州市人大审议通过，成为南沙第一部具有法律意义的纲领性规划文件。完成了《珠江分区控制性规划》和《南沙汽车产业园规划》、《蕉门河两岸建设启动区控规及重点建设地块详细规划》、《十八涌以南湿地公园规划》、《广州南沙开发区汽车零配件园B区控制性详细规划》等分区规划和控制性详细规划；完成了《大角山潮韵角滨水区城市设计》、《大山乪绿地景观及环山绿化休闲带规划》等城市设计工作。积极推进了《横沥—灵山分区控制性规划》、《龙穴岛分区控制性规划》等多项分区规划、详细规划和城市设计工作。组织开展了《广州南沙港区及其关联产业区总体布局规划国际竞赛》、《蕉门河沿岸及城市中轴线城市设计国内竞赛》等多项国内外设计竞赛。

2004年，南沙开发区注重对开发区的整体环境，包括城市服务功能配套、第三产业发展等的统筹兼顾，协调发展。启动了以蕉门河两岸景观带为中心的新城区建设。快速推进了广州丰田汽车生活区和黄阁麒麟安置区的建设。开展了学校、医院等社会公共事业项目建设的前期工作。其中，按广东省一级标准规划设计的南沙开发区第一小学和南沙二中扩建工程已进入规划和建筑设计阶段，力争于2005年9月之前建成。按三甲医院标准规划的南沙中心医院的前期工作也已启动。

【管理与服务】 2004年，南沙开发区进一步改善区内投资软环境，继续发挥“一站式”投资促进服务中心的作用，完善为投资者提供从政策咨询、办事程序咨询到项目审批的“一条龙”服务内容，对投资者实行“首问受理，优质服务”。在简化办事程序，提高办事效率、降低企业及城市运营成本方面出台了一系列措施，实行“一个口子受理，提前介入，并联审批”的办法，为客商代理工商登记、税务登记到公安、消防、环保评估等一系列审批手续，打包式地为客商服务，避免了客商在很多部门之间往返奔波，将园区内工业投资项目建设，从项目立项到完成工程施工综合验收四个阶段的办事审批流程从119个工作日压缩到39个工作日。

认真贯彻落实《行政许可法》，依法行政。明确了各种办事程序和办事制度，政府法制工作进一步加强，法治环境不断改善。

【机构设置与管委会领导】 广州南沙开发区建设指挥部为广州市人民政府的派出机构，直接隶属广州市人民政府领导，全权负责开发区范围内的规划、用地、开发、建设、管理以及招商引资等工作。

南沙开发区下辖广州南沙经济技术开发区，珠江管理区、黄阁镇、万顷沙镇、横沥镇；内设机构为办公室、经济发展局、建设局、规划局、财政分局、国土分局、土地开发中心。

南沙开发区建设指挥部总指挥陈明德，常务副总指挥罗兆慈，副总指挥刘海涛、陈万雄、吴裕昆，秘书长罗思源。

（广州南沙开发区经济发展局）

惠州大亚湾经济技术开发区

HUIZHOU DAYAWAN ECONOMIC AND TECHNOLOGICAL DEVELOPMENT ZONE

【经济发展】 2004年大亚湾开发区完成GDP 44.6亿元，同比增长30%；工业总产值51.6亿元，同比增长28.24%；惠州港吞吐量1074万吨，同比增长13.86%。地方财政收入3.45亿元，同比增长26.42%；实现国税、地税两税总量42.87亿元，同比增长28.98%，剔除海关代征税34.51亿元，总量为8.36亿元，同比增长21.87%；合同利用外资2.28亿美元，同比增长4.5%；实际利用外资（新统计口径）3.01亿美元（如按旧口径统计，实际利用外资7.01亿美元，同比增长39.8%）；完成国内固定资产投资总额136.6亿元，同比增长26.2%。

工业生产持续快速增长。全区完成工业总产值51.6亿元，同比增长28.24%。其中：响水河工业区共完成工业总产值30.85亿元，同比增长42.4%；东风车城实现工业总产值12.77亿元，同比增长0.5%。高新技术产业迅猛发展，实现产值37.61亿元，同比增长44.8%，占全区工业产值的72.89%；电子、汽车、钢铁和塑料产业成为工业经济的主要支撑，四大产业的产值为45.3亿元，占全区工业产值的87.79%。三个办事处工业不断增长，实现工业总产值5.52亿元，同比增长1.66%，占全区工业产值的10.7%。

财税收入大幅增长，金融运行稳定。全年完成地方财政收入3.45亿元，同比增长26.42%；组织国税收入37.22亿元，同比增长27.46%；组织地税收入5.65亿元，同比增长40%。全区存款达361376万元，同比增长21.38%；各项贷款达559625.2万元，同比增长49.38%。

【投资环境】 大亚湾开发区自然条件得天独厚。拥有国内难得的天然深水避风良港，有大片地势平坦的工业腹地，淡水资源盈足，旅游资源丰富，是中国南部沿海一处极佳的海陆结合点，是发展临海型大工业和现代旅游业的理想之地。经过多年的开发建设，开发区已经初步形成了比较完善的港口、道路、供水、供电、通讯等基础设施网络，完全能够承载大工业发展的需要。开发区良好的投资环境，吸引了英国、荷兰、美国、德国、日本、新加坡、印尼和中国台湾、香港等国家和地区的众多客商前来投资兴业，其中世界500强企业七家。一座现代化的滨海石化工业新城区正在崛起。

【招商引资与利用外资】 全年新签外资项目42宗，同比增长61%。超过1000万美元以上的项目有13宗。招商引资工作呈现出以下特点：一是新批项目数量多、规模大，科技含量高。其中三洋光部品项目是继住友、三菱之后又一落户的世界500强日资企业，也是引进的第一家集研发、制造于一体的高新技术企业。二是利用外资大幅增长。一批大中型项目明显加快了投资步伐。其中：中海壳牌南海石化项目已实际吸收外商直接投资5.8亿美元（旧口径），三洋光部品、双鸿电子、龙汇科技等项目实际吸收外商直接投资均超过1000万美元。三是现有企业不断增资扩产。增资项目有16宗，增资额达7800万美元。四是民营企业发展势头强劲。新发展的民营企业有154户，注册资本达3.76亿元，同比增长31.5%。

【社会事业】 社会事业协调发展。一是坚持不懈地抓好安全生产工作。切实抓好安全生产宣传和教育培训工作，全面落实安全生产责任制，定期和不定期地开展安全生产大检查，进一步加强了惠州港油气库区等重点部位的安全监管力度。二是文教卫事业健康发展。继续加大资金投入力度，基础教育管理得到加强。积极开展各种文化艺术活动，不断丰富群众的精神文化生活。进一步加强对医院和医务人员的管理，加大对医药市场的监督力度，卫生事业获得健康发展。扎实推进新型农村合作医疗工作，全区农民参保率超过70%，高出全市和全省水平。三是继续加大反腐倡廉力度。建立惩治和预防腐败体系，净化了干部队伍；率先推进公务用车制度改革，共拍卖车辆82台，回收资金1121万元，每年可节约财政资金383万元。

【管理与服务】 全年投入资金1429.47万元，重点推进西二大道复工、大亚湾大道辅道、新澳大道妈庙段道路扩宽等12项市政工程建设。土地盘整工作有效开展。重点做好石化区东部、三期搬迁安置区、中海壳牌与LNG电厂的员工倒班宿舍以及进港铁路等项目用地的盘整工作。全年完成盘整方案的有58宗，面积68.4万平方米；已兑付的有32宗，面积为40.5万平方米。同时，融资7000多万元，参加了光大资产托管公司的土地资产竞拍，收回土地86万平方米，标志着土地储备方面迈出了关键一步。

石化工业区建设全面推进。东、西部控制性详细规划和港区、消防等规划编制工作有序推进。场地平整、道路改建等基础设施工程正在加紧建设。重点项目进展方面，中海壳牌南海石化项目完成总投资28.19亿美元，总进度已超过85.6%。惠州LNG电厂已动工建设；1200吨南海炼油项目正式落户，将于2005年动工建设；华德油库项目已完成了两座原油罐工程。中下游项目的建设和引进方面，三菱丽阳MMA项目已开工；启星化工系列项目、裂解汽油加工项目、ABS、SBS、PS、MEK、EO、BDO等一批中下游项目已签订项目意向书。

【高新技术产业】 全年实现高新技术产业（工业）总产值37.61亿元，同比增长44.82%，占全区工业总产值的72.9%。截至2004年底，全区共有高新技术企业约20家，获得省高新技术企业称号的有八家。其中，惠州东风易进工业有限公司经广东省科学技术厅审核，属“两个密集型”企业。天马公司成立了市级技术研发中心，其“三自由度虚轴高速精密CNC机床”填补了国内空白，被列为2004年度省重点专项科技计划项目。

【机构设置与管委会领导】 开发区设党委

工作部门6个，政府工作部门32个，其他工作部门11个（即：检察院、法院、电力、邮政、电信和金融等部门），群团组织机构3个，派出机构3个，共有55个机构。

惠州大亚湾经济技术开发区区委书记李秀峰；区委副书记、管委会主任朱挺青；区委副书记、纪委书记曾小辉；区委副书记、政法委书记曾远翔；区委常委、管委会副主任罗庆云；管委会副主任胡贵容、李印铸、卢伟航、廖巍。

（惠州大亚湾经济技术开发区管委会）

北京经济技术开发区

BEIJING ECONOMIC – TECHNOLOGICAL DEVELOPMENT AREA

【经济发展】 2004年，北京经济技术开发区在全国清理整顿开发区、规范土地市场秩序过程中，不断强化和规范内部管理，突出资源集约化利用、产业集群化发展、政府法制化监管和园区人性化服务，坚持以科学发展观为指导走新型工业化道路，大力推进区域经济的发展，全区经济保持快速增长的良好态势，财政收入稳定增长，投资规模不断扩大，社会事业全面进步。

北京开发区经济步入快速发展轨道，GDP首次突破百亿，达到127.07亿元，同比增长33.25%；全区人均GDP 18.76万元。实现工业增加值107.2亿元，同比增长40.63%；实现工业现价产值680亿元，同比增长50.72%；工业企业利润总额52亿元，同比增长23.99%；产品销售收入650亿元，同比增长39.86%。出口总值22.02亿美元，同比增长38.26%。财政收入（含出口退税、免抵）41.35亿元，同比增长14.14%；税收收入（含出口退税、免抵）30.4亿元，同比增长6.4%。

【投资环境】 全年开发区完成征地303.92公顷。施工面积309.89平方米，其中新开工面积114.9万平方米，竣工面积186.82万平方米。完成固定资产投资135.45亿元，同比增长115.31%；其中工业固定资产投资102.87亿元，同比增长579.35%，占北京市工业固定资产投资总额的40.4%。开发区第一座22万伏电站竣工运行，3座11万伏电站正在建设中。高速公路东侧天然气招标工作圆满完成，热电联产招标项目开始建设。

开发区建设工程交易中心共办理招投标项目134项，其中招投标项目102项，直接发包项目32项，建筑面积190万平米，中标总价为16.03亿元。其中：工业项目136万平方米，住宅33万平方米，公建21万平方米。协助北京吉普、京东方等一批重点项目完成了招标手续。被建设部评为2004年“全国建筑市场管理先进单位”。

建设核心区市政工程道路总长7081米，总面积9.67万平方米，雨水管线总长7820米，污水管线总长6427米，电力管线总长2539米，热力管线总长1531米，上水管线总长6592米，电信6000米，安装护栏3692扇，减速丘1576米，信号灯81处，路口渠化26597米，大型指路牌24处。大羊坊沟改造工程全部完工，东环南路及地下管线全面贯通，文昌大道桥已完工。南部新区市政工程完成道路总长8707米，总面积30.96万平方米，雨水管线总长1.28万米，污水管线总长1.03万米，电力管线总线4117米，雨水方沟4819米，上水管线总长6279米，电信7000米。

【招商引资与利用外资】 全年开发区新批企业521家，同比增长35.32%，投资总额（含增资）32.15亿美元，同比增长35.95%；其中，新批外商企业投资总额27.82亿美元，同比增长93.88%。增资企业126家，增资额20.27亿美元；其中外商投资企业49家，增资额20.25亿美元，同比增长154.39%。合同利用外资11.43亿美元，同比增长173.21%；实际利用外资5.72亿美元，同比增长116.88%，占北京市工业实际利用外资总额的58.97%。引进世界500强企业投资项目18个，使开发区内世界500强企业投资项目总数达到59个。截至2004年底，开发区共批准企业1596家，批准企业累计投资总额88.13亿美元。

【社会事业】 北京同仁医院北京经济技术开发区院区开院。该院区为政府举办的非盈利综合医院。全国政协主席贾庆林发来贺信表示祝贺。国务院及北京市的有关领导为开发区院区、北京同仁眼科和耳鼻咽喉科学院揭牌，同仁医院向区内居民和区内企业代表赠送了价值2000元的健康爱心体检卡。该院区占地面积5万平方米，建筑面积7万多平方米，设病床600张。

根据“新世纪北京首届职业技能大赛”组委会的部署，由人事劳动和社会保障局、工会、团工委等十一家单位组成开发区职业技能大赛组委会，2004年5月～10月开发区举办了首届职业技能大赛。各企业积极参与，有近万名职工参加了学习，从中选拔出近2000名职工参加了70多个工种的比赛。各个层次的比赛都包括理论考试、实际操作和口试等几个环节，比赛内容不仅有技术比赛，还包括职业道德、安全知识等方面。组委会对参赛单位进行了综合评比，对获奖选手进行了公示。对认真组织参赛并获得优异成绩的单位授予“优秀组织奖”等荣誉称号，对在职业技能大赛复赛中取得突出成绩的参赛选手给予奖励。

2004年7月20日至9月29日，首届开发区艺术节成功举办。本届艺术节由两部分组成：一是开展歌手大赛、综艺节目汇演、交谊舞比赛、书画摄影作品比赛及展览，以及与全球500强企业的联谊活动；二是由工委、管委会主办“北京经济技术开发区建国55周年庆祝大会暨文化艺术节闭幕式”，颁发博大贡献奖等各种经济类奖项、文化艺术节各项赛事奖项。

2004年10月12日，开发区管委会与怀柔区政府共同签署了《关于建立经济发展合作伙伴关系的框架协议》，开发区和怀柔区正式建立经济社会发展合作伙伴关系，通过真诚的合作，更快地开发双方的发展潜力，实现共赢。根据协议，北京开发区和怀柔区将延展自己的优势，帮助对方开拓新的发展空间。开发区将借助自身产业优势，协助怀柔区发展高新技术产业和现代制造业。怀柔区也将为北京开发区主导产业链的形成和完善提供配套服务。此外，双方还将在形象宣传、招商引资、项目洽谈等方面进行合作。

【管理与服务】 开发区制定了新的集约用地和土地一级开发管理办法，工业用地容积率从0.6～1.2提高到0.8～1.5以上，可建设用地的建筑密度从45%提高到55%。万元工业增加值综合能耗0.24吨标煤，不到全市规模工业平均能耗的1/5；万元工业产值耗水1.47吨，不到全市规模工业平均用水量的1/8。

由中国科学院、中国水利水电科学研究院、中国环境科学研究院、清华大学等单位的3名院士、5位专家组成的评审团对《北京经济技术开发区水资源综合规划》进行了评审。规划贯彻了以水资源可持续支持经济社会可持续发展的战略理念，体现了全面、合理、可操作性强等特点，对开发区的可持续发展具有十分重要的意义。该规划是北京开发区委托北京市水利科学研究所和国家城市给水排水工程技术研究中心研制的，是北京市第一个区域性水资源综合利用规划。规划实施后，将改变开发区以城市管网为单一水源的局面，新开辟再生水、雨水、地下水三个新水源，管网水用量降到用水量的50%以下，市政再生水的供量占总供水量的40%。规划的实施，将促进开发区全面建设节水型社会，确保开发区各项节水指标接近或达到国际先进水平。

开发区环保部门针对开发区空气质量问题，从各方面入手，制定详尽的计划，认真抓好每个污染源的治理工作。同时，借助城管监察大队、建设管理办公室、市政办公室及交通大队等相关部门的力量，共同做好环境保护及治理工作。全年开发区空气质量二级及以上天数占全年天数的54.8%，比上年增加25天，提高6个百分点。污水处理厂二期竣工投入使用，污水日处理能力达到5万立方米，污水处理率和危险废物安全处置率保持100%。开发区管委会ISO14001环境管理体系通过了华夏认证中心的审核。审核结果表明，开发区ISO14001环境管理系统建立并运行三年来，体系逐步完善，环境方针落实到位，培训情况良好，培训效果显著，法律法规符合性良好。

开发区人事劳动和社会保障局与北京科技大学等三所大学、北京轻工职业技术学院等五所大中专院校，大兴区亦庄镇、通州区台湖镇、通州区马驹桥镇等五个周边乡镇及相关系统，以及内蒙古通辽市劳动和社会保障局等三个外省市劳动部门，签订了开发区人力资源供给基地框架协议。根据协议，开发区人事劳动和社会保障局将优先向人力资源供给基地提供就业需求信息，协助建立毕业生实习基地，协助进行劳动力就业指导及职业技能培训。

为了切实维护农民工合法权益，为在开发区从事建筑施工的农民工讨回被拖欠的工资，开发区劳动局通过采取进入施工工地专项监察、制定紧急预案、启用高效清欠工作流程、对重点拖欠大户进行单独指导等一系列的办法，与建设发展局、公安局、办公室、信访办、工会、振远护卫支队等相关职能部门的密切协作，共为12789名农民工追讨工资3262万元，人均追欠2550元，较好地完成了2004年度农民工工资清欠的工作。虽然清欠工作难度大、工作人员人手不足，但相关部门加强组织，克服困难，建立切实有效的工作制度，保证了清欠工作的进行，取得成效。

【高新技术产业和重点企业】 全区共有高新技术企业376家。高新技术企业工业总产值（现价）为584.81亿元，同比增长59.31%，占全区经济总量的86%；总收入596.92亿元，同比增长51.79%，占全区经济总量的73.33%；其中，产品销售收入551亿元，同比增长43.55%，占全区经济总量的84.77%。

2004年全区共认定高新技术企业105家，为历年最多。105家企业中，外商及港澳台企业21家，内资企业84家。企业主要集中在电子与信息技术、先进制造技术、生物工程和新医药技术、环境保护技术、新材料及其应用技术、新能源与高效节能技术等领域。

组织区内高新技术企业申请“863”项目，申报国家高新技术示范性工程项目、国家“火炬计划”、国家重点新产品、科技兴贸行动计划，申请国家科技部科技型中小企业创新基金、中小企业发展专项补助资金，申报民营科技创新奖和民营科技促进奖。一家企业被国家“863计划”立项，两家企业获评国家级“火炬计划”项目，一家企业获评北京市“火炬计划”项目，六家企业的产品列入国家重点新产品计划，一家企业获评中国民营科技创新奖，两人获评中国民营科技促进奖，三家企业获得国家科技型中小企业创新基金，两家企业获评北京市科学技术进步一等奖，一家企业获评北京市科学技术进步二等奖，十家企业列为北京市专利试点企业。

向市知识产权局提交了关于在北京开发区设立“知识产权保护示范园”的申请。制定了《北京经济技术开发区知识产权保护和管理工作要点》和《北京经济技术开发区加强知识产权保护和管理工作实施意见》；启动开发区知识产权保护预警预案；开通开发区知识产权信息网；开展全区性知识产权宣传和培训；开展知识产权战略研究。组织区内企业申报2004年度北京市专利实施资金，一家企业获得专利实施资金；支持组织区内高新技术企业申报2004年度中关村科技园区“专利试点企业”，十家企业获得批准。帮助四家企业申请国外专利资助；为开发区内近十家企业办理专利申请费用减缓手续。

开发区是北京市在新经济组织中建立科协组织的示范区，已有六家非国有制企业建立科协组织，占全市的55%。并以园区为单位成立科协组织，协助科技孵化器在孵企业联合组建科协。举办八次科技讲座和科协沙龙活动；组织开发区代表队参加“北京市百万家庭数码生活技能大赛”并获单项技能奖第一名。开通开发区高新技术企业参观通道，在“北京科技周”期间接待了50余位院士的参观考察，并获组织工作奖和优秀活动奖。2004年9月25日，中芯国际集成电路制造有限公司举行庆典，庆祝中国第一座12英寸芯片厂成功投产，进入正式运营阶段。北京市市委书记刘淇、北京市市长王岐山、国家信息产业部副部长娄勤俭等领导同志及美国驻华使馆商务参赞艾伦出席了庆典仪式。中芯国际12英寸芯片生产线的建成和第一批产品的成功生产，是我国集成电路产业的一座里程碑。该项产品的投产缩短了我国在集成电路方面同世界的差距，标志着我国的集成电路已经进入了纳米级的研究阶段，集成电路产业已经步入了世界领先行列。中芯国际12英寸芯片厂总占地面积24万平方米，一期建筑面积约18万平方米，其中洁净室1.8万平方米。该厂自2002年9月开始动工，是全球第一个建设有雨污水回收处理系统的集成电路制造厂。该厂还充分利用北京相对寒冷的气候条件，建成了经济实用的冷却系统，并采用多种方式大大降低了电能消耗。

【机构设置与管委会领导】 北京开发区工委内设机构为：工委办公室、组织部、宣传部、纪工委、工会。管委会内设机构为：管委会办公室、发展研究与法制办公室、投资促进局、经济发展局、城市管理局、建设发展局、社会发展局、财政局、人事劳动和社会保障局、审计局。

北京经济技术开发区工委书记王火，管委会主任鲁勇。

（北京经济技术开发区管委会）

乌鲁木齐经济技术开发区

URUMQI ECONOMIC & TECHNOLOGICAL DEVELOPMENT ZONE

【经济发展】 2004年是国务院批准乌鲁木齐经济技术开发区设区十周年，是开发区二期开发快速推进，实施建立加工制造业基地战略全面启动的一年。开发区经济继续保持稳步发展的态势，完成财政收入4.6亿元，其中本级财政收入2.7亿元；实现GDP 15.95亿元（全口径，下同），同比增长6.7%；完成工业总产值32.8亿元，同比增长17.7%，其中外商投资企业完成20.5亿元，比上年增长2.8%；完成工业增加值10.8亿元，同比增长24%，其中外商投资企业7.7亿元，同比增长28%。

【投资环境】 乌鲁木齐开发区是乌鲁木齐对外开放的窗口和实验田，是乌鲁木齐市全力打造的加工制造业高地和实现乌昌经济腾飞的龙头。开发区紧邻国际机场，距铁路货运北站仅2公里，城市快速公路穿越开发区，6条公交汽车线路通过市区，客货运输便捷。2004年开发区规划建设全面铺开，环境建设再上台阶。固定资产投资额达到7.63亿元，比上年增长9.7%，其中基础设施建设1.60亿元，比上年下降7%。当年出让土地22万平方米，开工面积22.5万平方米，其中工业用地开工11.9万平方米。全年完成建筑面积22.50万平方米，累计完成203.8万平方米。年内开发区以喀什西路延伸为中心，向西规划建设了“四横两纵”市政道路，并完成了翠湖路、华山路、泰山路、黄山路等市政工程。七通一平及服务设施更加完善。年内建成绿地9万平方米，比上年增长1%。累计建成绿地73.4平方米。开发区一期建成区绿地覆盖率已达到26.8%，高于乌鲁木齐市平均水平。通过绿化、美化建设，开发区承载服务功能及日益加强，形成了良好的环境形象。

随着开发区效能建设的不断深入，投资项目绿色通道的开通和一系列跟踪服务措施的实施，已形成便捷的办事程式，为投资提供了优质高效服务的软环境。

【招商引资与利用外资】 2004年，开发区继续把招商引资作为经济工作的生命线，通过走出去、请进来和外设机构宣传配合，积极开展招商宣传和对外交流，专门组团到内地省市招商，同时利用“乌洽会”、省内外招商洽谈会的平台进行招商引资，积极参加区内外有影响的“厦洽会”、“高交会”、“西洽会”和“北京科博会”等招商洽谈会以及全国开发区二十周年成果展，有计划地认真组织企业参会，促进了一些项目的进区落户。“乌洽会”上，开发区签约项目10项，其中外资项目4个。

针对开发区土地资源不足的问题，开发区重新确定了以突出科技含量、引进大项目为重点的招商方向。以大企业、大财团、上市公司为目标，追踪大项目、策划并洽谈联建特色园区。以积极主动的姿态，重点追踪洽谈了韩国SK手机、山东聊城中通客车、中粮可口可乐、永成拖拉机等大项目，帮助企业解决建厂前期遇到的困难，全力促进其他一些重点项目的进展。

2004年开发区引进外资项目9项，注册投资总额4776.7万美元，合同外资1947万美元；引进内资项目31个，注册资本2.19亿元，利用区外资金3.95亿元。年内引进的内外资项目主要涉及钢结构网架、快餐配送、果蔬饮料、山羊绒制品、旅游设施、信息技术服务、药材、农副产品加工、电器产品、节能设备、石油化工产品、家俱、新型建材等。外商主要来自中国香港、美国、澳大利亚、丹麦、新西兰、哈萨克斯坦和英国等国家和地区。其中3家已投入生产，6个项目开工建设，8个项目已划地，14个项目已申请用地。

【外贸出口】 2004年由于西部口岸通关不正常，受出口商品单价下调、市场变化等种种不利因素影响，出口有所下降。年内全区进出口总额2.45亿美元（全口径，下同），比上年下降15.1%。全区出口总额1.81亿美元，比上年下降22.3%，其中外商投资企业完成出口1.47亿美元，比上年下降10.9%，加工贸易企业完成1.49亿美元，比上年下降10.1%；全区进口总额完成6436万美元，比上年增长14.6%，其中外商投资企业进口4758万元，比上年增长2.8%，加工贸易企业进口4991万美元，增长7.8%。开发区主要出口的产品有：家俱、百货、蕃茄酱、烤烟、香料烟、相框、塑料袋、脱水蔬菜、肠衣等。主要出口市场国别和地区为美国、哈萨克斯坦、吉尔吉斯、新西兰、日本、马来西亚、德国、新加坡、巴基斯坦、独联体、瑞典、土耳其、澳大利亚、俄罗斯等。开发区口岸通关顺畅，2004年过货9.2万吨，货值2.5亿美元。

【产业结构】 开发区第一产业所占比重较小，年内以金牛集团为带动的农村畜牧业完成农业总产值1.46亿元；完成农业增加6008万元，占全区GDP的3.8%。

第二产业是开发区重点发展的主导产业。2004年，开发区完成工业增加值10.8亿元（全口径），建筑业完成2亿元。第三产业增加值比上年增长8.27%，占全区GDP的80.4%。开发区工业主要构成是食品制造业、机电制造业、化工及塑料制品、家俱制造、建材产业等。其中食品（饮料）制造业工业增加值所占份额为25%，化工塑料制品占16.28%、家俱制造占13.01%、建材占7.15%，这部分产品合计占开发区工业90%以上的份额。

建区以来，乌鲁木齐开发区第三产业不断增强。开发区着力推进了市场与物流、金融保险、房地产、文化娱乐、居民服务、信息咨询、广告、综合技术服务业等现代服务业，城区的商业网点建设进一步发展，以国际商贸城、组工大厦、亚馨大厦、大世界为骨干，一批星级酒店、专业店、特色店、便民店迅速发展，开发区国际旅游购物市场重大项目已经建成，全区已拥有商业网点数481家。2004年全区实现社会消费品零售总额4.86亿元，增长27.9%。第三产业稳步增长，第三产业增加值达到2.5亿元，比上年增长5.22%，占全区GDP的15.8%。

【现代制造业与高新技术】 2004年，开发区现代制造业全面启动，二期建设速度加快。新进区的新疆夏梦雅泰装饰材料有限公司生产线已建成，乌鲁木齐玖金工贸沙海绿珠海洋馆主体已封顶，开始内部装修及室外园林造景。一批有能力的科技企业和研发机构快速成长，西安电子科技大学新疆IT产业园已于2004年8月在开发区二期开工建设。以电子视讯、机械制造为优先发展的龙头行业开始起步，以金牛生物技术研究院、新疆维药、精细化工中心为骨干，高起点培育一批新型生物技术及精细化工研发开始向产业化转变。

深入实施科教兴区战略，大力引进科技含量高的项目进区，引导企业以高新技术来改造提升传统产业，大力推荐企业进行高新技术企业、产品认证，申报专利保护。协助金凤科技股份企业设立了博士后分工作站，开展了“863”风力发电项目研究。推荐和帮助 11 家企业解决 21 名技术骨干落户。2004 年，开发区已有高新技术企业 20 家，国家“863”项目企业 3 家，星火计划 2 家，火炬计划 4 家，承担国家科技部及中国科学院等部委重点研发项目 8 项，拥有自主知识产权的企业 19 家，实施专利技术 50 项。高新技术企业产值占开发区工业产值的 52%以上，以金风、金牛为代表的高新技术企业为开发区经济发展、科技强区起到了示范作用。

【出口加工区建设】 乌鲁木齐出口加工区于 2003 年 3 月 10 日经国务院批准设立。出口加工区位于开发区二期用地内，总控制面积 3 平方公里，首期规划 1 平方公里，首期围网面积 0.4 平方公里，距火车货运站 1 公里，进区企业可享受国家出口加工区优惠政策。乌鲁木齐出口加工区内部建设基本完善，海关、商检、仓储、运输、银行等机构俱全，筹建工作已经完成，已具有 24 小时报关、通关服务能力，已于 2004 年 7 月 16 日通过乌鲁木齐海关预验收，准备接受国家九部委的正式验收。已有好美佳木业、友好新世纪电视机整装、伊真肠衣三家企业进区建设。

【社区建设】 2004 年，开发区投资兴建了社区居委会办公楼 5 栋，完善了社区六站一室，深入开展了“便民、利民”活动、创平安小区活动、文明小区活动，相继成立完善了 11 个社区劳动保障站和警务室，年内安置了 150 个社会公益岗位。

结合诚信城市建设，深入开展文明社区创建活动。城区文化活动丰富多彩，年内共举办各类大型广场文化活动 15 次，参加活动近 3000 人，全区观看演出 60000 人次。在文明社区创建中，目前开发区已荣获文明社区 8 家，其中市级文明社区 1 家，市级绿色社区 2 家，9 家无毒社区，开发区街道办事处荣获乌鲁木齐市“双拥模范先进单位”，全区三级文明单位已达到 53 家。

（乌鲁木齐经济技术开发区管委会）

郑州经济技术开发区

ZHENGZHOU ECONOMIC & TECHNOLOGICAL DEVELOPMENT AREA

【经济发展】 2004 年，郑州经济技术开发区围绕“工业龙头、现代制造业基地、对外开放窗口、现代化新城区”的发展定位，坚持“招商第一，企业至上”的指导思想，按照“总体规划、板块经营、资本运作、整体开发”的年度工作思路，牢固树立科学发展观，顺应宏观调控，扎实推进各项工作，国民经济继续保持快速、稳定增长的发展势头，主要经济指标增幅 30% 以上，超额完成了全年预定目标任务。全区实现 GDP 31.1 亿元，同比增长 31%；实现工业总产值 48 亿元，同比增长 53%；实现工业增加值 15 亿元，同比增长 36%；实现财税收入 3.9 亿元，同比增长 39%；实现财政收入

1.3亿元，按同比口径增长36%。规模以上企业由原来43家增至70家，并实现工业总产值25亿元，同比增长53%。

【投资环境】 在国家紧缩银根、开发区资金紧张的情况下，郑州开发区依托管委所属建投公司融资平台，积极筹措资金，不断加大基础设施投资力度，累计完成基础设施投资1.95亿元，同比增长52%，是开发区基础设施资金投入较多的一年。全年新建道路14条，道路总长6.9公里，10条路段建成通车，4条路段三水完工，3条道路路灯安装完毕，航海路西入口至第三大街段完成路面复浇，5条道路进行了绿化，累计绿化面积7万平方米，投入资金920万元。水、电、路、气、暖管网逐步延伸，覆盖面积进一步扩大，项目承载能力日益增强。

【招商引资与利用外资】 2004年，郑州开发区通过加强招商引资力量配置，将项目招商和产业招商有机结合，全区招商引资出现了前所未有的良好势头，一批高科技、高效益、高税收项目开始向开发区聚集，招商引资由项目数量开始向项目质量转变。通过组织参加“厦洽会”、“高交会”、河南经贸项目推介洽谈会等40多个专业招商活动，河南汉威科技、河南森元电气、郑州盛煌实业、郑州兴财计算机等一批项目落户开发区；通过利用区内现有企业以商招商，吸引社会资本与开发区企业相结合，保税中心与中海物流等成功实现了项目嫁接。全区新引进各类项目372个，协议投资总额70亿元。其中，工业项目144个，协议投资总额38亿元。新引进项目中，博赛生物等投资上亿元项目15个。安达生物（台湾独资）、思藤高新技术（加拿大独资）、哈里斯配件（英国独资）等外资项目30个，合同利用外资2.08亿美元，同比增长6倍，实际利用外资4481万美元，同比增长9倍，受到河南省商务厅贺信嘉奖。

【管理与服务】 2004年，郑州开发区以项目开工为重点，实行项目分包，专门成立了项目开工领导小组，建立了项目开工及建设推进联席办公会议制度，每周六定期召开项目开工协调会，及时研究和解决项目开工中遇到的有关问题，督促进度，强力推进。公共保税中心、裕华紫光、卫华包装二期、西屋电气、九州通电子商务、森源电气、十一中、科力化工、新利达创新大厦、三晖电气、河南省基础教育教研室、河南省新华书店物流中心、天明商务、河南省信息大厦、丹尼斯物流等21个项目开工建设。围绕项目开工，公安、行政执法、办事处、规划建设局等部门采取联合行动，严厉打击强揽工程、强装强卸、强买强卖、阻挠施工等不法行为，为项目顺利施工创造了条件，进一步优化了发展环境。

由企业服务中心牵头，加大闲置土地、停建项目清理力度，行政服务中心停止审批新的房地产项目，引导原来批复的房地产项目转入工业、综合用地和公用事业配套项目开发，依法收回18宗项目用地，收回土地800余亩，追缴土地款8000多万元。追缴资金集中用于征地和附属物补偿，收缴土地优先安排西屋电器、丹尼斯物流等20多个高科技、高效益、高税收项目入区。同时，开发区投资200万多元，填平了第五大街以西沙坑，新安排了旭威汽车零配件等3个项目入区。

加强区内土地及企业闲置资产的整合利用，借鉴西安高新区发展经验，启动发展高科技孵化器，鼓励建设标准厂房，走集约发展的道路，着力提高土地单位面积产出比。将原来审批的房地产或综合用地项目改为产业孵化和研发项目。变更后的创业广场、信息大厦、博赛生物研发大厦等一批项目开工建设。开发区由原来渐进式滚动开发转向跳跃式整体开发，由外延型粗放发展转向内涵型集约发展。

【园区建设】 按照板块经营的工作思路，

成立了留学人员创业园、科技创业园两个政策园区，信息产业园、汽车工业园两个产业园区，加强园区干部和招商人员配置，积极探索适应园区快速发展的新型管理体制，逐步建立以产业培育为主，具有融资建设功能、衔接管委会职能相对独立运作的招商服务型体制。通过调整发展战略，各园区边建设、边招商，以建设搭建项目平台，以招商促进园区发展，"一区多园"发展格局日益清晰，产业平台开始初现。留学人员创业园新注册项目33个，引进留学回国人员45名，注册资金超过2亿元。新的留学人员创业园孵化基地占地221亩，已完成规划设计，计划投资3亿元，新建1.5万平方米创业大厦，2万平方米标准厂房，5000平方米留学生公寓。科技创业园正式启动，园区与新利达公司、国安公司共建科技孵化大厦、创业中心二期项目开工建设，总孵化场地达到10万平方米。园区新引进科技企业65家，累计实现技工贸总收入15亿元，实现财税收入2500万元。信息产业园通过努力，全国首家"国家安全信息产品基地"在我区设立，建筑面积达5万平方米的河南省信息产业大厦开工建设，园区先后引进投资2.29亿美元的英泰芯片项目、投资4.5亿元的中信税控机项目、投资7800万元的兴财计算机项目等一批信息产业项目。汽车工业园概念规划已经完成，注册资金3亿元、占地175亩起步区完成平面规划设计，一批汽车零配件加工项目正在洽谈中。

【出口加工区建设】 河南郑州出口加工区于2002年6月21日经国务院批准设立，位于郑州开发区内，总规划面积2.7平方公里，一期开发1.2平方公里，起步区0.6平方公里。2003年5月开工建设。2004年6月1日顺利通过国家九部委的联合验收，正式封关运行。主要建成项目有：综合办公楼1.34万平方米、监管仓库1008平方米、验货场地1.26万平方米、消杀场地1200平方米、标准厂房1万平方米、围网2867米、巡逻通道3930米以及卡口和监控设施。完成固定资产投资约2.5亿元，其中，基础设施投资约2亿元，企业固定资产投资约5000万元。根据国务院"优化存量，控制增量，规范管理，提高水平"的指导思想，加工区坚持"边建设、边招商"的原则，全力推进"内陆掘金，沿海进宝、五洲觅珍，强本固体"的招商战略，实行"全员招商，指标到人，经费定额，绩效挂钩，奖优罚劣，末位淘汰，竞争上岗"的招商工作机制，至2004年底，累计登记注册项目18个，注册资金约3.2亿元，其中高新技术领域项目7个；新批外商投资企业7个，合同利用外资约1000万美元；开工工业项目3个，投产企业3家。

【高新技术产业和重点企业】 安飞电子玻璃有限公司系河南安彩集团有限责任公司、荷兰飞利浦公司、南京华飞彩色显示系统有限公司三方合资兴建的具有世界先进水平的中外合资公司，项目总投资为17亿元人民币，各方出资比例分别为66%、14%、20%。建筑面积为10万平方米，主生产厂房建筑面积为5.3万平方米。安飞工程自2001年11月28日开工建设至2002年11月18日锥炉顺利点火，仅用了11个多月，创造了世界同行业新的奇迹，实现了"滴料之时即是正式生产之日"。在短短的半个月时间就试制成功几个品种的产品，并且顺利达标达产。一期工程建成国内首家世界领先的屏、锥纯氧池炉各一座，日出料量分别为280吨和240吨，其特点是可节约能源30%~40%，利于环保，又利于工艺稳定；建成屏、锥生产线各2条及相应的配料、模具、动力、库房、铁路专用线等配套设施，所生产的产品代表着当今世界彩玻行业的最高水平，主要生产超大屏幕全平面玻壳，年产玻屏208万枚，玻锥468万枚。该公司共有员工957名，其中大专以上学历人员131人，中专、高中、技校学历以上826人，平均年龄21岁。目前锥线生产稳定，半成品良品率达98%，成品良品率达93.8%。

郑州猛狮客车有限公司由郑州宇通客车股份有限公司与德国MAN商用车辆有限公司合资组建，该公司总投资约3亿元人民币，注册资本3400万马克，出资比例为中方50%，德方占50%，宇通公司以现金和土地出资，MAN以现金和技术出资。主要从事中、高档大、中型客车专用底盘及零部件的开发、生产、销售和服务。其产品将面向国内外市场，涵盖公路客运和城市公交客运两大市场，并不断扩大产品的市场覆盖面，增强对市场的适应能力并提高自身的竞争力。公司设计年产能6000台，现有设备276台，其中主要工艺设备41台，实验设备10台套，工程总投资为6000余万元。

河南思维自动化设备有限公司成立于1992年，是河南省高新技术企业、首批软件企业、铁道部定点企业，是河南省纳税百强、郑州市综合实力50强企业，在2000年中国私营企业纳税百强排行榜中排名第35位。公司主要产品有LKJ系列列车运行监控记录装置、机务运用安全管理信息系统、机车电台语音记录装置、机车安全信息综合监测装置等。公司承担有多项列车超速防护技术系统开发等铁路运输安全关键技术研究项目，多项软件系统原创技术及产品被认定为高新技术产品，并被推荐申报国家高技术产业化示范工程项目、信息产业部电子信息产业发展基金项目和国家规划布局内重点软件企业。公司列车运行监控记录装置等产品荣获铁道部科技进步一等奖、河南省电子工业科技进步一等奖。目前产品遍布全国14个铁路局、7个机车厂的100多个机务段，主要产品市场占有率在全国均名列第一。

河南先达光碟有限公司是经新闻出版总署批准的光盘复制定点企业，主要经营各类电子音像制品和光存储产品的加工，影视和软件的制作开发。1999年12月，公司被河南省科委授予高新技术企业。2000年7月，公司在开发区购地26.83万亩，开始永久性厂址建设，总建筑面积1.06万平方米，年复制光盘4000万片，制作母版1万张。目前该公司二期工程开工建设，引进四条光盘生产线和一条母版生产线，工程总投资为1.38亿元。

【机构设置与管委会领导】 郑州开发区内设机构为：党政办公室、招商局、汽车工业园、信息产业园、安彩工业园、留学人员创业园、科技企业园、人事劳动和社会保障局、财政审计局、规划建设环保局、国土资源分局、行政执法局、社区服务管理局、服务效能监察中心、行政服务中心、企业服务中心、工会、明湖办事处、建设投资公司、公安分局、地税分局、国税分局、工商分局、质量技术监督分局。

郑州经济技术开发区党委书记、管委会主任林建刚，党委副书记、管委会副主任李东明、李殿卿。管委会副主任张胜利、时云辉、赵长根、黄楠、向昀、张士成。

（郑州经济技术开发区管委会）

成都经济技术开发区

CHENGDU ECONOMIC & TECHNOLOGICAL DEVELOPMENT ZONE

【经济发展】 成都开发区是四川省惟一国家级经济技术开发区。9.94平方公里控制性规划范围内的道路、通讯、供水、供电、供气等基础设施及城市配套服务设施建设投入达15亿元以上，已基本具备接纳现代化大工业进区建设的条件。累计引进来自美国、加拿大、意大利、澳大利亚、日本、港台等国家和地区及国内项目500多个，协议资金总额120多亿元，到位资金100多亿元。建成投产项目200多个，初步形成了以航天、汽车为主的机械电子元器件制造、以新型建材、包装材料为主的新材料制造、以果蔬深加工为主的绿色食品加工等产业门类。

2004年，成都开发区按照市第十次党代会提出的将开发区建设成“西部现代制造业基地”、“成都市对外开放窗口”的总体要求和年初确定的奋斗目标，狠抓招商引资、项目建设及投资环境建设，各项主要经济指标继续保持较快增长势头。全年实现GDP 60.11亿元，同比增长21.68%；工业总产值66.32亿元，同比增长24.16%；工业增加值23.22亿元，同比增长29.01%；完成入库税金3.91亿元，同比增长25.39%；完成固定资产投资25亿元，同比增长8.7%；出口创汇3439万美元，同比增长56.9%。

【招商引资与利用外资】 成都开发区以重大产业化项目的引进和扩大产业链为重点，以提高招商引资实效为着力点，通过加强专业化招商队伍建设，组建9个招商引资分团，重点瞄准珠三角、长三角、环渤海湾等片区招商；突出重点，分工负责，专人对一批在谈项目和新掌握的重点项目实行跟进落实等系列措施，促进了成都光明光电信息材料有限公司、四川君信药业有限公司、隆力奇生物科技有限公司、奥康集团公司等一批影响较大，市场前景好，产业特色明显的投资上亿元项目的引进及成都一汽搬迁改造项目明确落户开发区，全年共引进项目40个，其中外资项目6个，投资上亿元的工业项目4个。到位资金29.4亿元，同比增长109%。其中，实际利用外资2461万美元，同比增长24.54%。

【项目建设与企业扩张发展】 按照“签协项目抓动工，动工项目抓竣工，竣工项目抓投产，投产项目抓扩张”的工作思路，采取优化项目服务水平，加大未开工项目闲置用地清理、调整，回收力度，建立项目建设速度、竣工时间、投产效益与优惠政策兑现的双向挂勾激励机制等系列措施，促进了在建项目加快建设速度和建成投产项目发展扩张。全年，共有捷安特、天鑫实业、科源高科、松尔科技、君信药业、明君科技、沃托玛腾机电、蓝风丽多日化、丰乐种业、雅士食品、康华生物等20个项目开工建设，共有禾帛生化、航宇机械、精华生物、康达兽药、时代药业、捷安特（一期）、君信等15个项目建成投产。同时，实德、川石、硬质合金、汇源等企业扩张发展二期工程也在抓紧推进之中。

【基础设施配套和规划修编】 筹措建设资金，进一步配套完善各项基础设施。加快界牌变电站扩容、污水处理厂、道路给排水、管线、管网建设步伐，硬件水平在上年的基础上又有新的提升。根据发展需要，推进规划修编，新区控制性规划编制取得阶段性成果。按照国务院有关规定要求，认真开展土地治理整顿工作，经过国土资源部、建设部、商务部和发改委等部门的严格审核，开发区土地使用顺利通过国家验收。

【管理与服务】 继续推进规范化服务型政府建设，依据有关法规，结合开发区实际，制订工业项目用地投资强度标准、工业项目建筑规划技术规定、建设项目部分行政事业性收费一站式服务、行政经费、项目建设服务、招商引资等方面的管理办法。修订和完善各办局的工作职责和工作制度，坚持办公例会、项目评审会制度，启动质量、环境管理体系 ISO9000 和 ISO14000 的认证工作，内部管理进一步加强，服务质量进一步提高。

（成都经济技术开发区　黎学亮）

西安经济技术开发区

XI'AN ECONOMIC & TECHNOLOGICAL DEVELOPMENT ZONE

【经济发展】 2004 年，西安经济技术开发区深入贯彻“国际化、市场化、人文化、生态化”发展理念和新的发展方略，坚持“成片征地、成片配套、成片建设”的发展模式，以产业发展和招商引资为重点，加快园区基础设施建设和配套社会事业发展，下大力气改善投资环境，促进了开发区经济持续、快速、健康发展和社会事业全面进步。全年开发区共实现 GDP 71 亿元，同比增长 41%；实现技工贸总收入 270 亿元，同比增长 41%；实现工业总产值 171 亿元，同比增长 40%；实现工业增加值 51 亿元，同比增长 40%；完成外贸出口 9200 万美元，同比增长 105%；实现财政收入 24740 万元，同比增长 28%；完成固定资产投资 45.1 亿元，同比增长 91%。其中 GDP、技工贸总收入、工业总产值和工业增加值四项经济指标均比 2002 年翻了一番，2003 年和 2004 年之和超过了前十年的总和。

【投资环境】 2004 年，西安开发区全力构建为投资者和企业服务的金融、中介、科技和人才服务四大平台，先后成立了创业投资公司、银行担保公司、银企联谊会等企业投资服务机构，组建和成立了生产力有限公司、人才交流中心、社会保障中心，完善了管委会的社会化服务职能，资金、技术、人才、信息等生产和投资要素的市场化配置水平进一步提高。开发区管委会坚持以制度创新促进投资环境改善，突出不同主题，连续第二年开展了投资环境改善月活动，出台了发展总部经济，鼓励制造业和第三产业、引进人才等方面的十大优惠政策，制定和实施了管委会主任接待日、首问负责制、限时办结制以及行政过错追究制等规章制度，促进了投资环境的改善，初步建立起了具有生机和活力的行政管理体制和社会服务机制。

【招商引资与项目建设】 2004年，西安开发区引进入区项目74个，总投资68.9亿元。全年完成合同外资24200万美元，实际引进外资10522万美元，同比增长25%。其中工业项目55个，并呈现出按照四个专业园区产业定位聚集的态势。围绕陕重汽车项目，联东汽车电子工业园、陕重汽零部件等15个项目入驻泾渭工业园。山东得利斯食品加工、欢乐谷海洋世界等11个项目进入草滩生态园。中心区在抓好西玛电机、电力电容器、秉信纸业等工业项目入区的同时，重点发展商贸、物流、房地产、餐饮娱乐等第三产业，完善了开发区城市功能，聚集了人气、商气，海星物流、华通物流等国内知名物流企业入驻，完善了中心区的城市功能。

全年开工项目71个，开工面积178万平方米，同比增长100%；竣工项目35个，竣工面积57万平方米，同比增长50%。2003年、2004年的项目开工面积，超过了前十年的总和。陕重汽、启源机电、得利斯等35个工业项目开工建设；西部超导、陕西艺林、日立永济等28个工业项目相继竣工。

【开发建设】 全年投入基础设施建设资金9.8亿元，完成了总长11公里的8条道路和一批园区配套设施建设。其中中心区文景路等3条主干道、泾渭工业园开工建设的7条园区道路中的5条已全部竣工；全长9.5公里的草滩生态产业园南环路和文景路草滩段已破土动工。绿化、美化投入进一步加大，全年绿化面积6.6万平方米，铺设人行道10万平方米。

在抓好基础设施建设的同时，以建设人文化和生态化新城区为目标，投资开工建设了文景公园、城市运动公园、体育馆会所、未央广场、西安交大国际实验中小学、经发大厦、文景会所等一批城市功能配套设施。引进和开工建设了一批高档次的大型商业、房地产和物流项目，着力完善城市功能，推进城市化进程，聚集人气和商气，为建设现代化新城区和西部金融商务中心奠定基础。

（西安经济技术开发区管委会）

昆明经济技术开发区

KUNMING ECONOMIC – TECHNOLIGICAL DEVELOPMENT ZONE

【经济发展】 2004年是昆明开发区发展历程中的重要转折点。中央、省、市领导对开发区的发展给予了高度重视和全方位的关心支持。温家宝总理国庆期间视察了开发区昆船集团，极大地鼓舞了开发区的建设者。云南省、昆明市把加快开发区发展提到了前所未有的高度，寄予了很高的期望，同时加大了关心支持力度。省、市各级领导多次到开发区调查研究，现场办公，协调关系，解决了许多在开发建设、企业发展中的实际问题和困难；云南省委、省政府确定了建设“昆明信息产业基地”、“昆明光电子产业基地”和“出口加工区”，这三大产业园区落户在昆明开发区，标志着开发区今后一个时期建设发展的宏伟蓝图已经展开；现代新昆明建设和昆明市实施“工业强市”战略，开发区将是重要的产业支撑区。

2004年全区实现GDP 22.67亿元，同比增长39.7%，其中工业增加值16.45亿元，同比增长44.04%；完成工业总产值40.54亿元，同比增长20.8%，其中外商投资企业完成10.3亿元，同比增长48.9%；实现销售总收入69.1亿元，同比增长34.95%，其中工业产品销售收入45.77亿元，同比增长26.8%；进出口总额9760万美元，增长62.6%；国有及规模以上工业企业实现利润4.5亿元，同比增长62.5%。全年实现财政收入5.45亿元，同口径比上年增长47.7%，其中地方财政收入1.67亿元，同比增长20.84%。

【投资环境】 继续完善投资环境，全年完成固定资产投资额6.2亿元，其中基础设施投资1.8亿元，二期主干道工程的基本竣工、昌宏路的改造、昆玉高速公路节点立交的完成通车极大地改善了区域交通环境。注重软环境的建设，不断提高服务水平，通过不定期的对区内重点企业的联系走访，切实解决企业的实际困难。主动为企业落实中央、省、市以及开发区的各项优惠政策，减免企业各种税收共计3007.7万元，落实解决企业扶持资金501万元。树立“亲商、富商、安商”的服务理念，建立了“管委领导接待日”和“领导联系企业”制度，走访企业，了解企业生产、经营状况，听取企业呼声，为企业解决生产、经营、生活中的实际问题，受到企业的欢迎和好评。结合《行政许可法》的实施，清查核减了不必要的行政审批事项，减除不合理收费，最大限度降低了企业运营成本。制定了扶持非公经济发展的政策，使开发区非公经济发展环境得到了进一步改善。

【招商引资与利用外资】 招商引资力度加大，引资总额再创新高。开发区在产业用地不足、土地供需矛盾日益突出的不利情况下，不断营造“亲商、安商、富商”的投资环境，并结合昆明出口加工区、信息产业基地、光电子产业基地的规划和建设，突出抓好国内外重点行业项目的引进工作。先后与国内知名的十余个大型企业集团进行项目洽谈，争取了一批具有产业带动性的项目进区；加快现有闲置土地资源的盘活工作，妥善解决了近800亩土地的二次招商问题，提高了土地的综合利用率；积极配合完成一批国有骨干企业与国内大企业的资产整合工作；先后组织企业参加了国内十余个经贸洽谈会，组织了20余个企业商品促销工作等。全年招商引资工作取得了较好的成绩，引进企业及项目88个，项目协议总投资12.2亿元，比上年同期增长53.46%。其中引进外资项目7个，合同外资1485万美元，实际利用外资432万美元，比上年同期减少22.3%，协议引进和实际利用外资分别占昆明市的8.68%和6.18%，加拿大、澳大利亚、新西兰和中国澳门等国家和地区首次投资开发区。从签约项目看，大项目比上年明显增多，其中亿元以上的项目有5个。当年注册进区的内资企业76家，内资企业注册资本9.02亿元。

【社会事业】 开发区对直属学校进行了优化组合，开展了师风师德教育，改善了硬件条件，教学质量不断提高。昆船小学顺利通过了云南省示范小学一级二等小学的验收，云南大学羊浦校区已具规模，云南国土资源职业学院的办学条件得到进一步改善，开发区一中2004年高考上线率创历史新高，达88.1%；卫生事业进一步发展，医院环境、医疗条件得到进一步改善，有效地防止了“非典”及“禽流感”等疫情的发生；社会保障事业不断发展，养老、医疗、失业、工伤和生育保险基金参保扩面任务基本完成，为全面构建开发区社会保障体系奠定了较好基础；加强社会治安综合治理，切实维护社会政治稳定。坚持“严防”、“严打”工作机制，严厉打击各种刑事犯罪活动，全面落实群防群治措施，杜绝了火灾、安全生产等事故和群体性事件的发生。深入做好社会矛盾调解工作，维护良好的社会治安秩序，为经济社会协调发展营造了良好的社会环境。

【管理与服务】 加快转变政府职能，工商、税务、质检等部门适时上门服务，积极开展整顿规范市场经济秩序，扶优治劣等工作，提高了服务质量和效率。加大人才服务力度，为产业发展提供人力资源保障。打破人才流动中部门、身份、地域、户籍种种限制，为人才合理流动创造条件，出台了《昆明经济技术开发区人才服务办法（试行）》，对高层次人才实施了专项补贴。

【高新技术产业】 高新技术产业化发展较快，企业技术创新能力不断提高。截至2004年底开发区已有高新技术企业20家，比上年新增6家；高新技术企业当年实现工业产值（当年价）12亿元，销售12.5亿元，分别占全区的30%和18.2%。

【三大产业园区建设】 2004年8月13日，云南省委省政府在开发区召开现场办公会，做出了建设昆明信息产业基地的重大决策。2004年8月19日，昆明市政府召开专题会议研究贯彻落实会议精神，对基地建设工作做了具体安排部署。通过国际招标，信息产业基地的规划由具有世界级水平的美国IDC设计公司中标，目前已完成信息产业基地概念性规划编制工作，控制性详细规划正在编制中，该规划引入了国外先进的理念。规划面积6.7平方公里的信息产业基地在省、市领导和各级部门的大力推动和支持下，各项工作顺利推进，规划、土地工作有条不紊地进行，3号、4号道路施工全面展开。积极与国内外一些知名企业和财团就项目开发、基础设施建设以及开发建设模式进行了广泛的接洽和探讨，力求在开发机制和发展模式上有所创新和突破，使“开发与引进”相结合。10月中旬，云南省政府与中国兵器工业集团公司签订了合作共建“昆明光电子产业基地”的合作协议；开发区与兵器工业集团下属企业签订了“光电子产业基地”项目入驻协议；还有多个项目正在跟踪洽谈。昆明出口加工区规划面积2平方公里，已上报国务院审报，规划范围开展了勘测定界工作和控制性详细规划的编制工作，与昆山出口加工区签订了人员挂职、管理培训、招商引资、项目互联等合作协议。

【财政税收工作与融资】 依法加大税收征管力度。坚持依法治税，强化征管，努力提高征管质量，加强稽查力度，不断完善税源监控网络，实现税源监控的信息化管理，切实做到应收尽收。加大非税收入的收缴力度。加强行政性项目收费的管理，严格收支两条线，按时收缴行政性收费，纳入财政管理。认真贯彻落实中央、省对开发区的扶持政策。不断优化支出结构，对行政、事业单位经费支出，严格按预算控制。加强与金融机构的联系，不断探索适应开发区的融资模式，搭建规范的融资平台，拓宽融资渠道，加大融资力度，保证资金供给。在积极开展融资的同时，加强贷款项目管理，使开发区的贷款规模和财政收入保持合理的比例，有效防范和化解政府债务风险，确保财政经济平稳运行，促进开发区的社会经济快速、健康发展。

【机构设置与管委会领导】 2004年昆明开发区的党、政内设机构为：办公室、工委工作部、工委组织部（与开发区人事局合署办公）、总工会、经济发展局、建设局、人事劳动局、研究室（法制局）、社会事业局、审计监察局；昆明市有关部门派驻机构有：昆明市财政局开发区分局、昆明市规划局开发区分局、昆明市国土资源局开发区分局、昆明市质量技术局开发区分局、昆明市工商局开发区分局、昆明市国税局开发区分局、昆明市地税局开发区分局。

昆明经济技术开发区管理委员会主任董利华（2004年8月起），副主任戴速（2004

年4月起）、侯定边、唐优金、李志波、吕天云、王健雄。

（昆明经济技术开发区管委会）

南昌经济技术开发区

NANCHANG STATE – LEVEL ECONOMIC & TECHNOLOGICAL DEVELOPMENT ZONE

【经济发展】 2004年南昌开发区紧紧围绕打造南昌制造业基地这一中心工作，开拓创新，全区经济保持快速、稳定、健康的发展势头，经济实力快速提升。晶湛科技、奥克斯空调、晨鸣纸业、清华科技园等一批引资重点项目相继开工开业，全年新开工建设项目17个，开工建设厂房面积40万平方米。工业园建设进一步呈现高速度发展、高质量推进、高效益产出的良好局面。全年完成GDP 92.12亿元，同比增长61.05%；全年实现工业总产值196.35亿元，同比增长93.83%；实现工业增加值55.73亿元，同比增长111.9%；实现销售收入157.3亿元，同比增长103.8%；实现利税5.03亿元，同比增长59.41%；出口创汇5277万美元，同比增长101.03%；实现财政收入4.1亿元，同比增长33%，提前完成“三年翻两番”的计划目标任务。

江西省政府对2004年发展开放性经济工作表现突出的南昌开发区给予“2004年度招商引资先进工业园区”第一名的通报表彰。省政府还授予南昌开发区“2004年度工业崛起先进单位”两项园区发展专项奖：“工业园区六大指标综合先进单位”与“工业园区销售收入第一名”。

【投资环境】 江西省政府批准从2004年1月1日开始，正式撤销八一大桥、南昌大桥收费站，对过往的车辆实行新的收费方式，取消原来一车一收的收费方式，改为一次性购买年票。外地车辆进城时不收费，出城时缴费。这一决定解除了长期制约南昌开发区发展的交通梗阻，减轻了驻区企业、单位的负担。

2004年南昌开发区编制完成了全区综合管线规划及水土保持方案、白水湖车塘湖周边3平方公里的分区规划和前进村周边地区的控制性详规，对全区用地规划进行了调整，增强了公共建筑配套功能。投资1800万元完成了麦庐大道、玉屏大街及延伸段、芙蓉路、海棠路、菊圃路、枫林大街延伸段、双港大街西延伸段以及白水湖工业园区内规划道路等7条道路的绿化工程，栽植乔木6万余株，灌木87万余株，草皮29万平方米，完成绿化面积58万平方米，新增公共绿地面积43万平方米。投资300万元，完成了枫林大街、双港大街、庐山南大道等7条道路的路灯（改造）建设。投资300万元完成了碧玉溪休闲广场的基础设施，修建了蓄水闸、人行道板、安全护栏。

2004年7月19日，全国首家从资金筹措到项目实施完全由市场化运作的双港220千伏变电站正式投入使用，该变电站由南昌开发区与中山富达电器有限公司共同投资5000余万元兴建，供电范围覆盖30平方公里，解决了进区企业用电的燃眉之急。自2001年以来，基础设施累计投资完成15亿元，园区内道路、水电、管网、路灯、绿化等全部到位，基本能够满足进区企业投资兴业的需要。

【招商引资与利用外资】 在国家实行宏观调控严格控制土地使用、地根银根相对紧缩的情况下，南昌开发区及时调整工作思路，着力提高吸收外资的质量和效益，走集约化发展的新路子，招商引资持续增长，利用外资成效显著。全年共引进10个国家和地区15家外资企业，总投资达6.92亿美元，合同外资2.17亿美元，同比增长96.34%；实际使用外资1.57亿美元，同比增长30.67%；实际引进内资32.42亿元人民币，项目平均投资规模达4612万美元。全年招商引资呈现四大特点：一是投资结构不断优化。积极促进了原内资企业晨鸣纸业主动嫁接外资，与世界级大企业、大财团合作，成立了中外合资企业。二是进区企业大幅增资。开发区大力鼓励和扶持进区企业增资扩股，加大设备投入和技改投入，提高单位面积产出效益。外资进资中增资扩股部分达1.52亿美元，其中地洲软件园增资1198万美元，汉光陶瓷增资2998万美元，格林柯尔增资2000万美元。三是电子项目不断增加，在引进IT产业方面取得重大突破。继引进鸿源数显、新索丽等高科技电子信息项目后，又成功引进了台湾晶湛科技公司中国大陆第五条8英寸晶圆生产项目，以及台湾旺尔康有限公司等微电子项目。这些电子信息企业的相继落户，正形成“大雁群居”之势，大大提升了产业档次，优化了产业结构，据测算晶湛科技的投资强度可达539.5万元/亩。四是出口创汇大幅增长。随着国际市场需求的不断增长，以及开发区工业经济外向度水平的进一步提高，全年出口总额为5277万美元，同比增长101.3%。

【社会事业】 社会各项事业全面协调发展，城乡一体化进程加快。全年新增从业人员5945人，安置下岗职工520余人，安置失地农民1700人。超额完成全年社会养老保险基金、失业保险基金计划任务，确保养老基金按照足额发放，社会化发放率达到100%。认真实施失地农民文明村镇工程建设，蛟桥镇新型农民公寓竣工面积22.86万平方米，600户农民搬入新居。组织辖区19个村（场）、大中专院校、集贸市场设立了综合治理室和警务室。全区有4个单位被评为全省文明单位，20个单位被评为全市文明单位。

【管理与服务】 《南昌经济技术开发区条例》的制订是2004年南昌市人大常委会立法工作的重点和亮点。南昌市完善法治环境转变立法观念，创新立法形式突出经济立法，把全市在改革开放、经济建设进程中的成功经验，用法规的形式定下来。在中共南昌市委提出把南昌打造成现代制造业重要基地的宏伟目标后，市人大常委会根据南昌开发区现代制造业蓬勃发展的实际，为加快开发区的建设和发展，在国家对开发区尚未立法的情况下，及时制定了《南昌经济技术开发区条例》。该条例2004年10月29日经市人大常委会通过，11月26日报省人大常委会批准，2005年起施行。这是在2004年7月开始实施《行政许可法》之后诞生的全国首部开发区管理条例，也是江西省首部经济技术开发区管理条例。《条例》明确了开发区管委会代表市政府对开发区实行统一管理，受政府委托行使有关职权；本着为企业营造宽松有序法制环境的原则，明确了在开发区申请设立企业，具备条件的，工商部门应予核准登记，对其经营范围不作限制。同时，为规范企业行为，促进企业健康发展，《条例》设置了企业对其职工合法权益保护和责任等相关内容，还对处理部分企业逾期不开工闲置土地的违约行为作了规定。《条例》将开发区的建设、管理纳入法制化轨道，使南昌开发区作为全市经济的重要增长极，不仅在区内得到快速、健康、有序的发展，同时辐射、带动了区外相关产业的发展。

【高新技术产业和重点企业】 南昌晶湛科技公司由台湾资深半导体制造企业与财团联合投资。公司投资6.5亿美元，建设8英寸晶圆生产线。2004年10月15日，南昌晶湛科技公司首期微电子封装检测中心在区正式投产，由此诞生中国大陆第5条8英寸晶圆生产线。南昌晶湛科技公司将建成为我国华中、华南地区最大、最先进的集成电路制造厂，并成为我国中部地区最大的半导体测试生产企业，一举实现南昌乃至江西现代微电子制造产业发展“零”的突破。该生产线全部建成达产后，其产能为月产6万片和年产70万片，年产值可达7.7亿美元，并可带动相关产业链实现每年80亿美元的年产值。其主要产品为消费性电子产品和客户订制性电子产品。

奥克斯南昌生产基地正式投产。该工程建筑面积17万平方米，从开工建设到正式投产，仅用了14个月的时间，创造了南昌市大型工业项目建设的最快速度。该项目引进日本、德国、法国、芬兰等国生产的世界顶级空调生产制造设备，首期4条流水生产线的建成投产，年产量可达150万套，产值超过30亿元。2007年二期工程全面完成后，将建成一座拥有300万套家用空调的现代化空调产业基地，加上宁波本土三大空调生产基地，四大基地的空调总生产能力将达到1150万台，这样大的规模将成为国内空调行业首家。投产典礼上，省、市和奥克斯集团的领导共同在第一台下线的空调主机上签名留念，并捐赠给南昌市博物馆收藏。奥克斯空调在区投产还带来了产业群聚效应：有10家与奥克斯多年合作、“家产”均在数亿元以上的浙江民营企业，紧跟奥克斯入驻南昌，将形成以奥克斯为龙头的超百亿元规模的空调产业链。

晨鸣纸业继2003年以江西省最大内资项目投资南昌开发区之后，站在更高的起点上，吸引国际资本，从内资变成合资，和世界造纸巨头联手打造世界一流的造纸企业，将项目建成走新型工业化道路的标志性项目。2004年12月7日下午在江西饭店举行了合资公司签约仪式，宣告由中国500强企业山东晨鸣纸业、世界最大的铜版纸生产企业南非萨佩公司、韩国第二大造纸企业新茂林制纸公司、世界银行集团成员国际金融公司、江西纸业公司共同投资成立江西晨鸣纸业有限责任公司。合资公司注册资金1.72亿美元，这是目前全国最大的造纸合资企业，也是全国造纸行业惟一一家由中方控股、国际战略投资者持少数股的大型现代化造纸企业。合资公司的成立，表明南昌开发区在引进世界级大公司、大财团、大企业方面取得了重大突破，标志着我国造纸工业在国际市场的竞争力又提高了一大步。合资公司融入晨鸣良好的品牌形象、成熟的跨国经营经验、新茂林科学的管理流程和国际金融公司强大的融资能力，树立了“南南合作”的典范。公司将按照“三期三步走，八年八十亿”的思路，分三期建设年产百万吨的现代化造纸基地。公司承建的一期年产35万吨高档低定量涂布纸工程，总投资4.87亿美元，投资近2亿元人民币用在节能和环保上，采用了全世界最先进的造纸工艺技术和先进成熟的环保处理工艺技术，主要设备来自芬兰、德国、奥地利、荷兰、美国等地。公司产品质量达国际一流水平，产品50%以上销往韩国、日本、美国等地，预计年实现销售收入25亿元，年创利税6亿元。公司厂区绿化面积达40%以上，废水排放指标达到世界先进水平，大大低于国家标准。

（南昌经济技术开发区　上官方）

呼和浩特经济技术开发区

HUHHOT ECONOMIC AND TECHNOLOGICAL DEVELOPMENT ZONE

【经济发展】 2004年，呼和浩特开发区累计完成现价工业总产值132.3亿元，其中规模以上企业完成现价工业总产值127.8亿元，同比增长31.7%；累计完成工业增加值45.4亿元，同比增长21.4%。其中：规模以上企业完成工业增加值44亿元，同比增长21.2%，累计完成财政收入8.58亿元，同比增长25.41%。进出口总额9113万元。高新技术产值达73.6亿元，同比增长21%，高新技术企业产值占开发区全部产值的53%。

2004年，申报国家级科技计划项目22项、自治区科技计划项目1项、市级科技计划项目7项，共争取各类科技扶持资金1735万元。科技创新增强了企业的核心竞争力，有力的促进了企业快速发展。

【投资环境】 投资环境是开发区核心竞争力提升的关键因素，没有一流的环境就培育不出一流的名牌企业和优势产业。呼和浩特开发区为完善符合国际标准的园区环境，从“硬、软”环境建设入手。“硬”环境方面着重提高基础设施承载力，实现企业建到哪里，配套设施建到哪里，绿化、美化、亮化到哪里。2004年，新铺设热力管网31.5公里，配套建设3座热源基地，总建筑面积50万平方米的标准厂房。完成了出口加工区的道路网、供电、供热能源网、水网、信息网的建设任务，引进了铁路物流，仓储基地项目。“软”环境方面，努力构建立体化服务网络。一是继续完善吸引投资的优惠政策，为投资商创造了宽松的投资环境，建立了全程跟踪式投资服务体系。二是加快与国际惯例接轨步伐。积极推进ISO9001、GB/T14001、OHSAS18001（质量、环境、安全健康）三位一体认证工作。三是积极推进立法。配合市政府法制办和市人大进行《开发区条例》修订的调研及《条例》草拟工作，努力为开发区发展创造良好的法制环境。通过上述措施的落实，形成吸引资本、项目、技术、人才快速聚集的“磁场”效应。

【招商引资与利用外资】 2004年，呼和浩特开发区的招商引资工作显现以下几大特点：一是引资带动。始终把招商引资作为开发区第一要务。通过实施六大招商战略，为投资者提供全方位、经常性服务、不折不扣兑现优惠政策、增强投资者信心。2004年，开发区共新批入区内资项目110个，其中工业项目19个，实际到位资金25.6亿元。新批入区外资项目9个，合同引进外资9760万美元，实际利用外资3191.4万美元。二是项目拉动。在引进的这批项目中，已投产的有台湾汉鼎光电项目，已开工建设的有TCL大屏幕彩电项目，内蒙古合谦电子液晶显示器、北京联飞翔节能项目，佳元房地产、深圳林江工业园、北京锂电池。既抓好续建、在建项目，同时落实、开工一批投资强度大、辐射带动力强、经济效益好的重点工业项目。三是产业联动。通过培育一批产业突出，核心竞争力强的大产业集团，着力培植电子信息业、乳制品加工业、金银精炼提纯及深加工业、生物医药业、纺织服装业、化工新材料业这六大支柱产业，打造中国乃至亚洲最大的乳业生产基地，国家级电子信息产业园、国家生物医药产业基地、自治区中小型高新技术企业孵化基地和出口加工基地这“五大基地”。

【党的建设】 一是进一步加强了干部队伍建设。制定出台了《关于开展“比能力、看水平、争一流”活动的实施方案》，提出了“强化五项能力，体现四种水平，争创二个一流”，即：强化谋划全局的战略思维能力，强化驾驭市场经济的经济管理能力，强化招商引资和项目建设中的对外交往能力，强化解决问题的工作能力，强化创新能力；体现开发区经济发展规模、产业发展的规模和产业结构升级的水平，体现出开发区吸引外资、投资规模、技术含量、投资结构升级等投资水平，体现出高新技术产业发展、高新技术研发和孵化的水平，体现出优质、高效的开发区管理服务水平；争创一流的基础设施、产业配套、政策、金融、人才、商务等环境，争创一流的发展速度、发展水平和服务水平。通过组织实施“比能力、看水平、争一流”活动，着力提高干部职工的理论和业务素质，强化责任意识和创新意识，切实增强开发区党的执政能力。

二是进一步加强思想政治建设，认真开展了以学习贯彻“三个代表”重要思想，十六届三中、四中全会精神为主要内容的学习活动，全面落实科学发展观。深入开展以“执政为民、加快发展”为主题的学习教育培训活动，通过中心组成员，中层干部、一般干部分层面集中学习培训等形式，提高了各级干部思想政治素养。

三是以加强党风廉政建设为突破口，进一步落实《党风廉政建设考核细则》和深化反腐败三项工作，突出抓了制度建设，“阳光”操作、资金管理三个环节廉政建设，有效预防和遏制了腐败现象发生。

【管理与服务】 开发区管委会实行“小政府、大社会，小机构、大服务”的精简高效行政管理体制，努力构筑有利开放和开发的经济运行机制和社会服务机制。

一是抓环境。进一步加大基础设施建设力度，努力提升开发区环境档次，初步形成与国际标准接轨的企业建设环境。二是抓服务。服务是品牌，是形象。强化服务意识，全面提升服务层次和水平，通过设立投资中心，实行“一厅式”服务以及限时办结制、全程代办制、一费制等专业化服务，实现由被动服务向主动服务转变，变滞后服务为超前服务。良好的经济环境赢得了各方重视和赞誉。三是抓协调。优先扶持对产业发展有明显带动作用的大企业大项目，形成党工委管委会领导和大企业负责人不定期会晤制度，积极为企业协调解决生产经营中存在的问题。积极争取上级扶持资金，促进银企合作，协调企业进行融资。加强与税务和海关部门的协调，进一步完善项目扶持政策体系，不折不扣兑现优惠政策，营造“亲商、扶商、富商”环境，营造符合国际标准的产业环境，聚旺开发区人气和商气。

【重点企业和重点项目】 电子信息产业方面，主要有汉鼎光电有限责任公司、内蒙古TCL电器有限公司、TCL移动通信（呼和浩特）有限公司三大龙头企业。汉鼎光电（内蒙古）有限公司是由汉鼎集团在呼和浩特开发区（如意区）投资设立的独资企业。公司主要研发生产DVD、光驱及其部件、新型平板显示器件、数码家电、网络通信系统设备等高端电子产品。该项目是近年来呼和浩特市投资规模最大、科技含量最高、建设速度最快的高科技项目。项目于2004年6月16日奠基，2004年7月初破土动工。项目达产后，年产值可达300亿元。将对呼市经济发展、产业结构调整、人才吸引、配套能力提高产生重大而深远的影响。

以TCL集团为代表的电子信息产业2004年完成现价工业总产值50.6亿元。随着南京斯威年产100万台洗衣机生产线、创维集团总投资3亿元数字电视等大项目入驻，开发区电子信息产业将形成既有整机和部件生产，又有软件研发生产格局。

乳制品加工业方面，以伊利为代表的绿色食品产业2004年完成现价工业总产值50.4亿元。该企业在全国食品行业首家通过ISO9002国际质量体系认证，国内牛奶行业第一家实现食品安全有效监控企业。总投资10亿元的伊利工业园，2004年完成投资2亿元，伊利新工业园区引进国际一流的设备和技术，生产高附加值的各类奶制品。新工业园区本着奶源基地、市场建设和工业园区同步发展的原则，并在规划设计和技术装备上实现诸多创新和提升。计划用三年的时间建成国内乃至亚洲最大的生产基地，此园区的建设将为伊利挑战世界进入世界乳品20强打下坚实的基础。

贵金属加工业方面，主要有乾坤金银精炼有限责任公司。该公司为中国人民银行金银精炼定点企业。拥有年精炼提纯黄金150吨、白银300吨，加工感光级硝酸银100吨、试剂级硝酸银300吨、加工金银珠宝首饰和民族工艺品8吨的生产能力。公司已成功跨入世界同行业20强之列，2004年，乾坤公司通过与澳门三阳集团合作，在稳定主业扩大金银精炼市场份额同时，实现向上游矿业开发拓展，建立原料基地，建设“金银贸易一条街”。还实现向黄金下游产业延伸。2004年6月，“乾坤”品牌被世界品牌实验室、世界经济论坛和世界经理人联合评为“2004年中国500最具价值品牌”。

生物制药业方面，主要有内蒙古双奇药业股份有限公司、内蒙古吉兰泰盐化集团呼和浩特制药厂、大唐药业、内蒙惠丰药业股份公司。内蒙古双奇药业股份有限公司在2004年实现产值2.5亿元。

化工、新材料业方面，主要有总投资4000万元的三联化工的PE管材和PVC防水项目的建设，总投资1.68亿元的亿阳汽车城工业重点项目的建设。

（呼和浩特经济技术开发区管委会）

南宁经济技术开发区

NIANNING ECONOMIC & TECHNOLOGICAL DEVELOPMENT AREA

【经济发展】 2004年，南宁开发区完成GDP 20.07亿元，同比增长50.93%；规模以上工业总产值43.49亿元，同比增长41.89%；全社会固定资产投资15.63亿元，同比增长68.50%；工业销售收入41.32亿元，同比增长44.87%；财政收入2.69亿元，同比增长92.35%。

2004年14个项目开工建设，13个项目竣工投产。南宁耀天新材料技术有限公司浩天工业园项目、南宁宝丰达药业有限责任公司GMP异地技改工程项目、广西南宁杭申电气有限公司高低压成套输配电设备等生产项目、南宁市阳工电线电缆厂生产项目、广西南宁凤凰纸业有限公司年产1.5万吨生活用纸项目、南宁大展肉类食品有限公司大展肉牛定点屠宰场、肉联厂项目、广西弘嘉汽车销售服务有限公司长安福特与系列轿车专营店项目等7个总投资超过1000万元的项目开工建设。南宁耀天新材料技术有限公司浩天工业园项目、南宁桂迪合纤有限公司无纺布项目、南宁利通树脂有限公司歧化松香项目、广西澳中木业有限责任公司集成指接板及多层胶合板项目、南宁鸿基水泥制品有限责任公司预应力钢筒混凝土管生产线、新型柔性接头排水管项目、荣宝昌（南宁）房地产有限公司荣宝华商城北区、广西阳光嘉园房地产综合开发有限公司南国花园商城、广西弘嘉汽车销售服务有限公司长安福特与系列轿车专营店项目、广西弘帆汽车销售服务有限公司弘帆汽车专营店项目等9个总投资超过1000万元的项目竣工投产。目前已有美国、日本、新加坡、澳大利亚、马来西亚、韩国和台湾、香港等国家和地区的投资商入区投资置业，形成电子、通信电缆、精细化工、新材料加工、汽车配件、造纸、塑料制品、印刷制版、制药、医疗器械、食品加工、农产品加工、建筑、房地产等产业。2004年内有37家企业进行项目技改，总投资达3.22亿元，同比增长146.1%，增加产值5亿元。

【投资环境】 2004年，南宁开发区以道路建设、环境美化和“五通一平”（水通、排水通、电力通、电讯通、道路通、场地平整）建设为主，实施36个基础设施建设项目，总投资2.59亿元。完成那洪改暗沟支流（玉柴至康澳段）工程、金凯路延长线箱涵工程、环卫站工程的施工建设和迎凯路中段、洞岭路的绿化和路灯工程，增修道路长1738米，宽24米，更换环保垃圾箱436个，绿化面积2.7万平方米，平整土石方场地700亩，安装供水、排水、电力设施3476米。工业园区和商住园区的道路与南宁市主干道相衔接，融入南宁市交通道路网，形成完善、便捷、快速的道路交通网络，给排水、供电、电信网络也实现联通，一个现代化、园林式的新型开发区已展现在世人面前。

【招商引资与利用外资】 南宁开发区始终把招商引资工作作为生命线，着力构建大招商平台：一是明确招商重点，以中国—东盟博览会及珠三角、江浙等地作为招商重点。二是深化以商招商，对入区企业实行全程专人跟踪服务，在投资商中树立良好的服务形象。三是建立企业化运作的招商中心，面向社会公开招聘招商人员，充实招商队伍。同时，建立招商引资目标管理，实行风险抵押，全员缴纳招商引资风险抵押金。四是制定并实施招商引资奖励办法，重奖招商功臣。五是多渠道盘活商铺，加强商贸招商。对园区进行二次开发，通过政策扶持，盘活商贸用地，聚集人气商气。六是利用中国—东盟博览会召开有利时机，扩大招商成果。2004年引进项目159个，项目总投资64.39亿元，其中实际到位内资9.74亿元，合同利用外资1.18亿美元。

【对外贸易】 2004年南宁开发区入区企业产品出口欧美各国，销售总额3308万美元，同比增长11.76%。其中机电产品出口1603万美元，同比增长292.89%；高新技术产品出口551万美元，同比增长48.92%。

【管理与服务】 南宁开发区坚持以人为本的管理方针，严格要求与人文关怀相结合，采取上下班指纹打卡、督办、“三牌”（工作牌、座示牌、去向指示牌）上岗等措施强化劳动纪律；引入激励竞争机制，推行月度考核、目标管理、风险抵押和全员竞聘上岗；同时，通过改善办公条件和提高干部职工生活待遇等方式，不断改善干部职工的工作环境和生活条件，从而在开发区管委会机关创造奋发进取、团结协作、一心一意搞建设、谋发展的良好氛围。

制定并实施《财务管理制度》、《廉政责任制》、《月考核暂行办法》、《工作督办制度》、《工作例会制度》等30多项规章制度，修改和完善《行政效能建设工作责任制》、《公示制度》、《政务公开制度》、《首问责任制》、《一次性告知制度》、《服务承诺制度》、《行政过错责任追究制》等20多项规章制度，形成覆盖面广、可操作性强的制度体系。

从2004年3月开始在开发区管委会机关导入并推行ISO9001质量管理体系和ISO14001环境管理体系，2004年12月通过中国质量认证中心的现场审核认证。

在2003年推行行政效能监察取得明显成效的基础上，2004年内在开发区管委会机关加大推行力度，干部职工的行政行为进一步规范，服务水平大幅度提高，干部职工违纪案件为零。

2004年南宁开发区以南宁市委、市政府对开发区实行特区式封闭管理为契机，进一步深化机构和人事制度改革，以提高服务质量和办事效率为中心，以投资者获得最大回报作为管理的目标，以投资者的要求作为工作重点，不断加强“亲商、安商、富商”服务体系建设，努力为入区项目和企业提供良好的发展软环境。一是定期召开项目协调会和现场办公会，帮助企业协调和解决项目建设、生产运营过程中遇到的困难和问题，推动企业加快发展。二是管委会机关干部下企业制度，每月经济发展局、建设发展局等职能部门干部下企业不少于两次，倾听企业呼声，为企业排忧解难。三是首问负责制，对企业和客商提出的问题和要求，管委会机关干部职工有责任予以办理和答复，否则以失职论处。四是“一站式”办理投资审批手续，结合推行ISO9001质量管理体系，进一步规范和完善该服务体系，在开发区管委会办公楼设立“一站式”办证大厅，专门窗口受理、专人负责承办客商投资审批手续，免费提供代办服务。客商只需按相关规定将投资审批过程中所需的材料提供给开发区，就可在规定时限内办结所有投资审批手续。

【高新技术产业和重点企业】 南宁耀天新材料技术有限公司是由云南省昆明耀龙塑胶有限公司与广西浩天电力发展有限公司共同出资筹建的具有独立法人资格的公司，董事长阮向明。该公司注册资本300万元，项目计划投资7000万元，其中固定资产投资5000万元，铺底流动资金2000万元。该公司2004年4月注册成立，2004年7月开始项目施工，2004年11月一期工程生产线竣工试产，2004年12月28日正式投产。该公司是一家专业从事新材料的研发与技术应用的科技生产型企业。该公司浩天工业园位于南宁开发区工业园内，占地40亩。该公司主要生产CPVC电缆保护管、HDPE大口径中空壁缠绕管（最大口径为2.2米）、UPVC电工管、排水管、PE供水管、通讯用多孔管，同时公司具备较强的研发能力。该公司投产后，可年产塑料管材管件1.5万吨，预计年产值1.5亿元，年新增税收980万元，利润950万元。

广西大都混凝土有限公司是一家专门生产预拌混凝土（也称商品混凝土）的企业，注册资本为2000万元人民币，为非国有控股企业，由广西建工集团公司及集团一、二公司合资组建，董事长李志雄。广西建工集团公司年完成施工产值达15亿元，其中广西一、二建是广西最大房建一级施工企业，年完成施工产值约8亿元，技术力量雄厚，拥有大批高级工程师、工程师和施工技术管理人才，砼、砂浆的试验、检测和配比设计能力达到区内一流水平，在人才、技术管理经验方面与同行相比有巨大优势。项目占地约25亩，项目总投资2980万元，生产规模为年产40万立方米预拌混凝土。项目2004年实现产值1.05亿元，创税646万元。2004

年12月20日，该公司自动无尘混凝土生产技术被广西壮族自治区科技厅认定了高新技术领域技术服务，该公司同时被认定为高新技术企业。

【机构设置与管委会领导】 南宁开发区管委会托管那洪镇，内设机构为：办公室、劳动人事局、财政局、经济发展局、建设发展局、招商局、城市管理局、社会事业局8个部门和会计核算中心、后勤服务中心、质检分站、投资服务中心、土地供应中心、征地拆迁办公室、市政环卫站、招商中心、人才交流服务中心等9个二层事业单位及园区建设投资公司、物业管理公司、房地产开发公司等3个直属企业。设立城市管理综合执法大队、工商分局、国税分局、地税分局、派出所等5个派驻机构。

2004年7月南宁开发区调整党工委、管委会领导班子。南宁经济技术开发区党工委书记、管委会主任熊可范，党工委副书记、管委会副主任黄延。

（南宁经济技术开发区管委会办公室）

兰州经济技术开发区

LANZHOU NATIONAL ECONOMICS AND TECHNOLOGY DEVELOPMENT ZONE

【经济发展】 兰州经济技术开发区已形成以航天器材、电子仪表和信息产品为主，建材、食品、机械和医药工业共同发展，具有一定规模和相当基础的工业体系，经济实力凸现。2004年完成技工贸收入35亿元，增长38.9%；实现全部工业经济增加值7.7亿元，同比增长26%；其中第二产业完成6.67亿元，第三产业完成1.74亿元；完成工业企业总产值17.7亿元，同比增长14.5%，限上工业完成15.9亿元；完成固定资产投资7亿元；实现财政收入9657万元，同比增长11.5%。出口创汇422万美元。兰州开发区正逐步成为兰州市体制创新的示范区、经济增长的新亮点、外向型经济的聚集区、出口创汇 的新基地和兰州市、甘肃省对外开放的新窗口。

兰州开发区通过政策创新带动体制创新、科技创新和工作创新，按照“一年打基础，三年见成效，五年初具规模”目标，不断提升硬环境，改善软环境，带动和辐射一系列相关产业的发展，形成活跃经济发展的“主轴带”和拉动经济增长的“主引擎”。实施“工业强区”战略，以信息化带动工业化，以工业化促进信息化，重点发展以机械电子、生物制药、石油化工为主的制造业，培育了一批技术含量高、市场竞争力强的产业集团和骨干企业，加快了经济区的工业化进程，壮大了经济实力。

【投资环境】 独特的区位优势。兰州开发区距离兰州市中心仅有5公里，距西北地区规模最大，技术最先进的货运集散中心——兰州西货运站只有6公里，同时沿高速公路行进48公里即可到达兰州中川机场。这种现已形成的陆空运输网络，使经济区具备了相当显著的区位优势，一些投资商正是看中了开发区的发展前景和区位优势，最终将项目落户在开发区。

雄厚的科技优势。开发区目前的所在地是甘肃省高校聚集区和高科技人才密集区，区内及周边有西北师范大学、兰州交通大学、甘肃农业大学、甘肃政法学院、甘肃省委党校、甘肃省农科院、甘肃省社科院和甘肃电力科技园等30余所大中专院校和科研单位，全区有8万大学生，3万科技人员，众多的高校和科研院所为开发区的发展奠定了雄厚的智力人才、科技和教育基础。特别是西北师范大学的高分子化学、甘肃农业大学的草原生态、兰州交通大学的桥梁隧道等学科在全国科技领域处于领先水平，使开发区具备明显的科技优势。

【园区建设】 兰州开发区主要依托“一区多园”、“园中园”进行开发和建设，“多园”包括工业园、沙井驿工业园、高新技术产业园、农业生态园，同时，根据各自产业基础和比较优势，在这四大园区内，同步进行“园中园”建设。开发区工业园规划建设机械电子制造工业园、生物医药食品工业园和中小企业园，用于建设花园式工厂和引进无污染企业；沙井驿工业园规划建设石油化工产业园、新型材料产业园和石油设备制造园；高新技术产业园规划建设两个科技孵化园，发展行业技术服务中心，建成标准孵化楼，为企业提供办公、研发服务。开发区内正在兴起的电力科技园、兰州交大科技园等已成为科技创新成果转化的基地、高新技术企业孵化基地和科技产业辐射与催化基地，为开发区发展提供源源不断的动力。

【管理与服务】 兰州开发区积极探索建立符合国际惯例的投资管理服务体制，按照“小政府、小社会”的管理模式，进一步转变政府职能，简化办事程序，建立高效、快捷为投资者办事的“绿色通道”。

兰州开发区一向注重生态建设、投资环境与区域开发同步的国际理念，一手抓开发建设与招商引资，一手抓环境保护与环境管理，实现开发区可持续发展，积极营造适合投资者工作、创业的良好氛围。历年基础设施投入约5亿元，辖区基本实现了“七通一平”，区内水、电、气设施完备，供应充足。如今兰州开发区已初步形成了基础设施功能配套、服务体系完善、法律体系健全、办事程序快捷的投资环境。在软环境建设上，不断提高服务质量，改善投资环境，先后制定出台了开发区税收优惠政策、土地优惠政策和其他投资优惠政策，不断优化投资政策环境。同时不断改革投融资体制，加快建设以企业为主的多元化投资体制。

充分利用国家级经济技术开发区的优惠政策和体制优势，行使相应的项目立项审批权、规划土地管理权、城市建设管理权、市政公用设施管理权等市级经济管理权限，制定优惠政策，吸引国内外投资，提高开发区的竞争力，推动开发区建设。并依据开发区的市级管理权限，理顺开发区与省、市各职能部门的关系，用好各类审批权，减少审批事项，简化办事程序，优化服务环境。同时实行“专家委员会咨询制度”，初步建立了科学的决策机制。

【招商引资与利用外资】 2004年，兰州开发区引进各类外引内联合同、协议33项，已开工建设20项，其中已建成投产的项目14项。实际引进资金到位额4.1亿元。新签外资合同项目1项，合同引进外资1000万美元。这些项目的建设将对全区经济增长产生巨大的推动作用。

【重点企业与重点项目】 兰州开发区内现有各类企业471家，其中工业企业247家(线上工业企业70家，高新技术企业16家)，建筑企业9家，商贸企业105家，其他各类社会服务企业110家。形成以兰州飞控仪器总厂、万里机电厂、长风科技股份公司、兰州机床厂、兰州石化设备厂、兰州众邦电线电缆公司等大中型企业为主的机械家电等制造企业；以兰州威信制药厂、甘肃大圣生物科技股份公司等民营企业为主的高科技生物医药企业；以兰州小二黑食品有限公司、兰州好为尔乳品股份有限公司为主的食品制造企业；以北方石化金属材料公司、大华汽车销售服务有限公司、华联电力超市、桃海实业集团公司为主的商贸企业。其中工业经济所占比重超过65%，成为开发区的主导产业。

【机构设置和管委会领导】 兰州经济技术开发区内设立机构有：党政办公室、人力资源局、财政局、经济发展局、建设和房地产管理局、市规划国土资源局经济区分局、招商局等一办六局，还有新城投资建设发展公司。中共兰州经济技术开发区工作委员会书记俞敬东，兰州经济技术开发区管委会主任张淑菊，副主任张永财、谭生龙、李克荣、魏秀龙。

（兰州经济技术开发区管委会）

南京经济技术开发区

NANJING ECONOMIC & TECHNOLOGICAL DEVELOPMENT ZONE

【经济发展】 2004年，南京经济技术开发区认真贯彻落实科学发展观，积极应对国家宏观政策紧缩、外资项目审批难度加大、内部存量土地资源不足等困难，着力抓好以招商引资为重点的各项工作，开发区各项建设取得良好业绩，主要经济指标平均增长近80%。全年实现GDP 79.58亿元，同比增长30.14%；业务总收入635.74亿元，同比增长82.54%；工业总产值602.32亿元，同比增长111.43%；财政收入16.5亿元，同比增长55.71%；税收收入15.41亿元，同比增长54%；外贸出口23.15亿美元，同比增长140.14%。期末从业人数15012人，其中外商投资企业从业人数9584人。

支柱产业对开发区经济发展贡献巨大。2004年，开发区平板显示器件产业实现销售收入341.84亿元，同比增长177%，占开发区销售收入的52.1%；实现工业总产值351.89亿元，同比增长185.2%，占开发区工业总产值的56.78%；实现外贸出口19.85亿美元，同比增长150.95%，占开发区出口创汇的85.8%。

【投资环境】 2004年，南京开发区完成基础设施投资2.98亿元。建成7栋总建筑面积4.68万平方米标准厂房、3栋总建筑面积1.2万平方米单身公寓；完成道路拓宽、面层3.45公里；完成土方平整170万方；为改善开发区生态环境，新建绿化工程项目18个，新增公共绿地面积29.5万平方米。年内，天然气在开发区通气运行，污水处理厂通过环保评审投入运营。2004年9月22日，经江苏省经贸委和江苏省信息产业厅考核，并经省政府批准，开发区被授予“江苏省电子信息产业基地”称号，为开发区下一步产业和经济发展创造了新的条件和优势。

【招商引资和利用外资】 2004年，南京开发区围绕招商引资中心工作，开展形式多样的对外交流和招商活动，全年共接待来自世界20多个国家和地区的客商300余批次，分别参加在上海、北京、厦门等地举办的招商会以及在南京举办的“重洽会”、“金洽会”，先后6次派员赴日、韩、欧洲、美国、港台等地招商，累计考察拜访工商企业上百家，寻找发现总投资近10亿美元的一批新项目。通过不断优化投资环境，实施彰显平板显示产业特色、着力引进外资大项目、推动内外资嫁接并购、探索服务业利用外资、清理土地调整项目、促进老企业增资扩股等招商战略和措施，招商工作取得明显成绩。全年共引进企业152家，投资总额101.79亿元，其中新批外资项目45个，增资外资项目14个，投资总额11.49亿美元。合同利用外资5.11亿美元，实际利用外资3.61亿美元。新批及增资千万美元以上外资项目41个，其中投资规模上亿美元的项目6个，新开工千万美元以上项目24个。招商引资综合指标位列南京市第二。

【对外贸易】 2004年，南京开发区为出口企业提供全方位的服务，营造良好的生产经营环境。开发区出口总量逐月递增，全年总量突破23亿美元，同比增长140%。尤其是电子信息等支柱产业出口额大幅攀升。其中电子信息企业出口增量和增速分别为11.95亿美元和119.62%，创历史最好成绩，成为开发区出口亮点。重点出口企业在全区出口增长中发挥了关键作用，如乐金飞利浦液晶显示（南京）有限公司、南京LG同创彩色显示系统有限公司、南京夏普电子有限公司分别出口7.8亿美元、8.3亿美元和1.9亿美元，占全区出口总量的77.75%，同比分别增长2267%、74%和39.83%。

【社会事业】 2004年，南京开发区为30家企业办理完土地手续，领到土地证。在用电高峰期间，先后3次召开进区企业做好“迎峰度夏”的动员会议，向企业宣传用电政策、方案，对企业的用电情况进行调查，同时把企业的生产和用电情况及时向市政府、南京市供电公司书面反映，使企业顺利度过缺电高峰。完成07、08栋标准厂房2×400KVA正式用电，出口加工区630KVA临时用电，03、04、05栋员工公寓800KVA配电房的建设，协助区内如华农大豆、波登水业、泰邦生物、金翔石油、洽铭服饰等多家企业办理临时用电、正式用电的申请工作。制定35KV乌龙变增容扩建工程方案，完成110KV旺佳变电站的选址。配合市环保完成金宁三环、新港污水厂等18个项目的环保验收，开展并完成烟尘控制区和噪声达标区的创建工作。2004年新敷设天然气管道25公里，有12家企业使用上天然气。完成开发区全部规划道路路灯亮化。

【管理与服务】 2004年，开发区工委、管委会机关以及公安、工商、国税、海关等驻区机构，以建设“服务型机关”为目标，通过强化服务意识、规范服务行为、提高服务能力，加强对区内企业的依法行政和高效服务工作。全年为区内73家外资企业新办理、换发《外商投资企业减免收费优待证》，为20余家企业办理税收优惠政策的申请承诺工作，协助10家企业申报省高新技术企业、7家企业申报市高新技术企业，完成21家省、市高新技术企业的复核工作，协助近30家企业申报国家、省、市相关项目资金、财政补贴等。加大对区内民企的扶持力度，组织9家民营企业申报“江苏省扶持民营经济发展”专项资金，举办开发区民营工业企业优惠政策宣传讲座，做好与省扶持民营经济发展专项资金的衔接工作，协助10家企业完成项目申报工作。努力为企业做好人才服务，协调进区企业引进大中专毕业生470多名、高层次管理人员和专业技术人才100多名。严格贯彻劳动法规，加强劳动合同管理、加大劳动执法力度、搞好劳动争议仲裁，发挥市人才中心开发区分部的作用，扩大进区企业人事档案托管的数量，为企业提供合同鉴证、出国政审、职称评审、继续教育等方面的人事代理服务。严格贯彻安全生产法，加大检查力度，做好安全专项整治，安全生产形势总体呈现平稳态势，无重大伤亡事故。公安分局、工商分局、国税分局、新生圩海关等驻区机构不断创新服务方式，提高服务效能，努力为区内企业提供优质服务，树立良好的窗口形象。

【高新技术产业和重点企业】 到2004年底，南京开发区有高新技术企业97家，高新技术产品191个，产业领域涉及到电子信息、新型材料、生物医药、轻工机械四个方面。全年高新技术产业工业销售收入496.20亿元，同比增长97.86%，占全区销售收入的78.16%；工业总产值487.74亿元，同比增长125.27%，占开发区工业总产值78.65%；GDP 51.53亿元，同比增长42.34%，占开发区GDP的64.81%；出口总额20.33亿美元，同比增长142.39%，占开发区出口总额的87.82%。

重点企业如：乐金飞利浦液晶显示（南京）有限公司2004年新增总投资1.5亿美元，注册资本新增6000万美元，用于扩大模组产能。增资后，公司投资总额达到2.2亿美元，注册资本达到9100万美元。该公司建成两幢标准厂房和13条模组生产线(从15至32英寸，以17英寸为主)，年产模组900万块，销售收入18亿美元。乐金化学（南京）信息电子材料有限公司新增总投9542万美元，注册资本新增3621万美元，用于新建锂离子电池项目，建设锂电池厂房及3条锂电池生产线。增资后项目的投资总额达1.07亿美元，注册资本4138万美元。公司共年产各类偏光板960万片，销售收入6600万美元。南京瀚宇彩欣科技有限公司年生产液晶显示面板306万片，产值48.7亿元，销售收入47.5亿元；南京乐金电子等离子显示技术有限公司年生产PDP电视机1.43万台和PDP模组6.22万台，产值5.9亿元，销售收入5.9亿元；南京金陵药业股份有限公司产值6.58亿元，销售收入10.16亿元；圣和药业有限公司工业总产值3.04亿元，销售收入1.21亿元；先灵药业（南京）有限公司实现总产值1.02亿元，销售收入9024万元；艾欧史密斯实现工业总产值5.18亿元，销售收入5.15亿元；南京高精齿轮股份有限公司实现工业总产值9.45亿元，销售收入7.87亿元；弓箭玻璃器皿有限公司实现产值2.12亿元，销售收入2.27亿元；江苏金桐化学工业有限公司总产值达8.56亿元，销售收入6.65亿元；南京中达制膜（集团）股份有限公司工业总产值达14.1亿元，销售收入18.1亿元；南京华新光电股份有限公司生产总值31.58亿元，销售收入31.58亿元。

【出口加工区建设】 2004年是南京出口加工区封关后正式运营的第二年，区内建成4栋标准厂房，建筑总面积3.2万平方米。依据开发区产业优势，出口加工区的项目引进以IT产业为主，尤其是新型平板显示器件终端产品和移动通讯产品及相关零部件，兼顾精密机械、电器仪表、新材料等产业。2004年有紫金电子LCD、翰林手机电池、新加坡汽车零部件、美国ADC光通信、美国TT水泵电机等5个项目入区。

9月22日，开发区在出口加工区内举行“江苏省电子信息产业基地”揭牌仪式，当天，总投资1000万美元的宏图高科数码录放机项目、注册资金5000万元人民币的紫金电子LCD终端设备项目也分别在出口加工区举行奠基和开工仪式。

出口加工区制定《人员、机动车辆进出管理办法》、《建设施工管理办法》、《协助海关监管队管理办法》等一系列管理规定，在备案、审批、办证等方面明确具体的操作程序，为组织实施管理工作打下基础。根据监管工作需要，招聘一批素质较好的退伍军人和大专院校毕业生，组建协助海关监管队，每天24小时担负执勤任务，对进出卡口的16500余台（次）车辆、80000余（次）人员、136000吨货物实施了监管作业，有效维护了区域的安全秩序。

【机构设置与管委会领导】 南京开发区内设机构共有9个职能处室，分别是办公室、组织人事处（劳动工资处）、政策研究室（宣传处）、经济发展局（台湾事务办公室）、招商局、建设处、计划财务处、社会事业处和监察室，工会工委、团工委为市总工会、团市委的派出机构。

南京经济技术开发区工委书记、管委会主任梁学忠，工委副书记倪德龙，副主任马利、贾斌、陆书华、陈千茂、周铳。

（南京经济技术开发区 张贤明 黄虎）

厦门海沧台商投资区

XIAMEN HAICANG INVESTMENT ZONE

【经济发展】 2004年，海沧投资区经济运行总体状况平稳，经济质量不断提高。实现GDP 133.5亿元，增长25.1%；其中，第一产业完成2.1亿元，第二产业完成121.6亿元，第三产业完成9.8亿元；完成工业总产值382.5亿元，增长26.9%；实现财政总收入34.2亿元，地方级财力6.2亿元；城镇居民人均可支配收入达10441元，农民人均纯收入5081元。

工业经济快速成长。初步形成一批重点骨干企业，全区年产值10亿元以上的企业达9家，共完成工业总产值288亿元，占全区比重达75.3%。工业经济效益良好，产销率达96.9%；经济外向度进一步提高，工业产品外销率达30.2%。工业科技含量提高，高新技术企业产值占工业总产值的64.4%。支柱产业特色凸显，基本形成以化工、电子、机械为主导的产业体系，三大支柱产业共完成工业总产值309.1亿元，占全区比重达80.8%。

【投资环境】 2004年，海沧投资区积极推进基础设施建设，共完成投资11.2亿元。加快征地拆迁步伐，为项目建设提供发展空间，完成征地231.7公顷。海沧大道正式通车，杏海嵩公路、海沧物流园区、长庚医院基础配套等项目进展顺利。海沧港区、嵩屿港区10个万吨级泊位全面铺开。出口加工区的开发建设步伐不断加快，区内水电、道路、通讯等设施基本配套完善。

经过十多年的开发建设，海沧已建成比较完善的投资硬环境，已累计完成基础设施投资121.8亿元。海沧主要的基础设施有：

1.海沧投资区具有深水岸线10多公里，可规划建设万吨级深水泊位36个，已建成可停靠第六代集装箱的5万吨级码头及10万吨级油码头、5万吨级化工码头等，另有十余个大型码头在建。集装箱码头已开通到欧美、日韩、东南亚、中国香港、中国台湾等九条国际航线。

2.交通条件四通八达。海沧铁路与鹰厦铁路相连；319国道、324国道在海沧境内经过，同时有高等级道路与福厦、厦漳高速公路相连；海沧大桥将海沧与厦门本岛连成一片，距离厦门高崎国际机场仅15分钟车程。

3.水电供应充足。自来水日供水能力8

万吨，原水日供水能力6万吨，污水日处理能力10万吨，建成60万千瓦的嵩屿电厂一期和220千伏、110千伏变电站八座，规划建设60万千瓦嵩屿电厂二期和500千伏、220千伏、110千伏变电站多座。

4. 实现公路、铁路、港口、通讯、供水、供电、污水处理等“七通”，供水、通讯、污水、排洪的管网接到地块周边的道路，供电接到区间开闭所，地块按规划平整。新阳工业区配套已基本完善，南部工业区、东孚工业区基础设施也已逐步配套。

5. 建成从港区到南部化工园区的化工管廊，液体化工原料和化工产品可通过管道直接输送。供热系统逐步完备，新阳集中供热中心一期已试投入使用，南部集中供热中心基本建成。新阳工业燃气厂建成投入使用。林德公司采用管道、槽车、气瓶等方式为海沧企业提供多种工业用气。

6. 建成装机容量2万门程控电话系统，长途电话可直拨世界210个国家或地区及国内1800多个城市。银行、邮电、学校、医院等其他设施配套齐全。

【招商引资与利用外资】 牢固树立“项目就是生命线”的观念，把引进项目作为首要工作来抓。2004年，海沧投资区共批准外资项目54个，合同利用外资2.22亿美元(注册资本口径，下同)，实际到资1.5亿美元；批准内资项目67个，合同利用内资39.7亿元；历年累计完成合同利用外资16.25亿美元，占厦门市同期的20.4%，实际到资11.08亿美元，占厦门市同期的21.5%；累计合同利用内资233.4亿元。注重优化投资环境，已投产企业认可投资区在改善投资软硬环境所做的工作，投资信心增强，全年共批准增资项目14个，增资1亿美元。

十多年来，海沧先后引进翔鹭纺纤、柯达感光、夏新电子、正新海燕、金龙客车等一批科技含量高、生产水平先进、能形成产业链的重点项目，并带动关联企业落户海沧。外商投资来源于中国香港、中国台湾、加拿大、日本、英国、美国、新加坡、意大利、德国、澳大利亚等29个国家和地区。

【对外贸易】 2004年，海沧投资区实现进出口总额25.5亿美元，增长23.2%；其中出口13.9亿美元，增长37.6%；港口吞吐量达1055万吨，增长23%，占厦门市的24.8%；其中集装箱达74.3万标箱，增长29.7%，占厦门市的25.9%。

【社会事业】 2004年，海沧加大对各项社会事业投入力度，经济社会统筹协调发展。

“科技兴区”战略稳步推进，建立健全科技创新服务体系，启动科技创业中心一期建设，资助一批科技研发项目，加大科普工作力度，科技与经济社会发展结合更加密切。

教育事业加快发展，稳步推进基础教育课程改革，扎实开展“双高普九”，优化整合教育资源，设立九年一贯制育才学校，延奎小学通过省级示范小学验收。成立海沧区中等职业技术学校。教育基建项目顺利推进，新阳中学一期等项目建成投入使用，东孚中学教学楼、职教综合楼等项目进展顺利。

文体工作成效显著。深入开展“温馨海沧”文化下乡活动，发动社会力量办体育，丰富广大群众的业余生活。成功举办全国中小学教师演讲比赛。加快文体设施建设，文化活动中心、图书馆装修基本完成，建设后坷村、渐美村等农村文化活动中心。

卫生工作稳步发展。基本建立公共卫生体系，建立健全突发公共卫生事件应急机制，全面开展疾病预防控制、卫生监督和妇幼保健各项工作。东孚卫生院病房楼、公共卫生综合楼等项目进展顺利。大力推进农村合作医疗，基本住院保险参保率达70%，同时在全省率先推出由财政出资为全体村民购买抗大病保险。

认真落实计生工作责任制，坚持责任、措施、投入三到位；强化计生基层网络建设，广泛开展计生宣传教育活动，加大计生综合执法力度，强化流动人口计生管理；建立健全各级各类计生协会组织，设立海沧镇计生办新阳工作站。

认真落实安全生产目标管理责任制，深入开展危险化学品、非煤矿山、道路交通、私房出租等专项整治，安全生产形势基本稳定。创新私房出租管理模式，取得良好效果。

加强社会治安综合治理，深入开展“平安海沧”、文明城区创建工作。扎实推进“四五”普法工作，认真做好依法治区、普法教育等工作。建立人民调解与区域综治、信访工作协调机制，努力做好信访和案件查办工作。

【管理与服务】 中共厦门市海沧台商投资区工作委员会及厦门海沧台商投资区管理委员会是投资区的管理与服务机构，负责投资区内招商引资、征地拆迁、配套建设、企业管理与服务等各项事务，具有与厦门市同级的经济管理权限，各项事务基本上不出区即可办好。投资区管委会下设经济贸易发展局、建设局两个职能部门。经济贸易发展局主要负责内外资项目立项事务，可审批3000万美元以下外商投资项目，并设有招商投资服务中心，为外商在海沧投资提供包括投资咨询、项目申请、报批、立项、开工建设、投产以及相关事宜协调在内的一条龙服务。建设局主要负责规划管理、土地征地拆迁、场平配套等相关事宜。管委会对重点项目实行主要领导负责制和项目联席会议制。投资区内其他经济和社会管理事务依托海沧区政府各职能部门办理。

【高新技术产业和重点企业】 海沧投资区已初步形成一批成规模的重点骨干企业，全区年产值亿元以上的企业达30家。其中，夏新电子、柯达感光等9家企业年产值超10亿元，共完成工业总产值288亿元，占全区工业总产值的75.3%；其中，翔鹭石化以63.54亿元居于首位。工业科技含量提高，高新技术企业产值占工业总产值的64.4%，共有柯达感光、翔鹭石化、翔鹭化纤等22个企业被评为各级高新技术企业。

【出口加工区建设】 2004年，出口加工区发展势头良好。通过ISO9001和ISO14001认证，规范化管理水平不断提高；开展全过程、全方位、全天候、全免费服务，完成检验检疫局办公大厅建设并投入使用，投资软环境不断优化；全年基建投资1.01亿元，完成柯达相机、三立汽配等多栋通用厂房建设，启动1号排洪渠、2号开闭所建设，投资硬环境日臻完善；与周边村庄结成紧密合作伙伴，帮助农村富余劳动力就业，吸收村财资金投入通用厂房建设，实现政府、企业、农村共同发展。全年累计引进SPANG磁性材料、伯灵顿仓储等9个项目，合同利用外资1559万美元；进区企业发展状况良好，已有9家企业正式生产，全年实现进出口总额1.38亿美元，其中出口7293万美元。

【机构设置与管委会领导】 2003年厦门市行政区划调整，设立海沧区，保留厦门海沧台商投资区继续履行开发建设职能。厦门海沧台商投资区内设经济贸易发展局与建设局两个职能部门，主要负责招商引资、规划、基础配套等工作。

海沧投资区管委会党工委书记钟兴国，副书记、管委会主任翁云雷，副书记、管委会副主任邹品柱，党工委委员、管委会副主任张灿民、周威榕。

（厦门海沧台商投资区管委会）

海南洋浦经济开发区

HAINAN YANGPU ECONOMIC DEVELOPMENT ZONE

【经济发展】 2004年洋浦经济开发区实现GDP 13.1亿元，比上年增长68%；工业总产值11.4亿元，增长41.8%；工业增加值3.2亿元，增长31.9%；固定资产投资56亿元，增长89.4%；利用外资3.15亿美元，增长29.1%；税收总额6.8亿元，增长54.9%；地方财政收入3.03亿元，增长38.6%；港口吞吐量217.7万吨，增长90.3%。

【投资环境】 洋浦具有发展新型临海工业的众多优势：一是区位优势。毗邻东盟贸易区，处在东南亚海运主航线的中心位置。二是港口优势。洋浦半岛岸线约60公里，水深一般在10~30米，可建30万吨级以下码头80多个。三是资源优势。近海有丰富石油天然气资源，周边有石英砂等矿产资源。四是土地优势。腹地开阔，人口稀疏，土地贫瘠，岩石基底，适合工业。五是政策优势。惟一执行保税区政策的国家级经济开发区。六是政治优势。洋浦经济开发区是经邓小平同志亲自批示后而成立的，得到了几代国家领导人关心和支持，凝结着历届省领导的心血。

截至2004年底，洋浦开发区基础设施累计投资约58亿元。区内有约15平方公里主干道路框架基本形成；从松涛水库铺设54公里管道，建成了日供25万吨的供水工程，并建成了日处理5万吨的自来水厂；年供气16亿立方米的天然气输气管道已开通，并为电厂、浆纸等项目供气；有约15平方公里排水、排污地下主管网框架已基本形成，大型项目排污系统已建成投入使用；区内电厂总装机容量达86万千瓦，其中包括：中海油公司控股的洋浦发电厂，总装机容量为44万千瓦，印尼金光集团浆纸厂自备电厂装机容量为42万千瓦；区内开通了1650条中继线和6000门程控电话、3000部小灵通，移动通讯和公用数字数据网络等全部开通。洋浦港是天然深水避风良港，一、二期工程已建成3个3.5万吨、2个2万吨的泊位，拥有海南惟一的标准化集装箱专用泊位，已开通至香港的固定航班，并正在筹备洋浦港三期工程建设；炼油厂正在建设1个30万吨级的原油码头，1个10万吨、3个5千吨级的成品油码头；浆纸厂也正在建设7个3千至2万吨级的专用码头，洋浦正在形成“港口群”。洋浦已初步形成以桨纸、油气化工、发电等为龙头的产业。

洋浦经济开发区管理局是海南省政府的派出机构，代表省政府对开发区及邻近海域行使行政管理权。

【招商引资与利用外资】 2004年7月在广州举办的首届泛珠三角区域经贸合作洽谈会上，洋浦开发区签订了8万吨苯乙烯项目，并完成初步设计评审，可与炼油厂同步建设、同步投产；2004年（香港）海南贸易与投资合作洽谈会，开发区突出宣传洋浦油气化工、浆纸加工两大产业，推出石油储备、电力工业、保税物流等优势产业，取得了圆满成功和显著成效，签约项目五个，包括年产五万吨生活用纸、投资1.28亿元的天然气管网建设、日产500吨的浮法玻璃项目三个工业项目和两个三产项目，投资总额约28亿元人民币。全力做好重点项目的争取工作，接待了世界500强之一的陶氏化工100万吨乙烯项目的考察选址，与中海油集团就LNG项目、海上钻井平台设施配套和后勤保障基地项目进行了联系和洽谈。

【高新技术产业和重点企业】 由印尼金光集团投资102亿元人民币建设的年产100万吨木浆项目已经投产。这是目前世界上规模最大技术最先进的单一制浆生产线，该项目采用先进的生产工艺和高标准的环保措施，污染治理达到或优于国家一级排放标准。由海口农工贸（罗牛山）股份有限公司控股建设的面粉加工厂，总投资额8.6亿元，年加工小麦50万吨，首期已投资1.3亿元，日加工小麦300吨。海南椰岛股份有限公司投资的变性淀粉厂项目已经正常生产。

【规划与产业定位】 为了适应洋浦建设大型临海工业、形成产业集群的需要，对洋浦总体规划进行了修编，已获省城乡规划委员会批准通过。新的总体规划将建设用地扩大为69平方公里。在此基础上，按照“洁净式生产，循环式发展”的理念编制了洋浦产业发展规划，确定了四大主导产业：油气及油气化工产业集群、林浆纸一体化产业集群、国家石油储备和商业储备基地、港区一体化的现代保税物流中心。

【七项民心工程】 洋浦新的领导班子上任后，非常重视群众的生产生活问题，采取了七项利民的措施：一是拨款450万元，对1140户、5700人实行最低生活保障；二是拨款约500万元，对九年义务教育实行免费；三是拨款约150万元，对已拆迁居民中55周岁的女性、60周岁的男性给予生活补助；四是对区内大中专毕业生、退伍军人和普工等进行就业培训，全年新增安置就业1200人。五是拨款500多万元对已搬迁的失耕失渔居民发放大米。六是解决多年遗留的土地款问题，将管理局多年来所欠区内群众864万元土地款全部拨放到位。七是拨款280万元建设白沙村渔港，为群众生产生活创造良好的条件。

（海南洋浦经济开发区管委会）

宁波大榭开发区

NINGBO DAXIE DEVELOPMENT ZONE

【经济发展】 2004年，宁波大榭开发区贯彻落实宏观调控政策，树立科学发展观，结合开发区已初步形成的港口、能源、临港石化工业的产业格局，确定了发展石化、能源、储运中转、液体化工、出口加工、国际集装箱运输的产业定位。通过加强财源建设，超额完成了全年财政收入任务，较好地实现了财政收支平衡。

全年实现GDP 70亿元，同比增长15.7%；财政收入16.68亿元，同比增长33%；全社会固定资产投资29.61亿元，同比增长7%，其中基础设施投资2.03亿元；合同利用外资695万美元，同比下降89%，实际利用外资2822万美元，同比增长63%；

引进内资项目总投资 9.15 亿元，同比下降 78%；进出口总额 9.13 亿美元，同比增长 13%，其中出口 3.23 亿美元，同比增长 38%；港口吞吐量 2738.79 万吨，同比增长 16%；关税收入 74.6 亿元，同比增长 88.9%。

【投资环境】 在重视经济工作的同时，开发区也注重环境建设和生态建设。为使自然环境和经济社会协调、有序发展，开展了 ISO14001 环境管理体系认证，完成了内审和外审第一阶段工作。进一步加大对企业环保工作的监督和查处力度，实施排污企业在线监测，对达不到要求的企业采取停业整顿措施。总投资 4600 万元的污水处理厂已完成桩基施工。对生活区河道进行了整治，垃圾中转站投入使用，生活垃圾基本实现了无害化处理。积极开展《宁波市绿化条例》等法规的宣传贯彻工作，落实绿化养护责任制，新增绿化面积 15 万平方米，完成山林绿化 1200 亩。

扎实推进基础设施建设。供水方面，投资 1100 万元完成了自来水扩容和大桥通水工程以及区间道路、社区配套供水管等工程。供电方面，总投资 1000 万元的 110KV 尖峰变扩容工程安装投产；总投资 4500 万元的 220KV 变电所 110KV 开关站可研报告通过审查，开始场平等工作；完成了全区电力网规划。道路方面，投资 6825 万元完成环岛西路延伸段、雪窦山路延伸段、南湖路延伸段等市政道路工程；铁路项目完成了初步设计和预审；开展了跨海第二大桥预可行性研究；进行了全岛道路交通规划。

继续抓好港口口岸建设，进一步理顺港口管理体制，明确港口管理的职责和范围，为开发区港口的进一步发展创造了较好的外部环境；规范港口口岸管理，协调招商国际码头、中海油大榭石化码头对外开放工作，开展集装箱大通关的调研。

【招商引资与利用外资】 按照已确定的产业定位，开展定向招商，拓展产业链，推进万华二期的前期工作，洽谈了 PX、润滑油、化工物流等近 20 个符合开发区产业发展方向的项目并进行跟踪。开展了港口资源整合工作，进行了大榭物流发展研究，为发展现代物流业做好前期工作。

推进了重大项目的建设。万华工业园累计完成投资 19.8 亿元，其中 2004 年完成投资 14.5 亿元，主体项目三大主装置的土建工程已完成，钢结构和设备安装完毕；码头等配套项目进展顺利。招商国际集装箱码头项目累计完成投资 7.6 亿元，其中 2004 年完成投资 5.3 亿元。三菱 PTA 项目完成了场地清理、初步设计、电力接入系统方案设计、环境影响报告批准等前期工作。中油奥星油项目在积极与其他几家合资方深入洽谈的基础上，完成码头项目合资协议签约，合资公司开始组建；储罐项目完成可研报告，开始地质详勘和场平工作。

全年在建项目 27 个，总投资 75 亿元，其中新开工工业项目 14 个，总投资 5.22 亿元，包括伟佳三期、新美亚二期、恒信二期、信易二期、5 万吨级煤码头、5 万吨级化工码头等；11 个项目建成投产，总投资 3.98 亿元，包括诚年药业、新美亚钢管、银鑫强磁、祥龙纺织、永信码头等。

【对外贸易】 2004 年全区完成进出口额 9.13 亿美元，同比增长 13%，其中，出口 3.23 亿美元，同比增长 37.53%，进口 5.90 亿美元，同比增长 2.87%。

在出口额中，机电产品出口 1.72 亿美元，占全区出口总额的 53.40%，同比增长 38.5%，比重同比增加 0.37%；高新技术产品出口 4434 万美元，占全区出口总额的 13.74%，同比增长 23.11%，比重同比下降 1.60%；加工贸易出口 727 万美元，占全区出口总额的 2.253%，同比增长 42%，比重同比增长 0.07%。

截至 2004 年底，全区共有外贸经营权企业38家，2004年新获权企业13家，占全区获权企业的34.21%，其中内资企业12家、外资企业一家（生产型企业重新登记）。2004年7月1日新的《对外贸易法》和《对外贸易经营者备案登记办法》开始实施，外贸经营资格全面放开后，全区备案登记企业11家。

【社会事业】 进一步完善社区管理机构，强化社区管理职能，开展了小区环境综合整治，小区的居住环境、社会治安得到改善。实施了“八项实事”工程，涉及被征地人员养老保障、新型农村合作医疗、低保、助学补助、就业、老年事业、交通、环保等方面，切实解决了与群众密切相关的实际问题。加强文教卫生体育事业建设。大榭医院、第二小学、有线电视台投入使用，改善了人民群众的就医、就学环境，提高了收视质量。开展了扶贫济困和第六次“慈善一日捐”活动，开发区管委会和有关企业出资400万元建立了慈善帮困基金，对177户低保对象调高了低保金；组织全区60周岁以上老年人参加免费体检，建立老年人健康档案；重视改善小岛居民的生产生活条件，对小岛老年人给予生活补助。举办了首届社区文化月活动、十佳歌手大赛和环岛长跑等群众性文体运动，丰富了大榭人民的文体生活。

【管理与服务】 贯彻实施行政许可法，开展行政许可（审批）项目、机构、收费依据和政策性文件的清理，进一步规范政府依法行政行为。以民主评议机关、民主评议领导班子和文明机关创建活动为载体，积极开展机关效能建设。开展了“爱民服务月”和“外商投资企业服务月”活动，努力改善投资居住环境。

深入实施“平安大榭”创建活动。积极实施科技强警，开展大榭社会治安监控系统建设工作，构筑“打、防、控”一体化体系。加强暂住人口管理，集中安置外来务工人员的平乐小区建成并投入使用。积极按照“畅通信访渠道、规范信访行为”的要求，加强和深化信访制度，完善和巩固领导接待日、领导批阅（包案）、信访联动等行之有效的制度。

关心、支持企业发展，组织企业参加投洽会、广交会、华交会、省洽会等经贸活动；帮助企业申请国家中小企业国际市场开拓扶持资金，大力支持中小企业开拓国际市场；开展辅导性纳税检查，做好出口退税、高新技术补助、自备发电机补助等扶持政策的落实工作。

【高新技术产业和重点企业】 宁波华东BP液化石油气有限公司，由英国BP公司投资建设，总投资为9650万美元，建成5万吨级和5千吨级液化石油气码头各一座，两个25万立方米地下储罐，年生产能力为160万吨LPG。该项目于2002年8月建成投产，为亚洲地区最大的液化石油气中转基地。2004年工业总产值16.02亿元，销售收入16.21亿元。

中海油宁波大榭石化有限公司，由中海油气开发利用公司和香港利万集团有限公司等合资建设，一期投资4800万美元，建设一套年产50万吨高等级道路沥青生产装置，并配套建设5万吨级和3000吨级化工码头各一座，2003年6月建成投产。该项目是原国家经贸部批准的高新技术成果转化项目，产品技术含量高，可替代进口，有利于缓解我国高等级道路沥青长期以来依赖进口的局面。2004年工业总产值326239万元，销售收入292916万元，荣获2004年度宁波“纳税50强”称号。

浙江德安新技术发展有限公司，总投资4800万元，占地120亩，1996年建成投产。主要产品涉及工业水处理、饮用水处理、污水处理领域。2004年工业总产值4572万元，销售收入4068万元。为浙江省高新技术企业，建有宁波市水处理设备省级高新技术研究开发中心等多个合作中心，2004年获“2004年中国优秀民营科技企业创新奖”。

中石化原油中转基地项目，由中石化和宁波港务集团公司合资建设，分罐区和码头两部分，分别成立了徐州管道储运公司大榭库区和宁波实华原油码头有限公司。罐区部分由中石化投资，计划总库容200万立方米；码头项目由中石化和宁波港务集团公司合资建设，计划建设三座25万吨级原油接卸码头和一座2万吨级出运油码头。项目一期工程已经于2002年建成投产，建成25万吨级原油码头和2万吨级码头各一座，储罐83万立方米。2004年6月29日，以大榭25万吨级原油码头为起点，总投资为22.6亿元的“甬—沪—宁输油管道”全线开通。2004年接卸原油2184万吨。

烟台万华MDI及配套项目，由烟台万华聚氨脂股份公司投资建设，一期工程16万吨/年MDI主体项目，总投资约24亿元；配套项目有氯碱、苯胺、热电、煤盐码头、液体化工码头等，总投资25亿元人民币。一期工程投产后，规划将再建设两套MDI装置，成为中国最大的MDI生产基地。MDI主体项目和配套项目已于2003年8月开始建设，计划2005年第四季度建成投产。

三菱PTA项目，是日本三菱化学株式会社在中国最大的投资项目，由三菱化学、三菱商事和伊藤忠三方组成的日方投资主体与中信集团公司合资建设，一期总投资3.14亿美元，注册资本1.08亿美元，规模为年产精对苯二甲酸（PTA）60万吨。通过二、三期扩建，最终规模为年产精对苯二甲酸（PTA）200万吨，总投资将达到10亿美元。2004年浙洽会上项目正式签约，计划2006年9月建成投产。

中油奥里油储运基地项目，由30万吨级油码头和50万立方米的奥里乳化油储罐及相应的配套设施组成，项目总投资6.5亿元人民币，年中转奥里乳化油600万吨。其中储罐项目由中油燃料油公司独资建设，码头项目由大榭投资控股公司、宁波港务集团公司和中油燃料油公司三方合资建设。项目已经国家发改委批复，正在进行开工准备工作。

招商国际集装箱码头项目，由香港招商局国际港口控股（宁波）公司、宁波港集团公司和大榭开发区投资控股公司合资建设，总投资34.55亿元，注册资本12.10亿元，建设规模为三个10万吨级和一个7万吨级集装箱专用泊位以及相应配套设施，使用岸线1500米，设计年吞吐能力240万TEU。计划2006年底前全部建成。

【机构设置与管委会领导】 中共宁波市委大榭开发区工委作为宁波市委的派出机构，全面负责开发区党务工作，下设办公室（信访办）、组织部、党群工作部。宁波大榭开发区管委会作为宁波市政府的派出机构，组织和领导开发区政府工作的开展，管委会下设办公室（信访办）、经济发展局、财政税务局、人事局、劳动和社会保障局、规划建设（国土、城管、环保）局、交通（港口）局（口岸办公室）、社区管理（民政、计生）局、文教卫生局、拆迁办公室和投资控股公司。党工委、管委会共有10个行政单位、1个事业单位（拆迁办），在编人员205人，其中参照行政管理人数为158人、事业编制人数为47人。管委会主任宣二牛。

（宁波大榭开发区　胡作亚）

苏州工业园区

SUZHOU INDUSTRIAL PARK

【经济发展】 2004年是苏州工业园区开发建设史上的重要里程碑。这一年，中新联合协调理事会第七次会议在苏州工业园区胜利召开，确定了园区新十年发展目标；苏州工业园区成立十周年庆典成功举办，充分展示了园区开发建设的成就。这一年，苏州工业园区认真贯彻落实科学发展观，坚持加快发展、率先发展不动摇，坚持协调发展、全面发展不停步，实现了又快又好的发展。全年实现GDP 503亿元，增长38%；地方一般预算收入29亿元，增长42%；进出口总额281亿美元，增长96%，其中出口119亿美元，增长99%。在岗职工平均工资2.6万元，比上年增长8%；农村居民人均纯收入达9566元，比上年增长12%。

区镇联动发展成效显著，镇域经济综合实力不断增强，全年四镇实现GDP 155亿元，完成地方一般预算收入11亿元，新增合同外资20亿美元、实际利用外资8亿美元，四镇在全市乡镇排名中的位次快速前移，外向型经济全部进入前5名。不断加大农民就业创业扶持力度，积极鼓励本土型民营经济发展，推进农村社区股份制和富民合作社的发展进程。

【投资环境】 全年固定资产投资达282亿元，同比增长39%。积极实施“城乡一体、区镇联动”战略，全方位提升规划设计水准，不断完善基础设施网络，新建道路93公里，整治河道40公里，一批重大电力设施工程相继完工，区镇大交通网络更加畅通。金鸡湖环境综合整治工程全面展开，中新合作区首期灯光改造基本完工，沙湖、方洲、康健、中塘等一批主题公园基本建成，新增绿地面积400万平方米，城区环境面貌日益优美。全年新开工商业设施70万平方米、竣工35万平方米，师惠邻里中心、湖东邻里中心先后开业，一批商业服务设施相继建成投用，配套服务功能日趋健全。房地产市场健康发展，全年新开工商品住宅258万平方米、竣工109万平方米；新建动迁房194万平方米，竣工192万平方米。

【招商引资】 全年新增合同外资41亿美元，实际利用外资18亿美元，分别增长96%和50%，全区累计合同外资193亿美元，实际利用外资84.5亿美元。新增内资注册资本174亿元，全区累计内资企业注册资本505亿元。大项目和增资项目成为园区招商引资的亮点，全年共引进3000万美元以上的外资项目68个，180家企业实现增资，增资额超过10亿美元。园区企业规模不断扩大，规模以上工业产值近1100亿元，其中IT产值突破750亿元，产业优势更加突出。企业开工投产数创下新纪录，共有340家外资工业企业先后开工、302家企业相继投产。

【社会事业】 教育事业加快发展，园区第三中学、第二实验小学等先后建成开学，苏大附中、星海学校、新城花园小学分别被评为苏州市德育示范学校和教育科研先进单位。独墅湖高教区首期初具规模，入驻中外高校13所，在校生达3000人。高素质人力资源加快集聚，新增各类人才3万余名。公积金制度并轨扩面基本完成，参保人数突破15万，企业参保率达到100%。农村社会保障工作全面加强，农村低保、合作医疗、创业担保等一系列安民利民政策相继出台。社区建设和物业管理工作取得实际成效，顺利通过省首批社区卫生服务示范区考核。

【党的建设和精神文明建设】 组织各级党组织、党员和干部深入学习党的十六大和十六届四中全会精神，工委召开了园区兴起学习贯彻“三个代表”重要思想新高潮交流会。大力加强党的基层组织建设，建立了领导干部基层党建工作联系点制度。非公企业党建工作有了新突破，新成立外企党支部四家，累计达到64家，并在三个外企建立党总支；建立私企党总支一个、党支部六个，累计20家；全年在非公企业中发展新党员108名。认真贯彻《中国共产党纪律处分条例》和《中国共产党党内监督条例（试行）》，积极落实各级各部门在预防教育、制度建设、监督检查方面的职责，预防职务犯罪机制更加健全，党风廉政建设取得积极成效。进一步加强未成年人思想道德教育，实施《关于进一步加强和改进未成年人思想道德建设的若干意见》，明确了38件未成年人教育实事。群众性精神文明创建活动蓬勃开展，成功举办了“园区十年月更圆”、中外企业体育交流赛等大型文体活动。

【借鉴新加坡经验工作】 2004年是园区开展借鉴新加坡管理经验工作的第十年。在总结过去的工作和进一步提高成效的基础上，2004年的借鉴工作进一步深化借鉴内涵，创新借鉴形式，更加注重借鉴的针对性和实效性。全年共组织了社区与物业管理、公共工程资金管理、警务与安全生产管理、市政公用管理、教育管理、规划建设和土地管理、公司管理、公务员管理等八批培训，园区及市有关单位共188人次专业管理人员参加了在新加坡的培训。园区与裕廊集团双方共组织交流了两批六名人员挂职实习。与此同时园区管委会和新加坡裕廊集团的友好交流按照计划展开，双方互派三名专业管理人员先后到对方进行挂职培训。

【机构设置与管委会领导】 中共苏州工业园区工作委员会书记王金华，苏州工业园区管理委员会主任马明龙。苏州工业园区职能机构有：工委、管委会办公室、经济贸易发展局、招商局、规划建设局、财政局、社会事业局、地方发展局、组织人事局、城市管理局、国土房产局、政法委员会、教育局、劳动和社会保障局（公积金管理局）、借鉴新加坡经验办公室。

（苏州工业园区管委会）

保税区篇

深圳市保税区

SHENZHEN ADMINISTRATIVE BUREAU OF FREE TRADE ZONES

【经济发展】 2004年，深圳市保税区认真解决经济运行中存在的各种困难和问题，抢抓机遇，争先发展，经济总体呈现出速度快、效益高的发展态势，全年实现工业总产值685.23亿元，同比增长25.12%，占深圳市总量的10.5%，占全国保税区的38.8%；进出口总额239.54亿美元，同比增长33.81%，占深圳市的16.3%，占全国保税区的31.5%；其中出口122.07亿美元，同比增长26.39%，占深圳市的15.7%，占全国保税区的56%；本地生产总值182亿元，同比增长19.9%，占深圳市的5.3%，占全国保税区的18.3%；外商直接投资8834万美元，同比增长20.5%，占深圳市的3.7%；上缴税收24亿元，增长41.6%。在面积2.83平方公里（包括生活区）的土地上，每平方公里实现GDP 64.31亿元，工业生产总值242.13亿元，进出口总额84.64亿美元，出口43.13亿美元，税收8.28亿元。

【投资环境】 2004年，深圳市保税区以改革创新为发展的主线，以可持续科学发展观为工作指导思想，以依法行政、依法管理为办事的标杆，投资环境进一步优化。一是保税区交通和其他配套公共设施得到改善。在市交警局的大力支持下，将高速公路福田保税区出口的单向行驶改为双向行驶，保证了福田保税区车辆进入高速公路的交通顺畅；对福田保税区三号门进行了改造，解决了三号门门口严重堵车问题；为扩展福田保税区的进出通道，一号隧道的改造工程正在紧张进行。沙头角保税区对7大公共设施进行了维修改造，提高了区内房屋及其配套设施的完好状况率，美化了区内环境；二是进一步改善通关环境，使企业的运作更加高效、顺畅。自2004年6月1日起，福田保税区延长了一、二号通道通关时间，并实行了周六、周日照常通关，国家法定节假日实行预约通关；三是依法行政、依法管理。良好的法制环境不仅得到了市相关部门和驻区企业的大力肯定，而且成为全省依法行政的典型单位；四是为驻区企业提供便利措施。将400多本印有局机关、各处室、三个服务中心人员的电话号码簿上门送到所有驻区企业，方便企业遇到困难和问题随时帮助解决；在局经济发展处、三个保税区服务中心实行了午间休息时间专人值班制度，保证企业人员办事不受午休限制，提高了办事效率；进一步加强了与驻区联检单位的沟通、协调力度，定期召开协调会议，使企业在运作方面遇到的难题在第一时间予以解决。

【招商引资与利用外资】 2004年，深圳保税区通过在境内外媒体加大对外宣传力度、组团参加2004年中国国际世贸论坛等方式，多方扩大深圳保税区的对外影响力，采取代理招商、网上招商、以商促商扩大招商范围，采取鼓励区内企业积极增资扩产方式延伸招商引资链，全年招商引资工作成效显著。全年共引进各类企业140家，其中工业企业30家，仓储物流企业23家，商贸企业74家，其他类型企业13家，在发展空间极有限条件下增长317.7%。其中包括3M、马石油、UPS等一批国际知名企业。截至2004年底，入驻保税区的世界500强企业达到23家。综合信兴、冠巨等33家驻区企业追加投资扩大生产，新增外资额5571万美元。长城国际、日立环球等知名企业也纷纷购地或改造老厂房，扩大生产。企业的增资扩产为保税区经济持续增长奠定了坚实基础。全年实现高新技术产品产值650亿元，增长27.6%，高新技术产品出口74亿美元，增长17.4%，占保税区加工产品出口总额的95.1%。

【转口与出口贸易】 2004年，深圳市保税区通过对三个保税区实行分类指导，分区定位，进一步优化产业结构，不断改善通关环境，对企业提供“星级服务”和“贴身服务”，企业增资扩产态势强劲，进出口贸易取得了极大突破。全年新增外资5571万美元，实现进出口贸易总额239.54亿美元，同比增长33.81%，占深圳市的16.3%，占全国保税区的31.5%；其中出口122.07亿美元，同比增长26.39%，占深圳市的15.7%，占全国保税区的56%。

【仓储物流发展】 2004年，深圳保税区按照以高新技术产业为龙头，物流发展为支柱的产业发展模式，在省时、高效上下工夫，物流业保持高速发展态势，全年共引进物流企业23家，仓储转口货物123.6亿美元，占保税区进出口贸易总额的51.6%，大幅增长66.8%。

【改革试点】 2004年，深圳市保税区管理局继续从制约保税区发展的“瓶颈”问题和难点问题入手，大胆改革创新，抓住重点工作的落实，寻求难点工作的突破，在务实开展工作的基础上，加强和相关职能部门的沟通协调，改革试点工作初见成效。一是积极协调海关、税务部门，争取出口退税试点；二是联合深圳海关于2004年6月1日进行了第三次延时通关改革，福田保税区和盐田港保税区周末照常通关，节假日实行预约通关，对推动企业高效运作、缩短物流运作周期起到了积极作用；三是根据商务部2004年第8号令，从2004年12月11日开始，全国进出口经营权已基本放开，为深圳保税区内的商贸和物流发展提供了极大便利；四是继续配合深圳海关全面推行海关监管新模式试点，在沙头角保税区进行以信息化管理为重点，以电子联网监管为纽带，在现有的物理围网监管条件下发挥电子联网监管优势的改革，对改善企业通关环境、扩大区内仓储物流企业外贸出口起到了积极作用；五是成功争取到国务院批准同意深圳盐田港保税区与盐田港进行“区港联动”试点，为深圳保税区向自由贸易区转型迈出了坚实的步伐。

【精神文明建设】 2004年，深圳市保税区管理局坚持一手抓经济建设、一手精神文明建设，取得了两个文明协调发展的双赢局面。大力加强保税区干部队伍和党员队伍建设、深化干部人事制度改革、开展党风廉政建设、为职工创造良好的文化氛围，精神文明建设成效显著，党组织的创造力、凝聚力和战斗力不断增强。

在干部队伍建设方面，组织干部员工认真学习《党章》、两个条例及十六大有关文件，开展了“立党为公，执政为民”专题学习讨论。

在党员理论教育方面，举行了以纪念建党83周年为主题的党员知识竞赛、党员理论教育月征文比赛、最佳党日评选等活动，努力培养作风过硬、理论根基扎实、高素质的干部队伍。

在基层党组织建设方面，实行局领导挂点联系驻区企业党建工作制度，驻区企业基层党支部由年初的10家扩大到17家。全年共发展吸收预备党员17人，转正28人，培养选送37名入党积极分子参加市直机关工委培训。坚持党建带群团，认真抓好工青妇群团组织建设，在54家非公有制企业中组建了工会，发展会员近万人，局属5家企业的职工之家通过市总工会的验收，逐级与124家单位签订了计划生育责任书，计生工作连续两年被福田区评为先进单位，局党委被市直机关工委评为“先进党委”。

在团组织创建方面，局团委积极开展“青年文明号”创建活动和捐资助学、助残活动；局妇委会组织开展了创建“巾帼文明示范岗”、“美德进家庭”等专题教育活动，并组织参加以“创新业、展风采”为主题的市直机关干部诗文朗诵比赛。通过这些活动的开展，全局上下干部、职工干事创业的氛围好，凝聚力和向心力强，为开拓奉献搞建设、扎扎实实抓经济奠定良好的基础。

【重点企业】 马石油贸易（中国）有限公司，于2004年5月经深圳市保税区管理局批准设立，投资总额2040万美元，注册资本816万美元。外商独资企业，主要进行转口贸易、区内贸易、区间贸易、通过有进出口经营权企业的代理与国内非保税区企业从事贸易以及货物、技术进出口等业务。

炜明电机（深圳）有限公司，于2004年2月经深圳市保税区管理局批准设立，由连光发展有限公司投资，投资总额500万美元，注册资本300万美元，主要从事生产经营各种玩具、玩具配件、精密模具、模具配件、五金配件、微型电机及相关配套件及附属产品等业务。

唯冠数码（深圳）有限公司，于2004年12月经深圳市保税区管理局批准设立，外商独资企业，投资总额428万美元，注册资本300万美元。经营范围包括电视机、车载影音、可视防盗设备、电视设备器材、电视机零组件等相关产品的生产销售；家庭影音、机顶盒、数字摄录机、数字放声设备等相关业务。

深圳精研珠宝首饰有限公司，于2004年7月经深圳市保税区管理局批准注册设立，活高投资有限公司投资，投资总额1100万港元，注册资本800万港元。主要经营范围包括生产、加工、经营人造及天然宝石、钻石、珍珠、铂金、黄金、银、镶嵌、钟表、工艺等各类首饰。

深圳中天元物流有限公司，于2004年1月经深圳市保税区管理局批准设立，投资总额2000万人民币，注册资本1250万人民币，合资企业。主要经营范围包括在保税区内的仓储、运输、货运、简单加工、国际贸易、转口贸易及相关咨询业务。

泰科马实业发展（深圳）有限公司，于2004年3月经深圳市保税区管理局批准设立，投资总额1350万港元，注册资本945万港元，外商独资企业。主要经营范围包括在保税区内从事国际贸易、转口贸易、区内贸易、相关咨询业务、商品展示，通过有进出口经营权企业代理与非保税区企业进行贸易等业务。

联星物流（深圳）有限公司，于2004年4月经深圳市保税区管理局批准设立，投资总额900万港元，注册资本900万港元，香港独资企业。主要经营范围包括在保税区内从事仓储及相关业务，货柜堆场、国际贸易、转口贸易，在保税区内取得土地使用权地块的单项房地产开发。

（深圳市保税区　李宗杰、杨春芳）

汕头保税区

SHANTOU FREE TRADE ZONE

【经济发展】 2004年，汕头保税区确立区港工贸一体化发展战略，全面建设仓储物流、高新技术产业和出口加工三大基地，逐步构建临港经济体系的发展思路。全年全区实现GDP 13.7亿元，同比增长15%。工业产值22亿元。销售收入28亿元，同比增长12%。税收总额6.33亿元，同比增长103.58%。其中海关税收增长势头强劲，全年收入5.9亿元，同比增长122.83%；国、地税收入4320万元，同比增长2.2%。本区财政收入13329万元，同比增长5.41%，实际财政收入2067万元。品牌战略取得初步成效，万顺、覆铜板、荣豪、洛斯特等工业骨干企业纷纷进行技术改造，提高产品质量和档次，全年全区企业开发新产品30多个，上报国家商标局申请商标注册136件。好由、福鱼、洛本清、卡露芙、天宝等品牌产品在国内市场已有一定的知名度。

【招商引资与利用外资】 2004年汕头保税区全力开展招商引资，确立了引进大项目、促进大发展的招商思路，采取全方位、宽领域、多元化的招商方式，大力引进大型临港工业项目。紧紧抓住聚苯乙烯、造纸和氧化铝三个大型项目，主动出击，多次派专人赴澳门、深圳、广州、惠州等地，上门与客商洽谈，积极跟踪联系，采取灵活措施应对谈判，经过努力，使大项目洽谈引进取得新进展。投资17亿元、年产40万吨的聚苯乙烯项目已确定落户保税区。造纸项目和氧化铝项目已表达明确投资意向。同时，突出“一区多园”主题招商，大力吸引各种资本入区投资。先后派出小分队赴香港举办外商春茗座谈会，参加粤港经贸洽谈会、泛珠三角经贸合作洽谈会和全国中小企业博览会，赴欧洲参加粤港—欧洲经济技术贸易合作交流会，先后有3家企业在各种招商会上签订投资、贸易合同，成功引进项目6宗。派人上京寻求国家有关部委支持。与北京大学、中科院、中国药科大学、厦门大学和江南大学保持良好关系，促成它们与区内企业成功合作，成立研发中心，开发新产品，提高企业核心竞争力。加强与世界各地侨团、知名人士联系，加强网上招商，千方百计拓展招商引资领域。建立健全项目洽谈提前介入机制，请海关、商检、工商、税务等部门参与项目洽谈，提高项目引进成功率。强化项目跟踪落实责任制和亲商服务机制，为企业提供全方位、一条龙无偿服务，增强对客商的感召力和亲和力，促进招商引资取得新突破。全年共引进投资项目6宗，投资总额1.06亿元。健和冲印、春南电器、新阳通讯和万水水利用材等项目均实现当年引进当年投产。全年增资扩产企业4家，新增投资额1.15亿元。在建项目6宗，投资总额1.01亿元。洽谈项目14宗，计划投资总额约10亿美元。

【投资环境】 2004年，汕头保税区切实做好区域各项建设和管理工作，进一步优化投资环境，确保区域经济快速健康发展。一是实施发展战略，推进区港工贸一体化发展。

适当调整原有规划和产业布局，充分利用现有海岸资源，开展区港联动论证设计工作，拓展发展空间。初步完成自有深水码头前期勘察论证工作，编制港口建设方案，做到大港口建设与大项目引进同步设计、同步实施，为实现以大项目带动港口建设，以港口建设带动临港产业，推动区港工贸一体化发展，逐步培育片区城市功能的目标奠定良好基础。二是加强协调配合，推动经济快速发展。本着优化环境、理顺关系、形成合力、共同发展的宗旨，想方设法做好条条块块、方方面面的协调工作，多次与海关等单位一起外出考察学习，与各有关单位共同研究探讨保税区发展的新情况、新问题，形成推动保税区经济加快发展的共识，并将共同的责任转化为推动发展的动力。海关出台了扶持保税区发展的三项措施，解决保税区企业出口退税、产品深加工结转和物流配送等政策操作问题，并通过个案处理的形式，解决企业产品发往外关区加工、先放后征、集中核销等问题，简化了手续，提高了通关效率。税务部门经多方努力，解决了长期困扰企业的“免、抵、退”税问题。工商部门改革企业登记管理制度，积极为企业办理动产抵押贷款登记等等。这些措施有力地促进企业经营运作的顺利开展。三是完善区域管理，营造可持续发展的良好环境。加大力度对现有土地进行清理，分门别类依法调整处置，满足大型项目用地需求。全年共出让土地4宗，面积113.75亩；签订土地出让协议（合同）6宗，面积144.13亩。向省市有关部门申请，争取国家开发银行贷款，完善原填海区域市政工程设施建设。开展区域环境影响评价，评价大纲顺利通过国家环保总局专家组评审。组织实施海堤抛石加固、防风墙维修和E1路、南门改建等工程建设。协调市有关部门，解决企业生产用电的供求矛盾。加强安全生产管理，消除事故隐患。认真做好治安管理，加强巡逻防范。开展经济普查工作，认真做好企业年检，清理经济户口，强化监管力度，规范市场秩序。四是加强财税管理，确保财政平稳运行。财税部门加强税收征管力度，查漏补缺，挖掘税源，确保收入。按“一要吃饭、二要建设”的方针，较好解决了部分急、难、重支出和债务，办理以地抵债6宗，金额1.13亿元，有效保证机关的正常运转和区域稳定。进一步规范财政资金管理，加强资金使用监督，压缩财政支出。强化财政监督职能，开展行政经费收支审计，规范财务收支制度。积极配合省有关部门做好专项资金审计工作。加强国有资产管理，认真做好区直属企业改制过程中国有资产清理追收工作，共追回资金80多万元。拨出140万元专款，用于直属企业改制职工安置补偿工作，确保直属企业改制顺利完成。

【物流建设】 2004年全区物流贸易业呈现高速增长势头。全年进出区货物总量80万吨，同比增长56%，货物总值4.5亿美元，同比增长80%。其中进出口贸易额3.1亿美元，同比增长93.75%；仓储货值1.4亿美元，同比增长55%。物流企业实现营业收入7亿元，同比增长100%。物流贸易业的快速发展，成为区域经济发展的强大拉动力。跨国物流企业威尔信公司不断提高运作层次和集约化水平，全年完成合同销售额8亿元，实际销售额6.2亿元。投资200万美元建设的1.2万平方米的现代物流中心及配套件加工厂区已建成竣工，年销售额计划扩大到10亿元以上。法国西电公司进区一年业务得到较快发展，全年完成销售额7200万元。春南电器、皓海塑料等仓储物流项目陆续运作。

【党建和精神文明建设】 2004年，汕头保税区大力加强党的建设，为经济发展提供坚强的组织保障。党委会、管委会高度重视理论学习，制定年度学习计划，以党委中心组学习带动机关干部学习活动的深入开展，并选派干部参加各种政治理论和业务培训班，从各个层面提高干部的理论素养，努力建设学习型机关。切实加强机关作风建设，制定《改进机关作风优化投资环境实施方案》，建立领导带头、全员参与、目标管理、制度保证、持续改进的机关作风建设长效机制。认真开好领导班子和领导干部民主生活会，广泛征求有关单位和重点企业对党委管委领导班子及其成员的意见，开展批评和自我批评，制定整改落实措施，推进区域各项工作的开展。加强党的基层组织建设，成立第一个非公有制企业党支部，选派企业党建工作联系员，发挥基层党组织的战斗堡垒作用。加强党风廉政建设，在机关中开展以"为民、务实、清廉"为主题的纪律教育学习月活动，对广大党员干部进行保持共产党员先进性教育。组织观看反腐倡廉教育片，从源头上防止腐败现象的发生。

（汕头保税区管委会）

厦门象屿保税区

XIAMEN FREE TRADE ZONE

【经济发展】 2004年，象屿保税区积极推进区港联动试点工程和海空港保税联动区（自由贸易港区）建设，抓好保税区进出口经营权试点工作，完善区域功能，实行一级金库、一级财政管理体制，提高财政管理水平。全年完成GDP 10.4亿元，同比增长45%；完成全区规模以上工业总产值8.2亿元，同比增长8%。实现物流营运收入9.3亿元，同比增长22%。保税区码头集装箱吞吐达63万标箱，同比增长12 %。实现进出口额20.25亿美元，同比增长23%。新批外商直接投资项目30个，新批合同利用外资1473万美元，实际利用外资962万美元。全年区财政总收入1.37亿元，同比增长49%，其中区级财政收入5894万元，同比增长23%，财政支出7857万元，增长2%。保税区二期工程、区内企业搬迁改造，道路改造和供电、自来水管网改造等工作均取得一定进展，全社会固定资产投资达2亿元。

【投资环境】 加快保税区二期工程建设。保税区二期工程各标段施工进展较为顺利：其中A标已进入最后的回填土阶段，累计完成投资4250万元，完成总投资额的94%；B标已完成回填砂及打排水板项目，累计完成投资3250万元，完成总投资额的56%；C标正在进行回填砂，累计完成投资420万元；D标已完成工程招投标工作，正在进行前期的围堰工程。此外，排洪渠工程的招投标前期准备工作正在进行，二期市政道路已委托市政设计院进行工程设计。为配合区港联动试点，管委会已要求代建单位、施工单位、监理公司进一步增强紧迫感、责任感，倒排工期，规范程序，细化分工，责任到人，狠抓落实，促进工程顺利推进，确保2006年投入使用。

空港物流园区前期工作基本完成。空港物流园区一期项目用地58.77万平方米于2003年2月获得市计委立项批复，2003年5月开始办理征地工作，截至2004年底，建工公司虾池部分约30万平方米用地及（禾山镇）镇企部分约3万平方米用地已签订征地协议并支付了首期征地款，虾池回填工程的各项前期工作已陆续开展。高殿村村企部分约16万平方米用地征用工作正积极协调中。空港物流园区二期围海造地工程面积约40万平方米，已先后办理了工可编制与评审、海域使用论证报告大纲编制与评审、环境影响评估报告大纲编制与评审等一系列前期手续。空港物流园区的控规编制工作也正加紧进行。

保税区一期道路改造工程完成。2003年10月开工，按市政道路标准改造，工程规模8万平方米，工程总投资1247万元，2004年9月竣工。

保迪物流中心投入使用。2003年10月开工，建筑面积13200平方米，总投资3500万元，2004年9月竣工验收投入使用。

安能利二期24F综合厂房投入使用。2004年1月动工，建筑面积9000平方米，总投资2240万元，2004年9月竣工验收投入使用。

保税区新一轮财政体制运行良好。2004年是保税区一级金库、一级财政管理体制运行的第一年，也是财政体制重新调整、区内税源重新划分、市区分税制改革力度最大的一年。面对诸多不利因素，一方面加强制度建设，完善内部管理，制定了预算经费申请、审批程序、预算资金拨款及专项资金申请流程、出台了《象屿保税区财政资金管理办法》等一系列规章制度，提高财政管理水平。一方面积极争取国地税和市财政、审计、外管、工商等职能部门的大力支持，加大税收征缴力度，加强财政支出管理，保证区财政收入的持续稳步增长和全年财政预算收支平衡。新一轮财政体制运行良好，圆满完成年初既定工作目标。2004年保税区实现财政总收入1.37亿元，同比增长49%，其中区本级财政收入5894万元，同比增长23%，支出7857万元，增长2%。

《厦门象屿保税区企业进出口经营权试点工作实施办法》出台。2004年1月，厦门市贸发局、厦门海关、象屿保税区管委会、国家外汇管理局厦门分局、厦门市国税局等联合制定发布了《厦门象屿保税区企业进出口经营权试点工作实施办法》，明确了企业申请进出口经营的登记程序、海关监管办法、外汇管理办法和税务管理办法等，并从2004年1月起施行。全年共有80多家企业办理进出口经营权或对外贸易备案登记。

【区港联动试点】 2004年3月10日，厦门市政府成立厦门市区港联动试点工程领导小组。领导小组下设办公室和规划建设、监管运营、信息系统三个小组，各成员单位指派专人参加，全方位推进试点工作。8月16日，国务院办公厅下发《国务院办公厅关于同意扩大保税区与港区联动试点的复函》同意青岛、宁波、大连、张家港、厦门象屿、深圳盐田港、天津保税区与其邻近的港区开展联动运作试点，联动运作区域作为保税区的物流园区。国办同意厦门象屿保税区与东渡港区联动运作，规划面积0.7平方公里。试点工程将分两步完成：第一步，启动疏港路以西、港中路以东、湖里大道延伸段以南、海天码头南通道以北的区域，面积为32万平方米，2005年投入运作；第二步，续建解放军船运大队搬迁后狗睡屿港汉造地及周边地块约40万平方米。第八届投洽会前夕，打通了港中路和高殿2号路，为解决区港联动区域的交通组织问题创造了条件。截至2004年底，区港联动试点方案、工程规划方案、总平面布置规划方案已获市政府原则通过，有关修建性详规方案已送市规划局审批，联动区企业业务搬迁、建筑设施拆迁、道路拓宽、市政建设用地、口岸联检配套设施建设方案等正加紧制定和实施。力争2005年通过海关总署等部委验收并投入运作。届时将充分发挥保税政策优势和港口区位优势，开展国际中转、国际配送、国际采购、国际转口贸易等业务。进行区港联动试点，建立具有“境内关外”性质的保税港区，为厦门建立自由贸易港区打下坚实的基础，对提升厦门对外开放的层次和水平，提升厦门港竞争力、促进厦门经济特区更快发展，推进厦门海湾型城市发展战略和海峡西岸经济区的发展有着十分重要的意义。

【海空港保税联动区（自由贸易港区）建设】 2004年8月27日，市长办公会研究批准厦门海空港保税联动区（自由贸易港区）规划。规划总面积约9平方公里，包括两大片区：东渡象屿片区和航空城北片区，两片区通过地下通道相连接。其中东渡象屿片区包括东渡码头作业区、象屿保税区（连同保税区二期）和区港联动试点区，面积约6平方公里。航空城北片区为高崎国际机场飞行区以北片区，包括航空港国际物流园区、航空空运中心区，面积约3平方公里。园区依托东渡港区和高崎国际航空港设施，形成海陆空联结，双港联体运作，通过完善功能，营造高效、流畅的物流、人流、信息流、资金流、技术流等流通环境，提高流通效率，降低流通成本。可以预计，厦门海空港保税联动区（自由贸易港区）将成为东亚、东南亚、东北亚乃至亚太地区重要的物流采购中心和亚太地区国际货物重要的集散中心。市政府授权象屿保税区管委会负责行使9平方公里海空港保税联动区（自由贸易港区）的行政管理工作。区内比照目前各行政区和保税区施行的一级财政、一级金库财政管理体制，该区域现有企业（港务集团和航空港集团除外）及今后园区内新设立的工商企业（含港务集团和航空港集团新注册企业）一律在保税区管委会注册登记并依法纳税。海空港保税联动区内土地按照“谁拥有，谁使用”的原则，分别由航空港集团、象屿集团、港务集团公司实施开发建设。关于投融资体制，将在分清企业经营投资和社会公用投资的前提下，分别由管委会和区内企业进行。

（厦门象屿保税区管委会）

海口保税区

HAIKOU FREE TRADE ZONE

【经济发展】 海口保税区经济持续、稳健、健康的向前发展。全年完成工业总产值29.49亿元，同比增长33%；完成工业销售产值27.33亿元，同比增长36.13%；产品销售收入26.22亿元，同比增长42.37%；工业增加值7.97亿元，同比增长22.13%；实现利润总额3.76亿元，同比增长90.58%；完成工商税收3.6亿元，同比增长20%；全年完成进出口额1894.23万美元，同比增长64.46%。

【投资环境】 投资者追求的环境不仅是地理与优惠政策，更加注重投资软环境，一个高效、廉洁、求真、务实的政府，对任何投资者都是必不可少的首选投资条件。为此，海口保税区始终坚持以人为本的形象建设，发扬三种精神：一是坚持解放思想，勇于创新精神；二是发扬艰苦奋斗、居安思危的“拓荒牛”精神；三是提倡求真务实、率先垂范的精神。保税区以创新的理念指导投资环境建设，坚持“先予后取、先上后理”的开明政策和“招商、亲商、安商、富商”以及“企业发展我发展，我与企业共兴衰”的管理理念，并下大力气营造出一个生态化、科学化的优美环境。在园区真正做到行政管理封闭式，而企业经营开放式，为投资者营造一个理想的生产运营环境、公平竞争的市场经济环境、依法制区的法制环境和优美洁净的自然环境。实现以软环境促进硬效应发展的目的。

2004年，以《行政许可法》颁布为契机，以进一步优化投资环境为着力点，大力清理与区域经济发展不相适应的规章制度，重点废除各类收费项目，基本实现“无费区”目的。

2004年保税区对工作思路进行了大的调整，即把对企业的服务重心从产前服务转移到对企业的产后跟踪、监督服务上来，为此成立了企业运行情况调查组，每月都要进行经济运行态势分析，为下一步决策提供强有力的依据。一直以来，制药产业是海口保税区的最主要的经济支柱和财政源，特别是2003年受“非典”疫情的刺激，区内的制药产业更得到长足的发展，并取得了极大的经济效益，随着“非典”疫情的有效扼制，2004年制药产业的效益出现回落，加上国家实施对药品价格大幅下调的宏观调控政策，致使制药企业的利润下滑。受此影响，保税区2004年一季度经济曾出现了负增长。在这严峻的形势下，一方面积极帮助制药企业扩展海内外市场空间，另一方面，大力扶持机电和汽车制造产业加快发展，以弥补制药产业发展后劲不足问题。由于措施得力，到了三季度后，经济终于出现了正增长，并显示了强劲的反弹态势。

另外，当初保税区为了加快发展，全力进行招商引资工作，并取得了显著的成果，引进了一批货真价实的高新技术企业。但是，不可否认的是，在这过程中也混进了少量不符合区域产业标准的企业，这是所有区域发展过程中不可避免的现象。鉴此，2004年，保税区严格按照有关法律法规重点对这些加工水平、科技含量均较低的不符合区域产业标准的企业进行清理整顿，该停业整顿的停业整顿，该吊销执照的吊销执照，该择地重建的择地重建。通过清理整顿，洁净了区域的运营环境，为使其真正成为名副其实的生态型高新技术产业园区打下坚实的基础。

【招商引资与利用外资】 招商引资对于区域发展来说，是一个永恒的主题。在2003年引进海汽三期工程及其八家配套厂的基础上，2004年又成功引进韩国三星这个世界500强企业，投资总额6000万美元，达产后年产值7.6亿美元。从而实现了保税区土地整体开发完毕的战略构想。2004年，保税区招商引资的工作重心转移到促进现有企业增资扩大再生产和全力协助海口市“药谷”办对“药谷”建设项目的招商工作。利用“珠洽会”、“广博会”、深圳“高交会”和香港“海洽会”这些平台积极开展招商引资活动，并取得了丰硕的成果。特别是在香港“海洽会”上成功签约12个项目，投资额近20亿元。全年共成功签约23个项目，投资总额35.92亿元，同比增长185%，为2005年的两区经济增长和“药谷”建设的初具规模打下坚实的基础。

【重点建设】 美安科技产业园区前期准备工作全面实施。美安科技产业园区是一个面积近100平方公里的工业型开发区。保税区成立美安科技产业园区建设规划工作小组、招商引资小组和融资小组等三个小组，各小组组长分别由管委会一名副主任担任，具体负责园区的规划设计、招商引资和资源整合打包融资。为了学习借鉴开发建设经验，专门组成学习考察小组先后赴广东东莞松山湖科技产业园区、广州开发区和江苏江阴开发区靖江园区进行考察学习，收集到大量极富价值的资料。同时，委托海口市规划院做了美安科技产业园区选址初步规划设计方案，方案经多次探讨、论证、修改，初步规划方案已经定稿，并将以此为蓝本形成标书，在全国范围内进行规划招标。

三星光纤光缆项目建成投产。三星项目是2004年招商引资工作的一个重大收获，标志着海口保税区拥有了世界500强企业，将会极大地提升保税区的产业档次，对于将来吸引大公司、大项目的招商引资战略必定会产生积极和深远的影响。三星项目建设给保税区带来极大的挑战，时间紧、任务重是一方面，而最大的困难来自于韩方对设计图纸反复修改。从严格意义上讲，如果坚持合同条款，完全有理由拒绝韩方这种要求，但是从全局考虑，保税区始终站在讲政治的思想高度，把外交与商务、政治与经济有机地结合起来，本着有理、有据、有节的原则，将矛盾、问题一一化解，保障工程的顺利进展。

“五区合一”方案制定和琼山新市区狮子岭开发区的接收逐步实施。将保税区、高新区、金盘工业区、琼山新市区和狮子岭开发区进行资源整合，施行“五区合一”的管理模式，是在保税区、高新区和金盘工业区实施“三区合一”的基础上，进行的更进一步和更高层次的体制创新。为给“五区合一”的实施打下良好的基础，保税区对琼山新市区和狮子岭开发区进行了接收。为了便于对狮子岭开发区进行有效管理，使开发区工作早日走上规范化的轨道，成立了海口经济技术开发区狮子岭园区筹备工作小组，筹备工作小组人员基本到位，园区的治理整顿工作正在全面铺开。

海口“药谷”建设初具规模。作为“药谷”核心区建设的业主，保税区主要的任务是负责十万平方米标准工业厂房的建设和核心区1200亩土地的基础设施建设，为入区企业提供建设所必需的基础条件。首先，抓好场地平整和基础设施建设。在市“药谷”办、秀英区等单位的密切配合下，核心区的土地基本已经平整完毕，区内道路、供电、供水等基础设施建设正在按预定计划有条不紊的实施中，并基本具备了企业入区建设的条件，康力元制药公司、海灵制药厂等四家企业已经顺利入区兴建；其次，重点抓紧十万平方米标准工业厂房的建设。主体厂房的国外设计和配套设施国内设计工作已经完成，并即将进入实质性的建设阶段；第三，抓紧省工业发展基金的申请工作。在省、市的大力支持下，近亿元的工业发展基金基本到位。

海汽三期工程及其配套厂建设。海汽三期工程建设不仅是保税区的重点项目，同时也是海口市的重点建设项目，其建成对做大做强海口市汽车产业将起到极其重要的促进作用，同时，对提升海口市第二产业比重也将会产生深远的影响。为此，保税区成立海汽三期工程建设协调工作小组，专门负责协调解决在建设过程中遇到的难题。先后协助该项目解决了土地证办理、新旧厂区通道等重大建设难题，为该项目顺利投产打下坚实的基础。同时，还从为投资者创造优良投资环境角度出发，为该项目减免了用电间隔费、报建费等费用，确实减轻了企业负担。经过多方共同努力，海汽三期工程于2004年7月17日正式投产。

【机构设置与管委会领导】 海口保税区管委会内设机构为：工委办公室、管委会办公室、经济发展局、规划建设土地局、财政局、社会发展局。

海口保税区管委会主任曲大利，副主任戴树成、高树生、温精华、梁劲松、欧阳飞。

（海口保税区管委会办公室）

天津港保税区

TIANJIN PORT FREE TRADE ZONE

【经济发展】 2004年，认真落实科学发展观，创新发展思路，区域经济继续保持快速发展的态势，区域综合经济实力进一步提升。全年完成GDP 111.8亿元，增长32.4%。产业结构更加趋向合理，第二产业实现增加值13.5亿元，增长40.5%，对经济增长贡献率为14.9%；第三产业实现增加值98.3亿元，增长31.4%，对经济增长贡献率为85.1%。第二、三产业结构比例为12:88。完成财政收入18.6亿元，工商税收收入16.2亿元，增长23.1%。GDP进出区货物总值、海关关税和代征税三项指标突破百亿，综合实力进一步提高，各项事业全面发展，提前一年完成“十五”计划目标。

【投资环境】 2004年，天津港保税区深入贯彻《行政许可法》，保税区行政许可中心和加工区投资服务中心进一步完善了办事程序，增加了服务部门和内容，建立了企业投诉机制。“零障碍”服务工程进一步深化。开展了加快开放型经济发展“服务月”活动，围绕各个部门分工，主动上门征求意见，帮助企业解决问题。出台了《天津港保税区企业发展金管理办法》和《建设阶段企业发展金使用办法》，进一步完善了投资政策体系。制定了《天津港保税区促进高新技术产业发展的规定》，加大了对高新技术产业发展的政策支持力度。出台了《天津港保税区吸引高级人才的规定》，为聚集高级人才发展创造了条件。驻区海关、检验检疫、外汇、国地税、金融等单位相互配合，简化审批程序，加快通关速度，创新检验检疫模式，简化结、购汇手续，采取网上报关、自动识别、自动放行、24小时便捷通关等措施，与北京空港实现出口直提直放，为货物的大进大出提供便捷的通道。安委会和公检法、消防、交管、社险等部门密切合作，对不稳定因素进行排查、调处，加大了治安、交通、防火的管理力度，完善了劳动和社会保障工作，加强安全生产的检查、落实和监督，形成了更加和谐稳定的劳动关系，为区域安全稳定做出了新贡献。

2004年，天津港保税区区内完成固定资产投资42.9亿元，增长84.2%。其中，基础设施投资15.2亿元，增长4.6%；企业项目投资27.7亿元，增长2.2倍。其中，工业项目投资20.2亿元，同比增长3.5倍，占全区固定资产投资的47%。

基础设施配套能力进一步增强。至2004年底，累计形成能力为：供水7.5万吨/日，供电137.5兆伏安，供热330吨/小时，供气548万立方米/日，通信6.5万门程控交换机。

【招商引资与利用外资】 不断拓宽视野，优化利用外资结构，重点引进“一高三大”项目，天津港保税区招商引资取得丰硕成果。2004年，实现合同外资额15.2亿美元，增长56.8%，占全市总量的27.1%；外资实际到位5.6亿美元，增长40.3%，占全市总量的22.8%。新批外资项目257个，增长17.8%，投资总额28.4亿美元，项目平均投资规模达590万美元。其中2000万美元以上的大项目55个，世界500强项目3家。

2004年，全区新批贸易企业139家，较上年增加18家；新批物流项目22家，较上年增加2家；新批注册工业项目53家，同比增长23.3%。全年新批内资企业725家，吸引投资额37.8亿元，占全区吸引投资总额的19.2%。平均投资规模521万元。其中，注册资本额1000万元以上企业21家，增资企业160家。投资额超过8000万元企业3家。共有38个国家和地区在保税区投资注册企业。按项目数排列，前三位的分别是中国香港59个、日本32个和韩国31个，分别占外资项目数的22.9%、12.5%和12.1%。按投资额排名，列前三位的分别为中国香港4.7亿美元、美国2.2亿美元和意大利1.7亿美元，分别占外资投资额的30.9%、14.5%和11.2%。

2004年，天津港保税区现代物流、电子信息、生物制药、汽车零配件、包装材料、绿色食品等产业一些国内外领头企业进驻，项目规模和质量进一步提高。美国美林集团、日本丰田合成、意大利高利尔等跨国公司，中集、中糖等国家大公司，新疆中基公司、黑龙江九三油脂等上市公司，东南网架、德力西低压电器等大型民营企业投资保税区。

【国际贸易】 2004年，天津港保税区贸易企业不断扩大经营规模，全区贸易业实现增加值28.4亿元，可比增长27.3%，对区域经济增长的贡献率为22%。重点贸易企业实现了企业规模与经济效益的同步增长，对全区贸易业增长起到重要的推动作用。商品销售额超2000万元贸易企业284家，比上年增加25.7%。其中，商品销售额突破亿元以上企业98家，比上年增加58.1%。上述贸易企业全年实现销售收入374.7亿元，增长43.7%，利润总额与税金分别增长55%和94%，对全区贸易业增长的贡献率为82.6%。

实现进出口总额54.4亿美元，增长50.3%。其中，进口47.3亿美元，增长51.7%；出口7.1亿美元，增长41.9%。征收海关关税及代征税113亿元，占天津关区总量的三分之一。

【物流建设】 天津港保税区以建设服务中国北方的国际物流中心为目标，发挥自身独特的区位、政策和功能优势，发展聚集跨国公司和全球采购中心的现代物流业，创新服务手段，营造便捷、高效和国际化的物流运营环境，为货物的大进大出提供便利的交易平台。2004年，完成进出区货物总值131亿美元，同比增长42.2%。叶水福物流、丰田通商、嘉里物流、冈谷物流、世天威物流等多家跨国物流企业在保税区建立区域物流中心，成为推动保税区现代物流快速发展的重要力量，现代物流业对经济的贡献率达到30%。

全年分拨、销售的进口汽车5.2万台，继续保持全国最大的整车进口集散地的地位。除进口汽车外，植物油、挖掘机、化工原料、电子产品等货物流量与货值均实现较快增长，其中，植物油、挖掘机进出区货物总值分别实现同比增长83.2%和1.4倍，保税区已逐步建成电子、钢材、工程机械、石油化工等多种产品的分拨配送中心。

【加工制造】 加工制造业继续快速增长，结构不断优化。2004年，天津港保税区累计实现工业总产值91亿元，增长1.2倍。工业生产规模与增幅均达到保税区建区以来最高水平，实现工业增加值12.3亿元，增长52.7%，对全区经济增长的贡献率为15.8%。全年规模以上工业企业产品销售率为99.5%，比去年提高5.3个百分点；经济效益综合指数为178%，比去年提高4个百分点，实现利润同比增长36.6%。电子及通讯设备、机械设备、食品深加工、金属制品加工等重点产业发展迅猛，新增工业产值

34.2亿元，占全区的69.5%，对全区工业经济增长的贡献率为57.6%。中盛粮油工业（天津）有限公司、加德士润滑油有限公司、亚实履带（天津）有限公司等大中型工业企业持续高速增长，产值占全区工业总产值的79.6%。同时，天津嘉里粮油工业有限公司、天津汽车模具有限公司、天津大无缝铜材有限公司等一批新企业呈现良好发展势头。

【现代服务业】 天津港保税区金融机构强化管理与服务意识，在为区内中外企业提供各类金融服务的同时，提高了自身的经济效益。2004年，中国银行、工商银行、农业银行等11家金融机构累计实现增加值4亿元，增长37.2%，达到历史同期的最好水平。年末贷款余额130.5亿元，比年初增加39.4亿元；各项存款余额118.7亿元，比年初增加19.2亿元。

邮电通信业稳步发展。全年邮电通信业完成增加值26.9亿元，增长14.3%。电信业务总量38.3亿元，比上年增长17.2%。

房地产业实现增加值1.3亿元，增长3.6倍。

社会服务型企业着力于技术服务领域的拓展，经济效益明显提高，全年实现增加值1亿元，增长19.6%。

【区港联动试点】 实施区港联动，将天津市的港口区位优势与保税区政策功能优势相叠加，不仅对加快港口和保税区共同发展意义重大，而且对天津乃至环渤海和“三北”地区的发展产生重要带动作用。2004年2月19日，天津市政府向国务院报送了在天津市进行区港联动、建设保税物流园区试点的请示。经保税区管委会、天津海关及港口集团共同努力，天津区港联动、建设保税物流园区试点于8月16日经国务院批准，12月31日试点实施方案获得了国家批复。标志着保税区向自由贸易区转型迈出了重要一步。保税物流园区各项建设和筹备工作全面展开，待国家有关部委验收后，将正式投入运营。

【美国商贸工业园】 2004年，经国家商务部批准，天津港保税区在美国南卡州建立了天津商贸工业园。园区总面积30万平方米，已建成商贸工业大厦总面积3万平方米。保税区将利用自身作为对外开放前沿区域，在功能、政策、资金、行业、信息等方面的优势，充分发挥窗口功能，为国内企业开拓美国市场搭建了平台。园区已获得地方政府支持，完成园区内道路等基础设施建设已基本完毕，具备接纳企业入驻条件。

【机构设置与管委会领导】 天津港保税区管委会内设机构有：办公室、研究室、机关党委、企业党委、综合经济局、劳动人事局、审计局、财政局、经济发展局、贸易发展局、物流发展局、投资促进局、工商局、企业服务局、规划建设局、社会发展局、机关服务中心、北京联络处、天津联络处、上海联络处、香港联络处、美国代表处。

天津港保税区管委会主任苟利军，常务副主任冯志江，副主任王富强、张今威、周利、尉永久、张爱国、王黎明。

（天津港保税区管委会）

张家港保税区

ZHANGJIAGANG FREE TRADE ZONE

【经济发展】 2004年，张家港保税区各项经济指标继续攀升。全年实现业务总收入801亿元，比上年增长31%，其中工业产品销售收入159亿元，增长33%；GDP 48.9亿元，增长26%；进出口贸易额31.8亿美元，增长64%，其中出口贸易额2.8亿美元，增长40%；财政收入11.3亿元，增长13%。

【投资环境】 2004年，张家港保税区坚持高标准、大投入构建基础设施，努力营造一流投资环境。全年累计新开工项目70个，竣工项目58个；累计新增项目总投资42.5亿元，其中工业31.2亿元，民用5000万元，基础设施10.8亿元；完成固定资产投资25.5亿元，其中基础设施项目8.1亿元，工业建设项目17.0亿元，民用建设项目4000万元。主要建设工程包括：共完成道路面积17.5万平方米，铺设各类管线39公里，平整土地137万平方米，新增道路绿化面积48万平方米，拆迁农户400户、拆迁面积10万平方米。双狮物流5万吨级固体码头、5万吨级液体码头，东海粮油扩建码头，化工园110千伏安和220千伏安变电站及部分线路等工程均已完成。在企业服务上，各职能部门以服务客商为己任，始终坚持"首问负责制"、"工作日办结制度"，开通24小时服务热线，对外商提出的问题、碰到的困难，急事急办，特事特办，寓招商于服务之中。

【招商引资与利用外资】 2004年，张家港保税区继续大力实施"走出去，请进来"战略，在招商引资上坚持以特色增强引力，以特色集聚优势，以特色放大效应。全年共引进外资项目51个，注册外资4.2亿美元，比上年增长53%；到账外资1.95亿美元。引进的51个外资项目中，总投资超500万美元以上的有28个，超1000万美元以上的项目19个，超2000万美元以上的项目13个。同时，全年开工项目不断，形成了洽谈一批、签约一批、开工一批的开发氛围。全年共开工项目26个，总投资超过3亿美元，开工项目数为保税区历史之最。

【物流建设】 2004年，张家港保税区现代物流业提速发展。全年实现进出区货物总量471万吨，比上年增长20%；进出区货物总值43亿美元，增长69%；实现海关关税及代征税29亿元，增长66%。化工物流特色优势进一步显现，化工品交易市场入驻企业已达449家，其中2004年新增入驻企业85家，新增注册资本1.8亿元，化工品市场全年完成成交额177亿元，比上年增长65%，入库税收近7000万元。特别是大力实施区港联动战略取得历史性突破。2004年8月16日，国务院在批准上海试点的基础上同意进一步扩大保税区与港区联动试点范围，同意青岛、宁波、大连、张家港、厦门象屿、深圳盐田港、天津保税区与其临近港区开展联动试点。江苏省张家港保税物流园区于2004年8月16日设立，它是中国目前法律框架下的自由贸易区，除继续享受保税区在免征关税和进口环节税、海关特殊监管等方面的政策及港区原有的政策外，在税收政策上，还叠加了出口加工区的政策，即国内货物进区实行退税。张家港保税物流园区具有国际中转、国际分拨配送、国际采购、国际转口贸易等四大功能，分西区和东区，规划面积为1.53平方公里。其中西区0.89平方公里，是一个涵盖集装箱、件杂货、液体化工、散货的综合性物流园区；东区0.64平方公里，是一个以液体化工和固体化工品仓储为主兼有其他类别的综合性物流园区。

【高新技术产业和重点企业】 2004年，张家港保税区化工产业和现代物流业继续蓬勃发展。美国道康宁公司总投资1700万美元的年产5万吨密封胶项目，德国瓦克公司总投资3300万美元的年产6000吨白炭黑项目、德国瓦克公司总投资2900万美元的硅橡胶项目先后落户江苏扬子江国际化学工业园。这是世界著名企业美国道康宁和德国瓦克公司在扬子江化工园联手总投资5亿美元基地项目的其中3个项目。道康宁和瓦克公司投资的这一基地项目规模大、科技含量高、行业影响广，将在扬子江化工园联手打造全球最大的有机硅系列产品生产基地。总投资1.8亿美元、注册7200万美元的荷兰孚宝物流项目正式签定土地转让意向协议，孚宝仓储（张家港）有限公司正式落户张家港保税物流园区。“孚宝”公司（英文名Vopak）是世界第一大石油、化工及燃气仓储分配的全球网络化大型集团公司，总部设在荷兰的鹿特丹。其所辖的75个库区遍及全球26个国家，总存储量达到2400万立方米，拥有深海、海岸、内陆运输船只225条，占据全球仓储市场25%的份额。孚宝亚洲公司在张家港保税物流园区投资的项目，购地740亩（包括860米长江岸线），建造、拥有并经营仓储码头，将对园区乃至整个长江流域石油化工工业的发展起到积极的推动作用。

【机构设置与管委会领导】 机构设置：张家港保税区管委会是江苏省人民政府的派出机构。张家港保税区党工委、管委会下设党工委办公室、管委会办公室、经济发展局、招商局、物流贸易局、规划土地局、财政局、工商行政管理局、国家税务局、外商投资服务中心等部门。

保税区党工委书记曹福龙，党工委副书记、管委会常务副主任徐元华，党工委副书记徐锡宝、叶炳苍，管委会副主任季颂元、黄光炯、汤建中、梁一波。

（张家港保税区管委会）

上海外高桥保税区

SHANGHAI WAIGAOQIAO FREE TRADE ZONE

【经济发展】 2004年外高桥保税区实施“区港联动”，三大产业继续保持较快增长速度，综合经济发展和经济效益取得了双丰收。2004年保税区共实现增加值457.8亿元，比上年增长41.6%，增幅分别比上海市和浦东新区高出28.0和25.2个百分点，所占全市和浦东新区的比重进一步上升，达到6.14%和25.58%，比上年提高0.97和

4.14个百分点。其中第二产业和第三产业均保持强劲增长势头：第二产业实现增加值120.6亿元，比上年增长36.9%，第三产业实现增加值337.2亿元，比上年增长43.4%，增幅比上年增加4.6个百分点。

保税区投资企业积极抓住发展机遇，坚持科学发展观，不断扩大生产经营规模，提升自身综合竞争力，全年共完成销售（经营）收入突破3000亿元大关，达到3189.35亿元，比上年增长40.6%，实现利税总额429.78亿元，比上年增长38.0%。区内企业资产负债结构趋向合理化，总资产达到2026.4亿元，比上年增长34.3%，其中流动资产1677.7亿元，占82.8%，负债与资产的比例为1:1.44。投资企业共吸纳从业人员13.55万人，比上年增长25.8%，全员劳动生产率达到31.72万元/人，比上年提高5.7%。

2004年保税区出口加工企业积极调整优化产品结构，提高企业自身科技创新能力，增加投入扩大生产规模，在市场竞争中始终显示出强劲的增长势头，使得保税区工业经济总量进一步提高。据统计，截至2004年底保税区共有221家出口加工企业投入正式生产，经济规模持续扩大，经济效益显著提高，科技研发力度明显增强，全年共完成工业总产值513.82亿元，比上年增长26.0%，工业经济继续呈现稳步健康的增长态势。

从各行业发展速度看，主要行业均呈现较快增长态势。据统计，保税区26个工业行业中有22个行业完成产值与上年相比有不同程度的增长，占总体84.6%，增幅超过50%的行业有10个，主要行业中通信设备、计算机及其他电子设备制品业、通用设备制造业、化学原料及化学制品制造业、电气机械及器材制造业完成产值与上年相比分别增长21.4%、21.5%、37.7%和45.3%。

大中型出口加工企业产能进一步提升，产值规模持续扩大，推动了工业经济总量的增长。据统计，保税区亿元产值工业企业有63家，与上年相比增加13家，共完成工业产值473.59亿元，比上年增长25.9%，占保税区工业总产值92.2%。

电子信息产业作为拉动保税区工业增长的支柱型产业继续保持快速增长势头。保税区现有92家电子信息企业全年完成工业产值406.26亿元，比上年增长29.6%，占保税区工业总产值79.1%。

高新技术产业优化了保税区工业产品结构，提高了产品科技含量和企业综合竞争力。保税区经市科委认定的15家高新技术企业全年实现工业产值123.61亿元，占保税区工业产值24.1%，增速与上年相比基本持平。

工业运行质量显著提高，产销衔接保持良好状态。据统计，2004年保税区工业企业完成利润总额34.21亿元，比上年增长1.2倍，人均利润7.2万元/人，产品销售利润率达到6.4%，比上年提高2.7个百分点，企业运行效益显著提升；此外，工业销售产值完成517.81亿元，比上年增长18.5%；工业产销率达到100.8%，与上年相比增加了0.7个百分点。

2004年保税区共实现商品销售总额2461.88亿元，比上年增长49.5%。外资贸易企业实现商品销售额快速增长为保税区商品销售额上升起到了重要推动作用。2004年保税区外资贸易企业共实现商品销售额2238.49亿元，比上年增长56.2%，占保税区商品销售额90.9%，比上年提高3.8个百分点。重点贸易企业，尤其是商品销售额超亿元的贸易企业不仅数量增加，增长速度也在不断加快，直接推动了保税区商品销售额的增长。据统计，2004年在保税区投资注册的贸易企业实现商品销售额突破亿元以上的企业单位达到419家，比上年增长72.4%。这些企业不仅依靠其巨大的销售网络，开展贸易活动，寻求最大经济效益，同时也带来了十分先进的经营模式，包括营销流程、管理经验方法等。这些企业全年共完成商品销售额2113.34亿元，比上年增长73.9%，占保税区商品销售额88.6%。其中排名保税区商品销售额前10位贸易企业合计实现商品销售额451.97亿元，比上年增长47.3%，占保税区商品销售额18.9%，是构成其增长的最主要部分。

2004年保税市场共完成各类商品交易额324.48亿美元，比上年增长30.3%。截至2004年末，加入保税市场成为市场会员的投资企业单位达到2467家，占保税区累计批准投资企业30.6%，其中，2004年新加入的会员单位755家，占30.6%。

【投资环境】 保税区始终把基础建设作为投资软、硬件环境的工作重点之一。2004年保税区一批重点工程建设项目陆续启动和完工，主要表现在航津路卡口工程全面启动建设、吴家祠堂修葺以及区内道路设施的整修项目上，使得区域综合投资环境得到了进一步的完善，在深化物流园区的投资建设方面也取得了一定的进展。2004年保税区共完成固定资产投资额22.52亿元，截至2004年底，保税区固定资产投资额已累计完成达到269.46亿元。

2004年保税区市政基础设施投资额完成7.74亿元，其中市重点项目保税物流园区本年完成投资额6.93亿元，占本年基础设施投资额89.5%，该项目已处于收尾阶段，累计完成投资额达到15.47亿元，占计划总投资额96.7%。此外，保税区无障碍设施改造工程涉及8条市政道路的改造已全面竣工并通过验收，市政道路绿化做到全覆盖。截至2004年底，保税区累计完成市政基础设施投资额达到57.95亿元，占保税区累计完成固定资产投资额21.5%。期末施工面积和竣工面积进一步增加。2004年期末保税区施工房屋建筑面积为101.66万平方米，比上年增长21.1%。2004年保税区竣工房屋建筑面积为43.74万平方米，比上年增长31.1%。其中工业厂房面积10.74万平方米，仓储面积27.69万平方米。截至2004年底，保税区已累计完成竣工房屋面积634.21万平方米。

【招商引资与利用外资】 2004年保税区强化招商力度，通过拓展招商渠道和方式，多次组团开展招商活动，积极吸引外资，提高服务质量，取得了一定的实效。但是随着2004年下半年国家商务部《外商投资商业领域管理办法》和国家发改委《汽车产业发展政策》等新政策的出台，保税区招商引资政策优势减弱，不少外商投资者处于观望状态，使得保税区招商引资、吸引外资受到了一定程度的影响，但仍突破1000个项目大关，全年共批准投资项目1010个。保税区通过优化项目结构，注重项目质量，完善综合投资环境，增强服务质量来积极吸引或促进外商企业尤其是外商独资企业扩大经营规模，追加投资，推动吸引投资继续保持一定幅度的增长，全年吸引投资总额14.74亿美元，创历史新高，比上年增长8.4%。

随着投资企业经营效益的提高，生产经营规模不断扩大，追加投资现象不断涌现，有力地推进了保税区吸引投资额的增长。2004年保税区增资项目达到367个，比上年增长52.3%，净增加126个，平均每天即有一家投资企业进行增资扩容。这些增资项目共吸引投资额8.29亿美元，比上年增长1.64倍，占保税区吸引投资总额56.3%，其中合同外资增资达到3.80亿美元，占合同外资额49.3%。投资额1000万美元以上（不包括增资）的项目取得了新进展，为吸引投资额的上升起到了重要推动作用。2004年保税区新批准投资额1000万美元以上（含1000万美元）项目合计达到13个，共吸引投资额2.57亿美元，占投资额17.4%。

2004年保税区共吸引外商投资项目868

个，比上年减少6.4%，占项目数的85.9%，尽管外商项目数与上年相比出现一定的下降，但吸引外商投资额增长快。全年共吸引外商投资额13.36亿美元，比上年增长23.1%，占投资额90.7%，其中833个外商独资项目共吸引投资额12.55亿美元，比上年增长85.4%，呈现快速增长态势。外商投资额的增长促进了合同外资的快速增长。2004年保税区共吸引合同外资7.71亿美元，比上年增长26.3%，占外商投资额57.7%。实际利用外资也在此基础上稳步增长，全年保税区实际利用外资5.80亿美元，比上年增长15.8%，占全年合同外资75.3%。

2004年共有54个国家和地区在保税区投资，比上年增加8个国家和地区。按投资项目数排名，列前三名的分别是日本215个、中国香港地区117个、美国79个，合计占保税区投资项目47.4%。此外，新加坡、韩国、英属维尔京群岛投资项目也分别超过40个，紧随其后。按投资额进行排列，位居前三位的分别是荷兰2.68亿美元、美国2.41亿美元、日本1.71亿美元，其他投资额较大的国家和地区还有中国香港地区、新加坡、德国等。

截至2004年底，保税区共批准投资企业项目8064个，吸引投资总额已经突破100亿美元大关，达到101.55亿美元。从内外资情况划分，外资企业项目累计达到6232个，占总量77.3%，比上年增加1.3个百分点，吸引投资额达到85.75亿美元，占投资总额84.4%，比上年增加1.0个百分点，无论项目数还是投资额均占绝对比重，其中外商独资企业项目达到5601个，占投资项目数69.5%，吸引投资额63.36亿美元，占投资额62.4%。投资总额的上升也带动合同外资和实际利用外资的增长，截至2004年底，保税区合同外资达到46.53亿美元，占投资总额45.8%，实际利用外资已达到34.95亿美元，占合同外资80.5%（以2003年外资企业年检合同外资额为基数）。按投资国别情况划分，保税区已有82个国家和地区注册投资，按投资项目数排名，列前六位的分别是中国香港地区1626个、日本1236个、美国744个、台湾地区382个、新加坡373个、英属维尔京群岛272个。按投资额进行排列，位居前六位的是中国香港地区23.27亿美元、美国17.21亿美元、日本10.16亿美元、荷兰8.17亿美元、新加坡6.16亿美元以及英属维尔京群岛2.80亿美元。世界500强的跨国公司已有131家进驻保税区进行投资，其中500强排名前五位的沃尔玛、通用汽车、埃克森美孚、壳牌石油、英国石油均在保税区投资注册，为提高保税区经济运行质量做出了重要的贡献。

【进出口贸易】 随着保税区三大产业功能的深入拓展，区内企业经营规模持续增长，保税区与世界各国进出口贸易往来关系愈发密切，此外，在海关总署和质检总局的大力支持下，上海口岸“一单两报”试点工作率先在外高桥保税区企业开展，极大地提高了货物通关效率，促进保税区进出口贸易额呈现大幅增长态势。据上海海关统计，2004年保税区完成进出口货物总额突破300亿美元大关，达到308.15亿美元，比上年增长47.2%，净增进出口额98.84亿美元。

随着保税区投资企业生产经营规模持续扩大和到保税区投资注册的国家和地区不断增加，特别是在内资企业和外商生产性企业进出口贸易政策放开的前提下，越来越多的进区企业利用保税区的政策优势开展进出口贸易活动，进一步加快了保税区进出口总额的快速增长。2004年保税区内开展进出口业务的企业已达到2478家，比上年增长16.5%，净增351家，其中开展出口业务企业达到1335家，比上年增长29.0%，净增300家，开展进口业务企业2376家，比上年增长16.4%，净增334家。

2004年保税区与143个国家和地区发生了进出口贸易业务往来，与上年相比增加14个国家和地区。其中10个国家和地区的进出口贸易总额超过10亿美元，与上年相比增加4个，列前五位的分别是美国50.48亿美元、日本50.47亿美元、韩国31.67亿美元、中国香港地区26.42亿美元、中国台湾地区23.39亿美元，这五个国家和地区进出口贸易额合计达到182.43亿美元，比上年增长49.1%，占保税区进出口贸易总额59.2%。

保税区国际贸易业务活动的迅速增加、物流分拨下的保税仓储转口贸易优势的日趋突出、通关速度进一步提高以及出口退税政策的落实，极大地鼓励企业扩大出口业务的积极性，使得保税区出口额呈现大幅增长态势。2004年保税区共完成出口货物总额87.86亿美元，创历史新高，比上年增长81.0%，占保税区进出口总额28.5%，净增出口额达到39.32亿美元。

进口额依然保持较快增长速度。随着保税区贸易业和物流分拨业的强势发展，保税区优越的地理位置、较为完善的政策优势以及良好服务功能促使保税区众多大型贸易及分拨企业把保税区作为其商品销售、分拨、转口中转基地，货物经保税区窗口转入上海周边、长三角地区的出口加工区乃至国内其他经济发展区域，保税区对内、对外的辐射功能得到进一步增强，使得保税区进口额持续增长。2004年保税区共完成进口货物总额220.29亿美元，比上年增长37.0%，占保税区进出口总额71.5%。

【物流建设】 保税区物流功能进一步拓展，外高桥地区作为上海市现代国际物流基地继续有效推进，与贸易业和出口加工业关系日趋紧密，外高桥港区货物吞吐量大幅度增加以及空运直通快速发展等有利因素，使得物流业经营规模持续扩大，成为推动保税区经济总量增长的重要因素。据统计，2004年保税区从事物流业务的企业共971家，拥有仓储面积136.67万平方米，比上年增长10.5%。全年保税区物流企业共完成营业（销售）收入突破1000亿元大关，达到1042.82亿元，比上年增长31.6%，实现增加值132.8亿元，比上年增长44.5%，占保税区增加值29.0%。

保税仓储转口货物基地作用越发显著。随着保税区贸易、物流分拨企业的持续走强、保税区区位优势进一步体现，众多跨国公司纷纷把保税区作为商品货物在国外与国内之间进行往来的桥梁，上海周边地区以及长三角地区经济的欣欣向荣，第三方物流业的快速发展标志着保税区物流产业进入到一个新阶段，极大地提升了保税区物流产业的功能，使得保税区国际物流功能得到充分的发挥，在很大程度上体现在保税仓储转口货物进出口量上。2004年保税仓储转口货物进出口额达到199.19亿美元，比上年增长48.8%，占保税区进出口总额64.6%，其中保税仓储转口货物出口额为25.61亿美元，比上年增长1.32倍，呈现倍增态势，占保税区出口额29.1%，而保税仓储转口货物进口额为173.58亿美元，比上年增长41.3%。

作为我国第一家实施“区港联动”试点的上海外高桥保税物流园区是保税区10平方公里的重要组成部分，也是上海市“十五”期间重点规划的三大物流基地之一，2004年4月15日顺利通过国家海关总署联合验收小组的验收，进入实质性封关运作。物流园区开发面积为1.03平方公里，总投资额为16亿元，重点引进国际知名航运企业、跨国采购中心和第三方物流企业，鼓励发展仓储和现代物流产业，促进国际港航产业和现代物流产业的联动发展。

园区内基础设施已经基本竣工，其中建设道路9公里，河道2公里，监管卡口3座，海关查验场地2万平方米，平整土地

80万平方米，临时通关大厅500平方米。现已建成14万平方米集装箱国际转运区、5.1万平方米单层仓库和调度中心楼。全年保税物流园区共完成固定资产投资额6.93亿元，期末销售、出租房屋面积合计为9.41万平方米。此外商务中心综合楼、联合楼正在建设当中，28万平方米双层仓库也在抓紧土地平整和招投标工作。

随着保税区与全世界各国之间经济贸易关系的日益紧密，进出口贸易额的不断攀升，使得外高桥港区货物吞吐量和集装箱吞吐量均得到了极大的提升，为上海港成为全球第二大港做出了重要贡献。2004年外高桥港区共完成港口货物吞吐量接近8000万吨大关，达到7995.5万吨，比上年增长43.4%，已占上海港货物吞吐量21.1%（上海港3.79亿吨），比重提高3.5个百分点，集装箱吞吐量接近1000万标箱的大关，达到943.1万标箱，比上年增长42.6%，已占上海港集装箱吞吐量64.8%（上海港1455.4万标箱），比重比上年提高6.2个百分点。

（上海外高桥保税区管委会）

宁波保税区（出口加工区）

NINGBO FREE TRADE ZONE

【经济发展】 2004年，宁波保税区实现GDP 48.8亿元，同比增长21.9%；工业总产值56.1亿元，同比增长61.9%，工业增加值11.2亿元，同比增长40.8%；固定资产投资11.3亿元，同比下降6.4%；财政收入11.5亿元，同比增长13.6%；海关税收总额11.1亿元，增长13.7%。

【投资环境】 2004年，宁波保税区完成基础设施投入1.9亿元，完成了110千伏甬税变建设并投运，启动了保税南区35千伏箱式变建设，区域供电环境进一步改善。确定并实施了21项服务实事工程；积极探索建立企业服务“绿色通道”诚信管理机制，进一步规范服务制度，提升服务水平；全年为企业引进各类专业技术和管理人才3000余名，其中本科以上学历人才900名；成立安检局，加强了安全生产工作；成立了保税区派出所，加强区域社会治安综合治理工作，广泛开展企业“创安”活动，保证了一方平安。

【招商引资与利用外资】 2004年，宁波保税区共引进企业429家，注册资金8.02亿美元，其中内资企业337家，引进内资注册资金19.68亿元；三资企业92家，全区合同利用外资5.58亿美元，实际利用外资1.81亿美元。全年新批生产型（仓储）46个，总投资6.63亿美元，其中投资额1000万美元以上的项目12个，投资总额5.50亿美元，占全年引进外资企业总投资额的77.5%。

其中2004年宁波出口加工区共引进项目16个，均为外资项目，总投资5.03亿美元，合同外资3.95亿美元。截至2004年底，宁波出口加工区已累计落户项目25个，其中外资项目24个。

1000万美元以上项目主要有：宁波奥

威尔轮毂有限公司，总投资2000万美元；宁波恒正精密机械制造有限公司，总投资1200万美元；宁波首佳液晶科技有限公司，总投资2988万美元；宁波海天集团机械制造有限公司，总投资2500万美元；宁波美宁科技有限公司，总投资2500万美元；宁波保税区提爱思泉盟汽车内饰有限公司，总投资1000万美元；宁波出口加工区提爱思泉盟汽车内饰有限公司，总投资1000万美元；宁波艾思达克科技有限公司，总投资2900万美元；宁波华屋电子有限公司，总投资9000万美元；宁波禾平科技有限公司，总投资9800万美元；吉斯达（宁波）信用担保有限公司，总投资1200万美元。

【转口与出口贸易】 2004年，全区实现进出口总额20.45亿美元，同比增长64.7%，其中出口10.46亿美元，同比增长66.9%，进口10亿美元，同比增长62.5%；实现加工贸易进出口6.48亿美元，其中出口3.43亿美元，同比分别增长98.8%和126.2%；全年实现高新技术产品进出口总额3.69亿美元，占加工贸易总额的56.9%；完成转口贸易额2160万美元，同比增长85.4%。外贸结构进一步优化。一般贸易占全部出口总额的比重由2003年的75%下降到2004年的64.9%，加工贸易上升到2004年的32.5%，较上年提高8.6个百分点。出口额在千万美元以上企业23家，5000万美元以上1家。

2004年，宁波出口加工区完成加工贸易进出口总额1.54亿美元，自2004年6月实现首批加工成品出口以来，全年出口总额达到1亿美元。

【物流建设】 2004年，宁波保税区把物流产业作为区域产业发展的重点和新的经济增长点，积极探索物流市场建设，大力开展物流招商。全年共引进仓储物流项目6个，总投资3228万美元，其中引进物流分拨项目4个。与高新集团合作启动建设占地9万平方米的高新现代物流中心项目。同时，引进了货代、船代、报关等中介服务机构30多家，园区物流服务体系进一步完善。2004年，实现进出仓货物总值5.1亿美元，进出仓货物总量64.1万吨。

【高新技术产业和重点企业】 2004年，全区共引进高科技项目25个，投资总额4.05亿美元，合同外资2.49亿美元，实际外资4286万美元。

2004年，全区有10个项目列入国家级科技计划项目，24个项目列入宁波市科技计划项目，共获得资助经费2400多万元，其中无偿资助1854万元。立立电子分别列入国家“863”计划引导项目、国家发改委高技术产业化和产业结构升级专项项目、国家级高新技术企业；理工监测、宇泰软件、托普软件分别被列入国家火炬计划；思达利光电被列为国家创新基金；精工光电被列为国家科技攻关项目。

中纬积体电路正式投产，8英寸晶圆项目也在积极筹划中。理工监测公司主导产品变压器色谱在线监测系统已成功在三峡、大亚湾等国家大型电力项目中应用。威瑞泰公司的多相流量计产品填补了国内空白。唯奥基因公司十多项产品核心技术开发的多项产品为国内领先。完成26项双软认定工作，2个项目列入国家级火炬计划，3个项目获市科技创业资金，7个项目获得市软件发展专项资金资助。

2004年，留学生创业园新引进各类科技型项目7个，入园企业累计77个，实现技工贸总收入1.5亿元。2004年，软件园共引进15家软件企业，累计52家，形成了嵌入式软件、软件外包、行业应用软件三大领域并进的格局。

2004年，全区产值500万元以上工业企业达63家，其中产值亿元以上工业企业13家。

2004年，全区新开工、投产项目26个，其中，开工项目16个，投产项目10个。

【机构设置与管委会领导】 宁波保税区管委会共有12个部门、6个驻区机构、3家直属企业。12个部门为：管委办（党工办）、纪工委（监察局、审计局、综治办）、人事劳动社会保障局（组织部）、财政局、经济发展局（安检局）、建设管理局（国土规划局）、投资合作局、物流与市场局、留学人员创业园服务中心、国际软件园发展中心、招标投标管理中心、招商局。6个驻区机构分别为：保税区海关、保税区国税分局、保税区地税分局、保税区工商分局、检验检疫局保税区办事处、外汇管理局保税区办事处。3家直属企业是：控股公司、中海贸公司、保税区物业公司。

宁波保税区管委会主任（党工委书记）彭朱刚，党工委副书记施金国，管委会副主任柴利达、刘存华、李海宝、徐红。

（宁波保税区管委会办公室）

福州保税区

FUZHOU FREE TRADE ZONE

【经济发展】 2004年，福州保税区坚持发展第一要务不动摇，紧紧扭住经济建设中心不放松，区域经济呈现良好的发展态势，主要经济指标跃上新台阶，全年引进项目42项，总投资2962.3万美元，同比增长12.71%，合同利用外资633.47万美元，实际利用外资418.33万美元，分别完成福州市分解下达任务的104.5%和105.57%；进出区货物总值15.72亿美元，同比增长10.35%；进出口货物总值6.71亿美元，同比增长52.53%，完成年计划数的134.19%；工业总产值1.6亿元，同比增长29.9%；海关税收5.35亿元，同比增长45.21%；财政收入3630万元，同比增长12.28%。

【财政运行】 2004年，保税区强化财政运行机制，拓宽理财思路，运用综合财政预算管理体系，加强财政预算管理，强化国有资产管理，规范政府采购，狠抓增收节支，实现财政资金运转平衡，有力地推动了区域经济和企业发展。一是依法组织收入，实现财政持续增长。严格依法治税，规范税收入库退库管理。强化对重点税种、重点税源的征收管理，从源头抓监控，确保收入进度。加强财税、国库联系协作，做到应收尽收。全年财政总收入同比增收350万元，增长12.28%，可比口径3496万元，同比增收526万元，增长17.7%。二是抓财税调研工作，促财税增收。积极配合国地税部门下企业开展税收调查研究，协同税务部门赴中诺、南凯等商贸企业调研，宣传财税政策，掌握第一手税源动态，挖掘税源，为财税增收做好铺垫，全年国地税税收收入都超过年计划和9月份追加任务计划。三是加强财务管理，发挥财政应有作用。严格执行行政事业单位财务报销手续若干规定，严格采购运作规程，规范政府集中采购工作，降低政府采购成本。

【投资环境】 2004年，福州保税区加大措施创造服务企业氛围，大力发展服务生产力，把为企业提供一流、全优的服务当作重要大事来抓。一是发挥区级行政审批管理权限，为企业提供最直接的行政服务。保税区享受的区级外经、规划、建设、环境等行政审批管理权限全部到位，由相应部门承担了相应职能，并实现了与上级业务主管部门的业务顺利对接，为企业创造了更加优越的审批服务空间。二是完善服务中心服务体系，扩大服务内容，提升服务质量。在服务中心原有的服务基础上扩大服务内容，将原来的单纯项目审批代办拓展为企业生产、经营、招聘人才、劳动力、建设项目全程代办等服务，健全了岗位责任制、服务指南、投诉制度等，明确了分工职责，形成了项目引进审批“一条龙”服务体系，项目建设“全方位”服务体系，企业开工投产后“经常性”服务体系，培植了更为便捷、优质的服务土壤。三是加大企业调研力度，及时为企业排忧解难。保税区管委会分管外经贸领导按照加工、物流、商贸、仓储等企业性质分批分次下企业调研，全年共6次走访了40多家企业，实地参观了企业生产第一线，听取企业负责人有关企业生产经营方面情况介绍，询问企业在生产经营过程中存在的困难和问题，当场进行登记落实，定期解决并反馈，相继为区内加工和物流仓储企业解决了诸如供电、货物通关外汇使用以及一些生活问题，增强了投资者投资信心，产生了极大的积极效应。四是积极与相关职能部门沟通协调，帮助企业解决注册或生产经营问题。针对企业在注册或生产经营中存在的困难和问题，积极主动与上级主管部门或相关职能部门取得联系、沟通，求得支持，达成共识，把企业的困难和问题解决在萌芽中。五是加强政策学习，提升服务企业水平。不断强化干部政策和业务理论学习，及时了解掌握外经、工商、税务、海关等最新工作动向和出台的政策措施，以优秀的理论知识服务企业。

【招商引资与利用外资】 2004年，福州保税区大力实施项目带动战略，克服国家外经贸政策的调整和“入世”有关政策带来的负面影响，特别是克服保税区企业受进出口经营权限制及商贸企业一般纳税人资格门槛提高等影响，突破“瓶颈”，突出重点，招商引资工作到位、措施有力，促进了招商引资工作稳步向前。根据保税区发展现代物流业主导思想，在招商引资工作上采取了针对性措施，举办专场招商活动，主要吸引主导产业项目入区。2004年5月13日在福州举办福州保税区物流政策推介暨项目签约仪式，吸引了省市三资企业、外贸公司、货代、航运界企业及钢铁、电子、纺织行业等100多家企业参加，共签约了项目11项，总投资2059万美元，项目涉及到物流加工、国际贸易等业务，为保税区的经济建设增添了主力军。推出新政策新举措是推进招商引资工作的一个关键。福州保税区加大了招商引资的政策研究力度，在借鉴和学习兄弟保税区先进经验的基础上，创造性地推出了《关于加快福州保税区物流业发展十项措施》和财政扶持措施，引起了积极反响，吸引了一大批从事物流和国际贸易项目入区运作。“海交会”和“投洽会”是福建省两个招商引资的盛会，利用这两大盛会开创保税区招商引资工作新局面一直是工作重点。保税区成立了由管委会领导挂师的盛会招商团组，制定了明确目标，进行了精心准备，设置了专场展位，展示形象和进行招商宣传，收到积极成效。在2004年“5.18海交会”中，签约外资项目21项，协议外资2718.88万美元，其中合同项目7项，协议外资630.88万美元，协议项目13项，协议外资2088万美元。在“9.8投洽会”中，签约外资项目11项，协议外资1928万美元，取得了较往年大幅增长的招商引资成效。继续利用原有招商引资平台，全面铺开网络招商、以商引商、代理招商、走出去招商等各种招商手段，积极发挥招商引资工作机制，明确落实责任，强化项目跟踪，提升项目成功率；发挥招商激励机制，奖励招商引资贡献的招商个人和招商团体，进一步激发了全员招商积极性，形成了良好的招商引资氛围。

【物流建设】 现代物流业是保税区的优势所在，它是连接国际国内两大市场最便捷渠道的最有效办法，做大做强物流产业对拉动保税区经济持续增长具有十分重要的推动作用，同时将积极为福州市及周边地区的三资企业和外贸企业提供最现代的物流配送服务，提高保税区物流辐射能力。一是增强物流业发展环境。福州保税区加大区内物流企业的服务力度，实行预约加班通关服务，只要企业需要，服务就随时跟到，做到企业随时进、出货物两不耽误，保证配送企业的物流需求，为发展物流业创造了良好的发展氛围。二是抓好物流项目，以示范效应带动全区物流配送服务水平。充分利用保税区政策优势，大力抓好区内重点物流企业的发展，以示范效应推动全区物流配送服务上水平。区内捷联电子、冠捷电子、华映光电、三协精机、天津航都、天津环发等六家企业作为现代物流企业的品牌，共完成进出口业务量达6.3亿美元，撑起保税区物流业江山，并吸引带动了一批物流企业入区开展现代物流业务。三是物流辐射作用强劲。保税区的物流功能重在为周边地区提供物流服务，起到辐射作用。全年共为福州市三资企业和外贸企业及周边地区企业提供了十多亿美元的物流配送，大大降低了这些企业的经营生产成本和提高了产品的市场竞争力，充分显示了保税区物流功能的重要作用。

2004年，新建设库房建筑面积2.86万平方米，竣工面积1.03万平方米。完成区内各支路路口交通标示牌、警示牌；全年引进民资建设仓库1.2万平方米，堆场5000平方米，企业自建仓库6.02万平方米。新增绿化面积3000平方米；投资建成区垃圾转运站。

【党建工作】 2004年，保税区管委会将加强党的建设工作列入重要议程，把始终保持党的先进性和增强党的创造力当作大事来抓，积极开展建设学习型党组织活动。从组织、作风、思想三个方面入手做好党建工作。一是加强党的组织建设。进行党支部班子调整，顺利完成了支委新老交替，加强了党的领导力量，增强了党组织活力和凝聚力。培养了2名入党积极分子为预备党员，不断增强了支部活力和党的力量。二是加强党的思想作风建设。积极组织全体党员学习先进、学习典型，共布置了六场专场学习。组织党员参观学习反腐倡廉展览，利用节假日与工商、税务党支部组织了赴罗源参观闽东第一党支部遗址及罗源革命烈士陵。与海关党支部等建立了共建支部关系，开展了支部共建活动，增加支部间的团结和活力。继续抓好团员工作，全区3名团员被评为优秀团员，1名团干被评为优秀团干，为党储备后续力量。三是加强党风廉政建设。深入贯彻执行中央纪委有关廉政规定，建立健全党风廉政建设制度，坚持开展理想信念教育和警示教育，积极坚持政务公开，增强工作透明度，有力地促进了机关工作作风的改善，形成了高效、廉洁、奉公的工作氛围。

【管委会领导】 福州保税区管委会常务副主任陈承茂，副主任张凌。

（福州保税区 王钢清）

边境经济合作区篇

黑河边境经济合作区

【经济发展】 2004年，在工业园区建设的带动下，黑河合作区经济初步呈现出强劲发展态势，除固定资产投资外，其他各项经济指标比上年均有大幅度提高。全年GDP实现1.23亿元，增长25.5%。工业经济在连续两年高速增长的基础上，又取得突破性进展，工业增加值实现1800万元，增长206%。对外贸易进出口总额实现2814万美元，增长133%。固定资产投资完成2.48亿元，增长33.7%。招商引资实现8800万元，增长47%。财政一般预算收入完成1253万元，增长20.1%。

【财源建设】 2004年经过市区两级筛选，共有18个项目相继上报省财政厅，其中园区二期线路改造贴息和联谊木业技改贴息项目已经立项，财源建设前期专项借款、园区排水项目、纳入预算管理项目等专项资金已经到位2087万元。坚持依法治税，依法治费，堵塞漏洞，挖掘潜力，顺利完成了全年预算收入和各项收入基数，同时调整支出结构，在保工资、保运转的基础上，优先安排招商引资和项目建设等重点支出，严格控制会议费、差旅费、维修费等一般性支出。在工资晋级、办公楼工程款以及公安专项经费等增支因素较多的情况下，确保了园区二期工程开工前必须的前期经费、管理费用和间接费用，初步达到了“保重点、求发展”的目标要求。

【投资环境】 组织区内12家中央和省、市直属单位，筹集5万元资金，完成了龙滨路、龙科街等街路的绿化任务，新种植各类苗木1038株，并采取了预防措施确保成活率。完成了辖区内其他路段两侧绿地种植、行道树的养护，以及新兴基础原材料加工区内1万平方米的绿地建设。由于新修建部分路段及人行道，新增保洁面积14万平方米，使全区保洁面积达到了41万平方米，通过强化对保洁公司的管理，进一步细化承包合同，做到了垃圾日产日清，达到了“四净”、“五无”的标准，在城区卫生检查中多次受到表扬。加强了城市环境综合整治，严格控制排污总量，对排污超标的70家饭店、10家浴池进行了整改，有效地保护了生态环境。

完成了国有企业失业、下岗职工由基本生活保障向失业保险制度并轨工作，通过调查摸底，将符合规定的7户合作区直属企业39名职工纳入并轨范围。加强劳动力市场管理，目前在合作区劳动力市场登记人员已达1400余人，2004年为加工区入区企业招工600余人，培训各类技术人员200余人。积极开展劳动监察和使用童工、工资支付等各项专项检查，全年受理举报案件23起，结案率100%，对用人单位的违规行为进行了限期整改，保障了职工的合法权益。在机关及事业单位推行激励机制，与第13个月工资挂钩，激发了干部职工的工作积极性。积极开展安全整治，尤其是加强了新兴基础原材料加工区安全生产工作，建立、健全了安全工作机制，对重大隐患、危险源实施监控，保证了加工区生产建设顺利进行。

【招商引资】 2004年黑河合作区围绕园区建设，先后到齐齐哈尔、沈阳和浙江、山东等地开展有针对性的招商活动，同时利用“哈洽会”、“东博会”以及报纸、互联网等传媒，大力宣传合作区独具特色的招商项目、宽松优越的投资环境和经济发展强势，《黑龙江日报》、《黑龙江经济报》、《生活报》、黑龙江电视台等重要媒体都对此进行了报道，并在省内外引起了广泛关注，一些厂商纷纷来电来函咨询洽谈有关项目。根据实际情况，修改调整了新兴基础原材料加工区优惠政策，并得到了市政府的批准，为做好招商工作起到了很大的促进作用。新兴基础原材料加工区二期招商工作已经取得初步成果，新增11亿度/年的耗电量已初步安排完毕，同时吉斯达（黑河）国际商务港、黑龙江大桥桥头区、清洁燃料油、一诺建筑装饰材料大市场等一批新领域的项目也来此落户。

【对外贸易】 在抓好合作区外经贸企业的同时，下大力气做好龙华电力公司、奥神公司等挂靠企业的服务工作，主动下企业了解运行情况，积极帮助企业寻找客户，对接市场，解决问题。在以进口化工产品为主的奥神公司的带动下，2004年各外经贸公司贸易额均有较大幅度增长，对外贸易额在上年突破千万美元的基础上，再上了一个新台阶，实现2814万美元，为合作区对俄经贸尽快发展壮大打下了坚实基础。2004年7月黑河市重新放开旅游市场后，海外旅行社和国旅总社相继落户合作区，运转良好，共接待出入境团组887个，旅游人数17500人次，实现营业收入1620万元。

【重点项目】 新兴基础原材料加工区一期建设已基本完成。2004年4月1日俄电网向加工区供电正式开通，4月中旬至12月初，4家入区企业投资建设的6台6300千瓦工业硅冶炼炉相继投产，全年实现工业硅产量7300吨，耗电1.3亿度，税收400万元。在做好一期工作的同时，扎实抓好二期建设。经过筛选，与北京克洛姆公司、黑化集团等5家企业签订了合作意向书，目前有的企业已经入区建设。加快二期基础设施建设，道路和给排水工程全面展开，预计2005年6月竣工，建成后将能够满足新增11亿度用电项目摆放的需要；木材加工区开发建设方案已经完成，新址已经确定，现有的木材加工企业运转正常；吉斯达（黑河）国际商务港项目推进顺利，注册工作已经完成，委托广州市建筑设计研究院进行项目编制设计，计划2005年5月1日项目基础设施和地上建筑工程全面开工。

【精神文明建设】 按照《黑龙江省文明单位建设条例》和《文明单位建设管理办法》的要求，深入开展各项创建活动。通过采取专题培训、观看电教片等形式，开展了“做学习型人才”的教育活动，组织召开了振兴东北老工业基地战略研讨会和学习贯彻市党代会精神理论研讨会，促进了广大干部职工整体素质的提高。积极组织和踊跃参加各类文体活动，在全市第三届运动会中，合作区代表队荣获团体第六名和体育道德风尚奖，在广场文艺演出、“联通杯”乒乓球比赛等活动中也都取得了好成绩，展示了合作区广大干部职工求真务实、争先创优的良好精神风貌。全年为灾区和贫困户捐款10800元，捐衣物174件，认真开展了“一帮一”扶贫解困活动，使职工受到了生动的教育，也体现了爱心。

【机构设置与管委会领导】 黑河边境经济合作区设有党委和管委会，管委会为市政府的派出机构，对合作区内经济贸易合作实行统一领导和管理。管委会下设11个机构，即经济发展局、财政局、建设局、房地局、环保局、公用事业管理局、劳动人事局、企业管理局、党委办、行政办、政研室，行政事业人员共计155人。另有市直所属的国税、地税、公安、工商4个分局。

黑河边境经济合作区党委书记、管委会主任苏振平，党委副书记、管委会副主任于宏，党委副书记、管委会副主任何平，管委会副主任周俊、宋祥国、田鹤立、王鹏锐。

（黑河经济合作区　郭山）

绥芬河边境经济合作区

【经济发展】 2004年，绥芬河边境经济合作区GDP实现5.16亿元，工业生产总值实现1.3亿元。自建区以来，合作区累计投资22.26亿元，其中基础设施累计投资9.99亿元。2004年，绥芬河合作区共引进工业项目4个（到位资金3.76亿元），基础设施项目2个、投资1.42亿元。截至到2004年末，孙家沟木材工业园区内可供使用的52.7万平方米的工业用地，已出让42万平方米，出让率为79.6%；合作区建设日趋规范化、规模化。为把合作区木材加工业做大做强，使绥芬河真正成为中国北方重要的木材加工基地，绥芬河市政府先后出资1550万元，对孙家沟木材工业园区的供电、供水、排水、道路等基础设施进行了配套，并相继引进了神华实木家具厂和朗顺中密度板厂等一批木材精深加工项目。

【投资环境】 绥芬河作为边境口岸城市，在对外开放、经贸合作等方面具有较为突出的优势。一是地缘优势。绥芬河边境合作区处于东北亚经济圈的中心地带，是目前通往日本海最大的陆路口岸。二是通道优势。绥芬河是黑龙江省便捷的出海口和对外开放的主通道，有铁路、公路与俄相通。滨绥、滨洲铁路以及与之并行的301国道是东北最重要的的东西向交通线，东经绥芬河口岸与俄罗斯远东铁路和最大的港口群相连，西经满洲里与西伯利亚铁路相衔接，为东北地区以及亚欧大陆之间的经济交流构建了一条极具竞争力的陆海联运大通道。经由绥芬河口岸，通过俄海参崴、纳霍德卡等港口，陆海联运货物可直达日本海以及东南亚等国家和地区。以哈尔滨为中心，走这条通道到日本海沿岸国家要比走大连可缩短运距1000多公里。三是口岸优势。绥芬河现有公路和铁路两个口岸与俄罗斯对面城市相通，两个口岸均为国家一类口岸，长期承担着中俄贸易进出口商品的中转运输和分拨任务。铁路口岸24小时通关，口岸过货能力达到1000万吨，口岸过客达50万人次。四是政策优势。绥芬河市是黑龙江省进口原木加工复出口的惟一指定口岸，是国家铁道部确定的国家二类集装箱站，享有沿边开放城市政策、互市贸易区政策、边境贸易政策。企业经营进口环节减半征税的商品在销售环节继续享受优惠、出品退税、直通车结汇等政策。

【对外贸易】 绥芬河是开放型经济比较发达的城市。边境贸易持续繁荣，一般贸易稳步增长，形成了具有相当规模的对外贸易体系。贸易领域已经由最初的远东地区拓展到乌克兰、白俄罗斯、波罗的海沿岸国家，进入中亚地区市场。同时，充分利用有利的国际环境和国际陆海联运大通道开通的便利条件，又将贸易领域拓展到美、日、韩、东南亚及港澳等国家和地区。对俄贸易商品相对稳定。进口商品主要有木材、纸浆、原油、化肥、合成橡胶、初级塑料原料、化工产品、废旧钢材、精矿石粉等。出口商品主要有服装鞋帽、家用电器、果品蔬菜、建筑装饰材料等。多种贸易形式同步发展。绥芬河合作区在大力开展边境贸易的同时，还开展了一般贸易、边民互市贸易和旅游贸易。

【管理与服务】 2004年，绥芬河合作区继续实施了“大开放、大招商、大发展”战略，把软环境建设摆到了突出位置，从制度建设和完善服务机制入手，努力为投资者创造低成本、高效率的商务环境。加强了合作区内重点项目的跟踪服务，促进了项目履约率、资金到位率和开工投产率。投资环境得到了进一步完善，使合作区经济得到了健康、快速、稳步的发展。2004年绥芬河合作区从解决客商反映强烈的问题入手，建立招商引资工作新机制，实行“三维”工作方式和“六个一”推进机制，即：领导干部要用三分之一的时间抓招商项目、三分之一的时间跑上促外要政策扩影响、三分之一的时间处理日常工作保稳定，以及“一个重点项目、一个领导、一套班子、一个方案、一讲到底、一抓到底”，确保了招商引资工作的有效运行。坚持实行“一站式”办公，“一条龙”服务的工作机制，简化办事程序，提高服务质量和办事效率。

【重点企业与项目】 2004年，绥芬河合作区把招商的重点转移到引进战略投资者和大项目建设上，重点推进中俄绥—波贸易综合体与木材工业加工园区建设，发挥大项目对促进绥芬河市经济增长的辐射带动作用。在孙家沟工业园区内，由哈尔滨圣中集团投资5000万元兴建的神华实木家具厂，到位资金3073万元，已完成了厂区和厂房的建设，预计一期工程建成投产后可年创利税2000万元以上；杭州金力浦电器集团投资1.6亿元的电视机组装厂，已完成设备安装；北京振海伟业置业有限公司投资4.6亿元的人工湖改造项目，到位资金600万元，完成平整场地拓宽湖面工程。此外，国锋木业、三峡木业、汇鑫木业和亿新家具制造厂的二期工程也已竣工并投入使用。由哈尔滨铁路项目中心投资3.15亿元人民币扩建的铁路站场工程已全部竣工，使绥芬河铁路口岸的年过货能力达到1000万吨。中俄绥芬河—波格拉尼奇内贸易综合体建设取得了突破性进展。绥—波贸易综合体位于黑龙江省绥芬河市公路口岸与俄滨海边疆区波格拉尼奇内边境线两侧，面积4.53平方公里，其中，中方1.53平方公里，俄方3平方公里。2004年引进了战略投资者—世茂集团，8月全面启动。绥—波贸易综合体是以国际贸易为主导，集贸易、旅游、商务、会展、金融、物流、加工等多功能于一体的，中俄双方同步建设的通道相连、功能互补、政策对接、封闭运行的综合性边境经贸区。预计2010年全部建成，总投资约100亿元人民币。一期规划面积中方0.72平方公里，俄方0.8平方公里，总投资约33亿元人民币。目前，世茂集团投入绥—波贸易综合体建设的到位资金达3.6亿元人民币，完成了8.4万平方米国际商展中心主体工程和五星级酒店基础工程。中方一侧新建的联检楼、供电、供热、人工湖、水渠、主干道及区内管网，计划6月初陆续开工，各项工程的招投标工作已经完成；俄方一侧的联络中心和多功能综合体，目前正在进行招投标，计划分别与6月初开工建设。

（绥芬河边境经济合作区管委会）

满洲里边境经济合作区

【经济发展】 2004年，满洲里合作区经济发展进入快速发展期，区域经济初步形成了以进口资源加工业为龙头，多产业并进，向规模化，集约化方向发展的势头。区内木材加工业发展迅猛，产业规模逐步扩大，木材加工企业总数达84家，产值占全区工业产值的60.7%，年加工量达到80万立方米，占满洲里市进口俄罗斯木材的13.3%。建材建工业技术更新步伐加快，生产扩张能力增强。外向型加工仓储产业形成，以菜果出口为主的仓储物流业扩大，全年出口俄罗斯菜果20万吨。生产裘皮、窗帘、渔具、小型机电产品的出口加工企业悄然兴起，对俄出口势头强劲。全年完成GDP 5.4亿元，同比增长157.1%；工业总产值3.6亿元，同比增长102.7%；工业增加值1.3亿元，同比增长114.5%；对外贸易进出口总额550万美元，同比增长3.8%；财政收入7355万元，同比增长29.1%。

【投资环境】 2004年是满洲里合作区领导班子新老交替的一年，6月份，新一届领导班子组成后，针对合作区原6.4平方公里区域内项目已摆满的现实，提出了以扩大城市规模、完善城市功能、优化投资环境、提升服务水平、增强区域竞争力为中心内容的城区东扩战略。在这一战略的指导下，满洲里合作区的基础设施、城市功能、软环境建设力度进一步加大，投资环境进一步优化，呈现以下特点：

第一，位于东扩区的进口资源加工园区的基础设施建设全面启动，满足了进入园区企业在水、电、交通、通讯等方面的需求。

第二，城市功能进一步完善，城市管理水平明显提高。市重点工程世纪大街合作区段的机动车道建设、人行道铺设及路灯安装如期完工，永联路、合作路北段建设工程、交易路人行道建设工程及城市的美化、亮化、夜景灯光工程相继完工，房地产建设投资持续增长（总投资1.7亿元，同比增长89.4%），休闲娱乐项目取得积极进展，居民住宅的开发和小区的美化、亮化、硬化工程同步推进。区内为投资者提供业务、信息、生活服务的海关、检验检疫、电视台、报社、商业网点、俄语学校、中小学校的设施功能进一步完备。城市的绿化、美化工作及公共设施管理、垃圾处理的市场化运作效果良好，区内环境卫生质量进一步提高。社会治安"打、防、控"一体化建设力度加大，防火、防盗、人民信访工作的应急机制进一步健全，城市管理保持了领先地位。

第三，软环境建设实现了新的突破。一是树立大服务理念，实施"星级服务"。推进"一站式"、"贴身保姆式"服务，不断拓展服务领域，不仅从项目可研到竣工投产进行全程跟踪服务，还积极探索"走出去"为企业开展营销服务的路子。二是开辟项目的"绿色通道"，对项目实施"一事一议"、"一项一策"。积极帮助企业争取和兑现优惠政策，通过多方协调，解决了进口原木加工锯材试点运作过程的问题；积极争取进口原木落地加工免熏蒸的政策；发起组建了满洲里市木材行业协会。三是加强软环境机关作风建设，完善机关内部管理制度，推行办事承诺、首问责任制。随时向企业征求意见，针对问题及时整改，机关的服务质量和办事效率不断提高。四是用良好的感情联系促进投资关系。合作区新班子提出只要企业在合作区内就要放在心上，就要用真诚和友好去感染对方的新理念，对投资者既谈投资又重情谊，着力增加投资关系的感情基础。为沟通感情，增进了解，合作区的领导经常深入企业了解情况，不仅关心企业的生产情况，还关心投资者的生活情况，在中秋、元旦、春节等重要节日期间，区领导都和投资者们一起联欢，大大增加了合作区的亲合力。五是编制《俄罗斯林业资源概况》、《俄罗斯化工资源概况》等资料，为投资者提供决策服务。

【招商引资】 2004年，满洲里合作区招商引资立项97项，计划总投资7.2亿元，实际到位资金3.5亿元，同比增长102.6%，是前4年的总和。全年招商引资的特点，一是大力实施"走出去"战略，主动敲门招商，推介项目，推动了区内主导产业、特色产业——木材加工产业的迅速发展。到2004年底，区内木材加工企业总数达84家，产值达2.2亿元，占区内总产值的60.7%。二是在建项目进展顺利。区内香港联发、山东欧亚、黑河联众等重点投资企业的二期扩建工程陆续完工，山东龙大集团投资3000万元兴建的生产集成材项目，当年立项、当年竣工、当年投产运营（一期工程），停建近两年的蓝氏家具项目重新启动，显示了投资者对合作区投资环境的信心。三是招商引资与企业改制相结合，促进了产业结构的优化。长春皓月集团收购区内老企业木材公司兴建清真肉食加工出口项目已进入实施阶段，这个计划投资1亿元的投资项目的入区，将增加合作区对俄出口产品的种类和数量，带动仓储物流产业的发展。

【产业结构】 依托满洲里口岸地缘优势，利用国内国外两个市场、两种资源，按着大项目—产业链—产业群—产业基地的发展方向，满洲里合作区初步形成了以进口资源加工业为基地，以木材、轻化工加工业为龙头，以建材、轻纺、食品加工、物流产业为支撑的产业结构。

【社区建设】 满洲里合作区内设有两个街道办事处，管辖7个社区，20个居委会，5万多居民。2004年，社区的便民服务范围扩大，服务组织健全。卫生服务站、残疾人康复站、残疾人协会、助残助困捐助站、劳动保障事务所、法律服务站、红十字会、志愿者服务队等社会服务组织在社区内积极开展医疗、保健、家政、健康教育、计划生育技术、扶贫助学、再就业培训等服务工作。社区医疗服务的覆盖率及特困人员的救助率均达100%。下岗再就业成效显著，共为500余名下岗职工提供400多个就业岗位，为128名下岗职工提供小额贷款200多万元。

社区的党建工作组织逐步健全，与区辖单位共驻共建工作成绩显著，非公有制经济组织的党建“四五”工程进展顺利，党建指导员的派遣率达50%。以营造良好人文环境为核心的社区文化建设健康有序，文明市民教育、广场文艺活动、全民健身运动丰富多彩，各种民间文艺、艺术组织健康发展。年内成功举办了由机关干部、居民、企业职工参加的“盛达杯”首届职工文艺汇演。社区的稳定工作大大推进，有3个社区分别被评为市、自治区级的文明小区、思想政治工作先进单位、人民调解先进单位。

【重点项目】 根据满洲里合作区目前的产业结构和经济发展状况，重点鼓励投资的项目是：利用进口木材兴办的高档家具、集成材、地板块、装饰条、密度板、人造板等项目；利用俄罗斯化工原料兴办的精细化工加工项目；利用俄罗斯纸浆造纸项目等；针对俄罗斯市场需求的纺织服装、食品、电子通讯、机械制造、建筑材料等项目；区内道路工程建设、电力工程建设、供热工程建设、给排水工程建设等基础设施建设项目；东兴花园小区、文化小区开发等房地产开发项目；高档酒店业、文化、娱乐业项目；生产专利技术产品和名牌产品的项目。

（满洲里边境经济合作区管委会）

丹东边境经济合作区

【经济发展】 丹东合作区实行老区改造与新功能区开发相结合，自费开发、自我积累、滚动发展，在功能日渐萎缩的老码头和高耗低效的老工业区建设了商贸旅游区和江湾出口加工区，在坡地即未来新城区用地建设"韩国仁川丹东产业团地"，在大东港港前区开发了仓储及临港工业用地。建区以来，累计开发面积4平方公里，各类建筑面积100万平方米，累计固定资产投资27亿元，其中基础设施投资16.68亿元。累计实现GDP 117.8亿元，实现全口径财政收入16.13亿元，累计招商到位资金15.5亿元，实际利用外资1.36亿美元，完成工业总产值48.8亿元，实现进出口总值13.3亿美元。累计提供劳动就业岗位4万人。已有20个国家和地区的1200家中外企业进区经营，聚集了高科技企业、出口加工企业、外资企业、民营企业群，形成了电子信息业、机电制造业、生物制药业、现代服装纺织业、现代食品业、现代服务业六大新型产业，初步开发建设了商贸旅游区、高新技术产业园区、江湾现代产业园区、金泉工业区、大东港保税仓储加工区，形成了东起中朝友谊大桥（鸭绿江大桥）西至浪头港10公里沿江开发开放带。走出了"以开发促开放，以开放促发展"的成功之路，成为丹东经济新的增长点。各项经济指标始终保持在全国14个边境经济合作区之首的位置。

2004年丹东合作区主要经济指标均保持两位数的增长幅度，实现GDP 20亿元，同比增长18.4%，完成年计划的102%（占丹东市比重的6.9%）；全口径财政收入2.77亿元，同比增长16.7%，完成年计划的101%（占全市比重的8.3%）。其中：一般预算收入7293万元，同比增长16.9%，完成年计划的100.6%（占全市比重的5.5%）；域内固定资产投资3.59亿元，同比增长37.8%，完成年计划的102.5%（占全市比重的5.3%）；规模以上工业总产值9.77亿元，同比增长30.9%，完成年计划的110.9%（占全市比重的5.3%）；外贸出口总值1.75亿美元，同比增长16.6%（按可比口径同比增长54.8%），完成年计划的106.2%（占全市比重的13.4%）；协议外资额3205万美元。实际利用外资1444万美元，同比增长95%，完成年计划的144.4%（占全市比重的16.7%）；引进域外资金3.1亿人民币。新办企业110户，新增注册资金8733万元。

【招商引资与利用外资】 2004年，丹东合作区把经济增长点的培育作为工作的重中之重，针对招商引资面临的形势和任务，突出招商引资重点，确立了"南下北上"、"内外并举"和"会展招商"的战略，建立重大招商引资项目的领导联系和项目推进、协调机制，各部门共同负责、联手推进，形成招商的联动机制，完成了全年招商引资的各项指标。全年新开工17个项目，签约落地10个项目，在谈储备28个项目。

大项目招商取得历史性突破。新签投资额超过亿元项目有两个。太阳世纪广场开发项目，由韩国太阳炼瓦株式会社投资1.5亿美元独资兴建，是丹东市利用外资一次性投资额最大的项目，是集商务办公、旅游度假、餐饮娱乐为一体的综合高级商务区，总占地面积4万平方米，建筑面积16万平方米，含四栋高层公寓和一个五星级酒店。月亮岛旅游度假区，由丹东海达房地产有限公司与深圳昌平实业有限公司共同投资建设，是集商务办公、旅游度假、餐饮娱乐为一体的旅游度假区，占地面积13.3万平方米，总建筑面积11万平方米，总投资4.05亿元。

工业项目招商打开新局面。通过会展招商、组团招商，网上招商、以商招商等多种渠道和途径，结识了新客户，培育了新项目源，促进了项目、资金、技术的合资合作。丹东电子研究设计院高效大屏幕产业化项目、海南海神药业集团的软包装输液生产线项目、克隆集团与英国约翰·克兰公司合作项目都属于投资额较大、技术含量较高的工业项目，目前正在积极推进；吉林粮油10万吨糙米出口加工项目，近期可投产；伟豪铝业投资535万美元，正在积极运作海外上市。

“团地”企业入驻取得新进展。韩国仁川丹东产业团地占地44.8万平方米，是丹东市政府与韩国仁川广域市政府共同开发推进的项目。2004年，合作区以求真务实、开拓创新的科学态度，作出了将已无能力投资仁川产业团地的韩国企业所购置的16.5万平方米土地收回的决策，通过与仁川广域市政府的多次协商，最终达成分两步回收，转让给中国高新技术企业的协议。一期回收的土地9.26万平方米，合作区管委会已与11家经过孵化器孵化、具有良好的发展前景、急需扩大再生产的高新技术企业签定了土地转让合同，入驻团地的企业总投资为3.3亿元人民币，其中基本建设投资为1.35亿元，全面达产后可实现产值16亿元，实现税收1.45亿元，成为合作区经济新的增长点，展示仁川团地新的形象。

【基础设施建设】 全力搞好沿江开发开放带建设，不断扩大合作区发展空间。一是全面建设沿江景观路。重点组织实施鸭绿江中朝边境路工程建设，完成了二潮沟到文安滩（7.1公里）的道路规划设计，进行了江湾工业区至石化码头段的土方回填。通过边境路的建设，将使沿江现代商务区、江湾工业园区、金泉高科技园区与临港工业园区紧密相联，树立合作区整体对外开放新形象。二是深入做好拓展合作区发展空间及未来发展战略的调研论证工作。紧紧围绕老工业基地和沿海开放的双重机遇，结合合作区实际，不断完善未来5～7年的发展思路。区委、管委会领导带领有关部门多次深入现场，调查摸底，在充分论证基础上，提出到2010年用7年时间打造30公里沿江开发开放带将合作区初步建成集金融商贸、高新技术、出口加工、保税仓储、现代物流及现代服务为一体的综合经济新区的规划方案。同时，大手笔地整合土地资源，通过部分收回“仁川团地”土地使用权和天元毛纺厂并轨变现，使土地资源得到有效利用，解决了25万多平方米的工业发展空间。初步解决了发展空间不足的问题。三是对现有的功能区做好配套设施建设。通过拓宽路面、改造下水及采暖管网和扩建职工宿舍等，进一步完善江湾工业区物业管理环境；加强商贸旅游区、江湾现代产业园区区容区貌建设，投资环境得到了进一步提升。四是对区内重大建设项目进行跟踪指导。为重点建设项目提供全过程的协调服务，职能部门实行项目负责制，派专人帮助办理各种报批手续，现场办公，及时解决环保论证等复杂问题，保证了工程项目的按时开工。太阳大厦工程完成投资4703万元，太阳世纪广场完成投资4060万元；东方世纪酒店项目完成4642万元；月亮岛旅游度假区完成投资2000万元；四道河至一潮沟2300延长米的防洪堤坝完成投资2000万元。

【高科技开发区】 丹东市高科技开发区是1992年丹东市政府批准建立的市级高新技术开发区，1995年正式组建丹东市高科技开发区管委会（以下简称高科委），2000年划归合作区管理，成为省内独具特色的园中园。区域规划面积22平方公里。区内水陆空交通十分便捷，距丹东火车站3公里，距丹东机场5公里，距大东港25公里，距沈丹高速公路出入口13公里。规划范围内有丹东港浪头港区，铁路丹东南站，四道沟集装箱货场，鹤（岗）大（连）公路连通东西，黄河大街横贯南北。

高科委创办的高新技术企业创业中心，是丹东市第一家，也是惟一的一家国有制的高新技术企业的孵化基地，中心面积近万平方米。创业中心2001年1月正式挂牌运行，经四年孵化，先后入孵的企业达到四十多家，截止到2004年末在孵企业24户，高新技术产值达到6000多万元，连年增长率达45.5%。

区内已拥有科技型企业60余户，其中高科技骨干企业（9户省级高新技术企业）发展稳定，连续增长率均在35%以上；同时区内的中小高科技企业产值的比重正在逐步提高，2001年末高新技术产值中小科技企业占比重为19%，2004年末达到31%，其中7户中小科技企业达到了年产500万元以上的规模企业。骨干企业的稳定增长和中小型科技企业的蓬勃发展，使区内的高新技术正在形成四大主流产业：以联盛制药和倍奇药业的发展，海神药业的入驻形成的生物制药产业；以克隆集团和伟豪铝业为代表的新材料产业；以北方环保为代表的新型环保产业；以东方测控为龙头的仪器仪表产业与软件产业。四大主流产业在未来三年都可能形成年产值数亿元的支柱行业或支柱企业。

2004年区内有四家公司被认定为丹东市高新技术企业，18项产品被认定为丹东市高新技术产品，占全市新认定数的40%。截止到2004年末区内被认定的高新技术产品数量已达80种，其中微控现代循环水处理设备、核仪器仪表等8种产品达到国际先进水平，20多种产品达到国内先进水平。2004年新增“双软企业”4户，新增“软件产品”5项。至此，共有“双软企业”15户，“软件产品”38项，分别占全市68%和70%；在全市占据主导地位。2004年区内技工贸总收入完成9.6亿元，与去年相比提高了32 %；高新技术产值完成6.7亿元，与去年相比提高了33%。

（丹东边境经济合作区　赵名侠）

伊宁边境经济合作区

【经济发展】　2001年以来伊宁合作区经济运行呈良好的发展态势，工业增长迅速，商品市场活跃，外贸形势看好，财政增幅显著，经济整体运行质量不断提高。2004年合作区完成GDP 2.01亿元，增长80%；工业增加值1.01亿元，增长153.5%；工业总产值3.28亿元，增长147.1%；固定资产投资3.82亿元，增长17.4%；外贸进出口总额0.77亿美元，增长36.8%；地方财政一般预算收入4260万元，增长77%。

【投资环境】　2001年以前，伊宁合作区基础设施建设不配套，投资环境不理想。在当地党委和政府的高度关注和支持下，合作区提出“环境立区”的经营理念，不断加大投资环境的治理力度，通过转变职能、淡化管理、强化服务、营造出“亲商、安商、富商”的良好氛围，建立起“一站式”、“一条龙”的服务流程，完善“封闭式管理、开放式经营”的运行机制，增强了企业入区的信心，改善了投资的软环境。另外，针对基础设施薄弱问题，合作区投入资金1.9亿元，在原建成区的基础上，新增建成区4平方公里，硬件配置条件发生根本性转变，发展空间得到拓展，承载能力得到增强，区内绿化覆盖率达到50%，顺利通过ISO14000国际环境管理体系认证。新建道路12.3公里，新设路灯716盏，新增绿地面积36万平方米，植树种花面积21.6万平方米。合作区初步呈现出以“通”为主线，“净”为基础，“绿”为特色，“美”为目标的新区景象，建立了一个绿色、生态、环保的投资硬环境。

【招商引资】 在理清思路，科学定位的基础上，伊宁合作区从招商引资的基础性工作入手，实现了对河谷资源的动态掌握，并依托有关科研机构的支持，在项目的编制和推介方面增强了科学性、可操作性；主动出击，对疆内外具有实力和投资意向的上市公司和企业集团积极攻关，建立联系，谋求合作；推进招商阵地前移，在上海、北京、乌鲁木齐设立招商项目处，实现与目标、市场、客户的快速对接；加强多层次的经济交流与协作，与自治区、州、市、县、农四师经济部门及有关科研院所建立了信息共享的招商协作关系；推进大合作区建设，积聚优势，发展融合经济，建立与各县、兵团农四师良好的经济合作关系，兵团农四师在合作区建设伊丽新区已经启动；加强宣传攻势，参加“西洽会”、“乌洽会”、“厦洽会”、“上海旅交会”，协办“中西亚经贸合作高层论坛”；重视招商队伍的建设和招商人才的引进，项目推介的水平不断提高，安琪酵母、永昌管业、天洁纸业、老山制药、天药生物等一批疆内外知名企业落户合作区，使合作区呈现出投资升温促进产业聚集，产业聚集又促进投资升温的良好趋势。2004年，合作区签约合同金额达7.8亿元，到位资金3.1亿元。

【社会事业】 伊宁合作区重视精神文明创建工作，先后被伊宁市、伊犁州、自治区文明委授予文明单位称号；坚持开展民族团结教育月活动，“三个离不开”思想深入人心；区内群众性文化体育活动健康发展，文化市场得到进一步净化，医疗卫生，计划生育等社会事业不断完善；积极支持教育工作，加强对学校周边环境的治理；开展向困难群众送温暖活动，辖区企事业单位向特困人员及地震灾区捐款捐物折合人民币29万元；重视拥军工作，与8661部队成为军民共建单位；狠抓社会治安治理责任制的落实，做好普法工作；落实就业和再就业优惠政策，辖区单位吸纳就业6676人，解决下岗职工再就业1015人；重视失地农民安置问题，为失地农民提供200多个公益性岗位；加大社区建设力度，组建合作区社会事业发展局，并根据伊宁市人民政府2004年第三次常务会议纪要，依据《中华人民共和国城市居民委员会组织法》，成立了三个社区居民委员会，使社会六项职能得到发挥，为合作区的经济发展创造了良好的社会环境。

【管理与服务】 2004年，伊宁合作区认真贯彻伊犁州、伊宁市政府的一系列决定，落实合作区管理条例，提出了“精细化，人性化，制度化”的服务理念，“零障碍、低成本、高效率”的服务目标。建立和完善了长效服务与精细服务相结合的服务体系，以专门的机构和人员，针对服务对象的不同需求服务上门。另外，合作区转变了服务的观念，将服务是核心竞争力，服务无止境，服务全员化，服务全过程的观念，深入到各项工作，进一步加强了合作区投资服务建设，强化了工作效能监督与考核，建立舆论与社会监督制度。合作区管委会强化“封闭式管理、开放式运营”的管理模式，认真贯彻执行国家法律、法规和上级人民政府的决定、决议和命令，强化服务功能，简化工作程序，提高办事效率，做好服务和管理工作。

【高新技术产业和重点企业】 合作区围绕优势资源转换和产业升级，重点发展电子、生物、医药、节能、环保、新材料等高新技术产业。在生物技术方面，重点发展微生物发酵技术和酶技术；在以农产品为原料的生物工程中，重点开发L－苯丙氨酸，高纯度低聚糖和煤制燃料甲醇等产品；在以畜产品为原料的生物工程中，重点开发雌激素、羊胎素等产品；在医药方面对中药材资源进行合理开发，发展中药制备过程中的超临界萃取技术和超微粉碎技术；能源方面，积极引进清洁技术，清洁煤及其燃烧技术；在新材料方面，重点开发轻质、节能、高效新型墙体材料；在纺织业方面，重点开发棉纺织品抗皱、防缩、免烫和高档棉麻、毛麻等新产品。另外，合作区象安琪酵母（伊犁）有限公司、伊犁永昌管业有限公司、新疆伊犁百信原蜂业有限公司、伊犁伊力特印务有限责任公司、南京老山药业股份有限公司、浙江金鹰伊犁亚麻纺织有限公司等一批重点企业迅速成长。其中安琪酵母（伊犁）有限公司成立于2004年3月，注册资金4000万元人民币，厂区面积6.65万平方米，主要从事高活性干酵母生产，该公司计划投资1.6亿元，首期投资1.2亿元，首期建设年产高活性干酵母6000吨的生产线，建成后年产值1.2亿元，年创利税2256万元，年创汇400万美元；伊犁永昌管业有限公司现有资产3.5亿元人民币，2004年列玻璃钢行业前列，为新疆维吾尔自治区重点扶持的30家重点企业之一；浙江金鹰伊犁亚麻纺织有限公司现有固定资产6435万元人民币，流动资金5273万元，员工1500余人（其中高级技术管理人员10名，技术人员40余名，管理人员34名），企业2004年上半年2万锭规模扩建完成，年产值1.9～2.1亿元。

【对外贸易】 合作区主要对外贸易国是哈萨克斯坦、吉尔吉斯斯坦、塔吉克斯坦、乌兹别克斯坦、阿塞拜疆、俄罗斯、巴基斯坦、伊朗等。截至2004年12月，合作区注册外贸企业11家，完成进出口总额7766.58万美元，其中进出口8.19万美元，出口7653.39万美元，同比增长36.76%。主要出口商品有：纺织品、陶制品、箱包、服装、文体用品、家用电器、中药材、化工原料、家俱、建材；地产品、塑料纺织袋、铸铁暖气片、葡萄、苹果、方便面、大米、辣椒干、番茄酱、食用油、大蒜等。进口商品主要有畜产品、纺织原料等。合作区管委会积极组织区内企业参加国内外各类商品展销洽谈会，提供商品展示、洽谈、流通的平台，企业考察、参观、学习的机会，形成了与国内外客商友好合作渠道，搭建对外贸易信息平台，扩大进出口贸易业务涉外的覆盖面，设立了对外贸易业务、境外商品销售市场信息等外事服务的机构，采取业务咨询、上门指导业务，制作图片册，印发资料等多种形式，全方位的服务，扩大了企业对外贸易业务的了解，提供了便利、快捷、省时、降低成本费用，提高效率的综合服务的经营环境。

【机构设置与管委会领导】 伊宁边境经济合作区管理委员会是伊宁市人民政府的派出机构，内设机构有：管委会办公室（挂工委办公室）、经济贸易发展局、规划建设管理局、社会事业发展局、发展研究室、会计核算中心、财政分局、工商分局、国税分局、地税分局、质量监督分局、国土资源分局、公安分局和司法所。

伊宁边境经济合作区工委书记、管委会主任吴奉军；管委会副主任吉传稳、于利华、李欣容；工委副书记吴宝骥。

（伊宁边境经济合作区管委会）

塔城边境经济合作区

【经济发展】 合作区内有人口2万余人，有行政、事业单位16个，企业25个，其中国有、集体企业15个，民营企业10个，有个体工商户67个，总从业人数4850人。2004年合作区完成GDP 1.10亿元，边贸进出口总额9545.25亿美元。

合作区的发展对塔城地方经济起到了有力的促进作用。第一，合作区的开发建设促进了塔城市的经济和社会发展，一是有利于招商引资。合作区设立以来，塔城市的知名度不断提高，很多内地客商慕名而来，到合作区考察投资。二是合作区投资项目建设带动了塔城市二、三产业的发展，增加了城市就业。三是合作区建设扩大了塔城市的城市容量，繁荣了城市经济。四是合作区管委会"小政府、大社会"的行政管理方式和良好的办事效率，有利于促进地方政府机关解放思想，转变观念，改进工作作风。

第二，合作区的投资方向和发展模式比较符合塔城的经济发展实际。塔城市靠近中哈边境，拥有巴克图口岸和丰富的农业资源，与哈国有良好的贸易互补性，因此利用口岸和地方资源优势投资建设出口加工业，发展外向型经济，是最佳的经济发展模式。一是国家实施西部大开发战略给合作区的发展带来了良好的机遇；二是近年塔城地、市党政对合作区的开发建设工作给予了更多的关注和支持，给合作区的招商和项目建设创造了很多有利条件。

第三，合作区位于塔城与巴克图口岸区之间，是口岸进出口货物的集散地，有利于发展外向型加工业。巴克图口岸是新疆距离城市最近，通商条件最好的国家一类口岸，塔城市合作区与巴克图口岸融为一体，与周边国家具有相同的民族渊源和人文风情，经济互补性较强，发展边境贸易优势突出。

第四，合作区经过12年的发展，建设了配套的基础设施和完善的贸易服务设施，为发展出口加工业打下了良好的物质基础。同时合作区地处塔城市城乡结合部，土地资源充足，地价偏低，房屋建筑稀疏，拆迁费用低，劳动力价格低廉，因此在合作区投资办企业成本较低。

【投资环境】 塔城市合作区东以塔城市花园街为界，西至边境检查站自然干河沟，南以南环路为界、北以北环路为界，规划面积6.5平方公里（规划区内没有兵团土地）。合作区分商业中心区、商贸区、出口加工区、高新技术区、仓储区、住宅区六个功能区。

建区以来，在国家、自治区各级政府的关怀支持下，围绕合作区0.95平方公里起步区内的道路、供水、排水、邮电、供热、电力等基础设施，完成6553万元建设投资，其中："八五"期间国家以信贷方式投入2700万元（尚余1300万元未到位），地方与合作区自筹3853万元，共建成供水管线3.8千米（日供水能力5000方），排水管线8.3千米（日排水能力8000方），通讯地缆3.9千米，5×10吨锅炉房一座，最大供热能力35万平方米（现供热面积为7万平方米），城市二级道路7千米、8000千伏安变电所一座，供电线路18.5千米。目前，起步区"六通一平"建设基本完成。国内外累计进区建设资金1.88亿元。

【机构设置】 塔城市边境经济合作区管委

会内设机构有：办公室、劳务市场管理办公室、规划建设分局、财税分局、经贸招商局。合作区管委会现有在职人员22人，其中：少数民族占50%，大专及大专以上学历15人，中专3人，其他4人，平均年龄40岁。

（塔城市边境经济合作区管委会）

重点省级开发区篇

北京天竺出口加工区、北京天竺空港工业区

【经济发展】 2004年，北京天竺出口加工区与北京天竺空港工业区（以下简称“两区”）的各项经济指标继续保持强劲增长势头。实现GDP 33亿元，同比增长11.9%；总收入309亿元，同比增长45.6%；出口交货值18.8亿美元，同比增长65.2%；税金9.1亿元，与2003年基本持平。

两区经济与社会保持持续快速健康发展。工业总产值累计实现869.08亿元，年均增长69.6%。总收入累计实现1059.92亿元，年均增长74.68%。GDP累计实现132.46亿元，年均增长84.07%。出口交货值累计实现425.66亿元，年均增长60.72%。税金累计实现36亿元，年均增长117.65%。

目前，空港工业区单位面积的经济效益较高。工业区每公顷累计吸引投资8800万元。2004年，平均每公顷实现销售收入1.95亿元，实现出口交货值9898万元，实现产值1.55亿元，实现利润800万元，实现税收574万元。

【投资环境】 两区位于首都国际机场西侧1公里处，地处北温带半湿润大陆性季风区，四季分明，全年气温平均值11.5℃，最大冻土深度75厘米。

在首期开发的5.4平方公里范围内，基础设施已全面实现“七通一平”（“七通”指供水、排水、供电、供热、供气、道路、通讯；“一平”指场地自然平整）。

两区与首都国际机场有专用通道，5分钟可到达候机楼和机场卸货平台。101国道——京密路贯穿工业区南北，机场高速公路和京承高速路分别位于两区东西两侧，正在建设中的机场高速路北线也将直达工业区。到2008年，从市内沿101国道和机场高速路修建的两条轻轨线可直达工业区。工业区距北京货运站、顺义货运站、张辛货运站均为15公里，沿机场高速公路和京津塘高速公路驱车1小时50分钟到达天津溏沽港。

工业区南侧有裕京花园、名都园、欧陆苑等十几个大型高档别墅区，西侧有国际学校、力迈学校、牛栏山一中等全宿制重点学校，东侧有四星级国都饭店。即将于2006年完成一期工程建设的新国际展览中心将会极大地带动工业区周边地区的发展。距工业区15公里的潮白河畔建有由高尔夫球场、乡村赛马场、绿色渡假村、五星级国际会议中心等组成的大型休闲娱乐区。

北京市是全国科技实力最强的地区，两区所处的顺义区是全国的文化、教育、体育工作先进区，连续22年蝉联北京郊区考生升学率第一，区内还有多所职业技术学校，高素质的劳动力资源十分丰富。

【招商引资与利用外资】 截止到2004年底，已入区企业288家，投资总额32亿美元，平均每个项目投资9000万元人民币。2004年合同利用外资1332万美元，实际利用外资5480万美元。入区企业已经呈现出以下特点：

一是国际跨国公司云集。入区企业中有国际跨国公司60余家，其中，世界500强企业投资的项目有20家，投资者包括：惠尔浦、美国联合技术、联邦快递、爱立信、伊莱克斯、空中客车、SONY、松下、积水化学、乐金—飞利浦等。

二是形成了以电子信息产业为主导的产

业格局。区内有38家电子信息类企业，如索爱、JVC、松下等。2004年，电子信息类企业完成销售收入219亿元人民币，约占工业区技工贸总收入的71%。

三是临空产业呈现出蓬勃发展的态势。区内依托机场提供相关服务的企业28家，如：国航货运、空中客车、航材进出口集团、中航油集团、大通物流、中外运、联邦快递、全球国合国际货运等。

四是形成了高新技术产业群。高科技产业化发展步伐加快，已投产企业中，经北京市科委认定的高新技术企业近30家。

【对外贸易】 2004年，工业区实现出口供货额156亿元，占顺义区总额的85%，占北京市27个开发区总出口供货额的28%，成为拉动北京市经济发展的四驾马车之一。

北京天竺出口加工区正是顺应北京市外贸飞速发展的大趋势设立的，为北京市发展对外经济创造了良好条件，促进了北京市外向型经济的优化升级，是北京市吸引外资的主要平台之一。未来五年，天竺出口加工区将发展成为出口企业的聚集地，进而成为北京市乃至环渤海地区对外贸易的龙头和主力军。

【高新技术产业和重点企业】 北京长城华冠汽车技术开发有限公司是一家专门从事汽车整车设计开发的高科技、智力密集型企业，注册资本6000万元。一期计划投资2亿元，占地76.5亩，建设4万余平方米的国际先进水平的汽车研发中心。研发中心建成后，员工总数将超过600人，年营业额超过2亿元，利税超过5000万元，项目的整体技术水平处于国内领先地位，将填补北京市在这一领域的空白。

中国国际航空股份有限公司是由中国航空集团公司和中国航空（集团）有限公司共同投资成立，注册资本65亿元，该公司主要经营国际、国内航空客、货、邮和行李运输业务，公务飞行业务，飞行执管业务，航空器维修，航空公司间代理业务等。

中国航油集团陆地石油有限公司为国有独资公司，隶属于中国航空油料集团公司，注册资本2.43亿元。该公司主要经营民航系统内汽油、煤油、柴油的批发，资产管理，石油制品和化工产品的销售和储存等。

【社会事业】 空港工业区是顺义新城的构成单元，是构建和谐社会首善之区的重要部分。区内企业职工人均工资收入保持稳定的增长，新增就业岗位5000个；区内企业和员工利益保障机制健全，矛盾调解机制完善，劳资关系和谐，依法治区水平不断提高，刑事案件发案率逐年下降；区内企业文化建设取得新的进展，整个工业区的品牌建设深入开展，自然环境、人文环境、生态环境明显改善。

【管理与服务】 优质、高效、迅捷的服务，是天竺空港工业区成功的关键。建区之初，工业区就推出了“今天事今天办”的服务宗旨。锐意创新的空港人还在实践中总结概括出以“个性化”、“过程化”、“产业化”为核心的服务体系，赢得中外商家的广泛荣誉。工业区的物业管理有限公司，为区内企业提供水、电、热、绿化保洁、餐饮配送和安保等全方位服务。1999年空港工业区被建设部评为全国优秀物业管理工业区。2000年，空港工业区通过了ISO9002管理质量体系认证，2001年通过ISO14001环境体系认证。

两区管委会坚持进行服务型管理。2004年12月，中央对继续办好开发区提出了新的指导思想、发展目标和主要任务。温家宝总理对此专门做出重要批示，对在新的发展阶段如何提高国家级经济技术开发区发展水平提出了明确要求。吴仪副总理在全国开发区工作会议上做了重要讲话，强调必须全面落实科学发展观，确立了“三为主，两致力，一促进”新的发展方针，即以提高吸收外资质量为主，以发展现代制造业为主，以优化出口结构为主，致力于发展高新技术产业，致力于发展高附加值服务业，促进开发区向多功能综合性产业区发展。空港工业区的发展现状和趋势与这个方针总体上是吻合的，今后将继续沿着这一正确轨道发展。

【机构设置】 北京天竺出口加工区与北京天竺空港工业区内设机构为：综合办公室、人力资源部、工会、团委、妇联、天宏人才服务中心、招商部、投资服务部、出口加工区综合管理、出口加工区贸易发展、规划建设部、天源建筑工程公司、天威水暖电工程公司、企业服务部、信息中心、合同管理部、空港物业管理公司、计划财务部、空港科技园区股份公司、天星科技发展公司、天马铸造厂。

（北京天竺出口加工区、北京天竺空港工业区管委会）

河北省廊坊经济技术开发区

【经济发展】 2004 年，廊坊开发区主要经济指标保持快速增长，较好完成全年考核目标。全年实现 GDP 52.1 亿元，同比增长 24%，占考核指标的 100.2%；实现财政收入 7.2 亿元，同比增长 20%，占考核指标的 100%；完成工业销售收入 79.6 亿元，同比增长 24.6%，占考核指标的 104.7%；实际利用外资 9521 万美元，同比增长 13%，占考核指标的 100%；实际引进内资 25.3 亿元，同比增长 1.2%，占考核指标的 101.2%；完成外贸出口额 1.31 亿美元，同比增长 24.6%，占考核指标的 109.4%；固定资产投资 24.7 亿元，同比增长 1.9%，占考核指标的 85.3%。

【招商引资】 招商引资取得显著成绩，项目质量和外资规模实现历史新突破。招商工作呈现五大特点：一是 60% 为外资项目，引进外资规模创历史新高。全年新批项目 60 个，投资总规模 42 亿元，单体平均投资达到 7000 万元。其中 36 个是外资项目，合同总投资 2.4 亿美元，合同外资额 2.27 亿美元，注册资本 1.57 亿美元，比上年分别增长 56.5%、129%、312% 和 178%。外资合同总投资、合同外资额和外商注册总资本创建区以来新高。二是大项目引进实现新突破。全年引进总投资外资超千万美元、内资超亿元人民币的较大项目 17 个，在引进总投资超亿美元的大项目上实现历史突破，总投资 12 亿美元的韩国集成电路芯片、20 亿元人民币的华为 3G 手机项目洽谈进展顺利。三是 60% 为高科技项目，项目整体质量大幅提高。新批项目中涉及 IT 产业、生物制药、新材料、数据通讯、光机电一体化等行业的高科技、环保型项目占 60% 以上。四是区内企业增资势头强劲。卢卡斯伟利达、威卢克斯、好丽友、中航福克、德伯特、新兴重机等 10 多家外资企业增资或计划增资，增资规模超过 1 亿美元，成为第二大投资主体。五是新项目建设势头旺盛，一大批投资大、技术含量高的项目建成投产。全年有 42 个项目开工在建，滨松光电子、卢卡斯伟利达二期、佳士化工、积水包装、伊耐斯厨具、海斯机械、威卢克斯远东二期、国药麻醉药品等一批超千万美元或超亿元的较大项目建成投产，为今后经济发展增加了后劲。

工业生产持续快速增长，经济运行质量稳步提升。全年规模以上工业企业实现工业产值74.3亿元，比上年增长24%，完成工业增加值22.2亿元，比上年增长30.7%；全区实际用电量达到2.75亿元千瓦时，比上年增长37%。外资投产企业继续发挥明显带动作用，培养出立邦涂料、新兴重机、卢卡斯伟利达、伊利乳品、好丽友、华升富士达、特瑞胶黏、华安汽配等16家产值超亿元的大户，其中立邦涂料产值突破10亿元大关。

【投资环境】 满足国际国内一流企业需求，进一步巩固基础设施平台。按照基础服务标准国际化要求和“适当超前、优先发展”的思路，进一步加大基础建设的集中投入力度，加快提升大开放、大招商、大发展的基础平台。一是按照市总体规划要求和开发区的总体定位，完成开发区扩区规划和南营排渠景观规划、桐柏商业街二期规划、大官地小区总体规划和开发区公共设施等专项规划的编制，进一步加强项目建设的规划管理和建筑市场管理。二是新投资2.2亿元，完成耀华道、创业路和南工业区内道路及各种管网的新建，金源道、友谊路、华祥路、四海路、全兴路、会展中心等道路的维修改造和六条道路的亮化、绿化工程，建成区绿地覆盖率达到34%，人均绿地27平方米。三是采取多元化投资，完成生活垃圾填埋场、第四供热站、市政公司箱变电、光纤迁移、新世纪教学楼建设和南区水厂配套设备安装工程，安装全区供热地理信息系统和排污泵站远程测控系统，化营110千伏变电站及配套工程已开工建设，完成区内5300宽带数据设备安装、无线通讯基站建设和企业接入网中继扩容工程，缓解了供热、供水、供电和通讯资源紧张问题，保障了区内项目建设和企业的正常生产经营。

着力降低企业商业成本，进一步完善城区功能平台。以完善社区服务功能、创造一流人居环境、满足外商子女就医、入学和8小时以外生活需要为目标，把区内医疗、教育、文化、休闲、旅游、娱乐等设施建设纳入开发区规划，重点实施软环境建设十项重点工程。一是以贯彻实施《行政许可法》为契机，进一步整合行政服务中心资源，撤出2家市直派驻窗口，取消和转出了15项审批事项，建立了严格的内部管理考核体系，提高了行政审批效能和服务质量。二是加快开发区信息化建设，正式开通了电子政务、E廊坊开发区城市展示和网上并联审批系统，并将网络服务延伸到区内企业，建立电子政务监督、检查和投诉机制，完善政府服务的网络平台；三是进一步完善中介机构服务网络建设，新增认证中心和律师事务所两家中介机构。四是继续完善区内教育服务功能，开设新世纪中学国际部，为区内839名企业职工子女就近安排入学，免收全部借读费用，扩大对外籍学生的招生工作，并完成高档幼儿园建设，解决了企业职工子女入园就学的后顾之忧。五是启动开发区单身职工公寓建设，完成职工公寓楼施工面积8200平方米，将初步缓解部分企业职工住房难问题。开发区医疗服务设施、中央商务区、五星级宾馆、污水处理厂、国际会议中心等重点工程，都已完成选址和规划设计工作。

【产业结构】 强化对资源的综合优化配置，构建市场化机制平台。顺应国家实施宏观调控政策，坚持经济与社会、人与自然环境的协调发展，主动应对高科技、大项目竞争日趋激烈的形势，逐步建立起一整套符合开发区实际、促进高科技项目引进和发展的市场化机制。一是以国家对开发区进行清理整顿和实施宏观调控政策为契机，加强对土地资源的统一管理。按照“存量挖潜、集约利用、统一管理、保证用地”的思路，采取敦促开工、追加投资、协议收回、嫁接改造、项目对接、严格控制宅基地审批和规范土地转让市场等方式，盘活利用存量土地1200多亩，缓解用地紧张形势，保证了史丹利、鑫谷光电等一批重点项目的建设用地；二是适时调整招商优惠政策和土地出让价格标准，实行土地出让价格与单位土地面积的投资密度、高科技含量、企业和产品知名程度和总投资规模挂钩，引导企业集约利用土地，提高资源使用效益；三是继续改进和完善招商机制，实行经费提取与引进项目的投资规模、科技含量和税收回报直接挂钩，用利益机制强化对高科技项目的招商，用市场营销的理念提高项目质量，扩大招商成果，初步建立起市场化、多元化招商机制；四是继续完善项目建设目标责任制，将招商引资目标分解到班子成员和各有关部门，实行严格的目标考核奖惩制度，调动各级领导和全员招商积极性；五是进一步提高土地资源的综合使用效益，逐步提高项目的市场准入平台，对外商投资300万美元和国内投资5000万元以下科技含量低的一般项目不再配置土地资源，实现每百亩土地投资在1.5亿元以上，大幅度增加单位土地面积的资金投入和产出效益；六是坚持以科技为先导，以现有骨干企业和支柱产业为载体，优化土地、人力、环境、技术等各种资源配置，降低企业生产成本，同时对新招高科技项目，提前了解企业所需，千方百计帮助企业降低成本，提高资源使用效率，努力实现开发区基础设施使用效益和客商投资回报效益的最大化。

【重点企业】 实施战略性调整和品牌策略，提升高科技企业发展的产业平台。根据开发区产业发展的内外环境，加快发展高科技产业和产业结构调整。一是以培育竞争能力强、科技含量高的主导产业和朝阳产业为重点，加大对区内重点企业的服务和支持力度，促进卢卡斯伟利达、威卢克斯、好丽友食品等十几个外资项目的增资，成为区内辐射型、带动型的骨干企业；二是坚持用品牌和行业来提升开发区的整体水平，依托清华科技园、国际履约环保产业园等七大园区，筛选重点项目，加大对韩国、日本、中国台湾和德国、瑞典、美国、意大利等世界500强和国际国内知名产品品牌企业的招商，新引进韩国LG、阿克苏诺贝尔、西门子、德国GEA四家世界500强和多家知名跨国公司，使全区500强投资项目达到15家；引进兴峰达风力发电机、美国利比高档玻璃器皿、德国GEA冷凝剂、美国史丹利五金工具、韩国LG化工、新奥博为科技等项目，继续保持了省“5.18”经贸洽谈会项目签约成果在全省开发区保持领先，国际履约环保产业园、清华科技园、电子产业园等园区建设取得新的进展；三是进一步推进市场化、规范化、国际化运作机制，加大会展基地培育力度，努力提高会议展览规模和档次，打造廊坊会展品牌。全年共举办各类展会16个，接待东北亚暨环渤海国际合作论坛等大型会议81个，实现会展收入1040多万元。四是加快国家级开发区的申报工作，出口加工区申报和开发区创业服务中心建设取得较大实质性进展，以开发总公司的名义进行资本运作，初步建立风险投资基金，河北清华发展研究院科技创新大厦已经基本完工，为高科技企业的引进、孵化和成长建好平台。

【社区建设】 妥善解决发展中矛盾和遗留问题，铸牢和谐发展的稳定平台。坚持积极的稳定观，用加快发展解决发展中出现的各种问题，社会稳定的局面得到进一步巩固。一是在市委、市政府的正确领导和具体指导下，着眼对大学城问题的根本解决，沉着应对媒体对东方大学城问题的报道，坚定发展思想，积极主动配合中央和省工作组的工作，坚持问题整改和规范管理并举，有序解决拖欠工程款等遗留问题，妥善处置群体性和突发性事件，完成对东方大学城开发有限公司的重组，初步建立起现代企业制度，完善规划建设和管理制度规范，加强对院校的服务和协调，优化了入驻院校结构，使大学城步入良性发展的轨道。二是围绕减轻农民负担、增加农民收入、维护农民利益，全面落实中央一号文件精神，着力解决无地农民的就业安置问题，使全区劳动力就业人数达到10157人，比例达到54%。三是着力推进开发区农村城市化工作，出台《被征地农民基本养老保险暂行办法》、《被征地农民基本生活保障暂行办法》、《迁入居民小区村民住房补贴暂行办法》和《关于鼓励农村应往届毕业生参加中等职业教育培训的意见》等政策，完成五个农民新区的规划设计，启动25万平方米的梨园新区建设，落实桐柏村200余拆迁户的回迁方案，解决了一批群众关心的热点、难点问题。四是进一步扩大机关和企事业单位养老保险、医疗保险、生育保险、失业保险、工伤保险和大病统筹的覆盖面，完善了开发区的社会保障体系；加大劳动监察力度，规范对企业用工的管理，依法保护了劳资双方合法权益。五是全力做好“双拖”清理工作，全年协调解决拖欠工程款和拖欠农民工工资4500多万元，圆满完成年度任务，为全区经济发展创造了良好的稳定环境。

积极创建平安开发区，稳固开发区健康发展的安全平台。以服务“进位·追赶”、创建平安开发区为目标，深入开展创建“平安村街”、“平安单位”、“平安社区”、“平安学校”、“平安大学城”活动，构建起开发区特色的社会治安防控和安全保障体系。一是以“三公”教育活动为载体，开展“严打整治百日会战”活动，深挖打击“法轮功”等邪教组织残余份子，及时侦破“10.20”等各类刑事案件130起，抓获犯罪嫌疑人88名，打掉犯罪团伙5个，圆满完成重大活动和重要节日的安全保卫工作，营造了良好的社会治安环境。二是按照市委的统一部署，全面做好流动人口和房屋租赁集中普查登记工作，登记流动人口13271人，清查出租户5737户，共发现线索2条，抓获犯罪嫌疑人2人。三是全力处理信访突出问题和群体性事件。制定了《廊坊开发区处理信访突出问题及群体性事件工作联席会议制度》，共排查上访隐患苗头21件，查结19件，解决了一批群众反映强烈的热点、难点问题，有效地控制了集体访、越级访和重复访的发生。同时，认真做好市委集中交办案件，现已办结5件，办结率83.3%。四是按照“安全自查，隐患自改，责任自负”的要求，切实落实消防安全工作责任制，认真开展经常性的消防安全检查工作，共检查各类场所、单位3350处次，查出各类火灾隐患880余处，对8家存在严重隐患的单位进行了查封。同时，加大对东方大学城消防资金的投入，建设了东方大学城消防站，购置消防车3辆，全力消除各类火灾隐患。五是以建立安全生产长效机制、杜绝发生重特大安全生产事故为目标，实行劳动安全、公安消防、建设规划、经济发展、文教卫生等有关部门协调联动、齐抓共管，制定完善安全生产管理制度，强化安全生产目标责任管理，组建了开发区重特大事故应急救援指挥系统，开展经常性安全生产专项整治活动，加大安全生产宣传力度，加强安监管理队伍建设和特岗人员培训，及时整改和消除项目建设、企业生产和大学城院校存在的各种火灾、爆炸、安全生产事故和职业中毒事故隐患，保护了企业和人民生命财产的安全，实现了全年无重特大安全生产事故发生的目标。

（河北省廊坊经济技术开发区管委会）

河北省涿州经济技术开发区

【经济发展】 2004年，涿州开发区按照“工业立市、以城兴市、借京强市”的发展战略，改善和优化投资环境，扩大对外开放，健全综合服务功能，把大规模地开发利用国内和国外资源当作实现可持续发展的第一要务，不断发展壮大自己，各项经济指标实现了新突破。年内完成GDP 9.3亿元，同比增长36%；工业销售收入16亿元，同比增长41%；财政收入1.33亿元，同比增长59%；实际进区内资4.88亿元，同比增长13%；出口总额1265万美元，同比增长35%。

【投资环境】 在招商竞争日趋激烈的情况下，涿州开发区要求全区人员牢固树立“环境是第一竞争点”、“环境出效益”的理念，加大了对基础设施的投入，以满足进区项目的需要，创造了领先于商户期望值的投资环境。

软环境建设方面。一是搞好对现有企业的服务，追求企业经营效益的最大化。企业运行的好不好，不仅是关系到某个企业的问题，而且事关到整个开发区的投资环境，因此，涿州开发区全体人员坚定一个信念，就是要当好企业的“服务员”，确保了项目从洽谈、签约、开工建设等各环节都有专人服务，做到了“办好一个、吸引一批、影响一片”的连锁效应，促进了开发区进一步的发展。二是为再造新优势，涿州开发区成立了ISO9000、ISO14000管理体系贯标工作组织机构，将严格按照ISO9000质量管理体系和ISO14000环境管理体系标准的要求，积极与国际接轨，定目标、定职责、定程序、定考核指标，推进开发区机关职能转变和体制创新，实现各部门的职能标准化、规范化，年底前开始试运行。

硬环境建设方面。2004年，涿州开发区以强化服务为宗旨，以亲商安商为目的，全力搞好软硬环境建设，年内投入资金6675万元，完善道路，改造供电线路，配套燃气设施，极大改善了区内环境，提高对重大项目的承载能力。其中，投资1221万余元用于道路工程建设，先后修建经一路、北一路、消防路及大排水提升泵站、盖板沟等项工程，大大改善了全区路网建设；投资298万余元用于绿化建设，极大改善了全区环境状况；投资270万元铺设天然气管道工程，投资4900万元充分利用三五四三厂和物探局特勘处原有锅炉设备完善集中供热工程，总供热面积达90万平方米，这些基础设施的建设和投入使用，有效地满足了企业生产生活的需要。

【招商引资】 涿州开发区紧紧依托国内和国外两个市场，实施大招商战略，2004年新引进项目22个，合同引进内资13.26亿元，加速了开发区经济总量的扩张。

抓住“南资北移”的机遇，开拓国内市场。2004年涿州开发区组织参加了涿州市委、市政府面向长三角、珠三角推介宣传活动，并在此基础上组织了招商小分队进驻该地区进行招商、洽谈等活动，广泛接触该地区的经济实体和商会组织，有针对性的挖掘招商线索，吸引了众多客商来考察、观光，一批涉及物流、市场开发等项目相继签订投资意向，开拓了招商引资工作的新路子。

发挥区位优势，广泛接触客商。涿州开发区地处京畿之地，区位优势明显，在对北京招商活动中，紧紧抓住北京实施“跨出北京地域，与周边市县和中小城市结为经济伙伴，共同发展”战略措施的有利时机，积极与北京市有关部门建立了良好的合作关系，以更快更深入的效率了解北京新时期的新规划、新部署、新举措。经过不懈的努力，北新工业园、安泰科技、清华运达等一批投资超亿元的大项目纷纷落户区内。截止到2004年底，区内已有源自于北京的项目24个，计划投资额28亿元，实际到位资金10.59亿元。这些项目投资大、见效快、科技含量高，已逐步成为立区、立市项目。

开拓国外市场。首先抓住日本、韩国、中国台湾等国家和地区的企业纷纷到国内投资的新动向，开发区重点开展了招商宣传推介。在活动中，注重依托涿州“三国文化”、“卢氏文化”的历史文化底蕴及中国优秀旅游城市的品牌，制定专门政策，吸引大企业入驻，开发旅游项目。其次瞄准欧美中小型企业、大集团把研发中心放在北京，而把生产和制造基地向周边扩散的趋势，加大了对众多国外大企业、大集团的宣传力度，欧美等一些中小企业纷纷到涿州开发区考察，洽谈投资，年内首次引进了世界500强的丹麦阔丹公司与凌云集团建设汽车空调软管生产线项目，该项目投资1.04亿元。第三加强与国外中介机构、我国驻外机构、外国驻华机构的联系，加强与华侨和海外华人的联系，聘请了一批国内外知名人士为招商代理，积极探索委托招商的新路子，为今后开发区的招商引资工作打下了坚实的基础。

【管理与服务】 2004年，涿州开发区紧紧围绕亲民爱企、安商富商的中心抓好各项工作，为投资者创造更加完善和宽松的服务环境。

对进区项目实行“导办人”制度，从项目进区到投产经营，都指定了一名副科级以上领导干部为其提供全方位服务，做到“只要项目进了账，跟踪服务不断档，只要项目定下干，一切手续我们办，只要项目开了工，全程“导办”有人盯，只要项目投了产，排忧解难有人管”，确保项目在落户、开工、生产各时期的顺利进行。

转岗培训政府“埋单”。根据中长期开发区建设规划和农村城市化建设，涿州开发区确定了农村应向二三产业、优势产业和提高农民素质方向发展。制定了由区财政拨款、定期定向、培训机制，建立、健全劳动用工保障平台，根据企业的需求，按照不同行业、不同工种有组织、有计划、有重点地开展农村劳动力转移转岗培训，满足了企业用工需要。

以落实行政许可法为契机，深化审批制度改革。全力实行项目备案，严格审批时限，最大限度地减少审批事项和环节，并积极筹建高档次、高标准项目服务中心，真正做到一个窗口对外，一条龙服务。

【机构设置与管委会领导】 涿州经济技术开发区内设机构有：经济发展局、社会发展局、规划建设局、财税局、劳动人事局、工商行政管理局、办公室。

涿州开发区工委书记李义海，管委会主任任彦鹏。

（河北省涿州经济技术开发区管委会）

河北省唐山海港经济技术开发区

【经济发展】 2004年，唐山海港开发区实现GDP 12.4亿元，同比增长88.5%；销售收入完成44亿元，同比增长62.4%；财政收入完成4.9亿元，同比增长119.7%；出口创汇完成2587万美元，同比增长124%；实际利用外资完成3480万美元，同比增长50.2%；实际引进内资完成18亿元，同比增长76.4%；固定资产投资完成20.55亿元，同比增长88.7%。各项经济指标创建区以来最高水平，经济实力在河北省33个省级以上开发区综合排名中位居第六，经济增长速度位居第四，比去年上升四个位次。

【投资环境】 唐山海港开发区提高基础设施承载能力，扩展城市空间。投资2.17亿元的22万伏变电站已经开始施工；总投资2.68亿元的水厂二期工程已完成前期准备工作；开发区污水处理厂项目特许权已正式签定协议；全年新修城市道路8.8公里，修补严重损坏路段5万平方米，新增各类给水管线6.5公里，成为继1993年之后基础设施投入最多、力度最大的一年。增加建筑存量，扩充城市规模。全年新增住宅面积8.6万平方米，完成建设资金8641万元，是上年竣工面积的2倍。加强城市绿化，提高城市品位。全年完成绿化投资818万元，新增绿化面积15万平方米。全区绿化覆盖率达33.4%，人均绿地面积达到了15.1平方米。坚持建管并重，美化城市形象。搞好城市环境综合治理，重点加强对区内煤炭及土方运输车辆飘洒的治理，对煤炭堆场喷淋设施进行改造，降低了煤粉尘的污染，使全区环境质量得到进一步改善。

【招商引资】 2004年，开发区协议引进新项目45个，新开工项目13个。引进项目呈现以下特点：一是以煤化工、新型建材为主导的特色产业初步形成。随着唐山佳华煤化工有限公司、开滦精煤焦化厂两大化工项目的开工建设，开发区将形成年生产焦碳520万吨的生产能力，届时将成为我国北方地区重要的煤化工生产基地。二是大项目“联带”出现聚集效应。随着恒通薄板项目、唐山佳华公司、大唐电厂等大项目的落户，由此引进了恒远机械制造项目、恒通高压管桩厂、恒通包装厂等3家配套企业，利用佳华公司煤气生产甲醇、煤气发电等延伸项目也正在积极推进之中。三是外向型经济发展速度加快。德国蒂森克虏勃矿产能源有限公司、日本三井株式会社、法国罗地亚公司、西班牙德佳德斯公司、英国卓卓（JOJO）公司和印度STP公司等6家世界500强企业分别来开发区独资或合资建设项目，实现了招商引资工作的新突破，提高了引进项目的质量和水平。全年新批准外资企业7家，实际利用外资3480万美元，在唐山市名列第二，在河北省开发区中位居第三，外贸出口2587万美元，较上年有大幅度增长。2004年，开发区被市政府命名为重点项目建设先进单位、招商引资先进单位、利用外资先进单位。

【重点企业】 投资97亿元的大唐王滩发电厂一期工程1#、2#发电机组主体厂房已见雏形，现已完成投资20亿元；投资45亿元的唐山恒通涂镀板有限公司1#、2#年产30万吨热镀锌机组已投入生产，形成60万吨年生产能力，120万吨冷轧生产线已投入试生产；唐山佳华煤化工有限公司项目已完成投资3亿元，一期工程即将全部投产；此外，投资15亿元的开滦精煤公司焦化厂项目、投资9859万元的燃气输配工程等20个项目正在加紧建设；投资4000万元的华贸大厦项目、投资2000万美元的大唐化工二期工程等11个项目正在紧张筹备之中；总投资2000万美元的新型镁板建材等15个项目正在洽谈之中。

【社会事业】 强化市场经济秩序的治理整顿，打击违法生产经营活动，全年开展市场大联查20次，查处各种违法经营活动81件，维护了开发区正常的经济秩序。加强安全生产监督管理工作，完善监管体系，落实责任主体，强化专项整治，全年开展专项检查52次，联合大检查5次，及时消除安全隐患，确保了全区安全形势的稳定。教育工作继续保持全市一流水平，初中升学率在全市名列前茅，中学高中班顺利开学，小学办学质量、幼儿教育水平明显提高。积极做好养老保险、失业保险和医疗保险，全年共有25家企业2320人参加了养老保险和工伤保险、27家企业1881人参加了失业保险、37家单位3062人参加了医疗保险。按照省市统一部署，集中力量开展开发区第一次全国经济普查工作，确保普查任务的顺利完成。

【管理与服务】 创新管理体制，完善用人机制，工作效率进一步提高。打破管委会原有机构布局，重新组建10个局（办）。通过机构调整，进一步完善了管委会机关的管理体制，使各部门职能更加清晰，职责更加到位，工作关系更加理顺，使管委会机关向“小机构、大服务，快节奏、高效率”的服务型政府转变迈进。通过组织机关干部深入学习贯彻ISO9000质量管理体系标准和《行政许可法》、《国家公务员暂行条例》，进行机关工作制度和公务员行为规范培训，使各部门工作效率明显提高，服务意识不断增强，投资软环境进一步优化。

【港口建设】 2004年，京唐港完成货物吞吐量2602万吨，同比增长24.9%，吞吐量位居全国沿海港口前20位。31#、32#泊位完成了码头主体工程，7万吨级航道建设加快；滦港铁路扩能改造复线工程可行性研究已通过专家评审。

【机构设置与管委会领导】 唐山海港经济技术开发区管委会内设机构有：党政综合办公室、劳动人事社会保障局（组织部、机关党委）、社会事业管理局、发展改革局、商务局（招商局）、城市建设管理局、财政局、纪工委（监察局）。

唐山海港经济技术开发区管委会主任张国栋，开发区党工委常务副书记、管委会常务副主任赵治川，开发区党工委副书记杨玉满、姚连合，开发区管委会副主任张宝春、刘卫民、王东群、刘广、陈德山、施伟。

（河北省唐山海港经济技术开发区管委会）

山西省大同市经济技术开发区

【经济发展】 2004年，大同开发区全面推进各项工作创新，保持了经济持续快速发展的良好势头。全年实现GDP 14.4亿元，比上年增长32.72%；工业总产值实现22.57亿元，比上年增长34.19%；规模以上工业总产值实现14.77亿元，比上年增长36.34%；技工贸总收入实现45.60亿元，比上年增长34.25%；财政总收入完成9812

万元，比上年增长23.47%；一般预算收入完成2547万元，比上年增长34.62%。

【投资环境】 环境建设是开发区发展的先决条件，也是招商引资的“助推器”。建区以来，大同开发区不断加大基础设施的投入，一方面积极自筹资金，一方面采取“借鸡下蛋”的做法，超前规划，梯度推进，分年度、分步骤实施基础设施建设。到2004年底，依靠自身积累、借贷和融资，已累计投资3.44亿元用于基础设施建设，主要完成了拓宽改造大阳线开发区路段和区内9条主干道路建设及配套工程建设，形成了“六纵五横”的网络道路框架；完成了日供水2万吨的水厂和2平方公里区域内自来水管网铺设工程，保障了区内生产生活用水；建成了首期日处理污水3万吨的污水处理厂一座，区内企业污水排放问题得到了解决；完成了11万伏变电站和10千伏双回路供电网建设，保证了入区企业生产、生活用电的需要；完成了首期40吨集中供汽、供热工程；完善了通讯网络、排水管网建设等，基本实现了“七通一平”。为了缓解用电紧张的形势，保障入区企业的正常生产，经过多方努力，引资7.6亿元，建设大同市经济技术开发区3×50兆瓦煤矸石热电联产项目，并于2004年4月开工，预计2005年底第一台机组设备安装调试并运行。该项目建成并投入使用后，必将对推动我区经济的快速发展起到积极的促进作用。

【招商引资】 2004年，大同开发区坚持以招商引资为中心，创新工作机制，拓宽招商渠道，狠抓项目建设，收到了很好的效果。一是推行招商引资责任制。管委会主任与班子成员签订了招商引资责任状，然后层层分解，将招商引资任务落实到部门，落实到个人，年底奖优罚劣，有力地调动了全区招商引资的积极性。二是加强网络宣传。年内全新改版了招商网站，对“开发区动态”和“招商项目”进行了补充，并转发国内新闻，发布招商项目，充分利用电子邮件进行宣传，反馈良好。8月，又加入了山西省贸促会主办的“山西投资促进网”，大大加强了网上宣传的力度。三是实行以会招商。3月，管委会组织承办了“大同市青年联合会七届七次常委扩大会议暨开发区招商引资恳谈会”，全市的100多名优秀青年、企业家参加了会议。6月，又成功举办了“2004年中小企业项目洽谈会暨矿业企业对外合作项目对接会”，来自世界37个国家和地区的中外客商参加了会议。由于措施得力，全年共引进项目36个，总投资14.3亿元。另外，还有6个项目已达成意向，预计总投资5亿元。

【对外贸易】 为了适应内外贸业务相互融合的发展趋势和加入世贸组织的新形势，强化市场管理功能，根据山西省市县机构改革会议精神，大同开发区于2004年4月成立了商务局，作为管委会的内设机构，负责指导、协调全区内外贸易工作。商务局成立后，坚持开发区“三为主、一致力”的基本方针，继续扩大利用外资的规模，提高利用外资的质量，促进外贸进出口工作，整顿和规范市场经济秩序，强化对流通领域的管理，保持了开发区外贸工作的快速增长。全年合同利用外资4346万美元，比上年增长1.02%，实际利用外资1834万美元，比上年下降46%。新批外商投资企业2家，总投资6000万元。全年外贸进出口总额完成2966.54万美元，比上年增长18.4%，其中出口额为1965.61万美元，比上年增长36.4%，进口额为1000.93万美元，比上年减少5.8%。

【重点企业和重点项目】 山西普德药业有限公司是一家集医药产品生产、销售、研发为一体，以民营资本为投资主体的中美合资制药企业。总投资7000万元，现有3个生产车间7条生产线，均已通过了国家食品药品监督管理局的GMP认证。公司生产设备国内一流，拥有经国家食品药品监督管理局核准注册的［国药准字］文号六十余个。公司具有年生产冻干粉针剂3000万支，粉针剂6000万支，小容量注射剂6000万支的生产能力，年可实现工业产值8000多万元，实现利税1500多万元。

大同市利群药业有限责任公司，总投资4321万元，主要生产虫草原料以及固体制剂，并且该公司产品通过了国家GMP认证。年实现产值7184万元，上缴税金365万元。

大同英莱壳润滑油有限责任公司，总投资2000万元，主要以生产润滑油为主，年产润滑油3000吨，年实现产值3000万元，实现利税450万元。

大同市英吉思新型节能材料有限公司主要以生产硅酸铝纤维甩丝毯为主，总投资3000万元，共有8条自动硅酸铝纤维甩丝毯流水线，项目投产后，年实现产值8000万元，实现利税4800万元。

大同银宇高岭土化工有限责任公司，总投资4570万元，年产1万吨煅烧高岭土产品，其中6250目煅烧高岭土6500吨/年，2500目煅烧高岭土3500吨/年。项目投产后，年实现产值3254万元，实现利税1339万元。

山西古元石材有限公司，该公司总投资4000万元，年产各种规格的大板15万平方米，各种类型的薄板10万平方米，主要加工中式、欧式、日式等各种墓碑，年生产1万台套以及各种异型产品1万套，项目达产后，预计年产值6400万元，实现利税2200万元。

【社会事业】 2004年，大同开发区拿出专项资金，加大教育、社会保障等方面的投入，使全区各项社会事业取得了可喜的成绩。一是教育事业成绩明显。为了推进全区素质教育，年内在全区3所学校组织举办了7场研讨会，专题讨论新课程教学工作中的问题。期间教师共撰写有关论文、新案例设计120多篇，7篇被省、市有关刊物采用。全年还涌现出市级、区级优秀教师和教育工作者34名、教学能手11名。二是社保工作稳步推进。通过加大宣传，严格制度措施，全区养老保险累计参保人数超过1100人，新增参保人数300人，养老保险费征缴清欠创历年新高；基本医疗保险参保人数达1200人，比上年净增500人；医保基金征缴达70万元，同比增长100%；有7家民营企业参加了失业保险，全年失业保险基金征缴额比上年增长60%。三是计生工作成果显著。年内重点加强了基层计生工作建设，加大了对计生知识和政策的宣传力度，全区人口出生率控制在10.99‰以内，人口自然增长率为6.36‰，计划生育率为78.31%。四是城镇化建设步伐加快，农民就业能力和收入明显增强。2004年，大同开发区认真贯彻中央1号文件精神，以提高农民收入，改善农民生活质量为目标，全面加快了农业产业化、农村工业化和城镇化的进程，建筑面积8.336万平方米的蔚洲疃新村建设工程全部完工，并具备整体搬迁的条件。此外，通过大力发展交通运输、社会服务等第三产业，举办农民岗前技能培训多种有效途径，妥善安置农村富裕劳动力，使农村经济总收入稳步增长，达到6910万元，农民人均纯收入达到3294元。

【管理与服务】 2004年，大同开发区面对竞争日益激烈的招商引资形势，本着“亲商、安商、富商”的宗旨，把加强软环境建设作为突破口，不断提高服务意识，全方位加强软环境制度建设，使全区软环境的水平和档次得到了进一步提高，投资吸引力明显增强。一是创造优质高效的服务环境。首先，由投资服务中心牵头，完善了“一站式”服务体系，计划、经济、建设等部门也全方位加大对投资商和入区企业的服务力度，并以制度的形式固定下来，牢固构建起了投资审批的一条龙服务体系、项目建设中的全方位服务体系、投产后的经常服务体系。二是营造公正严明的法制环境。按照《行政许可法》的有关规定，组织专门力量对全区有行政许可权的单位和部门的行政许可事项进行了全面清理，并经过集中培训、考试，规范和提高了行政执法人员的执法行为和执法水平。此外，参照国内外先进地区的立法经验，结合实际，起草了《大同市经济技术开发区条例》草案。该条例草案已顺利通过了大同市人民政府常务会议和大同市人大常委会的两次审议，2005 年经山西省人大常委会批准后正式施行。该条例的颁布和实施，将使大同市经济技术开发区的建设和发展尽快步上科学化、法制化轨道。三是推行切实有效的监督机制。为了保证各项服务措施和制度落实到位，制定并出台了《开展机关效能建设的决定》。各单位按照有关要求，在区级报刊上公开了服务承诺、办事程序、办事制度，广泛接受群众的监督和举报，有效地促进了执法人员的行为规范，防止了吃、拿、卡、要等不良现象的发生。

【机构设置与管委会领导】 大同市经济技术开发区管委会本着精简、高效的原则，内设办公室、发改委、招商局、经济发展局、建设发展局、人事劳动和社会保障局、财政局、社会事务管理处等综合办事机构和职能机构。另外，为加强农业农村工作，还设基层政权组织城南街道办事处。

大同市经济技术开发区管委会主任海月奎，副主任王汉、段胜和、童进璧、孙常胜、武振华。

（山西省大同市经济技术开发区管委会）

辽宁省锦州经济技术开发区

【经济发展】 2004 年，锦州开发区经济和社会各项事业继续保持了持续快速健康发展的良好势头，各项工作都取得了新的成绩。全年开发区实现 GDP 34.5 亿元，比上年增长 25.2%，是建区之初的 33.8 倍；工业总产值 31.4 亿元，比上年增长 15.3%，是建区之初的 72.6 倍；全区财政收入全口径实现 2.44 亿元，比上年增长 22.5%，是建区之初的 25.7 倍。实际利用外资 1830 万美元，域外引资到位额 2.66 亿元，出口创汇 1570 万美元。开发区已成为锦州市重要的经济增长点，对全市经济发展的贡献份额正在逐年加大，示范和带动作用越来越充分显示出来。

【投资环境】 2004 年，锦州开发区共完成基础设施和环境建设投资 3000 万元，重点突出了以下几方面工作：

一是加快道路工程建设。天山路、玉山路、咸阳路、碧海街等 9 条道路全面开工建设，城区新增道路面积 32.8 万平方米；11.3 公里村村通油路工程按计划提前完工。

二是加大绿化美化力度。在南海路、渤海大街等主要街路和各公园新植树木 8 万株，栽花 16 万株，新植草坪 2 万平方米，城区新增绿化面积 8 万平方米，绿化总面积达到 75 万平方米；完成春季造林 19 万株、2000 亩，雨季造林 20 万株、2000 亩，秋季造林 13.5 万株、1000 亩，新城区绿化美化档次和水平显著提高。

三是加强城区环境综合整治。对影响区容区貌的不合格门脸、牌匾及乱堆乱放进行了规范和清理；对城区主要街路的 80 户违章建筑进行了强制拆除，同时新发生违章建筑查处率达到100%；加大市场管理力度，3处欺街占道马路市场全部进入定点区域，规范了市场经营秩序，全区城市管理质量水平有了很大提高。

【招商引资与利用外资】 2004年，针对国家停批土地给开发区招商引资工作带来的不利影响，为确保重点招商引资项目的顺利推进，锦州开发区切实实行了领导包项目、部门包项目责任制，大力推进成熟项目的缴资落位，投产企业的增资扩产。经过艰苦努力，全区招商引资工作取得了较好成效。到2004年末，新批外资项目7个，内资项目7个，实际利用外资额1830万美元，域外引资到位额2.66亿元，外贸出口额2084万美元，劳务输出106人次。有元成玉米、海景国际大酒店、宏发建材商城二期、韩华电装、东佑精工、华联北方配送中心、恒大港口物流基地、生化制药等8个项目投产和开业运营；有渤海物流、东北成品油批发中心、圣合电器、科信电子、锦恒二期、前进电信电缆、天元贮焦等7个项目新开工建设；有鹅系列产品加工、三热电、10万吨高果糖、天合化工基地、远东工业园、辽工新校区等一批项目正在积极推进中，从而保证了招商引资的良性循环和持续发展。

【高新技术产业和重点企业】 到2004年末，锦州开发区已形成规模以上工业企业23家，当年实现产值17.4亿元，同比增长31.2%。已有美国、英国、巴西、意大利、韩国、日本等十几个国家和地区的外商在开发区投资办厂，初步形成了以元成玉米、华强油脂为代表的农产品加工业，以六陆石化、新兴橡胶为代表的石油化工业，以锦恒气囊、万得汽车悬架为代表的汽车零部件制造业，以九洋制药、生化制药为代表的生物医药业，以天泉玻璃、宝塑钢为代表的建材业，以辽西车市、宏发国际建材商城为代表的物流业，以笔架山风景区、海滨浴场为代表的旅游业等七大产业体系。

锦州元成生化科技有限公司的60万吨玉米加工项目，是亚洲规模最大的玉米加工单线生产线，已于2004年7月正式投入生产运营。产品广泛应用于食品、医药、化工、造纸、纺织、饲料等行业。经过半年多的生产试车运营，企业生产运行状况良好，新上的两台刮刀也已正式开车生产，每天加工玉米1350吨左右。按此生产进度，到2004年底全部达产，生产玉米淀粉42万吨、玉米蛋白粉3万吨、纤维饲料10万吨、粗玉米油1.5万吨及生化饲料、肥料5万吨等，实现产值10.08亿元，利税1.8亿元，利润1.08亿元。

锦州锦恒汽车安全系统有限公司是1997年成立的安全气囊生产企业，占地面积6.60万平方米，建筑面积1.25万平方米，于2004年12月在香港成功上市，公司注册资本3150万港币。公司资产现已达2.27亿元，其中固定资产5114万元。公司建有国内最大的安全气囊生产基地，已形成年产20万套安全气囊总成、120万只气袋、15万只饰盖的生产能力，是国内同行业中首家实现为整车配套的企业。公司建有国内一流的研发中心，具有正面碰撞、角度碰撞、柱撞、侧面碰撞等实车碰撞试验能力和台车试验能力，以及静态起爆、环境实验、性能试验、噪声实验等零部件试验能力。2004年该公司共生产安全气囊11.69万套，实现现价产值1.88亿元，实现销售收入1.87亿元，实现利税7874万元。

此外，建设中的西海国际工业园、医药工业园、农产品加工产业园、汽车零部件制造产业园、韩国建材工业园等五大产业园区也已初具规模。

【社会事业】 2004年，开发区加大教育事业投入力度，高中办学规模不断扩大，招生比上年增长26.7%；初中稳步发展，入学率达到100%；整合优化教育资源，笔架山小学如期建成投入使用，全区小学由20所减少到8所；童星双语艺术幼儿园已经投入使用，区教育体系进一步完善。医疗卫生事业发展水平显著提高，急难病当地医治率达到80%，区人民医院被命名为锦州市惟一一家省级“先进医疗单位”。计生工作扎实有效，全区常驻人口4.8万，人口自然增长率仅为3.455‰。广播电视事业也得到了蓬勃发展，全区有线电视覆盖率达100%。圆满完成了“辽宁省青少年帆板比赛”、“第三届军民共渡笔架山”等赛事承办任务，并成功举办了“庆祝建国55周年大型文艺演出”和系列文化广场活动，丰富了城乡文化体育生活。大力实施再就业工程，全区1000余人实现了就业和再就业，强化职业技能培训，100余人通过了国家职业技能认证。完善社会保障体系，医疗保险改革稳步推进，参保人数达到1000余人，养老金按时足额发放率达到100%。城镇、农村最低生活保障工作步入规范化轨道，基本实现应保尽保。2004年，全区农民人均纯收入达到4950元，社会事业各项均创历史最高水平。

【管理与服务】 锦州开发区成立于1992年3月23日，是辽宁省首批对外开放的省级开发区，是锦州改革开放、城市南扩的先导区；是锦州打造黄金海岸旅游产业的风景区；是锦州建设环渤海经济圈，依港崛起与世界经济接轨的现代化海滨新城区。锦州开发区管委会具有市级经济管理权限，行使县级行政管理职能，并享受沿海经济技术开发区的优惠政策。集港区、风景区、开发区为一体的锦州开发区，全国独特，商机无限，发展潜力巨大。在经济全球化迅猛发展的今天，面对全面实施振兴东北老工业基地、大力推进辽西沿海城市群一体化的重要战略机遇期，锦州开发区正以高效、诚信的服务致力于为中外投资者创造稳定、安全、优越的投资环境、人文环境和法治环境，已成为国内外客商认可的最具吸引力的投资地区。

【机构设置与管委会领导】 锦州经济技术开发区内设机构为：工管委办公室、纪工委监察局、投资促进中心、规划建设局、农业发展局、经济管理局、社会事业管理局、劳动人事局、财政局、国土资源局、行政审批管理中心、市政管理局、开发区集团公司、旅游局、交通局、工商分局、国税分局、地税分局、公安分局、天桥地区人民检察院、人民法庭、天桥街道、王家街道、杏山街道、风景管理处。

锦州经济技术开发区工委书记、管委会主任周英俊，工委副书记、管委会副主任甄理、李峰、梁立满，管委会副主任李晓伟、满树义、方文生、周立军、韩立军、肖吉讯。

（辽宁省锦州经济技术开发区　王海鹰）

浙江省富阳富春江经济开发区

【经济发展】 2004年，富春江经济开发区面对宏观调控、银根紧缩、土地管理严格、能源紧缺等各种不利因素，坚持科学的发展观，攻坚克难，变挑战为机遇，化压力为动力，以建设特色化、集群化、专业化、生态化开发区为方向，以打造具有国际竞争力的先进制造业基地为目标，建好环境，在引进先进制造业项目、外资项目上下工夫，努力构筑光通信、生物医药、运动器材、机械制造四大产业基地，推动经济结构调整、产业升级和技术创新，建成新的经济增长区。

全年，新批外资企业7家，注册资本4914万美元，新动工项目11个，竣工投产项目6个。区内投产企业实现工业产值36.64亿元，销售收入32.6亿元，上缴税收1.08亿元，自营出口700万美元。

高新园区经过四年多时间的建设，已累计投入资金4.31亿元，基本完成道路、供水、排水、污水、电力、电信、供热、土地平整等“七通一平”基础设施配套。共引进项目34个，总投资39.6亿元，其中外资项目14个，总投资1.79亿美元。园区累计在建项目9个，竣工项目2个，投产项目13个。园区已引进9个生物医药项目，总投资4.68亿元，主要生产中成药、粉剂、水剂、生物提取品等，具有规模化种植生产技术和基因技术；已引进新材料项目5个，总投资6.95亿元。现已初步形成以胡庆余堂为代表的生物医药产业群、以富春江集团通信工业园为代表的IT产业园、以富兴纺织为龙头的纺织及新材料先进制造产业群三大组团。3平方公里高新技术产业园区建成后，可实现工业产值100亿元。

【投资环境】 经过几年建设，开发区已基本构筑了较为完善的基础设施框架，形成了沿320国道和杭富沿江一级公路由点到线、到片的经济发展带。2004年，又投入资金11405万元，完善基础设施建设，完成高新园区供水泵站和800立方米高位水池建设，铺设长10千米的供水干管，全面完成高新园区及富春湾区块供水任务；完成高新园区长1830米面积2.5万平方米的2号、3号、4号、5号、8号道路建设，沿山路一标段已完成工程量的80%；完成高新园区300余亩土地平整，投运土石方30余万立米；完成谢墓、陆家岭二个农居点78幢（156套）3万平方米安置房建设；完成杭富沿江公路综合管线工程建设；完成广通云河福邸、龙凤山庄、利波花园等房地产项目的供水、污水、道路、电力、通信等配套。全年完成道路建设2.5万平方米，埋设电力管线1.06万米，500自来水管1万余米，400～1000排水管8000余米，300～700排污管1.16万米。

全年投入政策处理资金2045万元，新征土地28.27公顷，全面完成高新园区267.8公顷的征地任务；对78户拆迁户进行了统一安置，新签拆迁协议20户，逐步解决开发建设的用地和拆迁安置难题，保障开发区和引进项目的顺利建设。

【招商引资与利用外资】 始终坚持“招商引资是开发区工作的第一要务”，及时调整招商方式和招商思路，通过建立招商引资目标考核责任制，完善招商组织管理体系，修整和完善招商项目库，实施“以商引商，以民引外”战略，推行项目源跟踪招商，整合存量“挤”土地，鼓励企业增资扩股，提高项目投资强度，提高土地利用率等一系列措施，应对宏观调控、用地紧缺的考验与挑战，在危机中寻找商机，在困难中谋求发展，克服要素制约，扬长避短，主攻外资项目，千方百计突破招商，取得了开发区成立以来的最好成绩。全年新引进项目8个，总投资9.96亿元，其中杭州灵洋药业、杭州上野屋本铺保健茶、杭州海振服饰、杭州万汇家私、杭州鹰自达塑业5个外资项目坐落高新园区，总投资7310万美元，注册资本5040万美元，主体区块内新引进国际老年公寓、杭州云森奎屯纺织、杭州贝安达制衣3个项目，总投资4.04亿元。新增资项目4个，其中两个外资项目新增注册资本695万美元，两个内资项目新增注册资本4860万元。完成合同内资5.25亿元，其中杭州市以外1亿元；实到内资9991.6万元，其中杭州市外5425万元。

完成合同利用外资5609万美元，其中杭州万汇家私1200万美元，杭州灵洋药业1003万美元，杭州鹰自达塑业1600万美元，杭州利振服饰850万美元。实际利用外资2661万美元，其中杭州富春山居休闲事业有限公司690万美元，杭州富兴纺织935.98万美元。

【管理与服务】 为有利于场口区块的顺利启动和建设，富阳市委市政府决定调整场口镇、东图乡行政区划，并与富春江开发区合署办公。开发区按照“巩固、发展、做精、做强”的总体要求以及市委市政府对场口区块建设的工作部署，制定场口区块启动方案、提出相关政策意见，分解落实工作任务，按照统一指挥、分工负责的要求，开展征地、规划调整、用地报批、工程设计、宣传、综合协调等各项前期工作。及时组织人员开展启动区块8个村261公顷土地的村界踏勘认定、土地测量、土地分类、地面作物及建筑物调查，制定补偿、拆迁方案；完成启动区块133公顷及场口镇67公顷土地规划指标调整方案的编制；完成马山林地报批立项等前期工作；搞好用地置换，整合场口镇零星用地17公顷，集中用于标准厂房建设。根据总体规划，组织编制道路交通、给水、防洪及雨水、污水、电力、电信、燃气、热能、消防景观及人文保护等10个专项规划和中心区块控制性详细规划，专项规划已通过论证；完成环境影响评价报告大纲的编制。

加强用地管理，克服要素制约，解决项目用地少与招商引资任务重的矛盾。通过撤销未开发项目、调整和置换项目批而不用或多批少用的土地，用足用好有限存量土地；通过盘整项目，鼓励企业在原地块上增资扩股，实现“零土地”招商；通过将新引进项目注册资本由原来的每公顷120万美元提高到180万美元以上，提高项目的投资强度和土地利用率，实现集约利用土地。

加强内部管理，修订内设机构及其工作人员工作职责，建立和完善工作考核制度，形成工作绩效考核、工作目标考核、党风廉政责任制考核、岗位责任制考核、工作人员年度考核有机结合的考核激励机制，进一步明确职责，强化责任，激发员工的积极性、能动性和创造性。

开展机关效能建设，建立和完善机关管理和服务制度，制定岗位工作制度、AB岗制度、政务公开制度、首问责任制度、全程代理制度、服务承诺制度、限时办结制度、责任追究制度等机关效能建设八项制度，进一步规范工作行为，增强服务意识，改进机关作风，提高办事效率，提升服务水平。

强化服务，突出“项目立区”理念，提高服务质量，提升“一、三、五”情感工程，即推崇“投资商第一”理念，强化“亲商、安商、富商”三种意识，推行“项目全程代理服务、项目专人跟踪上门服务、职能部门现场服务、365天全天候服务、NONO温馨服务”，帮助企业搞好项目设计和论证，搞好代理服务。开展“外商投资百日服务”活动和“实到外资攻坚月”活动，帮助企业解决具体困难和问题，为项目加快推进创造条件。

【机构设置与管委会领导】 富春江经济开发区管委会内设机构有：办公室、财务科、资产管理科、招商局、国土资源分局、建设分局、项目服务中心。

开发区管委会党政班子领导7名，党委书记、管委会主任1名，专职副书记1名，管委会副主任5名。

本着有利于强化管理、稳定发展、增强实力的原则，积极稳妥推进开发区直属国有企业改革，撤销银湖、高桥、富春湾、农民城四家物业所，将四家公司的人员、资产分别划归富春江开发总公司和银湖水厂实行重组，增强企业自我发展和参与市场竞争能力。

（浙江省富阳富春江经济开发区　张金根）

安徽省安庆经济技术开发区

【经济发展】 2004年，安庆开发区以争创国家级开发区为目标，以招商引资为主线，以园区建设为载体，创新服务，创新招商模式，全面实施“二次创业”，经济建设快速发展。全年实现技工贸总收入90亿元，同比增长12.5%；实现GDP 20亿元，同比增长25%；实现财政收入2.16亿元，同比增长50.9%；实现工业总产值24亿元，同比增长7%，其中规模以上企业实现产值4亿元，同比增长5%；全年实现进出口总额3710万美元，同比增长87%，其中出口1713万美元，同比增长38%，进口1997万美元，同比增长167%。全年完成固定资产投资13亿元，兴建标准化厂房20万平方米，交付还建房16万平方米，平整场地土方230万平方米，新修道路18公里，同步配套2万平方米的绿化、美化、亮化工程。重点项目扎实推进。环新集团汽油机缸套基地项目和活塞环生产基地项目当年开工建设，当年部分投产，安簧精密汽车锻件技改项目试生产。远胜科技、新丰服装、光大化工正式进驻工业园区。安粮国际、安科余良卿、汇达丰药业全面投产。同发设备、和兴化工、恒昌机械进入国家和省市中小企业创新基金行列。

【招商引资】 创新招商模式，激活招商机制。安庆开发区内部成立三个招商局，30%以上公务员从事招商工作。推进全员招商，鼓励区内企业的经营者引进外资。全年派出多支招商小分队赴山东、广东、浙江、新疆等地招商，还赴欧洲、美国、中国台湾、韩国等境外开展招商，抓住安庆长江大桥开通庆典机遇，开展招商引资活动。全年批准总投资5000万元以上的进区项目8个，协议投资总额7.87亿元，其中工业项目6个，协议投资6.95亿元。合同利用外资4969万美元，实际利用外资2160万美元；实际利用境内市外资金9.27亿元，同比增长122.5%；利用境内省外资金6.38亿元，同比增长87%；完成固定资产投资13亿元，同比增长30%，其中工业项目6.87亿元，占固定资产投资总额的52.8%。

【重点项目】 安庆帝伯格茨缸套有限公司位于开发区3.9平方公里工业园，由安庆ATG活塞环公司、安庆环新集团有限公司、日本帝国活塞环株式会社、美国FM汽车零部件集团公司联合组建而成，总投资2995万美元。安庆帝伯格茨缸套项目2004年6月10日奠基动工，11月完工并部分投产，是全国最大的汽油机缸套生产基地。

活塞环生产基地位于开发区迎宾大道工业走廊，由安庆环新集团、日本帝国活塞环株式会社、美国FM公司汽车零部件跨国集团共同组建，项目占地面积200亩，主厂房面积9万平方米，总投资2500万美元。活塞环生产基地2004年6月12日开工建设，10月部分投产，达产后年生产活塞环2亿片，年销售收入10亿元，从而成为世界最大的活塞环生产基地。

安庆光彩大市场三期属安庆市重点工程，占地面积272亩，总投资2.4亿元，竣工建筑面积33万平方米。光彩大市场三期向北与光彩大市场一、二期连接成片，东靠206国道，交通便捷，区位优势明显。光彩大市场三期于2004年4月10日隆重开业，采用现代科学技术，实行网络化、信息化管理，现已形成文化用品、服装、小商品、装饰材料、五金机电、汽配等专业市场。光彩大市场三期与一、二期形成皖西南重要的商贸物流基地。

（安徽省安庆经济技术开发区　周六三）

福建省福州科技园区

【经济发展】　2004年，福州科技园区实现工业总产值235亿元，实现利润18亿元，税收7亿元，出口交货总值11.96亿美元，分别比上年同期同比增长31%、89%、1.4%、47%。经济总量持续增长，经济质量不断提高。

【投资环境】　进一步健全企业服务机制。马尾科技园抽调干部组成服务组，推行“企业服务专报制”、“项目建审手续代办制”、“企业联络员制”，对在建项目实行“三定”措施（即定工作班子、定责任人、定施工进度），对待建项目实行定人“建审手续全程代办制”。洪山科技园搭建了畅通的民主平台，定期走访重点企业，听取企业意见和建议。加强了非公企业党建工作，到目前为止已建立企业基层党组织19个，党员人数达200多人。仓山科技园继续开展以“服务质量、工作效率、文化建设、社区环境、廉政建设”为主要内容的服务创优活动，认真落实《计划生育工作目标责任制》、《消防安全工作目标责任制》，保障环境卫生，做好水电供应，结合实际开展计生、消防、安全保卫等综合治理工作，全面提升了创优活动的实质性内涵。台西科技园与社区合作，努力开展计生服务进园区、文化宣传进园区、劳资调解进园区、融资服务进园区、公证服务进园区、法制宣传进园区、卫生服务进园区、安全保卫进园区等“八进园区”活动。

【招商引资】　2004年，福州科技园区引进项目138项，吸引内资6.26亿元、外资10.94亿元，招商引资取得新进展。一是抓好“5·18”招商活动，运用多媒体手段，全方位、多视角向客商展示了科技园区的建设成就，并努力推动已招商的项目在“5·18”期间按期投产。积极调整招商策略，发展飞地工业。洪山科技园瑞达、金得利、福大自动化，台西科技园东辉智能、日昌盛电子、泰山实业、安波电机等企业设分厂入驻金山工业集中区。仓山科技园全力投入福州软件园三期工程8栋研发楼（39.9亩）的招商工作，组成招商小组赴西安、太原、石家庄、包头等国家级高新区考察学习，推介招商；二是请进沈阳、郑州、南宁等兄弟国家高新区来园区交流、洽谈；三是组织召开了温州、福州高新技术企业对接洽谈会，40家两地高新技术企业对接洽谈，签订意向合作项目项6项，总投资额达到3600万元。

【科技创新】　实达“BP－690K票据打印机”、“STAREPT－580销售点终端”两个科研成果列入国家火炬计划项目；新大陆集团的紫外线C水消毒系统获省科技进步二等奖，NC3500（TC－IP网络终端）获省科技进步三等奖；上润精密仪器为西昌卫星发射中心、神州飞船配置精密仪器，该企业在承担的省市科研项目WP系列多通道嵌入式彩色无纸记录仪的基础上，承担的“全自动双向智能数字调解器”科研项目，列入省科技厅的火炬计划项目；朝日环保公司等离子体空气消毒机技术申请了国家专利和国外专利；由丰泉集团开发研制的LC25－6－1.25

垃圾焚烧蒸汽锅炉顺利地通过验收，解决了工业垃圾送料、控制燃烧、尾气处理三大难题；飞毛腿（福建）电子有限公司的锂离子充电电池通过2004年“中国名牌产品的认定，成为福州市首批“中国名牌”之一。

【项目建设】 总投资1.2亿元引进12条国外最新生产线的福州三爱药业有限公司举行动工仪式；福建意科洛生物降解有限公司奠基；福建留学人员创业园在马尾科技园开园，福建国脉科技股份有限公司入园；东辉智能仪器有限公司新厂区在台西科技园金山新区建成投产；“飞毛腿”笔记本电脑电池打破外企垄断；华映光电跻身世界500强；全国最大规模的小型垃圾焚烧设备、拼装污水处理系列成套设备生产基地，丰泉环保科技园在仓山科技园落成，福建JVC电子有限公司在日本的总部关闭泰国工厂22条生产线，全部产能移至马尾科技园，欲创世界之最；投资9600万美元，利用外资1200万美元，项目用地120亩的冠城大通落户马尾科技园，生产的漆包线，为福建JVC电子配套，5万吨规模漆包线的生产能力，年产值可达10亿—15亿元人民币；总投资8.2亿元，占地约371亩的福州华映数码显示科技有限公司等离子显示产品项目建议书，获国家发改委批复，2007年可形成年产144万台46英寸为主的等离子显示器生产能力。

（福州科技园区管委会）

福建省福州福兴投资区

【经济发展】 福兴投资区创办于1990年8月，1998年3月经福建省人民政府验收确认为省级开发区。投资区规划面积5.5平方公里，实际可开发用地6805亩，目前已基本摆满项目。2004年，投资区共实现社会总产值116.2亿元，同比增长8.6%；工业总产值71.7，同比增长8.2%；规模以上工业产值49.2亿元，同比增长32.6%；全社会固定投资3.5亿元，同比增长13%；新批合同7140万美元，实际利用外资7090万美元，自营出口4.8亿美元；上缴税收0.84亿元。

【产业结构】 福兴投资区已初步形成了以康顺光通讯有限公司、华科光电有限公司为代表的光电高科技产业；以矩全汽车配件有限公司、闽东本田发电机组有限公司为代表的机械制造业；以顺大运动用品有限公司、富得乐运动品有限公司为代表的制鞋产业；以福万玩具有限公司为代表的玩具产业；以远洋塑料有限公司为代表的塑胶产业；以福州日光明有限公司、协特来照明有限公司为代表的灯光照明产业；以福华纺织印染公司、大同纤维纺织公司、福马集团为代表的纺织服装制造产业；以祥杰电子公司为代表的电子产业等产业集群。目前正大力推进福州软件园三期建设，形成新的产业集群。

【投资环境】 投资区牢固树立“管理就是服务、政府就是服务、领导就是服务”的思想，深入开展领导干部走访企业、为企业排忧解难活动。全面落实“无偿代办、项目全程跟踪、制止三乱”等服务措施。积极做好交通、道路、路灯、供水、供电等基础设施建设，健全城建、卫生、绿化、美化等长效管理机制，强化治安综治工作。与此同时，不断拓宽招商引资渠道，做好以商引商、二次商，全年全区共引进内外资项目20项，新增投资总额约5500万美元。

（福兴投资区管委会）

福建省福州青口投资区

【经济发展】 2004年青口投资区实现工业产值92.78亿元，规模以上工业产值90.22亿元，上缴税收5.62亿元（国税5.15亿元，地税0.47亿元）。东南汽车公司生产汽车57798辆，产值58.94亿元，上缴税收3.149亿元（国税2.994亿元、地税0.155亿元）；销售汽车60085辆，销售总值58.78亿元。

【招商引资】 通过"5·18"、"6·18"、"9·8"等招商平台，坚持内外资并举，大中小项目一齐上，做好以企引企、以商引商、"无地招商"（增资项目）工作。全年实现新批及增资裂变项目60项，总投资达16714万美元，注册资本9832万美元，合同外资8363万美元；其中增资裂变项目21项，投资额4025万美元；全年外资实际到资10095万美元，比上年增长25.6%，内资实际到资35998万元，同比增长45.8%，出口创汇5000万美元，新投产企业25家。积极跟踪落实配合"戴·克"等重点项目报批进展工作。"华擎"发动机项目总投资4188万美元，2004年1月份已获得国家商务部、省工商局批准通过。"戴·克"项目总投资20800万欧元，注册资本16000万欧元，可研报告已于2004年10月28日获得国家发改委审批，12月份合同、章程已上报国家商务部审批。积极上报东南汽车技改项目和建设东南汽车研发中心，并做好汽车零部件生产出口基地报批工作。

【投资环境】 配套设施建设全面推进，城镇化水平进一步提升。"戴·克"项目一期500亩用地填土工程已全面完成并通过验收；华擎发动机及东南汽车公司新引进的25家配套项目共2238.65亩用地按地理位置分成四大片分别进行土地平整招标，目前四大片中标施工队已有三片进场正常施工。千家山工业集中区配套主次道路、桥梁、河道建设加快。城西路一期水泥砼路面浇筑已完成待验收；新工业区连接现有东南汽车主机厂的东南大道一期已完成路面混凝土浇筑。东南大道二期工程已招投标开始建设。宏一路、义溪路桥、濑江大桥工程已招投标正准备动建。抓好配套生活区的建设。为工业区配套的生活区"博雅星城"占地82.8亩，建筑面积10.45万平方米，共35幢楼房已全部封顶。占地26.4亩建筑面积19531平方米的"凯景大酒店"项目已进入设计审查阶段，预计2005年下半年可动建。配套生活区"千家山花园"、"新南花园"一期商住楼已建成，80%以上商住楼和店面已售出。水、电、通讯、雨、污配大设施建设稳步推进。投资2500万元，铺设了5036米供水管道，开辟了投资区的第三水源。千家山110千伏青口Ⅱ变电站正抓紧前期工作。积极推行ISO14000环境标准认证和"绿色通行"制度，实施可持续发展战略。

（青口投资区管委会）

福建省厦门火炬高技术产业开发区

【经济发展】 2004年，厦门火炬高新区认真落实科学发展观，牢牢抓住招商引资和创新体系建设两条生命线，培育高新技术产业集群，各项工作实现了新跨越。以占全市2.9%的工业能耗、1‰的土地，实现工业总产值469亿元，占全市工业总产值的27%，同比增长38.84%。全年工业销售收入上亿元的企业有19家，完成工业总产值456.68亿元，占全区工业总产值的97.37%；完成销售收入449.95亿元，占全区总收入的96.34%。实现工业增加值84.5亿元，同比增长34.15%；出口29.5亿美元，同比增长20.16%。合同利用外资1.32亿美元。高新区财政总收入6.18亿元。

【投资环境】 2004年，高新区加大开发建设力度，完成固定资产投资4.57亿元，同比增长56.53%，达到历年来的最高水平。东部产业区完成首期4.75平方公里的评规和市政规划，园区五条骨干道路建设全面展开，其中三条道路已基本完成建设；35千伏电力线路改造工程、大嶝供水工程等配套项目正在实施中；目前已经办理77.3万平方米的用地红线，59.5万平方米土地农转用手续已得到省国土资源厅批复。东部产业区完成投资1.6亿元，具备出让条件土地达35万平方米，入驻项目5个，总投资达2.5亿元。同集园二期详规已完成设计并报市规划局审批，二期437亩土地的征地工作已进入地上物理赔阶段。一期基础设施建设已基本完成，入驻项目7个，总投资13亿元，35万平方米完成招商。信息光电园修建性规划已获规划局批准，办理了44万平方米用地红线。市政设计及征地拆迁工作正抓紧进行，计划2005年具备完善的基础设施。联想大厦基本完成施工图设计，计划2005年年底交付使用。明达光电着手开始基础施工，预计8月正式投产。调整灿坤用地、扩大DELL规模的工作正在抓紧进行。省重点建设项目软件园二期于8月份通过结构验收，现正进行内装修，预计2005年上半年竣工交付使用。创业园二期工程8月份竣工并通过质量验收和消防验收，年底已经投入使用，为创业中心提供了近3万平方米的孵化面积，已有超过90%的场地被创业者预订，20多家企业入驻办公。

【招商引资】 2004年，火炬高新区招商引资工作取得历史最好成绩，全年新批入区企业144家，其中外资企业53家。引进电子信息产业规模项目（千万美元以上）5个（全市共13个），合同利用外资6936万美元，占全市的54%。

电子信息产业地位更加突出。DELL公司在厦门投资的新项目戴尔（厦门）有限公司已经完成注册手续。世界第一大不间断电源生产商美国APC公司落户同集园，联想大厦开工，使电子信息产业在高新区经济发展中的地位更加突出。2004年电子信息产业完成产值383.4亿元。手机产业表现突出，唯开通信增长态势引人瞩目，完成产值26亿元，同比增长406.8%。联想移动落户高新区仅仅两年，2004年完成产值24.67亿元，同比增长53.2%。

光电子产业发展后劲十足。光电行业招商取得重大突破，引进极具实力的光电企业——明达光电，该项目涵盖了LED芯片生产、封装、应用等多个领域；生产触摸显示屏的趋动科技入驻信息光电园，光电子基础材料基片生产商星光豪泰科技在同集园已经进入建厂阶段。以这些项目为代表的光电企业的进驻，使高新区初步形成了上中下游的产业链，并将使火炬高新区在厦门“国家半导体照明产业化基地”的建设进程中发挥龙头作用。

电工产业形成较完整的产业链。ABB第五家企业——ABB电器落户火炬高新区，ABB集团还将在ABB低压设立全球低压产品采购中心和研发中心，ABB高压、华电开关也在进行增资扩产建设新厂。2004年，ABB四家企业的产值已经超过30亿元。ABB配套企业大连第一互感器厂“9·8”期间在东部产业区落户，世界第三大电力集团企业法国AREVA公司也已确定落户火炬园。至此，高、中、低压电工行业的生产格局已经在火炬高新区初步形成，高新区已成为厦门乃至福建省重要的电工产品生产基地。

软件产业发展迅猛。2004年软件园引进企业30家，总投资2.67亿元。截至2004年底，累计引进入园企业120家。园区企业发展良好，不少企业在业内已经崭露头角，如恒信网元在通信领域、华美泛亚在贸易领域、翼华科技在在线保险领域、泰极信息公司在网络游戏领域都具有较高的知名度，巨龙软件成为厦门第一家企业出资建设研发中心大楼的民营软件企业。

【创新发展】 2004年，厦门高新技术创业中心、留学人员创业园招商引资引智工作取得显著成效。据统计，创业园全年新注册企业72家，其中留学人员企业55家，台湾学者企业4家，其他科技型企业13家，总注册资金达4.1亿元，其中外资3462万美元。在引智方面，全年引进留学人员或台湾学者110人，其中博士24人，硕士56人，学士30人，硕士以上人才占73%。此外，创业园博士后工作站共引进博士后研究人员3人。截至2004年底，创业园共有在孵企业235家，其中留学人员企业197家。

2004年以来，厦门创业园的科技企业孵化规模有较快的增长。园区各种配套设施进一步完善，为科技创业人员提供了优越的硬件环境。在软环境方面，创业园致力于为园区企业提供全方位、深层次的创业服务，为企业的投融资、市场开拓提供尽可能多的支持和帮助。创业园积极协助园区企业申报各类科技创新基金，全年共支持95个项目获得国家、省、市立项，资助资金总额达2330万元，其中国家级项目有18个。

2004年，厦门创业园连续第二年成为科技部“国家创新基金小额资助一类依托机构”，被科技部授予“2003年度优秀国家高新技术创业服务中心”荣誉称号。12月，人事部决定与厦门市人民政府共建“中国厦门留学人员创业园”。中央电视台也两次给予创业园专题报道。这些大大提高了厦门创业园的品牌形象，吸引了越来越多的海外留学人员、科技创业者慕名前来投资兴业。

为解决中小企业融资难的问题，高新区在厦门市率先实行“会员制担保”模式，有效扶持园区中小企业创业，优化了投资环境，完善了高新区的配套服务功能。截止年底，火炬集团科技担保公司共吸收30家企业会员。在会员制担保资金的担保下，火炬科技担保公司为会员企业提供了590万元的贷款担保和委托贷款支持。

（厦门火炬高技术产业开发区）

福建省集美（杏林）台商投资区

【经济发展】　在集美区和原杏林区区划调整前，辖区内共有大大小小工业小区11个，存在规模小、布局散、产业导向不明确、功能划分混乱、产业发展雷同等问题。调整之后，适逢全国开展工业区的清理整顿工作，管委会紧紧抓住这一机遇，对辖区内的工业区进行了认真的清理和整合，归并为集美、杏林两个国家级的台商投资区和省级厦门市机电工业区，并在产业导向和功能布局上做了明确划分：（1）集美台商投资区：规划总面积6.85平方公里，目前已开发面积6.3平方公里。主要产业分布以发展电子、机械、服装、食品为主，区内共有内外资项目130多个，其中已建成投产有TDK电子、林德气体、虹鹭钨钼等内外资企业100多家，已投产项目和在建项目投资总额9.7亿美元，投资区内产值超过5000万元的企业有24家，其中超亿元的有15家，2004年工业总产值达101亿元。（2）杏林台商投资区：工业区范围25平方公里，以化工、机械、轻纺、电子等为主要投资方向。已累计审批外资项目300多项，投资总额22.9亿美元，已开业项目203项，投资总额14.98亿美元。投资区内产值超过5000万元的企业有33家，其中超亿元的有18家，2004年工业产值152亿元。

加强工业发展规划，提高土地利用效率。一是把好项目用地关，杜绝圈地行为。提高落户项目的门槛，在进区协议签订时明确要求，对不能按期开工的，要按规定交纳土地闲置费，补交土地出让金，对闲置两年时间以上的土地，依法收回使用权。二是运用价格杠杆，节约每一寸土地。将各工业区每平方米的土地出让价格从原来的160元提高到200元，通过地价杠杆的调节，把有限的土地资源用在“刀口”上。三是把好规划关，提高投资强度。要求工业项目的容积率达到1.0以上，建筑密度提高到40%至60%；按不同投资类型的企业具体确定投资强度，内资企业每亩不能低于200万元，外资企业每亩不能低于30万美元。2004年引资项目中，投资额在4000万元以上的项目超过20个，其中投资上亿元的项目有3个，大项目拉动作用相当明显。四是盘活土地存量，确保项目建设。一方面是制定相应的奖励政策，鼓励落户企业增资，不断提高土地的投资密度。另一方面，通过对征而未用，供而未用的土地和大项目预留地进行调查清理，盘活闲置存量土地，用于急需投资的项目。投资区管委会协同区土地分局组织专门力量对全区三大工业区土地进行了一次全面的清理，共清查出闲置企业用地34宗、约2400亩。为使闲置土地尽快发挥效益，根据闲置土地的不同情况，针对性采取要求业主限期进场建设、置换盘活以及依法收回等三种主要办法进行盘活，收回25宗企业用地、面积约1500亩。

大力开展工业区基础设施建设。完成郎美二期土方工程、金万利土方工程、革新塑胶二期土方工程、锦园机砖厂土方工程、杏北二期变电站工程、惠而远、宝鑫龙、升正机械、禾马彩印、谊瑞货架、富鑫预应力、路达公司等场地平整；完成光华东路自来水管线工程、月美路东段、文华路南段及自来水管线等4个基础设施建设工程；加快杏林水厂东路南段、水厂东路中段、光华东路、中亚城1号路、英才北路、曾营堤路东段等地块的征地补偿及场地平整。

实施ISO14001环境管理体系认证工作。2004年集美台商投资区重新建立和实施ISO14001环境管理体系认证工作。管委会各处室抽调专人配合ISO办公室，紧锣密鼓地按照ISO14001环境管理体系认证工作的相关程序要求，从9月初开始，在短短三个多月的时间内完成了管理体系的准备与策划、体系文件编制与优化、体系文件发布试运行与内审和管理评审等阶段的工作，并于12月份顺利通过ISO14001环境管理体系认证。按照区委区政府目前提出的建设环保型新产业区的要求，管委会将进一步树立“绿色管理”的全新理念，准备利用三年时间分步骤在三个工业区中真正建立并全面实施ISO14001环境管理体系，全力打造“绿色工业区”，逐步实现工业区环境管理模式与国际接轨。

（集美（杏林）台商投资区管委会）

福建省招商局漳州开发区

【经济发展】 2004年，招商局漳州开发区主要经济社会指标创历史新高，社会经济继续保持良好的势头。全年工业生产总值实现45.01亿元，同比增长78.32%；合同资金额20793万美元，同比增长60.79%；全港货物吞吐量540万吨，同比增长29.56%；外贸出口额2.2亿美元，同比增长118%；社区人口3.5万人，同比增长75%。

【招商引资】 吴斌总经理直接主管招商引资的全面工作，并调整了招商引资机构，充实了招商队伍。充分利用境外和国家、省、市组织的大型招商活动，宣传推介开发区。与福建省政府、省外经贸厅、漳州市政府和荷兰工业协会联合在荷兰成功地举办了“中荷工业园”推介会；已有荷兰、德国、法国、美国等多批客商来区考察，并保持经常性的联系（2005年初，已有荷兰豪氏威马公司入区投资创办企业，目前已进入筹建阶段）工作。强化后招商工作，主动为入区企业排忧解难。如为入区企业解决用电问题；为金石公司解决大豆进口和仓储问题；为诺尔港机解决原料和产品的进出口通关、出口退税问题；协助凯西、金钱公司解决用地、融资问题。“后招商”工作贯彻了“投资者的成功才是我们的成功”理念，扶助了入区企业的发展，增强了企业信心。2004年，区内企业增资扩产的项目有8个，合同资金额占总额的46.73%，实际到资占62.84%。

【投资环境】 厦门湾港口经济合作开始破题。自2004年5月份厦门市徐模副市长率团走访开发区后，双方领导多次互访和沟通，于7月份签署了厦门合作框架协议。8月9日，厦漳招三方在漳州开发区召开了厦门湾港口经济发展研讨会，建立了“厦漳招”协调机制。“2+1”协调机制的建立推进了港务合作，推进了“四区”的开发进程。目前招商局与厦门港务集团正式签订了合作协议，征地前期工作全面启动，林地和海域征用已进入报批阶段；四区港口市场调研和开发的可行性研究报告已经完成；同时，对四区进行了区块功能规划，年底前完成四区初步规划方案。同时，推进了港口和基础设施投资项目的合作，推进了厦门湾港口规划顺利报批。这对开发区纳入厦门湾，加快建设发展，具有十分重要的意义。

抓好财政财务管理工作。一是实施积极财政政策，培育财源。出台了鼓励流通企业入区的政策；建立了入区项目财税贡献标准；落实了对入区企业税收贡献的鼓励；帮助企业理顺税收机制，增加对地方级财政贡献（如诺尔），奠定做大经常性财政收入基础。二是加强管理，节支增收。在征地上下功夫，特别是在林地和海域征用方面，积极寻求地方主管单位和相关部门的支持，以优惠的条件办理征用。在财务管理方面，制订、修订了十二项管理规章制度，完善规范管理。同时，加强了财务、工程和专项审计工作，在规范管理和工程造价管控等方面，发挥了重要作用。

加强管理基础工作。一是继续加强总部建设，着力强化对开发区决策行为的管理，建立并完善对重大决策的跟踪督导机制。二是完善了 KPI 考核体系，加强了过程管理。确定各企业 KPI 考核指标和考核办法，以预算指导工作，同时进一步强化过程管理，坚持每季一小评、年中初评、年末考核制度，在过程中发现问题、解决问题、落实目标。根据集团部署，建立并推行经营计划管理和管理信息系统。三是进一步完善各项规章制度。组织制订、修订了《财务模型》、《土地经营管理制度》等规范性文件。同时以制度宣传、案例分析为主要内容，组织管理人员学习、培训。四是加强法律及市场研究，优化资产管理工作。同时，进一步加强社区管理工作，妥善处理好失地农民问题，强化社会治理综合治理，加强生产安全工作，抓好企业文化建设，为开发区发展创造良好的社会氛围。

（招商局漳州开发区管委会）

福建省角美工业开发区

【经济发展】 角美工业综合开发区由角美镇和两个省级开发区整合而成。全区总面积 163 平方公里，辖 40 个村、居、场，常住人口近 12 万人，流动人口近 6 万人。2004 年全区实现工农业总产值 106.38 亿元，同比增长 51.78%；其中工业产值 101.27 亿元，同比增长 56.64%，占龙海市工业产值的 1/3；财政收入 2.15 亿元，同比增长 66.27%；农民人均纯收入 5209 元，同比增长 3.37%。

【产业集群】 2004 年全区新办各类工业项目 79 个，新开工、续建或投产投资 300 万元以上工业项目 43 个，完成工业固定资产投资总额 3.31 亿元；新增规模工业企业 15 家，达到 63 家，产值 89.83 亿元，同比增长 73.5%，占全区工业产值的 88.7%，占龙海市规模工业产值的 41%；拥有 15 家产值上亿元企业，初步形成了家电、食品、金属制品、建筑建材等四个产业集群。争创品牌意识增强，上年全区又有 1 家企业获得 ISO9000 质量体系认证，1 家获得 HACCP 认证；有 3 个商标被评为福建省著名商标，1 个被评为漳州市知名商标；龙海市多棱锯条有限公司先后获得“中国铸造协会证书”和“中国船级协会认可证书”。

【招商引资】 全年新办外资项目 20 个，增资项目 12 个，其中投资上 100 万美元的项目 11 个，上 300 万美元的项目 4 个；合同外资额 6218 万美元，实际利用外资 4334.8 万美元，分别同比增长 72.64% 和 75.52%；

出口创汇6.1亿美元，同比增长47.7%，占龙海市外资出口总量的80.3%。

【投资环境】 紧紧抓住龙海市人民政府授予县（市）级行政管理权限的契机，制定完善了“服务承诺”、“一次性告知”、“审批时限管理”、“办事否定报备”、“办事环节登记”等一系列部门管理服务制度。同时，积极组织和督促各职能部门依法行使，确保了下放权限的顺利运作，有效地提高了行政效能。授权以来，共审批立项72个、新办外资项目10个、增资项目7个，办理一般贸易、加工和免税设备进口等业务520单，办理建设用地规划许可证2宗704平方米，建设项目选址意见书78宗2630亩，建设工程规划许可证11宗5904平方米，施工许可证8宗，审批建设项目环境影响评价报告表16份，收到良好的效果。此外，开发区还深入开展了“平安角美”创建工作，深化机关效能建设，优化发展环境。

（角美工业开发区管委会）

福建省泉州经济技术开发区

【经济发展】 2004年泉州开发区实现工业总产值突破50亿大关，达50.5亿元，同比增长42%，其中规模以上企业产值47.5亿元，同比增长38%；财政收入达2.54亿元，同比增长53.6%；累计固定资产投资额20亿元，同比增长67%。

泉州市汽车制造基地项目正式签约，项目总投资10亿元以上。全年新增投产企业30家、新增投建企业30家，累计投产企业达190家。六大产业的龙头企业的产值增幅都在50%以上，产值超1000万元、税收超100万的明星企业超过50家，产值超1亿元、税收超1000万元的企业已达5家。物流、汽车工贸、商贸等第三产业项目成为开发区新的亮点，三产对财政收入的贡献率达25%。

【招商引资】 全年引进外资项目25个，合同使用外资4560万美元；报表口径外商实际到资4046万美元，验资口径外商实际到资1021万美元。全区出口交货值30亿元，同比增长50%；自营出口8000万美元，同比增长166%。项目成果的对接显著，在福建省项目成果交易会上，实现对接项目36项，总投资9.5亿元；与境外科研机构对接项目7项，总投资1930万美元。

【技术创新】 制定清濛园区产业规划，强化科技导向，“一站四园”引进7个科技项目，新引进博士后2名。精心培育6家省级高新技术企业，全区高新技术企业总数达到19家，完成工业产值15亿元，占全区的30%。新增8个技改项目，总投资3亿元，4个生产线技改项目列入省工业结构调整重点项目。2个项目分别列入国家火炬计划项目和国家重点新产品计划，2家企业列入省重点新产品计划，3家企业技术开发中心升格为省级星火行业技术开发中心、省级企业技术中心。

【创业平台】 成立中小企业担保公司，为区内中小企业提供1000多万贷款担保。在泉州市第二届银企资金供需洽谈会上，与金融机构达成贷款意向2.63亿元。国际物流、邮政物流、医药物流等物流商贸服务企业落户区内，7家船务公司进入海关报验中心。成功举办“九牧王”杯2004年全国服装制做工职业技能大赛与全国男装年会。加大对技术工人引进力度，成功帮助企业招工1000多名。

【产业发展】 抓好创名牌和商标认证工作，加大政策引导力度，“九牧王”、“特步”成为集“中国驰名商标”、“中国名牌”、“国家免检产品”于一身的品牌企业，泉州市95家“知名商标”企业中开发区占10家，创亿科技等3家企业被评为泉州市制造业信息化应用示范企业。大力鼓励符合条件的民营企业通过中小企业板块直接上市融资，宏远纺织公司正式启动改制和上市的前期筹备工作。

【社会事业】 大力倡导“建立政府、企业、业主、员工发展共同体”的开发建设理念；启动“学习型企业”创建活动，企业文化建设成效突显，“企业文化沙龙”等载体不断完善；全面实行企业信用等级分类监管机制，提升信用体系建设水平；建立健全计生领导机制、宣教服务机制、企业自治机制和导向支持体系，优化医疗卫生服务环境。以创建“平安开发区”活动为主线，深入开展治安综合治理专项整治行动；大力开展安全专项检查，营造安定稳定的社会环境。积极开展人民调解工作，加大对征地拆迁纠纷的调处力度；推行用工合同制、区域性工资集体协商签约制及按时发放工资承诺制，加强劳动监察，保障企业职工的合法权益。

【党建工作】 建立完善“非公有制企业党校”等教育阵地。进一步抓好干部工作的规范、完善和制度创新。完善党工委委员挂钩联系非公企业党建工作，在全市率先完成非公党建“50100”计划。推行党员身份证制度，提出发展党员“四培两推”工程。开展“民营企业如何撑起党建大旗”企业家沙龙和非公企业“党建之友”评选活动。贯彻落实反腐倡廉“六个机制”，建设勤廉兼优服务型政府。

（福建省泉州经济技术开发区管委会）

福建省莆田高新技术产业开发区

【经济发展】 2004年，莆田高新技术产业开发区按照省委、省政府提出建设海峡西岸经济区发展战略部署，大力实施项目带动战略，有效落实莆田市委、市政府提出的“三头六臂”策略，全年工业总产值、外贸出口、实际利用外资、全社会固定资产投资、企业技改投资等经济指标分别同比增长36.27%、65.29%、48.7%、56.39%和83.38%，均超额完成了年初预定的奋斗目标，其中：工业总产值、外贸出口、财税收入、实际利用外资四大经济指标在全省61个省级以上开发区中综合排名第9位，跻身全省十大开发区之列。

一是主导产业优势扩大。初步形成液晶显示器、通讯、电子类产品、机电、鞋服等主导产业群，以液晶平板显示产品为主的电子信息产业共创产值33.24亿元，占工业总产值的59.78%，同比增长37.07%。全年实现出口供货总值达2.28亿美元，同比增长65.29%，占全区出口供货总值的76%。上缴税收1.2亿元，同比增长12.99%。

二是招商引资成果显著。全年共新批项目43个，投资总额7.85亿元，其中：外资项目33个，合同利用外资5846万美元，占全市的36.5%，内资项目10个，投资总额12200万元。全年实现利用外资4305万美元，同比增长48.7%。

三是在建项目进度加快。50个在建项目累计完成投资2.62亿元，同比增长37.74%，企业实现技改投资3.27亿元，完成年计划的134.72%，同比增长83.38%，为高新区建区四年以来进度最快的一年。

四是基础设施功能初显。全年共投入5660万元用于完善区内主干道路网、电力专线、污水管网、绿化、河道整治等基础设施及配套项目建设，其中：迎宾路、涵港路已实现通车，涵庭路、轻工业园路网及科技文化广场绿地环境、河道整治等工程正进行紧张建设中，综合服务区及荔涵大道（园区段）已基本完成前期工作。

五是科技创新力度增强。全年有4家企业取得省级以上高新技术企业认证，台湾通信、安特半导体两家企业申报省级技术研发中心，德信电子、华达电子、荣兴机械等12个企业科技项目通过省市科技部门立项，德信电子的热压敏薄膜电路、华光电子的电机调速节能器等5个项目正在申报省科技计划项目，全年累计向上争取扶持资金96万元。同时，还争取申报“中俄科技合作芯片生产基地”和“莆田液晶平板显示（LCD）特色产业基地”，其中，“中俄科技合作芯片生产基地”正在进行相关申报材料的编撰工作，“莆田液晶平板显示（LCD）特色产业基地”已通过省级专家组论证，正在准备接受科技部的验收。

六是筹资融资渠道拓展。根据市政府［2002］58号会议纪要文件精神落实2002、2003年度税收返还款的下拨。同时，利用创业服务中心平台，积极向省市财政、计委、高速办等部门争取专项补助资金，除贷款到位资金外，高新区财政跟踪到户资金1420.9万元，其中：专项补助资金222万元，税收返还400资金万元，财政其他资金798.89万元。

（莆田高新技术产业开发区管委会）

江西省九江经济技术开发区

【经济发展】 2004年，九江开发区呈现出前所未有的发展势头。经济高速健康发展，招商引资、特别是重大项目的引进建设取得突破性进展，社会事业发展步伐明显加快。全区GDP 18.12亿元，同比增长42%；全区工业总产值22.6亿元，同比增长40%；工业增加值7.25亿元，同比增长64%。财政收入1.05亿元，同比增长59%。全年实际引进内资18.16亿元，外资7072万美元，分别同比增长58%、254%。全年新引进项目36个，其中外资项目8个，亿元以上项目5个。

【投资环境】 全年城市建设总投入3.15亿元，新增道路21万千米，新增绿地面积2.58万平方米，新增排水管道8.69千米，新增标准厂房3万平方米。城区“美化、净化、亮化、绿化”进程明显加快，市容市貌发生明显变化。

围绕重点加快“综合工业组团、起步区、汽车工业组团”三大工业片的项目建设进度。开发区于2004年初专门成立了项目建设领导小组，并组建投资服务局，落实领导挂点、部门领导负责、具体人员落实的项目跟踪推进责任制。按照“主动服务、有求必应、力所能及”的要求、以“客商满意、早见成效”为工作落脚点，进一步优化投资环境、促进在建项目“早开工、早竣工、早投产达标”。

2004年底，三大工业片在建项目54个，投资总额55亿元。

【社会事业】 在抓好经济建设的同时，开发区始终坚持党政一把手负责制，层层落实信访工作、社会治安综合治理、消防安全、安全生产等责任制，全区社会政通人和。与此同时，积极推进社会各项事业的全面发展。2004年，开发区平稳过渡了新接受的18所学校，医政、疫控、卫生监督、妇幼保健、血防、结防、爱国卫生等七方面卫生职能全面开展，计生管理也有了新的提高，民政事业也得到了新的发展。2004年，全区共有1247户，3379人享受了城市低保政策，全年累计发放低保金156.22万元。全区新增城镇就业586人，完成年计划117%，城镇失业率控制在4%。

（江西省九江经济技术开发区　刘芸　龚晓军）

山东省周村经济开发区

【经济发展】 2004年，按照建设大项目、培植大企业、膨胀大产业的总体思路，周村开发区大力培植发展优势产业和新的经济增长点。全年共开工建设过千万元的项目19个，其中过亿元的项目5个：兰雁集团股份有限公司投资2.25亿元的年产2.5万千瓦热电项目、投资1.5亿元的年产2万吨气流纺纱项目，山东维尔纺织集团股份有限公司投资1.5亿元的年产15万吨镀锌板项目，三菱重工恒星（淄博）造纸机械有限公司投资1.16亿元年产4台套造纸机械项目，山东凤阳集团股份有限公司投资1.12亿元的年产10万吨镀锌板项目全部建成投产，兰雁创业新区、山东凤阳工业园、山东维尔工业园初具规模。2004年实现GDP 14.6亿元，同比增长41.7%；工业销售收入达到42.3亿元，同比增长38.2%；工业增加值13亿元，同比增长41.3%；完成财政总收入1.02亿元，同比增长182%；出口额达到1.31亿美元，同比增长24.8%；完成工业固定资产投资12.5亿元，同比增长109.6%；合同利用外资和实际利用外资分别达到4581万美元和1097万美元。开发区已初步形成了以纺织服装、机械制造、轻钢建材为主的产业发展格局。

【投资环境】 周村开发区位于淄博市周村区城北，总规划面积50平方公里。开发区交通便利。济青高速公路横贯东西，东距滨博高速公路淄博新区上路口10公里，南距309国道和胶济铁路5公里，西距济南国际机场50公里，东距青岛港290公里。2004年投资6000万元的11万伏变电站和供电线路改造工程、投资2000万元日供水10万立方米的引黄供水工程竣工投入使用。投资2600万元的主要道路改造及给排水、路灯、绿化、供电、供汽、通讯、天然气管道等配套设施完成，各项功能日臻完善。开发区拥有日供水8万吨的供水专线和配套排水管线，有日处理8万吨的污水处理厂一座，有2万门程控电话容量和宽带数据通讯，有10千伏工业用电专线和双回路供电站2座，拥有年供电5亿度、供汽1600万吉焦的热电厂两座，实现了“七通一平”。从2003年起，周村经济开发区纳入淄博高新技术产业开发区的政策辐射范围，周村区委、区政府也做出了“举全区之力加快开发区发展”的决定。同时，为促进开发区更快更好地发展，对进区建设达到投资强度的项目，在用地、建设、税收等方面给予政策优惠，对高新技术项目、带动作用强的项目实行一事一议。

【对外贸易】 2004年周村开发区实现对外贸易总额1.7亿美元，同比增长37.4%。其中出口额1.3亿美元，增长24.8%；进口额4003万美元，增长105.6%。开发区直接出口创汇企业23家，主要出口产品为纺织服装、新型地毯、仿真毛绒玩具、精密手表及配件、食品包装用品、造纸机械、制药机械、化工产品等，主要出口欧美、日本、韩国、阿联酋、东南亚以及中国香港等国家和地区。主要出口企业：兰雁集团股份有限公司，2004年完成牛仔布及服装出口7593万美元；山东维尔纺织集团股份有限公司，完成新型地毯、床上用品出口1117万美元；雄鹰集团公司，完成毛巾出口580万美元；日本独资企业淄博东星表业公司，完成手表及配件出口289万美元。

【招商引资与利用外资】 深入开展“招商引资年”活动，营造了人人抓招商引资的良好氛围。通过招聘形式充实了招商局工作人员，壮大了招商引资专业队伍。修订了招商引资的优惠政策，储备了部分重点招商项目，编印了《投资指南》宣传画册，建立了开发区网站，对外宣传工作进一步得到加强。组织和参加了鲁台经贸洽谈会、周村百年开埠、东盟博览会、对日专场推介会、周村—海南经贸洽谈会等招商和推介活动，广泛联系和沟通了海内外客商。落实了一批招商项目，其中恒星集团与日本三菱重工业株式会社投资1400万美元的造纸机械项目合资成功，注册资金全部到位，2004年10月份已正式投入生产，年销售额可达6亿元，生产能力列全国第一。兰雁集团与美国浩正贸易公司合资的餐盒项目、福瑞达集团与台湾合彰集团合资的不锈钢管项目、维尔集团与俄罗斯客商合作的家纺项目、友诚毛绒与香港信辉集团合资的毛绒玩具和服装的扩产项目、海南宇建房地产开发有限公司独资的中心区开发项目等都得到了很好的落实。2004年共批准进区项目44个，总投资12.1亿元，新批外商投资项目5个，合同利用外资4581万美元，实际利用外资1097万美元。

【高新技术产业和重点企业】 辖区内现有各类工商企业413家，其中外商投资企业38家，高新技术企业16家。2004年，高新技术产业产值达到13.7亿元，同比增长46.9%，占工业总产值的31.6%。新批高新技术企业两家，国家科技成果重点推广计划一项，申报国家重点新产品计划两项，获省科技进步奖两项；申报专利29项，两家企业获省专利明星企业称号。同时，开发区与清华大学、华中科技大学、山东理工大学、海南博士院士产业促进会等高等院校和科研机构分别建立了产学研基地和项目孵化转化基地，科技开发能力和技术改造水平进一步增强。

区内重点企业兰雁集团股份有限公司是亚洲最大的色织布生产企业、全国最大的坚固呢生产企业，集纺纱、织布、染整、服装生产加工于一体。主要产品“兰雁”牌坚固呢有“山东淄博布”之美誉，“兰雁”商标被评为中国驰名商标。

山东凤阳集团股份有限公司是全国最大的软体家具生产企业、中国家具协会软家具专业委员会主任单位，主要生产经营软体家具、精密薄板及系列产品、餐饮业等。凤阳床垫、沙发双双荣获全国质量评比第一名，近40余项产品分获部优、省优、山东名牌称号。

山东维尔纺织集团股份有限公司，具有世界一流的电脑自控印花生产线三条，主要生产拉舍尔毛毯、地毯、床罩、绗缝产品等。同行业首家通过ISO9001和ISO14001认证。“维尔”、“维尔舒”品牌被评为山东省著名商标。

雄鹰集团公司，集毛巾、印刷、家具、丝织、塑料、制衣等多种行业的科、工、商、贸于一体的中国家用纺织行业大型集团企业，产品连续四年获全国最畅销产品“金桥”奖，连续三届获山东名牌称号，被中国家用纺织品行业协会评为巾被行业第一名牌。

山东宏信化工有限公司是亚洲最大的苯酐生产企业，年生产有机化工原料20万吨，主要产品有“宏牌”系列苯酐、顺酐，“恒牌”系列增塑剂、不饱和聚酯树脂等。

山东福瑞达集团有限公司是山东省“百强私营企业”，主要生产加工和经营不锈钢建材，福瑞达商标被评为山东省著名商标。

山东玉兔调味品有限公司是全国调味品行业五十强，调味品协会常任理事单位，生产的“玉兔”牌香醋、酱油获得山东省名牌产品和山东省著名商标。

恒星集团是全国最大的造纸机械生产企业之一，中国造纸机械协会会员单位，主要生产造纸机械、矿山机械、轴承、化工等产品。企业研制开发的超级压光机、软超级压光机系列产品具世界领先水平，与日本三菱重工成功实现强强联合。

【社会事业】 按照科学发展观的总体要求，开发区的社会事业得到了统筹协调健康发展。教育现代化建设得到加强，在全区首家通过了市政府的教育初步现代化验收。民政工作积极探索社会优抚、弱势群体救助和老龄工作的新思路、新方法，逐步实现了农村特困户基本生活救助制度向农村居民最低生活保障制度的转变。实行了补助标准自然增长机制，各类抚恤优待金按时足额发放，优待对象优待政策得到落实。承担了全区第八届农村村民委员会换届选举工作试点任务，被市民政局、人事局评为“淄博市村民自治模范乡镇”。劳动保障事业得到创新完善。顺利完成企业退休工人社会化管理的审核和交接工作，完成了失地农民调查，率先在全市开展了农民技能培训。同时，探索在辖区村实施了失地农民养老金发放试点工作。积极落实三峡移民安置政策，共安置三峡移民80人，被评为“三峡工程库区农村移民安置工作先进单位”。计划生育工作创出新特色，建立了信息采集—科学决策—组织实施—考核评估的计划生育运行新机制，大大提高了群众的满意程度，各项指标继续在全区和全市保持前列，荣获区委、区政府2004年度人口与计划生育目标责任一等奖。卫生事业实现新突破。开发区卫生院和11处村卫生室得到进一步规范，农村卫生服务水平得到进一步提高，90%以上的农民参加了新型农村合作医疗。

【管理与服务】 2004年，周村区委、区政府对开发区实行授权（委托）管理。9月份正式签署对周村经济开发区实行授权（委托）管理责任书，23个区直部门实行授权（委托）管理。授权后开发区管委会享有同级政府相应的经济管理计划审批权、事务管理权和部分行政管理执法权，最大限度地减少了办事环节，提高了工作效率。同时认真落实“内强素质、外树形象”行动计划，采取“一站式”管理、“系统性”服务的工作方式，对进区项目进行“封闭运作”，无偿为项目办理提供“全方位、全天候、保姆式”规范化全过程服务。按照“您发展，我铺路；您投资，我服务；您赚钱，我保护；您有难，我帮助”的服务宗旨，积极为国内外客商营造优质高效的服务环境，提供宽松良好的发展环境、公平诚信的法制环境、和谐稳定的社会环境。

【机构设置】 周村经济开发区管委会下设经济发展局、规划建设局、社会事业局、招商局、财政局和办公室六个主要部门。

（山东省周村经济开发区管委会）

山东省日照经济开发区

【经济发展】 2004年，日照经济开发区有8项主要经济指标绝对值和6项主要经济指标增速，位居全市之首，成为日照市经济发展的亮点。在省外经贸厅公布的数据中，开发区有5项主要经济指标在省以上69个开发区中位居前七名。特别令人鼓舞的是，开发区实际利用外资在全省排名中仅次于青岛开发区，位居第二名，日照经济开发区提出的抢进全省开发区第一方阵的目标基本实现。一是工业总量快速膨胀。完成GDP 47.8亿元，同比增长48%；规模以上工业总产值在各区县中率先突破百亿大关，达到102亿元，同比增长76%，是2002年的3.1倍；实现工业增加值35.4亿元，同比增长64%，是2002年的3.6倍，这两项指标均占全市的1/3。二是经济效益进一步提高。完成规模以上工业利税6.3亿元，同比增长13%。实现财政总收入1.8亿元，同比增长25%，其中地方财政收入7013万元，同比增长48%，其中税收收入占地方财政收入的比重提高了10个百分点，达到84 %。三是发展后劲不断增强。完成固定资产投资19.1亿元，其中在建、待建、建成项目85个，总投资44亿元。新开工工业厂房面积34.5万平方米，相当于2002年前建区11年总和的1.7倍。培育形成了新良油脂、大海油脂、凌云海制糖等5个年销售收入过10亿元的临港大企业。四是农村工业化进程进一步加快。全年实现农村经济总收入达20亿元，农民人均纯收入4200元，分别同比增长47%和21%。在14个村居建成标准化厂房10栋、建筑面积7.6万平方米，年增加村居集体经济收入400万元，安置农民就业1800余人。五是农村产业结构进一步优化。形成了平台湖农业综合开发、奎山花卉、大岭禽蛋养殖、西河特种养殖和蔡家滩工厂化养殖为龙头的五大农业产业基地。

【投资环境】 一是城市整体规划和基础设施建设力度加大。完成了商居区1.7平方公里的控制性详规和四个居住小区的规划设计，开工建设了环奎山路等6条道路，完成了11条、总长38公里的村级公路改造，在全市率先实现村村通。目前道路通车总里程达153公里，全区新建成的城区干道总长是2002年前建区11年总和的3倍，通车里程为5倍。南沿海路拆迁工作全面动工，深圳路、杭州路已开工建设，为南区启动创造了有利条件。完成了西安路等8条道路及韩国工业团地、奎山工业园等园区供水、热力、燃气、强电配套50余公里，确保了园区和项目建设需要。二是城市环境更加优美。以“双创”为契机，深入开展以“绿化、美化、亮化”为重点的城市环境综合整治活动，新增绿地40余万平方米。对北京路等6条道路的人行道板和路沿石进行改造铺装，对大连路等10条道路统一划线、安装路灯和交通指示灯。三是生态园区建设步伐明显加快。顺利通过了ISO14001国际环境管理体系标准认证工作，这是日照市第一家通过环境管理体系认证的政府管理机构，也是山东省第一家通过环境管理体系认证的省级开发区。开发区生态工业园国际合作项目入选“中欧环境管理合作计划”，全国第一家生态企业协会已在区内成立，开发区生态工业园区规划大纲已通过预评估，为下步创建国家生态工业园示范区打下了基础。

【招商引资与利用外资】 全年新引进各类项

目197个，总投资79.5亿元，其中投资5000万元以上的24个，过亿元的10个，到位资金35亿元。已批准进区项目139个，列山东省开发区第四位，超过威海经济开发区。实际利用外资2亿美元，同比增长149%，占日照市的67%，直接实际利用外资4871万美元，占日照市的46%。一是临港工业基地建设初具规模。新开工建设了投资5000万美元的台湾服装工业园、投资6亿元的金马工业园、投资3200万元的新良二期、投资5000万元的天睿蓄电池。二是外资大项目招引成效显著。出口加工区已有三个外资项目建成，总投资4亿美元的韩国汽车发动机项目正在推进，利用韩资已占实际利用外资的41%。日本旭硝子、丸红两家世界500强企业共同投资建设山东鼎弘电子玻璃有限公司，实现了开发区招引世界500强零的突破，由日本名古屋制酪集团投资2000万美元的食品加工项目已正式签订投资协议，世界500强企业日本JFE集团投资9000万美元的煤化工项目以及索尼公司电子玻璃项目已达成合作意向。开发区在成为韩资集聚区后，逐渐形成承接日本资本、产业转移的基地。三是接轨青岛迈出新步伐。主动加强与青岛在“理念”、“产业”等方面的对接，实现产业配套和发展，借助青岛成功招引昊成服装等6个项目。四是第三产业项目招商取得明显进展。规划建设了汽车商贸城，目前已有山东华达等8家汽车流通企业落户，投资超过4亿元，建成后年可实现销售收入10亿元。投资1.4亿元的凌海大酒店已投入运营，成为全区服务业新的增长点。

【管理与服务】 一是宣传思想工作不断加强。组织开展了城乡党的十六届三中全会精神集中教育活动，为经济健康发展营造了良好的氛围。二是党风廉政建设不断深化。在机关推行政务公开和部门行风评议，开展了“为民、务实、清廉”教育和警示教育活动，实行了廉政谈话制度和述职述廉制度。三是基层组织建设稳步推进。深入开展农村基层组织“三级联创”活动。完成了农村党员干部现代远程教育站点建设工作。开展了农村基层组织建设年活动。顺利完成了村“两委”换届选举工作，村两委成员交叉任职率达到86%，村党支部书记、村主任一人兼率达到97.4%。四是文明创建工作成效明显。强化了文明单位的动态管理，新评出区级以上文明单位8个，市区国税局被评为省级文明单位。以村村通为载体，建设文明一条街60条，形成了8个农村精神文明建设创建片，促进了农村向城市化的转变。

【社会事业】 一是教育工作稳步推进。理顺了中小学校管理体制，优化了学校人员结构。校舍危房改造任务基本完成，并新建小学两处。设立了贫困学生教育救助基金，有282名贫困中小学生和26名贫困大学生得到了救助。二是文化卫生事业更加繁荣。积极开展丰富多彩的群众性文化活动，北京路街道被推荐为“全省社会文化先进乡镇”。进一步加大医疗机构的清理整顿力度，全面推广了新型农村合作医疗，全区90%的农民参加了合作医疗。三是计生工作成绩显著。开发区培植计生服务典型村和加强计生协会基层组织建设的做法在全市推广，被市委、市政府授予2004年度人口和计划生育目标管理责任制一等奖。积极配合全市实现了“全国双拥模范城”二连冠的目标。社会保障、社会救助工作步入规范化、制度化轨道。村务公开进一步加强，促进了基层民主管理。体育、老龄、残联等各项工作迈上新台阶。四是农村剩余劳动力转移继续推进。建设了区、街道两级高标准农村劳动力就业培训基地，对农民实行“免费培训”、“订单就业”，全年安置就业2500人，我区被省政府表彰为就业工作先进单位。五是农村社会保障建设不断加强。创新征地补偿安置办法，实施生活保障金发放制度，解除了失地农民的后顾之忧。六是旧村改造进一步加快。全年共开工建设高层住宅楼18座、8.8万平方米，有762户农民住宅实现楼房化。

【管委会领导】 日照经济开发区工委书记钱焕涛，副书记高俊峰、吴军、郑玉霞、李志华，开发区管委会主任钱焕涛，副主任吴军、李瑞文、宋维君、李宜东、马继军。

（日照经济开发区管委办公室 林森）

山东省龙口经济开发区

【经济发展】 龙口经济开发区是龙口市五大组团的核心经济板块，工业基础良好，实力雄厚。港、煤、电、油、气等驻龙大单位均位于区内，已形成能源开发及深加工、汽车零部件、新型环保透湿材料、农副及水产品加工、精细化工、物流等六大支柱产业。辖区内现有工业企业420家，外商投资企业105处，工业产品达3000多种。2004年，综合实力位于省级开发区前列。

农业以产业化经营及“绿色农业”著称，形成以水产养殖、精准种植、高档果蔬等全方位多品种综合开发的高效农业新格局，盛产对虾、梭子蟹、扇贝、鲍鱼、海参等水产品和草莓、苹果、葡萄、黄金梨、大樱桃等水果，区内有果蔬、水产品生产、加工企业40余家，是山东省农副及水产品发展最好的地区之一；拥有华东地区最大的气调库群，总库容达到25万吨。

【投资环境】 气候宜人。龙口开发区属温带季风型大陆性气候区，气候温和，四季分明，年平均气温为12℃左右，年平均日照2800小时左右，年平均降雨600毫米左右，无霜期190多天。

基础设施配套完善。龙口开发区作为龙口市的西城区，城区功能配套完善：水、电、暖、气实现了管网化供应；区内主要道路全部硬化，城区绿化率达到40%；商业、住房、医疗、教育及通讯、广播电视等三产及公共事业发展迅猛，程控电话交换机总容量达9万门并全部开通了国际直拨业务，移动电话开办了全国、国际漫游；每个居民生活小区建设面积都在10万平方米以上，并实现智能化管理。投资2000多万元建成了集休憩、娱乐、集会于一体的花园式、开放型的龙口广场和海滨公园。城市管理模式也由管理城市向经营城市转变。

自然资源丰富。龙口开发区是胶东半岛的能源基地，已探明可供开采的矿产资源有煤炭、石油、天然气等十几种。其中煤炭储量26亿吨，年开采量700万吨，并建有全国惟一的低海拔大型海滨煤炭基地；PL19－3特大型整装油田已探明地质储量为10亿吨，可开采储量约为6亿吨，距离龙口港40海里，是原油输出的最佳登陆点；天然气储量225亿立方米，可开采108亿立方米，已在龙口开发区屺𡻟岛登陆。拥有全国第一家由中央和地方集资兴建的坑口电厂，装机总容量为120万千瓦。

交通便利。龙口开发区陆路交通四通八达。威乌、青黄高速公路纵穿开发区，已动工兴建的“大莱龙”铁路将贯通整个开发区。威乌高速龙口西入口位于开发区，从港口出发5分钟即可上高速。

全国最大的地方港龙口港座落在开发区，1985年被列为国家一类开放港口，是交通部确立的沿海18家区域性重要港口之一。

龙口市距离青岛流亭机场190公里，高速行驶单程不足2小时；距离烟台莱山机场

90公里，高速行驶单程不足1小时。

通关便利。龙口作为国家一级对外开放口岸，海关、商检、海事等口岸部门一应俱全。建行、工行、中行、农行等商业银行均落户开发区。龙口开发区内有保税仓库一座，面积为1.08万平方米。

旅游资源丰富。以自然风光为依托的屺㟂岛旅游度假区位于龙口开发区内。屺㟂岛素以人间仙岛著称，时有海市蜃楼奇观出现。区内已建成了娱乐区、疗养度假区等多功能区，完备的设施、美丽的自然景观伴着动人的传说，让旅者留连忘返。

【招商引资与利用外资】 龙口开发区地理位置优越，资源丰富，投资环境优美，吸引了国内外许多公司、集团来龙投资，其中包括世界500强企业——日本三井物产株式会社。龙口开发区在招商模式上实现了由“招商引资”向“招商选资”的转变，对投资规模大、科技含量高、带动力强的优秀项目给予重点支持，已与30多个国家和地区建立了经贸合作关系，合作内容遍及第一、二、三产业，形成了全方位、多层次、宽领域的开放新格局。

【高新技术产业和重点企业】 龙口复发中记，是新加坡外商独资企业，投资超过5000万美元，建有总占地面积40公顷的工业园，拥有2300公顷的种植基地。公司主要从事水果蔬菜的种植、采购、加工、冷藏及出口业务。工业园内拥有3.5万吨先进气调库。公司已成功地开拓了新加坡、马来西亚、泰国、菲律宾、印尼、孟加拉国、英国、荷兰、加拿大等国外市场。

龙口新龙食油有限公司，是外商独资企业，注册资本2000万美元，投资总额4700万美元。公司毗邻龙口港，并有自备输油管与之相连。公司具备高水平的榨油、精炼、包装综合生产能力，主要原料大豆、棕榈油等均从国外进口。主要产品有“绿竹”牌豆粕、色拉油及各种系列专用油。公司主产品豆粕在国内同行中率先打入日本市场。公司新生产的新型饲料添加剂，是用特种卵磷脂活化的棕榈油产品，具有广阔的市场前景。

山东道恩化学有限公司，是一个以塑料为主业，集科、工、贸、运为一体的多元化企业，通过了ISO9000质量体系认证。形成了塑料原料、塑料机械销售，塑料模具、改性塑料生产及塑料研发与塑料技术推广为核心的综合经营服务体系。公司以科技为先导，与北京化工大学成立了龙口道恩化学——北京化工大学科研开发联合实验室，研制开发的多种产品填补了国内空白，被山东省科技厅评定为高新技术企业，并跻身于全国民营企业500强前列。“道恩”牌改性塑料被中国品牌促进会评为中国驰名品牌。

山东隆基集团有限公司是国家级大二型工业企业，山东省高新技术企业。该公司设一个集团总部，辖五个分公司——龙口隆基机械有限公司、龙口隆基汽车配件有限公司、龙口隆基三泵有限公司、龙口隆基制动毂有限公司、龙口隆基工贸有限公司，主要从事汽车用气泵、水泵、机油泵、齿轮、轿车用制动毂、制动盘、刹车片、轿车水泵系列、包装产品等的生产与销售。公司已先后通过了ISO9002、QS9000和VDA6.1质量体系标准认证，“隆基”牌产品成为中国一汽、二汽和国内大型发动机厂的主要配套产品，并远销美洲、西欧、澳洲、东南亚等国际市场。

龙口海韵汽车制动系统有限公司，主要从事汽车用制动盘、制动毂、制动蹄铁等汽车配件的生产和销售，并为国外OEM和OES汽车整车厂提供配套服务。产品远销欧洲、北美、中东、亚洲等30多个国家和地区，在出口创汇方面具有很大的潜力，发展前景非常广阔。

龙口兴民车轮有限公司，以生产各类车轮和冷弯型钢为主导产品的国家级中二型企业。公司员工1200多人，资产总值3.6亿元，占地30万平方米，并于1999年取得中国方圆标志认证委员会ISO9002质量体系认证。产品远销美国、欧洲、中东、大洋洲、东南亚等国家和地区，具有日产13000套车轮、年产50万套传动轴和15000吨冷弯型钢生产能力，是我国车轮制造行业最具影响的企业之一。

龙口兴隆轮胎有限公司，主要生产载重、轻卡汽车轮胎、农业轮胎、畜力车轮和摩托车胎四大系列，40多种规格，拥有年产50万标准套的生产能力。

玮辰（龙口）实业有限公司，是由台湾菲力工业股份有限公司与山东龙口冶基实业总公司合资成立的企业。总投资2600万元，公司占地面积4.5万平方米。主要经营范围：电动自行车（一般式及折迭式），电动滑板车，电动三轮车，相关马达电机，驱动器等电动系统；城市车，登山车，越野车，跑车，折迭式自行车等一般自行车类。

山东双龙集团有限公司，是省级企业集团，核心企业为山东龙口化工厂。公司占地8万平方米，其中建筑面积4.8万平方米；拥有资产总值6700万元，公司建有自己的科研开发机构，以新产品、新技术、新工艺不断增强企业的发展后劲，已形成开发、生产、销售一体化的经济格局，现生产颜料、染料、染料中间体、原料药四大系列共20多个产品，其中80%为填补国内空白，取代进口的高科技节汇产品，荣获多项国家级、省地级新产品奖和科技进步奖，并被评为省、部优质产品和名牌产品。

中美合资烟台阿波罗生物科技有限公司，是卫生部在国内惟一批准的活性肽生产企业，占地8.6万平方米，总投资1000万美元。其主要产品阿波罗维生力口服液是国际上最新的增强免疫、逆转衰老的养生保健品，其中活性肽在特殊液体中以纳米包埋技术保持活性两年之久、活性肽添加多种微量元素两项世界尖端技术已申请PCT世界专利，填补了国际、国内空白。

龙口华东气体有限公司，是华东地区最大气体生产、经营企业，总资产1.5亿元，占地面积13万平米。生产的气态和液态工业气体20多个品种广泛用于化工、造船、电子、石油、冶金、医疗、食品、机械加工等领域。2003年公司又投资5000万元建设的全液化学冷空分项目，每天可提供200吨液态氧、氮、氩等气体。

山东龙口蓄电池总厂，具有年产160万KVAH、200万件套汽车内外饰橡塑件的生产能力，产品先后通过ISO9002、QS9000、VDA6.1国际质量体系认证，是中国一汽、中国二汽、哈飞等汽车生产厂家的指定配套产品。“孚佳”牌蓄电池获出口质量和3C认证。

龙口市佳裕塑料有限公司，固定资产6200万元，年加工废旧塑料5000吨，注射吞吐量5000吨。多年来已经发展成为一个集废旧塑料（回收、再生、制粒）加工、销售、拥有30～16000克大、中、小型注射机40余台，生产新型复合编织袋于一体的私营企业，是长江以北拥有最大注射能力厂家及第一家塑料再生料发源地。

山东金锋人造皮革有限公司，是香港骏裕企业有限公司在开发区兴建的第一个独资项目。主要生产销售PU合成革和聚氨酯树脂及相关产品。公司产品不仅内销全国各大专业市场，而且外销中国香港、韩国、俄罗斯、中东、欧洲、非洲等国家和地区。该项目具有广阔的市场空间和较强的市场竞争力，年产人造革3000万米，年实现年销售收入5亿元，年出口创汇2000万美元。

山东鑫龙高科有限公司，是烟台市2003年最大的利用外资建设项目，总投资1.5亿美元，注册资本6000万美元，建设期三年，占地225亩，2003年6月28日奠基，7月份动工兴建。主要生产束状超细纤维革、离型纸、PU革等高科技皮革制品，产品填补国内空白，其优良的品质和良好的透气性可替代真皮，市场发展前景广阔。

龙口三井森包装有限公司，是龙口市引进的首家500强企业，注册资本1000万美元，设备投资8000万美元。产品全部从日本最大的机械设备供应商ISOWA进口，可应客户要求生产各种A、B、E、AB、AE、BB、BE不同瓦楞的组合纸箱，实行全生产过程电脑控制。最大纸宽2000mm，最大速度250m/分，月生产能力800万平方米。

【机构设置】 龙口经济开发区内设机构有：工、管委办公室、龙港管理区委员会、海岱管理区委员会、龙口市纪律检查委员会龙口经济开发区工作委员会、经济贸易发展局、城市建设管理局、财政局。

（山东省龙口经济开发区管委会）

湖北省宜昌经济技术开发区

【经济发展】 2004年，宜昌开发区完成全社会固定资产投资18亿元，实现GDP 13.2亿元，技工贸总收入47.3亿元，工业总产值35.3亿元，财政收入1.8亿元。其中东山园区全年完成全社会固定资产投资15.56亿元，同比增长120.9%；实现技工贸总收入28亿元，同比增长33.3%；GDP 6.95亿元，同比增长32%；工业总产值15.5亿元，同比增长38.6%；工业增加值3.4亿元，同比增长17.5%；财政收入1.8亿元，同比增长70.7%；一般预算收入3508万元，同比增长68.7%，外贸出口499.7万美元，同比增长451%；社会消费品零售总额实际完成7亿元，同比增长660.9%；合同利用外资6.54亿元，同比增长403%；合同利用内资26.2亿元，同比增长20%。

【投资环境】 2004年，宜昌开发区完成土地开发1721亩，拆迁房屋412栋、10.3万平方米，动迁人口1648人，分别是2003年的2.4倍、5.8倍、7倍，分别占建区16年总和的27.8%、22.2%和29.5%。全年共建设以“两路”（发展大道、大连路）、“两洞”（大连路隧道、北海路隧道）、“四箱涵”（港窑路、大连路、金东山、灵芝多糖项目箱涵）为重点的大小基础设施项目60项，投资1.62亿元，为前3年基础设施建设投资总和的1.08倍。其中：投资2000余万元，完成发展大道黑化及人行道板铺装改造，建成了宜昌市第一条黑化道路；投资1500余万元，新建成大连路（延伸段），打通了大连路隧道；投资650余万元，新建北海路及北海路隧道；投资2500余万元完成了港窑路排水箱涵、热力管网等项目。新建了楠苑休闲广场；建成发展大道、大连路立体式、叠水景观工程，形成了具有鲜明地方特色和较高文化品位的城区生态景观；植树1.28万株，植草坪7.34万平方米；全区绿化覆盖率70%，绿地率45%，中心区人均公共绿地面积8.5平方米。东山热电厂环保改造工程初见成效，烟尘排放均基本达标。

【招商引资与利用外资】 全年宜昌开发区引进各类项目29个，协议投资74.5亿元；新开工项目13个，预计总投资9.16亿元，已完成投资3.72亿元；在建续建项目62个，预计总投资28亿元，完成投资10.6亿元；建成投产项目13个，完成投资3.38亿元，其中7个项目实现当年开工、当年投产。全年新引进投资过亿元项目13个，其中工业项目11个，即日本KAWAI钢琴项目，总投资1500万美元；婴童食品生产基地项目，总投资1亿元；三峡医药科技产业园项目，总投资2亿元；丁基胶塞高端产品项目，总投资1.8亿元；PE管件项目，总投资1.08亿元；昌信高档印刷项目，总投资1.3亿元；FR-4暨覆铜板项目，总投资3.6亿港币；年产30万吨TCP项目，总投资3.4亿元；意大利肯德克第三代环保拉盖项目，总投资7000万欧元；汽车销售超市项目，总投资1.2亿元。全年合同利用外资6.54亿元，同比增长403%；合同利用内资26.2亿元，同比增长20%。

【对外贸易】 区域经济增长由长期主要依赖投资拉动转变为投资、消费、出口共同拉动。经济外向度进一步提高，全年新批外商投资企业7家，占全市新批外商投资企业数16.7%，占现有外商投资企业的三分之一；新批出口企业2家，出口企业达到10家。累计完成外贸出口499.7万美元。

【高新技术产业和重点企业】 高新技术产业蓬勃发展，培育和提升了产业竞争力。创业服务中心建设，实现了两级跳，7月份被批准为省级创业中心，12月份被批准为国家级创业中心，在孵化企业达到87家，搭建了高新技术企业发展的平台。与武汉大学、三峡大学联合建立的产学研基地已启动；争取并使用国家、省市科技创新等资金367万元，同比增长260%，支持了中小科技企业发展。通过大力推进高新技术产业化和传统产业高新化使永固科技、双九零材料等一批拥有自主知识产业权的科技企业扩大生产规模或实现产业化；武环钻机、华润科技、英汉超声等一批中小科技企业进一步发展壮大；弘讯管业等一批新引进的拥有自主知识产权的高新技术企业实现规模化生产；长江机床等一批老企业通过开展技术创新，推进传统产业高新化，实现快速、可持续发展。区内国家、省级高新技术企业达到9家，占宜昌市的30%，高新技术产品达到32种，全年实现高新产值12.1亿元，同比增长22.8%。完成专利申请55件，授权40件。

太平鸟时尚品牌制造基地，由宁波太平鸟投资集团公司投资，在开发区建设时尚品牌设计中心、品牌服饰制造中心、时尚服饰和时尚用品中国中部物流配送中心、时尚展买演示中心。项目计划投资1亿元以上，占地180亩左右，年生产销售太平鸟休闲服装300万件（套），预计年销售收入2亿元人民币以上。

光盛纺织有限公司系外商独资项目，总投资2800万美元，生产七万棉纺纱锭。生产设备全部引进以电脑程控全流程钢联为主的知名品牌全新高新技术纺纱设备，生产技术、工艺处于纺织行业领先水平。项目占地191亩，年产30~100支纯棉精梳纱8400吨，达产后年销售收入17000万元，年利润1200万元，年均税收1000万元。

宜昌弘讯管业公司，占地260亩，从事PE管和高压玻璃管道的研发、生产和销售。公司注册资金3000万元人民币，固定资产投资已达1.81亿元，具有雄厚的资金运转、科研开发、生产制造能力及广阔的市场销售渠道。

宜昌金宝乐器制造有限公司，由香港柏斯琴行投资建设，主要以生产TOYAMA、KAWAI、SCHOBRUNN三大品牌为主，具备月产800套外壳、1000台码克、600台成品钢琴的能力。2002年与世界第二大综合乐器制造商KAWAI签订技术合作项目，引进日本先进钢琴制造技术，定牌生产KAWAI品牌钢琴。2004年，与日本KAWAI合资，投资1500万美元，在开发区建设以钢琴为主的乐器制造基地。

黑旋风科技园项目由中国冶金地质勘查工程总局投资兴建，生产、科研及培训设备、设备及配套设施，用以搬迁、扩建宜昌黑旋风锯业。项目总投资3~5亿元，项目占地364亩，建筑面积110000平方米。预计项目投产后形成年销售收入10亿元，税收1亿元。

【社会事业】 农村及社会事业同步协调发展。2004年初专题召开农村工作会，集中解决农村农业发展中长期存在的问题，加强了农业基础设施投入，完善了农村经济发展奖励办法，对村民实行小额贷款，积极组织各类农业科技培训，为集体经济发展积累了后劲。当年农村经济总收入同比增长15%。村民人均增收154元，达到3636元。社区建设得到加强。学习借鉴沪宁杭等城市社区建设经验，提出了《关于加强社区建设的意见》，制定了《2004～2008年社区建设发展规划》。民政优抚、再就业工作进一步落实。全年39047人次享受低保补助，累计拨付低保资金240万元。全年净增就业806人，超年计划的1%，安置下岗失业人员686人，超年计划的14%；安置“4050”人员255人，超年计划的42%；安置双下岗失业人员83户，超年计划的315%；再就业培训471人，超年计划的18%；城镇登记失业率控制在4.1%以内。教育、卫生、计生等工作明显加强。接收了809厂、长江机床厂两所子弟学校，制定了教育发展规划，整合了办学资源，规范了学校管理。全区按政策生育、流动人口出生率、长效节育等主要指标居全市前列。强化了卫生工作属地管理原则，加强了医疗卫生机构管理，建立了疫情监测网络，圆满完成了艾滋病及禽流感防治工作。加强建筑工程安全、消防、安全生产监督管理，通过市检查验收。与全区75家单位签订了社会治安综合治理责任状，建立了应急处理工作机制，加强对重点区域违法犯罪活动打击，开展了严打专项整治，群防群控的社会治安网络得到进一步健全。

【管理与服务】 2004年，宜昌开发区建立健全了投资环境绿色通道，强化对进区企业、项目的全程服务，实行领导联系项目制度、联络员制度、重点企业挂牌保护制度；积极协调水、电、通信、公汽等部门，为项目建设、区内企业排忧解难；进一步完善“四个中心”（行政服务中心、经济发展环境投诉中心、综合招投标中心、国库集中收付中心）建设，推进“四项改革”（行政审批制度改革、财政管理制度改革、投资体制改革、干部人事制度改革）、“四个公开”（政务公开、村务公开、厂务公开、公用事务公开），严肃查处企业投诉。

【机构设置与管委会领导】 宜昌经济技术开发区内设机构有：工委办公室（管委会办公室、宣传部与其合署办公）、纪工委（监察局与其合署办公）、组织部（人事劳动和社会保障局与其合署办公）、招商局、高新技术产业局（经济发展局、安全生产监督管理局与其合署办公）、建设局（挂市国土资源局宜昌开发区分局、市规划局宜昌开发区分局牌子、市房产管理局东山房政管理所、宜昌开发区环境监察大队归其管理）、财政局、社会发展局。

宜昌经济技术开发区工委书记艾苍松，管委会主任杨智。

注：2004年下半年宜昌开发区与宜昌猇亭开发区合并，形成一区两园，本资料中除固定资产投资、地区生产总值、技工贸收入和工业总产值系两园之和外，其他均是原宜昌开发区范围内情况。

（湖北省宜昌经济技术开发区管委会）

湖北省襄樊汽车产业经济技术开发区

【经济发展】 2004年，襄樊汽车产业开发区完成GDP 29亿元，同比增长18.37%；工业总产值140亿元，同比增长45.4%；利税总额完成16亿元，与上年基本持平；固定资产投资总额完成20亿元，同比增长59.11%；农民人均可支配收入3070元，同比增长2.7%；实现财政总收入27197万元。

【招商引资与利用外资】 2004年，襄樊汽车产业开发区共引进项目84个，项目总投资26.94亿元，已到位资金3.77亿元。其中，投资过亿元的8个，5000万元～1亿元的6个；1000万元～5000万元的50个。2004年实际利用外资2600万美元；出口创汇600万美元；引进埠外资金8.5亿元，居各县市区之首。

【高新技术产业】 襄樊汽车产业开发区积极为辖区企业申报高新技术项目，向国家科技部争取到“襄樊汽车动力及部件特色产业基地”国家级授牌，并为东风汽车股份有限公司、东风康明斯发动机有限公司、襄樊裕泰铜铅合金钢带制造有限公司、襄樊黑旋风磨具有限公司和东风汽车工程研究院襄樊汽车零部件厂等5家企业成功申报了“骨干高新技术企业”。

【社会事业】 襄樊汽车产业开发区社会事业取得全面进步。通过教育资源的整合，进一步改善了办学条件，中考取得了建区以来好的成绩。民政部门将1302户、3100人纳入了低保，并向上争取低保金230万元，解决了全区51个优抚对象的待遇和具体困难；多渠道筹资40万元建设成立了米庄镇中心福利院，对全区农村五保对象实行集中了供养。计生工作狠抓领导责任制的落实和宣传教育工作，变定期考核为定期考核与不定期与考核相结合，强化了人口出生性别比综合治理，有效遏制了人口出生性别比攀升势头。卫生工作防控兼收，加强了卫生监督执法和医疗机构管理工作，全区儿童计划免疫率达100%，全面启动了艾滋病防治工作。强化了劳动保障工作的服务功能。全年培训下岗职工900人，新增就业岗位1772个，超全年目标18%；城镇新成长劳动力就业人数604人，完成计划的100.7%；城镇登记失业率为4.2%，控制在全年目标以内；征收社会保险费399.8万元，满足了“五大险种”支出需要。

【管理与服务】 在为东风服务方面，襄樊汽车产业开发区确定的服务东风工作的指导思想是：让造车人安心造车，提供“保姆式”服务。围绕东风/日产重组，重点确保风神公司生产线改造、“天籁”上马、神龙轿车二期工程、风神物流施工等一系列重点建设项目的顺利开展。年初出台了《关于进一步加强服务东风公司工作的决定》，不断加大各项服务工作力度。花大力气完善东风襄樊基地周边道路，大大改善了基地外围环境；加强东风襄樊基地周边社会环境的治理工作，建立了保护东风生产经营的“挡火墙”；建设了与东风配套的产业发展平台；完成了大量的具体事务性服务工作，如投资170万元改造富康大市场、做好日产零部件供应商大会等会议接待、新车下线氛围营造及相关宣传、东风所属企业供水供电协调、提供翻译服务、解决企地纠纷等，保证了该公司合资项目的地方供给，使东风公司未因地方工作不力而受到任何影响。

（湖北省襄樊汽车产业经济技术开发区管委会）

湖北省黄石经济技术开发区

【经济发展】 2004年黄石开发区工业总产值按新口径统计完成46.64亿元，比上年增长30.34%。其中，高新技术产值占工业总产值的比重为67.13%，比上年提高4.95个百分点；财政收入完成1.67亿元，比上年增长16.8%，其中地方一般预算收入比上年增长24.3%；全社会固定资产投资完成19.87亿元，比上年增长37.24%；招商引资实到资金7.9亿元，比上年增长100.56%。其中，实际利用外资1449万美元；外贸出口完成7278.9万美元，比上年增长10.08%。

【投资环境】 黄石开发区已建成杭州路、桂林路、广州路、创业大道等20多条城市主次干道，形成了四通八达的新区道路交通网络，并按现代化新市区的要求，同步铺设了供电、供水、排污、排水、通讯等各类管线；建成11万伏变电站和日生产能力60万吨的自来水厂各一座；建成中银大厦、广电中心、黄石海关、磁湖山庄、黄石新二中、黄石理工学院、团城山医院、天虹小区、石榴园小区等配套服务设施。黄石开发区已逐步发展成为山水园林新城区和黄石市新的政治、文化、科教中心。

在继续抓好道路绿化、小区绿化、荒山绿化的基础上，重点开工建设了磁湖湖景工程。该工程总投资2400万元，系黄石市重要的环磁湖大型园林绿化景观工程，2004年底，其绿化广场、溪流石滩等园林景观建设已初具规模。2004年拆迁私房近20万平方米，先后建成还建楼10万余平方米，目前在建还建楼13万平方米。在房地产业方面，黄石开发区团城山二号区完成了私房拆迁、规划设计和国家康居示范工程申报等工作，其一期工程正在加紧建设。在商业开发方面，除抓好鄂东装饰城二期等大型项目建设外，积极引进中百超市进驻落户，在启动黄石开发区团城山地区的商业开发方面迈出了可喜的一步。建立健全城管“三级网络”；先后编制了一批重要景观规划和小区规划，累计审查规划设计方案230多个；先后征用土地1650余亩，完成土地收入1.37亿元。

【招商引资与项目建设】 2004年黄石开发区新建和续建项目40个，总投资达35亿元，平均投资规模8800万元。新开工华亿冷轧板、朗欧医药、朝阳电子光盘、辉力光盘设备制造、山力热工设备制造、万利精密钢带、美岛科技工业园、世星药业GMP改造、中油天然气等投资5000万元以上的产业项目12个。这些项目建成达产后，将为黄石开发区新增年产值（营业额）50亿元以上、利税5亿元以上。2004年竣工投产固定资产投资5000万元以上的工业项目有青啤10万吨扩建、鑫鹏铜材、山力板带、锻压数控精密机床等6个。除此之外，还有邦柯生产基地、华特彩印、新宇煤灰加气砖、稳得福汽车市场、本田汽车市场等6个投资超千万元的项目竣工投产（开业）。这些项目达产后，将为黄石开发区新增年产值（营业额）30亿元以上、利税4亿元。与此同时，投资1700万元的创业中心综合楼建成交付使用。创业中心2004年先后引进科技项目38个，孵化企业总数已达101家。其中，作为重点孵化的长凯电器EL发光线项目发展前景看好，已进入了产业化阶段，其产品打入了国际市场。2004年，孵化企业累计实现产值1.6亿元、上缴税收700万元。

【特色产业】 2000年以来，黄石开发区大力打造特色产业，现已初步形成了三大特色产业。即：以宝钢股份黄石公司、东山钢铁公司、业正镀锌板公司、山力板带公司、同大冷轧板公司、鑫鹏铜材公司和正在建设的华亿不锈钢项目为代表的新材料产业；以万达金卡、华信机械、三环离合器、三环智能卡机具、黄缆辐照和正在建设的京城电子科技项目为代表的电子信息及机电一体化产业；以美升制药、同欣生物、三九制药、燕舞药业、世星药业等企业和正在建设的迪乐药业、朗欧医药等项目为代表的生物医药产业。在上述特色产业中，发展前景最好的是以涂镀板类板材为主的新材料产业。该产业现已建成投产的生产线年产87万吨，在建的生产线年产50万吨，经过两三年的努力，将使板材产业的产值达到100亿元以上、利税达到10亿元以上，将黄石开发区建成中国中部地区最大的涂镀板生产基地。

【管理与服务】 强化服务意识，继续推行“两大理念”，即“让我们适应投资者，而不让投资者适应我们”和“投资者需要什么服务，我们就为投资者提供什么服务”的服务理念。开展了优化环境“回头看”活动，机关干部的服务意识进一步增强。规范行政行为，在继续推行“三大制度”，即“封闭式管理、零费率和无干扰式服务”的基础上，建立健全手续代办、限时服务、服务承诺等服务制度。强化服务措施，大力开展“保护投资者、保护企业家和保护企业”活动，认真听取投资者和企业的意见，积极解决投资者子女上学等生活问题，主动邀请企业家对各部门的服务态度和服务质量进行民主测评，并将测评的结果在机关干部大会上进行公开，体现了尊商重商的服务理念。

【社会事业】 计划生育工作目标全面完成，符合政策生育率99.3%，超市定目标3.3个百分点；出生婴儿性别比为100:104.2，稳定在正常值范围内。维护稳定工作方面，有力地打击了刑事犯罪，有效地处理了企业改制、“法轮功”重点人员、企业军转干和征地、拆迁等不稳定问题，集中处理了一批突出信访问题，实现了辖区政治安定和社会稳定。教育人事制度改革工作全面完成，教师全员竞争上岗，在黄石市率先对校长进行“海选”，教师队伍的素质有所提高；正式成立了黄石开发区教研室，初中毕业生省重点高中上线率创历史最好水平；加大了教育设施的投入，其中，黄石开发区团城山实验学校综合楼主体工程的建设任务基本完成。在继续落实征地、拆迁安置政策和征地农民子女上大学资助办法的基础上，建立了失地农民生活保障制度，取消了农业税，受到了黄石开发区农民的热烈欢迎。此外，文化、体育、卫生、民政、防灾、征兵、扶贫解困、劳力安置和安全生产等其他各项社会工作也全面完成。

【机构设置与管委会领导】 黄石开发区内设机构有：党委、管委会、办公室、招商局、建设局、财政局、政治处、规划局、国土资源局、劳动局人事局、经济发展局、社会事业综合管理局、财会核算中心、监察大队；下设湖北黄石公共保税仓库、国家级磁湖科技创业中心、黄石磁湖高新科技发展中心、黄石高新区风险投资公司、黄石中小企业科技担保公司等5个服务机构。

黄石开发区管委会主任陈家宏，副主任王湘林、何国有、刘磬、王见祥、陈振宇。

（湖北省黄石经济技术开发区管委会）

湖南省岳阳经济技术开发区

【经济发展】 2004年，岳阳开发区共完成GDP 30.2亿元，较上年增长22%；完成工业总产值51.7亿元，同比增长24.6%；实现规模工业企业增加值17.12亿元，同比增长37.73%；实现固定资产总投资7.5亿元，同比增长25%；完成社会消费品零售总额30亿元，同比增长25.79%；实现财政总收入2.02亿元，同比增长18%。到2004年底止，全区年纳税总额过100万的企业21家，过200万的企业10家，过500万的企业4家，过1000万的企业1家。

2004年，区内骨干企业提速、增资、扩产，完成生物医药产业产值6.2亿元，化工新材料产业产值8.4亿元，现代制造产业产值6.7亿元，食品加工产业产值达14.8亿元，四大主导产业产值已占全区工业总产值的81.6%。企业管理水平得到提高，名牌产品不断涌现，白象食品、汇博化工等8家企业评为岳阳市质量管理先进单位，亚龙食品、天力电磁等6家企业产品获市级名牌产品称号，汇博化工、九鼎高精、白银涂料3家企业产品被评为湖南省名牌产品。三产业发展迅速，新一佳超市、通程电器、太阳桥建材大市场等先后建成营业，大型市场由原来的22家增至26家，新增个体工商户1362户。泰和宾馆、中正物流园、橡胶市场、花卉市场、沃尔玛购物广场等项目顺利推进。

【投资环境】 2004年，岳阳开发区按照“开发南片、完善中片、配套北片、拓展东片”的指导思想，先后完成了白石岭路、青年东路、王家畈路、茶园路、科技路、黎家垅路、桐子岭路、营盘岭路等10条城市主（次）干道的建设及配套，共计移动路基土石方106万立方米，浇筑砼路面4.36万平方米，安装路缘石4800米，埋设下水管道5600米，路灯管线8800米，铺设人行道板9180平方米，道路绿化1.5万平方米，平整项目用地370亩，改造火车站广场1.5万平方米，新建公厕和垃圾站三座。园区内形成了“四纵七横”的道路交通网络。新拓建的康王开发小区已完成与107国道的接口工程和奇康路建设，以及连接白石岭南路的北港河桥立项报批和桥梁勘测设计工作。工业园北片370亩土地平整工作全面完成，亿盛工业园新增项目建设用地260余亩。岳阳大道两侧开发在注重生态资源保护与合理利用中展示着现代城市风貌，管委会科技大楼等一批重点建设工程成为了岳阳秀美形象的标志性区域。

开发区科技大楼座落在岳阳城区主干道—岳阳大道南侧，占地面积25亩，主楼高13层，附楼高5层，总建筑面积近2.7万平方米，工程总造价1亿多元人民币，于2004年12月28日正式投入使用。大楼实行智能化管理，落成当日引进中小孵化企业20家。

【招商引资】 2004年，岳阳开发区共引进各类项目58个，合同总投资10.92亿元。其中，内资工业项目22个，总投资5.8亿元，外资项目6个，总投资2.06亿元，合同利用外资2170万美元。引进高新技术项目10个，总投资4.12亿元，到位资金2.27亿元。全年建成投产项目18个，项目总投资7.8亿元，在建设项目21个，总投资15.8亿元，这些项目全部达产后，开发区将新增工业产值100亿元。在湖南省投资贸易洽谈会上，开发区分团包装推介项目18个，签约项目13个，组织10家企业参展，成交贸易额7000万元，被岳阳市政府评为“2004年中国湖南投资洽谈会岳阳市招商引资先进单位”。开发区突出“一切为招商服务，一切以招商衡量，一切向招商倾斜”的招商发展理念，建立招商项目领导、部门负责工作制度，积极兑现招商奖励政策，对牵头引进无纺布等14个项目的招商引资有功人员发放招商引资奖金58.7万元。

【高新技术产业】 2004年，岳阳开发区新引进高新技术项目10个，总投资4.12亿元，到位资金2.27亿元。其中已征地、建厂项目3个，总投资2.193亿元，已立项审批待建项目7个，总投资1.93亿元。在建的10个高新技术项目，总投资5.39亿元，已到位资金3.06亿元。至年底，开发区高新技术企业达到56家，其中经省以上科技部门认定的高新技术企业27家，占全市高新技术企业总数的67%。完成高新技术产业增加值17.5亿元，较上年增长37%。

【社会事业】 2004年，岳阳开发区认真实施以“平安岳阳”工程为主题的和谐社会构建工程，确保了全区政治、经济和社会大局的稳定，为开发区快速健康发展提供了保障。社会治安大局稳定。落实了稳定工作责任制，公安、综治部门开展了禁毒，打击“两抢”、整治地下“六合彩”等系列专项行动，始终保持了对犯罪分子的高压态势。劳动和社会保障工作取得了新的成绩，全年征缴“失业、养老、医疗、工伤、生育”保障金1000万元，争取上级补助、调剂金800多万元。初步建立和完善了社区就业服务体系，新增城镇就业数3639人，安置下岗失业人员502人，安置失地农民1007人。“两个确保”得到了全面落实。共拨付发放失业救济金4万多元，基本养老金899万元，社会化发放率均为100%。计划生育工作连续9年荣获岳阳市目标管理先进单位。民政和林政工作迈开新步伐。低保资金专款专用，封闭运行，资金到位率排在全市前列。征占用林地管理进一步加强。教育和文化新闻出版工作有了新起色。教学设施、教育质量全面提高。专项整治及其他中心工作取得了明显成效，集体上访事件得到了积极稳妥处理，通海路管理处评为了全市综合治理一类单位。文明创建工作稳步推进。电力分局、开发区工商银行继续保持省文明单位的称号，白石岭公安分局保持市文明单位称号，国税分局获得市文明单位称号，经贸发展局被评为全市文明机关，中达大酒店进入全市十佳诚信企业行列，中国联通岳阳分公司、九鼎科技有限公司、金秋红日工业有限公司、本草生物工程有限公司等四家企业进入全市43家诚信企业行列。

【集中还建工程】 阳山新村是岳阳开发区在全省率先实施的村民还建集中统一安置工程。2004年，开发区突出把开发建设与改善拆迁村民生活质量、加快区域经济发展与关注民生紧密结合，在征地拆迁和村民住宅还建工作中，察民情、顺民意、护民利，将拆迁村民的统一集中还建工作作为“民本岳阳—为民办实事”的重点工作。较好完成了阳山新村一、二期工程的绿化、亮化与美化工作。阳山新村一、二期工程13栋372户还建房，已搬迁入住还建村民340户。集安居、购物、教育、休闲于一体的阳山新村和茶园小区拆迁村民集中统一还建房建设工程，革除了过来村民居住不集中，社会功能难以辐射到位的弊端，真正实现了农村村民向城市居民转变、安置向安居转变。

【管委会领导】 岳阳经济技术开发区工委书记、管委会主任瞿松柏，工委副书记、管委会常务副主任陈砚发，工委副书记、管委会副主任杨新权，管委会副主任胡辉、罗同乐、罗荣、胥棉桃。

（湖南省岳阳经济技术开发区管委会）

广东省江门市新会区今古洲经济开发试验区

【高新技术产业和重点企业】 今古洲开发区坚持差别化发展战略，适当设置门槛，着力引进国内外先进制造业项目，特别是科技含量较高的企业落户。已先后引入瑞士ABB、美国福斯特惠勒、英国BPI、日本大冢等跨国公司和宝源光学集团、江裕集团、重庆力帆集团、广能达集团、广东名冠集团等一批高新技术企业。通过发挥这批企业的龙头带动作用，今古洲开发区内工商企业已增加到360多家，形成涵盖电力器材、光学仪器、信息产业、精细化工、纺织制衣、钢铁和五金不锈钢制品、摩托车制造等优势产业的结构布局。江门威氏电缆材料有限公司、江门市粤华电缆有限公司与江门市广能达电力器材有限公司、江门市德康电容薄膜有限公司、福斯特惠勒动力机械有限公司构成了今古洲开发区电力器材产业集聚区，与ABB（新会）低压开关有限公司一起做大做强了电力器材板块。电力器材板块“簇群效应”能够在一、二年内迅速形成，是今古洲开发区坚定不移实施“三园一区一中心”（即打造“制造业工业园、民营科技园、高技术信息产业园”，建设“生态园林商住区”和“临港物流中心”）发展思路的结果。

【管理与服务】 今古洲开发区不断改进服务，实行综合、高效、优质服务。全面实行项目审批跟进主办人制度，今古洲开发区党委成员专门跟踪负责重点项目。实行项目建设、厂企建设专人跟进制度，及时了解项目、企业建设进展情况，及时帮助投资者解决问题与困难，促进企业早日建成投产。实行企业开工投产后厂企生产经营经常联系制度，深入企业，收集企业动态信息，了解企业生产状况，协助企业解决困难。今古洲开发区建立了“客商投资审批协办代办服务”、“企业建设过程全方位服务”、“企业开工投资后经常性服务”的三大服务体系，营造“亲商、安商、富商”软环境。

【机构设置】 今古洲经济开发试验区管理委员会为江门市新会区人民政府派出机构，代表区人民政府在试验区范围内行使区一级管理权限。管委会下设4个办公室：党政办、经济发展办、建设规划办、公用事业管理办。

（广东省江门市新会区今古洲经济开发试验区管委会党政办公室）

新疆奎屯经济技术开发区

【经济发展】 2004年，奎屯开发区主要经济指标均达到或超过了50%的增幅。冶金、纺织、食品、石化下游产品加工，已成为开发区经济发展的主要拉动产业。其中仅冶金、纺织两个产业，占到了开发区同期工业总产值的58.9%。产业聚集优势进一步显现，三大产业规模化、集群化发展初见端倪。

【招商引资】 2004年，奎屯开发区突出了招商引资的针对性，通过不断强化和健全招商引资工作目标责任制，全方位推动，引入了一批新的项目在开发区投资建设。

全年开发区新开工项目15个，其中，工业项目13个，总投资4.1亿元。新技术的应用和高效的服务，大大缩短了企业的建设周期，开利地毯、乔尔玛食品、龙海硅业等项目均是当年建设，当年投产。通过项目的成功运作，开发区全年共创造就业岗位3154个，实现就业993人（次），较好地完成了2004年就业再就业工作。

2004年，奎屯开发区先后参加了“西洽会”、伊犁州项目推介会、“乌洽会”、“厦洽会”和哈萨克斯坦—新疆经贸洽谈会、“哈（尔滨）交会”等国内外几次大的招商活动，成功在江苏省常州市举办了“奎屯市投资环境暨石化项目推介会”，首次运用网络招商和邮寄招商的方式，广泛向外发布招商信息，广泛推介奎屯的投资环境和招商项目，均取得较好成效。

【投资环境】 环境建设是招商引资的关键。2004年，奎屯开发区继续加大投入，进行了大规模的基础设施建设，开发区基础配套水平有了大幅度的提高。开发区全年共安排建设资金2200多万元，进行了一批道路硬化、林床改造、给排水管线、防洪渠、绿化、亮化等方面的配套建设。随着这些基础配套设施的完成，开发区10.08平方公里规划面积内，约有7平方公里的土地基本实现了“六通一平”。

在抓好硬环境建设的同时，开发区管委会进一步强化服务意识，优化工作体系，继续深入推进管理体制和机制创新，推行“小政府、大中介”、“小管理、大服务”的管理模式，完善目标管理责任制和分配制度，有效地激发了工作人员的危机感、责任感，开发区投资发展软环境得到明显提升。

【党建和精神文明建设】 推动开发区各项工作再上新台阶，关键在人。开发区工委围绕开发区的中心工作，不断夯实基层组织思想、组织、作风、制度建设的基础，不断提高基层党组织的凝聚力、战斗力和创造力。一是加强党的思想建设。深入开展了学习贯彻党的十六大、十六届三中、四中全会精神及奎屯市委四届四次全委扩大会议精神，特别是结合“求真务实、加快发展”大讨论活动，进行思想教育，把学习与工作结合起来，使理论学习达到了新的高度，推动了招商引资工作。二是以“三级联创”工作为重点，全面提升基层组织建水平。加强了对非公企业党建工作，组织开展了开发区企业党建情况调研。三是深入开展党风廉政建设和反腐败斗争宣传教育，全面落实党风廉政建设责任制，严格执行基础设施建设招投标、经营性土地出让挂牌制度和办公用品政府集体采购制度，较好地完成了党风廉政建设目标责任制的各项工作。四是开展行政效能工作，完善各项服务、承诺制度，进行了行政效能测评，有效推动了服务质量和服务效率的提高。五是精神文明建设取得新成果，获得自治区级精神文明单位、州级爱国卫生单位等称号。六是综合治理、普法、保密等工作均顺利通过达标验收，工会组织成功换届选举。

【管委会领导】 新疆奎屯经济技术开发区管委会主任黄海洲，管委会纪工委书记、副主任刘陆军

（新疆奎屯经济技术开发区　魏鹏举）

统计资料篇

2004年国家级经济技术开发区主要经济指标情况

2004年是我国首批国家级经济技术开发区建区20周年。20年来，国家级经济技术开发区取得了令人瞩目的成就，在改革开放中发挥了窗口、示范、辐射和带动作用，已发展成为改革开放的试验田和先行区，成为现代制造业集中、产业集聚效应突出、经济高速增长、带动力强的外向型工业区，成为我国土地集约程度最高的区域之一，成为安排就业的重要渠道，成为加快内地与港澳经济合作和互动发展、密切两岸经贸关系的纽带和桥梁，成为我国对外开放的一个亮点。

2004年，全国54个国家级开发区（49家国家级开发区和享受国家级开发区政策的5家国家级工业园区，下同）实现GDP 6601.44亿元，工业总产值（现价）17949.11亿元，工业增加值4855.62亿元（工业增加值占GDP的比重为73.55%），出口金额803.04亿美元，实际使用外资136.07亿美元。依次分别比上年同期增长32.43%、38.53%、34.80%、64.29%和31.74%；除税收收入外，各项指标增幅依次分别高于全国增幅22.93、23.30、28.89和18.42个百分点(全国工业总产值现价增幅暂缺)。

其中：1995年前批准的及东部沿海33个国家级经济技术开发区在吸收外资、扩大出口等方面继续保持强势增长，对所在区域的经济发展起到积极的带动作用：全年实现GDP 4830.52亿元、工业增加值3577.41亿元，工业总产值（现价）13485.07亿元，出口604.92亿美元，实际使用外资101.02亿美元，主要经济指标依次分别比上年同期增长31.39%、32.64%、38.93%、59.56%和26.86%。

2000年后新批准的16个国家级开发区在继续推动西部大开发战略的实施，促进中西部地区经济实现跨越式发展起到了窗口和示范作用，2004年全年主要经济指标大幅增长：实现GDP 649.05亿元，工业总产值（现价）1351.40亿元，税收收入68.79亿元、出口13.93亿美元，实际使用外资7.08亿美元，依次分别比上年同期增长38.71%、40.99%、41.25%、37.05%、83.60%和5.12%。GDP、工业增加值、工业总产值、税收收入、出口等指标的增幅均高于东部沿海33家国家级开发区。

其他5个国家级工业园区实现GDP 1121.87亿元，工业增加值868.65亿元，工业总产值（现价）3112.63亿元，税收收入195.77亿元，出口184.19亿美元，实际使用外资金额27.98亿美元，依次比上年同期增长33.45%、41.34%、35.68%、31.94%、80.41%和65.28%。

2004年国家级开发区经济发展的主要特点是：

（一）全国54个国家级开发区主要经济指标继续保持稳定、快速增长。其国内生产总值、工业产值（现价）、工业增加值、进出口、外商实际投资等指标均达到增幅31%以上，税收收入、合同外资增幅低于全国税收和全国外资增幅

（二）国家级开发区税收收入、合同外资增幅低于全国增长幅度

1. 关于合同外资金额。自2004年上半年以来，全国54个国家级开发区合同外资金额

增幅整体呈逐步回落的态势。2004年1～2季度，合同外资金额同比增长31.37%，低于全国合同外资金额增幅（42.66%）11.29个百分点；1～3季度，合同外资金额同比增长11.93%，低于全国合同外资金额增幅（35.62%）23.69个百分点；1～4季度，国家级开发区合同外资金额同比增长8.85%，增幅较前三季度明显放缓。造成国家级开发区合同外资金额放缓的原因，一是“两税合一”政策的不确定性在某种程度上影响了外商投资者进一步增加投资的信心，投资速度有所减缓。国家级开发区作为外商投资最为密集的区域，直接受到税收政策的影响。二是国家级开发区建设用地供给不足。目前，部分国家级开发区特别是国务院在90年代前期批准的东部沿海地区的国家级开发区建设项目饱和，用地紧张。2003年下半年开展的治理土地市场秩序、清理整顿开发区的工作，对2004年国家级开发区招商引资工作产生了一定的影响。因此，国家级开发区普遍存在招商情况良好与土地供给不足的矛盾，土地瓶颈已成为制约国家级开发区进一步发展的重要因素之一。

2. 关于税收收入。2004年全国54个国家级开发区政策税收收入933.04亿元，同比增长23.31%，低于全国税收增幅（25.68%）2.37个百分点。其主要原因是：自2004年起执行新的出口退税政策，以2003年出口退税实退指标为基数，对超基数部分的应退税额，由中央和地方按75∶25的比例共同负担。因此，地方政府要承担超基数部分出口退税额的25%，对于出口型企业所占比重较大的国家级开发区税收收入影响明显，如天津、大连开发区税收收入分别出现了15.47%和13.02%的下降。

（商务部外国投资管理司提供）

2004年国家级经济技术开发区主要经济指标

经济指标	全国同比增幅（%）	54个国家级开发区			33个国家级开发区			16个中西部国家级开发区			5个国家级工业园区		
	2004年	2004年	2003年	增幅（%）	2004年	2003年	增幅（%）	2004年	2003年	增幅（%）	2004年	2003年	增幅（%）
国内生产总值（亿元）	9.50	6601.44	4985.01	32.43	4830.52	3676.45	31.39	649.05	467.91	38.71	1121.87	840.66	33.45
其中：工业增加值（亿元）	11.50	4855.62	3602.08	34.80	3577.41	2697.02	32.64	409.56	290.49	40.99	868.65	614.57	41.34
工业总产值（现价）（亿元）		17949.11	12957.13	38.53	13485.07	9706.34	38.93	1351.40	956.74	41.25	3112.63	2294.05	35.68
税收收入（亿元）	25.68	933.04	756.64	23.31	668.48	558.07	19.79	68.79	50.19	37.05	195.77	148.38	31.94
进出口总额（亿美元）	35.69	1662.08	1008.66	64.78	1211.69	747.85	62.02	27.64	18.15	52.29	422.75	242.66	74.21
其中：出口（亿美元）	35.40	803.04	488.80	64.29	604.92	379.11	59.56	13.93	7.59	83.60	184.19	102.10	80.41
进口（亿美元）	36.00	859.04	519.86	65.24	606.77	368.74	64.55	13.71	10.56	29.89	238.56	140.56	69.72
合同外资金额（亿美元）	33.38	220.64	202.71	8.85	159.97	165.08	－3.10	14.25	10.19	39.87	46.42	27.44	69.14
外商实际投资（亿美元）	13.32	136.07	103.29	31.74	101.02	79.63	26.86	7.08	6.74	5.12	27.98	16.93	65.28

（商务部外国投资管理司提供）

2004年33个1995年前批准的国家级经济技术开发区
国内生产总值情况表

单位：万元

开发区名称	2004年	2003年	增长（%）
广州	5620708.00	4230622.00	32.86
天津	5302181.00	4452278.00	19.09
昆山	4113729.00	2722788.00	51.09
大连	3610120.00	3002340.00	20.24
青岛	2762754.00	2122000.00	30.20
漕河泾	2417106.00	1484543.00	62.82
烟台	2023434.00	1400097.00	44.52
长春	1920102.00	1601254.00	19.91
宁波	1768130.00	1315443.00	34.41
沈阳	1569421.00	1205200.00	30.22
杭州	1300341.00	985383.00	31.96
北京	1270700.00	854300.00	48.74
福州	1173499.00	1010833.00	16.09
武汉	1168600.00	1068400.00	9.38
闵行	958078.00	692023.50	38.45
芜湖	958000.00	754000.00	27.06
南沙	911523.00	412587.00	120.93
哈尔滨	907356.00	736875.00	23.14
福清融侨	855904.00	500259.29	71.09
营口	800000.00	601000.00	33.11
南京	795172.00	611472.00	30.04
重庆	771321.00	724849.00	6.41
秦皇岛	732138.00	520043.00	40.78
威海	710265.00	505500.00	40.51
温州	663500.00	545000.00	21.74
南通	622152.00	464661.00	33.89
虹桥	533639.00	470108.00	13.51
连云港	524165.00	451304.00	16.14
萧山	465440.00	423029.00	10.03
惠州大亚湾	446230.00	350231.00	27.41
湛江	348172.00	288959.00	20.49
乌鲁木齐	159547.00	144890.00	10.12
东山	121757.00	112182.00	8.54
合计	48305184.00	36764453.79	31.39

（商务部外国投资管理司提供）

2004年16个2000年后批准的国家级经济技术开发区
国内生产总值情况表

单位：万元

开发区名称	2004年	2003年	增长（%）
合肥	1090628.00	766006.00	42.38
长沙	1023214.00	701000.00	45.96
南昌	921200.00	572000.00	61.05
西安	710413.00	565160.00	25.70
成都	601100.00	494000.00	21.68
呼和浩特	507511.00	429743.60	18.10
郑州	312892.00	239000.00	30.92
昆明	266135.00	200334.00	32.85
银川	236927.00	138774.00	70.73
贵阳	217415.00	173937.00	25.00
南宁	200674.00	132961.00	50.93
石河子	154185.00	110791.00	39.17
太原	86782.00	34805.43	149.33
西宁	81240.00	61649.00	31.78
兰州	80150.00	58931.00	36.01
合计	6490466.00	4679092.03	38.71

（商务部外国投资管理司提供）

2004年5个国家级工业园区
国内生产总值情况表

单位：万元

开发区名称	2004年	2003年	增长（%）
苏州工业园区	5027000.00	3651000.00	37.69
金桥出口加工区	3951261.00	3020286.00	30.82
厦门海沧	1334700.00	1015000.00	31.50
宁波大榭	700000.00	600000.00	16.67
海南洋浦	205780.00	120284.00	71.08
合　计	11218741.00	8406570.00	33.45

（商务部外国投资管理司提供）

2004年33个1995年前批准的国家级经济技术开发区工业总产值（现价）情况表

单位：万元

开发区名称	2004年	2003年	增长（%）
天津	18221439.00	12513994.00	45.61
广州	13384948.00	8958698.00	49.41
昆山	12611816.00	8521051.00	48.01
大连	7121300.00	5982000.00	19.05
北京	6800000.00	4500000.00	51.11
南京	6211563.00	3473998.00	78.80
青岛	6061136.00	4693000.00	29.15
漕河泾	5634222.00	3906693.00	44.22
杭州	5042764.00	3301302.00	52.75
宁波	5037677.00	3800000.00	32.57
沈阳	4595920.00	3401650.00	35.11
长春	4560410.00	3800250.00	20.00
烟台	4101686.00	3001605.00	36.65
福清融侨	3663113.00	2357768.04	55.36
哈尔滨	3318000.00	2644000.00	25.49
芜湖	2914000.00	2183000.00	33.49
闵行	2737367.00	2306745.00	18.67
福州	2722998.00	2159714.00	26.08
武汉	2596000.00	2447100.00	6.08
重庆	2104246.00	1911438.00	10.09
秦皇岛	2028668.00	1349673.00	50.31
萧山	1939361.00	1514213.00	28.08
南沙	1701290.00	764783.00	122.45
温州	1657474.00	1324590.00	25.13
营口	1642232.00	1243761.00	32.04
南通	1603953.00	1228780.00	30.53
连云港	1483236.00	1251631.00	18.50
威海	1409700.00	911801.00	54.61
湛江	857346.00	701662.00	22.19
惠州大亚湾	515954.00	372873.00	38.37
乌鲁木齐	328368.00	311078.00	5.56
东山	242528.00	224563.00	8.00
虹桥	0.00	0.00	0.00
合 计	134850715.00	97063414.04	38.93

（商务部外国投资管理司提供）

2004年16个2000年后批准的国家级经济技术开发区
工业总产值（现价）情况表

单位：万元

开发区名称	2004年	2003年	增长（%）
合肥	2810088.00	2010096.00	39.80
长沙	2178752.00	1470663.00	48.15
南昌	1963500.00	1013000.00	93.83
西安	1710163.00	1450931.00	17.87
呼和浩特	1322727.00	1004514.00	31.68
成都	663240.00	534200.00	24.16
郑州	464174.00	313850.00	47.90
南宁	434887.00	306496.00	41.89
昆明	424380.00	335660.00	26.43
银川	418860.00	300467.00	39.40
石河子	380147.00	287458.70	32.24
贵阳	327655.00	241951.00	35.42
兰州	176812.00	150683.00	17.34
太原	164925.00	84416.71	95.37
西宁	73724.00	63012.00	17.00
合计	13514034.00	9567398.41	41.25

（商务部外国投资管理司提供）

2004年5个国家级工业园区
工业总产值（现价）情况表

单位：万元

开发区名称	2004年	2003年	增长（%）
苏州工业园区	14045000.00	8979700.00	56.41
金桥出口加工区	12340731.00	10381938.00	18.87
厦门海沧	3824800.00	3014600.00	26.88
宁波大榭	801485.00	483679.00	65.71
海南洋浦	114290.00	80611.00	41.78
合　计	31126306.00	22940528.00	35.68

（商务部外国投资管理司提供）

2004年33个1995年前批准的国家级经济技术开发区工业增加值情况表

单位：万元

开发区名称	2004年	2003年	增长（%）
广州	4553200.00	3139575.00	45.03
天津	4359123.00	3511682.00	24.13
昆山	3342131.00	2241036.00	49.13
大连	2062001.00	1730000.00	19.19
漕河泾	1971978.00	1367342.00	44.22
青岛	1613692.00	1265847.00	27.48
长春	1408050.00	1140900.00	23.42
宁波	1308100.00	980660.00	33.39
烟台	1257050.00	900511.00	39.59
沈阳	1252421.00	940135.00	33.22
杭州	1073244.00	843334.00	27.26
北京	1072000.00	747000.00	43.51
闵行	952316.00	673243.20	41.45
武汉	886800.00	851200.00	4.18
芜湖	876000.00	643000.00	36.24
福清融侨	835778.00	495131.29	68.80
哈尔滨	760000.00	601000.00	26.46
福州	747437.00	632892.00	18.10
南京	704645.00	538622.00	30.82
重庆	619375.00	627580.00	-1.31
南沙	579659.00	310717.00	86.56
威海	482728.00	307700.00	56.88
温州	452490.00	358932.00	26.07
秦皇岛	442400.00	326907.00	35.33
连云港	420554.00	357898.00	17.51
萧山	414269.00	385041.00	7.59
南通	370204.00	255656.00	44.81
营口	354400.00	284000.00	24.79
湛江	298356.00	245582.00	21.49
惠州大亚湾	122818.00	94939.00	29.37
乌鲁木齐	108109.00	104758.00	3.20
东山	72814.00	67369.00	8.08
虹桥	0.00	0.00	0.00
合计	35774142.00	26970189.49	32.64

（商务部外国投资管理司提供）

2004 年 16 个 2000 年后批准的国家级经济技术开发区
工业增加值情况表

单位：万元

开发区名称	2004 年	2003 年	增长（%）
合肥	813126.00	602000.00	35.07
长沙	638517.00	431198.00	48.08
南昌	557300.00	263000.00	111.90
西安	510687.00	425090.00	20.14
呼和浩特	454180.00	396493.80	14.55
成都	232210.00	180000.00	29.01
昆明	164500.00	127016.00	29.51
郑州	148167.00	110255.00	34.39
银川	132714.00	47609.00	178.76
南宁	117265.00	89898.00	30.44
贵阳	109347.00	75590.00	44.66
石河子	100685.00	75341.00	33.64
兰州	53044.00	43698.00	21.39
太原	44733.00	21324.80	109.77
西宁	19168.00	16383.00	17.00
合计	4095643.00	2904896.60	40.99

（商务部外国投资管理司提供）

2004 年 5 个国家级工业园区
工业增加值情况表

单位：万元

开发区名称	2004 年	2003 年	增长（%）
金桥出口加工区	3887330.00	2920439.00	33.11
苏州工业园区	3454000.00	2118000.00	63.08
厦门海沧	1113000.00	922000.00	20.72
宁波大榭	200371.00	161122.00	24.36
海南洋浦	31753.00	24183.00	31.30
合　计	8686454.00	6145744.00	41.34

（商务部外国投资管理司提供）

2004年33个1995年前批准的国家级经济技术开发区税收收入情况表

单位：万元

开发区名称	2004年	2003年	增长（%）
广州	1119669.00	752634.00	48.77
天津	733904.00	868222.00	-15.47
昆山	359750.00	259428.00	38.67
大连	332681.00	382500.00	-13.02
宁波	312237.00	205500.00	51.94
北京	304000.00	285748.00	6.39
青岛	296749.00	211990.00	39.98
闵行	248304.80	197575.40	25.68
烟台	247870.00	171437.00	44.58
沈阳	200381.00	168342.00	19.03
重庆	187404.00	152066.00	23.24
哈尔滨	180889.00	148000.00	22.22
芜湖	177000.00	120000.00	47.50
杭州	174961.00	183546.00	-4.68
漕河泾	166240.00	138103.00	20.37
武汉	164575.00	182885.00	-10.01
南京	154292.00	100942.00	52.85
长春	141404.00	133943.00	5.57
萧山	140283.20	71468.00	96.29
南沙	138716.00	86624.00	60.14
温州	112927.00	94461.00	19.55
福州	112649.00	92173.00	22.21
南通	103484.00	80326.00	28.83
惠州大亚湾	83609.00	68488.00	22.08
连云港	78208.00	65089.00	20.16
营口	77540.00	56617.00	36.96
秦皇岛	75680.00	64113.00	18.04
威海	74226.00	58328.00	27.26
福清融侨	66500.00	57500.00	15.65
湛江	39190.00	37286.00	5.11
乌鲁木齐	36014.00	46327.00	-22.26
虹桥	33877.00	30110.00	12.51
东山	9624.00	8912.00	7.99
合计	6684838.00	5580683.40	19.79

（商务部外国投资管理司提供）

2004年16个2000年后批准的国家级经济技术开发区税收收入情况表

单位：万元

开发区名称	2004年	2003年	增长（%）
长沙	114571.00	83158.80	37.77
合肥	100208.00	79243.00	26.46
西安	90177.00	70465.00	27.97
呼和浩特	86637.00	68039.00	27.33
昆明	56708.00	37109.00	52.81
南昌	50258.00	31527.00	59.41
郑州	39803.00	26900.00	47.97
成都	39140.00	31214.00	25.39
贵阳	30882.00	26696.00	15.68
南宁	24049.00	13825.00	73.95
银川	20545.00	15021.00	36.78
石河子	13790.00	10079.00	36.82
兰州	9816.00	5388.00	82.18
西宁	7443.00	2381.00	212.60
太原	3878.00	885.00	338.19
合计	687905.00	501930.80	37.05

（商务部外国投资管理司提供）

2004年5个国家级工业园区税收收入情况表

单位：万元

开发区名称	2004年	2003年	增长（%）
金桥出口加工区	703897.00	786740.00	-10.53
苏州工业园区	690893.00	449931.00	53.56
厦门海沧	335064.00	78045.00	329.32
宁波大榭	163817.00	125019.00	31.03
海南洋浦	63987.00	44029.00	45.33
合　计	1957658.00	1483764.00	31.94

（商务部外国投资管理司提供）

2004年33个1995年前批准的国家级经济技术开发区合同外资金额情况表

单位：万美元

开发区名称	2004年	2003年	增长（%）
天津	192171.00	127432.00	50.80
青岛	182963.00	232867.00	-21.43
广州	131709.00	128367.00	2.60
北京	114283.00	41829.00	173.21
昆山	111324.00	113155.00	-1.62
宁波	104058.00	80050.00	29.99
大连	96060.00	142149.00	-32.42
烟台	64952.00	53946.00	20.40
长春	53459.60	37892.90	41.08
杭州	52026.00	40222.00	29.35
南京	51078.00	60448.00	-15.50
沈阳	49888.00	42812.00	16.53
南通	49694.00	54595.00	-8.98
南沙	48832.00	6412.00	661.57
营口	35872.00	20510.00	74.90
武汉	34567.00	228273.00	-84.86
哈尔滨	30435.00	22500.00	35.27
秦皇岛	27307.00	24509.00	11.42
萧山	26061.00	21148.00	23.23
连云港	23961.00	24841.00	-3.54
惠州大亚湾	22726.00	21764.00	4.42
威海	20906.00	28171.00	-25.79
漕河泾	12479.00	21898.00	-43.01
重庆	11414.00	8984.00	27.05
福州	11250.00	15584.90	-27.81
温州	10118.00	8050.00	25.69
福清融侨	9289.00	14038.09	-33.83
芜湖	5918.00	5298.00	11.70
闵行	5892.84	1708.85	244.84
湛江	3813.00	2924.00	30.40
东山	3630.00	5930.00	-38.79
虹桥	989.00	11424.00	-91.34
乌鲁木齐	580.80	1083.70	-46.41
合计	1599706.24	1650816.44	-3.10

（商务部外国投资管理司提供）

2004年16个2000年后批准的国家级经济技术开发区

合同外资金额情况表

单位：万美元

开发区名称	2004年	2003年	增长（%）
西安	24193.00	26896.00	-10.05
南昌	21699.00	11052.00	96.34
郑州	20900.00	15074.00	38.65
长沙	17178.00	17957.00	-4.34
太原	12141.00	2465.86	392.36
南宁	11827.00	9062.00	30.51
银川	11606.00	4095.00	183.42
呼和浩特	9760.00	1543.00	532.53
合肥	4658.00	4307.00	8.15
成都	2160.00	3178.50	-32.04
昆明	1604.40	499.00	221.52
西宁	1474.00	3000.00	-50.87
贵阳	1470.00	1715.00	-14.29
兰州	1000.00	100.00	900.00
石河子	800.00	917.50	-12.81
合计	142470.40	101861.86	39.87

（商务部外国投资管理司提供）

2004年5个国家级工业园区

合同外资金额情况表

单位：万美元

开发区名称	2004年	2003年	增长（%）
苏州工业园区	408137.00	202631.00	101.42
金桥出口加工区	32385.00	37746.00	-14.20
厦门海沧	22215.00	20076.00	10.65
海南洋浦	768.00	7626.00	-89.93
宁波大榭	695.00	6364.00	-89.08
合　　计	464200.00	274443.00	69.14

（商务部外国投资管理司提供）

2004年33个1995年前批准的国家级经济技术开发区实际使用外资金额情况表

单位：万美元

开发区名称	2004年	2003年	增长（%）
青岛	120415.00	79938.00	50.64
天津	94919.00	63246.00	50.08
武汉	76596.00	47000.00	62.97
昆山	67253.00	57929.00	16.10
广州	65548.00	60467.00	8.40
宁波	58005.00	50252.00	15.43
北京	57160.00	26356.00	116.88
大连	54000.00	59600.00	-9.40
南京	36125.00	35048.00	3.07
长春	36102.10	35059.10	2.97
南沙	31003.00	8170.00	279.47
沈阳	30715.00	26003.00	18.12
惠州大亚湾	30076.00	50186.00	-40.07
杭州	29018.00	19391.00	49.65
南通	28496.00	20034.00	42.24
烟台	25469.00	22071.00	15.40
福州	21028.00	9514.00	121.02
威海	20448.00	13435.00	52.20
漕河泾	17310.00	11941.00	44.96
哈尔滨	16864.00	14000.00	20.46
萧山	14726.00	12600.00	16.87
营口	14514.00	7395.00	96.27
秦皇岛	13347.00	10678.00	25.00
芜湖	11484.00	12894.00	-10.94
福清融侨	9225.00	10139.82	-9.02
连云港	6502.00	11698.00	-44.42
闵行	5740.47	708.85	709.83
重庆	5028.00	3465.00	45.11
温州	4538.00	2610.00	73.87
湛江	4022.00	2011.00	100.00
东山	2021.20	3087.70	-34.54
虹桥	1985.00	9134.00	-78.27
乌鲁木齐	472.80	240.40	96.67
合计	1010155.57	796301.87	26.86

（商务部外国投资管理司提供）

2004年16个2000年后批准的国家级经济技术开发区
实际使用外资金额情况表

单位：万美元

开发区名称	2004年	2003年	增长（%）
南昌	15719.00	12030.00	30.67
西安	10709.00	9103.00	17.64
长沙	10110.00	12006.00	－15.79
合肥	9770.00	18400.00	－46.90
银川	7458.00	3986.00	87.10
郑州	4504.00	464.00	870.69
呼和浩特	3191.00	2269.30	40.62
太原	2475.00	2888.18	－14.31
成都	2461.00	1976.00	24.54
南宁	1257.00	2709.00	－53.60
兰州	1000.00	100.00	900.00
贵阳	753.00	705.00	6.81
西宁	596.00	65.00	816.92
昆明	432.70	556.70	－22.27
石河子	400.00	125.00	220.00
合计	70835.70	67383.18	5.12

（商务部外国投资管理司提供）

2004年5个国家级工业园区
实际使用外资金额情况表

单位：万美元

开发区名称	2004年	2003年	增长（%）
苏州工业园区	181236.00	110490.00	64.03
金桥出口加工区	50652.00	17684.00	186.43
海南洋浦	31520.00	24416.00	29.10
厦门海沧	15047.00	14936.00	0.74
宁波大榭	1298.00	1732.00	－25.06
合　　计	279753.00	169258.00	65.28

（商务部外国投资管理司提供）

2004年33个1995年前批准的国家级经济技术开发区出口总额情况表

单位：万美元

开发区名称	2004年	2003年	增长（%）
昆山	1139149.00	631002.00	80.53
天津	1117503.00	688617.00	62.28
漕河泾	552988.00	242822.00	127.73
广州	475549.00	322570.00	47.43
大连	400326.00	361200.00	10.83
福清融侨	341559.00	195603.01	74.62
杭州	254136.00	116435.00	118.26
北京	232482.00	159265.00	45.97
南京	231533.00	96456.00	140.04
宁波	197896.00	125000.00	58.32
青岛	177059.00	95470.00	85.46
烟台	100436.00	66766.00	50.43
南沙	95849.00	41047.00	133.51
萧山	86743.00	62716.00	38.31
南通	79060.00	65841.00	20.08
福州	72539.00	58235.00	24.56
闵行	54211.00	45343.30	19.56
温州	52647.00	38750.00	35.86
沈阳	49382.00	26991.00	82.96
秦皇岛	44379.00	26043.00	70.41
威海	43300.00	30018.00	44.25
营口	40532.00	33625.00	20.54
湛江	37022.00	33505.00	10.50
惠州大亚湾	33739.00	34042.00	-0.89
长春	31641.00	61930.00	-48.91
哈尔滨	22861.00	19374.00	18.00
连云港	20137.00	16850.00	19.51
芜湖	19388.00	6108.00	217.42
乌鲁木齐	18074.00	23259.00	-22.29
武汉	10829.00	12100.00	-10.50
东山	8948.00	8100.00	10.47
重庆	7300.00	3388.00	115.47
虹桥	0.00	42654.00	-100.00
合计	6049197.00	3791125.31	59.56

（商务部外国投资管理司提供）

2004年16个2000年后批准的国家级经济技术开发区
出口总额情况表

单位：万美元

开发区名称	2004年	2003年	增长（%）
长沙	35094.00	17141.03	104.74
合肥	31945.00	19711.00	62.07
西宁	11841.00	412.00	2774.03
西安	11748.00	10610.00	10.73
银川	10910.00	5376.00	102.94
呼和浩特	8369.00	4149.57	101.68
南昌	5277.00	2625.00	101.03
昆明	4820.00	2370.00	103.38
贵阳	4634.00	3750.00	23.57
成都	3439.00	2192.00	56.89
南宁	3088.00	2763.00	11.76
石河子	2807.11	2151.72	30.46
太原	2624.00	1138.76	130.43
郑州	2297.00	800.00	187.13
兰州	422.00	689.00	-38.75
合计	139315.11	75879.08	83.60

（商务部外国投资管理司提供）

2004年5个国家级工业园区
出口总额情况表

单位：万美元

开发区名称	2004年	2003年	增长（%）
苏州工业园区	1188487.00	596302.00	99.31
金桥出口加工区	482173.00	299008.00	61.26
厦门海沧	138800.00	100900.00	37.56
宁波大榭	32269.00	23463.00	37.53
海南洋浦	183.00	1292.00	-85.84
合　计	1841912.00	1020965.00	80.41

（商务部外国投资管理司提供）

2002年33个1995年前批准的国家级经济技术开发区进口总额情况表

单位：万美元

开发区名称	2004年	2003年	增长（%）
天津	1000228.00	690456.00	44.86
昆山	847470.00	528533.00	60.34
广州	594997.00	391813.00	51.86
漕河泾	548259.00	251569.00	117.94
大连	422866.00	309490.00	36.63
北京	386279.00	201634.00	91.57
福清融侨	311885.00	169983.95	83.48
南京	267006.00	109753.00	143.28
宁波	251856.00	145560.00	73.03
杭州	222128.00	114480.00	94.03
青岛	168070.00	63958.00	162.78
烟台	158178.00	112063.00	41.15
福州	134730.00	104171.00	29.34
南沙	130380.00	33474.00	289.50
南通	66150.00	45972.00	43.89
闵行	62189.00	50320.50	23.59
武汉	55580.00	40861.00	36.02
重庆	54700.00	26017.00	110.25
连云港	54262.00	30110.00	80.21
秦皇岛	50391.00	35060.00	43.73
沈阳	45200.00	28800.00	56.94
威海	38300.00	22050.00	73.70
芜湖	32530.00	23409.00	38.96
萧山	31887.10	23669.00	34.72
长春	29625.00	11372.00	160.51
营口	25140.00	13000.00	93.38
哈尔滨	23176.00	18000.00	28.76
湛江	16791.00	14083.00	19.23
惠州大亚湾	14749.00	18186.00	-18.90
温州	14017.00	11830.00	18.49
乌鲁木齐	6436.00	5615.00	14.62
东山	2239.00	2166.00	3.37
虹桥	0.00	39920.00	-100.00
合计	6067694.10	3687378.45	64.55

（商务部外国投资管理司提供）

2004年16个2000年后批准的国家级经济技术开发区

进口总额情况表

单位：万美元

开发区名称	2004年	2003年	增长（%）
长沙	48934.00	35592.00	37.49
合肥	27598.00	35825.00	－22.96
西宁	19112.00	170.00	11142.35
石河子	12343.09	8023.86	53.83
西安	8058.00	6286.00	28.19
昆明	4944.00	3621.00	36.54
南昌	3750.00	2410.00	55.60
太原	3655.00	0.22	1661263.64
成都	3412.00	4408.00	－22.60
银川	2507.00	4251.00	－41.03
贵阳	1703.00	1268.00	34.31
呼和浩特	744.00	8.61	8541.11
兰州	279.00	287.00	－2.79
郑州	83.00	3414.00	－97.57
南宁	0.00	0.00	0.00
合计	137122.09	105564.69	29.89

（商务部外国投资管理司提供）

2004年5个国家级工业园区

进口总额情况表

单位：万美元

开发区名称	2004年	2003年	增长（%）
苏州工业园区	1625093.00	839328.00	93.62
金桥出口加工区	538675.00	374292.00	43.92
厦门海沧	115700.00	105700.00	9.46
宁波大榭	58990.00	57343.00	2.87
海南洋浦	47157.00	28966.00	62.80
合　计	2385615.00	1405629.00	69.72

（商务部外国投资管理司提供）

大　事　记

1月

1月4日 原中共中央政治局常委、全国人大常委会委员长李鹏，中共中央政治局委员、广东省委书记张德江，省委常委、政法委书记、省公安厅厅长梁国聚，省人大常委会副主任李近维，省委秘书长、办公厅主任肖志恒等领导到惠州大亚湾经济技术开发区专程考察中海壳牌南海石化项目。李鹏对大项目的建设进度和配套项目的建设情况表示非常满意。

1月6日 国家海关总署副署长李克农到兰州经济技术开发区考察，并和兰州经济技术开发区就兰州海关建设事宜进行了座谈。李克农指出，经济区在兰州的发展中具有举足轻重的地位。

1月8日 中央政治局委员、国务院副总理吴仪视察郑州经济技术开发区，在李成玉省长、史济春副省长等领导陪同下，吴仪副总理先后到安飞公司、思维公司、先达光碟等企业察看了生产线。

1月8日 台湾第三主板生产商——微星电子与昆山经济技术开发区签订二期310亩土地合同，用以扩大生产规模。微星一期总投资1.8亿美元，占地430亩。

1月8日 广州火炬高新技术创业服务中心被国家科学技术部认定为国家高新技术创业服务中心。

1月15日 广州开发区管委会举办“2004驻穗领事、商务代表和区内500强企业代表新春联谊会”，美国、加拿大、日本、英国等驻穗领事、商务代表和区内500强企业代表共90多人参加了此次活动。

1月21日 中央政治局常委、国务院总理温家宝视察郑州经济技术开发区，在安飞公司，温家宝总理向节日期间坚守工作岗位的广大干部、职工拜年。河南省委书记李克强、省长李成玉等领导同志陪同视察。

1月21日 投资3000万美元的美资企业铭德国际集团公司落户昆山经济技术开发区，这家企业主要为一些国际性制造业提供高性能矿物。

1月23日 中共中央政治局常委、国务院副总理黄菊视察苏州工业园区。

1月24日 中共中央政治局常委、中纪委书记吴官正视察南昌经济技术开发区江西格林柯尔·科龙工业园和江西华春环保装饰材料有限公司。

1月25日 中共中央政治局常委、国务院副总理黄菊在省委书记李源潮、省长梁保华的陪同下视察昆山，考察昆山出口加工区及仁宝资讯工业（昆山）有限公司等台资企业。

1月26日 政协副主席罗豪才到厦门海沧台商投资区考察调研。

1月28日 中共中央政治局常委、中央纪委书记吴官正视察武汉经济技术开发区唯冠电子公司、东风本田汽车（武汉）公司，武汉体育中心、江汉大学。

2月

2月5日 摩尔多瓦驻华大使维克多·鲍尔舍维奇考察涿州开发区。

2月8日 中共中央政治局常委、中央纪委书记吴官正视察芜湖经济技术开发区，先后视察了日立家用电器（芜湖）公司、芜湖海螺型材科技股份公司、奇瑞汽车有限公司、西门子威迪欧汽车电子（芜湖）公司，参观了开发区产品展示厅。

2月11日 投资总额4060万美元的英国独资公司大连美顿耐火材料有限公司落户大连经济技术开发区，该公司注册资本1355万美元，合同外资额1355万美元，主要生产陶瓷、玻璃、玻璃纤维窑炉用高档耐火材料。

2月11日 年产值达33亿美元的韩国最大型钢生产企业——韩国爱恩耐钢铁株式会社选址大连经济技术开发区建设H型钢轧钢厂项目签署了投资协议。该项目计划一期投资1.5亿美元，在开发区大孤山南岗工业区建设H型钢轧钢厂。

2月12日 中俄双方正式签署协议，哈尔开发区管委会决定在符拉迪沃斯托克市创办中国商品专业市场。

2月13日 国家开发银行行长陈元到西宁经济技术开发区实地考察。从2004年起，国家开发银行将给西宁经济技术开发区分三期注入资金5亿元，支持该区建设。

2月16日 英国驻广州总领事胡克定到海口保税区参观访问。

2月17日 加拿大驻广州总领事詹明辉到海口保税区参观访问。

2月18日 55国驻华武官在国防部外事办主任张帮栋少将和广州军区参谋长房峰辉少将陪同下到广州开发区参观。

2月19日 中共中央政治局委员、中央书记处书记、国务委员、公安部部长周永康到武汉开发区视察了神龙公司。周永康对神龙公司所取得的生产经营业绩给予高度评价。

2月19日 商务部外资司、中国开发区协会在北京联合召开了国家级经济技术开发区20周年纪念活动筹备会。商务部外资司邓湛副司长、国家邮政局邓惠国副司长、中国开发区协会刘培强会长、高级顾问赵云栋等出席了会议，来自大连、天津、秦皇岛、烟台、青岛等53个国家级经济技术开发区主要负责同志参加了会议。会议由外资司吕建华副处长主持。邓湛副司长在会上讲了话。会议中心议题是研究部署国家级经济技术开发区20周年纪念活动筹备工作。

2月20日 荷兰代理外贸大臣赛比拉·戴克率领荷兰对外贸易部代表团到惠州大亚湾经济技术开发区参观中海壳牌南海石化项目。

2月23日 总投资7500万美元的威海瀚远船业有限公司，在威海经济技术开发区举行签字仪式。

2月25日 丹麦王国首相安诺斯·福格·拉斯姆森一行考察昆山经济技术开发区丹麦企业——丹尼斯克（中国）有限公司。

2月25日 中共中央政治局常委、全国政协主席贾庆林到林河开发区北京现代汽车有限公司视察，参观了轿车厂和发动机厂。

2月27日 苏里南共和国总统鲁纳尔多·罗纳德·费内蒂安及苏里南共和国政府要员和企业家一行23人访问了大连经济技术开发区。

2月28日 张家港保税区意通化纤织造有限公司10万吨熔体直纺项目（三期工程）举行奠基仪式。该项目总投资3亿元，计划于2005年3月竣工投产。

2月28日 由香港联达国际投资有限公司投资1.8亿美元的威海国际旅游风情购物乐园在威海经济技术开发区举行签字仪式。

2月 全球第二、亚洲第一大EPS生产商台湾见龙机构在祖国大陆投资的第8家企业正式落户天津开发区化工区。

2月 华映光电股份有限公司总投资近8亿美元的PDP和TFT项目落户福州经济技术开发区。

2月 南通经济技术开发区内，PVDC·迈特生物、爱慕希机械、凯旋服饰、瑞达航海机械、虹波重工等六个项目在同一天开工，项目总投资超过4.2亿元。

3月

3月1日 《中国新加坡合作—苏州工业园区成立十周年》纪念邮票首发仪式在苏州工业园区国际大厦举行。邮票主图案为苏州工业园区现代雕塑“圆融”，面值80分。新加坡邮政同时发行同题纪念邮票。

3月3日 湛江经济技术开发区管委会与湛江中粮可口可乐饮料有限公司、珠海中富股份有限公司在皇冠假日酒店举行了项目合作签约仪式，世界500强企业——中粮可口可乐饮料有限公司落户湛江开发区。

3月4日 由韩国三星电子株式会社斥资6000万美元兴建的三星（海南）光通信生产、研发基地在海口保税区开工。

3月8日 福耀玻璃工业集团股份有限公司和ME ADLAND、LIMITED投资组建的福耀玻璃（重庆）有限公司正式落户重庆经济技术开发区北部新区经开园A18、19地块。该项目总投资3500万美元，生产和销售交通工具用安全玻璃、建筑装饰玻璃和其他工业技术玻璃。

3月8日 由世界500强企业——正大集团投资1500万美元在青岛经济技术开发区建设的易初莲花超市项目顺利签约。

3月18日 经国务院正式批准，广州南沙经济技术开发区调整并扩大规划范围，面积增加17.7平方公里，扩区的范围包括黄阁镇汽车产业基地和装备工业基地，万顷沙镇和珠江农场的临港工业区以及南沙岛南部的南沙科技产业园三个部分。

3月18日 北京天竺空港科技园区股份有限公司4000万人民币普通股在上海证券交易所上市交易。

3月22日 安徽省委书记、省人大常委会主任王太华率领的安徽省党政代表团一行100人，在中央政治局委员、广东省委书记张德江等领导的陪同下到广州开发区参观。

3月23日 由奥地利联邦经济与劳动部部长巴尔腾斯泰率领的奥地利联邦政府商务代表团一行35人到广州开发区考察投资。

3月23日～26日 第五届工业控制及自动化仪器仪表博览会及第五届国际汽车工业装备博览会在长春经济技术开发区国际会展中心举行。

3月23日 商务部外资司和中国开发区协会联合举办的国家级开发区20周年发展报告起草工作研讨会在青岛经济技术开发区召开。

3月24日 总投资1.5亿美元的谷崧工业（昆山）有限公司在昆山经济技术开发区开工奠基。

3月25日 日本三菱重工业株式会社、中国东方汽轮机厂和广州南沙经济技术开发区建设指挥部就设立燃气轮机热部件制造合资企业项目正式签定协议。该项目投资总额达4200万美元，计划2005年5月投产，年产燃气轮机热部件3台套，年产值5.4亿元人民币以上。

3月25日 中共中央政治局委员、书记处书记、中宣部部长刘云山来青岛经济技术开发区考察工作。刘云山部长视察了青岛港集团有限公司前湾港区、海尔集团开发区工业园并听取了有关情况汇报。

3月26日 总投资6亿元的新凯汽车零部件项目在涿州开发区开工建设。

3月27日 中共中央政治局常委、国务院总理温家宝视察苏州工业园区。

3月27日 中共中央政治局常委、国务院总理温家宝视察昆山出口加工区及南亚电子、仁宝电子科技等台资企业，称赞说“昆山的变化令人惊讶”。

3月27日 中共中央政治局常委、全国政协主席贾庆林视察南昌经济技术开发区江西格林柯尔·科龙工业园。

3月28日 中共中央政治局常委、国务院副总理黄菊到长沙经济技术开发区视察。指出，要按照统筹区域协调发展的要求，围绕自身优势谋发展，不断探索改革和发展的新路子，切实搞好经济运行调节，确保经济协调持续发展。

3月28日 钱其琛同志视察苏州工业园区。

3月29日 建国以来规模最大、投资最多、功能最全、手段最先进的大型科研项目——长江防洪模型正式在武汉经济技术开发区开工建设，水利部副部长索丽生，长江委主任蔡其华，省政府副秘书长刘传奇，副市长袁善腊及委领导梁耀源等为该项目奠基。

3月31日 投资8500万元的昆山经济技术开发区港东污水处理厂一期工程开工。

3月31日 根据最高人民法院和最高人民检察院的有关批复，以及市人大常委会有关通知精神，苏州工业园区人民法院、江苏省苏州工业园区人民检察院成立。

3月31日 18个国家驻菲律宾领事一行28人到厦门海沧台商投资区参观访问。

3月 国务院领导同志批复了商务部、国土资源部、建设部《关于举办国家级经济技术开发区建区20周年活动的请示》，同意以部门名义召开会议、举办国家级开发区建区20周年成就图片展等有关事项。

4月

4月5日 朱镕基同志视察苏州工业园区。

4月6日 广州开发区在科学城举行33家投资项目联合签约仪式及索尼华南电子有限公司奠基仪式。33个投资项目总额达7.6亿美元，来自美国、英国等11个国家和地区，涉及汽车零配件、生物医药、化工建材、包装材料、信息技术、通讯等行业，其中有3家世界500强企业。

4月6日 由外交部兼贸工部、政务部部长林双吉率领的新加坡访浙政府团及经贸团一行20余人考察萧山经济技术开发区。

4月7日 山东得利斯集团与西安经济技术开发区签订协议，投资2亿元在草滩生态产业园兴建西北地区规模最大的优质肉品加工基地，建成后年产肉品达6万吨。

4月9日 韩国LG集团投资的LG化学锂电池工厂和LG电子PDP（等离子）项目在南京经济技术开发区分别举行开工及竣工仪式。LG集团会长具本茂等集团高层领导以及罗志军、蒋宏坤、胡序建、汪正生等市领导出席仪式。

4月9日 中共中央政治局委员、上海市委书记陈良宇率上海市党政代表团考察南昌经济技术开发区江西鸿源数显科技有限公司。

4月10日 韩国独资企业大连三荣化学有限公司举行开业典礼仪式。它是由韩国三荣化学株式会社投资7000万美元兴建的合成树脂材料项目，公司位于大连开发区振鹏工业城，占地面积7.7万平方米，同步采用韩国三荣化学尖端技术，生产聚酰亚胺保鲜膜、电容膜、BOPP印刷膜、附膜等超薄膜产品和各种包装材料。

4月10日 伊朗副总统塞塔里法尔率团访问上海漕河泾新兴技术开发区及区内英业达（上海）有限公司，总公司领导陈青洲副总经理等热情接待贵宾。

4月13日 为支持北京2008年绿色奥运，纪念国家级经济技术开发区建区20周年，商务部、北京市人民政府、中国外商投资企业协会和中国开发区协会共同发起的

“龙腾友谊林”植树活动在北京奥林匹克森林公园举行。商务部副部长马秀红、商务部外资司副司长邓湛，中国外商投资企业协会常务副会长刘志本，朝阳区政府区长陈刚，中国开发区协会会长刘培强等和23家国家级开发区的代表以及34家大型跨国公司的代表参加了这次活动。

4月14日 世界500强企业普莱克斯公司（PRAXAIR）落户广州科技园，设立焊接保护气和应用技术研究中心。

4月15日 由两家世界500强企业日本神钢建机企业集团、丰田通商株式会社与成都嘉力兴投资有限公司三家合资，共同建立的杭州神钢建设机械有限公司在杭州经济技术开发区开工建设，该项目填补了浙江省液压挖掘机制造的空白。

4月15日 西北地区批准设立的首家国家级出口加工区——陕西西安出口加工区一期工程建成并正式封关运行。仪式上首批6个入区项目现场签约，总投资5亿元人民币，项目投产后，年出口可达3.4亿美元。

4月16日 李鹏同志视察苏州工业园区。

4月17日 原全国政协副主席万国权到西安经济技术开发区视察。

4月18日 昆山经济技术开发区12个重点外资项目全面开工，总投资7.13亿美元，注册资金2.88亿美元。

4月18日 由萧山经济技术开发区协办的全国开发区协会工作座谈会在金马饭店召开。中国开发区协会会长刘培强、协会高级顾问赵云栋、商务部外资司开发区处处长高尚德，全国省、自治区、直辖市的开发区协会和开发区管理机构负责人出席会议。

4月19日 由中国开发区协会组织的部分省、自治区、直辖市开发区协会工作座谈会在萧山召开。

4月22日 全国政协副主席王忠禹视察威海经济技术开发区。

4月23日 海关总署署长牟新生参观考察了西安出口加工区。指出，西安处于西北门户，出口加工区的建立对西北地区扩大出口将起到积极的促进作用。

4月23日 由国土资源部、监察部、建设部、国家审计署组成的联合检查验收组一行25人到广州开发区检查验收土地市场秩序治理整顿工作。

4月26日 以澳门经济财政司司长谭伯源、社会文化司司长崔世安、立法会副主席齐焯华为首的澳门特区政府、企业家代表团一行160余人，在浙江省、杭州市有关领导陪同下，对杭州出口加工区和娃哈哈集团公司进行了实地考察。

4月27日 澳门特区行政长官何厚铧考察昆山出口加工区。

4月27日 新加坡交通部长姚照东一行34人考察了大连保税区填海工程及国际物流港。

4月27日 广州南沙经济技术开发区建设指挥部与香港金柏科技有限公司代表在花园酒店举行投资项目签约仪式，香港金柏科技有限公司将在开发区高新技术产业园投资1亿美元，建设半导体晶圆封装生产基地。

4月29日 由香港政务司司长曾荫权率领的120人工商界考察团，参观考察湛江经济技术开发区。

4月29日 哈萨克斯坦公民党第一书记阿·图·佩鲁阿舍夫一行参观厦门海沧台商投资区，听取发展情况介绍，并参观了夏新电子公司。

4月30日 美的集团在芜湖经济技术开发区追加投资1.5亿元，用于扩大生产规模、技术改造等，至此美的芜湖基地拥有了生产350万套空调整机和1500万台微电机的能力，成为华东地区最大的空调基地和国内最大的微电机制造中心。

4月 印尼企业家林绍良旗下的三林集团在苏州工业园区注册设立苏州昆岭薄膜工

业有限公司，总投资4000万美元，占地9.5万平方米，主要生产多层高科技特殊功能薄膜等高档产品。目前投产的一期工程年产25000吨，其中50%出口国际市场。

5月

5月1日 中共中央政治局常委、国务院副总理黄菊视察南昌经济技术开发区江西格林柯尔·科龙工业园和江西鸿源数显科技有限公司。

5月3日 中共中央总书记、国家主席胡锦涛视察苏州工业园区。中共中央政治局候补委员、书记处书记王刚随同视察。

5月3日 中共中央总书记、国家主席胡锦涛到昆山经济技术开发区视察。

5月4日 中共中央政治局常委李长春来青岛经济技术开发区视察。李长春一行在开发区期间视察了前湾港、海尔开发区工业园，并看望了全国劳动模范许振超，号召全国广大干部职工学习许振超，争当许振超，干一行、爱一行、精一行，在普通的工作岗位上建功成才。

5月4日 由国家商务部、邮政总局、天津市人民政府主办、中国开发区协会、天津经济技术开发区承办的中国经济技术开发区二十周年纪念邮票首发式在天津经济技术开发区举行。全国人大常委何椿霖、甘子玉，商务部副部长马秀红、国家邮政总局副局长冯新生、中华全国集邮联合会会长刘平源、天津市人民政府副市长杨栋梁、中国开发区协会会长刘培强、中国开发区协会高级顾问赵云栋等出席了仪式。

5月5日 中共中央政治局常委李长春视察威海经济技术开发区。

5月9日 中共中央政治局委员、北京市委书记刘淇到北京经济技术开发区调研。

5月12日 中共中央政治局常委、国家副主席曾庆红视察武汉经济技术开发区。

5月13日 斯洛伐克副总理兼经济部长帕沃尔·鲁斯科（Mr. Pavol Rusko）先生率政府及经贸代表团一行83人来青岛经济技术开发区访问。代表团在开发区期间参观了青岛赛轮子午线轮胎信息化生产示范基地有限公司、保税区高校软控公司园区、前湾港。

5月14日 坦桑尼亚国家代表团到海口保税区参观视察。

5月16日 国务院副总理吴仪在苏州会见新加坡共和国副总理李显龙。吴仪指出，苏州工业园区十年开发建设取得了很好的成绩，已成为中国国家级开发区中发展最快、投资环境最好、竞争力最强的开发区之一。

马达加斯加总统马克·拉瓦卢马纳访问苏州工业园区。

5月16日 全国人大常委会副委员长、全国妇联主席顾秀莲视察武汉经济技术开发区，先后参观了武汉外国语学校、江汉大学、武汉体育中心、武汉海尔工业园。

5月17日 中新联合协调理事会第七次会议在苏州举行。中国国务院副总理、理事会中方主席吴仪和新加坡内阁副总理、理事会新方主席李显龙共同主持了会议。

5月18日 中共中央政治局常委、中纪委书记吴官正在新疆维吾尔自治区主席等领导的陪同下，到伊宁边境经济合作区视察工作。

5月19日 中共中央政治局委员、广东省委书记张德江在广东省委常委、广州市委书记林树森，广东省委常委、秘书长肖志恒和广州市委副书记、市长张广宁等陪同下前往广州南沙经济技术开发区考察。

5月19日 参加全国血防工作会议的中共中央政治局委员、国务院副总理吴仪在湖南省委书记、省人大主任杨正午，省委副书记、省长周伯华，省委副书记、常务副省长于幼军等陪同下，考察了岳阳经济技术开发区景达生物工程有限公司中心血站。

5月20日 博茨瓦纳共和国外长蒙帕蒂·梅拉费一行到广州开发区参观访问。

5月20日 重庆经济技术开发区北部新区经开园B17道路在鸳鸯陡溪片区破土动工。该道路全长2.7公里，路幅宽26米，双向4车道，总投资约7000万元。预计2005年4月建成通车。

5月22日 越南社会主义共和国总理潘文凯率领代表团到武汉经济技术开发区参观访问，先后参观了海尔工业园等企业。

5月24日 全国人大常委会副委员长韩启德视察苏州工业园区。

5月26日 重庆经济技术开发区内的总投资1.2亿元的重庆科瑞制药有限公司新厂正式全面投产。

5月27日 秦皇岛经济技术开发区领先科技公司的“10亿毫升荧光假单胞菌水剂(青枯停)”、海湾公司的“船用火灾探测报警控制系统”被列为2004年国家重点新产品项目。

5月27日~31日 由中国开发区协会主办、重庆经济技术开发区协办的中国开发区首届信息化年会在开发区隆重召开。全国40多个国家级经济技术开发区、保税区、边境经济合作区和部分国内外知名IT企业共100余人参加了此次盛会。

5月27日 总投资2980万美元的美国合资企业杭州通测微电子有限公司落户萧山经济技术开发区。

5月27日 杭州恒生电子集团九江科技园项目正式落户九江经济技术开发区。杭州恒生电子集团公司是中国著名的金融、证券、基金、CTI、交通行业软件开发商之一，也是电信、期货、电子政务、安全、软件外包等领域重要的软件开发商和系统集成商。恒生九江科技园项目总占地面积200亩，总建筑面积16万平方米，总投资2亿元。

5月28日 可隆（南京）特种纺织品有限公司在南京开发区内举行竣工仪式，可隆集团会长李雄烈，市领导蒋宏坤、靳道强、奚永明等出席竣工仪式。

6月

6月3日 全国政协副主席李贵鲜在大连市政协主席林庆民，大连经济技术开发区党工委书记、管委会主任张杰威陪同下视察了鞍钢新轧——蒂森克虏伯镀锌钢板有限公司、大连路美芯片有限公司并登上了童牛岭观景台。

6月3日 俄罗斯市长顾问杜马议员、外交部驻非洲大使一行10人到北京天竺空港工业区考察，空港工业开发公司总经理杭金亮陪同。

6月4日 总投资1.8亿美元的中德合资企业鞍钢新轧——蒂森克虏伯镀锌钢板有限公司在大连经济技术开发区举行投产典礼，该企业为我国最大的钢铁行业合资项目，主要从事成卷热镀锌及合金化钢板材料等生产、销售及售后服务。

6月5日 投资1.5亿美元的美资企业盛旺汽车零部件（昆山）有限公司落户昆山经济技术开发区。

6月8日 中共中央政治局委员、国务院副总理吴仪在江苏考察时专程视察南京经济技术开发区，并在江苏省委书记李源潮，省长梁保华，省委常委、南京市委书记罗志军，市长蒋宏坤等陪同下实地考察区内的乐金电子等离子（南京）有限公司、乐金飞利浦液晶显示（南京）有限公司及南京夏普电子有限公司。

6月8日 李岚清同志视察苏州工业园

区，与正在苏州访问的新加坡内阁资政李光耀亲切会晤，并一同参观了园区“中新合作苏州工业园区成立10周年成果展”。

6月9日 中共中央政治局委员、国务院副总理吴仪在苏州会见新加坡共和国内阁资政李光耀。

6月9日 全国人大常委会副委员长成思危来张家港保税区视察。在谈到建设区港联动保税物流园区时，成思危说，张家港保税区是全国惟一的内河型国家级保税区，这里储罐林立，具有液体化工优势，可建成长三角地区乃至全国的化工品配送中心。张家港保税区可以围绕自身的特色和优势，好好研究建设区港联动保税物流园区的规划及功能定位。

6月9日 国家商务部在苏州召开了国家级经济技术开发区20周年经验交流会。商务部副部长廖晓淇以及国土资源部、科技部、建设部的有关领导出席了会议。廖部长提出，要认真总结国家级开发区20年的成功经验。

6月14日 中共中央政治局常委、中央纪律检查委员会书记吴官正视察了新疆乌鲁木齐经济技术开发区。

6月10日 中共中央政治局常委、国务院总理温家宝在中共中央政治委员，省委书记俞正声、省长罗清泉等陪同下，视察武汉经济技术开发区，先后考察了东风本田汽车（武汉）有限公司和神龙汽车公司。

6月10日 中新合作苏州工业园区成立10周年庆祝大会在金鸡湖东岸文化水廊隆重举行。中共中央政治局委员、国务院副总理吴仪，新加坡内阁资政李光耀分别致辞，高度评价园区项目取得的巨大成就。李岚清同志和国家有关部门、江苏省的领导同志，以及专程来苏的新加坡朋友出席庆祝大会。

6月10日 港澳工商界人士考察团来长春经济技术开发区考察，参观了海拉车灯厂。

6月10日 中共中央政治局委员、广东省委书记张德江，省委常委、秘书长、办公厅主任肖志恒，省政协副主席、民盟广东省主席陈蔚文等一行到惠州大亚湾经济技术开发区考察调研，在听取了中海壳牌南海石化项目的汇报以后，对大亚湾的经济发展情况给予了高度评价。

6月11日 中共中央政治局常委、书记处书记、国家副主席曾庆红一行来福州经济技术开发区视察。

6月14日 中共中央政治局常委李长春视察苏州工业园区。

6月14日 原全国人大副委员长王炳乾视察威海经济技术开发区。

6月17日 国务院五部委的检查验收表明，除内蒙古自治区外，全国30个省（区、市）共清理出各类开发区6741个，规划用地面积3.75万平方公里，超过了全国现有城镇建设用地3.15万平方公里的总面积。据不完全统计，全国已撤销各类开发区4735个，占开发区总数的70.2%；核减开发区规划用地面积2.41万平方公里，占原有规划面积的64.4%；目前已退出开发区土地2617平方公里，复耕1324平方公里。

6月17日 以新加坡总理政治秘书陈原生为团长的新加坡经贸代表团31人，到长春经济技术开发区参观了联信、奥奇两家企业。

6月18日 阿富汗司法部部长阿卜杜勒·拉希姆·卡里米一行在中联部和省外办相关人员陪同下到广州开发区参观访问。

6月18日 国务院总理温家宝在北京会见新加坡内阁资政李光耀。温家宝对中新关系给予积极评价，对两国近年来在各领域富有成效的合作表示满意。温家宝还肯定了10年来苏州工业园区取得的成就。他指出，苏州工业园区已成为中新合作的成功典范，双方应继续加强合作，将其建设成为世界一流的高科技工业园区。

6月20日 中共中央政治局常委、国务院总理温家宝来青岛经济技术开发区视察。温家宝总理在开发区期间视察了前湾港、海尔开发区工业园、澳柯玛工业园，看望了全国劳动模范许振超，号召全国广大干部职工要学习振超精神，广泛开展个人干一流工作、企业创一流品牌、社会造一流环境活动，不断增强整体经济素质和竞争力。

6月20日 原中共中央政治局常委、全国人大常委会委员长李鹏视察威海经济技术开发区。

6月24日 韩国晓星株式会社与南京经济技术开发区管委会在玄武饭店签署新型复合金属线项目投资协议，市领导靳道强出席签字仪式。该项目总投资1.5亿美元，注册资本5000万美元。

6月24日 中国开发区协会在北京召开边境经济合作区工作座谈会。国家发改委、国家民委、财政部、国土资源部、商务部、海关总署、西部办等7个部委的有关领导和10个边境经济合作区的代表参加了会议。会议总结交流了经验，研究了目前存在的一些问题。

6月25日 国家发改委主任马凯到郑州经济技术开发区调研，在省委书记李克强、郑州市委书记李克等省市领导的陪同下，冒着酷暑视察了安飞公司。

6月28日 澳大利亚福雷德投资发展公司投资5000万美元建设的大型文化广场项目在杭州经济技术开发区高教园区内开工建设。

6月 国家环保总局批复同意天津经济技术开发区创建国家生态工业示范区。

7月

7月3日 全球最大的链条制造供应商桂盟集团（RMC）总投资400万美元的生产项目正式落户成都经济技术开发区。

7月7日 阿尔巴尼亚议长考察团在议长珀隆比带领下来大连经济技术开发区参观考察。

7月7日 经国务院批准，商务部、国土资源部、建设部联合发文“商资函［2004］34号”函复上海市人民政府，正式批准上海漕河泾新兴技术开发区在浦江镇扩地发展，建设浦江高科技园，规划范围为“西至浦星路，东至万芳路，南临沈庄塘，北靠中心河”，“其中7平方公里为产业区，用于发展信息技术产业，其余为综合配套区”，为开发区的新一轮发展开辟了新的空间。

7月15日 福州经济技术开发区的华映PDP等离子显示项目立项已获国家发改委审批。该项目总投资8.2亿美元，占地约371亩，计划分三期建设。2007年全部建成后可年产等离子显示器144万台，年产值约28亿美元。

7月18日～22日 在香港召开的2004西安—香港经济合作项目推介会上，西安经济技术开发区取得了丰硕效果。“海洋欢乐谷”、“高科技自动门”和“长安医院二期”等三个项目集中签约，总投资达1.31亿美元。

7月18日 投资约4亿人民币的海汽集团三期工程在海口保税区举行隆重的投产仪式。

7月21日 国务院第59次常务会议批准中海油在惠州大亚湾经济技术开发区建1200万吨炼油厂。该项目总投资近200亿人民币，计划于2006年底建成投产。

7月23日 法国罗兰集团高纯石墨项目落户重庆经济技术开发区经开园C24地块，占地约5万平方米，投资总额约3500万美元。

7月23日 总投资13.19亿元的北新建材（涿州工业园）项目在涿州开发区启动。

7月25日 九江汇源食品有限公司第三期生产线在九江经济技术开发区综合工业园区正式奠基建设。该项目总投资4亿元人民币，用地200亩，主要生产无菌冷灌装系列，项目投产后，预计年税收6340万元，年产值30100万元，年利润3103万元。

7月25日 全国政协视察团一行50人在唐山市委副书记田向利、市政协主席郑宝林、副市长于山的陪同下到海港开发区视察。

7月26日 中共中央政治局委员、国务院副总理曾培炎来青岛经济技术开发区视察。曾培炎副总理在开发区期间先后视察了位于红石崖镇的龙泉盐场、大炼油项目选址地和前湾港。

7月27日～28日 全国经济技术开发区第14次党建工作研讨会在长春市召开。研讨会由中国开发区协会主办，中共长春经济技术开发区工委承办。全国经济技术开发区、保税区共计48个单位的党（工）委负责同志和党务工作者参加了会议。

7月28日 库博赛阳（芜湖）汽车配件有限公司在芜湖经济技术开发区正式成立。库博赛阳（芜湖）汽车配件有限公司是由美国库博标准汽车配件有限公司（Cooper－Standard Automotive Co.Ltd）与芜湖赛阳密封件有限公司联合组建的中外合资企业，总投资额一亿元人民币，主要生产汽车密封件、汽车减振器和胶管类产品。

7月28日 中共中央总书记、国家主席胡锦涛视察闵行经济技术开发区上海阿尔斯通轨道交通车辆有限公司。

7月28日 “全国经济特区、开发区工会工作研讨会”在九江经济技术开发区召开，来自全国26个国家级高新技术产业开发区、13个省级经济技术开发区工会的140余名代表参加会议。江西省人大常委会副主任、省总工会主席张海如，九江市委书记、市人大常委会主任刘积福分别致辞。

7月29日 北京市委副书记、市长王岐山到北京经济技术开发区调研，提出北京经济技术开发区要成为北京进一步加速工业化、城市化进程，走新型工业化道路的综合示范区。

7月30日 中共中央政治局常委、全国人大常委会委员长吴邦国在黑龙江省省委书记宋法棠、河北省省长季允石等陪同下视察秦皇岛经济技术开发区，出席哈动力出海口基地中国首台F级重型燃气轮机发运仪式。

7月 法国罗兰集团高纯石墨项目落户重庆经济技术开发区，项目占地50000平方米，投资总额约3500万美元。

8月

8月2日 锦湖韩亚轮胎集团韩国本社李昌铉部长到长春经济技术开发区考察。

8月2日 中共中央政治局委员、新疆维吾尔自治区党委书记王乐泉在伊犁州党政领导陪同下，视察伊宁边境经济合作区，参观企业。

8月3日 吉林省省长洪虎来长春经济技术开发区调研。

8月7日～10日 由中国开发区协会主办、新疆伊宁边境经济合作区承办的《中国开发区年鉴》年会暨开发区办公室主任（联络员）会议在伊宁召开。国家发改委党组成员、纪检组长、《中国开发区年鉴》主编彭森，中国开发区协会高级顾问赵云栋等参加了会议。

8月9日 全国政协副主席朱光亚视察威海经济技术开发区。

8月11日 原中共中央政治局常委、国务院总理朱镕基视察威海经济技术开发区。

8月11日 原中央政治局常委、军委副主席张万年一行17人在沈阳军区副政委周永顺、大连市委常委、军分区政委王树森等人陪同下来大连经济技术开发区参观考察。

8月13日 原全国政协副主席赵南起一

行在市政协主席林庆民的陪同下来大连经济技术开发区参观考察。

8月14日～21日 第五届中国（长春）国际农业·食品博览（交易）会暨中国东北地区（长春）国际农业博览会在长春经济技术开发区国际会展中心召开。

8月16日 中共中央政治局常委、中纪委书记吴官正一行来福州经济技术开发区视察。

8月16日 在大榭开发区建成的永信万吨级多用途码头，通过了市交通质检站等有关部门的验收，并被评定为优良工程。该码头由民营企业——永信港埠发展有限公司投资兴建，2002年10月开工建设，2004年5月30日竣工，总投资1亿元人民币，建成了长宽分别为170米和34米万吨级泊位一个。该码头拥有陆域面积6.43万平方米，其中堆场和仓库面积达2.4万平方米。

8月16日 国务院批准宁波保税区列为第二批区港联动试点单位，试点区域位于宁波港集装箱四期码头后方，首期规划面积0.95平方公里，按区港合一模式进行规划。

8月20日 清华同方713厂在九江经济技术开发区八里湖畔举行20万台卫星导航定位机生产线开工典礼。

该项目占地面积100.67亩，项目总投资1.27亿元，主要产品为年生产20万台的卫星导航定位用户机、年生产1000台清分机以及50万台微机和其他电子信息产品，都是高精尖科技产品。

8月21日 由利比里亚外交部长尼梅利率领的代表团到长沙经济技术开发区学习考察。

8月26日 原全国政协副主席王文元一行9人，在大连市政协副主席董长海陪同下来大连经济技术开发区参观。

8月29日 中央政治局常委、全国人大委员长吴邦国来大连经济技术开发区视察北良港、路美芯片厂。

8月30日 非洲青年代表团一行160人在团中央国际联络部部长江广平等领导的陪同下到广州开发区参观考察。

8月31日 中组部、中宣部、中央文明办和人事部在北京联合召开了全国“人民满意的公务员”和“人民满意的公务员集体”表彰大会，党和国家领导人温家宝、曾庆红等出席会议并与会议代表合影，哈尔滨开发区投资服务中心荣获全国“人民满意的公务员集体”称号，哈尔滨开发区党工委书记、管委会主任李志恒作为全国“人民满意的公务员集体”代表，得到了党和国家领导人的亲切接见并上台领奖。

8月 国务院正式批复同意宁波等7个保税区与其邻近港区开展联动试点。此次获得试点的分别为青岛、宁波、大连、张家港、厦门象屿、深圳盐田港、天津保税区。

9月

9月1日 佐敦涂料（张家港）有限公司在江苏扬子江国际化学工业园隆重举行开工典礼。佐敦涂料（张家港）有限公司是挪威佐敦集团在中国投资的第二家工厂，总投资3700万美元，预计年产各种高性能涂料（包括船用油漆、工业保护漆以及家用涂料）3700万升。

9月2日 全国政协副主席孙孚凌视察威海经济技术开发区。

9月2日 国家发改委主任马凯一行15人在广东省省长黄华华、常务副省长钟阳胜、广州市市委书记林树森、常务副市长沈柏年、秘书长邬毅敏的陪同下视察了广州开发区科学城。

9月5日 国家水利部部长汪恕诚一行15人在广东省副省长李容根、广州市副市长许瑞生的陪同下到广州开发区视察科学城。

9月6日 广州汽车集团有限公司与丰田汽车公司共同投资的“广州丰田汽车有限公司”在广州东方宾馆举行了隆重的公司成立仪式。新合资公司在广州南沙经济技术开发区内建设，投资总额38.21亿元人民币（约4.6167亿美元），注册资本13亿元人民币（约1.5706亿美元），广汽集团与丰田公司各持50%的股份。

9月7日 世界500强百事（中国）投资有限公司投资的湛江百事可乐饮料有限公司在湛江经济技术开发区举行了奠基仪式。

9月7日 世界500强企业丹麦阔丹公司与凌云集团合资兴建的凌云阔丹空调软管项目在涿州开发区开工建设。

9月8日 由商务部主办、中国开发区协会承办的“国家级经济技术开发区持续健康发展论坛”在厦门举行，商务部副部长马秀红到会致词。

9月8日 由商务部主办的第八届投资贸易洽谈会在厦门举行，中国开发区协会组织的开发区代表团由45个国家级经济技术开发区的领导和代表300多人参加了洽谈会。开发区团签订投资项目14个，总投资金额为25.5亿美元，创出了历史纪录。

9月8日 萧山经济技术开发区内的香港独资企业汉帛（中国）有限公司增资9950万美元，累计投资达到16900万美元。

9月8日 瓦努阿图共和国总理瑟奇·沃霍尔（Hon. Mr. Serge Vonor）率团来青岛经济技术开发区访问。

9月8日 海沧共10个项目与客商签约，其中合同项目8项，协议项目2项，项目总投资达到16亿美元，合同利用外资5.4亿美元。

9月9日 菲律宾前总统科拉松·阿基诺携家人等一行参加大连国际服装节顺访大连经济技术开发区，听取情况介绍。

9月9日 东帝汶民主共和国总统夏纳纳·古斯芒携家人等一行参加大连国际服装节顺访大连经济技术开发区，听取情况介绍并参观成就展。

9月10日 总投资6000万美元的山东东洋锡板项目在威海经济技术开发区举行签字仪式。

9月16日 原中共中央政治局常委、中央纪委书记尉健行在大连市委副书记里景瑞等陪同下来大连经济技术开发区视察。开发区党工委书记、管委会主任张杰威，管委会副主任路刚等陪同参观开发区童牛岭风景区。

9月16日 总投资1.2亿元的福州三爱药业有限公司在福州经济技术开发区动工建设。

9月18日 原全国政协副主席陈锦华在广东省政协副主席昝云龙陪同下考察惠州大亚湾经济技术开发区。

9月22日 哈萨克斯坦总统纳扎巴耶夫在中共中央政治局委员、自治区党委书记王乐泉陪同下莅临伊宁边境经济合作区。

9月24日 日本福冈市政府友好代表团一行8人到区参观。

10月

10月2日 法国总统希拉克出席由法国阿尔斯通公司、南京浦镇车辆厂和上海阿尔斯通交通设备有限公司三方合作制造的A型轨道交通车128辆供货签字仪式，闵行经济技术开发区企业上海阿尔斯通交通设备有限公司承担64辆A型车的制造任务。

10月6日 中共中央政治局常委李长春来大连经济技术开发区视察大连机床新厂。

10月6日 韩国国会议员郑德龟考察威海经济技术开发区。

10月6日 国务院总理温家宝到昆明经济技术开发区昆明船舶总公司视察。云南省委书记白恩培、省长徐荣凯，昆明经济技术开发区管委会主任董利华陪同视察。

10月6日 中共中央政治局委员、国务院副总理曾培炎在国务院副秘书长汪洋，国家发展改革委员会副主任姜伟新，浙江省省长吕祖善，省委常委、宁波市委书记巴音朝鲁，浙江省副省长王永明，宁波市代市长毛光烈等的陪同下视察大榭开发区，中信公司副总经理王炯专程赴大榭陪同视察。曾副总理一行先后视察了25万吨原油中转基地、万华工业园等项目，听取了中信集团公司领导王炯和大榭开发区管委会关于大榭开发建设情况的汇报。曾副总理充分肯定了中信公司承担大榭岛开发建设取得的成绩。

10月8日 国务院副总理吴仪视察威海经济技术开发区。

10月11日 中共中央政治局常委、国家副主席曾庆红在河南省书记李克强、省长李成玉、郑州市委书记李克陪同下，视察郑州经济技术开发区，曾庆红副主席兴致勃勃地参观了安彩集团与荷兰菲利浦公司合资建设的大屏幕彩色玻壳生产线，对安彩集团开发创新、企业文化和取得的经济社会效益给予了充分肯定和鼓励。

10月12日～13日 以聚焦“中国经济变化中的机遇”为主题的“2004年华商中国投资论坛”在秦皇岛经济技术开发区举行。

10月16日 中共中央政治局委员、全国人大常委会副委员长、全国总工会主席王兆国来青岛经济技术开发区视察。王兆国副委员长在开发区期间视察了前湾港20万吨矿石码头、集装箱码头并参加了全国“创建学习型组织，争做知识型职工”活动示范单位揭牌仪式。

10月11日～17日 由国家科技部火炬中心和上海市科委主办、上海漕河泾新兴技术开发区科技创业中心承办的“第七届国际企业孵化器培训研讨会”在开发区举办。

10月17日 中共中央政治局常委、国家副主席曾庆红视察南昌经济技术开发区江西鸿源数显科技有限公司和南昌晶湛科技有限公司。

10月18日 一期投资2.4亿美元的松下杭州工业园举行隆重开建仪式。该项目占地27万平方米，规划分三期实施。园区建成后将形成300万台空调压缩机，250万台波轮式全自动洗衣机，200万台吸尘器，200万台电饭煲和100万台燃气灶具等家电生产能力，年销售额可突破100亿元人民币。

10月19日 莫斯科市政府代表团一行9人在莫斯科市政府中小企业发展部部长叶果诺夫率领下来广州开发区参观考察。

10月19日 以全国政协副主席白立忱为团长的京外全国政协常委赴赣视察团一行40余人视察九江经济技术开发区汇源食品饮料有限公司。

10月20日 山西省政府在太原市召开了全省开发区工作会议。张宝顺省长发了贺信，宋北杉副省长到会作了主旨讲话。

10月22日 开滦精煤股份有限公司就在海港开发区投资建设开滦京唐港焦化厂项目与开发区管委会达成协议。该项目计划总投资30.35亿元，建设年产焦炭220万吨的焦化厂及其配套的25万吨/年甲醇生产项目、年加工煤焦油30万吨的深加工项目。项目建成投产后，年可实现产值400000万元，利税25000万元。

10月25日 埃塞俄比亚、纳米比亚、南非、坦桑尼亚等4个非洲国家政党的中高级研讨考察团一行8人到厦门海沧台商投资区了解改革开放的成果，并参观高科技企业。

10月25日 政协副主席周铁农率无党派界常委委员视察团一行38人到厦门海沧台商投资区视察并充分肯定海沧开发建设取得的成绩。

10月27日 厦门友好城市——日本佐

世保市议会代表团一行22人到厦门海沧台商投资区参观访问。

10月27日 全国政协副主席、中国工程院院长徐匡迪率领吴良镛、邹德慈、钱易、唐孝炎等4位著名院士，在省长梁保华、副省长何权、省政协副主席陆军、南京市市长蒋宏坤、南京市政协主席汪正生等陪同下，到南京经济技术开发区视察调研。

10月28日 由比利时贝卡尔特集团投资1.5亿美元的贝卡尔特（山东）钢帘线在威海经济技术开发区投产。

11月

11月1日 中共中央政治局委员、书记处书记、中组部部长贺国强来青岛开发区视察。贺国强部长一行视察了青岛港、海尔集团，指出国有企业是国民经济的重要支柱，是党执政的重要经济基础，要切实加强国有企业领导班子思想政治建设。

11月2日 吉尔吉斯斯坦外交部领事官员一行18人来广州开发区参观考察。

11月3日 在南宁市邕江宾馆举行的南宁市投资贸易洽谈会暨项目签约仪式上，南宁经济技术开发区与客商达成投资项目6个，签约金额8.5亿元。

11月4日 香港特别行政区行政长官董建华及其顾问团在省委副书记、省长黄华华、省委常委、市委书记林树森的陪同下参观广州开发区科学城。

11月5日 英国布里斯托尔市长代表一行14人来广州开发区进行友好访问。

11月5日 新加坡腾飞公司与大连金湾实业有限公司就开发大连金腾船舶配套工业园项目结成战略合作伙伴。大连金腾船舶配套工业园是专门为船舶配套和相关产业而设计的综合性工业园区，位于大窑湾港西南，与开发区疏港路、大窑湾货运铁路相连。一期占地70万平方米，启动区15万平方米，投资1.4亿元人民币。

11月8日 佳世客开发区购物中心开工奠基仪式在青岛经济技术开发区举行。

11月9日 波兰众议院外交委员会代表团一行10人在波兰众议院外交委员会主席耶·雅斯凯尔尼亚的率领下来广州开发区参观，省人大外事委副主任丘小苏陪同参观。

11月9日 总投资6500万美元，注册资金3000万美元，占地254亩的美资国际香料香精（浙江）有限公司在杭州经济技术开发区奠基。

11月9日 中共中央政治局委员、书记处书记、中宣部部长刘云山在省委书记李克强、省长李成玉等省市领导的陪同下视察郑州经济技术开发区，并深入安飞公司了解生产经营情况。

11月12日 加拿大魁北克省政府商贸代表团抵广州开发区进行友好访问。

11月13～14日 全国经济特区、开发区第十七次工会工作会议在昆山经济技术开发区总工会成功召开，全国总工会副主席、书记处书记徐德明出席会议并讲话。

11月16日 花园集团在杭州经济技术开发区生产基地举行维生素D_3投产典礼。

11月17日 全国人大常委会副委员长成思危视察宁波保税区并对保税区实施区港联动规划建设提出了意见。

11月17日 全国人大常委会委员长吴邦国视察厦门海沧台商投资区。

11月18日 中共中央政治局常委李长春和中宣部副部长兼国家广电总局局长徐光春、中宣部副部长李从军、教育部副部长袁贵仁，在省委书记王太华、省长王金山等陪同下视察芜湖经济技术开发区。

11月18日 全国人民代表大会常委会

一行50人在委员长吴邦国的率领下到广州开发区视察。

11月19日 芬兰商务代表团一行30人抵广州开发区考察投资环境、优惠政策及发展状况。

11月19日 全国政协副主席、中共中央统战部部长刘延东视察南昌经济技术开发区江西格林柯尔·科龙工业园和江西鸿源数显有限公司。

11月21日 中共中央政治局常委、国家副主席曾庆红视察苏州工业园区。

11月22日 国务委员唐家璇视察苏州工业园区。

11月22日 国务委员唐家璇考察昆山出口加工区及部分台资企业，称赞昆山台企发展水平很高。

11月24日 国务委员唐家璇视察南昌经济技术开发区江西鸿源数显科技有限公司。

11月24日 中共中央政治局常委李长春一行来福州经济技术开发区视察。

11月25日 广州开发区管委会在香港举办建区20周年招待宴会，答谢20年来为开发区经济社会发展做出巨大贡献的香港商界及驻港各跨国公司。中联办副主任郑坤生、区管委会主任凌伟宪、广州市副市长陈明德、市外贸局局长肖振宇以及来自美国、日本、香港的重要客商200多人与会。

11月26日 法国国民议会议员、阿尔萨斯省经济发展局局长兼阿尔基市市长杨律和抵广州开发区参观。

11月27日 比利时王储率领的经贸代表团一行60人抵广州开发区了解投资环境和区域经济发展情况。

11月28日 萧山经济技术开发区内的通用电气亚洲水电设备有限公司增资4976万美元，累计投资达到7983万美元。

11月30日 由海洋石油工程股份有限公司总投资17亿元人民币在青岛经济技术开发区建设的海洋石油工程建设基地项目顺利签约。

12月

12月1日 湛江经济技术开发区国联水产开发公司对美国出口冻虾产品被美国商务部反倾销终裁为零税率。

12月1日 吉尔吉斯斯坦总理尼古拉·塔纳耶夫一行80余人到广州开发区访问，广州市委常委、区党委书记、管委会主任凌伟宪会见客人并进行座谈。

12月2日 参加“2004年海内外华人友好商会（海南）交流会”的部分华人企业家到海口保税区进行考察，并参观了中和药业等区内部分企业。

12月6日 北京奔驰—戴姆勒·克莱斯勒汽车有限公司新工厂奠基仪式在北京经济技术开发区举行。德国总理格哈特·施罗德和中共中央政治局委员、北京市委书记刘淇，北京市市长王岐山等领导同志以及陪同施罗德总理来访的政府官员等出席了奠基仪式。

12月7日 秦皇岛经济技术开发区创业中心被科技部认定为“国家级高新技术创业服务中心”。

12月8日 美的集团武汉工业园隆重举行投产仪式，投资10亿元的新生产线在武汉经济技术开发区正式运行。

12月8日 上海漕河泾新兴技术开发区发展总公司总经理刘家平与飞利浦（中国）投资有限公司总经理张玥及上海市科学技术委员会寿子琪同志在荷兰海牙首相府签署了意向书，飞利浦公司将在开发区设立飞利浦创新科技园，该创新科技园建筑面积约38000平方米，每年投入创新科技园研发活动的经费预计约为4000万欧元。包括六家研发机构，飞利浦东亚研究实验室、飞利浦数字系统实验室、飞利浦工业技术中心、飞利浦照明电子全球研发中心、上海消费半导体创新中心及心电与监护系统中国研发中心。国务院总理温家宝、外交部部长李肇星、商务部部长薄熙来、科技部部长徐冠华、农业部部长杜青林、中国驻荷兰大使薛捍勤、荷兰首相鲍肯内德及飞利浦全球CEO柯兹雷等共同出席并见证了签约仪式。

12月13日 总投资6000万美元的哈航集团威海汽车项目在威海经济技术开发区举行签字仪式。

12月13日 由世界500强企业——法国液化空气集团投资2800万美元在青岛经济技术开发区建设的液化空气项目举行开工启动仪式。

12月13日 新加坡交通部部长姚照东率领的考察团一行11人抵广州开发区了解开发区情况和商洽物流合作方面的问题。

12月14日～15日 商务部、国土资源部、建设部在北京联合召开全国国家级经济技术开发区工作会议。中共中央政治局常委、国务院总理温家宝作了重要批示，中共中央政治局委员、国务院副总理吴仪在会上作重要讲话。商务部部长薄熙来代表商务部、国土资源部、建设部作了工作报告。

12月14日～19日 国家商务部、国土资源部、建设部在北京共同举办国家级经济技术开发区成立20周年系列纪念活动。上海漕河泾新兴技术开发区发展总公司刘家平总经理代表开发区在国家级开发区20周年工作会议上作交流发言。中共中央政治局委员、国务院副总理吴仪，全国人大常委会副委员长、全国妇联主席顾秀莲，全国政协副主席、中国工程院院长徐匡迪，国务委员兼国务院秘书长华建敏，以及国务院各有关部、委、办领导先后参观了图片展，并来到上海漕河泾新兴技术开发区展台，亲切询问了开发区的发展情况，勉励开发区坚持科学发展观，加快科技创新和产业发展。

12月14～19日 由商务部、国土资源部、建设部主办，中国开发区协会承办的国家级经济技术开发区20周年成就图片展，在北京中华世纪坛举行。全国政协副主席徐匡迪参观了萧山经济技术开发区等展馆。

12月15日 原中共中央政治局常委、国务院副总理李岚清、全国人大常委会副委员长顾秀莲、国务委员兼国务院秘书长华建敏、全国政协副主席徐匡迪等领导，分别到《全国国家级经济技术开发区20周年成就图片展》闵行经济技术开发区等展位视察。

12月16日 原国务院副总理谷牧在北京会见了由中国开发区协会组织前来北京参加国家级经济技术开发区20周年活动的14个沿海国家级开发区的老领导。

12月17日 中共中央政治局常委、全国政协主席贾庆林在全国政协有关方面负责人石万鹏、赵喜明、洪绂曾、刘家踝和省委书记郭金龙、省长王金山、省政协主席方兆祥等陪同下视察芜湖经济技术开发区。贾庆林主席先后视察了海螺型材公司、奇瑞汽车有限公司。

12月18日 全国政协副主席李蒙视察南昌经济技术开发区奥克斯南昌工业园和江西鸿源数显科技有限公司。

12月18日 九江经济技术开发区总投资2.5亿元的江西绿冬丝科产业工业园一期竣工投产。绿冬丝科产业工业园以蚕丝无纺绸、蚕丝特阔幅提花、蚕丝蛋白卫生材料和绿冬丝绸寝饰用品为主。

12月20日 由西安现代农业综合开发总公司、加拿大CSN International Investment LTD. 公司、威煌（香港）有限公司合作兴建的西安欢乐谷海洋世界项目在草滩生态产业园举行了奠基仪式，正式启动建设。该项目总投资8333万美元，占地800亩，初步规划由海上迪斯尼、热带植物观赏园、休闲及部分配套设施等区域组成。项目建成后，将为进一步改善西安经济技术开发区投资环境起到积极的促进作用。

12月22日 由新加坡四季香物产集团公司投资5000万美元在青岛经济技术开发区建设的四季香物产（青岛）有限公司项目开工。

12月22日 中共中央总书记、国家主席、中央军委主席胡锦涛，在中共中央政治局委员、省委书记张德江，省委常委、市委书记林树森等省市领导陪同下视察广州开发区科学城和区内企业威创公司，管委会主任凌伟宪向中央和省市领导一行汇报情况。

12月22日 香港政府代表团到海口保税区访问，并参观了保税区内中和制药公司、惠普森制药有限公司等企业。

12月24日 埃塞俄比亚议会联邦院议长穆拉图及夫人莅临海口保税区参观访问。

12月24日 中共中央政治局常委、中央政法委书记罗干视察苏州工业园区。

福州经济技术开发区

福州经济技术开发区

供水资源转让签约仪式

中铝瑞闽铝板有限公司

福建华映显示科技有限公司

福建留学人员创业园

繁忙的港区

哈尔滨经济技术开发区
高新技术产业开发区

2004年，哈尔滨开发区管委会投资服务中心被评为全国人民满意公务员先进集体，开发区投资环境建设取得瞩目成绩

2004年，哈尔滨开发区工业产值首次突破500亿元，开发区在东北老工业基地振兴中的带头和带动作用凸现

2003年1月，国家级哈尔滨火炬创业园在哈尔滨开发区内正式启动，开发区孵化经济和科技创新工作快速发展

2003年和2004年，陆续有150余个工业项目在哈尔滨开发区开式建设，开发区汽车及零部件，医药加工和绿色食品等工业企业簇群基本建成

哈尔滨开发区二次创业成就斐然

2001年12月，哈尔滨经济技术开发区、哈尔滨高新技术产业开发区管理机构合并，集两个国家级开发区优势于一体的哈尔滨开发区开始二次创业。

深圳市保税区

高新技术与现代物流业投资宝地

这是一个“窗口”，更是一个舞台。这个舞台不仅属于中国，更属于世界。作为特区中的特区，深圳市保税区正以其独有的地缘优势、政策优势和完善的法制环境，吸引世界各地著名高新技术、现代物流企业前来投资。

经过10多年的快速发展，深圳市保税区已取得令人瞩目的成绩。深圳市的三个保税区已有来自25个国家和地区的企业1287家。其中，高新技术、现代物流企业占97%，世界500强企业已达20家，亚洲排名前15位的大财团有10家，凸显出深圳保税区作为高新技术产业基地、物流基地的强大吸引力。在占全市1.3‰的土地面积上，深圳市保税区创造了工业总产值、进出口总额、实际利用外资三项指标占全市10%左右的经济成果，为深圳市的经济发展做出了应有的贡献。

面对我国加入WTO和实施CEPA的挑战，深圳市保税区果断地调整产业结构，瞄准全球性跨国企业和大财团，按照“一高三中心”（即高新技术产业、采购中心、分拨中心、物流中心）发展战略，大力发展高新技术产业、现代物流业、积极争取实施“区港联动”，推动保税区尽快地向国际通行的自由贸易区转型。我们深信，未来的深圳市保税区将会更辉煌！

美国独资高科技企业戈尔科技（深圳）有限公司落户福田保税区

沙头角保税区建区以来最大的外商投资项目，台商独资企业鑫茂新厂房奠基仪式。

由世界500强企业日本索尼株式会社投资的索尼国际采购（深圳）有限公司在福田保税区举行隆重开业典礼 。

我们从这里扬帆起航

——深圳市保税区区歌

1=G $\frac{4}{4}$

作词：肖苑生
作曲：蒙伟业

雄壮有力、进行速度

5 3 2 1. 1 | 7. 5 5 - | 5 5 3 2. 1 | 7. 1 2 - | 3. 4 5 4 3 | 2. 3 6 - |
迎着火红 的 太 阳， 拥抱蓝色 的 海 洋， 跨 着金色的 彩 虹，

5 5. 4 3 1 | 2. 2 2 5 1 - | 3. 3 6 6 | 0 6 6 6 1 7 6 | 5 3 6 - |
我们 从这里 扬 帆起 航。 深 圳河畔， 建起了高科技 厂 房；
深 圳河畔， 荡起了新经济 春 光；

6. 6 2 2 | 0 2 2 2 4 3 1 | 2 6 5 - | $\frac{2}{4}$ 5 1 | $\frac{4}{4}$ 4. 1 4 5 | 6 - - 6 |
金 沙盐田， 奏响了新世纪 乐 章。 啊， 深 圳保税 区。 啊，
梧 桐山下， 引来了高飞的 凤 凰。

5. 3 2 6 | 5 - - 0 | 5. 5 5 5 5 4 3 | 4. 4 6 5 - | 5. 5 5 5 5 4 3 |
深 圳保税 人。 我 们忠诚团结 开 拓奉献， 我 们步调一致

2. 2 2 3 2 - | 5. 5 5 5 5 4 3 | 4. 4 5 6 5 5 | 5. 5 5 5 0 |
勇 往直 前。 我 们忠诚团结 开 拓奉献，我 们 步 调一致

2. 2 5 1 - ‖ 5. 5 6 7 | i - - - i 0 0 0 ‖
勇 往直前。 勇 往直 前。

真诚合作　满意保证

地址：中国深圳市福田保税区绒花路深福保大楼6楼
电话：0755-83591863 83590462 83590456
传真：83590262
邮编：518048

秦皇岛

经济技术开发区

装扮一新的秦皇岛开发区投资服务中心喜迎建区20周年华诞（摄影：丁飞宇）

常务副省长郭庚茂（右二）视察开发区（摄影：李崎）

副省长才利民（左三）视察开发区（摄影：陈欣）

省委书记白克明（左五）、中国作家协会党组书记金炳华（左六）、省政协主席赵金铎（左一）出席开发区与省作家协会创建的“长城青少年文化书院”揭牌仪式。图为开发区管委会主任胡英杰为书院揭牌（摄影：高振元）

秦皇岛开发区与保定天威集团有限公司举行秦皇岛出海口工程项目签约仪式（摄影：李崎）

开发区公安分局开展大练兵活动（摄影：田小军）

在“2004华商中国投资论坛”期间，秦皇岛开发区的投资环境推介会引起华商关注（摄影：田小军）

来自人民日报、中央电视台、欧洲时报等近40家中外媒体聚焦秦皇岛开发区（摄影：田小军）

秦皇岛
经济技术开发区

（摄影：刘晨虹）

全国首家为GE9FA重型燃汽轮机提供维修和现场服务的企业通用电气——哈动力——南汽轮能源服务（秦皇岛）有限公司开工兴建（摄影：刘晨虹）

秦皇岛市领导、开发区领导为韩资企业——秦皇岛科泰工业有限公司落成剪彩（摄影：王东琦）

农业生物工程龙头企业领先科技发展有限公司生产车间（摄影：田小军）

哈动力出海口基地标志性工程之一的3000吨重件码头工程第一根钢结构柱吊装成功（摄影：王东琦）

省委书记白克明、省长季允石视察唐山海港开发区

管委会主任赵治川会见德国客商

河北省
唐山海港经济技术开发区

创办于1993年的唐山海港开发区充分发挥自身临港临海和土地资源优势，突出发展大港口、大工业、大流通三大特色经济，经过12年的开发建设，已初步形成了煤化工、精品钢材、电力能源、新型化工和仓储物流五大产业集群。2004年，唐山海港开发区实现GDP12.4亿元，财政收入5亿元，区内的京唐港实现吞吐量2600万吨，综合经济实力在河北省33个省级以上开发区综合排名中居前6位。一座功能完善、设施齐全、环境优美的新型海滨工贸城市正在崛起。

海港开发区生活小区一角

海港开发区商贸街一角

项目签约仪式

京唐港一角

区内的京唐港已建成1.5～7万吨的泊位16个，年吞吐能力达2600万吨

广州开
一 切 为 了 企 业

发区

GUANG ZHOU KAI FA QU

广州开发区实行“四区合一”的管理体制，即“广州经济技术开发区”、“广州高新技术产业开发区”、“广州出口加工区”、“广州保税区”四个国家级功能区，一套管理机构，集中了四个国家级经济功能区的各种优惠政策，它所独具的政策、体制、资源方面的优势，使它成为目前广州乃至华南地区享受国家优惠政策最多、经济增长最快、外商投资企业最密集、科技含量最高、投资回报最好的外向型区域之一。截至2004年底，已实现合同利用外资（按注册资本计）79.5亿美元，实际利用外资56.1亿美元，生产性企业500多家，其中世界500强企业有90家在区内落户，涉及投资国别和地区有50多个，已形成光电子、生物医药、特种钢、汽车、食品、饮料、精细化工、电子及电器制造、机械制造、包装材料等为主的产业链，全区累计实现工业总产值4818多亿元。已成为广州市东部的重要产业基地和经济增长点，各项主要经济指标在全国国家级开发区中名列前茅。

广州开发区的发展目标是：紧紧围绕广州市建设现代化大都市、加快率先基本实现社会主义现代化的中心任务，坚决贯彻和积极实施广州“东进”战略，把开发区建设成为以现化工业为主体、三次产业协调发展、经济与社会全面进步的广州新城区，争当广州率先基本实现社会主义现代化的排头兵。

一　切　为　了　投　资　者

广州经济技术开发区
广州高新技术产业开发区
广州出口加工区
广州保税区

地址：广州开发区志诚大道
邮编：510730
电话：020-82111522
传真：020-82111504
Http://www.getdd.com.cn
E-mail:liyt@getdd.com.cn

一期投资 2.4 亿美元的松下杭州工业园隆重奠基

总投资 6500 万美元的美国香料香精(浙江)有限公司

蓬勃发展的浙江杭州出口加工区新建区口广场

年产可达 240 万台中高档笔记本电脑的东芝信息机器(杭州)有限公司

年产值已达 20 亿元的美国玫琳凯(中国)化妆品有限公司增资建设新工厂

以澳门经济财政司司长谭伯源、社会文化司司长崔世安为首的特区政府代表团考察杭州开发区

杭州开发区首届职工运动会

2004新丝路世界模特大赛成员访问杭州开发区

“热土下沙，浙传飞翔”大型文艺晚会

西安经济技术开发区

- 西安经济技术开发区成立于1993年
- 2000年2月被国务院批准为国家级经济技术开发区
- 2002年6月设立国家级陕西西安出口加工区
- 近年来，经开区的各项经济指标一直保持40%左右的增长速度
- 2003年、2004年GDP、工业总产值、工业增加值等主要经济指标之和，超过了前十年的总和，2004年比2002年翻了一番，在西安市历年的评比中名列前茅
- 2005年上半年，主要经济指标在中西部16个国家级开发区中位居前两位

西安经济社会发展的第一阶梯和桥头堡

西门子 | 可口可乐
海德鲁
罗尔斯·罗伊斯 | ABB

西安开发区目前已有各类企业1700多家，其中有可口可乐、西门子、三菱、日立、罗尔斯·罗伊斯、ABB、海德鲁等15家世界 500 强企业，以及中国台湾顶新集团（康师傅）、陕西重汽、山西永济、西部超导、启源机电等多家国内知名企业。

前十年打下的工业基础和近两年的快速发展，为开发区未来发展打下了扎实的基础，现在支柱产业的优势正在凸现。

食品饮料产业

聚集了可口可乐、顶益、顶津、金威啤酒、乐百氏、维维、得利斯、荣氏等众多国内外知名的企业以及食品包装制造等相关产业链配套企业。

电力电子产业

聚集了西门子、日立、三菱、ABB等世界500强企业，以及国内知名的西电集团、永济电机等电力电子企业。

商用汽车产业

陕重汽项目即将投产，康明斯投资的重型汽车发动机项目以及车桥、零部件制造项目陆续开工建设。

新材料产业

西部超导、佳阳新能源已经投产，挪威海德鲁扩大投资，西部钛业、西部金属正在加紧建设。

出口加工区自2004年 4月封关运行以来，在8个月时间内，出口加工区外贸出口实现突破性进展，在全国39个国家级出口加工区一举蹿升至第15 位，在中西部地区出口加工区名列第一。

长安医院 | 西安中学
城市运动公园鸟瞰

成都经济技术开发区

四川白家食品有限公司

四川省龙威金属制品有限公司

捷安特公司

四川航天工业总公司

四川东泰科技有限公司

四川汽车集团工业有限公司

台资龙腾工业城

开发区办公楼

开发区主干道

郑州
经济技术开发区

中心广场一瞥

省领导向出口加工区主任李殿卿颁发河南郑州出口加工区验收合格证

郑州出口加工区揭牌仪式

出口加工区办公大楼

高科技企业河南思维自动化设备有限公司

整齐划一的祥电子厂车间

威海经济技术开发区

海上明珠小区

开发区工委书记、管委会主任　陈乐章

豪顿华工程有限公司

大宇船业

威海海纳开碧日用品有限公司

威海出口加工区

世一电子有限公司

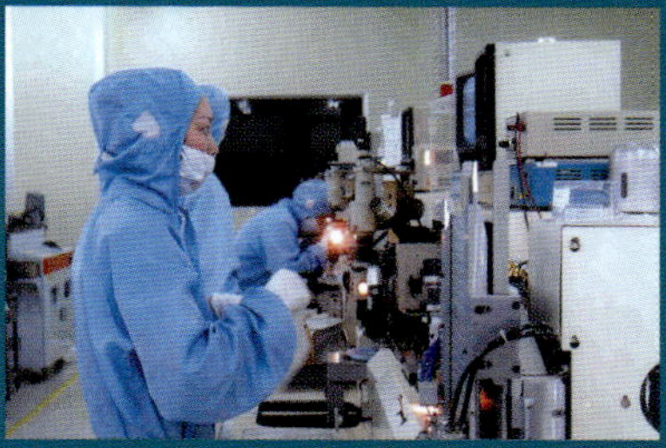

威海友石半导体

九龙湖

高光电子有限公司

威东日食品有限公司

海上公园一角

烟台经济技术开发区

烟台经济技术开发区行政中心

开发区全景

留学生创业园区

游人如织的海滩

通用东岳——雪佛兰

浪潮 LG 车间

武汉经济技术开发区

江汉大学图书馆

越南总理潘文凯来开发区考察访问

俞正声等领导出席东风本田公司 CR—V 下线仪式

海滨城度假村

国内最大的水利模型——长江防洪模型开工仪式

神龙公司扩产至 30 万辆轿车工程奠基

生产汽车改装车的企业 3604 工厂新厂奠基

占地 1000 余亩有 6 万座位的武汉体育中心

武汉经济技术开发区

美的集团武汉工业园奠基

神龙公司东风标致307下线仪式

圣戈班韩格拉斯世固锐特玻璃(上海)有限公司开业

意大利经贸代表团来访

闵行开发区新管理中心大楼

上海三菱电梯有限公司生产车间

上海西门子开关有限公司开业典礼

上海富士施乐有限公司生产流水线

闵行开发区生态公园

昆明经济技术开发区

开发区管委会

开发区全景

邮政枢纽

科技创新园

光电子产业基地落户开发区

开发区变电站

湛江经济技术开发区

生机勃勃的湛江开发区

冠豪高新技术股份有限公司

国联水产开发有限公司

中海石油湛江燃料油有限公司

喜利得（中国）有限公司

环渤海合作机制会议在廊坊开发区举行

环渤海经济合作论坛在廊坊开发区举行

河北省
廊坊经济技术开发区

廊坊开发区管委会

第二十一届河北省经济贸易洽谈会在廊坊开发区召开

廊坊开发区道路

东方大学城

廊坊开发区新奥高尔夫球场

湖北省黄石经济技术开发区

湖北省黄石经济技术开发区(又称黄石高新技术产业开发区)，是湖北省和长江沿岸的重点开发区之一，位于黄石市四个城区的几何中心，坐落在风光秀丽的磁湖风景区内。开发区东临长江黄金水道，西北距武汉70公里，并有高速公路与武汉相连。

黄石开发区是湖北省高新技术产业发展的基地。区内建有新材料、机电信息、生物医药等三大产业园区，现有企业320多家，其中规模以上企业120多家。在新材料产业中，以板材产业发展最为突出。板材产业建成的生产线年产57万吨，在建的生产线年产80万吨。黄石开发区将用两至三年的时间，使板材产业的产值达到100亿元以上，将黄石开发区建成中国中部地区最大的涂渡板生产基地。

黄石国家级创业服务中心

黄石东山钢铁工业有限公司

黄石山力板带有限公司

青岛啤酒(黄石)有限公司

坐落于开发区的黄石市人民广场

黄石鑫鹏铜材有限公司

湖北三环信息科技有限公司

黄石华信机械设备制造有限公司

宝钢股份黄石涂镀板公司

黄石捷德万达金卡有限公司

三九黄石制药厂

东山经济技术开发区

党委书记、常务副主任林加和

东山贝贝防护用品有限公司

开发区一角

开发区管委会—奉达大厦

沈阳经济技术开发区

贝尔卡特钢帘线

汽压机厂

开发大道

惠州大亚湾
经济技术开发区

建设中的中海壳牌工地

天津经济技术开发区

天津开发区中心行政区

天津开发区热带植物园

现代化的天津开发区图书馆和相邻的“泰达学院”

天津开发区工业区鸟瞰

南沙经济技术开发区

南沙港区一期工程4个5万吨级多功能深水码头建成投产

设计能力为年吞吐量160万人次的南沙新客运港

与香港科技大学合作开发的南沙资讯科技园

新龙大桥

5 万吨级液体化工码头

25 万吨级原油中转码头

宁波大榭开发区

花园式的住宅小区

昆山经济技术开发区

萧山新区

开发区管委会办公大楼

区内一景

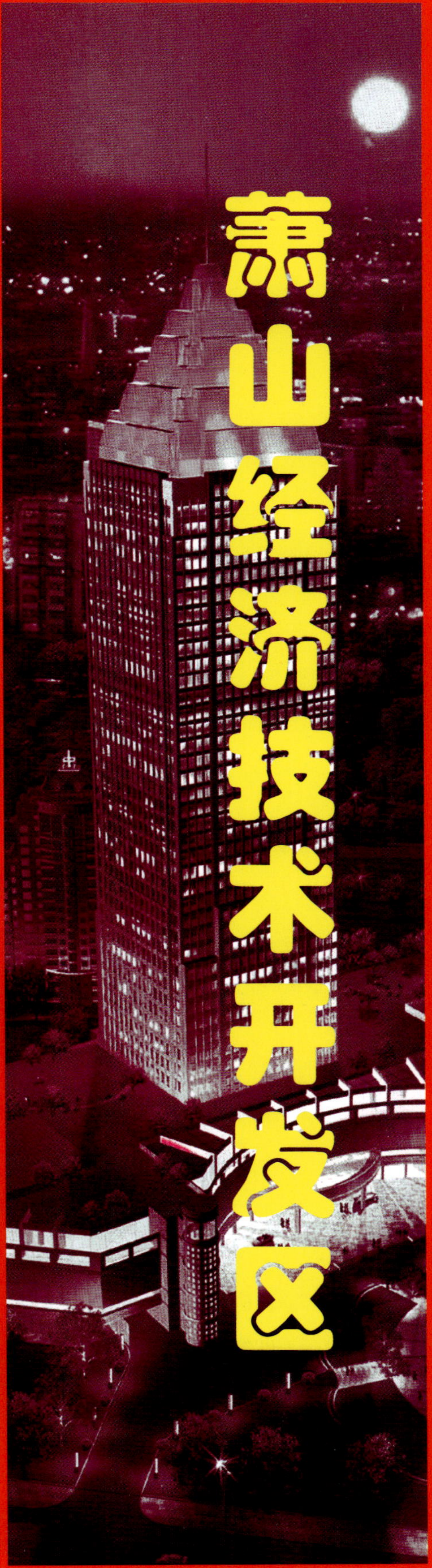

温州经济技术开发区

经济发展局主要负责开发区的工业投资、科技发展、计划发展、物价管理、统计等工作。下设1、发展综合处：负责发展规划、基本建设、项目审批和投资、管理、技术改造收费和价格管理、散装水泥、局办工作。2、商务经贸处：负责内贸发展、商务拓展、运行监测、质量品牌、管理创新、安全生产工作。3、统计处：负责法定报表、部门报表、统计分析、统计执法、普法和统计信息建设工作。4、科技处：负责高新产业、技术创新、企业信息化工程建设、科技培训、网上技术市场、科技综合管理、高新园区科技工作。

人　本　集　团

杭州人本轴承基地

上海人本轴承基地

四川人本轴承基地

芜湖人本轴承基地

人本集团温州轴承基地

福清融侨经济技术开发区

优良的投资创业环境——冠捷员工住宅区

总投资 17 亿元的福耀浮法玻璃生产基地

天津港保税区

2004年8月16日，国务院批准天津保税区与天津港进行区港联动试点，设立保税物流园区。区港联动、建设保税物流园区，将港口功能优势和保税区及出口加工区的政策优势叠加，更具国际通行的自由贸易区特征，对于进一步提升天津整体国际竞争力，推动滨海新区新一轮的大发展，增强对环渤海地区的服务、辐射和带动作用具有重要意义。保税区管委会负责对园区行政事务的管理，其他保税区管理机构将职能延伸至园区，为企业提供各项必要的服务。

2005年3月30日，保税物流园区通过国家验收，正式投入运营。

国际贸易港口—— 天津港

厦门象屿保税区

厦门海空港保税联动区位于厦门岛西北部，面积9平方公里，内含保税区、保税物流园区、东渡港区和航空港物流园区。其功能定位是：依托便捷的陆海空交通网络和功能完善的电子信息平台，发挥保税区的政策优势，发展成为国际物流采购和亚太国际货物集散地，最终形成开放式的自由贸易港区。

行政管理服务机构：厦门保税区管理委员会

地址：厦门象屿保税区

电话：0592-6035831

传真：0592-6035830

邮政编码：361009

招商服务热线：0592-6035811　6024973

网址：www.xmftz.xm.fj.cn

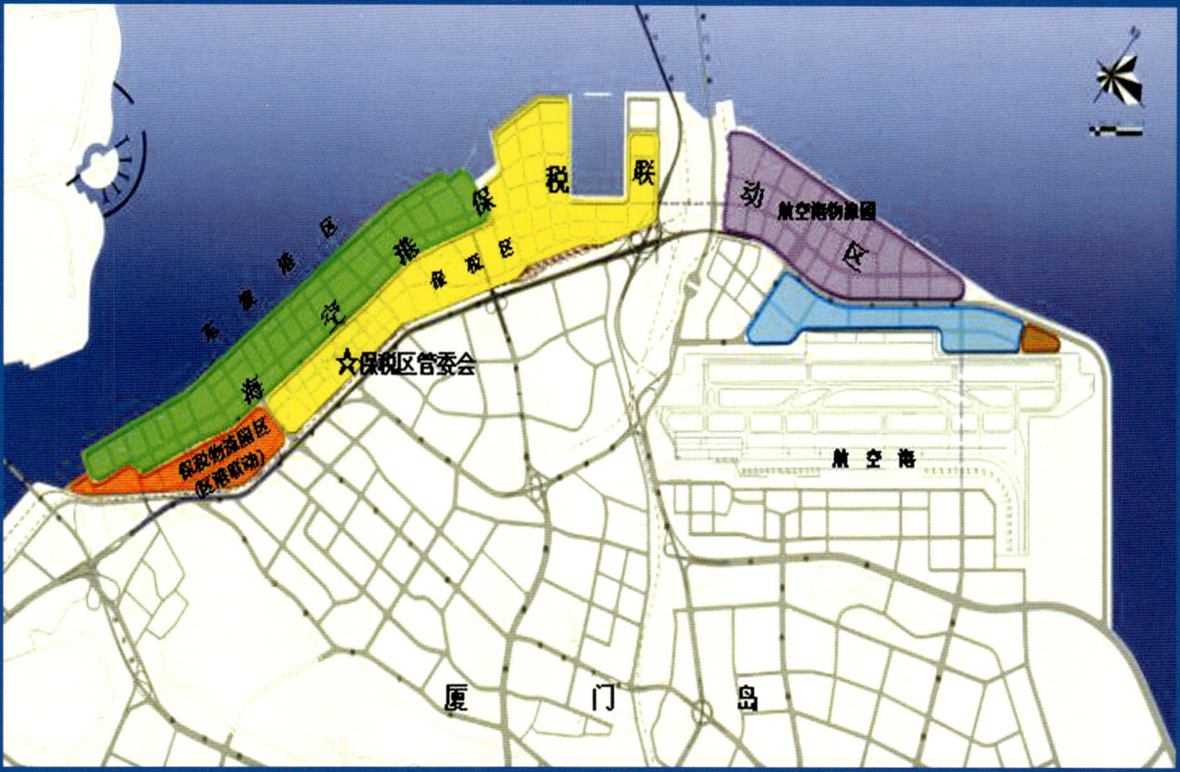

合作区城市建设一隅

合作区党工委书记 姚景林

合作区管委会主任 侯书明

合作区园区建设成绩显著，人居环境焕然一新

绿色食品工业园

伊宁边境经济合作区

合作区投资服务中心

伊宁市三中

英才私立学校

《中国开发区年鉴》2005 年年会暨

中国开发区年鉴年会在黑河合作区召开

年鉴座谈会

会议代表合影

开发区办公室主任（联络员）会议

会议代表参观俄罗斯阿穆尔博物馆

参加会议的年鉴编辑部成员

中 国 开 发 区 年 鉴

2005